国家自然科学基金重点项目（批准号：71433008）
国家自然科学基金面上项目（批准号：41771180）

中国特色的中小城镇发展模式研究

刘盛和　马海涛　王振波　李广东　金浩然　著

中国建筑工业出版社

图书在版编目（CIP）数据

中国特色的中小城镇发展模式研究 / 刘盛和等著. — 北京：中国建筑工业出版社，2021.4
ISBN 978-7-112-26009-6

Ⅰ.①中… Ⅱ.①刘… Ⅲ.①中小城市－发展模式－研究－中国 Ⅳ.①F299.21

中国版本图书馆 CIP 数据核字(2021)第 051511 号

责任编辑：杜　洁　李玲洁
责任校对：李美娜

中国特色的中小城镇发展模式研究
刘盛和　马海涛　王振波　李广东　金浩然　著
*
中国建筑工业出版社出版、发行(北京海淀三里河路9号)
各地新华书店、建筑书店经销
北京红光制版公司制版
北京建筑工业印刷厂印刷
*
开本：787 毫米×1092 毫米　1/16　印张：22　字数：546 千字
2021 年 4 月第一版　　2021 年 4 月第一次印刷
定价：**88.00** 元
ISBN 978-7-112-26009-6
(37095)

版权所有　翻印必究
如有印装质量问题，可寄本社图书出版中心退换
(邮政编码 100037)

前　言

中国独特的国情决定着城镇化发展必须采取"以城市群为主体形态，推动大中小城市和小城镇协调发展"的总体战略，走有中国特色的新型城镇化道路，既要探索以城市群为主体形态的大都市转型发展路径，更要研究适应新时期新要求的中小城镇不同发展模式。这是因为，中小城镇发展占据着国家推进新型城镇化的半壁江山，是我国缓解城市病、就近就地低成本引导农民工有序市民化的最佳首选地，是实现城乡一体化和促进乡村振兴的重要纽带，是建设美丽中国、美丽村镇的主要基地。但现实中，目前我国中小城镇发展并不理想，存在着一系列亟待解决的现实问题，与国家的战略要求和人民的殷切期待存在着较大差距。正如《国家发展改革委关于加快开展县城城镇化补短板强弱项工作的通知》（发改规划〔2020〕831号）中所指出，"新冠肺炎疫情暴露出县城公共卫生、人居环境、公共服务、市政设施、产业配套等方面仍存在不少短板弱项，综合承载能力和治理能力仍然较弱，对经济发展和农业转移人口就近城镇化的支撑作用不足，与满足人民美好生活需要还有较大差距"。

为此，我们研究小组于2014年申请并获得了国家自然科学基金委员会管理学部的重点项目资助，开展"基于生产要素集聚的中小城镇发展模式研究"（批准号：71433008）研究，旨在揭示新型城镇化背景下中小城镇发展的驱动要素与互动机理，总结提出基于生态—生产—生活要素集聚的中小城镇发展模式。历经5年（2015~2019年）的努力，项目组总体上按计划书完成了主要研究任务，达到了预期目标，顺利通过了国家自然科学基金委的结题验收。评审专家组认为："该研究项目在中小城镇发展过程、驱动因素、模式及其试验示范方面取得进展，构建了具有空间可比性的全国分县中小城镇发展数据库，构建了中小城镇发展模式的定量分析指标体系，研发了'多链多群多要素驱动下中小城镇发展路径的选择系统'，提出中小城镇发展模式转型与创新的路径，有利于指导不同类型地区按照差异化发展模式推进新型城镇化健康发展"。

通过对国家自然科学基金重点资助项目"基于生产要素集聚的中小城镇发展模式研究"（批准号：71433008）相关研究成果的总结与整理，我们编写了本书，其设计、编写、修改及统稿等工作分别由刘盛和、马海涛、王振波、李广东、金浩然、方创琳、邓羽、戚伟等共同负责。其中，金浩然是住房和城乡建设部政策研究中心副研究员，刘盛和等其他7位编著者均为中国科学院地理科学与资源研究所的研究员或副研究员。另外，庞博、王昊、刘振、高苹、王雪芹也参与了部分章节的编写，齐宏纲、张芳芳、李强、赵西梅、冯天伟、耿凤娟、徐楦钫等协助承担了数据收集与更新、图表制作和文字编辑等工作，特此致谢。

全书包括 8 章，各章作者分别为：

前言		刘盛和
第1章	我国中小城镇的划分标准与研究进展	刘盛和、戚伟、方创琳
第2章	新型城镇化背景下中小城镇发展的驱动机理分析	李广东
第3章	中小城市人口集聚与土地扩展	金浩然、刘盛和、刘振
第4章	中小城镇产业发展困境与优化路径	邓羽、王昊
第5章	基于生态—生产—生活要素集聚的中小城镇发展模式	马海涛
第6章	基于生态—生产—生活要素集聚的中小城镇路径选择	王振波
第7章	国内外中小城镇人口集聚与产业发展案例研究	戚伟、刘盛和、高苹
第8章	智慧低碳中小城镇发展动力机制与模式	庞博、方创琳

我们殷切地希望，本书能有助于城市研究者和管理者更好地了解中国中小城镇发展过程与困境、机理与模式，有利于不同类型地区因地制宜地推进新型城镇化健康发展，有助于人文地理、城乡规划以及城市管理等相关专业的研究生和本科生更好地熟悉我国城乡发展的国情与特点。不过，中小城镇发展是当前我国新型城镇化发展研究与实践的难点与焦点之一，学术界和政府管理部门对此仁者见仁、智者见智，尚未达成共识；加之作者能力有限、时间仓促，书中不足之处在所难免，部分观点可能有失偏颇，恳请广大同仁批评指正！本书在编写过程中，参考了许多专家学者的论著与成果，虽已尽量在参考文献中进行了标注，但仍恐有疏漏之处，诚请多加包涵！

刘盛和
2020 年 10 月于北京

目 录

第1章 我国中小城镇的划分标准与研究进展 1
- 1.1 中小城镇的重要作用与研究意义 1
- 1.2 中小城市划分标准演变及新标准科学性评价 5
  - 1.2.1 中国城市规模等级划分标准的多次变动 5
  - 1.2.2 新、旧标准比较与应用误区 6
  - 1.2.3 基于新标准的划分结果及规模等级体系演变 9
  - 1.2.4 新标准的科学性评价及局限性分析 15
  - 1.2.5 小结 18
- 1.3 小城镇的概念界定及"镇化"发展的时空分异 19
  - 1.3.1 小城镇的概念界定 20
  - 1.3.2 研究方法与数据来源 21
  - 1.3.3 中国城镇人口"镇化"发展的历史演变 24
  - 1.3.4 中国城镇人口"镇化"发展的时空分异 25
- 1.4 中小城镇国内外研究进展 33
  - 1.4.1 中小城镇国外研究进展 33
  - 1.4.2 中小城镇国内研究进展 37
  - 1.4.3 研究动态与研究趋势分析 42
- 本章参考文献 44

第2章 新型城镇化背景下中小城镇发展的驱动机理分析 47
- 2.1 中小城镇发展驱动要素遴选 47
  - 2.1.1 中小城镇发展驱动要素的研究进展 47
  - 2.1.2 中小城镇发展的综合驱动要素分析流程 50
  - 2.1.3 中小城镇发展驱动要素遴选分析的数据集构建 51
  - 2.1.4 研究方法 53
  - 2.1.5 中小城镇发展驱动要素遴选结果分析 54
  - 2.1.6 小结 66
- 2.2 中小城镇发展驱动要素的空间集聚与溢出效应 67
  - 2.2.1 中小城镇发展驱动要素的空间集聚与空间溢出性研究进展 67
  - 2.2.2 中小城镇发展驱动要素的空间溢出性检验的模型设定与数据 68
  - 2.2.3 中小城镇发展驱动要素的空间直接溢出效应检验 70
  - 2.2.4 中小城镇发展驱动要素的空间间接溢出效应检验 72
  - 2.2.5 小结 74
- 2.3 中小城镇经济增长收敛行为与不同因素驱动作用的差异性 75
  - 2.3.1 中小城镇经济增长收敛行为与驱动作用差异性的研究进展 76

2.3.2 中小城镇经济增长收敛研究方法与数据 ··· 78
　　2.3.3 中小城镇经济增长收敛计量模型估计结果 ····································· 81
　　2.3.4 小结 ·· 95
　本章参考文献 ·· 96

第3章 中小城市人口集聚与土地扩展

3.1 数据来源与研究方法
　　3.1.1 研究数据与处理 ·· 99
　　3.1.2 研究方法 ·· 101

3.2 中小城市人口集聚特征
　　3.2.1 中小城市人口集聚的规模特征 ·· 104
　　3.2.2 中小城市人口集聚的增速特征 ·· 107
　　3.2.3 中小城市人口集聚的结构特征 ·· 109

3.3 中小城市人口集聚的类型划分
　　3.3.1 基于增速和结构的类型划分方法 ·· 112
　　3.3.2 类型划分结果 ·· 114
　　3.3.3 不同类型中小城市的分布特征 ·· 117

3.4 中小城市人口集聚机理
　　3.4.1 人口集聚的影响因素及指标选择 ·· 118
　　3.4.2 中小城市人口集聚机理及与大城市对比 ·· 121
　　3.4.3 不同类型中小城市的机理对比 ·· 125

3.5 中小城市的土地蔓延特征与成因
　　3.5.1 城市蔓延及测度指标 ·· 127
　　3.5.2 中小城市的城市蔓延程度与特征 ·· 131
　　3.5.3 不同规模城市蔓延程度差异的成因分析 ·· 134
　　3.5.4 结论与讨论 ·· 136
　本章参考文献 ·· 138

第4章 中小城镇产业发展困境与优化路径

4.1 我国特色产业小镇发展模式及运营机制
　　4.1.1 新形势下特色产业小镇的建设背景分析 ·· 141
　　4.1.2 特色产业小镇建设的重大意义 ·· 141
　　4.1.3 我国特色产业小镇发展的现状概述 ·· 142
　　4.1.4 我国特色产业小镇发展面临的问题 ·· 144
　　4.1.5 国外特色产业小镇发展及运营模式借鉴 ·· 144
　　4.1.6 我国特色产业小镇的发展模式分析 ·· 145
　　4.1.7 我国特色产业小镇的运营模式分析 ·· 147

4.2 京津冀协同发展背景下城际产业联动困境与优化路径
　　4.2.1 以产业联动促进京津冀协同发展的成功经验 ···································· 148
　　4.2.2 掣肘京津冀城际产业联动与高质量协同发展的主要挑战 ················ 149
　　4.2.3 以高品质城际产业联动推进区域协同高质量发展 ···························· 152

4.3 雄安新区产业发展困境与优化路径研究·················153
4.3.1 雄安新区发展将面临北京单极化"强磁力效应"下的排他风险·······154
4.3.2 雄安新区需培育"集聚性、共生性、永续性"创新产业体系以形成"反磁效应"·················154
4.3.3 雄安新区培育创新型产业发展体系的主要抓手·················155
本章参考文献·················156

第5章 基于生态—生产—生活要素集聚的中小城镇发展模式·················158
5.1 中小城镇发展模式框架·················158
5.1.1 不同视角下的中小城镇发展模式回顾·················158
5.1.2 "三生空间"理念的应用尺度及对中小城镇的认知·················163
5.1.3 基于"三生空间"的中小城镇发展模式库·················167
5.2 中小城镇发展模式识别·················168
5.2.1 中小城镇发展模式识别的方法步骤·················168
5.2.2 中小城镇发展模式识别的指标设置及测算方法·················170
5.2.3 中小城镇发展模式识别的关键阈值厘定·················176
5.3 中小城镇发展模式决策·················189
5.3.1 基于生态—生产—生活要素集聚的中小城镇发展策略·················189
5.3.2 中小城镇不同类型发展模式的典型案例·················195
5.3.3 中小城镇发展模式的决策平台·················202
本章参考文献·················206

第6章 基于生态—生产—生活要素集聚的中小城镇路径选择·················209
6.1 中小城镇发展路径结构·················209
6.1.1 多种模式"三生融合"发展路径案例分析·················209
6.1.2 苏南城市群发展模式·················210
6.1.3 温州模式·················213
6.1.4 珠江三角洲模式·················215
6.1.5 总结·················217
6.2 "三生融合"导向的中小城镇发展路径优化架构·················218
6.2.1 生产要素导向的路径优化架构·················219
6.2.2 生活要素导向的路径优化架构·················222
6.2.3 生态要素导向的路径优化架构·················227
6.2.4 "三生融合"导向的路径架构·················228
6.3 基于"三生"要素的中小城镇发展路径选择·················229
6.3.1 中小城镇"三生"要素评价指标体系及指标预处理·················230
6.3.2 中小城镇"三生"要素耦合发展效应分析·················233
6.3.3 基于"三生"要素的中小城镇发展路径选择·················238
本章参考文献·················241

第7章 国内外中小城镇人口集聚与产业发展案例研究·················242
7.1 国际中小城镇发展经验·················243

		7.1.1 德国	243

- 7.1.1 德国 ··· 243
- 7.1.2 英国与法国 ·· 244
- 7.1.3 美国 ··· 245
- 7.1.4 日本和韩国 ·· 245
- 7.1.5 经验与启示 ·· 246

7.2 赤峰市人口集聚与产业发展模式 ·· 247
- 7.2.1 城市集聚要素 ··· 247
- 7.2.2 人口集疏机理 ··· 251
- 7.2.3 产业发展模式 ··· 253

7.3 荆门市人口集聚与产业发展模式 ·· 256
- 7.3.1 城市集聚要素 ··· 256
- 7.3.2 人口集疏机理 ··· 260
- 7.3.3 产业发展模式 ··· 266

7.4 葫芦岛市人口集聚与产业发展模式 ··· 271
- 7.4.1 城市集聚条件 ··· 272
- 7.4.2 人口集疏机理 ··· 273
- 7.4.3 产业发展模式 ··· 273

7.5 丽江市人口集聚与产业发展模式 ·· 279
- 7.5.1 城市集聚条件 ··· 279
- 7.5.2 人口集疏机理 ··· 281
- 7.5.3 产业发展模式 ··· 292

本章参考文献 ··· 297

第8章 智慧低碳中小城镇发展动力机制与模式 ··· 298

8.1 智慧低碳中小城镇发展的影响因素与动力机制 ··································· 299
- 8.1.1 内源刺激因素及其动力机制 ·· 299
- 8.1.2 外源触发因素及其动力机制 ·· 307
- 8.1.3 智慧低碳城镇发展的综合动力机制 ·· 313
- 8.1.4 智慧低碳城镇发展动力的量化方法 ·· 315

8.2 智慧低碳中小城镇发展水平测度指标体系与模型 ································ 321
- 8.2.1 智慧低碳城镇发展水平测度评价的主要思路和原则 ··················· 321
- 8.2.2 智慧低碳城镇发展的测度评价模型 ·· 323
- 8.2.3 智慧低碳城镇发展测度评价指标体系 ····································· 324

8.3 智慧低碳中小城镇发展模式 ··· 329
- 8.3.1 基于动力源的智慧低碳城镇发展模式 ····································· 329
- 8.3.2 基于智优商的智慧低碳城镇发展模式 ····································· 334
- 8.3.3 智慧低碳城镇发展的系统复合模式 ·· 339

本章参考文献 ··· 340

第1章 我国中小城镇的划分标准与研究进展

内容提要：

中小城镇发展占据着国家推进新型城镇化的半壁江山，是我国缓解城市病、就近就地低成本引导农民工有序市民化的最佳首选地，是实现城乡一体化的重要纽带，是建设美丽中国、美丽村镇的主要基地。国内学术界对小城镇的界定仍未达成共识，有宽口径、中口径和窄口径三种观点。本书中的小城镇是指除县级市城关镇（即县政府驻地）之外的所有建制镇的镇区，包括县的城关镇。在此基础上，本书将中国人口城镇化细分为城镇人口"镇化"与"城化"，采用"镇化水平"和"镇化贡献率"两个指标，从不同空间尺度及主体功能区视角，系统分析1982～2015年中国城镇人口镇化发展的时空分异及影响因素。在此期间中国的城镇人口"镇化水平"和"镇化贡献率"在不断提升。2015年镇化水平为41.8%，2010～2015年镇化贡献率为55.1%。同时，中国城镇人口镇化呈现显著的时空分异特征。镇化主导型县市主要分布在中西部地区，占全国国土面积的70%以上；城化主导型县市主要集中分布在沿海城市群地区，在全国国土面积中所占比例较小。另外，本章在对比城市规模等级划分新、旧标准的基础上，以第六次人口普查数据为基础，分析2010年中国城市规模等级结构，评价新标准的科学性和局限性。结果显示，新标准在空间口径、人口口径、分级标准等方面进行了实质性的改进；按照新标准划分的2010年中国城市规模等级结构，相对于旧标准及其他标准而言，特大城市和大城市数量大幅缩减，而中小城市数量相应增多，呈现出显著的金字塔结构特征，更加符合中心地理论模型和位序—规模法则，更有利于科学地实施城市与人口的分类管理。但同时，新标准也存在"城区人口"数据难以获取、受行政区划调整影响较大等局限性，亟待加强实体城区识别研究和推进数据共享。国内外对中小城镇及其发展模式的研究成果极为丰富，但也存在"重定性、轻定量"的现象，因此在未来的研究中，急需开展中小城镇发展模式集成优化与决策支持系统的综合研究，通过定量决策与模式优化模拟研究，总结出具有中国特色的中小城镇发展理论体系。

1.1 中小城镇的重要作用与研究意义

中国的城镇化进程经历了70年的曲折发展历程，目前已步入快速发展阶段，同时进入城镇化转型发展的关键时期，表现为城镇化水平过半的关键时期，城市病问题突出促使城镇化质量提升的关键时期，城镇化加快面临资源环境压力严峻的关键时期，城镇化与工业化、农业现代化、信息化"四化"协调发展的关键时期。2018年，我国城镇常住人口8.31亿人，常住人口城镇化率为59.58%，比上年末提高1.06个百分点，已进入真正的城市型社会。中国快速的城镇化不仅决定着中国的未来，而且决定着世界城镇化的发展进程；不仅决定着中国现代化的成败，也决定着世界城市化的未来。正如美国经济学家、诺贝尔经济学奖获得者斯蒂格利茨所说：影响21世纪人类社会进程最深刻的两件事就是以美国为首的新技术革命和中国的城市化。因此，党的十八大报告和2013年12月12日召开的中央城镇化工作会议和中央经济工作会议连续提出要积极稳妥推进城镇化，着力提高城镇化质量，把生态文明理念和原则全面融入城镇化全过程，坚定不移地走集约、智能、绿色、低碳的新型城镇化道路，这既是对国家做贡献，也是对世界做贡献。在新的历史条件下，城镇化成了我国现代化建设的历史任务，成了扩大内需的最大潜力所在，甚至成了解决国家经济社会发展等一系列问题的"灵丹妙药"和"万能钥匙"。城镇化的战略重要性要求我们必须全新审视国家城镇化目前所处的发展阶段和发展状态，既要提出将城市群作为主导的大中城市转型发展模式，更要提出适应中小城镇转型发展的不同发展模式。这是因为，中小城镇发展占据着国家推进新型城镇化的半壁江山，是我国缓解城市病、就近就地低成本引导农民工有序市民化的最佳首选地，是实现城乡一体化的重要纽带，是建设美丽中国、美丽村镇的主要基地。

1. 中小城镇是推进国家新型城镇化的主体，对国家今天和未来新型城镇化的贡献率达50%以上

从不同规模城市对国家城镇化的贡献分析，50万人口以上的大城市对国家城镇化的贡献由1990年的27.01%提高到2010年的46.09%，中等城市对国家城镇化的贡献由1990年的12.07%提高到2010年的13.85%，小城市对国家城镇化的贡献由1990年的10.72%降低到2010年的3.63%，小城镇对国家城镇化的贡献由1990年的50.2%降低到2010年的36.44%，尽管中小城市和小城镇对国家城镇化的贡献由1990年的72.99%降低到2010年的53.92%，但对国家城镇化的贡献仍然占据着国家推进新型城镇化的半壁江山。未来随着中央城镇化工作会议和新型城镇化规划的实施，大城市和特大城市的发展将受到限制，中小城市和小城镇的发展将成为农业人口就近就地市民化的首选地。一是把资源环境承载能力相对较大、城市化成本较低、进城门槛较低的小城市作为就近有序低成本转移农业人口、实现农民市民化的首选地，确保小城市对国家城镇化的贡献达到15%左右；二是把小城镇作为就地转移农业人口、实现农民市民化的首选地，确保小城镇对国家城镇化的贡献稳定在40%~45%。

2. 中小城镇发展是有效缓解和根治我国"大城市病"高发突发的重要手段

随着我国城镇化进程的不断加快，大城市和特大城市的人口、资源、生态环境等各种城市问题不断出现，工业的过度发展、人口的高度集聚，各种污染物排放量激增，造成了大气污染、垃圾围城、水资源短缺、噪声和光磁污染等各种难以解决的环境问题，城市生态环境、生态安全遭受严重威胁。这使得中国城镇化发展态势整体处在亚健康状态，在推进中出现了一些不健康因素，城市病正在进入高发高危期。一方面，城市在发展过程中对自然资源的不合理利用和对自然环境的破坏造成了严重的生态问题，资源短缺和环境污染现象严重，影响了自然系统作为城市发展的空间支撑和物质基础的基本功能；另一方面，随着城市的快速发展，城市经济系统、社会系统的问题也随之而来。快速城市化使国家总体上不能提供为适应快速城市化所必要的服务和基础设施，大量涌入的人口致使部分城市发展呈现无序混乱状态，城市贫穷也不断增长。我国现阶段经济增长方式比较粗放，能源和资源的消耗量大，而利用效率却很低，从而导致污染排放严重，雾霾频繁高发，带来的社会和经济损失十分巨大。这些都表明，我国大城市和特大城市无一例外地处在"城市病"高发期和突变期，短期内已经无法依靠自身来缓解日益严重的城市病，必须依靠中小

城镇的发展来接纳大城市和特大城市外溢的产业、人口、资本等各种生产要素。

3. 中小城镇是2.5亿农民工就近市民化和就地镇民化的最佳首选地

党的十八大报告和中央城镇化工作会议、2013年中央经济工作会议明确提出要严格控制特大城市和大城市的发展规模,有序引导农业人口向中小城镇集聚,加快中小城镇发展,走绿色、低碳、集约、智慧的特色城镇化道路。这是因为,中小城市和小城镇是未来我国城镇化进程中资源环境承载能力相对较大、城市化成本较低、进城门槛较低的地区,因而是未来我国就近就地转移农村剩余劳动力和农业人口的最佳首选地。不仅如此,中小城镇已成为吸纳跨区域流动人口和资本的新载体。住房和城乡建设部的百镇调研表明:一方面,中小城镇劳动密集型为主的产业结构创造了大量的就业岗位,不仅吸纳了大量当地的富余劳动力,而且还吸纳了大量跨区域流动的农村富余劳动力。近10年来,全国中小城镇共吸纳农村富余劳动力6000多万人,占同期转移出的农村富余劳动力的50%;另一方面,中小城镇的工业投资中,外部投资占了57%,其中外商及港澳台投资占50%,国内大中城市企业的投资占7%,部分城镇已发展成为跨国或跨区域投资的目的地。可见,中小城镇建设在我国实施健康城镇化道路的过程中有着不可替代的战略地位。这就需要将目前已经达到小城市设置条件的小城镇撤镇设市,确保小城市数量由2010年的162个达到2020年的300个左右,确保小城市对国家城镇化的贡献达到15%左右;确保小城镇数量到2020年保持在19000个左右,确保小城镇对国家城镇化的贡献稳定在40%左右。要制定一系列扶持小城市和小城镇产业发展的优惠政策,下大力气通过产业和服务转移,给小城市和小城镇增加就业机会。超大城市和特大城市虽然就业岗位较多,但农民市民化的成本非常高,住房、就学等困难大得多,加之超大城市和大城市爆发出的一系列城市病问题在短期内无法解决,无法使得农民工在此获得稳定持久的住所。而小城市和小城镇房价、物价低得多,农民市民化的门槛低,容易就近就地获得稳定住所,带动农村地区的现代化发展。只要通过制定优惠政策,政府扶持产业和就业岗位向中小城市转移,就可以解决中小城市就业岗位不足的问题。

4. 中小城镇是促进乡村振兴、实现城乡发展一体化的坚定基石和重要纽带

中小城镇作为最基本的地区社会、经济、文化中心,是沟通城乡联系、促进城乡结合的桥梁,也是带动乡村发展、缩小城乡差别、实现农业现代化的前沿阵地。通过提供优惠政策资源、加强基础设施建设、加快体制创新、优化和美化环境,将中小城镇打造成为乡村地区的磁力中心,一方面吸引乡村腹地的生产要素,集聚农村地区现代化所需的人才、资金、资源等,为农民参与城市经济提供平台;另一方面,吸引大城市辐射出来的先进生产要素和文明,为城市物质文明和精神文明向乡村地区的扩散架起桥梁。可见,中小城镇既是农民参与分享城市发展红利的平台,又是实现城乡发展一体化的重要纽带,主要表现为以下三方面:第一,中小城镇是完善城镇体系金字塔的基石,大城市规模大、数量少,但基础设施条件好、综合服务功能强,处在城镇体系金字塔的顶端,而城镇接近农村地域,同时便于接纳城市辐射,有利于集聚农村要素向城市输送,中小城镇起点低、发展成本小,便于普及发展,且数量众多,是城镇体系阶梯中的坚实基石。第二,中小城镇是聚落体系稳定的层次。中小城镇作为城镇体系与村镇体系联系的纽带,在聚落体系中起着城乡联系的中介作用。中小城镇将各级城市生产的供应农村地区的生产资料和生活资料分散销售到各个村庄,同时把从村庄集中起来的农产品直接或经过一定加工后供应给城市。第

三，中小城镇是大城市人口和产业梯度转移的基层单元。大城市将成熟的标准化产业扩散到周边中小城镇，集中优势资源发展更高收益的创新产业，并在这些产业逐渐"成熟"之后转移出去，进入下一轮创新活动，形成大中小城市与城镇的产业递进与分工。

5. 中小城镇是建立生态文明制度和建设美丽中国、美丽村镇的主要载体

2013年12月12日召开的中央城镇化工作会议首次提出，要紧紧围绕提高城镇化发展质量，稳步提高户籍人口城镇化水平；大力提高城镇土地利用效率、城镇建成区人口密度；切实提高能源利用效率，降低能源消耗和二氧化碳排放强度；高度重视生态安全，扩大森林、湖泊、湿地等绿色生态空间比重，增强水源涵养能力和环境容量；不断改善环境质量，减少主要污染物排放总量，控制开发强度，增强抵御和减缓自然灾害能力，提高历史文物保护水平。会议强调，要优化布局，根据资源环境承载能力构建科学合理的城镇化宏观布局，把城市群作为主体形态，促进大中小城市和小城镇合理分工、功能互补、协同发展。要坚持生态文明，着力推进绿色发展、循环发展、低碳发展，尽可能减少对自然的干扰和损害，节约集约利用土地、水、能源等资源。要传承文化，发展有历史记忆、地域特色、民族特点的美丽城镇。按照促进生产空间集约高效、生活空间宜居适度、生态空间山清水秀的总体要求，形成生产、生活、生态空间的合理结构。坚持因地制宜，探索各具特色的城镇化发展模式。要把党中央关于新型城镇化发展的这些要求落实到实地空间，其中最合适的载体就是中小城镇，可见中小城镇是建立生态文明制度、建设美丽中国和美丽村镇的主要载体，是保护和弘扬传统优秀文化、延续历史文脉的主要载体，也是让群众生活更舒适的主要载体。

6. 中小城镇自身发展中存在着一系列亟待解决的现实问题急需研究

建国70余年来尤其是改革开放的40余年，星罗棋布的中小城镇的崛起，对国家城镇化做出了不可磨灭的巨大贡献，但同时也暴露出一系列亟待解决的现实问题。具体表现在：

一是，中小城镇的土地城镇化速度远快于人口城镇化，高资源消耗、高环境污染和高碳排放的粗放型中小城镇发展模式占主导地位。截至2010年改革开放30多年来，我国城市空间扩大了4倍，仅从2000~2010年的10年间，国内城市建设用地扩张了83%，但同期包括农民工在内的城镇人口仅增长了45%。城镇化率统计指标高于实际的户籍非农业人口比重15个百分点，城镇人口中有2.6亿农民工群体无法享受城镇待遇；农民工技术能力缺乏，不能满足产业转型升级的要求。农村人口流失严重，80后和90后的新生代农民工无回乡务农意向，又不能完全融入城市，享受市民待遇；农村精英几乎全部进入大城市，导致中小城镇农业现代化发展受限，农村空心化的现象日益严重。城镇化进程中"要地不要人"的现象突出，中小城镇土地开发强度、密度与利用率不匹配；土地收入具有不合理性、垄断性和使用不科学性。城镇化存在于粗放型经济体制下，以土地财政作为唯一的基础进行发展，这是一种高资源消耗、高环境污染和高碳排放的粗放型中小城镇发展模式。

二是，中小城镇产业以劳动密集型产业为主，产业链短，产品档次和技术水平低；城镇产业布局分散，产业选择的盲目性和随意性大，特色主导产业不突出。土地利用不紧凑，随意性大，普遍缺乏足够的主导产业支撑，产业链短，关联度低，城镇化与产业化脱节现象比较突出，空间规划缺失。除了东南沿海省区出现的块状经济和专业镇以外，大部

分城镇还不具备自己的优势主导产业，缺乏能够带动整个镇区经济发展的支柱产业，特色经济不明显。中小城镇地处农首城尾，一方面导致农村、农业的发展缓慢，另一方面，城镇盲目地追求经济发展，把资金投入到相差无几的产业中，重复建设，造成严重的资源浪费，导致环境污染严重。中小城镇规划布局水平低，达不到科学的规划引导作用；中小城镇发展与农村经济联系薄弱，达不到带动农村经济社会发展的作用；城镇建设投入少，资金运作能力低。

三是，传统中小城镇发展的资本聚集模式不可持续。以政府经营为主导、以追求GDP政绩短期利益为目的，对土地财政高度依赖，依托产业投资驱动、外延式扩张的土地城镇化道路无法继续走下去。因为传统模式下，城市主要发展动力和融资方式是土地出让金，土地出让金进行滚动，以空套空，产生了很多弊端。土地财政曾经是中国城镇化甚至中国经济的核心推动力，时至今日，却成为造成城镇化两难发展境地的主要原因。据财政部预测，"十二五"期间城镇化投入约为30万亿元；据麦肯锡预测，"十二五"期间城镇化投入约为74万亿元；据中国社会科学院预测，截至2015年，城镇化投入约为20万亿元。随着国家宏观层面政策的调整，土地财政的收紧，政府的投入远远满足不了城镇化的资金需求。因此作为城镇化重要载体的中小城镇的发展必须引入民间资本，发掘多种投融资渠道。

然而出现这些问题的一个关键原因就在于，到目前为止，尚没有一套完整科学的基于生产要素合理集聚的中小城镇发展模式做指导，急需从生产要素合理集聚的角度开展中小城镇发展模式的科学研究。

1.2 中小城市划分标准演变及新标准科学性评价

1.2.1 中国城市规模等级划分标准的多次变动

中国城市规模等级划分标准经历了多次变动。1955年，原国家建设委员会在《关于当前城市建设工作的情况和几个问题的报告》中提出较早一版的城市划分标准；1980年，参照联合国等标准，中国将人口超过100万人的规定为特大城市；1989年，《中华人民共和国城市规划法》提出以20万人、50万人为界定标准将城市划分为大、中、小三个等级；2014年，以城区人口为口径的"五类七档"新标准出台，结束了25年的旧标准划分方案。同时，城市地理、城市规划等学科的学者们也对中国城市规模划分标准及等级结构开展了持续而丰富的研究。改革开放初期，许学强等（1982）提出以10万人、20万人、40万人、80万人、160万人为分级标准的城市规模等级划分方案；顾朝林等（1998）根据1989年旧标准采用1996年非农业人口数据分析不同省市城市规模等级结构的分布特征；周一星等（2004）对历次人口普查的"市、镇、村"口径进行比较，采用第五次人口普查（简称五普）"市人口"常住口径数据对当年城市规模等级进行划分，并与基于非农业人口数据的划分结果进行对比；《中国中小城市发展报告（2010）》以50万人、100万人、300万人、1000万人为分级标准提出五级划分方案；方创琳（2014）等按照市区常住人口为口径，以10万人、50万人、100万人、500万人、1000万人为分级标准提出六级划分方案；此外，还有很多学者以GDP规模、建成区规模、夜间灯火遥感数据等指标替代人口指标对城市规模等级进行划分。

随着改革开放以来我国城镇化快速推进，城市数量和规模都有了明显增长，原有的城市规模划分标准已难以适应当前城镇化发展的新形势要求。为更好地推进新型城镇化发展，更好地实施人口和城市分类管理，国务院于2014年10月正式发布《国务院关于调整城市规模划分标准的通知》（国发〔2014〕51号），并要求各地区、各部门按照新标准修订与城市规模分类相关的政策、标准和规范，引起了社会各界和各学科的广泛关注。不过，由于政府权威部门并未随即发布基于新标准的中国城市规模等级划分结果，部分媒体和学者率先发布其自己的划分结果，但因对新标准的理解存在歧义而导致划分结果五花八门，进而引起误解与混乱。因此，有必要对城市规模划分新标准进行系统解读，并基于新标准重新认知中国城市规模等级结构，为城市规划及城市发展研究提供基础参考。

1.2.2 新、旧标准比较与应用误区

1.2.2.1 旧标准：缘起与没落

旧标准是指1989年《中华人民共和国城市规划法》的划分标准，规定市区和近郊区非农业人口50万人以上的为大城市，20万～50万人的为中等城市，低于20万人的为小城市。实际使用时，还将人口超过100万人的界定为特大城市。旧标准采用非农业人口口径，缘起于1955年开始实行的城乡分割的人口户籍管理制度，严格控制农业户籍人口转变为非农业户籍人口。但是，随着改革开放以来中国快速城镇化发展，旧标准已难以适应新形势。主要体现在：

（1）随着城市行政区划频繁调整，"市区和近郊区"已不能反映真实的城市空间范畴。旧标准空间口径为"市区和近郊区"，而实际操作中直接采用"市区"，即城市行政范围，直辖市、地级市等设区城市的"市区"由全部市辖区构成，县级市等不设区城市的"市区"即自身行政范围。改革开放初期，城市市区相对较小，以非农业人口为主。而改革开放以来，中国撤县设市、撤县（市）设区等行政区划调整普遍，市区范围增长，大量农业人口也包含在内。

（2）随着城市流动人口的大规模增长与户籍管理制度改革，"非农业人口"的统计口径已不能反映真实的城市人口规模和结构，且即将被淘汰取消。改革开放以来，中国整体进入流动性社会，人户分离的流动人口大量常住在城市之中，以户籍口径衡量人口规模已不科学。2014年，《国务院关于进一步推进户籍制度改革的意见》发布，要求"取消农业户口与非农业户口性质区分"，非农业人口概念也将没有意义，数据也相应不再统计。

（3）随着城市规模快速扩张，原有的分级标准已严重偏低，不利于科学的城市分类管理。改革开放以来，城市人口规模快速增长，按照旧标准2010年特大城市达64座、大城市达95座，人为地导致大城市、特大城市的数量过多，北京、上海等一线城市的规模等级优势也未能突出，以100万人、50万人界定特大城市、大城市的分级标准明显偏低。

1.2.2.2 新标准的核心改进

2014年新标准规定，城区人口1000万人以上为超大城市，500万～1000万人为特大城市，100万～500万人为大城市（其中，300万～500万人为Ⅰ型大城市，100万～300万人为Ⅱ型大城市），50万～100万人为中等城市，50万人以下为小城市（其中，20万～50万人为Ⅰ型小城市，20万人以下为Ⅱ型大城市）。如表1-1所示，与旧标准相比，新标

准在三方面有实质性改进：

2000～2010年中国各等级城市的划分标准及其变化　　　　表1-1

划分标准	共同点	不同点		
		空间口径	人口口径	分级标准
新标准（2014年）	对城市的界定的一致。包括设区城市和不设区城市（县级市）。设区城市由所有市辖区行政范围构成，县级市即自身行政范围	城区，即城市行政范围内实际建成区所涉及的村级行政单元	城区（常住）人口，即居住在城区内半年以上的常住人口	五类七档： ＞1000万人（超大城市） 500万～1000万人（特大城市） 300万～500万人（Ⅰ型大城市） 100万～300万人（Ⅱ型大城市） 50万～100万人（中等城市） 20万～50万人（Ⅰ型小城市） ＜20万人（Ⅱ型小城市）
旧标准（1989年）		市区，即全部城市行政范围	市区非农业（户籍）人口，即市区内具有非农业户籍的户籍人口	四级： ＞100万人（特大城市） 50万～100万人（大城市） 20万～50万人（中等城市） ＜20万人（小城市）

（1）采用"城区"替换"市区及郊区"，对城市空间范围的界定更为科学合理。"城区"是指"在市辖区和不设区的市、区、市政府驻地的实际建设连接到的居民委员会所辖区域和其他区域"。这个界定来源于2008年发布的《统计上划分城乡的规定》，将地域划分为城区、镇区、乡村三种类型。统计部门每年都发布精确到村级行政单元的城乡统计代码，根据代码即可判断"城区"涵盖的范围。"城区"类似于实际建成区，但又不完全等同于实际建成区，是指实际建成区所涉及的村级行政单元，包括村委会、居委会等。图1-1刻画了一个地级市内2个城市A、B的城区示意图，左图为城区实际建成范围，右图为城区统计范围，也就是说统计上的"城区"范围要略大于实际建成范围。

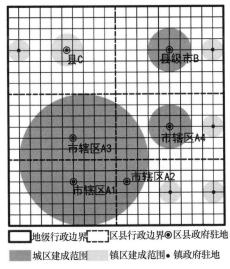 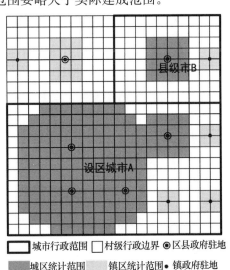

图1-1　城区实际建成范围（左）和城区统计范围（右）

（2）采用"常住人口"替换"非农业人口"，对城市人口的统计更加符合实际。"非农业人口"是基于户籍人口的概念，并非实际常住在本地的人口。而新标准采用的"常住人口"既包括常住本地的户籍人口，也包括常住在本地的流入人口，但是不包括具有本地户籍的流出人口。相应"城区人口"就是根据《统计上划分城乡的规定》规定的具有"城区"属性的包括村级行政单元内的常住人口总和。相关人口统计指标的关系如图1-2所示。

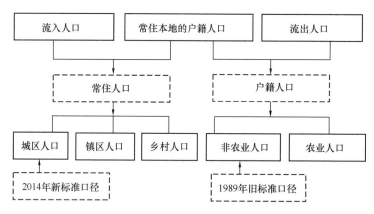

图1-2 常用人口统计指标的关系图

（3）采用"五类七档"分类标准，能更为客观和真实地刻画出中国目前城市规模的等级结构状况。"新标准"将城市划分为五类七档：首先，以1000万人界定增设超大城市，突出顶层等级城市；其次，中等城市、大城市、特大城市的标准分别提升至50万人、100万人、500万人，量级显著提升，满足日益增长的城市规模体量；再者，将大城市和小城市细分为两档，有利于针对不同规模城市实施差异化管理。

1.2.2.3 新标准的常见应用误区

在使用新标准时，由于对"城市""城区""常住人口"等概念理解不准确，导致出现各种五花八门的错误划分方案。常见应用误区包括：

（1）混淆不同行政层级的"城市"概念，错误地将直辖市、地级市的市域范围作为城市范围。中国行政区划体系中自上而下涉及"市"的包括省级层级的直辖市、地级层级的地级市、县级层级的县级市。界定城市时，直辖市、地级市应当提取其市辖区部分，与县级市可以横向比较。典型的案例是重庆市，按照直辖市范围重庆市当为中国最大城市，事实上按照新标准中"城区"口径，2010年重庆市城区人口867万人，排名第6，属于特大城市。

（2）混淆"城区"和"市区"概念，错误地将"城区"的空间范围扩大化。如表1-1所示，新标准采用"城区"口径，而旧标准采用的"市区"口径由城区、镇区、乡村构成，即"城区"是"市区"的组成部分。新标准出台后，许多媒体平台援用《国家新型城镇化规划（2014—2020年）》数据，指出2010年中国500万人以上的特大城市16座，而规划中采用的是"市区常住人口"口径，具有统计放大效应，事实上按照新标准，2010年中国500万人以上的城市仅12座。

（3）混淆多个"人口"概念，采用了错误的人口统计口径与数据。随着近年流动人口数量的剧增，常住人口口径逐步得到重视，但是仅在人口普查或者人口抽样调查年份有详细数据。而与城市直接相关的城市统计年鉴、分县市人口统计年鉴等每年都发布"市区户籍人口"数据，容易获取。许多研究直接采用"市区户籍人口"作为城市规模等级的划分依据，造成应用误区。

1.2.3 基于新标准的划分结果及规模等级体系演变

1.2.3.1 2010年城市规模等级的划分结果

2010年全国第六次人口普查（简称六普）统计常住人口时将地域分解为城市、镇、乡村，对应2008年发布的《统计上划分城乡的规定》的城区、镇区、乡村，空间口径、人口口径与新标准均完全一致。城区人口和镇区人口总和即城镇人口，2010年全国各城市城区人口累计4.04亿人，占全国城镇人口的60.26%，占全国总人口的30.29%。各城市的"城区人口"数据可以从各省第六次人口普查资料中汇总获取，但辽宁、湖南、四川、新疆仅提供地级尺度的"城区人口"总数，河北、江西仅提供分区县尺度的"城镇人口"总数据此，采取的处理方法如下：部分城市的"城区人口"从区县自身出版的人口普查资料直接补充；其他个别城市，结合《中国2010年人口普查分乡镇街道资料》，对照2010年城市建设用地的遥感解译图和城乡划分代码，按照"实际建设连接"的原则进行估算。据此，构建2010年中国城市人口数据库，共计656个城市，含287个设区城市和369个县级市，研究区域不包含港澳台地区。

如表1-2所示，根据新标准，将城市规模等级划分为"五类七档"。2010年，中国超大城市仅3个，上海市规模最大，城区常住人口达1764万人，其次为北京市（1555万人）和深圳市（1035万人）。特大城市9个，包括广州市、天津市、重庆市、武汉市、东莞市、佛山市、成都市、沈阳市、南京市，其中广州市924万人，接近超大城市的标准。大城市58个，包含Ⅰ型大城市11个，其中西安市488万人，接近特大城市的标准；Ⅱ型大城市47个，其中厦门市293万人，接近Ⅰ型大城市标准。中等城市93个，其中扬州市、淮南市等接近Ⅱ型大城市的标准。小城市493个，包含Ⅰ型小城市238个，Ⅱ型小城市255个。

基于新标准的2010年不同规模等级城市名单　　　　表1-2

城市规模等级	城市数量（个）	城市名单
超大城市	3	上海市、北京市、深圳市
特大城市	9	广州市、天津市、重庆市、武汉市、东莞市、佛山市、成都市、沈阳市、南京市
Ⅰ型大城市	11	西安市、哈尔滨市、杭州市、大连市、郑州市、青岛市、济南市、长春市、昆明市、合肥市、太原市
Ⅱ型大城市	47	厦门市、苏州市、长沙市、乌鲁木齐市、石家庄市、福州市、无锡市、温州市、贵阳市、南宁市、兰州市、汕头市、宁波市、南昌市、包头市、中山市、淄博市、唐山市、常州市、烟台市、惠州市、徐州市、洛阳市、鞍山市、呼和浩特市、柳州市、吉林市、临沂市、大同市、海口市、江门市、淮安市、大庆市、抚顺市、潍坊市、南通市、齐齐哈尔市、邯郸市、珠海市、西宁市、银川市、芜湖市、襄樊市、衡阳市、泉州市、保定市、台州市

续表

城市规模等级	城市数量（个）	城市名单
中等城市	93	扬州市、淮南市、本溪市、株洲市、莆田市、宜昌市、昆山市、秦皇岛市、安阳市、晋江市、连云港市、新乡市、湛江市、锦州市、济宁市、绵阳市、岳阳市、盐城市、张家口市、镇江市、桂林市、平顶山市、泰安市、赤峰市、瑞安市、湘潭市、营口市、蚌埠市、咸阳市、枣庄市、鸡西市、宝鸡市、揭阳市、东营市、开封市、南阳市、十堰市、牡丹江市、淮北市、遵义市、焦作市、阜新市、义乌市、常德市、荆州市、黄石市、韶关市、日照市、盘锦市、丹东市、辽阳市、南充市、江阴市、威海市、嘉兴市、湖州市、攀枝花市、常熟市、伊春市、阜阳市、泰州市、长治市、马鞍山市、鹤岗市、邢台市、金华市、商丘市、泸州市、佳木斯市、宿迁市、茂名市、九江市、自贡市、聊城市、信阳市、肇庆市、葫芦岛市、漳州市、莱芜市、六盘水市、益阳市、孝感市、内江市、乐山市、漯河市、宜宾市、赣州市、德州市、承德市、邵阳市、鄂尔多斯市、郴州市、阳泉市
Ⅰ型小城市	238	安庆市、四平市、滕州市、舟山市、萍乡市、七台河市、天水市、普宁市、晋城市、延吉市、德阳市、永州市、鹤壁市、通辽市、怀化市、许昌市、沧州市、菏泽市、宿州市、遂宁市、六安市、临汾市、绍兴市、濮阳市、河源市、双鸭山市、乌海市、余姚市、驻马店市、玉林市、朝阳市、新余市、潮州市、阳江市、宜兴市、龙岩市、鄂州市、即墨市、通化市、景德镇市、张家港市、诸城市、晋中市、吴江市、曲靖市、滨州市、梧州市、榆林市、胶南市、廊坊市、清远市、新泰市、北海市、白山市、铁岭市、耒阳市、邳州市、铜陵市、乐清市、荆门市、瓦房店市、慈溪市、库尔勒市、辽源市、松原市、伊宁市、衢州市、朔州市、宜春市、石嘴山市、诸暨市、娄底市、临海市、运城市、滁州市、福清市、高密市、贵港市、海城市、梅州市、石狮市、巴彦淖尔市、白银市、章丘市、衡水市、克拉玛依市、仙桃市、抚州市、泰兴市、富阳市、达州市、广元市、巴中市、资阳市、呼伦贝尔市、乌兰察布市、西昌市、铜川市、胶州市、大石桥市、石河子市、温岭市、三明市、汕尾市、周口市、汉中市、寿光市、白城市、喀什市、延安市、安顺市、青州市、上虞市、永城市、巢湖市、绥化市、桐乡市、渭南市、楚雄市、吉安市、咸宁市、三亚市、项城市、开平市、汉川市、毕节市、丹阳市、启东市、三河市、邓州市、台山市、三门峡市、平度市、临清市、任丘市、上饶市、玉溪市、江都市、兴宁市、大理市、丽水市、四会市、昌吉市、乌兰浩特市、肇东市、永康市、邹城市、丰城市、增城市、海门市、恩施市、新密市、靖江市、兖州市、荣成市、眉山市、东阳市、亳州市、太仓市、莱西市、枣阳市、忻州市、定州市、钦州市、曲阜市、东台市、南平市、溧阳市、嵊州市、兴义市、天门市、凯里市、满洲里市、大冶市、哈密市、吕梁市、莱阳市、庄河市、济源市、池州市、应城市、禹州市、高州市、信宜市、文登市、龙口市、江油市、黄山市、北流市、昭通市、仪征市、黄冈市、偃师市、云浮市、安康市、海宁市、招远市、平凉市、酒泉市、兴化市、肥城市、吴川市、张家界市、宣威市、醴陵市、高安市、金坛市、辉县市、宣城市、普兰店市、新郑市、涿州市、林州市、荥阳市、新沂市、安丘市、临安市、临夏市、宁德市、武威市、随州市、锡林浩特市、梅河口市、平湖市、来宾市、兴平市、化州市、嘉峪关市、都匀市、阿克苏市、莱州市、都江堰市、迁安市、敦化市、铜仁市、南康市、吉首市、麻城市
Ⅱ型小城市	255	其他城市

注：名单按照2010年城区人口规模大小排序。

1.2.3.2 2010年城市规模等级的空间结构

基于新标准,从"胡焕庸线"和城市群两个视角分析中国城市规模等级的空间分布。"胡焕庸线"将中国划分为东南半壁和西北半壁,反映了中国人口分布和自然环境的分异规律。不难发现,东南半壁城市规模等级的发育程度显著高于西北半壁,东南半壁城市数量594个,西北半壁仅62个,前者是后者的近10倍。而且,超大城市、特大城市、Ⅰ型大城市均分布在东南半壁,这一方面得益于东南半壁稠密的人口本底,另一方面得益于良好的沿海、沿江和交通优势等经济区位条件;而西北半壁等级最高的为Ⅱ型大城市,中等城市仅1个,其余均为小城市,西北半壁整体上人口总量低、城镇化水平滞后,但也不乏少数人口集聚能力较强的大城市。

《国家新型城镇化规划(2014—2020年)》提出"以城市群为推进城镇化的主体形态",空间范围参考方创琳等"5+9+6"城市群体系研究。5个国家级城市群中,长江三角洲城市群的城市数量最多,每个规模等级均有涉及,结构相对均衡;珠江三角洲的特大城市、超大城市高达4个,高等级城市发育的空间集聚特征最显著;京津冀城市群中北京、天津两座城市规模等级较高,但Ⅱ型小城市数量也相对较多,城市规模等级的发育程度差异较大;长江中游城市群和成渝城市群暂时没有超大城市,呈现少数城市规模等级独大的极化特征。其他城市群中,除辽中南城市群外均没有特大城市作为支撑,其中部分城市群中等级最高的城市群仅为Ⅱ型大城市。因此,2010年中国具有特大或超大城市的城市群仅有6个。

1.2.3.3 2000~2010年中国城市规模等级结构演变

1. 不同规模等级城市的数量结构变化

按城市规模划分新标准,2000~2010年,我国中小城市的数量比重一直维持在90%以上,除小城市数量减少外,其他等级城市数量均有所增加,城市等级金字塔结构有底端收缩、顶端扩大的趋势。表1-3统计了2000年和2010年各规模等级城市的数量及其变化量,图1-3相应地绘制出2000年和2010年城市规模等级金字塔图。2000年我国没有超大城市,其他四类城市数量依次递增,整体呈现出"顶端窄底端宽"的金字塔结构。其中,特大城市7个;大城市45个,其中Ⅰ型大城市5个,Ⅱ型大城市40个;中等城市和小城市分别为68个和545个,其中Ⅰ型小城市203个,Ⅱ型小城市342个。到2010年,上海、北京、深圳三座特大城市成长为超大城市;东莞、佛山、成都、沈阳、南京5个城市成长为特大城市,特大城市增至9个;大城市58个,其中Ⅰ型大城市11个,Ⅱ型大城市47个,中等城市和小城市分别为93个和493个,其中Ⅰ型小城市238个,Ⅱ型小城市255个。

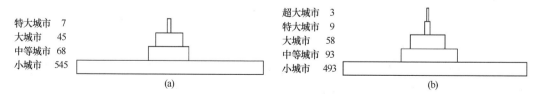

图1-3 2000年和2010年城市规模等级金字塔结构比较

(a) 2000年各等级城市数量;(b) 2010年各等级城市数量

2000～2010年中国各等级城市的数量、比重及其变化　　　表1-3

城市规模等级	2000年		2010年		2000～2010年	
	座数（个）	所占比重	座数（个）	所占比重	数量变化（个）	比重变化
超大城市	0	0.0%	3	0.4%	3	0.4%
特大城市	7	1.1%	9	1.4%	2	0.3%
大城市	45	6.8%	58	8.8%	13	2.0%
中等城市	68	10.2%	93	14.2%	25	4.0%
小城市	545	81.9%	493	75.2%	−52	−6.7%
合计	665	100.0%	656	100.0%	−9	0.0%

2. 不同规模等级城市的人口规模结构变化

2000～2010年超大城市、特大城市和大城市的人口规模比重从45.91%上升为57.16%，对城区人口规模增加的贡献率超过80%。如表1-4所示，2000年中国城市总人口规模为2.82亿人，小城市规模比重最高（37.38%），大城市其次（29.06%），特大城市和中等城市比重接近，相对较少。2010年城市人口总规模超过4亿人，大城市比重最高（30.28%），小城市其次（26.92%），特大城市和中等城市比重依然接近，新增的3座超大城市人口规模比重超过10%。对比2000年和2010年中国各等级城市的城区人口比重，新增超大城市规模比重增加迅速（+10.81%），小城市规模比重明显下降（−10.46%），大城市规模比重略有上升（1.22%），其他两类城市比重相对稳定。从对城市总规模增加的贡献率来看，超大城市的贡献率最高，达到36.29%，其次是大城市（33.06%），特大城市和中等城市贡献率接近，分别为14.17%和14.08%，小城市贡献率较低（2.40%）。

2000～2010年中国各等级城市的城区人口、所占比重及其变化　　　表1-4

年份	2000年		2010年		2000～2010年规模变化		贡献率（%）
城市规模等级	城区人口（千万人）	所占比重（%）	城区人口（千万人）	所占比重（%）	城区人口变化（千万人）	比重变化（%）	
超大城市	0.00	0.00%	4.35	10.81%	4.35	10.81%	36.29%
特大城市	4.76	16.87%	6.47	16.07%	1.71	−0.80%	14.17%
大城市	8.20	29.06%	12.19	30.28%	3.99	1.22%	33.06%
中等城市	4.71	16.69%	6.41	15.92%	1.70	−0.77%	14.08%
小城市	10.55	37.38%	10.84	26.92%	0.29	−10.46%	2.40%
合计	28.22	100.00%	40.26	100%	12.04	0.00%	100.00%

2000～2010年我国前11位城市的规模指数均低于位序—规模法则的理论值，规模结构相对扁平，但有向首位城市集中的趋势。2010年上海市人口规模反超北京市成为首位城市，这两座城市一直占据城市人口规模的前两位，人口规模比较接近，首位度远低于理论值。四城市指数和十一城市指数同样低于理论值，但这两个指数略有上升，说明相对于2～11位的特大城市，首位城市人口规模相对增加更快（见表1-5）。

2000 年和 2010 年中国城市规模指数　　　　　　　　　　　　　　　　表 1-5

规模指数 \ 年份	2000 年	2010 年
首位度	1.18	1.13
四城市指数	0.44	0.50
十一城市指数	0.35	0.42

3. 规模等级变化城市的类型及空间分布特征

2000~2010 年，有 190 座城市的规模等级发生了变化，可分为晋级型、晋档但未晋级型和降档型。晋级型城市城区人口规模增加最多（6727.3 万人），增长率最快（77.9%），包括 69 个城市，主要为设区城市；晋档但未晋级型城市数量最多（108 座），新增城区人口数量 2041.1 万人，平均增长率为 54.7%；降档型城市有 13 个，均由Ⅰ型小城市降为Ⅱ型小城市，城区人口共减少 83.1 万人，平均变化率为 －27.0%（见表 1-6）。

2000~2010 年中国规模等级变化城市的类型及分布特征　　　　　　　　　表 1-6

类型		城市数量（个）	城区人口增长量（万人）	城区人口增长率（%）	基本特征	主要推动因素	城市名单
晋级型	小计	69	6727.3	77.9%			
	晋升超大城市	3	2069.6	90.6%	直辖市及副省级城市；三大国家级城市群的中心城市	外来流入人口	北京市、上海市、深圳市
	晋升特大城市	5	1766.2	135.5%	晋一级：副省级城市、分布分散；晋两级：珠三角地区	外来流入人口，尤其是佛山和东莞	南京市、沈阳市、成都市、佛山市（晋两级）、东莞市（晋两级）
	晋升大城市	17	1913.3	57.2%	主要是西部省会城市和沿海设区市	本地城市化、外来流入人口、撤县设区	保定市、泉州市、衡阳市、襄樊市、芜湖市、银川市、西宁市、珠海市、南通市、江门市、海口市、柳州市、呼和浩特市、惠州市、中山市、台州市、淮安市（晋两级）
	晋升中等城市	44	978.2	57.2%	38 个设区市分布分散，6 个县级市分布于沿海地区	本地城市化、部分依靠流入人口、撤县设区	阳泉市、郴州市、鄂尔多斯市、宿迁市、商丘市、金华市、晋江市等

续表

类型		城市数量（个）	城区人口增长量（万人）	城区人口增长率（%）	基本特征	主要推动因素	城市名单
晋档但未晋级型	小计	108	2041.1	54.7%			
	晋升Ⅰ型大城市	9	994.7	46.7%	省会及副省级城市，分布分散	在本省有显著吸引力、本地城市化	太原市、合肥市、昆明市、长春市、济南市、青岛市、郑州市、大连市、杭州市
	晋升Ⅰ型小城市	99	1046.4	65.4%	分布分散，其中20个为设区市，79个为县级市	本地城市化、行政区划调整	吉首市、南康市等
降档型	降为Ⅱ型小城市	13	−83.1	−27.0%	除张掖市为设区市外，其他均为县级市；城区人口数量在20万人上下浮动	城市吸引力不足；缺乏行政等级优势	赤壁市、桂平市、南安市、龙海市、老河口市、陆丰市、罗定市、雷州市、张掖市、如皋市、钟祥市、广水市、武穴市

第一，晋级型：包括晋升超大城市、特大城市、大城市和中等城市四个亚类。晋升为超大城市亚类的有北京、上海、深圳，城市人口规模增加最多（2069.6万人），增速超过90%，分别为我国三大国家级城市群的中心城市。晋升为特大城市亚类的包括5个城市，城区人口平均增长率达到135.5%，主要由东莞和佛山贡献，这两个城市由中等城市直接成长为特大城市，城市人口规模增加近7倍。晋升大城市亚类的有17个城市，城区人口增加1913.3万人，增长率为57.2%，主要是西部省会城市和沿海设区城市，其中淮安市跳过中等城市级别，从Ⅰ型小城市直接成长为Ⅱ型大城市。晋升中等城市亚类的有44个城市，新增城市人口规模978.2万人，增速57.2%。从空间上总的来看，近年来交通沿线城市和城市群地区，具有优势基础和公共服务设施，产业和资本的集聚显著，形成强大人口引力场，成为城市规模等级晋升的核心区域。例如，东南沿海的珠三角、长三角等地区依靠其丰富的就业岗位、良好的生活环境等吸引人口集聚的核心要素，成为中国城市人口规模最集聚、城市规模等级晋升最活跃的地区。

第二，晋档但未晋级型：包括9个城市（由Ⅱ型大城市成长为Ⅰ型大城市），99个城市（由Ⅱ型小城市成长为Ⅰ型小城市）。晋升Ⅰ型大城市亚类共增加城市人口规模994.7万人，平均增速46.7%，均为省会或副省级城市。这些城市在空间上分布较为分散，新增城市人口主要来自于城市在本省对人口的显著吸引力带来的"城—城"流动人口和本地城市化过程中的"乡—城"流动人口。晋升Ⅰ型小城市亚类共增加城市人口规模1046.4万人，平均增速65.4%，其中有20个设区市和79个县级市。这些城市在空间上同样分布较为分散，新增城市人口主要来自于本地城市人口的机械增长和"乡—城"流动人口。

城市规模等级晋级或者晋档还受到城市行政区划的影响。城乡地域的重新划分、城市辖区范围调整将造成乡镇人口转变为城市人口，成为城市人口规模增加的重要推动力，在某些地区其推动作用甚至超过人口自然增长和人口迁移。晋级为大城市的南通市、晋级为中等城市的宿迁市、晋档为Ⅰ型小城市的安康市，在2000~2010年均经历了撤县设区，市辖区数量有所增加，对其城市规模等级提升起到关键作用。

第三，降档型：赤壁市等13个Ⅰ型小城市衰退为Ⅱ型小城市，主要分布在城市群地区以外，经济发展水平不高，人口吸引力略显不足。

从城市的行政等级来看，高规模等级城市晋升多发生在设区城市，降级城市多为县级市。晋升超大城市、特大城市和大城市的25座城市均为设区市，44个晋升中等城市中有37个发生在设区市；除张掖市以外，其他降级城市均为县级市。这是由于不同行政等级城市的配置资源、社会管理权限差异会导致城市规模变化特征的不同，处在低行政等级的县级市承担着地区公共职责，但财权和权利权限较少，影响当地城市发展、就地城镇化和吸纳外来人口，因此成为降级型城市的主要来源，而设区市具有更多的行政管辖权限和资源配置能力，往往成为本地城镇化和吸引外来人口的核心区域，成为等级晋升的热点。

1.2.4 新标准的科学性评价及局限性分析

1.2.4.1 新标准的科学性评价

中心地理论和位序—规模法则是研究和评价区域城镇体系规模等级结构的两种经典理论。因此，本章应用这两种理论对新、旧标准及两种常见应用误区（"市区常住人口""市区户籍人口"）的划分结果进行科学性评价与比较分析，以便更好地了解新标准的理论依据与适用性。其中，城区人口、常住总人口数据来源于2010年第六次人口普查，非农业人口、户籍人口数据来源于《全国分县市人口统计资料》的2010年数据。

（1）基于中心地理论的评价与比较。中心地理论是由德国城市地理学家克里塞·泰勒于1933年提出的，推导出了在理想地表上的聚落分布模式，分别为遵循市场原则、交通原则或行政原则的三种理论模型：按市场原则形成的理论模型中，每个较大的中心地的市场区总是包含了3个比它低一级市场区，由此形成$K=3$的系统，不同规模中心地的等级序列是：1，2，6，18，54，……；按交通原则形成的理论模型中，每个较大的中心地的市场区总是包含了4个比它低一级市场区，由此形成$K=4$的系统，不同规模中心地的等级序列是：1，3，12，48，192，……；按行政原则形成的理论模型中，每个高级的中心地管辖6个次级的中心地，由此形成$K=7$的系统，不同规模中心地的等级序列是：1，6，42，294，2058，……。根据中心地理论，不同等级的中心地数量是递增的，无论哪种原则，均呈现出"顶尖底粗"的金字塔结构。

如图1-4所示，分别绘制四种标准口径下的城市规模等级金字塔结构。按照新标准，我国七档的城市数量分别为3、9、11、47、93、238、255个，依次增长，"顶尖底粗"，呈现出自上而下扩张型的金字塔等级结构；按照旧标准，特大城市、大城市、中等城市、小城市的数量分别为64、95、243、254个，虽然也呈现扩张型特征，但是特大城市数量偏多，"顶不尖"，等级层次不够清晰；按照"市区常住人口"七档分法，城市数量分别为6、10、21、156、270、162、31个，呈现收缩型特征；按照"市区户籍人口"七档分法，同样呈现收缩型特征，不适合金字塔结构。

图1-4的比较分析显示，按旧标准、"市区常住人口""市区户籍人口"所划分出的中国城市规模等级结构，都不符合中心地理论所要求的金字塔结构特征；只有按新标准所划分出的中国城市规模等级结构，才呈现出显著的金字塔结构特征，五级不同城市规模的数

量分别为3、9、58、93、493，除3之后的等级序列为1∶3∶19∶31∶164，基本符合按交通原则（$K=4$）形成的中心地理论模型。改革开放以来，中国公路、铁路网络逐步完善，近年来高速铁路、高速公路更是快速发展，邻近交通线的城市得益于区位便利，人口和其他要素加速集聚。从夜晚灯光遥感图也能看到，沿着交通线附近的城市亮度非常高，随着城镇化的快速发展，相对均匀分布的农业人口逐步向交通优势度高、综合实力强的"点—轴"地区集聚，而新标准的城市规模等级划分结果也印证了这一点。

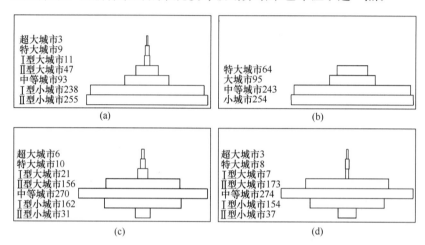

图1-4 不同标准口径下2010年城市规模等级结构比较
(a) 基于新标准"城区（常住）人口"；(b) 基于旧标准"非农业（户籍）人口"
(c) 基于"市区常住人口"；(d) 基于"市区户籍人口"

（2）基于位序—规模法则的评价与比较。位序—规模法则是齐夫（Zipf）在1946年提出的，它揭示了城市人口规模与其在全国城市体系中位序的关系，其经典的Lotka模式的对数形式为：

$$\ln P_i = \ln P_1 - q\ln R_i \tag{1-1}$$

式中：P_i、R_i分别代表第i个城市的人口规模、位序，P_1为首位城市的人口规模，q为弹性系数。标准的位序—规模分布，q是等于1的。但现实中，q会受到各种弹性因素影响，q如果大于1，表示高位序城市发育更加突出；q如果小于1，则低位序城市发育更加突出。贝克曼基于中心地理论，假设城市规模与服务人口成正比，每一级城市辖有固定数量的下一级城市，据此推导中心地模型，结果显示，中心地城市规模级别以指数形式增加，与位序—规模法则具有一致性。

如表1-7所示，按照Lotka模式，分别对按四种标准所划分出的中国城市规模等级结构进行位序—规模拟合分析。经比较可以发现，基于新标准所划分的中国城市规模等级结构，最符合位序—规模法则，其拟合优度最好，q值最高且大于1；基于其他三种标准所划分出的中国城市规模等级结构，其位序—规模分布拟合结果也可以接受，但拟合效果相对较差。从弹性系数q值看，旧标准和两个应用误区拟合的q值均小于1，反映了低位序城市发育更为突出，显然受到了行政区划边界的影响，以行政区划范围统计的人口方差相对较小，中小城市行政区划范围内总人口未必偏少。而只有新标准的q值大于1，高等级城市的人口优势更为突出，准确地揭示了当前中国城市人口两极分化的马太效应特征。特别是改革开放以来,大量的流动人口涌入城市,流动人口往往选择在城市建成区内部和附近的经济型地块居住,是城区人口的重要组成部分。超大城市、特大城市、大城市是流动人口主要的迁移目的地,而中小城市对流动人口的吸引不足,不同规模等级城市之间的流动人口数量的两极分化加速了城区人口数量的两极分化。由此可见,位序—规模法则进一步论证了基于新标准划分结果的科学性。

基于不同标准的位序—规模分布拟合结果　　　　　表1-7

划分标准	P_i	拟合方程	拟合优度 R^2	弹性系数 q
新标准	城区人口	$y=-1.0128x+18.166$	0.94	1.01
旧标准	非农业人口	$y=-0.9267x+17.668$	0.93	0.93
市区常住人口	常住总人口	$y=-0.7641x+17.694$	0.88	0.76
市区户籍人口	户籍总人口	$y=-0.7096x+17.351$	0.82	0.70

1.2.4.2 新标准的局限性分析

相对于旧标准,新标准的空间口径更加接近城市实际的物理边界,人口口径更加符合城市实际常住的人口状态,划分方案更加适应城镇化发展的现实要求,前瞻性和进步性十分明显。但是,实际应用中,新标准至少存在两点局限性。

(1)"城区人口"数据难以获取。首先,国家统计局每年发布村级城乡划分代码,只包括村社名称、代码等内容,并没有面积、人口等基本属性数据和空间边界数据,公众使用时很难在图纸上识别城区的空间范围和汇总"城区人口"总数。其次,与城市最紧密的《中国城市统计年鉴》《全国分县市人口统计资料》等发布的均是市区范围内的户籍人口数据,均未涉及新标准的城区常住人口数据。2010年以后,《中国人口与就业统计年鉴》以第六次人口普查为基准,开始发布"城区人口"抽样调查数据,但只精确到省。

(2)受行政区划调整影响较大。新标准继续沿用旧标准的对城市的界定,分为设区城市和不设区城市。撤县(市)设区是增加市辖区行政范围的主要途径,城市行政范围一旦扩张,被划入的县(市)的县城(城区)等也将作为新的"城区"被纳入统计,使得整个城市的"城区人口"在空间统计上被迅速累积放大。例如,2014年广州市将从化市、增城市撤市设区,如果按照新的城区构成,2010年广州市城区可以达到969万人(含从化城区18万人、增城城区27万人),非常接近超大城市的等级标准,但实际建设的物理空间上,仍然表现为广州主城区、从化、增城三个分散城区。

1.2.4.3 新标准的优化展望

针对第一个局限性,最理想的情况是,各城市的城区实际建成边界、行政范围边界及"城区人口"数据,能够及时发布,使得新标准的实施有据可循。但是,就现有资料和数据,可以通过下面两种途径实现非普查年份"城区人口"的估算和新标准的应用。

(1)"自下而上"的方法:根据遥感影像或者土地利用变更调查数据,识别出城市的建设用地,按照《统计上划分城乡的规定》,结合各级行政中心、行政边界的空间数据,通过空间叠加分析,识别区、市政府驻地的实际建设连接到村级行政区域。结合地方统计的村级或者乡镇级常住人口资料,估算"城区人口"数量。这种方法对基础地理信息数据和人口数据要求较高,能够相对精确地判断城市的规模等级。

(2)"自上而下"的方法:以《中国人口与就业统计年鉴》发布的分省"城区人口"

"镇区人口"抽样调查数据作为总量控制，结合《中国县域统计年鉴（乡镇卷）》的"城镇建成区总人口"等比例换算各城市的"镇区人口"（两者的统计口径非常接近）。而各城市的城镇人口或城镇化率相对容易获取，用"城镇人口"减去"镇区人口"，即可获得"城区人口"。这种方法主要依赖于统计资料，但由于"城镇建成区总人口"等统计并不像人口普查那么严谨，难免存在一定的数据误差。

针对第二个局限性，需要进一步优化新标准中"城市"的界定，降低行政区划调整带来的影响。行政区划上的"地级市""县级市"等实际上都是区域的概念，其内部包括城市、镇、乡村三种实体部分。适当区分行政区划中的"市"和实体的"城区"是新标准优化的主要方向，一方面，从城市行政范围内识别出空间上相对独立的城区；另一方面，县城等在实体上也接近城区，未来所在县、镇也可能撤县（镇）设市（区）。

如以江苏省为例，按照新标准，2010年江苏省有1个特大城市（南京），6个Ⅱ型大城市，9个中等城市，17个Ⅰ型小城市，6个Ⅱ型小城市，呈现收缩型金字塔结构，苏南地区城区发育水平较高，但苏北地区很多小城区被忽略。而实际上，根据2010年城镇建设用地数据，徐州市贾汪区、南通市通州区等相对独立，加上县城等，2010年江苏省Ⅰ型小城市增加至18个，Ⅱ型小城市增加至31个，呈现扩张型金字塔结构，清晰地反映了苏南—苏中—苏北城市规模等级发育的差异。2010年以来，江都市、吴江市、姜堰市、溧水县、高淳县、赣榆县、金坛市等先后撤县（市）设区，但在实体上仍然是相对独立的城区。

1.2.5 小结

本节对中国2014年所颁布的城市规模划分的新标准进行了系统阐述，并根据第六次人口普查数据，划分出了基于新标准和其他标准的2010年中国城市规模等级结构，通过比较分析的方法，评价新标准的科学性和局限性。主要结论包括以下三点：

（1）计划经济时期所制订的城市规模等级划分的旧标准，已难以适应当前我国城镇化的快速发展和城市人口结构的急剧变化等新形势要求，新标准在城市空间范围、人口统计口径和分级标准等三个方面进行了实质性的改进，以接近城市实体范围的"城区人口"作为划分依据。新标准使用时应当严格按照《统计上划分城乡的规定》定义的"城区人口"作为划分依据，"城区人口"既不是城市行政范围内全部常住人口，更不是户籍人口。

（2）基于中心地理论和位序—规模法则，对按照新标准、旧标准及其他标准所划分出的2010年中国城市规模等级结构进行了科学性评价与比较分析，结果显示：新标准的划分结果符合中心地理论模型及所要求金字塔结构特征，位序—规模的拟合效果最好，表明新标准更有利于科学地实施城市与人口的分类管理。按照新标准，2010年中国有12座超大城市和特大城市、58座大城市、93座中等城市和493座小城市，呈现出自上而下扩张型的金字塔结构，具有高位序城市发育突出的位序—规模特征，相较于旧标准、基于"市区常住人口""市区户籍人口"等方案的划分结果更加科学。

（3）新标准的局限性体现在"城区人口"数据难以获取、受行政区划调整影响较大两点。基于地方数据"自下而上"推算和基于统计数据"自上而下"估算是非普查年份"城区人口"获取的主要途径，应当加快城区人口空间信息的开放，使得新标准"看得见边界""查得到属性"。进一步优化新标准中"城市"的界定，构建基于实体建成城区的城市识别方案，逐步降低行政区划调整对城市规模等级划分带来的影响。

城市规模等级划分新标准的出台，不仅为新型城镇化差异化户籍政策的实施提供基础依据，也为空间人口统计、中国城市体系重构与演化等研究打开新的视角。

1.3 小城镇的概念界定及"镇化"发展的时空分异

城镇化是保持我国经济持续健康发展的强大引擎，是解决农业、农村、农民问题的重要途径，这已成为社会各界的广泛共识。但对于小城镇在我国城镇化战略中的地位与作用的认识，却长期存在不同的观点与争议，并且这种分歧在近期有不断激化之势。在学术上，一部分专家认为，我国城镇化超过50%，已进入快速发展阶段的中后期，应该调整"城镇化"偏差，明确"城市化"战略；也有一部分学者提出，农民工都跑到大城市去住"贫民窟"的现象已证明城镇化是一条"死路"，宜以"县镇化"承载新生代农民工的未来。在实践上，随着2014年《国家新型城镇化规划（2014—2020年）》正式提出"以城市群为主体形态，推动大中小城市和小城镇协调发展"之后，全国各地竞相兴起"城市群"规划热潮；另外，自住房和城乡建设部、国家发展和改革委员会等部委于2016年开展特色小镇培育工作，特别是党的十九大报告提出实施乡村振兴战略以来，小城镇因在城乡联系与融合发展中的独特作用，再次成为各级政府关注的重点。随着国家实施乡村振兴战略，一些学者提出"村镇化"是推进乡村发展的重要路径，通过农业农村现代化推动就地村镇化和村镇融合，与城镇化构成双轮驱动。实际上，中国地域广袤，不同区域间自然本底条件和资源禀赋差异决定了人口和经济活动空间布局的不均衡性，小城镇的人口集聚能力及对城镇化发展的作用也存在显著区域差异，因而亟待科学认知小城镇的人口集聚过程与时空分异规律，探索因地制宜的区域城镇化发展战略与模式。

"城镇化"与"城市化"两个概念虽均源于"urbanization"，但对于如何翻译一开始就存在争议，体现了学者们对中国城镇化发展特征及发展模式的不同认知与学术理念，并逐渐形成"大城市论""中等城市论""小城镇论"以及"协调发展论"等多种学术观点。费孝通先生在改革开放初期提出了"小城镇、大战略"的著名论断，并总结出"苏南模式""温州模式"及"珠江三角洲模式"等三种小城镇发展模式，对相关学术研究和国家决策影响深远。随后，学者们又陆续提出了"民权模式""孙耿模式""晋江模式"等不同小城镇发展模式，以及工业型、旅游型、农业服务型、商贸物流型等特色城镇发展类型。此外，关于小城镇人口的相关研究也比较丰富，涉及小城镇人口规模、空间分布以及人口集聚力、影响因素和对策探析。例如学者刘玉亭等结合小城镇设置标准、国内外相关研究等，对我国小城镇的人口集聚及其合理规模做了初步探讨；张立测算了2000~2009年人口高输出地区，小城镇人口占城镇人口比重变化，发现小城镇在省域城镇化进程中的作用总体上呈衰减趋势；李国平等进行了就业岗位对小城镇人口集聚力的影响研究，得出中国县域小城镇就业岗位对常住人口集聚具有促进作用。但总体来看，对我国小城镇及其在城镇化中作用的现有研究，案例调查与模式总结、主观性论断或理念性阐述偏多，而系统性的整体研究与客观性分析论证相对较为薄弱。究其原因，主要是因为对小城镇的概念界定存在分歧，小城镇的认定标准与人口统计口径变化频繁，难以获得具有可比性、长时间序列的小城镇人口数据，从而导致对小城镇人口集聚态势及其对城镇化发展的贡献认识不清或不准。

人口城镇化是伴随工业化发展，农村人口向城镇集中的自然历史过程。因城镇包括城区和镇区，本研究将我国人口城镇化细分为城镇人口"镇化"与"城化"，基于我国历次人口普查及抽样调查数据，规范统一相关概念界定，构建1982~2015年全国、分省、分县市等多空间尺度下，城镇人口"镇化水平"及"镇化贡献率"的时间序列数据库，分析全国小城镇在城镇化进程中集聚人口水平的历史轨迹，揭示不同空间尺度及主体功能区下城镇人口"镇化"发展的时空特征，为客观认识和准确把握小城镇在我国新型城镇化进程中的发展态势提供科学依据。

1.3.1 小城镇的概念界定

关于小城镇的概念，目前国内外均没有一个统一的界定。美国将小城市定义为人口少于50000人的居民点，200人的社区即可申请设镇；一些发展中国家将5000~20000人的居民点界定为小城市。Hardoy和Satterthwaite认为，随着国家和地区的发展，这一界定无法永久适用，即认为小城市的规模界定是个动态过程，需根据国家和地区发展程度的变化作相应调整。Prakash Mathur、Markusen等提出，正是由于概念界定的差异，才导致了欧洲、亚洲、北美等国家截然不同的城市规模等级结构，因此无法将城市进行"啄食理论"的符号化表示。可以看出，国外关于小城镇概念的认识及其人口规模的界定均存在较大差异。

关于小城镇的内涵，国内学术界不同学科的学者有着不同的理解，但达成了一个共识："小城镇介于城市和农村之间，为城之尾、村之首，是城乡之间经济社会联系的纽带和桥梁"。国内最先研究小城镇的学者费孝通先生对小城镇的理解为：小城镇是一种比农村社区高一层次的社会实体，这种社会实体是以一批并不从事农业生产劳动的人口为主体组成的社区，无论从地域、人口还是经济、环境等因素看，它们都既具有与农村相异的特点，又都与周围的农村保持着不可缺少的联系。显然，费孝通先生主要是从小城镇与农村的地域、人口、经济以及环境等之间联系的视角，认为小城镇是指居民密集，房屋相连，拥有街道、水电、通信等公共基础设施的居民区（或称"镇区"），不包括在行政上由镇政府管辖的其他村落的地域和人口。

针对小城镇概念界定差异较大这一问题，国内很多学者进行了归纳总结，但梳理的主要观点存在概括不全或含糊不清的现象。例如有学者从法律和行政意义上、社会和经济意义上、二元经济框架下等三个方面进行了概括，但三个方面的概括均局限在建制镇层面，即默认小城镇仅包括建制镇，明显，该种概括略显狭义。部分学者从法律、行政的角度，对建制镇的设立条件进行了梳理。赵拴波、王树祥等列举了1984年国务院规定的设镇标准：凡县级地方国家机关所在地，或总人口在2万以下的乡，乡政府驻地非农业人口超过2000人的或总人口在2万人以上的乡，乡政府驻地非农业人口占全乡人口10%以上的或少数民族地区、人口稀少的边远地区、山区和小型工矿区、小港口、风景旅游、边境口岸等地，非农业人口虽不足2000人，如确有必要，都可建镇。学者杨娜认为，不能单纯从行政区划的层面来界定小城镇，而应看到小城镇既是一个社会历史范畴，更是一个经济范畴，应当把它放到区域经济中去理解，并将小城镇定义为"人口聚集到一定程度，且非农业人口占大多数，二、三产业是其主要经济支柱，城市基本功能及基础设施建设初具雏形,在县域内处于政治、经济、文化中心或次中心位置的区域"。然而,大部分学者仍从行政区划的角度进行界定,提出小城镇的概念有广义和狭义之分,且认为广义上的概念具有多层次、多等级的特点。

总体上,国内学术界对小城镇的界定仍未达成共识,虽然普遍认为建制镇是小城镇的主体,但对是否应包括县级市或县的城关镇、集镇存在较大分歧,可概括性地划分为宽口径、中口径和窄口径等三种观点(表1-8)。宽口径认为小城镇包括国家已批准的建制镇和尚未设镇建制的相对发达的农村集镇,显然也将县级市或县城关镇包括在内。窄口径认为小城镇是指除县级市或县的城关镇以外的建制镇,以住房和城乡建设部为代表。根据原建设部1995年发布的《建制镇规划建设管理办法》第三条,"本办法所称的建制镇……,不含县城关镇"。中口径以统计部门为代表,也是本研究所采用的概念界定。比较来看,这三种小城镇的界定口径各有其依据与优势,但在分析小城镇在城镇化中的地位与贡献时,本研究所采用的中口径更为科学合理。因为我国对行政建制市、镇的设置有明确和严格的标准,无论从人口构成还是规划建设等方面来看,县级市的城关镇,更类似于城区;而集镇尚未达到建制镇的设置标准,更像乡村。

小城镇的三种不同界定口径比较　　　　表1-8

不同界定口径	包括	不包括	代表性文献或部门
宽口径	县级市城关镇;县城关镇;一般建制镇;集镇	—	吴康,方创琳;纪泽民
中口径	县城关镇;一般建制镇	县级市城关镇;集镇	第六次人口普查;国家统计局
窄口径	一般建制镇	县级市城关镇;县城关镇;集镇	住房和城乡建设部

综上所述,本书中的小城镇是指除县级市城关镇(即县政府驻地)之外的所有建制镇的镇区,包括县的城关镇。

根据国务院于2008年批复的《统计上划分城乡的规定》,在开展城乡人口、社会和经济发展情况统计、评价城镇化水平时,应以国务院关于市镇建制的规定和我国的行政区划为基础,以民政部门确认的居民委员会和村民委员会辖区为最小划分单元,将我国的地域划分为城镇和乡村。其中,城区是指在市辖区和不设区的市,区、市政府驻地的实际建设连接到的居民委员会和其他区域;镇区是指在城区以外的县人民政府驻地和其他镇,政府驻地的实际建设连接到的居民委员会和其他区域,以及与政府驻地的实际建设不连接,且常住人口在3000人以上独立的工矿区、开发区、科研单位、大专院校等特殊区域及农场、林场的场部驻地。2010年第六次人口普查和2015年1%人口抽样调查均采用该规定,划分市区、镇区,并统计城镇人口以及城(区)人口镇(区)人口。本书也采用以上规定。

1.3.2 研究方法与数据来源

1.3.2.1 研究方法

为了定量化测度镇区人口集聚程度及其对人口城镇化发展的贡献,本书将镇区人口占其城镇总人口的比重称为城镇人口"镇化水平",以下简称为镇化水平;将某一时期内某

区域的镇区人口增长量占城镇总人口增长量的比重称为城镇人口"镇化贡献率",以下简称为镇化贡献率。它们的计算公式分别为:

$$TC = (TP/UP) \times 100\% \qquad (1-2)$$
$$GC = (TP_t - TP_0)/(UP_t - UP_0) \times 100\% \qquad (1-3)$$

式(1-2)、式(1-3)中,TC、GC分别代表镇化水平和镇化贡献率,TP、UP分别代表镇区总人口和城镇总人口,t、0分别表示末期和初期。

另外,为了分析、比较镇区人口集聚水平的区域差异,本书将镇化水平大于或等于50%的区域,称为"镇化主导型";将镇化水平小于50%的区域,称为"城化主导型"。同样,为了分析、比较镇区人口集聚对城镇化发展贡献的区域差异,本书将镇化贡献率大于或等于50%的区域,称为"镇化推动型";将镇化贡献率小于50%的区域,称为"城化推动型"。

1.3.2.2 数据来源及精度分析

本研究主要依据第三、四、五、六次全国人口普查(简称三普、四普、五普、六普)以及2005、2015年1%人口抽样调查数据,直接提取或间接计算出相应年份不同空间尺度的镇区常住人口及其他数据。全国及分省尺度数据基本为直接提取。分县区数据来源可分为两种类型。其一,直接提取1982年、2010年的镇区人口数据。分别从国家统计局出版的《中国1982年人口普查资料》《中国2010年人口普查分县资料》《2010年第六次全国人口普查劳动力数据资料》直接提取镇区人口数据。其二,采用城镇人口减去市人口或城人口的算式,计算出1990年、2000年的镇区人口数据。1990年数据来源为《1990年人口普查分县资料》中的第二种统计口径城镇人口和市人口。2000年的城镇人口数据来源于《2000年普查分县资料》,2000年的城人口数据参照周一星等发表的《中国城市人口规模结构的重构二》。

如表1-9所示,作为本书主要数据来源的历次人口普查资料,对镇人口的统计范围与口径历经多次变化,差异较大,使用时必须慎重小心,注意数据精度与可信度。特别是在2000年以前,因普查统计口径变动过大,导致镇人口规模及增量可信度较差,故镇化贡献率可信度较差,而针对同一年份人口规模比值的镇化水平存在偏差但具有一定可信度。2000年以后的普查及抽样调查,统计口径均强化实体空间概念,比较科学,镇化水平、镇化贡献率可信度均有所改善。

具体来看,主要有以下原因:

(1) 三普的城、镇统计口径均偏大,原因在于统计将辖区内全部人口纳入,包括大量农业人口,统计口径偏大,故镇化水平略微偏大。

(2) 四普的镇统计口径偏小,城统计口径偏大,原因有二:首先,不包括镇辖区内的农业人口。未统计镇近郊从事非农业活动的农业人口,以及设区城市的镇人口,使得镇人口统计偏小。而县级市所辖的街道人口本为市人口,但由于部分县级市未设街道建制而设有居民委员会,故计入镇人口,两者折中后缩小了镇人口的偏小程度;其次,对设区市仍旧保持市区总人口口径,继续偏大,但缺失未设街道建制的县级市人口,故城市人口偏差缩小。但总体上仍是镇人口统计偏小、城人口统计偏大,故镇化水平偏小。

(3) 五普镇统计口径略微偏小。因纳入人口密度因素,强化实体空间概念,所以统计出的城镇人口比重基本符合2000年我国城镇化的实际状况。但未统计人口密度超过1500

人/平方公里的市辖区的镇人口，统计口径偏小，故镇化水平偏小。

（4）六普统计口径与城镇实体地域基本一致，城、镇人口统计数据比较权威。综上所述，基于三普数据计算的镇化水平略微偏大，四普、五普镇化水平偏小，六普统计口径比较合理、镇化水平比较可信。2005年1%人口抽样与五普统计口径一致，2015年1%人口抽样与六普统计口径一致。

历次人口普查镇人口统计口径及精度分析　　　　表 1-9

历次人口普查	年份	镇人口统计口径	精度评价
第三次人口普查	1982	镇辖区全部人口，包括辖区内的农业人口	采用镇辖管行政范围内的全部人口，统计口径偏大
第四次人口普查	1990	不设区的市所辖镇和县所辖镇的居委会人口	无街道建制而设居委会的县级市人口计入镇人口，未统计设区城市的镇人口，总体上统计口径偏小
第五次人口普查	2000	（1）市辖区人口密度在每平方公里1500人以下的区和不设区的市管辖的其他镇，镇政府驻地的村级地域内的全部人口；镇政府驻地城区建设延伸到的村级地域内的全部人口；镇管辖的其他居委会地域内的全部人口； （2）县管辖的镇，镇政府驻地的村级地域内的全部人口；镇政府驻地城区建设延伸到的村级地域内的全部人口；镇管辖的其他居委会地域内的全部人口； （3）城镇地区以外的常住人口在3000人以上的工矿区、开发区、旅游区、科研单位、大专院校等特殊地区按镇划定	未统计人口密度超过1500人/平方公里的市辖区的镇人口，统计口径偏小
第六次人口普查	2010	（1）在城区以外的县人民政府驻地和其他镇，政府驻地的实际建设连接到的居民委员会和其他区域的人口； （2）与政府驻地的实际建设不连接，且常住人口在3000人以上的独立的工矿区、开发区、科研单位、大专院校等特殊区域及农场、林场的场部驻地人口	采用国家2008年批复的《统计上划分城乡的规定》，考虑全部镇的实体空间，相对合理。其中，不设区市城关镇属于城区

资料来源：历次人口普查资料

本研究采用的各类基础地理信息数据来源于中国科学院资源环境科学与数据中心，并对照《中华人民共和国乡镇行政区划简册》资料，通过经纬度数据抓取、数字化等地理信息技术，对照历史地图，分别回溯对应1982年、1990年、2000年和2010年人口普查时点的分县空间数据。通过人口普查数据与行政区划空间数据匹配，构建历期人口普查的城镇人口和镇人口空间数据库。本研究不包含港澳台地区。

1.3.3 中国城镇人口"镇化"发展的历史演变

1.3.3.1 镇人口总规模及镇化水平的历史演变

如表 1-10 所示,在 1982~2015 年,中国小城镇的数量、总人口规模总体均呈快速扩张之势,农村人口快速向小城镇集中;同时,城镇人口的镇化水平持续提高,小城镇已成为人口城镇化发展的重要载体。不过,小城镇的平均人口仍较小,提升较慢,总规模扩张主要依靠外延式数量扩张,质量有待提升。具体来看:

(1) 中国小城镇的数量和镇区人口总规模分别由 1982 年的 2523 个、4740 万人,增加至 2015 年时的 20154 个、32212 万人,分别增长了 7 倍和 6 倍,镇区人口总体呈现较强集聚态势。不过,1984 年的建制镇设置标准调整,对小城镇数量与规模增长也具有较大影响。

(2) 中国镇区总人口占城镇总人口的比重,即城镇人口镇化水平,呈持续提升态势,表明小城镇对人口城镇化发展的重要性在持续提高。总体上来看,镇化水平由 1982 年的 29.6% 提高至 2015 年的 41.8%,增加了 12.2 个百分点。分阶段来看,2000 年以前镇化水平均接近 30%,说明小城镇对城镇化的推进作用已经比较显著。其中,1990 年的镇化水平略低于 1982 年,可能由于 1982 年统计口径偏大、1990 年统计口径偏小的双向偏差所致。2000 年以后,镇化水平超过 30% 并不断增高,进一步体现了小城镇在城镇化进程中的重要作用及其增强趋势。

(3) 小城镇平均人口规模较小,提升较为缓慢。特别是在 1982~1990 年,由于小城镇数量的急剧扩张,其平均人口规模大幅缩减,从 1.88 万人减小至 0.71 万人。虽然之后小城镇平均人口规模也有所扩展,但总体较慢,至 2015 年已增长至 1.60 万人,仍未恢复至 1982 年时的水平。

1982~2015 年中国镇人口规模及镇化水平的历史演变 表 1-10

年份	小城镇个数(个)	镇人口(万人)	小城镇平均人口规模(万人/个)	镇化水平(%)
1982	2523	4740	1.88	29.6(*)
1990	11805	8373	0.71	28.2(˘)
2000	17132	16614	0.97	36.2(˘)
2005	19938	21955	1.10	38.2(˘)
2010	19152	26625	1.39	39.7
2015	20154	32212	1.60	41.8

注:(*)表示结果偏大,(˘)表示结果偏小。
资料来源:历次人口普查及 1% 人口抽样调查。

1.3.3.2 不同时期镇化贡献率的历史演变

表 1-11 计算出 1982~2015 年不同时期中国小城镇的人口集聚规模及其镇化贡献率。从中可以看出,中国数量众多的小城镇平均每年约增加 900 万~1000 万人,约占城镇人

口总规模增量的一半,且其贡献率呈稳中提升之势。

1982~2015年中国城镇人口、镇化贡献率等变化 表1-11

年份	城镇人口年均增长量 (万人/年)	镇人口年均增长量 (万人/年)	镇化贡献率 (%)	备注
1982~1990	1710	454	26.6	统计口径差异较大,数据可信度较差
1990~2000	1618	824	50.9	数据可信度一般
2000~2005	2322	1068	46.0	数据可信度一致
2005~2010	1903	934	49.1	数据可信度尚可
2010~2015	2027	1117	55.1	统计口径一致,数据可信度高
1990~2015	1898	954	50.3	数据可信度尚可

具体来看:

(1) 镇人口规模年均增长量及镇化贡献率这两个指标,由于1982年和1990年人口普查统计范围与统计口径差异比较大,导致1982~1990年的计算结果大幅偏低,不能反映实际情况;而在其他时期,数据可信度尚可,基本可用。

(2) 在1990~2015年这25年,中国小城镇平均每年增长954万人,镇化贡献率高达50.3%,是中国人口城镇化发展不可或缺的重要目的地与载体。

(3) 1990~2015年,小城镇人口集聚规模及镇化贡献率总体呈持续提升态势。这两个指标的最大值均出现在最近的2010~2015年,分别高达1117万人/年和55.1%。镇人口规模年均增长量的最小值出现于1990~2000年,为824万人/年。镇化贡献率的最小值出现在2000~2005年,仅为46.0%,远小于其他时期的50%左右。这说明以城市群为主体形态的新型城镇化战略的实施,小城镇的发展态势与重要性非但未被削弱,反而得到了加强与提升。

1.3.4 中国城镇人口"镇化"发展的时空分异

1.3.4.1 省级尺度的时空分异

1. 镇化水平的时空分异

如图1-5所示,绘制1982~2015年分省镇化水平的柱状分布图。从中可以看出,我国城镇人口镇化水平及变化态势的省级差异非常显著。

(1) 镇化主导型(镇人口占城镇人口比重大于或等于50%)省份的个数持续增长,大多为属于中西部地区城镇化水平相对较低的传统农业大省和人口净流出大省。1982年为0个,全部为城化主导型;1990年3个,包括云南、海南和广西;2000年3个,包括西藏、云南和江西;2005年增加至7个,包括江西、安徽、广西、贵州、甘肃、四川和西藏;2010年增加至9个,包括江西、云南、西藏、湖南、广西、河北、贵州、安徽和四川;而到2015年,已达10个省份,包括江西、云南、河北、西藏、河南、贵州、湖南、广西、安徽和四川,大多为属于中西部地区的传统农业大省和人口净流出大省,城镇化水平相对较低,大城市数量较小,小城镇是区域人口城镇化的主要目的地。

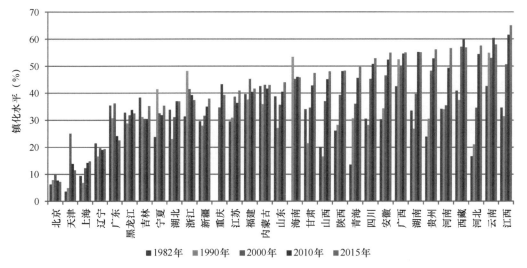

图 1-5　1982~2015 年分省镇化水平柱状分布图

注：①按照 2015 年数值升序排序；②1982 年不含海南和重庆，1990 年不含重庆。

（2）大多数省份的镇化水平呈总体增长态势，相较于 1982 年、1990 年，2000 年后多数省份镇人口占城镇人口比重明显上升，其中，河南、陕西、山西、山东、新疆、湖北等地区的镇人口占城镇人口比重呈现持续上升的状态，这些区域人口城镇化对镇的依赖程度不断提升。

（3）镇化水平相对偏低的省份多为经济发达的沿海省份，部分甚至呈现镇化水平持续递减态势。截至 2015 年，除河北和广西之外，其他沿海经济发达省份的镇人口占城镇人口比重均低于 50%，以城人口主导人口城镇化，其中，北京、天津、上海、辽宁和广东最低，均低于 25%。此外，1982~2010 年，广东、天津、浙江等省份镇人口占城镇人口比重呈明显的持续下降状态。

（4）各省镇化水平与其城镇化水平呈现较显著的负相关特征。如图 1-6 所示，进一步

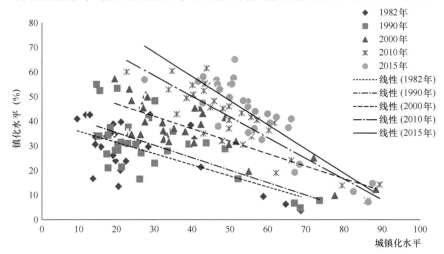

图 1-6　1982~2015 年分省城镇人口镇化水平及城镇化水平的相关关系图

注：1982 年不含海南和重庆，1990 年不含重庆。

探讨省级尺度城镇人口镇化水平与城镇化水平的关系特征。横坐标表示城镇化水平，纵坐标表示城镇人口镇化水平，不同颜色代表不同年份，对各年散点进行一次线性拟合，1982～2010年，所有拟合曲线的斜率均呈现负值，而且斜率的绝对值越来越大，曲线向左上方不断抬升。不难发现，1982～2010年，各省份在城镇化不断推进的过程中，城镇化水平与城镇人口镇化水平呈现负相关特征，也就是说城镇化水平越高、城镇人口镇化水平往往越低，或者城镇化水平偏低的地方往往镇化水平较高，而且这种负向关系是越来越明显的。

2. 镇化贡献率的时空分异

如图1-7，绘制分省镇化贡献率柱状分布图，考虑到历次人口普查时期镇区人口统计口径存在差异，而2005年1%人口抽样调查与2000年人口普查、2015年1%人口抽样调查与2010年人口普查的镇区人口统计口径分别一致，故而只计算2000～2005年和2010～2015年两个时段的镇化贡献率。不难发现，2005年以来，中国省级尺度的镇化贡献率同样存在显著的分异特征。

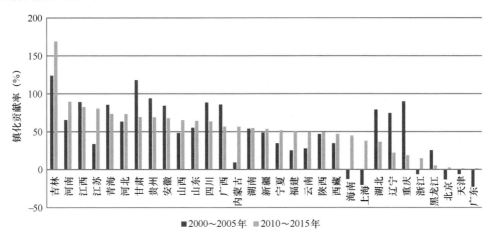

图1-7　2000～2005年和2010～2015年分省镇化贡献率柱状分布图
注：按照2010～2015年数值降序排序

(1) 镇人口贡献率从部分负向贡献作用转为全部正向推动作用。2000～2005年，中国全部省份的城镇人口全部呈现正增长，多数省份的镇人口呈现正增长，而广东、上海、北京、海南、浙江和天津的镇人口呈现负增长，导致这些省份镇人口增量占城镇人口增量的比重为负值，镇人口贡献率呈现负向推动作用，这些地区多是经济相对发达的沿海地区，城镇人口增长全部来源于城人口，城人口补偿了镇人口负增长的部分。而2010～2015年，所有省份的城镇人口和镇人口均呈现增长，因而镇人口贡献率全部呈现正值，对城镇人口增长具有正向推动作用。

(2) 以镇人口增长为主导驱动力的省份呈现增多趋势。2000～2005年，吉林、甘肃、贵州、重庆、江西、四川、广西、青海、安徽、湖北、辽宁、河南、河北、山东和湖南的镇人口增量占比超过50%，也就是说这15个省份的城镇人口增长主要来源于镇人口。而2010～2015年，镇化贡献率超过50%的包括吉林、河南、江西、江苏、青海、河北、甘肃、贵州、安徽、山西、山东、四川、广西、内蒙古、湖南、新疆、宁夏和福建，增长至

18个，这些地区城镇人口增长主要得益于镇人口的增长。其中，吉林的镇化贡献率一直超过100%，也就是说吉林的城人口增长为负值，镇人口增长对城镇人口增长具有绝对的推动作用。

3. 分省时空分异总体特征

综合各省镇化水平和镇化贡献率两个指标的组合关系（表1-12），可以发现：

2000～2005年和2010～2015年分省"镇化"组合关系划分结果　　表1-12

组合关系	2000～2005年	2010～2015年
镇化主导型+镇化推动型	安徽、江西、广西、四川、贵州、甘肃（6个）	河北、安徽、江西、河南、湖南、广西、四川、贵州（8个）
城化主导型+镇化推动型	河北、辽宁、吉林、山东、河南、湖北、湖南、重庆、青海（9个）	山西、内蒙古、吉林、江苏、福建、山东、甘肃、青海、宁夏、新疆（10个）
城化主导型+城化推动型	北京、天津、山西、内蒙古、黑龙江、上海、江苏、浙江、福建、广东、海南、云南、陕西、宁夏、新疆（15个）	北京、天津、辽宁、黑龙江、上海、浙江、湖北、广东、海南、重庆、陕西（11个）
镇化主导型+城化推动型	西藏（1个）	云南、西藏（2个）

（1）同时具有镇化主导和镇化推动两个特征的省份，或者具有其中一个特征的省份，数量都呈现增长。对比2000～2005年和2010～2015年两个时期，"镇化主导型+镇化推动型"的省份从6个增长至8个，新增了河北、河南和湖南，减少了甘肃，这些城镇化对镇人口具有绝对依赖的省份主要分布在中部地区和近西部地区，基本都是人口净流出大省；"城化主导型+镇化推动型"的省份从9个增加至10个，"镇化主导型+城化推动型"的省份从只有西藏1个新增到西藏和云南2个。

（2）同时具有城化主导和城化推动两个特征的省份始终占据多数，但数量有所下降。2000～2005年，"城化主导型+城化推动型"的省份15个，2010～2015年下降至11个，减少的省份包括云南、宁夏和新疆等西部省份，也包括江苏、福建等沿海省份，这些省份转化为镇化主导型或镇化推动型，但是并没有转化为兼具"镇化主导型+镇化推动型"的组合关系。

1.3.4.2 县市尺度的时空分异

由于有且仅有普查年份能够提供相对详尽的分县市数据，本研究只分析1982年、1990年、2000年和2010年的镇化空间格局，相应的统计指标如表1-13所示。此外，由于历次人口普查的镇人口统计口径存在显著差异，镇人口增量及城镇人口增量数据可信度均比较低，故在县市尺度层面舍弃镇化贡献率这一指标，只采用镇化水平来分析时空差异。总的来看，具有以下时空分异特征：其一，镇化主导型县市，无论从数量还是国土面积占比来看，始终占据主体优势地位；其二，镇化主导型县市的数量和国土面积呈稳中略缩的态势；其三，城化主导型县市的数量和国土面积呈不断扩张之势，特别是在东部沿海地区和城市群地区，呈集聚扩张的态势。具体来看：

（1）1982年，中国绝大部分地区的城镇化依赖镇化主导型的小城镇发展模式，城化主导型的县市单元相对较少，且在全国呈分散分布，没有明显的集聚特征。按照1982年城和镇的统计口径,一个县市的城镇人口要么属于"城人口",要么属于"镇人口",因而,镇人口占城镇人口比重要么为"0%",要么等于"100%"。其中,以城人口主导城镇化的县市单元相对分散,只占全国地域面积的 4.30%,主要是各地区的省会、工矿城市等;绝大部分县市以镇人口为主要的城镇化驱动力,达 1701 个,占全国地域面积的 62.99%;还有 426 个县市在统计上没有城镇人口,辖内人口全部属于乡村人口,占全国地域面积的 32.71%,主要分布在西北的西藏、青海、新疆南部、甘肃南部,以及华北的山西、河北等地区。

1982~2010 年中国县市单元镇化情况统计　　　　　　　　表 1-13

镇化水平类型	1982 年		1990 年		2000 年		2010 年	
	个数（个）	面积比重（%）	个数（个）	面积比重（%）	个数（个）	面积比重（%）	数量（个）	面积比重（%）
城化主导型	243	4.30	370	10.11	600	16.39	602	17.96
镇化主导型	1701	62.99	1912	73.96	1722	76.42	1695	82.04
无城镇人口	426	32.71	87	15.93	28	7.19	0	0
合计	2370	100	2369	100	2350	100	2297	100

(2) 1990 年,中国绝大部分地区的城镇化仍是镇化主导型,同时城化主导型的县市单元相对增多,空间分布依然具有分散特征。按照 1990 年城和镇统计口径,以城人口主导城镇化的县市单元共 370 个,占全国地域面积的 10.11%,空间上分布相对分散,沿海地区相对偏少;以镇人口主导城镇化的县市单元仍然占据主体,占全国地域面积的 73.96%,在空间上也广泛分布,没有明显的集聚或分散特征;还有 87 个县市在统计上没有城镇人口,主要分布在西藏、青海南部等地区。

(3) 2000 年,城化主导型的地区明显增加,出现了东北地区、山东沿海地区、湖北东部等典型集聚区,但是绝大部分地区仍然属于镇化主导型。按照 2000 年城和镇统计口径,以城人口主导城镇化的县市达到 600 个,占全国地域面积的 16.39%,在空间分布上依然是相对分散,但出现了东北地区、山东沿海地区、湖北东部等相对密集分布区,从长三角到珠三角的东南沿海地区也出现较多的城人口主导城镇化的县市;全国以镇人口主导城镇化的县市仍然占据主体,共计 1722 个,占全国地域面积的 76.42%,在空间上依然广泛分布,其中,中西部相对较多;2000 年仍然存在少量县市在统计上没有城镇人口,只有 28 个,主要分布在西藏北部和青海南部。

(4) 2010 年,城化主导型出现显著的集聚区,包括珠三角地区、长三角地区、山东半岛地区、辽中南地区等,但是镇化主导型的县市仍然占据主体。按照 2010 年城和镇统计口径,每个县市单元由城、镇和村三种类型的地域单元构成,不存在统计上没有城镇人口的空间单元。其中,以城人口主导城镇化的县市主要分布于沿海发达的城市群地区,以及中西部省会驻地、地级市驻地等大中城市;而以镇人口主导的小城镇化发展模式仍然占据主体,但是空间分布重心偏向于中西部地区。

1.3.4.3　基于主体功能区的空间格局

《国家人口发展规划（2016—2030 年）》在"改善人口资源环境紧平衡"章节中指出"制定和完善与主体功能区相配套的人口政策",主体功能区将在未来较长一段时间内成为中国人口空间集疏的主要参照政策。本研究参照樊杰（2015）的《中国主体功能区划方案》中的中国主体功能区划（V1.0）方案，并将国家级和省级的各类型主体功能区进行合并，以空间相对精细、时间最为邻近、统计口径相对有效的2010年分县市人口普查数据为基础，通过空间叠加计算，最终生成各主体功能区镇化水平的统计表，如表1-14所示。

2010年基于主体功能区的中国镇化水平统计表　　　表1-14

主体功能区类型	县市数量（个）	面积比重（%）	镇人口数量（万人）	镇人口占全国镇人口比重（%）	镇化水平（%）
优化开发区	94	1.61	2059	7.64	38.57
重点开发区	611	13.29	7858	29.16	53.04
农产品主产区	799	26.23	10804	40.10	88.35
重点生态功能区	793	58.87	6224	23.10	92.12
总计	2297	100.00	26945	100.00	—

总体来看，按照优化开发区、重点开发区、农产品主产区和重点生态功能区的开发强度从高到低排序，镇化水平越来越高。其中，优化开发区的镇化水平平均值低于50%，多为城化主导型；重点开发区的镇化水平略微超过50%；而农产品主产区和重点生态功能区均超过85%，小城镇对城镇化的主导力量较强。具体来看：

（1）优化开发区。优化开发区涉及县市单元相对较少，只占国土面积的1.61%，镇人口占全国镇人口比重也只有7.64%。此外，镇人口占城镇比重平均值为38.57%，即镇化水平平均值不到50%，城镇化主导力量是城人口，镇人口的主导力量相对偏低。

（2）重点开发区。重点开发区涉及611个县市，占国土面积的13.29%，但镇人口比重达29.16%，镇人口占城镇人口比重即镇化水平达53.04%。也就是说重点开发区覆盖了大量的镇人口，且相对城人口，镇人口对城镇化具有略微优势的主导特征。

（3）农产品主产区。农产品主产区涉及799个县市，占国土面积的26.23%，覆盖了全国的40.10%的镇人口，是中国小城镇人口分布最多的主体功能类型区。从镇人口对城镇人口比重即镇化水平看，高达88.35%，可见小城镇对农产品主产区的城镇化具有显著的主导作用。

（4）重点生态功能区。重点生态功能区的面积最为广袤，占国土面积58.87%，但是由于自然环境本底条件，人口密度相对偏低，只拥有全国23.10%的镇人口。然而，在重点生态功能区，镇人口占城镇比重高达92.12%，在各类型主体功能区中，重点生态功能区的小城镇对城镇化的主导力量最强。

1.3.4.4 时空分异的影响因素分析

改革开放以来，中国经历了快速城镇化进程，作为城镇的重要部分，小城镇对城镇化的贡献十分显著，城镇人口的"镇化"发展特征显著。从全国来看，城镇人口的镇化水平不断上升；从分省尺度来看，镇人口对中西部多数地区的城镇化具有重要的支撑作用；从分县市尺度来看，虽然城化主导型的县市范围呈现不断扩张趋势，并且在东部沿海地区和城市群地区逐渐形成集聚区，但总体上镇化主导型的县市仍然占据主体，尤其是中西部大多数地区；从主体功能区看，这样的时空分异特征更为显著，优化开发区和重点开发区城镇人口的镇化水平相对偏低，而农产品主产区和重点生态功能区城镇人口的镇化水平较高。这样的时空分异，与中国过去 40 年的区域经济发展态势、社会资源分配、行政区划调整以及统计口径变迁是紧密相关的。

（1）区域经济因素。改革开放以来，中国区域经济经历了十分不平衡的时空发展过程，从沿海城市群地区高速发展，到中西部地区省会等大城市的快速崛起，中国沿海和内陆的区域经济发展差异依然客观存在。这种区域经济发展水平的剪刀差形成了大量的人口迁移，其中以"人户分离"为特征的流动人口迁移最为突出，大量的流动人口向沿海城市群地区或中西部省会等大城市集聚，直接推动了城人口的快速增加，因而在省级尺度的东部地区、县市尺度的大城市地区、主体功能区的优化开发区等往往是以城化主导型的城镇化模式；而其他区域经济发展水平相对滞后的地区则呈现镇化主导型的城镇化模式，当然，也存在许多地区因为乡镇经济发展，而推动镇化主导城镇化。

（2）社会资源因素。虽然劳动力多向沿海地区或大城市集聚，但是由于中国特有的户籍制度，教育资源、医疗资源等社会公共服务资源仍然与"户籍地"具有绑定关系，而随着乡村人口的逐步流失，这些社会公共服务资源向小城镇或城市重新配置并不断集聚。为了子女教育、老人养老等，许多农村地区人口或在外打工的劳动力更愿意在户籍登记地邻近的小城镇迁居或购房，形成了公共服务资源拉动的城镇化模式，推动了乡村人口向周边小城镇的就地就近城镇化，因而在省级尺度的人口净流出大省、县市尺度的农区县市、主体功能区的农产品主导区等，往往形成镇化主导型的城镇化模式。

（3）行政区划和统计口径因素。随着中国城镇化的快速发展，改革开放以来，中国撤县设区、撤县设县级市、撤乡并镇、撤镇改街道等行政区划调整一直很频繁，而中国在统计上对城、镇及其空间范围的界定也与行政区划建制直接挂钩。在沿海地区或大城市，县改区、县改县级市、乡镇改街道的现象相对较多，导致农村人口或镇人口因为行政区划调整，在统计上逐步变更为城人口，而中西部的传统农区，这样的行政区划调整相对较少，县、乡镇建制相对较多，统计上城镇人口的主体也多属于镇人口，这也确实是导致中国城镇人口"镇化"发展时空分异的重要客观因素。

1.3.4.5 结论与讨论

1. 结论

（1）小城镇的人口集聚规模快速扩展，对城镇化发展的贡献稳步提升，但发展方式亟待转型。改革开放以来，中国经历了快速的城镇化过程和大城市人口集聚过程，虽然 1982 年、1990 年、2000 年和 2010 年等历次人口普查对城人口、镇人口的统计口径存在差异，但是总的来看，中国镇人口总量不断增长，镇人口占城镇人口比重即镇化水平不断提升，从 1982 年的 29.6% 增加至 2015 年的 41.8%，小城镇对中国城镇化的拉动作用不可忽视。不过，近 30 年来，我国小城镇人口规模的快速扩展主要依靠小城镇数量的快速增长，小城镇平均人口规模较小，提升较为缓慢，发展方式亟需由外延式扩张向内涵式提升转变。

（2）城镇人口的镇化具有显著的时空分异特征，中西部地区及非城市群地区的镇化主导特征最为突出。按照省级尺度，中国镇化主导型的省份从 1982 年的 0 个增长至 2015 年的 10 个，而且大多数省份的镇化水平呈总体增长态势；从镇人口增量对城镇人口增量的贡献度看，以镇人口增长为主导驱动力的省份呈现增多趋势；镇化主导型省份和镇化推动型省份主要分布在中部地区和近西部地区。按照县级尺度，虽然城化主导型县市不断扩张，并在城市群地区形成集聚区，但是多数县市仍然属于镇化主导型，特别在中西部广大农区。按照主体功能区划分，农产品主产区和重点生态功能区的镇化水平相对较高。

（3）影响中国城镇人口镇化时空分异的因素包括区域经济、社会资源、行政区划调整及统计口径等。客观存在的区域经济差异形成了大规模的人口迁移，沿海地区及城市群地区吸引了大量的城化人口，而广大的中西部地区，特别是非城市群地区的城镇化主要是镇化主导型。随着城乡社会资源的不断充足，小城镇成为周边乡村地区的社会资源集聚区，其教育、医疗等优势资源推动了就地就近城镇化，提高了镇化水平。中国繁复的行政区划调整和统计口径调整也客观影响了中国城镇人口镇化的时空分异。

2. 展望与讨论

（1）展望未来，中国城镇人口的镇化贡献率和镇化水平将稳中趋缓，小城镇始终具有不可或缺的重要地位。其一，在1990～2015年，中国城镇人口的镇化贡献率和镇化水平呈现出从快速增长向平稳增长转变的态势；其二，在"以城市群为主体形态，推动大中小城市和小城镇协调发展"的中国城镇化发展的总体空间战略导向下，主要城市群集聚人口能力持续增强，常住人口占全国比重稳步提升，特别是城镇人口总量占比增幅更高。这就意味着：在中国未来城镇化进程中，城化贡献率和城化水平将持续提升，而镇化贡献率和镇化水平将相应地减少；其三，在广袤的中西部农区或生态地区，特色小镇培育工程和乡村振兴战略实施，将进一步强化小城镇对农村人口的吸引力，推动这些区域镇化贡献率和镇化水平的提升；其四，根据国际经验，随着人民生活水平的提升和生态文明意识的加强，具有浓郁地方特色和优美生态环境的小城镇，对被大城市病困扰日益严重的大都市区居民具有极强的吸引力，特色小城镇具有广阔的发展前景。综合考虑以上多方面的因素，我们判断未来中国城镇人口的镇化贡献率和镇化水平将稳中趋缓。

（2）未来应通过城镇化与村镇化双轮驱动，强化城—镇—村的互联互通与融合发展，提升小城镇对乡村振兴的辐射服务功能。小城镇是大城市与乡村地区的链接地带，对城乡融合发展和乡村振兴具有天然的区位优势和不可替代的重要作用。但是，我国小城镇普遍存在规模偏小、基础设施落后、服务功能不全等问题，严重制约了其承城带乡作用的发挥，亟需加快推进城乡基础设施的互联互通和基本公共服务均等化发展，强化和提升小城镇对乡村振兴的辐射服务功能。未来，一方面，按照"自上而下"路径，提升既有小城镇集聚能力，突出发展小城镇带动周边乡村地区的就近城镇化模式；另一方面，按照"自下而上"路径，适当推动一批集镇和乡村的村镇化，重点提升乡村生产方式和生活方式转型，推进乡村与城镇的基础设施、公共服务等衔接融合和均等化，发展就地城镇化模式。在条件成熟的地区，可适度加快大镇改市、大集改镇等体制机制改革，强化小城镇的服务功能与人口聚能力。

（3）基于主体功能与空间治理的区域差异，因地制宜地实施差异化的小城镇发展战略与模式。在优化开发区和重点开发区，主要包括东部沿海发达城市群地区和中西部新兴城市群地区，发展功能承接型特色小镇，例如城郊科技小镇、都市休闲养老小镇、城郊通勤小镇等；在农产品主导区，包括非城市群且农业发达的地区，发展"农业+文旅""农业+加工业""农业+电子商贸业"等"农业+"型特色小镇，推动公共服务等值化；在重点生态功能区，推动农村人口有序向小城镇集聚，发展生态文旅型的环境优好型特色小镇。此外，主体功能区具有空间尺度的分异特征，国家尺度、省级尺度及更小尺度的主体功能区均存在差异，推动差异化的小城镇化发展战略，既要有国家、省级等宏观尺度的总体战略制定，也要重视具体城镇、社区等中观、微观尺度的精细设计，推进小城镇的高品质空间打造。

1.4 中小城镇国内外研究进展

1.4.1 中小城镇国外研究进展

1.4.1.1 国外基于劳动力要素集聚的中小城镇发展研究现状与进展

国外关于中小城镇发展的理论并没有形成单独的理论体系，基本上依附于城镇化过程的研究，理论观点大多包容在区域空间与城镇发展、产业聚集等基础理论方面。劳动力是重要的经济资源和生产要素，对中小城镇的发展至关重要。自20世纪70年代末以来，旨在分析资本主义经济发展及矛盾的 SSA 理论，即积累的社会结构理论，不断得以发展，该理论强调支持资本积累制度的复杂性，其中劳动过程对于提取剩余价值十分重要，而劳动过程理论更具体地阐述了类似的观点。另外，国外对于城镇劳动力集聚的动力研究较多。古典经济学的开山鼻祖威廉·配第最早在《政治算术》一书中揭示了比较利益的差异是农业劳动力流向非农产业的内在动力。希克斯在 1932 年指出："区域间的经济利益差异，其中主要是工资差异，是劳动力迁移的首要原因"。1954 年刘易斯在《劳动力无限供给条件下的经济发展》一文中指出："不发达国家的经济一般存在两个部门即为资本主义部门和维持生计的部门，后者主要是传统的农业部门。两部门的工资差额是劳动力向城镇集聚的动力"。Li 和 Qi 结合积累的社会结构理论及劳动过程理论，建立起劳动过程与工资差额之间的关系框架，从微观视角阐释两者之间的双向决定关系。20 世纪 70 年代以来，托达罗从发展中国家普遍存在的失业出发，发表了农村劳动力向城市迁移决策和就业概率劳动力流动行为模型。认为农村劳动力选择迁入城市的动力是农村劳动力对城市和农村的预期收入差距。当预期收入的差距越大，流入城市的动力就大；当预期收入的差距小时，则流入城市的动力就小。罗威斯坦提出了人口流动的"推拉理论"，把人口向城镇转移的动力分为两部分：农村内部的推力和城镇的拉力。农村中不利于生活的因素称为推力，城镇中那些有利于改善生活条件的因素称为拉力。

从人力资本集聚来看，大量的研究已经表明人力资本向中小城镇流动是缩小不同规模城镇生产率差距的重要手段之一。现代经济增长和空间均衡理论更为关注人力资本的集聚收益，可以将其理解为人力资本的集聚是提高地区收入水平、缩小财富分配不均以及促进区域经济增长的重要因素之一。并且从不同规模城镇人力资本水平分异的视角，进一步验证了更高的人力资本水平有助于吸引高技术工作者，从而有利于人力资本集聚的基本假设。同时，现代经济发展理论更为重视劳动力集聚在利用人力资本溢出效益上的工具性作用。

同时，国外从理论上研究劳动力集聚问题已经取得了丰硕的成果，产生了不少经典的模型。主要有刘易斯的二元结构模型、费景汉-拉尼斯的推拉模型、托达罗的预期收入模型、皮奥里的双重劳动力市场模型等。近些年，关注人力资本迁移竞争激励和迁移成本异质性的效用最大化方向迁移模型以及关注人力资本集聚决策的长期均衡和过渡性动态模型在人力资本的集聚机制方面具有较大的应用价值。

1.4.1.2　国外基于土地要素集聚的中小城镇发展研究现状与进展

以亚当·斯密和大卫·李嘉图为代表的古典学派一方面认为，土地是重要的生产要素，即"财富之母"。其用途非常广泛，包括住房、购物、仓储、农业、开采、制造等，均与生产活动相关；另一方面，由于边际报酬递减规律的作用，供给总量固定的土地是制约经济发展的关键性因素。19世纪70年代"边际革命"后，新古典经济学取代了古典学派，认为资本和技术进步是经济增长的关键，土地不仅可以被资本所代替，而且技术进步足以抵消固定不变的土地要素对经济增长的制约作用。20世纪末，Auty提出"资源诅咒"理论，核心思想是认为丰富的自然资源可能是经济发展的诅咒而不是祝福，大多数自然资源丰富经济体的发展落后于那些资源稀缺的经济体。而作为重要自然资源的土地要素，引起了不少学者的关注，例如 Niu 等运用土地资源指标及经济发展指标，对土地资源的诅咒系数进行了实证计算。诺贝尔经济学获得者舒尔茨提出的现代人力资本理论更是将资本和技术对经济增长的重要性强调到了极致，他甚至认为"人类的未来是开放的，并不为空间、能源及土地所决定"。纵观近些年来土地要素的研究不难发现两个突出特点：一是主要从理论上探讨土地要素集聚在经济增长模型中的平衡增长路径以及动态无效率等问题。由于将土地供给视为固定不变量，因此很少有研究土地要素集聚的文献，大多数实证研究探讨固定不变的土地要素对经济增长的制约程度；二是有关研究并未得出相对一致的结论。认为土地与劳动一样是国民经济增长的要素，产业用地的短缺将限制经济发展，同时土地利用强度的增加可以提高社会福利，然而却认为土地流量变化相对于其庞大的存量很小，因此新增土地供应对价格及产出影响很小。在政策分析方面，强调土地资源利用和管理政策对经济增长的作用，认为自然资源是一种重要的资产，提供独特的服务，滞后的政策和无效率的管理将阻碍经济增长。

而城市经济学和地理学的相关研究却认为，外部效应在解释城镇区位选择上处于中心位置，甚至为城市的存在提供一个可行的解释。稀缺土地资源在城市区位上的竞争提供了一个离心力用来抵消向心集聚效应。拥堵效应解释了多个城镇和非城市区域经济活动的存在性。土地租金差异在土地要素集聚中起到重要作用。

1.4.1.3　国外基于资本要素集聚的中小城镇发展研究现状与进展

资本是投资于有形资产而形成的，它是经济发展的物质基础，是其他因素发挥作用的载体。传统的城市经济分析表明城镇规模与专业化的资本投入息息相关，而资本要素的投入也会增加经济活动的累积效应。新内生增长理论强调，资本集聚及技术进步是经济增长的主要动力。在一定的规模范围内，资本的集聚效应将发挥主导作用，而如果资本投入超出了一定的阈值范围，出现过度集聚情况，资本集聚的负效应将会产生，不经济性也会快速出现。因此，可以将城镇规模和资本集聚的关系描述为倒U形的模式。为避免资本出现过度集聚且继续保持资本集聚状态，资本家采取剥夺式积累，即力图寻求新地理空间及剩余资本投资方式，例如将资料和非物质资源分配到资本流通中。城市经济学理论认为，对于中小城镇而言存在一个一般的资本集聚过程，在相对较低的区域经济活动阶段，资本的集聚效应是自强化和自组织的。因此，在资本投入规模上的增加将促进城镇整体规模的增长。而一旦达到了一个临界性的规模水平，增长速度便会降低，资本集聚带来的净收益也会随之缩小。由于资本流动总是与产业集聚和扩散相伴而生，因此发展经济学、国际经济学和区域经济学等领域从不同侧面关注了资本的集聚和扩散过程与机理。增长极理论和循环累积理论突出了经济发展中的积聚力量，而产品生命周期理论和边际产业扩张理论则强调了资本追逐利润的扩散效应。

在空间经济学模型中，最终决定空间长期均衡稳定的力量通常有两种：一种是市场接近性所带来的优势，即集聚力；另一种是促进现代部门扩散的力量，这种力量往往来源于市场竞争。Gosselin等指出，在某种特定条件下，部门之间的异质性可能导致社会价值与资本集聚不对等，而竞争可促成两者之间出现乘数效应，使得一些部门以牺牲其他部门的集聚和价值为代价，不断获得资本集聚并增加社会价值。空间经济学认为，当出现多重均衡结构时，历史偶然性因素在空间集聚中发挥重要作用。新经济地理学的主要研究对象首先是经济活动的空间集聚、区域经济增长集聚的动力分析，它在企业内部将规模报酬递增、不完全竞争和地理因素纳入标准的贸易模型框架中，构建新的研究方法来解释经济活动在区域上的配置以及在地理上的空间集聚现象，并形成了"中心—外围"分析的一般模型。该理论框架为中小城镇要素集聚提供了一个崭新的解释框架。

总体而言，国外学者对资本集聚研究主要有以下几个观点：集聚是本地市场效应和要素空间流动两者互动的结果；对于垂直生产结构且规模报酬递增的上下游部门，前后向关联将促使上下游部门集中于同一区位；导致集聚的机制在于要素积累和要素耗散。

1.4.1.4　国外基于生态低碳要素的中小城镇发展研究现状与进展

国外关于低碳城市理论的研究较多，主要集中在城市碳排放构成要素研究、城市生活碳排放量计算方法研究、城市生活方式规划研究以及低碳城市政策规划研究等方面。

在城市碳排放构成要素研究方面，Ho Chin Siong等认为不同国家有着不同的城市碳排放构成要素，其从经济发展与资源能源消耗的关系出发，认为城市生产、交通以及家庭生活是制约城市低碳发展的三个重要因素。

在城市生活碳排放量计算方法研究方面，美国哈佛大学经济学教授Edward L. Glaeser对美国10个典型大城市中心与郊区单位家庭交通、空调、采暖以及日常生活能耗进行了实证量化研究，较为系统地研究城市二氧化碳排放量计算方法及应用分析。英国学者Chris Goodall通过对英国家庭日常生活中天然气、石油、电能等能源消耗的统计，把国民的生活支出及各种物质消耗定量转化为对应的二氧化碳排放量，以量化的形式揭示了英国家庭生活形成的碳排放以及人们对低碳化生活方式的迫切需求。

在城市生活方式规划研究方面。Li等研究发现，生活碳排放在其国家总排放量中占很大比例，已成为近年来学术研究的一个热门主题，主要探讨消费方式、家庭规模、家庭收入水平、住宅空间等因素对碳排放的影响。Glaeser和Kahn通过对美国66个大都市区的研究，发现美国的城市发展与居民二氧化碳排放量之间存在着相应的规律，随着城市规模的不断扩大，新增人口的人均碳排放量要高于存量人口；同样收入水平的家庭，在城市郊区居住会比城市中心居住产生更多的二氧化碳排放。Fong等则以马来西亚为具体案例研究了能源消耗、碳减排与城市规划之间的关系。研究表明：高度紧凑的城市直接降低了小汽车的使用次数，减少了交通部门的能源消耗和二氧化碳的排放量，同时紧凑的城市对地区供暖和城市冷却系统也存在一定的影响，有利于采用热电联产，节约能源的使用；城市结构和城市功能也在一定程度上影响着城市能源的消耗，因为混合的土地使用可以减少远距离出行的机率，减少了与出行相关的运输系统的能源消耗。

在低碳城市政策规划研究方面。近年来，随着全球气候变暖的加剧，低碳发展模式已成为全球长期发展的最佳选择。日本学者青木昌彦认为低碳城市的制度设计和制度建设必须结合本地区原有的制度、经济、文化、历史以及价值现状。英国伦敦城市规划在交通、能源、建筑、市政等方面也为城市低碳化发展作了相应的调整，城市空间规划增加了政策继承、合作组织、管治、法律、调节框架和技术分析等方面的内容。

在低碳城市发展水平评估方面。目前国际上存在多套低碳城市发展水平评估指标体系，适用于城市、国家、全球等不同尺度范围，评估指标体系之间存在一定差异，核心指标集中在经济、环境、能源、社会等层面。Su 等亦提出了一套低碳城市发展水平评估方法，该评估指标体系从经济发展和社会进步、能源结构和利用效率、生活消费和发展环境三个方面对低碳城市进行评估。并运用信息熵的方法来求取权重，构建了一套低碳城市发展水平评估方法体系。

在低碳城市实践方面，英国、纽约、温哥华、哥本哈根、日本和马斯塔尔进行了探索性试验。英国的低碳城市项目（Low Carbon Cities Programme，LCCP）首批 3 个示范城市（布里斯托、利兹、曼彻斯特）分别制定了全市范围内的低碳城市规划。总体而言，英国的城市实践具有以下特点：规划目标单一，即促进城市总碳排放量降低；以推广可再生能源应用、提高能效和控制能源需求为主要实现途径；以建筑、交通和工业为重点规划领域；强调战略性和实用性相结合；城市建设强调技术、政策和公共治理手段并重。纽约市将应对气候变化纳入城市发展计划。美国纽约市于 2007 年发表了名为 PlanNYC 的城市发展规划。该规划除了包括住房、公共空间、工业用地、水资源、电网、交通、能源和空气等一般规划要素外，最大的特点是纳入了应对气候变化策略，明确地提出到 2030 年把纽约市的温室气体排放减少 30%。温哥华市以分区土地利用政策推动绿色建筑。加拿大温哥华市于 2008 年编制了《温哥华生态密度宪章》（Vancouver Eco-Density Charter），提出了环境可持续、生态影响可承担、宜居的城市规划政策。文件认为，未来气候变化可能对温哥华市造成重大影响，而该市的生态足迹和碳足迹测算表明现有资源并未得到有效利用，因此，市政府应确立温室气体排放的控制目标，并承担应对气候变化及推动节能减排的任务。哥本哈根提出"碳中性"城市计划。2009 年丹麦哥本哈根宣布，要在 2025 年把该市建成世界上第一个"碳中性"城市。计划分两个阶段实施，到 2015 年把二氧化碳排放量在 2005 年基础上减少 20%，到 2025 年使二氧化碳的排放量降低到零。其主要建设措施包括：大力推行风能和生物质能发电，实行热电联产，进行区域性供热；推广节能建筑，实行高税能源的使用政策，当前单位电费的税额高达 57%，如果不采取节能方式，用户则会付出更高的代价；实行绿色交通，在电力车、氢动力车以外，推行"自行车代步"，使得在交通工具的选择上，自行车居首、公共交通次之、私人轿车最末；对垃圾作资源化处理。1997~2010 年，日本北九州市实行生态城市项目，将一个以煤炭和钢铁为主的重工业城市，通过技术创新，实行循环经济和低碳经济发展模式，成功打造为世界著名的环境模范城市，为低碳目标的实现做出了重大贡献。马斯塔尔（Masdar）提出理想生态城计划。阿联酋马斯塔尔生态城拟建于阿联酋阿布扎比炎热的沙漠环境中，是一个计划耗资 220 亿美元，开发面积 600 万平方米，实行碳中性、零废物的全新零排放城市。该计划主要包括两个方面：一是零碳设计策略，整座生态城所需的电力将全部由大规模太阳能光伏系统供应；二是吸收沙漠地区应对气候环境的传统做法，在城市和建筑单体设计上采用一系列节能减排策略。主要包括城市朝向、高密度开发、城市系统封闭、地方材料、废物回收利用和交通方式等。

1.4.1.5 国外基于智慧要素的中小城镇发展模式研究现状与进展

智慧城镇是智慧城市的延伸。相比智慧型中小城镇，智慧城市（Smart Cities）的研究更为广泛。该部分的相关研究也主要总结和借鉴智慧城市领域的研究进展。Batty 等提出了智慧城市的一般定义："智慧城市是一种方式，这种方式不仅可以有助于自动地完成个人、建筑和交通系统的日常功能服务，还可以及时地去监测、理解、分析和规划城市从而提高居民的生活效率、公平性和生活质量"。理论上讲，智慧城市研究的核心在于以下七点：对城市问题提供一个新的理解；有效可行的协调城市科技；探索时空尺度城市数据的模型和方法；发展新的沟通和传播技术；新的城市管理和组织形式；界定城市、交通和能源关键性问题；智慧城市中的风险、不确定性以及灾害。在智慧城市评价体系方面，国外学者进行了大量研究。例如 Cao 等关于三维智慧城市中异构无线传感器网络部署问题的研究，Heaton 等对于智慧资产调控框架的探讨，Wang 等关于智慧城市边缘云辅助社会物理信息系统（CPSS）框架的讨论。国际经济论坛、国际智慧城市组织、国际电信联盟、哈佛大学国际发展中心与世界经济合作论坛等，IBM、CISCO（思科）与美国 IDC（国际数据公司）等企业也加入到智慧城市的评估研究中，IBM 提出了智慧地球（Smart Planet）的概念，而 CISCO 则提出了智慧城市化的概念。目前比较有代表性的评估指标体系是 Lazaroiu 和 Roscia 在 2012 年提出的智慧城市评价指标体系，该体系从智慧经济、智慧可移动性、智慧环境、智慧人口、智慧生活以及智慧管理 6 个方面对智慧城市建设提出了基本要求和评价标准。该评价指标体系为中国智慧型中小城镇建设提供了参考。近年来，随着智慧城市受到过度科技化、忽视城市本身需求以及环境可持续性局限等批判，新概念"智慧可持续城市"开始出现，目前国际电信联盟（ITU）、欧洲电信标准化协会（ETSI）、国际标准化组织（ISO）等国际组织已公布 6 套智慧可持续城市指标。同时，在理论研究的同时，国际上一些中小城镇逐步进行智慧城镇的实践工作。比较有代表性的案例有日本的藤泽可持续智慧城镇。该镇以松下集团为依托，构建了典型的藤泽发展模式。藤泽可持续智慧城镇建设目标是建设一个依托自然、高效生产，通过能源网和信息网为基础为居民提供安全和谐的生活环境。具体从能源、安全、可移动性、社区、健康、财政、俱乐部服务和资产管理 8 个方面来实现智慧城镇的建设。除此之外，欧洲的卢森堡、阿姆斯特丹（荷兰）、奥胡斯（丹麦）也是智慧城镇建设的典型模式。卢森堡是欧洲首个拥有全国性公共密钥基础设施的国家，其通过提高网络速度和建立商业互联网交换站的方式来努力实现其欧洲最主要的商贸平台之一的目标。阿姆斯特丹人多地少，资源紧张，其核心举措是智慧环保，其目标是应对全球气候变化，倡导低碳生活。奥胡斯年轻人居多，受教育程度高，通过制定《2009—2019 年公园发展计划》来提高公众参与度，目标是改变以往被动型管理模式，提高公众对政府决策的参与度，实现透明管理。

1.4.2 中小城镇国内研究进展

国内学者认为，根据城镇化过程中所需要素的不同，中小城镇生产要素主要包括劳动力、土地、资本和技术。同时，随着新兴技术和产业对于城镇化的推动，基本生产要素的整合集约利用逐渐成为提升城镇发展效率、改善城镇化质量、促进协调可持续发展的重要途径，并在此基础上形成了以智慧和低碳理念为目标战略的新型城镇化建设思路。中小城镇作为中国城镇化发展中的主力军和新型城镇化战略的重点建设方向，其发展路径与成功模式经验也被众多学者关注。

1.4.2.1 国内基于劳动力要素集聚的中小城镇发展研究现状与进展

作为产业集聚形成和城镇发展的前提条件，劳动力是影响城镇发展的最原始、最基础因素。而中国人口总量大、中小城镇接近农村、绝大部分中小城镇资金和技术短缺的现实，使得劳动力向中小城镇流动和集聚较为便捷。2009～2014年，我国小城镇常住人口密度普遍上升，小城镇常住人口比重在胡焕庸线两侧基本保持着稳定状态且县域小城镇非农就业岗位分布与常住人口分布大致吻合，且集聚程度更高。同时，中小城镇的劳动力比较优势也支撑起了其经济社会竞争力的提升，时浩楠和杨雪云对2016年以来住建部公布的两批共403个特色小镇整理发现，产业类特色小镇更偏向于分布在人口密集地区。李国平等研究发现小城镇人口规模扩大可以增加本地劳动力供给，进而带动就业人口由农业转向非农产业，提高小城镇非农产业比重。汪增洋和张学良发现提升毗邻中心城市的市区小城镇人口规模有利于促进小城镇产城融合。

虽然中国长期存在的户籍制度对于劳动力的自由流动和迁移人口的城镇化形成了一定程度的阻碍，但农村居民出于生存理性的需要和对城市现代化生活的期待，依然促使大量剩余劳动力向城镇转移。对此，一些学者通过对托达罗的农村劳动力流动模型进行反思、修正和拓展，构建了中国城镇的劳动力流动和集聚模型，分析研究了中国劳动力向城镇转移集聚的优化配置过程。同时，刘铮和黄蝉根据上海小城镇的人口流动状况研究认为，外来劳动力的聚集是上海小城镇要素聚集的重要内容，对小城镇成长具有重要影响；朱东风通过对2000～2008年江苏小城镇人口的时空变化进行探讨，建立了简单的城镇人口集聚的影响机制模型，并根据小城镇发展的时空特征提出了不同小城镇发展的对策建议。

不同历史阶段，劳动力集聚与中小城镇发展间存在着不同的互动关系，马海涛和耿凤娟归纳了我国劳动力集聚对中小城镇发展影响的五种阶段：

（1）中华人民共和国成立之前，战乱纷争和农村经济凋敝使得人口流动大都以谋生式的乡乡迁移为主，人口迁移对中小城镇发展产生着微弱影响。

（2）中华人民共和国成立初期，城乡二元户籍制度限制了农民向城镇的转移，严重削弱了人口集聚对中小城镇发展的带动作用。

（3）改革开放初期，鼓励农民落户城镇的政策和积极发展小城市的城市发展方针极大促进了乡镇企业的崛起，成为中小城镇发展的重要推动力量，例如，苏南南部的苏州、无锡、常州等地的中小城镇在早期乡镇企业的发展带动下，凭借地理位置的邻近、区位交通的便捷，吸引了大量农村剩余劳动力，使得这些城镇在集聚了丰富的劳动力资源促进城镇发展的同时，减轻了人口向大城市转移的压力。

（4）21世纪以来，以产业转移和劳动力回流为主要特征的"双转移"为中西部欠发达地区县域工业化和城镇化发展提供了新的契机，为动力不足、增速放缓的中小城镇发展重新注入了活力。而未来互联网技术的应用与知识创新使经济社会出现"去中心化"和"去中介化"的趋势，具有"成本洼地"优势的中小城镇将吸引更多的劳动力，中小城镇发展可能会迎来新的战略机遇。

1.4.2.2 国内基于土地要素集聚的中小城镇发展研究现状与进展

作为最基本、最实在的生产要素，土地几乎综合了其他要素的所有问题，特别是在中国，土地公有的性质又必然决定了这一基本生产要素的政府配置主导性。因此，地方政府在片面的政绩观刺激下，将城镇化简单地操作为利益驱动的"圈地运动"，导致了城镇经济增长效率一定程度的损失。随着科学发展观和城镇可持续发展理念的深入，以土地集约利用为重点的城镇化模式逐步兴起，并得到广泛认可和应用。对土地集约利用的概念，学者们从土地投入、土地产出、土地利用的提高和土地结构与优化等方面进行了阐述。陶志红指出，土地集约利用就是改善土地的生产和经营管理方法，依靠科学技术的进步和现代化的管理，提高产品质量，降低原材料和劳动力消耗，合理配置生产要素，提高经济产出和生产效益。许树辉认为通过土地集约利用度的提高，可以促使中小城镇土地利用结构优化，能最大限度地提高城镇土地的有效率、土地的可持续发展和经济效益。对此，刘杰认为土地利用集约程度的提高关键，就在于加强对单位面积的土地投入和产出的强度。对土地集约利用的评价，学者们利用耗散结构理论、模糊物元模型、层次分析法、混沌动力学、分形和孤粒子理论、系统论、控制论、协同学、突变论、遗传算法、元胞自动机、人工免疫系统、网络动力学模型、生态足迹模型、GIS 技术、马尔科夫模型等理论与方法，构建了城市土地利用动态分析模型、土地集约利用潜力评价指标体系、城镇土地集约利用评价指标体系和用地效益潜力测算模型等模型，并对中小城镇土地集约利用的机制、途径和影响进行了实证分析。

在中小城镇发展实践中，一些中小城镇和县区逐渐探索出了适合自身实情的土地集约利用和集聚的城镇化道路。例如，山东济阳县孙耿镇"邻村换地、集零为整"的集地开发模式，由镇政府统一组织，按人均 0.05 亩的面积，从镇最外围的村开始向邻村逐次调地，最终把调出来的地集中到交通便利的 104 国道两侧，设立开发小区，作为全镇共有的乡镇企业和乡镇发展用地，推动了产业集聚和城镇化发展。以广东省佛山市南海区为代表的广东模式，通过在国家征地进行城镇化的同时，将所有权性质不变的集体土地进行统一规划，并以土地或厂房出租给企业使用，集体经济组织和农民以土地股份制的方式分享了非农化过程中的收益，加速了当地工业化和城镇化的进程。在天津东丽区华明镇、津南区小站镇和武清区大良镇，采取的是以宅基地换房促进土地集聚、建设新型小城镇的方式，在保持基本农田总量不变的前提下，整合散居农民的宅基地，重新规划居住区、工业区，并在无偿提供农民住宅后，将节余出的建设用地进行整理、出让，所得收益用于城镇基础设施建设和支付农民住房建设成本，同时将原有宅基地整理复垦，实现耕地总量的占补平衡，提高土地节约和集约利用程度，实现土地集约的城镇化发展。在福建省龙海市角美镇，通过倡导利用低丘缓坡地和废弃工矿用地搞建设、改造空心村和危旧建筑进行集中统一建设、盘活非农建设用地存量、挖掘土地潜力等方式，促进了产业化发展，为城镇化建设提供了基础保障。另外，许多城镇已开始通过迁村并点方式进行区域空间整合，力求实现土地资源优化配置和城镇的规模效益。

1.4.2.3 国内基于资本要素集聚的中小城镇发展研究现状与进展

一般来说，中小城镇资本要素的配置表现为城镇政府以土地、税收等公共利益换取资本流入，正规金融对资本的配置作用较弱，民间金融在个别地区较为活跃。由于政府进行资本配置主要是采取公共利益让渡的方式，因此其构筑的城镇化产业导向和发展前景欠缺长期吸引力,不能形成稳定积极的预期。而以低廉的土地供应和财政补贴进行城镇建设,使得农民利益受到剥夺、城镇政府累积了越来越重的债务。同时,大型商业银行的机构撤并和信贷政策与活动对中小城镇的金融资本抽取作用很大,使得中小城镇的现代化发展得不到正规金融资本的有力支持,然而,随着融资渠道多元化和监管机制的健全完善,基于政府和社会资本合作的 PPP 融资模式在我国特色小镇建设上逐步得到广泛应用,2017年,国家发改委和国家开发银行联合发布《关于开发性金融支持特色小(城)镇建设促进脱贫攻坚的意见》,强调特色小(城)镇建设资金要更加多元化,随后地方政府相继出台了特色小镇金融支持、资金奖励和土地优惠等政策。除了内资驱动,外资在推动我国城镇化建设发展方面的影响也不断显现。例如,我国珠江三角洲地区的城镇化发展有很大部分是外资驱动,其城镇化过程的"外向型"特征明显。对此,罗茜(2008)从外商直接投资(FDI)对城镇化影响的角度进行了相关研究,认为能够吸引和充分合理利用外资的地区能够推动本地的城镇化发展。

在我国的中小城镇化实践中,最为典型的资本集聚发展模式就是具备优良区位优势的珠江三角洲众多城镇的发展。珠三角的中小城镇利用自身背靠大陆腹地、毗邻港澳台、面向东南亚的区位优势,通过"三来一补"、合作和合资经营等形式,吸引了来自欧美、东南亚等地区的大量资金、技术和设备,开创了外资主导型的城镇化发展模式。福建省福清市同样是通过引进外资,特别是以华侨和台湾同胞为龙头的资本和企业,建立了融侨经济技术开发区、海峡两岸农业合作试验区等产业园区,有力推动了当地工业化和城镇化的进程。而在浙江温州市的龙港镇则几乎完全得益于民间资本集聚利用,成为中国农民自费建城的样板。被称为"中国第一农民城"的龙港镇在进行城镇化发展伊始,通过土地、税收、户籍、行业准入等手段措施向农民筹集资金,完成了包括水、电、道路等在内的大部分公共设施建设,在此基础上,逐步吸引和发展起了印刷、礼品、塑编、纺织等产业集群,并引导企业向城镇公共建设投资,形成了产业和城镇化的良性循环,开创了主要靠农民自身力量建设现代化城镇的新路子,并成为全国小城镇建设示范镇、全国小城镇综合改革试点镇、联合国可持续发展试点镇。

除了资本支持制造业的传统发展模式,资本要素对中小城镇的影响更是拓展深入到金融业、保险信托等生产性服务业领域,近些年崛起的基金小镇最具代表性。国内基金小镇的建设基本上都借鉴了美国"纽约都市区—格林尼治小镇"的发展模式,其中具有代表性的是苏州工业园区东沙湖基金小镇和杭州玉皇山南基金小镇,二者分别凭借对接上海国际金融中心和位处杭州市区腹地的区位优势,形成了以并购基金集聚为主导,各种私募基金为支撑的"资本+金融业"发展模式。类似的还包括北京房山、浙江宁波、四川宜宾、江西九江等地的基金小镇,基金小镇正掀起我国中小城镇发展模式的一种热潮。

1.4.2.4 国内基于生态低碳理念的中小城镇发展研究现状与进展

仇保兴提出了将城市的现代化发展、生态环境保护和循环低碳经济相结合的可持续城镇化之路,以突破传统资源约束和提高利用效率、人居环境优化、城镇功能完善为目标,通过建设低碳城镇实现资源节约集约、生态环境友好、经济社会协调发展。相对于传统的资源集聚型城镇,低碳城镇的能源利用和经济运作方式以适当消费、低污染、低排放为特征,以低碳能源的使用、燃气普及率的提高、城市绿化率较高、废弃物处理率较高、交通和建筑的节能效果较好、居民消费行为的绿色化等为主要内容,以构建结构优化、循环利用、节能高效的经济体系为方向，最终实现城镇化的清洁、低碳、高效和可持续。

鉴于我国当前正处于工业化中后期阶段的特定国情，实现低碳城镇建设的主要手段和路径应该为能够进行循环生产利用的高新技术制造业和碳排放较少的第三产业。在众多生态低碳类型的中小城镇发展模式中，最具代表性的当属旅游文化型，据统计，住房和城乡建设部公布的127个第一批特色小镇以旅游发展型和历史文化型为主，占比分别超过60%和40%。具体案例如湖南省张家界依赖自身独特的自然景观资源集聚，以旅游业为动力，利用对外开放和鼓励旅游投资，带动了张家界城镇基础设施的极大改善，并积累了一大笔优质资产，形成了以"飞地型城镇化"为特征的张家界模式。山东海青镇利用青岛西海岸经济新区新型城镇化建设的重要机遇，以茶业作为乡村振兴的产业主体，深挖"茶文化"的历史资源内涵，大力发展康体旅游、健身旅游、养生旅游等生态文化旅游业态，打造出了"茶叶产业、文化产业、旅游产业"融合发展的生态低碳发展模式。陶慧等基于核心吸引物（A）—小镇（T）—乡村环境（R）三类初始条件不同组合情况提炼出乌镇、横店、马洋溪、增城、张家界和石林六大具有代表性的旅游小城镇发展模式。

同时，低碳环保、高效集约的新能源、新材料等绿色产业也是中小城镇产业发展中另一种重要模式。在湖北红安，积极发展低碳循环经济，创新低碳技术应用，引领生活方式的改变；在建筑设计方面，积极设计采用隔热保温、建筑能源自给等新兴材料和技术工艺；在产业经济方面，示范区引进并发展低污染、低耗能、高附加值的战略性新兴产业和具有绿色碳汇资源的生态农业，最大限度减少示范区内的温室气体排放，并借助示范区生态农业碳汇资源，改变示范区微气候，建设零碳示范区；在能源利用方面，大力开发和利用新能源。推广绿色清洁能源应用，如：太阳能风光互补的路灯照明系统、中水回收利用系统、多联热泵分布式能源系统、建筑空调节能系统等；在示范区生活方式上，推行低碳的生活方式和消费模式，提倡健康、自然、安全的生活，是一种低成本、低代价的生活方式。而广东省汕头市南澳县则利用海岛丰富的风力资源，建成了亚洲海岛第一大风电场，实现了新能源集聚驱动的城镇化发展。辽宁省大连市獐子岛镇则利用当地的海岛区位和海产资源优势，建立了一套能源、水资源和物质资源低碳循环的清洁、高效发展产业链条，并对丰富的生物质能、太阳能和风能进行合理开发利用，逐步构建低碳环保的城镇发展模式。

1.4.2.5 国内基于技术、信息与智慧要素集聚的中小城镇发展研究现状与进展

科技是第一生产力，技术创新与集聚效应更是促进科技与经济紧密结合、高效推动现代化城镇发展的有效途径。虽然在新经济时代，信息技术的飞速发展削弱了对空间的限制，但技术的创新研发和扩散应用依然需要在城镇地区聚集。这样，通过技术的不断创新和扩散应用，技术集聚利用其核心层的创新研发和改进需求，吸引了辅助层的基础硬件、基础软件和市场要素的集中，并进一步与外部环境层进行互动协同，从而形成一个有机循环的系统，发挥技术集群对城镇化的积极有效影响。

住房和城乡建设部2012年组织开展三批智慧城市试点，均涉及小城镇，因此，智慧城镇也引发了学术界和社会的广泛关注。"智慧城镇"以生态低碳、文化创意和物联网、遥感、云计算、异源异构数据集成等高新技术为基础，从城镇的生态化、网络化、数字化、幸福感出发，推动城镇经济社会进步，最终构建一个"以人为本、以城为道、以镇为路"的智慧管理服务系统，从而实现城镇化在各方面的便捷、舒适、高效的目标，保证城镇化的合理速度和城市的健康可持续发展。当前国家近三百个"智慧城市"试点，以镇作

为试点区域的屈指可数。作为全国首座智慧城镇示范区的典型代表，亦是全国百强镇的湖南浏阳市柏加镇，充分发挥企业在城镇建设中的优势，积极谋划通过物联网、云计算、电子商务等信息技术促进传统苗木产业升级，促进经济发展。柏加镇已启动了智慧城镇综合管理和运营平台的开发，包含了政务综合应用服务系统、企业服务系统、市民服务系统、应急指挥系统和城镇开发智慧决策系统等多个子系统，大力推动经济结构向以信息与知识为中心转变，力争发挥智慧产业的经济增长重要引擎作用，普及网络化的工作和生活方式，逐步形成适应信息化发展的社会经济组织体系，全面提高资源利用效率、城市管理水平和市民生活质量。智慧城市理念已经深入经济发展、社会管理和运营的各个领域，力促城市化和信息化深度融合，推动城镇化的发展，确保城镇管理更有序、更智慧、更节能、更低碳。另一个智慧城镇创新示范单位上海市浦东新区周浦镇，3G网络和城市光网建设已基本实现了全覆盖，节能降耗、清洁能源、城市安防、智能交通、医疗服务和智慧社区等方面的建设和引领示范工作也逐步展开。广东惠东诺贝林，在生态农业规划上积极探索智慧技术，以引进智能大棚技术、无土栽培技术、快繁技术等产业为抓手，通过布设于农田、大棚温室、园林等目标区域的大量传感节点，实时地收集温度、湿度、光照、气体浓度、土壤酸碱度、土壤水分、电导率等植物的生长状况信息并汇总到中控系统。利用农业专家智能系统按照农作物生长的各项指标要求，进行定时、定量、定位计算处理，对气候、土壤、水质等环境数据进行分析研判，科学指导生态轮作。同时利用物联网技术，对农产品进行身份标识，实现从农田到餐桌全过程来源追溯。实现智能化农业生产过程的科学管理，主要关键系统有：远程控制节水浇灌系统、节能增氧系统、智能温室控制系统、病虫害防治系统、农产品追溯系统等。

随着"互联网+"行动的深入推进，互联网的空间地域单元逐渐向小城镇及乡村社会渗透，"互联网+小城镇"已经成为一种新兴的中小城镇发展模式，互联网正在加速重构中国城镇体系结构。位于嘉兴桐乡的乌镇，经历近20年保护开发的铅华尽染，从单一模式的特色旅游文化小镇向互联网信息产业快速崛起的智慧小镇转型，2014年乌镇被确定为世界互联网大会的永久会址。类似蜚声国内外的智慧小镇还有杭州云栖小镇，是依托阿里巴巴云公司和转塘科技经济园区两大平台打造的一个以云生态为主导的产业小镇，在两次召开的云栖大会中，吸引了全球近30个国家的7万人次和600多名企业家参与。

1.4.3 研究动态与研究趋势分析

综合分析国际国内从劳动力、土地、资本等核心生产要素和技术、信息、知识等新型生产要素等角度研究中小城镇发展模式的现状与进展，可得出研究动态与趋势的"六多六少"的基本判断：

1. 单要素集聚的中小城镇发展模式多，综合要素集聚的中小城镇发展模式少，亟需加强多维要素集聚的中小城镇发展模式研究

从国内外有关生产要素集聚的中小城市发展模式研究的动态分析中可发现，当前研究普遍存在"重大城市轻中小城镇"的现象。而在中小城镇发展模式研究中，大多数学者要么从资本角度、要么从劳动力角度、要么从土地角度、要么从生态角度、要么从技术角度分析中小城镇发展的驱动要素与发展模式，研究内容大多数集中在单要素驱动的一维层面和单一视角上，一方面很少从劳动力、土地、资本、技术等综合要素集聚的多维视角分析

中小城镇发展模式，而这一点又恰恰是中小城镇发展所亟需的；另一方面很少从生态—生产—生活要素的三维视角和"三生"视角研究基于生态—生产—生活要素综合驱动的中小城镇发展模式，而这一点又是党的十八大报告和中央城镇化工作会议提出的中小城镇"生产空间集约高效、生活空间宜居适度、生态空间山清水秀"的新型城镇化发展总要求。因此，在新型城镇化和生态文明建设大背景下，亟需加强从多维视角和生态—生产—生活要素的三维视角加强多维要素集聚的中小城镇发展模式研究。

2. 传统要素集聚的中小城镇发展模式多，新型要素集聚的中小城镇发展模式少，亟需加强新型要素集聚对中小城镇发展模式的影响研究

综合分析国内外有关生产要素集聚的中小城市发展模式研究现状与进展，发现大多数学者主要从资源、资本、劳动力、土地等传统生产要素集聚的角度研究中心城镇发展模式，而随着城镇化发展水平的不断提高，我国大多数城市逐渐进入经济发展的工业化后期阶段和城镇化发展的中后期阶段，在这一阶段传统生产要素对中小城镇的驱动作用将逐渐下降，代之而起的技术、信息、知识等新型生产要素对中小城镇发展的作用已越来越大，而目前对此类研究反而很少，成为眼下必须研究的薄弱环节，尤其是以生态文明经济理论为指导、以以人为本为原则、以智慧低碳发展理念发展中小城镇已经成为世界中小城镇发展的趋势和潮流。在这种情况下，必须将研究重点集中到将核心生产要素和新型生产要素有机结合起来的综合研究上，并逐步强化技术、信息、知识等新型生产要素和低碳、智慧、生态等新型发展理念对中小城镇发展模式的影响研究。

3. 借鉴国外中小城镇发展模式多，符合中国特色的中小城镇发展模式少，亟需加强对中国特色的中小城镇发展模式的深入研究

系统比较我国中小城镇发展模式可以发现，在以往的系列研究中，国内学者开展的中国中小城镇发展模式缺乏本土化的中国元素，借鉴、甚至照搬国外中小城镇发展模式的居多，而对符合中国国情和特色的中心城镇发展模式研究的较少。这种情况一方面导致从国外引进的中小城镇发展模式"水土不服"，另一方面使得中国特色的中小城镇发展模式"基本缺失"。为此，亟需加强对中国特色的中小城镇发展模式的深入研究。

4. 宏观层面的案例研究多，纵深层次的理论提炼少，亟需通过典型试验示范开展中小城镇发展模式及理论体系的提升研究

无论是国外还是国内，在中小城镇发展模式研究过程中，宏观层面的大量案例研究颇多，在全国范围内出现了一系列绿色生态示范镇、国际风情小镇等等，而通过案例研究提升到纵深层次的理论提炼相对较少，出现了"重实践、轻理论"的不科学现象，导致中心城镇发展有模式但不可复制，有案例但无法借鉴，有实践但无法上升为理论。亟需通过开展全国县镇尺度的中小城镇建设模式试验示范，进一步开展中小城镇发展模式及理论体系的提升研究。中国的特殊国情决定了中国中小城镇发展不能照搬照抄国外现有的发展模式。相比经济发达国家，在工业化、信息化和城镇化方面，中国的中小城镇可能还有很长的路要走。基础薄弱、缺乏发展动力、城乡统筹发展乏力、大城市辐射带动力小、生产要素缺乏、生产要素集聚水平低等因素极大制约着中国中小城镇的可持续发展。因此，在理论研究上，必须构建基于中国特色的智慧低碳中小城镇发展的理论体系，提出具有针对性和适宜性的政策建议。同时，全国各地迫切的智慧低碳城镇实践仍缺乏坚实的理论基础，深入开展相关理论研究是保障实践顺利进行和及时纠偏的客观需要。

5. 要素单向驱动过程研究多，要素互动机理研究少，亟需开展要素之间相互作用机理及其演变规律的研究

中心城镇发展过程是一个多要素综合驱动的过程，多要素之间存在着相互作用、相互制约、相互胁迫、相互促进的互动机制，在不同发展阶段的主导驱动要素和驱动重点不尽相同，有着驱动发展的客观规律。而目前的国内外研究大多数集中在要素单向驱动过程的研究上，很少揭示多要素相互作用的胁迫机理和互动机理，导致中小城镇发展缺乏系统性的发展脉络和有机驱动机能，因而亟需从科学角度开展要素之间相互作用机理及其演变规律的研究，正确处理好核心驱动要素和新型驱动要素之间的互动关系，同时融合中小城镇发展的生产要素集聚理论与智慧低碳理念，将基本生产要素集聚起来按照智慧低碳的理念和模式来运作。崭新的发展理念是指引中小城镇可持续发展的基础。但是，缺乏最为基础性的劳动力、土地和资本要素的组织和集聚，中小城镇的可持续发展可能成为无源之水、无本之木。当然，就目前来看如何将生产要素集聚理论与智慧低碳理念相融合仍然是理论上的一大挑战。在生产要素集聚上可能需要摒弃以往的传统思维，探索适应智慧低碳发展的全新模式。

6. 中小城镇发展模式的定性描述多，定量优化模拟分析少，亟需开展中小城镇发展模式集成优化与决策支持系统的综合研究

从国内外有关生产要素集聚的中小城市发展模式研究进展分析，当前研究普遍存在"重定性、轻定量"的现象。中小城镇发展模式的定性描述多，对定量优化模拟分析少，如何在错综复杂的多种发展"模式群"和"模式链"中优选出相对最佳的中小城镇发展模式，需要从生态—生产—生活要素集聚的三维视角，引入定量分析方法并建立多目标决策支持下的中小城镇发展模式集成决策支持系统，需要采用 SD 模型优化模拟多链多群多要素驱动下中小城镇发展模式选择路径。因此，在未来的研究中，亟需开展中小城镇发展模式集成优化与决策支持系统的综合研究，通过定量决策与模式优化模拟研究，总结出具有中国特色的中小城镇发展理论体系。

本章参考文献

[1] Batty, M, Axhausen, K W, Giannotti, F, Pozdnoukhov, A, Bazzani, A, Wachowicz, M, Ouzounis, G, Portugali, Y. Smart cities of the future, The European Physical Journal-Special Topics[J]. 2012, 214(1)：481-518.

[2] Berry, C. R., Glaeser, E. L. The divergence of human capital levels across cities*, Papers in regional science[J], 2005, 84(3)：407-444.

[3] Cao, B., Zhao, J., Yang, P., Liu, X., Zhang, Y. 3-D Deployment optimization for heterogeneous wireless directional sensor networks on smart city[J]. IEEE Transactions on Industrial Informatics, 2019, (3)：1798-1808.

[4] Fujita, M., Krugman, P. The new economic geography：Past, present and the future[J], Papers in regional science, 2004, 83(1)：139-164.

[5] Glaeser, E. L., Kahn, M. E. The greenness of cities：carbon dioxide emissions and urban development[J]. Journal of Urban Economics, 2010, 67(3)：404-418.

[6] Glaeser, E. L., Resseger, M. G. The complementarity between cities and skills[J], Journal of Regional Science, 2010, 50(1)：221-244.

[7] Gosselin P., Lotz A., Wambst M. Heterogeneity in social values and capital accumulation in a changing world[J]. Journal of Economic Interaction and Coordination, 2019, 14(1): 47-92.

[8] Ho, C. S., Fong, W. K. Planning for Low Carbon Cities-The case of Iskandar Development Region, Malaysia[J]. Sungkyunkwan University, Toward Establishing Sustainable Planning and Governance II, Seoul, Korea: SUDI, 2007, (11): 11-15.

[9] International Standardization Organization (2018). ISO/DIS 37122 Sustainable cities and communities - Indicators for smart cities. (Published 2018-06-06).

[10] Lazaroiu, G. C., Roscia, M. Definition methodology for the smart cities model[J]. Energy, 2012, 47(1): 326-332.

[11] Li, Z., Qi, H. Labor process and the social structure of accumulation in China[J]. Review of Radical Political Economics, 2014, 46(4): 481-488.

[12] Niu, L., Lu, C., Jiang, M. Research on land resources curse in Yunnan central urban agglomeration based on panel data[J]. 2016 International Conference on Intelligent Transportation, Big Data & Smart City (ICITBS), 2016, 151.

[13] Shi, L., Xiang, X., Zhu, W., Gao, L. Standardization of the evaluation index system for low-carbon cities in China: A case study of Xiamen[J]. Sustainability (Switzerland), 2018, 10(10): 3751.

[14] Su, B., Ang, B. W. Multiplicative structural decomposition analysis of aggregate embodied energy and emission intensities[J]. Energy Economics, 2017, (65): 137 - 147.

[15] Wang, P., Yang, LT., Li, J. An edge cloud-assisted CPSS framework for smart city[J]. IEEE Cloud Computing, 2018, 5: 37.

[16] Wee-Kean Fong. Energy Consumption and Car-bon Dioxide Emission Considerations in the Urban Planning Process[J]. Energy Policy, 2007, (11): 3665-3667.

[17] Zhou, N., He, G., Williams, C., Fridley, D. ELITE cities: A low-carbon eco-city evaluation tool for China[J]. Ecological Indicator, 2015, (48): 448 - 456.

[18] 曹广忠, 周一星. 论乡镇企业的集中布局——孙耿模式研究[J]. 经济地理, 1997, 17(1): 65-70.

[19] 陈明星. 城市化领域的研究进展和科学问题[J]. 地理研究, 2015, 34(4): 614-630.

[20] 陈彦光, 周一星. 城市等级体系的多重Zipf维数及其地理空间意义[J]. 北京大学学报(自然科学版), 2002, 38(6): 823-830.

[21] 仇保兴. 我国城市发展模式转型趋势—低碳生态城市[J]. 城市发展研究, 2009, 6(8): 1-6.

[22] 樊纲, 胡彩梅. 调整"城镇化"偏差, 明确"城市化"战略[J]. 深圳大学学报(人文社会科学版), 2017, 34(3): 17-20.

[23] 樊杰. 中国主体功能区划方案[J]. 地理学报, 2015, 70(2): 186-201.

[24] 方创琳, 毛其智, 倪鹏飞. 中国城市群科学选择与分级发展的争鸣及探索[J]. 地理学报, 2015, 70(4): 515-527.

[25] 方创琳等. 中国城市化进程及资源环境保障报告[M]. 北京: 科学出版社, 2009.

[26] 方创琳, 刘毅, 林跃然, 等. 中国创新型城市发展报告[M]. 北京: 科学出版社, 2013.

[27] 方创琳. 中国城市发展方针的演变调整与城市规模新格局[J]. 地理研究, 2014, 33(4): 674-686.

[28] 方创琳等. 中国新型城镇化发展报告[M]. 北京: 科学出版社, 2014.

[29] 费孝通, 罗涵先. 乡镇经济比较模式[M]. 重庆: 重庆出版社, 1998.

[30] 冯健, 周一星, 李伯衡, 等. 城乡划分与监测[M]. 北京: 科学出版社, 2012.

[31] 辜胜阻, 李睿. 以互联网创业引领新型城镇化[J]. 中国软科学, 2016, (1): 6-16.

[32] 顾朝林, 胡秀红. 中国城市体系现状特征[J]. 经济地理, 1998, (1): 21-26.

[33] 关兴良,魏后凯,鲁莎莎,等.中国城镇化进程中的空间集聚、机理及其科学问题[J].地理研究,2016,35(2):227-241.

[34] 郭荣朝,王颖.河南省特色小城镇发展模式探析[J].国土与自然资源研究,2016,(4):24-25.

[35] 胡靖.农民工都跑到大城市去住"贫民窟"已证明是一条死路,以"县镇化"承载新生代农民工的未来[J].决策探索,2010,(5):72-73.

[36] 赖妙华."城""镇"化态势下广东省小城镇人口集聚能力区域比较研究[D].昆明:云南大学,2014.

[37] 赖小琼,余玉平.成本收益视线下的农村劳动力转移—托达罗模型的反思与拓展[J].当代经济研究,2004,(2):22-26.

[38] 李国平,宋昌耀,孙瑀.中国县域小城镇就业岗位对人口集聚的影响研究——基于分位数回归的实证检验[J].地理科学,2017,37(12):1785-1794.

[39] 李国平,席强敏,吴爱芝,孙瑀.中国小城镇产业结构特征及影响因素研究[J].地理科学,2018,38(11):1769-1776.

[40] 李小建,李国平,曾刚等.经济地理学[M].北京:高等教育出版社,1999.

[41] 李震,杨永春.基于GDP规模分布的中国城市等级变化研究——等级结构扁平化抑或是等级性加强[J].城市规划,2010,34(4):27-31.

[42] 刘杰.小城镇土地集约利用的内涵与影响因素分析[J].国土资源,2008,(Z1):10-11.

[43] 刘盛和,邓羽,胡章.中国流动人口地域类型的划分方法及空间分布特征[J].地理学报,2010,65(10):1187-1197.

[44] 刘文玲,王灿.低碳城市发展实践与发展模式[J].中国人口资源与环境,2010,20(4):17-22.

[45] 刘玉亭,姚龙,刘欢芳.小城镇人口集聚的比较研究及其合理规模浅析[J].现代城市研究,2013,28(5):14-22,35.

[46] 罗志刚.全国城镇体系、主体功能区与"国家空间系统"[J].城市规划学刊,2008,(3):1-10.

[47] 马海涛,耿凤娟.论我国中小城镇发展与劳动力集聚的关系演变[J].发展研究[J],2018,(12):74-79.

[48] 马海涛,李强.新时期中小城镇发展的核心驱动要素解读[J].小城镇建设,2016,(12):24-27,44.

[49] 戚伟,刘盛和,金浩然.中国城市规模划分新标准的适用性研究[J].地理科学进展,2016,35(01):47-56.

[50] 戚伟,刘盛和.中国城市流动人口位序规模分布研究[J].地理研究,2015,34(10):1981-1993.

[51] 沈建法.中国城市化趋势、模式与战略对策[J].地域研究与开发,1989,8(3):24-26.

[52] 谈明洪,吕昌河.以建成区面积表征的中国城市规模分布[J].地理学报,2003,58(2):285-293.

[53] 陶慧,刘家明,朱鹤,李玏,王磊.基于A-T-R的旅游小城镇分类、评价与发展模式研究[J].地理科学,2015,35(5):529-536.

[54] 王振坡,薛珂,张颖,宋顺锋.我国特色小镇发展进路探析[J].学习与实践,2017,(4):23-30.

[55] 吴康,方创琳.新中国60年来小城镇的发展历程与新态势[J].经济地理,2009,29(10):1605-1611.

[56] 许学强,周一星,宁越敏.城市地理学[M].北京:高等教育出版社,2009,163-164.

[57] 张立.新时期的"小城镇、大战略"——试论人口高输出地区的小城镇发展机制[J].城市规划学刊,2012,(1):23-32.

[58] 张善余.统计口径变动对人口普查中城镇人口数量的影响[J].社会科学,2002,(10):63-67.

[59] 周一星,史育龙.城乡划分与城镇人口统计——中外对比研究[J].城市问题,1993,(1):22-26.

[60] 周一星,于艇.对我国城市发展方针的讨论[J].城市规划,1988,(3):33-36.

第 2 章 新型城镇化背景下中小城镇发展的驱动机理分析

内容提要：

中小城镇作为中国新型城镇化均衡协调发展的重点，对构建大中小城市和小城镇协调发展的城镇格局具有至关重要的作用。基于此，本章尝试揭示新型城镇化背景下中小城镇发展的驱动机理，通过逐一检验遴选了中小城镇发展的核心驱动要素，构建了涵盖经济社会发展、自然环境本底、区位交通地理、宏观战略政策在内的综合驱动要素框架，发现工业化、财政分权、储蓄水平、城镇化、建设用地扩展、距海港距离、高等级道路密度、宏观战略政策等因素对中小城镇经济增长的影响最为明显，其他影响因素存在弱正向影响或负向影响；并在此基础上从地理学视角进一步揭示了中小城镇发展驱动要素及其发展过程中的空间溢出效应，对促进中小城镇发展的空间集聚性进行了逐一检验，发现市场潜能对中小城镇经济增长具有显著的正向影响，周边区域经济增长对中小城镇本身的经济增长具有强烈的空间溢出性，经济集聚是这种空间溢出性发挥的客观结果；最后分析了中小城镇经济增长赶超的可能性和收敛的速度，并对不同因素驱动作用的差异性进行了对比分析，在驱动要素方面探讨了中小城镇实现赶超发展的重点，发现中小城镇经济增长存在绝对收敛和相对收敛行为。

2.1 中小城镇发展驱动要素遴选

本章综合运用 OLS 模型、空间面板滞后模型、空间面板自相关模型等以 GIS 和 Matlab 为技术平台，综合优选社会经济发展、自然环境本底、区位交通地理和宏观战略政策 4 大类因素集 20 项具体因素，并对 20 个影响因素进行了逐一检验和遴选，综合确定影响中小城镇发展的核心驱动要素。研究结果表明，空间面板数据模型的整体显著性和可信度检验明显高于一般面板数据 OLS 模型；在固定相关效应后对各因素的影响机制进行了逐一检验，结果表明工业化、财政分权、储蓄水平、城镇化、建设用地扩展、距海港距离、高等级道路密度、宏观战略政策等因素对中小城镇经济增长的影响较为明显，其他影响因素存在弱正向影响或负向影响；通过 PCA 方法定量整合了四大影响因素集，表明社会经济发展因素集对中小城镇经济增长的影响最强烈，区位交通地理次之，随后是宏观战略政策，自然环境本底最弱。未来的中小城镇经济发展应严格按照国家主体功能的科学界定，特别是生态脆弱区应切实保护好生态环境；重点开发区和优化开发区应逐步减少资源消耗，优化产业结构，实现由工业带动型、资源消耗型到产业多元化、环境友好型的转型发展。

2.1.1 中小城镇发展驱动要素的研究进展

近年来由于大城市尤其是城市群的快速发展，大城市作为新型城镇化的主体形态受到了广泛关注，但作为区域经济增长的基本单元——中小城镇相比而言却不受关注。党的十九大报告中明确指出，"以城市群为主体构建大中小城市和小城镇协调发展的城镇格局"。城市群的发展固然重要，但构建均衡协调的城镇化格局缺少不了中小城镇的发展。但是，目前随着区域经济发展差异的不断拉大，导致大城市、超大城市与中小城镇发展等不同规模城市间的差距不断扩大。大、中、小城市以及不同地区的经济差异成为中国社会经济发展的重要问题，引起了各级政府和学者的广泛关注。从国民经济和社会发展"十五"规划（1996~2000年）到国民经济和社会发展"十二五"规划（2011~2015年），缩小区域差异，提高区域经济协调水平一直是中国高水平规划的主要目标。

现代经济增长理论对区域经济增长驱动要素的主要论断包括新古典增长理论、新增长理论、结构主义发展理论和制度变迁理论。其中，新古典增长理论提出二要素论（资本和劳动）、新增长理论提出三要素论（劳动、资本和技术）、结构主义发展理论提出结构因素、制度学派提出制度变迁因素。

（1）新古典增长理论的经济发展二要素论。

新古典增长理论是二要素论，其认为决定经济增长的只有劳动和资本两个要素。新古典增长理论主要是指美国经济学家索洛所提出的经济增长的理论。索洛以柯布－道格拉斯生产函数为基础，推导出一个新的增长模型。这个模型假定：资本－产出比率是可变的；资本和劳动可以互相替代；市场是完全竞争的，价格机制发挥主要调节作用；不考虑技术进步，技术变化不影响资本－产出比率，因而规模收益不变。索洛模型通过引入市场机制和改变资本－产出比率为常数的假定，发展了哈罗德－多马模型，但索洛仍然没将技术进步作为重要因素纳入模型，这是一个重大缺陷，因为技术进步在促进经济增长中的重要作用是现实中一个明显的事实。

（2）新增长理论的经济发展三要素论。

新增长理论则认为除劳动和资本外，还有第三个要素——知识和技术。新增长理论最重要的突破是将知识、人力资本等内生技术变化因素引入经济增长模式中，提出要素收益递增假定，其结果是资本收益率可以不变或增长，人均产出可以无限增长，并且增长在长期内可以单独递增。技术内生化的引入，说明技术不再是外生、人类无法控制的东西，而是人类出于自身利益而进行投资的产物。

（3）结构主义发展理论的结构因素。

结构主义发展理论针对新古典增长理论和新增长理论所忽略的结构因素，将需求结构变量及劳动力结构变量引入多部门模型，发现需求结构、产业结构与经济增长处于相互牵制、相互关联与相互作用的反馈系统中，对经济增长具有重要影响。

（4）制度学派的制度变迁因素。

制度学派对经济增长则提出了全新的观点，认为资本积累、技术进步等因素与其说是经济增长的原因，倒不如说是经济增长的本身；经济增长的根本原因是制度的变迁，一种提供适当个人刺激的有效产权制度是促进经济增长的决定性因素。

同时，相比这些经典的现代经济增长理论，近年来现代区域经济增长机制和影响因素吸引了学者的关注，对区域经济增长的综合性考虑越来越多。国外相关研究强调地理区位、人力资本、财政政策、经济集聚、经济整合和经济结构、人力资本的空间溢出、贸易开放性、分权制、创新水平、妇女整合到劳动力市场、平均专利数和低科技制造业发展、贸易模式和自然地理因素等驱动因素的重要性。

由于中国区域经济的快速发展和国土面积巨大，加之社会经济面临转型和重构的压力，使其成为深化区域经济增长驱动机制所理解的优良"实验室"。自20世纪90年代中期以来，中国区域经济增长驱动机制分析已经吸引了大量学者的研究兴趣。大量的相关研究开始关注中国区域经济增长机制。现存的大量研究更为关注如下因素，社会经济方面有外商直接投资（FDI）和国际贸易、固定资产投资、分权化、国有企业、城市化、劳动力流动、教育水平、公共投资、重工业水平、自然资本密度、人力资本、全要素生产率、人口增长率等。除此之外，一些学者也开始关注地理因素的重要性，包括区位和地形因素。同时，区域经济优惠政策、制度收敛、特殊经济区和政策结构断点也吸引了学者的关注。在实践方面，Wei（1999）以及Wei和Fan（2000）的多尺度和多机制分析框架将中国区域经济增长驱动机制过程一般划分为三个方面，分别是分权化、市场化和全球化。总体来看，传统区域经济增长机制研究多从社会经济因素入手，不同尺度和不同国家的已有研究重点对全球化、国际贸易和外商直接投资（FDI）、政策变迁、地理位置、固定资产投资等进行细致分析，主要论述总结如表2-1所示。

不同研究对区域经济增长影响因素的选取　　　　　　　　表2-1

研究者	年份（年）	检验因素
Quah D T	1996	地理因素
Fleisher B M	1997	是否沿海、住房、人力资本、道路密度、外商直接投资
Fujita	2001	全球化和经济自由主义（外贸、外商直接投资、国有企业比重降低与乡镇企业比重增长）
Zhang	2001	国际贸易和外商直接投资
Sylvie Démurger	2002	地理位置、优惠政策
Wei	2002	产业发展潜力、技术工人、人均固定资产、国有企业产值、人均外商直接投资
Yu	2006	城镇化率、人均外商直接投资、人均固定资产投资、人均地方财政预算支出、国有企业固定资产投资比重
Ying	2006	制度集聚
Ho, Li	2008	政策突变和结构变迁
Hao, Wei	2009	自然资本密集强度、全要素生产率
Lau	2010	低通胀率、大规模基础设施投资、贸易开放和人力资本
Wei	2011	人均外商直接投资、人均固定资产投资、人均地方财政预算支出、国有企业产出比重

但是总体来讲，中国区域经济增长机制研究仍然受制于空间、尺度、数据和框架的限制，因此仍不完全了解中国中小城镇层级的区域经济增长机制。从空间效应来看，中国区域经济增长机制研究仍缺乏对空间效应的合理处理，这些空间效应包括空间异质性、空间依赖性和空间尺度。OLS模式是非空间模型，其广泛应用于区域经济增长机制评估中。但是，忽略空间效应可能导致结果的有偏，因为空间效应是重要的地理过程。同时，鉴于空间效应的重要性，经济学家逐步运用虚拟和个体变量的方法来解释空间效应，但是这种方法无法真正反映真实的地理信息。与此同时，空间数据分析和GIS技术为解决这些问题提供了一个可信的技术支撑和运行平台。

另外，空间尺度是研究具有地理属性问题的重要的内容。大量的研究也已证实中国区域增长对地理尺度也是敏感的。但是更多的研究关注区域和省域尺度的研究。对于中国这样的国土面积大、区域尺度多层的国家来说，区域经济增长的异质性不仅存在于区域和省域尺度，市域和县域甚至小城镇的经济差异也可能更为显著。随着中微观经济分析的流行，降尺度研究也逐步受到重视。21世纪以来，大量的相关研究也开始考察中国市级尺度和县域尺度的区域经济增长驱动机制。例如，Jones等（2003）对城市尺度的研究以及Liu和Yin（2010）对县域尺度的研究都为区域经济差异研究提供了一个新鲜的实证结论。但是大量的中小城镇经济增长驱动机制重点关注于省域内部，特别是对东部和东南部发达省域和区域内部的中小城镇经济驱动机制研究，例如江苏省、浙江省、广东省和京津冀地区的研究。对中西部地区和全国尺度的研究仍受到很大限制。

时间序列和横截面数据被学者们广泛应用，面板数据的应用仍然受到限制。但是，面板数据具有信息充足、富于变化和较少共线性的优势，与其他数据形态相比可能更有助于实现对动态过程的监测。

在某种程度上，虽然中国区域经济增长驱动要素具有和其他国家相同的影响因素，但是中国区域经济增长的影响机制仍然是复杂多样的和极富动态性的。这些驱动机制可能并不能通过几个具体的指标，例如外商直接投资、国际贸易、分权化和国有企业等加以表征。多数研究更关注区域发展的单一方面，例如社会经济、地理或政策因素。这些单一因素可能误导学者对区域经济增长复杂机制的判断。因此，相关研究的发展受到了综合分析框架的限制。

总体来看，中小城镇经济增长的多机制驱动研究较为缺乏，一个综合的多机制分析框架仍然是不清晰的。基于上述论述，本研究拟从如下方面进行改进：

（1）数据选取上，运用1992~2010年全国2286个县（市、区）级单位的面板数据，主要探索20世纪末到21世纪初的中小城镇集聚格局，覆盖度上涵盖全国国土全境，是目前最为细化和全面的数据库。

（2）在方法运用上，综合运用空间计量经济模型分析，拟提出一个注重逻辑连续性的经济增长驱动要素的定量表达体系。

（3）注重地理因素的检验，综合考虑区位交通、自然环境本底和宏观政策等因素。

2.1.2 中小城镇发展的综合驱动要素分析流程

2.1.2.1 中小城镇发展的综合驱动要素框架

在驱动要素选取上，已有研究存在因素选择单一的问题，一般选择4~5个因素对区域发展的驱动要素进行解释，缺乏相对完整性。根据已有研究结合数据满足情况，本研究以人均国民生产总值为因变量，构建经济社会发展因素集、自然环境本底因素集、区位交通地理因素集和宏观战略政策因素集四大解释变量集，基本分析框架如表2-2所示。

基于上述理论，本研究提出了中小城镇发展综合驱动要素论的整体框架。其中经济社会发展因素集包括劳动力（人力资本、人口增长率）、资本（固定资产投资表征）、技术（初始技术水平、工业化水平），同时还考虑了财政分权、市场化（经济活力表征）等。自然环境本底因素集核心是考虑各单元的资源环境本底，吸收资源基础理论、地理环境决定论、波特钻石模型中的合理部分，以海拔高度、土地资源、水资源为表征。区位交通地理因素集通过地理区位因素和交通可达性等来表征。宏观战略政策因素集核心是刻画组织

（或政策）对经济增长的影响，包括国家战略与宏观区域政策、国家级经济技术开发区、地位与等级。

中小城镇经济增长影响因素预判　　　　　　　　　　　　　　　　表 2-2

因素集	具体因素	符号与单位	变量（或代理变量）	预期影响方向
被解释变量		LNGDP	人均国民生产总值	
经济社会发展	城市化水平	URBAN	非农人口占总人口的比重	＋
	工业化水平	IND	第二产业增加值占国民生产总值的比重	＋
	基础设施投资状况	LNFIX	人均全社会固定资产投资总额	＋
	地方财政预算收入	LNREV	人均地方财政预算收入	＋
	地方财政预算支出	LNEXP	人均地方财政预算支出	＋
	储蓄水平	LNDEP	人均城乡居民年末储蓄水平	＋
	市场潜力水平	LNDEN	人口密度	＋
	经济活跃水平	LNECO_ACT	夜间稳定灯光平均值	＋
	劳动参与比例	LABOR	全社会劳动力参与率	＋
	人力资本状况	LNEDU	每万人普通中学在校学生数	＋
自然环境本底	高度	LNELV	平均高程	－
	坡度	SLOPE	平均坡度	
	降水	LNRAI	年均降水	＋
	气温	LNTEM	年均气温	？
	土地资源利用	LNLAND	城市建设用地面积	＋
	水资源利用	LNWATER	全社会水资源利用总量	＋
区位交通地理	距海港距离	LNDIST_PORT	到最近的海港距离	－
	距地级城市距离	LNDIST_CITY	到最近的地级城市距离	
	高等级道路密度	LNTRAN_DENS	铁路、高速公路和国道密度（线路长度/面积）	＋
宏观战略政策	国家战略与宏观区域政策	POLICY	是否是国家战略性政策瞄准区	＋
	国家级经济技术开发区		是否设置国家级经济技术开发区	＋
	地位与等级		在全国城镇体系中的地位，在全国主体功能区中的功能定位	＋

2.1.2.2　中小城镇发展的综合驱动要素遴选的技术流程

首先需要梳理国内外学者对生产要素种类的界定，厘清影响区域发展的核心理论，同时结合中小城镇特色，运用相关分析方法对中小城镇发展的驱动要素进行预判，遴选出核心的驱动要素。进而运用 VIF 方法计算各驱动要素的共线性。剔除因无关性、共线性等问题的多余驱动要素。运用空间计量分析方法对中小城镇发展的核心驱动要素和其他驱动要素分别进行遴选处理，在体现新型城镇化发展的背景下，确定最终的驱动因素。

2.1.3　中小城镇发展驱动要素遴选分析的数据集构建

研究样点基本情况分析与数据库构建是本研究的基础内容，也是关键内容。本部分主要从行政区划概况、行政区划调整处理、自然地理数据来源与处理和社会经济数据来源于处理等方面介绍中国中小城镇发展数据处理的基本情况。自然地理条件数据是基础数据，主要通过数据申请和网络共享实现；道路交通数据主要通过直接购买和扫描数据化方式获取；其他相关数据主要从中国科学院资源环境科学数据中心、地球系统科学数据共享平台、国家统计部门、网络共享等方式获取。

2.1.3.1 中小城镇行政区划概况与数据处理

中国行政区划建制中的中小城镇是设有市辖区市以下的行政单元，包括县（含自治县）、县级市，同时为了对比需要我们也对市辖区数据进行了收集。县作为中小城镇级行政单位的核心组成部分其历史可以追溯到春秋战国时期，是历史极其悠久的行政区划单位，其间其行政范围和概念可能有所变化但一直沿用至今。城市是以非农业产业和非农业人口集聚形成的较大居民点（包括按国家行政建制设立的市、镇）。一般而言，人口较稠密的地区称为城市（city），一般包括了住宅区、工业区和商业区并且具备行政管辖功能。城市的行政管辖功能可能涉及较其本身更广泛的区域，其中有居民区、街道、医院、学校、写字楼、商业卖场、广场、公园等公共设施。在中国城市概念似乎更像是行政区划单位。

中国中小城镇行政区划的一大特点就是变更频繁。从本研究的时间段来看，1992年初中国内地共有2833个县级行政单位，其中1894个县，289个县级市和650个市辖区。而截至2010年12月31日中国内地共有2856个县级行政单位，其中县减少为1633个，县级市增至370个，市辖区增至853个。虽然1992～2010年县市级和市辖区数量分别增加了81个和203个，县减少了261个，但总体县级行政单位变化较小，仅增加了23个。

由于行政区划调整不断，因而需要进行行政区域调整处理。对于不同年份间地区一致性问题，主要借鉴胡鞍钢和魏星（2008）的处理方法，采取按行政区划码由终点年份向起点年份回溯的方法。由于地区属性在年际间经常出现变化，特别是对于地级市及县和县级市而言，这类变化较为频繁，为保证年际间地区的连贯性，并使数据序列符合面板数据的基本特征，需要对年际间的地区属性进行比较，对发生变化的地区进行调整。主要采取以下三个基本步骤：第一是根据国家统计局公布的标准地区行政区划码（2010年）对各年的地区进行编码；第二，从终点年份向前回溯，比较年际间地区行政区划码的变化情况，如果年际间是一致的，则说明其地区属性是连续的；第三，在第二步骤的基础上，针对年际间出现的行政区划码差异进行分析，如果是单纯的行政区划属性变化（如县变为县级市，并不涉及区域面积和辖区人口的调整），则对变化的地区属性进行前后同一化处理，使之仍反映为连续的相同地区，如果是复杂的行政区划属性变化，则将其视为年际间不同的地区分别处理。最终获得1992～2010年稳定的中小城镇单位共计2286个。

最终的行政区划图形数据通过ArcGIS10.0处理获得，基础SHP数据来源于中国科学院地球系统科学数据共享平台1954～2010年全国县级行政区划图。

2.1.3.2 自然地理数据来源与处理

自然地理数据来源于国家科技基础条件平台建设项目：国家地球系统科学数据中心共享平台（以下简称地球系统科学数据共享平台，www.geodata.cn），基本格式为1km分辨率栅格数据。

（1）平均高程、平均坡度根据1km全国DEM（数据高程模型）提取得出。全国DEM数据（1km）来源于美国地质勘察局（USGS）。坡度数据以DEM数据为基础数据提取获得，ArcGIS10.0空间分析作为处理工具箱。

（2）年均降水、年均气温数据根据1970～2000年1km平均数据整合而成。基础数据来源于地球系统科学数据共享平台。

(3) 全社会水资源利用总量根据 1km 栅格数据提取得出。数据来源于地球系统科学数据共享平台。

(4) 城市用地扩展指数来，源于全国土地利用和土地覆被数据（20 世纪 80 年代、1995 年、2000 年、2005 年和 2010 年）。20 世纪 80 年代至 2010 年数据同样来源于地球系统科学数据共享平台。

(5) 区位数据通过 ArcGIS 计算得出。分别计算到沿海港口距离和到地级城市中心距离。沿海港口选取参考《全国沿海港口布局规划》（2006 年）确定的 24 个沿海港口。

(6) 2000 年交通数据来源于地球系统科学数据共享平台，1992 年、1995 年、1999 年和 2001~2010 年数据通过最新出版的交通地图矢量化得出。

2.1.3.3 社会经济数据来源与处理

县（含自治县）和县级市数据主要来源于《中国区域经济统计年鉴》（2002~2014 年）、《中国县（市）社会经济统计年鉴》（2000~2010 年，其中 1992 年、1995 年和 1999 年数据来源于 2000 年统计年鉴）。

由于《中国区域经济统计年鉴》（2002~2011 年）未统计市辖区数据，因此市辖区数据主要通过《中国城市统计年鉴》（1993~2011 年）获取。

个别年份和个别区域缺失数据通过各省（区、直辖市）统计年鉴（1993~2011 年）补齐。按照面板数据模型对数据的要求和数据的易得性，最终构建了 1992~2010 年中国中小城镇经济社会数据库（需要说明的是 2000 年之前由于统计原因分县数据较为齐全的仅包括 1992 年、1995 年和 1999 年）。

从具体数据来看，人均 GDP 数据来源于统计数据，由于 GDP 为现价数据需要进行平减处理，为了提高数据精度体现差异性，按照各年各地级市 GDP 指数进行平减，统一将数据平减到 1992 年的水平。城市化水平通过非农人口数量占总人口比重表征；劳动参与率通过就业人数占总人口比例计算得出；人均固定资产数据通过全社会固定资产投资除以总人口数计算得出；人均地方财政收入和人均地方财政支出数据，均通过总量除以人口总量获得；人均储蓄量通过人均全社会年末储蓄存款总量来表征；人力资本数据通过每万人在校普通中学学生人数来表征；人口密度数据通过人口总量数据与中小城镇面积数据（运用 ArcGIS10.3 软件）计算得出；工业化水平数据通过第二产业产值占 GDP 的比例来表征。

2.1.4 研究方法

相对于截面数据和时间序列数据，面板数据具有反应信息更翔实、包含变量更多、共线性更低、可行的自由度大、有效实现效应假设等特点。由于简单线性模型和面板数据模型并不能解决空间异质性问题，会增加有偏估计结果的风险。这时就需要通过空间面板数据模型加以解决。

空间面板数据模型的简单混合线性模型为：

$$y_{it} = x_{it}\beta + \mu_i + \varepsilon_{it} \tag{2-1}$$

其中，i 为一系列横截面维（空间单元），$i=1,\cdots,N$；t 为一系列时间维（时间期限），$t=1,\cdots,T$；y_{it} 为因变量；x_{it} 为（1，K）的单行矩阵自变量；ε_{it} 为非独立恒等分布误差项；μ_i 表示空间特殊效应；β 表示待估系数。

空间面板数据模型分为空间面板滞后模型和空间面板误差模型。

空间面板滞后模型（SAR）计算公式为：

$$y_{it} = \delta \sum_{j=1}^{N} w_{ij} y_{it} + x_{it}\beta + \mu_i + \varepsilon_{it} \qquad (2\text{-}2)$$

其中，δ 为空间自相关系数；w_{ij} 为空间权重矩阵。

空间面板误差模型（SEM）计算公式为（Elhorst，2010a）：

$$y_{it} = x_{it}\beta + \mu_i + \phi_{it}, \phi_{it} = \rho \sum_{j=1}^{N} w_{ij}\phi_{it} + \varepsilon_{it} \qquad (2\text{-}3)$$

其中，ϕ_{it} 为空间自相关误差项；ρ 为空间自相关系数。

由于自然环境数据多数是不变的，因此在使用 SAR 和 SEM 模型时需要选用无时间效应或者时间固定效应的模型进行回归分析。

2.1.5 中小城镇发展驱动要素遴选结果分析

2.1.5.1 影响因素预判

传统的因素分析框架大都集中在社会经济数据集上。社会经济因素的基础性作用是不言而喻的，然而对自然环境变量的作用并不明确。这里的自然环境分析，并不是宣扬自然环境决定论，而是结合经济增长的现实来探寻自然环境到底具有何种影响，影响的程度到底如何。这种分析可能无法改变自然环境本身，但是可以通过分析为自然环境保护、生产力布局和经济发展的资源环境约束提供参考。区位和交通因素是区域经济增长的重要影响因素。地理学所认知的区位因素在某些尺度上甚至起到了核心作用。交通基础设施是区域经济发展的骨架，是区域经济一体化和网络化发展的基础，但在宏观尺度层面交通对区域经济增长的影响仍不明晰。宏观战略政策是影响区域经济发展的核心制度因素，但当前研究仍缺乏可行的定性问题定量化方法。制度因素的定量化在技术和可行性上仍面临挑战。基于以上分析，我们试图构建四维一体的中国中小城镇经济增长驱动要素检验框架来改善之前研究的不足。

1. 经济社会发展因素集

图 2-1 展示了 GDP 与各类社会经济发展因素之间的相关关系散点图，具体概括如下：

（1）城市化。城市化发展正在对经济全球化时代的中国与世界产生深远的影响。正如美国经济学家、诺贝尔经济学奖获得者斯蒂格利茨所说：影响 21 世纪人类社会进程的两件最深刻的事情：第一是以美国为首的新技术革命，第二是中国的城市化。本研究通过非乡村人口占总人口比重（%）确定城市化率，用于衡量城市化对经济增长的带动作用。预期城市化将对中小城镇经济差异构成正向影响，简单线性回归表明相关性为 0.1874。

（2）工业化。以第二产业增加值占 GDP 比重（%）为代理变量表征工业化对经济增长的拉动作用。改革开放以来，国有企业改革和乡镇企业的兴起极大推进了中国的工业化进程。工业化与经济增长始终处于紧密的互动关系中，简单线性相关显示工业化与人均 GDP 间存在较强关联（$R^2 = 0.361$）。产业结构的高级化是经济增长到一定阶段的必然产物。传统认为中小城镇经济的增长点在于农业经济的发展，但随着工业进程加快，"县县有开发区，镇镇有企业"的客观现实成为改革开放和市场化改革以来推进中小城镇经济增长的主引擎。因此，在某种程度而言工业化可能导致经济增长的差异。

（3）基础设施投资状况。通过人均固定资产投资（万元/人）计算，衡量投资对经济

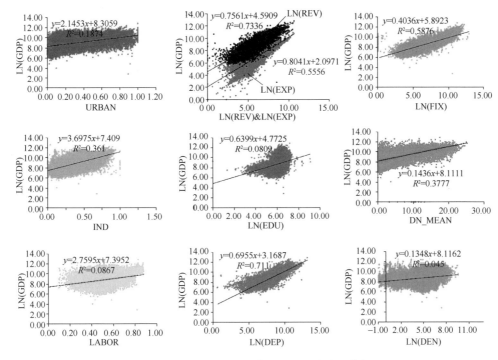

图 2-1　因变量与社会经济自变量相关关系散点图

增长的拉动作用。投资是拉动经济增长的"三辆马车"之一。中国经济的快速发展很大程度上依靠于投资。大型固定资产投资可以表征中央政府的宏观调控以及对中小城镇经济的宏观控制。中小城镇经济增长在一定程度上也依赖于固定资产投资，数据显示两者相关关系高达 0.5876。预期人均固定资产投资将对经济增长形成正向影响。

（4）财政状况。人均财政收入（元），用于衡量地方政府对经济发展的作用力；人均财政支出（元），表征地方政府对经济发展的投入和调控。财政分权改革为地方经济的发展提供了更大的自主性，地方政府的发展积极性往往也会更强。财政分权在一定程度上助长了区域经济发展的差异程度，预期对中小城镇经济增长形成正向影响。简单线性回归显示人均 GDP 与人均财政收入、人均财政支出间的相关关系分别为 0.7336 和 0.5556。

（5）储蓄水平。人均城乡居民年末储蓄存款余额（元），解释储蓄对经济增长的作用。中国居民注重储蓄的习惯不同于西方国家。居民往往为了防范危机将部分甚至是大部分收入存入银行。居民储蓄往往为银行贷款提供了可靠来源，而贷款又为企业经营和基础设施建设提供了资金保障。居民的储蓄水平预期将对经济增长差异形成正向影响。线性回归表明相关关系为 0.711。

（6）市场潜力水平。人口密度（人/平方公里），用于表征潜在市场规模大小。从人口来看，中国拥有 14 亿多的人口，是世界上最大的消费市场。随着城镇化和城乡区域人口流动的加速，人口往往集聚于人口密度高的城市或城市群地区，而这些区域又占据着大部分市场，是市场发展的核心。简单线性回归显示人口密度与人均 GDP 间存在弱正相关关系（$R^2=0.045$）。预期人口密度与中小城镇经济增长间存在正相关关系。

（7）经济活跃水平。夜间灯光数据（平均饱和灯光量，DN_MEAN），用于表征经济活跃度。夜间稳定灯光数据是从外部空间探测地球表面人类行为和经济活跃度的客观工具，近年来广泛应用于人口密度、城市扩展、电力消费、光污染等领域。简单线性回归显示平均饱和灯光量与人均 GDP 间存在正相关关系（$R^2=0.3777$），预期经济活跃度与中小城镇经济增长间存在正相关关系。

（8）劳动参与比例。劳动参与率（％），用于衡量劳动力投入对经济增长的贡献情况，通过城镇单位从业人员数和乡村从业人员数之和占年末总人口比重计算得出。中国拥有全球最大的劳动力群体，改革开放以来依靠人口红利取得了劳动密集型产业的快速发展。但近年来人口红利慢慢消失，劳动力的边际报酬逐步递减，理论上存在劳动参与率并不与人均 GDP 正相关关系。简单线性回归也表明相关关系仅为 0.0867。

（9）人力资本状况。普通中学在校学生数，表征人力资本情况。由于县域数据并未有普通高等学校在校学生数据，此处用普通中学在校学生数代替。普通中学在校学生数量数据可能并不如普通高等学校在校学生数据相关性高。初步研究表明其与人均 GDP 的相关关系较小，仅为 0.0809。

2. 自然环境本底因素集

高程数据从全球 SRTM DEM（1km 分辨率）数据中获取，通过 ArcGIS 10.3 区域分析统计功能计算分县平均高程。坡度数据同样通过 SRTM DEM 数据计算获取。降水和气温数据均通过区域统计计算（1km 分辨率）分县均值得到。水资源利用数据为全社会用水量数据，由居民和工业用水总量构成。同时水资源使用量是表征县域单位资源消耗量的一个指标。

土地资源利用情况通过城市建设用地利用情况表征。改革开放以来，特别是土地市场形成以来各地财政问题催生了"土地财政"横行，城市建设用地面积不断突破土地利用总体规划。土地特别是建设用地成为地方政府的"摇钱树"，同时变相扩大了经济增长的差距。

3. 区位交通地理因素集

距海港距离是验证区位重要性的一个重要指标。距离海港远近代表了货物运输成本的差异，同时也代表了对外贸易的难易程度。某种程度而言，据海港距离与外商直接投资间存在正相关关系，可以表征外商直接投资（FDI）对经济增长的影响，弥补县域数据缺失的遗憾。

距地级城市距离是体现县域微观区位的重要指标。在全国城镇体系中地级城市一般代表着省域内的中心城市。因为地级城市往往是政治、经济、文化中心，所以距地级城市越近发展机会越多，城市经济的溢出效应越明显，受益面越广。

高等级道路包括高速公路、铁路和国道，是全国交通的主体骨架。交通优势往往与区位优势相结合。道路密度越高对外交通越通畅，中小城镇内外的经济联系度往往也越高，对经济增长可能形成乘数效应。

4. 宏观战略政策因素集

政策优惠指数，通过国家层面对各区域、省份、城市、区县的政策优惠衡量。由于中微观政策数据难以获得，此处仅从国家层面加以考虑，重点从国家战略与宏观区域政策、国家级经济技术开发区以及地位与等级三方面统计中小城镇分解和享受到的优惠政策。政策优惠指数参考 Sylvie Démurger 等（2002）的研究方法，并对相关政策进行了补充（表2-3），具体量算方法如表 2-4 所示。

1979～2010年中国主要区域性优惠政策定位表   表2-3

批准年份(年)	类型与数量	区域	批准年份(年)	类型与数量	区域
1979	3 SEZ	深圳、珠海、汕头	1999	1 WDS	西部地区
1980	1 SEZ	厦门	2000	11 ETDZ	合肥、郑州、成都、长沙、西安、昆明、贵阳、石河子、南昌、西宁、呼和浩特
1984	14 COC；10 ETDZ	天津、上海、大连、秦皇岛、烟台、青岛、连云港、南通、宁波、温州、福州、广州、湛江、北海；大连、秦皇岛、烟台、青岛、宁波、湛江、天津、连云港、南通、广州	2001	4 ETDZ	南宁、太原、银川、拉萨
1985	1 ETDZ；3 COEZ	福州；长江三角洲、珠江三角洲、闽南地区	2002	2 ETDZ	兰州、南京
1986	2 ETDZ	上海（闵行）、上海（虹桥）	2003	1 RNEC	东北地区老工业基地
1988	3 COEZ；1 SEZ；1 ETDZ	辽东半岛、胶东半岛、环渤海地区；海南；上海（漕河泾）	2004	1 RCCP	中部地区
1989	1 ETDZ	厦门（海沧）	2005	1 NSRTD	浦东新区
1990	1 PD；1 ETDZ	浦东开发、上海（金桥）	2006	1 ELD；1 BH；1 NSRTD	东部地区；滨海新区
1992	13 BA；5 MC；14 BECZ；18 AC；6 ETDZ	芜湖、九江、岳阳、武汉、重庆；黑河、绥芬河、珲春、满洲里、二连浩特、伊宁、塔城、博乐、瑞丽、畹町、河口、凭祥、东兴、丹东；乌鲁木齐、南宁、昆明、哈尔滨、长春、呼和浩特、石家庄、太原、合肥、南昌、郑州、长沙、成都、贵阳、西安、兰州、西宁、银川、温州、昆山、营口、威海、福清（福清融侨）、海南（洋浦）	2007	4 NSRTD	重庆市、成都市、武汉城市圈、长株潭城市群
1993	12 ETDZ	东山、沈阳、杭州、萧山、广州（南沙）、惠州（大亚湾）、武汉、芜湖、长春、哈尔滨、重庆、宁波（大榭）	2009	2 ETDZ；1 NSRTD	廊坊、扬州；深圳市
1994	3 ETDZ	北京、乌鲁木齐、苏州（工业园）	2010	1 SEZ；1 LJ；1 NSRTD；60 ETDZ	喀什；重庆；沈阳、锦州、大连（长兴岛）、吉林、宾西、海林、日照、潍坊、东营、马鞍山、安庆、徐州、镇江、绍兴、嘉兴、湖州、漳州、泉州、增城、襄樊、黄石、岳阳、常德、井冈山、赣州、九江、金昌、天水、曲靖、德阳、广安、遵义、万州、陕西省航天、陕西省航空、临沂、吴江、长兴、常熟、沧州临港、淮安、邹平、南京（江宁）、金华、天津（西青）、盐城、宁波石化、天津（武清）、漯河、鹤壁、四平（红嘴）、上饶、开封、宁乡、武汉吴家山、大同、许昌、萍乡、钦州港、长春西新、重庆长寿

注：SEZ：经济特区；COC：沿海开放城市；COEZ：沿海开放经济区；ETDZ：国家级经济技术开发区；OCB：沿海经济带；PD：浦东开发；BA：主要沿海港口城市开发区；MC：长江沿岸开放城市；BECZ：边境经济合作区；AC：所有内地省份和自治区的首府城市；BH：滨海新区；NSRTD：综合配套改革实验区；LJ：两江新区；WDS：西部大开发战略；RNEC：东北地区老工业基地振兴战略；RCCP：中部崛起战略；ELD：东部地区率先发展战略。

中国县域发展宏观战略政策优势度汇总示意表 表2-4

县域代码	1979~1992年	1993~1995年	1996~1999年	2000年	2001年	...	2010年	优惠政策汇总
1	1	0	1	1	1		1	5
2	1	1	0	1	1		1	5
3	0	0	1	1	1		0	3
...								

5. 多重共线性诊断

由于本研究所涉及变量较多，变量间可能存在共线性问题，需要进行共线性诊断。常用的共线性诊断方法有：简单线性相关系数矩阵、容忍度（Tolerance）、方差膨胀因子（Variance Inflation Factor，VIF）、特征根（Eigenvalue）、条件指数（Condition Index）、变异构成（Variance Proportion）等。此处运用简单线性相关系数矩阵计算得出22个因素之间并不存在明显的多重共线性问题，可以进行相关回归分析，如表2-5所示。

多重共线性诊断结果 表2-5

	1	2	3	4	5	6	7	8	9	10	11	12	13	14	15	16	17	18	19	20
1																				
2	0.17																			
3	0.37	0.25																		
4	0.53	0.32	0.70																	
5	0.36	0.21	0.78	0.74																
6	0.48	0.28	0.71	0.80	0.71															
7	0.13	0.09	0.16	0.25	0.12	0.42														
8	0.06	0.33	0.09	0.19	−0.11	0.33	0.42													
9	0.28	0.25	0.44	0.59	0.33	0.54	0.28	0.37												
10	0.55	0.41	0.46	0.65	0.36	0.64	0.27	0.58	0.54											
11	−0.07	−0.14	−0.10	−0.20	0.07	−0.30	−0.30	−0.64	−0.28	−0.44										
12	−0.16	−0.03	−0.06	−0.14	0.08	−0.23	−0.30	−0.43	−0.19	−0.33	0.56									
13	−0.17	0.22	−0.03	0.04	−0.09	0.03	0.04	0.48	0.07	0.08	−0.28	0.09								
14	−0.14	0.19	0.02	0.10	−0.12	0.18	0.37	0.66	0.23	0.24	−0.40	−0.16	0.46							
15	0.07	0.06	0.05	0.09	0.02	0.08	0.03	0.10	0.07	0.11	−0.12	−0.06	0.05	0.06						
16	−0.08	−0.08	−0.13	−0.26	−0.02	−0.32	−0.23	−0.38	−0.31	−0.38	0.58	0.36	−0.16	−0.25	−0.12					
17	−0.08	−0.08	−0.10	−0.17	0.01	−0.25	−0.22	−0.35	−0.28	−0.31	0.39	0.29	−0.05	−0.21	−0.15	0.67				
18	0.25	0.15	0.23	0.31	0.14	0.38	0.26	0.39	0.34	0.45	−0.28	−0.29	0.05	0.17	0.05	−0.21	−0.22			
19	0.34	0.33	0.42	0.53	0.37	0.51	0.11	0.35	0.31	0.61	−0.33	−0.13	0.15	0.15	0.09	−0.32	−0.15	0.25		
20	0.47	0.22	0.31	0.45	0.15	0.54	0.39	0.58	0.41	0.66	−0.55	−0.52	0.05	0.27	0.11	−0.40	−0.33	0.46	0.45	

注：1~20依次代表URBAN、LABOR、LNFIX、LNREV、LNEXP、LNDEP、LNEDU、LNDEN、IND、ECO_ACT、LNELV、SLOP、LNRAIN、LNTEM、WATER、LNPORT、LNCITY、LNROAD、POLICY、LNLAND。

2.1.5.2 驱动要素回归分析结果

驱动要素考证先从四个层面分别进行了检验分析，通过OLS回归分析和空间面板数据模型的综合对比分析验证各具体影响因素影响方向和影响程度假设；然后运用主成分分析方法（PCA）通过方差贡献率λ为权数的方法确定四大影响因素集的综合统计量；最后再综合运用空间面板数据模型检验四大因素集的影响方向与影响度状况。

1. 经济社会发展因素集影响分析

根据空间面板数据模型的计算公式，从经济社会发展优势度视角构建了中小城镇经济增长经济社会影响模型。运行主平台为Matlab（R2012a），Matlab代码来源于由Elhorst（2004；2010a）和Donald J. Lacombe（2010）开发的空间面板数据模型软件包，并根据研究需要对源代码进行了修改。表2-6显示了社会经济发展因素集的分析结果。OLS模型和空间面板数据模型运行结果表明选择的10个影响因素对人均GDP的影响是非常显著的。9个应用模型的Rbar-squared均大于80%，说明选择的10个因素解释了大于80%以上的信息。模型运行结果发现SAR和SEM空间面板回归模型的整体可信度明显高于一般面板OLS回归模型，其中，Rbar-squared均高出5%左右。SAR和SEM模型分析结果均表明因变量本身存在较强的空间自相关性。由于空间自相关的存在，用传统的OLS方法来估计SEM模型虽然是无偏的，但是不具有有效性，而用其来估计SAR模型则不仅是有偏的，而且是不一致的。

从具体因素来看，URBAN对因变量的总体影响是正向的，但OLS模型和SEM模型的无固定和时间固定效应模型显示为负相关关系。为了进一步探究URBAN的影响方向，对其进行了单独的回归分析，分析选用的9个模型运行结果均表明影响方向为正向并且影响非常显著，表明城镇化是拉动中小城镇经济增长的一大引擎。OLS模型分析结果显示LABOR对LNGDP的影响为负，这与大多数的空间面板数据分析结果相矛盾，从实际来看，虽然空间面板数据模型的显著性不是太高影响强度较低，但比较而言空间面板数据模型的运行仍较为可信，OLS回归确实存在一定偏差。这也证实了近几年中国劳动力边际效益的递减趋势和人口红利的逐渐消退的假说。LNFIX的影响为正向，而且显著性较高，符合预期的判断。LNREV的影响为正，显著性极高，符合预期的判断。LNEXP的影响为正，显著性也较高，与之前假设相符。LNDEP的影响也为正，显著性极高，符合一般的判断。就这几者而言，LNREV对LNGDP的影响最大，LNDEP次之，LNEXP随后，LNFIX最弱。这一结果表明，在中国中小城镇经济增长影响因素中财政分权制起到重要作用，地方政府对经济增长总体调控的效果较强烈。居民储蓄水平的高影响与中国居民的储蓄偏好有关。整体来看，固定资产投资对中小城镇经济增长的拉动作用并不如财政收入、支出和居民储蓄强烈。LNEDU对LNGDP的影响为弱正，影响并不显著，当控制了空间效应后影响变为负向。造成这一结果的可能原因是数据选取问题，由于每万人高等学校在校学生数数据的难获取性，此研究用普通中学在校学生数进行了代替。随后通过286个市辖区和31个省域单位的每万人高等学校在校学生数据（数据容易获取）进一步探究发现人力资本对经济增长的影响为正，而且显著性较高。LNDEN对LNGDP的总体影响为负，这与之前的判断不同。可能的原因是近几年随着西部大开发的推进，中西部的资源得到了大开发，以内蒙古、新疆等为首的一些资源富集地区通过较少的人口创造了极高的GDP；而华北平原、四川盆地等地区的一些传统农区人口密度较大，却极大依赖于传统的第一产业发展，导致工业发展滞后，整体GDP增长乏力。IND对LNGDP的影响为正，而且是所有影响因素中影响最为强烈，这一结果说明工业化对中小城镇经济增长的影响最为核心。ECO_ACT对LNGDP的影响为正向，但影响程度不及预期强烈。

表 2-6

经济社会发展因素集影响分析结果

	OLS 模型	SAR 模型				SEM 模型			
		无固定	空间固定	时间固定	双固定	无固定	空间固定	时间固定	双固定
URBAN	-0.352***	0.063***	0.115***	0.089***	0.123***	-0.274***	0.160***	-0.376***	0.196***
	(-23.70)	(4.70)	(5.09)	(6.77)	(5.43)	(-18.37)	(6.85)	(-25.68)	(7.42)
LABOR	-0.158***	0.161***	-0.021	0.204***	0.004	0.011	0.016	0.015	0.144***
	(-7.16)	(8.16)	(-1.06)	(10.49)	(0.22)	(0.56)	(0.74)	(0.72)	(6.00)
LNFIX	0.085***	0.049***	0.030***	0.047***	0.029***	0.082***	0.075***	0.091***	0.089***
	(41.15)	(27.30)	(22.73)	(27.06)	(23.54)	(36.62)	(37.78)	(43.16)	(51.01)
LNREV	0.285***	0.227***	0.111***	0.224***	0.107***	0.248***	0.130***	0.242***	0.151***
	(66.22)	(59.22)	(32.23)	(60.01)	(32.31)	(55.37)	(30.38)	(54.43)	(34.05)
LNEXP	0.111***	0.051***	0.057***	0.042***	0.044***	0.100***	0.159***	0.133***	0.204***
	(28.63)	(16.45)	(16.06)	(12.93)	(14.61)	(24.32)	(29.25)	(33.57)	(34.05)
LNDEP	0.252***	0.137***	0.052***	0.139***	0.057***	0.226***	0.110***	0.264***	0.203***
	(63.03)	(36.60)	(15.34)	(39.22)	(18.58)	(54.36)	(24.00)	(64.55)	(49.90)
LNEDU	0.004*	0.053	-0.006	0.054***	-0.004	0.069***	-0.044***	0.031***	-0.062***
	(0.61)	(10.25)	(-1.22)	(10.20)	(-0.83)	(14.97)	(-6.51)	(4.80)	(-9.01)
LNDEN	-0.019***	-0.024***	-0.036***	-0.026***	-0.037***	0.008***	-0.007	0.009***	-0.010
	(-8.21)	(-11.71)	(-6.32)	(-12.49)	(-6.60)	(2.88)	(-1.21)	(3.06)	(-1.54)
IND	0.687***	0.649***	0.597***	0.653***	0.605***	0.762***	0.587***	0.751***	0.611***
	(36.75)	(39.93)	(37.32)	(39.90)	(37.83)	(44.44)	(32.18)	(42.32)	(30.43)
ECO_ACT	0.020***	0.015***	0.015***	0.013***	0.012***	0.005***	0.034***	0.003***	0.038***
	(20.03)	(16.60)	(12.59)	(15.45)	(10.64)	(5.32)	(22.83)	(3.38)	(25.94)
W*LNGDP		0.384***	0.618***	0.400***	0.647***	0.667	0.728***	0.634***	0.544***
		(284.85)	(90.66)	(129.22)	(189.74)	(0.00)	(89.81)	(119.63)	(91.60)
Constant	3.710***	1.735***				3.599			
	(103.13)	(42.44)				(0.00)			
R-squared	0.839	0.878	0.952	0.877	0.952	0.894	0.949	0.885	0.936
Rbar-squared	0.839	0.878	0.949	0.876	0.949	0.894	0.945	0.885	0.931
σ^2	0.169	0.128	0.050	0.130	0.050	0.111	0.054	0.120	0.067
Log likelihood	-16911.000	-12939.093	1317.756	-23422.652	-68607.379	-11771.802	-647.255	-12888.517	-3193.291

注：（ ）内为渐进T统计量，***、**和*分别表示通过1%、5%和10%的显著性检验。

为了进一步探究社会经济影响因素在不同时段的影响度变化情况，选用了更为稳健的SEM模型对1992～2010年的三时段数据进行了分析。分析结果表明URBAN的影响经历了倒"U"形的变化格局；LABOR的影响逐步变弱，表明人口红利逐步消失；LNFIX由强变弱，表明中小城镇经济增长对固定资产的依赖逐步变弱；LNREV保持了一贯的较强影响；LNEXP的影响由负变正，表明财政支出对经济增长的影响逐步明显；LNDEP的影响度也经历了倒"U"形的变化趋势，但影响始终为正；LNEDU的影响始终为负；LNDEN的影响经历了"U"形的变化趋势；IND对LNGDP的影响始终为正，影响度一直极强；ECO_ACT的影响逐步变强，如表2-7所示。

1992～2010年经济社会发展因素集影响分时间段分析结果　　　　表2-7

	SEM 模型		
	1992～2000 双固定	2001～2005 双固定	2006～2010 双固定
URBAN	−0.231***	0.210***	0.016
	(−3.78)	(4.35)	(0.40)
LABOR	0.063*	0.222***	−0.112***
	(1.65)	(5.56)	(−3.71)
LNFIX	0.466***	0.064***	0.073***
	(60.98)	(29.32)	(22.18)
LNREV	0.137***	0.129***	0.137***
	(16.20)	(13.83)	(15.61)
LNEXP	−0.026***	0.418***	0.261***
	(−4.35)	(39.61)	(30.74)
LNDEP	0.150***	0.220***	0.092***
	(25.06)	(20.71)	(12.75)
LNEDU	−0.178***	−0.034**	−0.062***
	(−6.41)	(−2.23)	(−5.64)
LNDEN	0.025***	−0.080***	0.046***
	(2.07)	(−7.67)	(3.83)
IND	0.466***	0.371**	0.541***
	(12.89)	(10.25)	(15.92)
ECO_ACT	0.0598***	0.111***	0.124***
	(15.53)	(13.21)	(11.84)
W*LNGDP	0.487	0.522	0.422
	(0.00)	(0.00)	(0.00)
R-squared	0.933	0.923	0.952
Rbar-squared	0.910	0.904	0.939
σ^2	0.047	0.052	0.032
Log-likelihood	796.1796	335.675	3321.598

注：( )内为渐进T统计量，***、**和*分别表示通过1%、5%和10%的显著性检验。

2. 自然环境本底因素集影响分析

之前的大量研究均未考虑自然环境本底因素，导致自然环境因素对区域经济增长的影响程度始终不明确。本研究通过 GIS 技术的应用首次从县域层面获取了统计年鉴数据中无法获取的县域自然环境基础数据，并通过模型定量地刻画了其对经济增长的影响。

通过 OLS 模型要素逐步带入的方法和 SAR 和 SEM 模型分析结果表明（表 2-8），自然环境本底因素对中小城镇经济增长存在一定影响。从具体因素分析来看，LNELV 对 LNGDP 的影响均为负，表明海拔越高人均 GDP 水平越低的一般趋势；OLS 模型分析表明 SLOPE 的影响为负向，SAR 和 SEM 模型的分析结果却是正向的。存在这一问题的可能原因是一般来说 SLOPE 数据为不变数据，并不适合运用空间面板数据进行分析。LNRAIN 和 LNTEM 均与 LNGDP 间存在负相关关系，表明两者对 LNGDP 的影响并不明显。LNWATER 的影响为正，但影响程度较低，说明 1992~2010 年人均 GDP 增长对水资源的依赖较小；LNLAND 对 LNGDP 存在极强的正影响，表明县域人均 GDP 增长对土地资源，特别是城市建设用地资源的消耗依赖较强。这充分说明，中国中小城镇经济快速发展的三十年是以资源环境的极大浪费和破坏为代价的，在转型发展期需要及时矫正，降低对有限资源的依赖程度。

3. 区位交通地理因素集影响分析

传统来看，区位交通地理因素主要通过虚拟变量代替和统计数据获取。本研究首次将区位交通地理因素通过 GIS 平台实现定量表达，尝试克服虚拟变量的精度和统计数据难获取的难题。

运用 OLS 模型和空间面板数据模型对 GIS 获取的数据进行回归分析表明，区位交通地理因素对人均 GDP 增长的影响较强。空间面板数据分析结果显示选择的三个指标可以解释影响人均 GDP70％以上的信息（表 2-9）。

具体来看，LNDIST_PORT 对 LNGDP 产生负影响，表明距海港越近人均 GDP 越高的总体趋势，同时也说明其代表的外商直接投资因素对经济增长有显著拉动作用；LNDIST_CITY 对 LNGDP 也产生负影响，表明距地级城市距离越远人均 GDP 越低。两者均说明良好的区位条件对经济增长尤为关键。LNROAD 对 LNGDP 也产生显著的正影响，表明全国高等级交通网对中小城镇经济的拉动较大。模型总体分析表明，经济发达地区往往分布在区位交通地理条件均佳的区域，并以这些因素为基础实现经济的快速发展。

4. 宏观战略政策因素集影响分析

宏观战略政策因素存在定性问题无法定量表达的问题，本研究参考了 Sylvie Démurger 的方法，首次运用量表法对宏观战略政策进行县域分解，实现了定性问题的定量化表达。

OLS 回归模型和空间面板数据模型显著性均较高，其中空间面板数据模型的大多数调整 R^2 大于 0.7，所有模型均通过了 1％的显著性水平检验（表 2-10）。模型分析均表明政策因素对 LNGDP 产生显著的正向影响。说明宏观战略政策可以为区域经济发展插上"腾飞的翅膀"，改革开放 40 多年来沿海地区的超常规发展无可争议地诠释了优惠政策给予区域经济发展的外部优势。

第2章 新型城镇化背景下中小城镇发展的驱动机理分析

自然环境本底因素集影响分析结果

表 2-8

	OLS 模型						SAR 模型		SEM 模型	
	1	2	3	4	5	6	无固定	时间固定	无固定	时间固定
LNELV	−0.184***	−0.169***	−0.197***	−0.201***	−0.197***	−0.082***	−0.324***	−0.034***	−0.096***	−0.061***
	(−52.49)	(−39.86)	(−42.81)	(−42.41)	(−41.49)	(−17.91)	(−9.19)	(−13.00)	(−13.25)	(−6.31)
SLOPE		−0.017***	−0.003	−0.003	−0.004	0.057***	0.027***	0.026***	0.012***	0.035***
		(−6.27)	(−1.16)	(−1.30)	(−1.34)	(20.08)	(16.68)	(16.43)	(4.26)	(7.70)
LNRAIN			−0.135***	−0.123***	−0.124***	−0.065***	0.012***	0.019***	−0.028	−0.047**
			(−15.36)	(−12.91)	(−13.10)	(−7.45)	(2.60)	(3.90)	(0.00)	(−2.28)
LNTEM				−0.013***	−0.013***	−0.050***	−0.022***	−0.021***	−0.016***	−0.034***
				(−3.19)	(−3.21)	(−13.13)	(−10.35)	(−9.91)	(−3.81)	(−5.29)
LNWATER					0.001***	0.000***	0.000***	0.000***	0.000***	0.000***
					(10.04)	(6.08)	(3.60)	(2.99)	(4.52)	(2.76)
LNLAND						0.319***	0.179***	0.178***	0.218***	0.328***
						(78.25)	(78.99)	(74.93)	(84.14)	(75.88)
W * LNGDP							0.800***	0.853***	0.845	0.686***
							(364.96)	(282.35)	(0.00)	(149.07)
Constant	9.897***	9.843***	11.190***	11.197***	11.174***	8.738***	0.827***		8.802***	
	(460.69)	(425.34)	(123.44)	(123.50)	(123.41)	(98.62)	(15.27)		(0.00)	
R-squared	0.079	0.080	0.087	0.088	0.090	0.236	0.749	0.750	0.764	0.333
Rbar-squared	0.079	0.080	0.087	0.087	0.090	0.236	0.749	0.750	0.764	0.333
σ^2	0.966	0.965	0.958	0.957	0.954	0.801	0.262	0.261	0.246	0.699
Log-likelihood	−44855	−44835	−44717	−44712	−44662	−41859	−26489.01	−54326.244	−25938.837	−41339.443
Durbin-Watson	0.523	0.523	0.528	0.530	0.534					

注：（）内为渐进 T 统计量，*** 和 ** 分别表示通过 1% 和 5% 的显著性检验。

表2-9 区位交通地理因素集影响分析结果

	OLS模型	OLS模型	OLS模型	SAR模型（无固定）	SEM模型（无固定）	SAR模型（无固定）	SAR模型（时间）	SEM模型（无固定）	SEM模型（无固定）
LNDIST_PORT	−0.230***	−0.220***	−0.194***	−0.038***	−0.017***	−0.031***	−0.020***	−0.005	−0.016***
	(−53.72)	(−38.30)	(−35.18)	(−15.59)	(−3.35)	(−10.29)	(−6.26)	(−0.93)	(−2.95)
LNDIST_CITY		−0.019**	0.027***			−0.016***	−0.016***	−0.022***	−0.009*
		(−2.43)	(3.65)			(−4.15)	(−3.66)	(−4.28)	(−1.81)
LNROAD			0.097***						0.049***
			(54.50)						(42.05)
W*LNGDP				0.841***	0.846***	0.834***	0.884***	0.849***	0.842***
				(195.59)	(249.04)	(98.44)	(309.67)	(251.04)	(238.72)
Constant	10.442***	10.476***	9.502***	1.669***	8.956***	1.771***		8.990***	8.710***
	(337.54)	(308.99)	(256.61)	(49.11)	(210.45)	(25.93)		(204.70)	(200.67)
R-squared	0.083	0.083	0.161	0.710	0.709	0.709	0.710	0.709	0.724
Rbar-squared	0.083	0.083	0.161	0.710	0.709	0.709	0.710	0.709	0.724
σ^2	0.962	0.962	0.880	0.305	0.306	0.306	0.304	0.305	0.290
Log-likelihood	−44795	−44792	−43371	−29253	−29371	−29245	−55490	−29361	−28479

注：（ ）内为渐进T统计量。***、**和*分别表示通过1%、5%和10%的显著性检验。

宏观战略政策因素集影响分析结果 表 2-10

	OLS 模型	SAR 模型				SEM 模型			
		无固定	空间固定	时间固定	双固定	无固定	空间固定	时间固定	双固定
POLICY	0.289***	0.119***	0.067***	0.117***	0.073***	0.188***	0.027***	0.355***	1.080***
	(112.09)	(113.86)	(27.51)	(70.50)	(33.64)	(78.70)	(5.06)	(109.57)	(240.90)
W*LNGDP		0.767***	0.897***	0.818***	0.916***	0.829***	0.926***	0.691***	0.804***
		(161.59)	(403.60)	(285.14)	(508.33)	(264.44)	(578.52)	(149.10)	(172.87)
Constant	8.301***	1.838***				8.498***			
	(1253.09)	(46.76)				(479.58)			
R-squared	0.282	0.737	0.945	0.737	0.945	0.754	0.945	0.421	0.817
Rbar-squared	0.282	0.737	0.941	0.737	0.941	0.754	0.941	0.421	0.803
σ^2	0.753	0.276	0.058	0.276	0.058	0.259	0.058	0.607	0.192
Log-likelihood	−40877	−27041	−3290	−51591	−130042	−26512	−3680	−39119	−21526

注：（ ）内为渐进 T 统计量，*** 表示通过 1% 的显著性检验。

5. 多维综合影响分析

区域经济增长是多因素综合作用的结果，单独考虑一者或几者都是有失偏颇的，这需要一个综合的框架定量解释和定量刻画。基于此本研究提出了优势度的概念，即将四大影响因素集的具体因素进行定量集合，整合成综合的四大优势度，分别是社会经济发展优势度、自然环境本底优势度、区位交通地理优势度和宏观战略政策优势度。通过四大优势度的整合分析试图定量分析四者对中小城镇经济增长的影响方向和程度。

要素集内部整合主要通过 SPSS18.0 中的 PCA 方法实现，通过整合求取单个要素集的综合优势度，然后通过模型验证四大优势度对 LNGDP 的影响状况。OLS 和空间面板数据模型分析结果表明整体显著性较高，调整 R^2 均大于 0.6（表 2-11）。具体而言，社会经济发展优势度对 LNGDP 的影响最大，其次为区位交通地理优势度，再次为宏观战略政策优势度，最弱的是自然环境本底优势度。分析结果与预期的估计基本相同，除了社会经济发展优势度外，区位交通地理优势度和宏观战略政策优势度也表现出较强的影响。这也进一步证实了单独分析经济社会因素的局限性，进一步说明需要从系统的视角整合多要素分析框架，综合分析区域经济发展影响机制问题。

多维综合影响分析结果 表 2-11

	OLS 模型				SAR 模型		SEM 模型	
	1	2	3	4	（无固定）	（时间固定）	（无固定）	（时间固定）
ECO_SOC	1.459***	1.434***	1.393***	1.268***	0.763***	0.732***	1.085***	1.289***
	(238.36)	(239.32)	(243.27)	(217.40)	(82.04)	(131.29)	(129.21)	(251.90)
NAT_ENV		0.243***	0.096***	0.014**	0.009**	0.009**	0.067***	0.058***
		(41.00)	(15.66)	(2.47)	(1.89)	(1.95)	(9.77)	(8.26)

续表

	OLS 模型				SAR 模型		SEM 模型	
	1	2	3	4	(无固定)	(时间固定)	(无固定)	(时间固定)
LOC_TRA			0.252***	0.203***	0.114***	0.114***	0.136***	0.1388
			(59.81)	(49.81)	(30.65)	(31.82)	(28.69)	(28.14)
POLICY				0.111***	0.078***	0.080***	0.094***	0.095***
				(59.14)	(47.92)	(49.62)	(44.08)	(44.21)
W*LNGDP					0.471***	0.471***	0.689***	0.637***
					(65.25)	(103.20)	(125.59)	(121.33)
Constant	8.806***	8.806***	8.806***	8.612***	4.514***		8.647***	
	(2562.70)	(2629.11)	(2772.17)	(1932.84)	(71.30)		(909.84)	
R-squared	0.640	0.658	0.692	0.723	0.803	0.799	0.825	0.805
Rbar-squared	0.640	0.658	0.692	0.722	0.803	0.799	0.825	0.805
σ^2	0.378	0.359	0.323	0.291	0.207	0.211	0.183	0.205
Log-likelihood	−29842	−29022	−27326	−25666	−20889	−29393	−19934	−21393
Durbin-Watson	0.879	0.918	1.006	1.062				

注：（ ）内为渐进 T 统计量，*** 和 ** 分别表示通过 1% 和 5% 的显著性检验。
ECO_SOC 为社会经济发展优势度，NATQ_ENV 为自然环境本底优势度，LOC_TRA 为区位交通地理优势度，POLICY 为宏观战略政策优势度。

2.1.6 小结

基于系统论的视角，本章从社会经济发展、自然环境本底、区位交通地理和宏观战略政策四个层面构建了中国中小城镇经济发展的综合驱动要素分析框架，并验证了经济增长综合驱动要素分析框架在分析区域经济发展中是可行的。

传统 OLS 分析并未考察空间效应的作用，而 GIS 的分析结果表明空间效应明显，因此，本研究综合运用空间面板 OLS、SAR 和 SEM 模型对多维驱动机制的 20 个影响因素进行了模型对比分析并逐一检验。研究结果显示，空间面板数据模型的显著性和可信度均远高于空间面板 OLS 模型。工业化、财政分权、储蓄水平、城镇化、建设用地扩展、距海港距离、高等级道路密度、宏观战略政策等因素对中小城镇经济增长的影响最为明显，其他影响因素存在弱正向影响或负向影响。通过 PCA 方法定量整合了四大影响因素集，结果表明社会经济发展因素集优势度对中小城镇经济的增长影响最强烈，区位交通地理优势度次之，随后是宏观战略政策优势度，自然环境本底优势度最弱。最终研究结果表明，整体研究框架可行。

基于此，我们认为在当前城镇化快速发展期，应努力提升城镇化质量，着力增强城镇化对中小城镇经济的拉动作用。在人口红利逐渐消退的冲击面前，应积极提升劳动者教育素质和技术水平。在自然环境和区位条件无法改变的前提下，通过加大对经济落后地区的财政和固定资产投资力度、改善交通服务等基础设施、实施优惠政策扶持等方法可以实现从"输血"到"造血"的有机转变，有效提高落后地区的发展能力。落后地区的地方政府也应从自身特色出发，有效发挥区域优势，加强制度安排，为招商引资搭好台，为区域发展提供基础保障。同时，也应严格按照国家主体功能的科学界定，特别是生态脆弱区应该切实保护好生态环境；重点开发区和优化开发区应逐步减少资源消耗，优化产业结构，实现中小城镇经济发展由工业带动型、资源消耗型到产业多元化、环境友好型的转型发展。

未来从区域、省域、市域和县域四个层面运用GIS技术和空间面板数据模型综合对比分析区域经济增长机制的时空差异可能会得到一些新的发现。通过其他国家县域样本的分析对比分析其差异机制，实现取长补短可能更具实用性。

2.2 中小城镇发展驱动要素的空间集聚与溢出效应

近年来随着全球化和地方化的逐步深入，经济增长的空间外部性逐步显现。中国区域经济增长集聚机制和空间溢出效应也逐步受到关注，但中小城镇尺度研究一直较为缺乏。基于此，本研究尝试以新经济地理学理论为基础，以市场潜能为核心，运用空间计量经济技术，重点探讨中国中小城镇尺度经济集聚以及空间溢出效应定量测度问题。研究结果表明，中国中小城镇尺度以市场潜能表征的经济集聚对经济增长具有显著影响，经济增长与经济集聚间存在权衡。中国中小城镇经济增长仍未摆脱基本生产要素影响，以市场潜能表征的直接空间溢出效应对中小城镇经济增长具有最为显著和强烈的正向影响。同时，还发现中小城镇经济增长与周边中小城镇的随机冲击密不可分，也受到间接空间溢出效应的影响。整体来看，中国中小城镇经济增长仍处于低级阶段，经济增长在很大程度上仍依赖于劳动力红利。合理发挥区域经济集聚优势，合理利用空间溢出效应，逐步打破市场壁垒，努力实现中小城镇经济增长转型发展将是未来中小城镇经济发展的核心。

2.2.1 中小城镇发展驱动要素的空间集聚与空间溢出性研究进展

改革开放以来，中国经济发展取得了举世瞩目的成就。1978~2017年年均9.6%的经济增长速度，成为世界上经济增长速度最快的国家之一。2010年经济总量更是超越日本成为仅次于美国的世界第二大经济体。区域经济作为地理意义上的生产综合体，其快速发展和空间集聚是中国经济快速发展不可忽视的重要因素。发展经济学的传统理论也认为经济增长过程与空间集聚动态性密切相关。中国经济40多年快速发展的经历正是发挥局部区域空间集聚性的印证。一方面，区域发展政策对局部区域的鼓励可能会促进经济行为的区域集聚，从而导致区域经济的不均衡发展；另一方面，区域经济的不均衡发展可能成为经济增长的源头，通过技术和知识溢出效应的发挥带动区域经济的增长。例如，改革开放之初东南沿海地区依托国家政策实现了经济的率先发展，但也导致了区域发展的非均衡性，同时这种非均衡性依托空间溢出效应对周边区域的发展产生作用。但是当阻滞成本出现时更大的区域差异并不会产生经济有效性，区域差异和经济效益间并不是单调关系。

近年来区域经济集聚和空间溢出效应问题逐步受到国内外学者的关注。学者们普遍认为区域经济集聚对经济增长具有促进作用。例如，Quah（1997）指出欧洲国家在国家尺度上存在经济增长与人均GDP收敛的负相关关系。但也有学者发现经济行为的分散有利于经济增长。例如，Sbergami（2002）通过欧洲六国的研究发现在国家尺度上经济行为的分散有利于经济增长。因此，针对这一问题理论层面并未达成一致的意见。但近年来新增长理论与新经济地理的整合为解释这一问题提供了可行的路径。而针对中国区域经济集聚和经济增长的检验并不多见。Fan and Scott（2003）是较有代表性的研究，其通过产业集聚调查发现经济集聚与经济增长表现间存在正相关关系。He 等（2007）对中国制造业地理集聚的研究同样发现经济集聚对经济增长和知识溢出的正向影响。

空间溢出效应是经济活动集聚外部性的体现。一方面，改革开放以来市场化改革在一定程度上逐步消除了计划经济时代的市场分割状况，加快了生产要素和劳动产品的流动速度，提高了资源配置效率和市场可进入性，从而促进一些区域对其他区域知识溢出、产业溢出和经济增长溢出效应的显现（潘文卿，2012）；另一方面，对外开放政策的实施，将国外先进的技术和管理经验引进中国，加快了空间溢出效应的发挥速度。外商直接投资（FDI）作为溢出效应的核心承载体，对改革初期沿海地区的经济增长具有极大的促进作用。中国经济发展的特殊路径使其成为区域经济溢出效应研究的良好实验室。因此，中国区域经济空间溢出效应吸引了一些学者的关注。Ying（2003）认为中国存在显著的内核对外围地区的空间溢出效应。潘文卿（2012）运用省域数据以表征市场潜能对区域经济影响的新经济地理学模型为基础，分析发现中国省域经济增长间存在空间溢出效应，而且这种空间溢出成为区域经济发展不可忽视的重要影响因素。Tian 等（2010）运用空间计量经济学方法检验了中国 313 个市经济增长的空间外部性，发现 1991 年以来存在显著的正向空间依赖性。

但纵观相关研究不难发现绝大多数区域经济集聚研究的空间尺度均在国家和省域层面。空间溢出效应研究也主要关注于沿海、内陆或东、中、西部间的空间溢出效应，偶尔有学者关注了六大经济区间的相互作用，而省域层面的空间溢出和市级尺度的空间外部性都不多见。但是对于由 2000 多个中小城镇单位构成的国家来说，更有可能产生空间溢出效应的在于中小城镇尺度。地方保护主义的逐步遏制，市场分割的逐步消除，中小城镇层面生产要素和劳动产品的流动可能更为迅速，中小城镇联系和相互作用可能更为深刻。因此，无论是区域经济空间集聚考察，还是区域经济空间溢出效应测度，都应该实现尺度下放，以中小城镇经济为基点可能更容易捕捉到中国全域的经济集聚性和空间溢出效应。

此外，在研究方法上新古典经济增长理论并未考虑空间效应因素。空间自相关性和空间异质性的存在可能对传统回归分析结果产生影响。甚至有学者指出传统 OLS 回归模型在分析具有空间效应数据时是有偏的。因此，以空间效应控制为核心目标的空间计量经济模型得到了广泛应用。但在区域经济集聚和空间溢出效应研究中空间计量经济模型的应用仍不多见。潘文卿（2012）运用空间误差模型（SEM）对中国 31 个省域经济关联和空间溢出效应的考察和 Tian 等（2010）运用空间杜宾模型（SDM）对市级单位经济增长空间外部性的检验是较有代表性的尝试。

鉴于以上分析，本研究将以新经济地理理论为基础，以中国内地全域 2286 个稳定中小城镇单位为研究基点，运用空间计量经济模型，对中国中小城镇层面的经济增长集聚和空间溢出效应进行测度。逻辑上首先考察中小城镇尺度经济增长集聚及其直接溢出效应；进而通过空间溢出效应测度定量表征经济集聚作用发挥的强度和量级及其间接溢出效应。

2.2.2 中小城镇发展驱动要素的空间溢出性检验的模型设定与数据

2.2.2.1 理论模型

近年来新经济地理学从供需关系交互作用形成的累积循环作用入手探究了不同区域经

济增长发生极化和差异的机制,并称其为"大地理范围集聚的空间外部性"。以空间距离作为权重,通过周边区域GDP加总的形式来衡量一个区域生产产品和服务的潜在需求量,并运用市场潜能来考察其对区域工资水平的影响。随后又有学者扩展这一概念,将其应用于区域经济增长研究。例如,Crozet和Koenigy(2005)以市场潜能为基础,运用欧洲国家面板数据发现区域市场潜能对其人均GDP增长率具有显著的正向影响。虽然,理论模型的推导过程不同,但空间外部性都可以表示为新经济地理学中的工资方程,其简易模型如下:

$$w_r = \left[\sum_{s=1}^{R} Y_s e^{-\tau(\sigma-1)d_{sr}} P_s^{\sigma-1}\right]^{\frac{1}{\sigma}} \quad (2-4)$$

式中,w_r为区域r的劳动力要素价格;Y_s和P_s分别代表区域s的总消费支出和价格指数;$e^{-\tau(\sigma-1)d_{sr}}$代表区域$r$与区域$s$间的双边"冰山"贸易成本,其是地理距离$d_{sr}$的增函数,$\tau$为单位距离的运输成本;$\sigma$为产品弹性替代率。式中的$\sum_{s=1}^{R} Y_s e^{-\tau(\sigma-1)d_{sr}} P_s^{\sigma-1}$即为克鲁格曼意义上的市场潜能。克鲁格曼提出的市场潜能理论更像是区域集聚发展的一般路径。即假设一个经济发展水平高的区域,相比其他区域其经济发展速度可能更快,经济总量可能更大,因此其对周边区域产品和服务的需求也可能更大,同时也意味着其对周边区域的带动作用较为强劲。但同时也会导致区域差异的加大。区域差异在一定范围内可能有利于区域经济发展,但当超过一定阈值时可能导致区域经济发展的无效性。如果假设MP_r为区域r的市场潜能,用人均收入替代式(2-4)中的工资,可以提取出一个简化的人均收入与市场潜力的关联的基本公式:

$$\ln(Y_r) = \gamma \ln(MP_r) \quad (2-5)$$

式中,Y_r为区域r的人均收入水平。$MP_{rt} = \sum_{s \neq r} \frac{GDP_{st}}{d_{rs}}$,其中$GDP_{st}$为区域$s$第$t$年的GDP,$d_{rs}$为中小城镇单位间的欧式距离;$\gamma$为常数项。

2.2.2.2 计量模型

根据上述理论分析,以人均GDP替代人均收入,通过人均GDP水平来表征一区域经济增长受到其他区域的影响。在引入时间维度后,考察区域经济增长的计量模型可以表达如下:

$$\ln\left(\frac{Y_{r,t}}{Y_{r,t-1}}\right) = \gamma_0 + \gamma_1 \ln\left(\frac{MP_{r,t}}{MP_{r,t-1}}\right) \quad (2-6)$$

γ_0为常数项;γ_1为待估系数;$Y_{r,t}$为当期人均GDP;$Y_{r,t-1}$为滞后一期人均GDP。$MP_{r,t}$为当期市场潜能;$MP_{r,t-1}$为滞后一期市场潜能。

古典增长理论和新增长理论认为资本、劳动力和人力资本等投入要素是区域经济增长的主要动力。同时为了考察海外市场的影响,我们借鉴潘文卿的处理方法,运用各中小城镇到最近海港的距离和到最近地级城市距离作为替代变量。因此,空间溢出效应测度模型可以设定如下:

$$\ln\left(\frac{Y_{r,t}}{Y_{r,t-1}}\right) = \beta_0 + \beta_1 \ln\left(\frac{MP_{r,t}}{MP_{r,t-1}}\right) + \beta_2 \ln\left(\frac{L_{r,t}}{L_{r,t-1}}\right) + \beta_3 \ln\left(\frac{K_{r,t}}{K_{r,t-1}}\right) + \beta_4 \ln\left(\frac{H_{r,t}}{H_{r,t-1}}\right)$$
$$+ \beta_5 \ln dp_r + \beta_6 \ln dc_r + \mu_{r,t} \quad (2-7)$$

式中,r代表区域,t代表年份,$Y_{r,t}$代表区域r第t年的人均GDP;$L_{r,t}/L_{r,t-1}$代表劳

动力的变动；$K_{r,t}/K_{r,t-1}$ 代表人均固定资产投资变动；$H_{r,t}/H_{r,t-1}$ 代表人力资本变动；dp_r 代表各中小城镇到最近海港的距离；dc_r 表示各中小城镇到最近地级城市的距离。β_0 为常数项；$\beta_1 \sim \beta_6$ 为待估系数；$\mu_{r,t}$ 为误差项。$Y_{r,t}$ 为当期人均 GDP；$Y_{r,t-1}$ 为滞后一期人均 GDP。$MP_{r,t}$ 为当期市场潜能；$MP_{r,t-1}$ 为滞后一期市场潜能。这里之所以只考察了传统要素的空间溢出性，一方面是中小城镇尺度的社会经济数据有限，另一方面也是为了和其他相关研究进行对比。

2.2.2.3 数据来源

本章所用数据均来自于第一节的中小城镇经济增长数据库。具体共涉及 8 个具体数据，分别是平减处理后的人均 GDP 数据（LNGDP）；市场潜能数据通过人均 GDP 和中小城镇距离计算得到（MP）；表征各中小城镇劳动力水平的劳动参与率数据（L）；表征各中小城镇投资水平的人均固定资产投资量数据（K）；表征各中小城镇人力资本水平的每万人普通中学在校学生数（H）；各中小城镇单位到最近海港的距离（dp）；以及各中小城镇单位到最近地级城市的距离（dc）。中小城镇距离数据、各中小城镇单位到最近海港的距离和到地级城市的距离数据均通过 ArcGIS 的成本距离分析获得，基础数据为行政区划数据。

2.2.3 中小城镇发展驱动要素的空间直接溢出效应检验

2.2.3.1 经济增长空间自相关格局分析

权重确定方法一直是困扰 Moran's I 的一大难题。因此，此研究综合运用 ArcGIS 的 5 种权重确定方法计算人均 GDP 的 Moran's I。研究结果显示，1992~2010 年县域人均 GDP 间存在明显的空间自相关关系，空间自相关程度呈现出在 1992~2005 年逐步提高，2005~2010 年逐步减弱的总体趋势（表 2-12）。

全局空间自相关检验结果　　　表 2-12

Moran's I 权重确定方法	1992 年	1995 年	2000 年	2005 年	2010 年
反距离法	0.113 (56.17)	0.119 (59.80)	0.125 (62.89)	0.162 (80.27)	0.132 (65.50)
反距离平方法	0.229 (38.42)	0.236 (40.13)	0.248 (42.18)	0.308 (51.59)	0.265 (44.56)
二值法	0.059 (42.94)	0.064 (47.10)	0.069 (50.49)	0.094 (67.79)	0.074 (53.73)
综合法	0.059 (42.95)	0.064 (47.11)	0.0689 (50.50)	0.094 (67.80)	0.074 (53.75)
公共边界法	0.372 (29.19)	0.366 (29.06)	0.408 (32.07)	0.472 (36.86)	0.489 (38.33)

注：（ ）内为 Z 统计值。

局部空间自相关分析结果显示，中小城镇经济增长存在明显的局部空间自相关。局部空间自相关格局与全局空间自相关基本一致。1992 年 2286 个县域单位中有 1208 个县域存在空间自相关，1995 年减至 1070 个，2000 年增为 1102 个，2005 年达到最高峰为 1408 个，2010 年降为 1249 个。

从总体空间分布来看，1992 年 H-H 集聚重点集中在京津冀、华北平原、山东半岛、长江三角洲地区；H-L 集聚分布于珠江三角洲、湖北中部等地，并分散分布于西部的省会城市周围；L-H 集聚分布于内蒙古东部、辽宁西部、冀鲁豫皖苏的交界地带、福建东部等地；L-L 集聚集中分布于西南地区、湖北和湖南西部地区、陕西、宁夏、甘肃的南部等地区。

1995 年 H-H 集聚重点集中在辽中南、山东半岛、长江三角洲、福建、珠江三角洲等地区；H-L 集聚格局并不明显，主要分散布局在西部的省会城市周围地区；L-H 集聚集中分布在内蒙古东部、安徽、江西等地区；L-L 集聚集中分布于西南地区，但范围有所扩大，陕西、宁夏、甘肃、青海的大部地区均纳入其中。

2000 年 H-H 集聚重点集中分布在辽中南、京津冀、山东半岛、长江三角洲、福建、珠江三角洲等地区；H-L 集聚分布于呼包鄂、成都平原等地区；L-H 集聚集中分布在内蒙古东部和辽宁西部交界地区、安徽和江西的大部地区；L-L 集聚分布格局与 1995 年基本类似，只是范围有些许扩大。

2005 年 H-H 集聚重点集中在内蒙古中部、辽中南、环渤海、山东大部、长江三角洲、福建等地区；H-L 集聚分布格局与 1992 年类似，范围有所扩展；L-H 集聚集中分布在内蒙古东部、河北大部、冀鲁豫苏交界地区、安徽大部、江西北部等地区；L-L 集聚格局与 2000 年类似，范围有所扩展。

2010 年 H-H 集聚重点集中在内蒙古大部、辽中南、环渤海、山东大部、长江三角洲、福建等地区；H-L 集聚分布格局与 2005 年类似，范围有所扩展；L-H 集聚集中分布在河北大部、冀鲁豫苏皖交界地区等地区；L-L 集聚格局与 2005 年类似，范围有所萎缩。

2.2.3.2 模型估计

大量的研究分析显示中国区域经济增长存在空间自相关性。以 2010 年人均 GDP 为基础数据，通过 Moran's I 指数分析也表明中国中小城镇经济增长存在明显的空间自相关性，其中 Moran's I 为 0.445（Z 值为 35.10）。在之前的模型设定中已经通过市场潜能变量来刻画了空间效应，但是空间效应是较为复杂的，单纯通过市场潜能变量可能无法完全捕捉到。空间误差项可能通过其他因素而被引入模型，从而导致模型表现出强烈的空间自相关性。因此，我们试图通过空间面板滞后模型（SAR）和空间面板误差模型（SEM）进行中国中小城镇经济增长集聚与增长权衡模型的估计。

空间面板滞后模型可以表达为：

$$\ln\left(\frac{Y_{r,t}}{Y_{r,t-1}}\right) = \delta \sum_{s=1}^{N} w_{r,s} \ln\left(\frac{Y_{r,t}}{Y_{r,t-1}}\right) + \beta_1 \ln\left(\frac{MP_{r,t}}{MP_{r,t-1}}\right) + \mu_r + \varepsilon_{r,t} \quad (2\text{-}8)$$

其中，δ 为空间自相关系数；μ_r 和 $\varepsilon_{r,t}$ 分别表征空间特殊效应和随机误差；$w_{r,s}$ 为空间权重。

空间面板误差模型可以表达为：

$$\ln\left(\frac{Y_{r,t}}{Y_{r,t-1}}\right) = \beta_1 \ln\left(\frac{MP_{r,t}}{MP_{r,t-1}}\right) + \mu_r + \varphi_{r,t}, \varphi_{r,t} = \rho \sum_{s}^{N} w_{r,s} \varphi_{r,t} + \varepsilon_{r,t} \quad (2\text{-}9)$$

其中，ρ 为空间自相关系数；μ_r 和 $\varphi_{r,t}$ 分别代表空间特殊效应和随机误差。

参考潘义卿（2012）的处理方法，在固定效应和随机效应估计方法选择时选择了最为常用的固定效应最大似然法（ML）。

2.2.3.3 结果分析

表 2-12 显示了经济增长集聚与增长权衡的计算结果。其中选用的处理软件为 Matlab2012a，空间计量经济模型代码来源于 http：//www.spatial-econometrics.com/。根据式（2-4）、式（2-6）和式（2-7），以市场潜能增长率为解释变量，以人均 GDP 增长率为被解释变量。研究样本为中国大陆全域 1992～2010 年 2286 个稳定中小城镇单位。在估计模型选取上首先运用传统面板 OLS 回归分析作为对比。然后分别运用 SAR 模型和 SEM 模型进行回归分析。在估计方法上选择空间固定、时间固定和时空双重固定估计方法。通过回归结果对比分析，特别是 Log-likelihood 值的对比，发现 SEM 空间固定模型是较为合适的模型。通过 SEM 空间模型的应用可以有效控制空间自相关效应。但是尽管控制了部分空间自相关性，仍有部分空间自相关性无法控制，ρ 值仍高达 0.642。

整体来看，市场潜能对中小城镇人均 GDP 增长率的具体影响系数在 0.85 左右，而且在 1% 的水平上显著。这说明市场潜能对区域经济增长具有强烈而显著的正向影响。理论上如果市场潜能提高 0.85%，可以促进中小城镇人均 GDP 增长 1%。进一步说明周边区域的市场潜能是中国中小城镇经济增长的影响因素之一。经济集聚在一定程度上促进了中国中小城镇经济增长。

表 2-13　中国中小城镇经济增长回归结果

	OLS 模型	SAR 模型			SEM 模型		
		空间固定 ML 估计	时间固定 ML 估计	时空固定 ML 估计	空间固定 ML 估计	时间固定 ML 估计	时空固定 ML 估计
常数项	0.0151*** (61.6648)						
$\ln(MP_{r,t}/MP_{r,t-1})$	0.8609*** (1112.7334)	0.8473*** (920.5675)	0.8459*** (794.3667)	0.8469*** (793.2831)	0.8476*** (1134.4835)	0.8627*** (1012.2315)	0.8632*** (1012.0387)
δ		0.0370*** (28.1991)	0.0580*** (31.1981)	0.0570*** (30.5796)			
					0.6420*** (123.7623)	0.5200 (0.0000)	0.5200 (0.0000)
调整 R^2	0.9827	0.9822	0.9787	0.9773	0.9880	0.9822	0.9809
σ^2	0.0014	0.0014	0.0017	0.0017	0.0009	0.0015	0.0014
Log-likelihood	55262	55976	51167	51382	60605	53997	54193
观测值	2286	2286	2286	2286	2286	2286	2286

注：括号中为 t 检验值；*** 表示在 1% 的水平上显著。

2.2.4 中小城镇发展驱动要素的空间间接溢出效应检验

2.2.4.1 模型估计

与经济增长集聚计量模型类似，中小城镇经济增长空间溢出效应也同样存在空间自相关性，而且这种自相关性可能更为强烈。因此，仍运用空间计量经济技术来控制空间自相关性。按照估计方法的差异，式（2-5）可以具体化为空间面板滞后模型（式2-10）和空间面板误差模型（式2-11）：

$$\ln\left(\frac{Y_{r,t}}{Y_{r,t-1}}\right) = \delta \sum_{s=1}^{N} w_{r,s} \ln\left(\frac{Y_{r,t}}{Y_{r,t-1}}\right) + \beta_1 \ln\left(\frac{MP_{r,t}}{MP_{r,t-1}}\right) + \beta_2 \ln\left(\frac{L_{r,t}}{L_{r,t-1}}\right) + \beta_3 \ln\left(\frac{K_{r,t}}{K_{r,t-1}}\right)$$
$$+ \beta_4 \ln\left(\frac{H_{r,t}}{H_{r,t-1}}\right) + \beta_5 \ln dp_r + \beta_6 \ln dc_r + \mu_r + \varepsilon_{r,t}$$

(2-10)

$$\ln\left(\frac{Y_{r,t}}{Y_{r,t-1}}\right) = \beta_1 \ln\left(\frac{MP_{r,t}}{MP_{r,t-1}}\right) + \beta_2 \ln\left(\frac{L_{r,t}}{L_{r,t-1}}\right) + \beta_3 \ln\left(\frac{K_{r,t}}{K_{r,t-1}}\right) + \beta_4 \ln\left(\frac{H_{r,t}}{H_{r,t-1}}\right)$$
$$+ \beta_5 \ln dp_r + \beta_6 \ln dc_r + \mu_r + \phi_{r,t}, \phi_{r,t} = \rho \sum_{s}^{N} w_{r,s} \phi_{r,t} + \varepsilon_{r,t}$$

(2-11)

式（2-10）和（2-11）中的相关参数与之前的设定一致。

2.2.4.2 结果分析

中国中小城镇经济增长空间溢出效应测算结果如表2-13所示。分析结果显示市场潜能对人均GDP增长的影响，即区域间的直接空间溢出效应在所有的估计模型中均显示出显著的正向。这一结果与理论分析完全一致，而且市场潜能变量的弹性值远超过其他因素，影响系数稳定在0.91~0.94。从其他几个生产要素来看，劳动参与率是影响强度最大的，影响系数稳定在0.19~0.21。人力资本的影响度稍弱，影响系数稳定在0.08~0.10。相应的人均固定资产投资是几大生产要素中影响最弱的，影响系数为0.004~0.006。上述所有因素均通过1%水平上的显著性检验。各中小城镇单位到最近海港和地级城市变量均显示为负向影响。这说明，距离海港越远，进入海外市场的成本就越高，相应的国外产品、投资和服务的可达性也越弱，从而其对区域经济增长起到负向影响。

同样在模型估计方法上仍选择固定效应模型。从SAR模型和SEM模型与OLS模型的参数对比来看，SEM时空固定模型相对更优。从调整R^2和Log-likelihood值来看，SEM模式都是优于传统OLS模型的，进一步说明了考虑空间效应的必要性和正确性。从SEM时空固定模型具体结果来看，市场潜能因素的影响系数高达0.9325，充分说明以市场潜能为表征的直接空间溢出效应在1992~2010年对中国中小城镇经济增长均起到了强烈的正向影响。这与新经济地理学的理论预期完全一致。同时，通过SEM时空固定模型发现空间自相关系数ρ显著不为零，其值在1%的水平上显著，具体系数为0.1340。这说明除了我们设定的影响因素外，还有其他因素会对周边中小城镇经济增长起到扩散作用和溢出作用。有学者将这种效应成为"间接溢出效应"。综合直接和间接空间溢出效应，发现1992~2010年中国中小城镇经济增长中空间溢出起到了重要作用。

SEM时空固定模型计算结果还显示其他生产要素也对中小城镇经济增长具有差别化的影响。劳动参与率对中小城镇经济增长具有显著的正向影响，劳动参与率每提高1个百分点，中小城镇人均GDP将增长0.2017个百分点。人力资本因素同样显示出正向影响，但与劳动参与率相比，其影响系数明显较弱。这说明中国中小城镇经济增长对劳动力的依赖更为强烈，人口红利对中小城镇经济增长具有显著影响。而人力资本的影响并未达到预期水平。从劳动力水平来看，意味着中国中小城镇经济增长仍处于初级阶段。人均固定资产投资对中小城镇经济增长的影响与预期水平也略有差距。人均固定资产投资每提高

1%,相应的人均 GDP 才提高 0.004%。到最近海港距离和到最近地级市距离均显示出显著的负向影响。说明到国外市场的成本和区位因素对区域经济增长具有重要影响。

中国中小城镇经济增长空间溢出效应回归结果　　　　　表 2-14

	OLS 模型	SAR 模型			SEM 模型		
		空间固定 ML 估计	时间固定 ML 估计	时空固定 ML 估计	空间固定 ML 估计	时间固定 ML 估计	时空固定 ML 估计
常数项	0.0108*** (3.8626)						
$\ln(MP_{r,t}/MP_{r,t-1})$	0.9324*** (606.4544)	0.9134*** (1364.4164)	0.9110*** (772.0901)	0.9143*** (894.0954)	0.9243*** (570.8259)	0.9298*** (594.1351)	0.9325*** (590.1723)
$\ln(L_{r,t}/L_{r,t-1})$	0.1935*** (31.3040)	0.1901*** (31.7464)	0.1908*** (31.5050)	0.1930*** (32.3805)	0.1929*** (31.2697)	0.1997*** (32.4795)	0.2017*** (33.3279)
$\ln(K_{r,t}/K_{r,t-1})$	0.0047*** (12.2319)	0.0040*** (10.8273)	0.0041*** (11.4351)	0.0038*** (10.6084)	0.0055*** (13.0024)	0.0045*** (11.2657)	0.0040*** (10.3588)
$\ln(H_{r,t}/H_{r,t-1})$	0.0930*** (36.3545)	0.0984*** (38.7937)	0.0888*** (35.8573)	0.0949*** (38.1393)	0.0960*** (37.1312)	0.0911*** (35.7903)	0.0962*** (37.7130)
$\ln dp_r$	−0.0008* (−1.6993)	−0.0003* (−0.8765)	−0.0008* (−1.6441)	−0.3088*** (−2.7862)	−0.0009* (−1.7066)	−0.0008 (−1.6203)	−0.2758*** (−14.5274)
$\ln dc_r$	−0.0013** (−2.0042)	−0.0002* (−0.5642)	−0.0013** (−1.9705)	−0.7919*** (−3.2456)	−0.0009 (−1.2916)	−0.0009 (−1.3420)	−0.7256*** (−2.7686)
δ		0.0530*** (13.0567)	0.0580*** (11.5960)	0.0550 (11.6996)			
ρ					0.1600*** (23.1232)	0.1480*** (16.8652)	0.1340*** (14.5274)
调整 R^2	0.9267	0.9259	0.9284	0.9257	0.9277	0.9272	0.9301
σ^2	0.0060	0.0056	0.0059	0.0056	0.0059	0.0060	0.0057
Log-likelihood	33781	34801	34033	34667	33926	33824	34449
观测值	2286	2286	2286	2286	2286	2286	2286

注：括号中为 t 检验值；*** 表示在 1% 的水平上显著；** 表示在 5% 的水平上显著；* 表示在 10% 的水平上显著。

2.2.5 小结

中国区域经济快速发展的驱动力研究一直是国内外学者试图探寻的核心问题之一。但除了传统经济增长理论认可的经济增长基本生产要素外，空间集聚外部性以及空间溢出效应近年来逐步受到新经济地理学和相关学科的认可。为了回答中国中小城镇层面经济增长空间集聚机制以及空间溢出效应测度问题，以新经济地理学理论为基础，以市场潜能为核心，对中国中小城镇样点进行了计量分析。

本研究首先以新经济地理学的经典工资模型为理论起点，通过市场潜能分析来揭示中国中小城镇经济增长集聚机制。通过1992~2010年2286个稳定中小城镇单位的计量分析表明：一方面，市场潜能对中小城镇经济增长具有显著的正向影响；另一方面，周边区域经济增长对中小城镇单位本身的经济增长具有强烈的空间溢出性，经济集聚是这种空间溢出性发挥的客观结果。因此，一个重要启示是区域政策制定中需要优先发展经济集聚度高的城市群和高密度城市化地区，通过经济高效地区发展带动周边地区。

其次，本研究整合古典经济增长理论、新经济增长理论和新经济地理学理论，以市场潜能和基本生产要素为解释变量探究中国中小城镇层面经济增长空间溢出效应，即周边中小城镇经济增长到底对一个中小城镇经济增长起到何种作用。计量分析表明：一方面，中国中小城镇经济增长仍未摆脱传统经济增长理论所提出的生产要素影响；另一方面，以市场潜能表征的直接空间溢出效应对中小城镇经济增长具有最为显著和强烈的正向影响，其影响系数超过所有因素。同时，我们还发现中小城镇经济增长除了受到直接空间溢出效应影响外，中小城镇经济增长与周边中小城镇的随机冲击密不可分，也受到间接空间溢出效应的影响。因此，给我们的启示是在经济增长中需要逐步消除地方保护主义的壁垒，提高市场可进入性水平，加强区域经济联系和互动，着力提升以区域基础设施为代表的硬件水平，同时也要注重区域软环境的改善，提高经济联系效率，为空间溢出提供平台和空间。

再次，考察中国中小城镇经济增长驱动因素的高级化水平也是本研究的重要任务之一。通过计量分析发现，劳动参与率的高低成为仅次于空间溢出效应的影响因素，而人力资本的和固定资产投资的作用却相对弱化。整体来看，中国中小城镇经济增长仍在享受由人口红利而带来的劳动力红利。对人力资本和物质资本的依赖相对较弱。这意味着中小城镇经济增长仍处于低级水平。在可预计的未来，随着老龄化水平的提高，中国的劳动力红利将荡然无存。因此，逐步提升劳动力文化素质水平，充分发挥人力资本优势将是未来中小城镇提升经济增长质量的核心。同时，提高中小城镇层面投资水平和力度也是推进中小城镇经济增长的重要抓手。总之，合理发挥区域经济集聚优势，合理利用空间溢出效应，以中小城镇经济增长驱动因素高级化为目标，努力实现中小城镇经济增长转型发展将是未来中小城镇经济增长的核心所在。

2.3 中小城镇经济增长收敛行为与不同因素驱动作用的差异性

实现区域经济均衡协调发展是中国新型城镇化的核心目标，也是近年来国内外研究的核心命题，但不同因素对中小城镇发展驱动作用的差异性以及中小城镇经济增长中表现出的收敛行为被现有研究所忽视。本部分以中国中小城镇经济发展数据库为数据源，以GIS和Matlab为技术平台，综合运用经典收敛分析模型和空间计量经济估计方法对2286个稳定中小城镇的经济增长σ收敛和β收敛行为进行了深入研究，通过分析尝试解析不同因素对中小城镇发展驱动作用的差异性以及在其中表现出的收敛形态。分析结果表明，中小城镇经济增长差异较大，σ收敛呈现显著的阶段性特征，整体经历了先增后减的过称，1992~2002年左右经济增长差异逐渐增大，2003~2010年增长差异逐步变小。中小城镇经济增长存在明显的绝对β收敛和相对β收敛行为。中小城镇经济增长中的空间集聚性强，空间效应明显。空间计量分析是有效解决空间异质性和估计有偏的可行手段。1992~

2010年中小城镇经济增长收敛速度呈现倒"U"形发展趋势。投资水平、人力资本水平和初始技术水平对中小城镇经济增长产生显著的促进作用，而储蓄水平和人口增长水平却产生显著的负向作用。从城市和中小城镇的对比来看，二者经济增长在收敛水平、影响因素上也表现出显著差异。这一结果对于制定中小城镇经济均衡发展政策具有重要意义。

2.3.1 中小城镇经济增长收敛行为与驱动作用差异性的研究进展

据联合国人口部门预测，到2030年，发展中国家的主要区域城市人口将超过乡村人口，到2050年，其超过2/3的人口将生活在城市，城市化将成为全球发展中国家未来一段时间无法跨越的发展阶段。当前中国正处于快速城镇化阶段（城镇化率处于30%～60%），城乡地域经济和社会发展都面临转型与重构的压力。中小城镇经济作为中国经济最为基础的经济类型之一，量多面广、辐射范围大，是中国新型城镇化的主要推进主体和基点，也是实现工业化和现代化的主战场，是缩小城乡差距和区域差距的关键。同时，中小城镇经济是城市和区域经济的基本行政单元，担负着振兴一方经济的重任，其产业发展水平、产业结构、空间集聚能力、技术与文化的空间溢出和扩散效应等都深刻影响和改变着区域的整体格局。相对于区域和省域层面的大尺度和粗线条的宏观经济差异分析，中小城镇经济增长差异研究更为细致、更具操作性。因其不仅具备宏观空间尺度的属性特征，更具备地方和局地的时空异质性。因此，中小城镇经济增长收敛研究对中微观区域经济政策制定具有更为实用的指导意义。

20世纪90年代以来由Barro和Sala-i-Martin以及Mankiw等（1992）构建的区域经济收敛模型一直占据区域经济增长收敛研究的主导地位。国外学者重点对经济体、发达国家的区域收敛问题进行了大量卓有成效的研究。研究范围主要是传统经济发达国家和地区，例如，欧洲、美国、加拿大、日本、韩国、澳大利亚等国家和地区。在研究尺度上既有全球范围的对比分析，又有国家、州（省）、市域乃至县域的细致剖析。绝对β收敛（unconditional β-convergence）和相对β收敛（conditional β-convergence）、σ收敛（σ-convergence）和俱乐部收敛（club-convergence）一直是研究的核心内容。

与发达国家研究相比，中国区域经济收敛研究始于20世纪90年代中期。多数学者认为中国区域经济发展中存在收敛现象，但由于研究视角、数据、方法等差异，学者对具体收敛类型和方式、程度、速度等的结论不尽相同。多数研究是从省域或区域层面出发对收敛存在性进行验证为主。魏后凯（1997）认为中国地区经济增长收敛具有明显的阶段性特征，1978～1985年人均GDP增长收敛速度较快，但1985～1995年则不存在明显的收敛。蔡昉（2000）、沈坤荣和马俊杰（2002）等研究发现，改革开放以来，区域经济发展存在俱乐部收敛和条件收敛，但不存在绝对收敛。Zhang等（2001）运用40余年的时间序列数据验证了中国东、中、西三大区域人均收入收敛行为的存在性。王铮和葛昭攀（2002）也证实了条件收敛的存在性，并对收敛平衡点进行了深入分析。林毅夫和刘明兴（2003）的研究也发现了省域层面的条件收敛，速度为7%～15%；董先安（2004）研究发现存在显著的俱乐部收敛，速度为9.6%；Wang和Ge（2004）分析表明中国并不存在绝对β收敛，但存在相对β收敛，并得出东部地区和其他地区差异加大，中西部差异渐小的结论。许召元和李善同（2006）研究发现地区差距虽然持续扩大，但速度减缓，以不变价人均GDP计算，存在显著条件收敛，收敛速度约为每年17.6%。潘文卿（2010）却认为中国在改革开放的 30 年（至 2010 年）里存在着在全域范围内的绝对 β-收敛特征和阶段性的俱乐部特征。

但是，另一些研究发现，中国省区间不存在新古典式的收敛（刘强，2001）。马拴友和于红霞（2003）的研究发现，中国省区之间不存在收敛，地区差距反而以 1.2%～2.1% 的速度扩散。王志刚（2004）也认为，中国经济总体上不存在条件收敛。王小鲁和樊纲（2004）认为，要素边际生产率递减规律会缓和地区差距，这是典型的新古典式的解释。刘夏明等（2004）引入一种基尼系数分解法，研究发现没有总体收敛趋势，也不存在俱乐部收敛。

纵观诸多学者的研究不难发现以下几点仍需加深理解：

（1）地理和区位因素以及空间效应在区域增长收敛中的作用虽然逐步得到认可，但空间自回归、空间异质性问题并未得到适当的解决。部分学者对经济集聚的空间自回归和空间因素的偏差控制进行了探索。例如，Sylvie Démurger 等验证了地理位置和优惠政策对区域经济发展差距的影响。吴玉鸣和徐建华（2004）认为中国省域经济增长具有明显的空间依赖性和明显的空间效应，忽视空间效应将造成模型设定的偏差和计量结果的非科学性。林光平等（2005）的研究也证实了空间效应的存在性。李国平和陈晓玲（2007）的研究也定量刻画了空间异质性的作用。

（2）在研究尺度选择上存在一定问题，即以省区或大区域为样本进行经验实证分析无法满足需要。由于省区和大区域样本量较少，区位、经济结构、行政界线分割等等可能无法正确判断政策效应和区域内部的具体格局，使得计算结果的实用性和可操作性大打折扣。近几年已有部分学者从地市和县域的视角探讨中国区域经济增长收敛问题。例如，Tian 等（2010）、周业安和章泉（2008）以及洪国志等（2010）对城市经济收敛的相关研究；Wei 和 Kim（2002）、李小建和乔家君（2001）、胡鞍钢和魏星（2008）、吴玉鸣（2007）对中小城镇经济收敛的研究。

（3）模型运用和数据选取上亦存在一定缺陷。诸多研究以截面分析模型为主，而截面分析模型被证实存在有偏问题，因此，通过静态模型得出的结论可能存在误差。另外，在数据选取上由于所得数据信息只是同一个时期各个区域的情况，是一种静态分析，无法反映各个区域在不同时期的动态信息，因而也具有一定的局限性。而且近几年的相关研究在数据选取上 2000 年以来的数据运用较少，数据现势性方面值得推敲。

（4）对于中国区域经济增长收敛存在性和收敛速度问题存在较大争议。不同学者运用不同数据、方法或相同数据、方法却得到不一致的结论，至今对一些基本问题仍未达成一致建议，从而也使得相关研究的实践指导意义面临困境。因此，当前亟待就一些基本问题达成一致看法以服务于区域均衡健康发展的大局。

基于上述论述，本研究拟从如下方面进行改进：

（1）数据选取上，运用 1992～2010 年全国 2286 个中小城镇级数据，主要探索 20 世纪末到 21 世纪初的区域收敛格局，涵盖全国国土全境，是目前最为细化和全面的数据库；

（2）方法运用上，以空间计量经济模型分析为主导，综合运用多种分析方法，拟研制出一个注重空间效应的中小城镇经济增长收敛定量表达体系，并研制出一个综合的中小城镇经济增长收敛分析框架；

（3）注重经济增长收敛的分时段对比分析，探索区域经济政策的实施效果，并注重城市经济和中小城镇经济增长的差异分析。

2.3.2 中小城镇经济增长收敛研究方法与数据

2.3.2.1 中小城镇 β 收敛横截面数据模型

横截面数据模型是经典 β 收敛模型使用的分析方法。对于一个相对封闭的经济来说,其渐进增长过程大体是呈 log 线性形式(Barro 和 Sala-i-Martin,1991,1992b),即:

$$\frac{1}{T-t} \cdot \log\left(\frac{y_{iT}}{y_{it}}\right) = X_i^* + \frac{1-e^{-\beta(T-t)}}{T-t} \cdot \log\left(\frac{\overline{y}_i^*}{\overline{y}_{it}}\right) + u_{it} \tag{2-12}$$

其中,i 为基本经济单元;t 和 T 分别代表期初和期末时间;$T-t$ 为观测时间长度;y_{it} 和 y_{iT} 分别代表期初和期末的人均产出或收入水平;X_i^* 为稳定状态的人均产出增长率;$\overline{y}_{it}$ 为每个有效工人的产出;$\overline{y}_i^*$ 稳定状态人均的产出水平;β 为收敛速度;u_{it} 为误差项。β 值越高,则表示向稳定状态收敛的速度越快,如果 β 值小于 0,表示地区经济增长趋于收敛,如果 β 值大于 0,则表示地区经济增长趋于发散。

为了实证的需要,往往假定 X_i^* 和 $\overline{y}_i^*$ 保持不变,那么,式(2-12)可以表达为:

$$\frac{1}{T-t} \cdot \log\left(\frac{y_{iT}}{y_{it}}\right) = B - \frac{1-e^{-\beta(T-t)}}{T-t} \cdot \log y_{it} + u_{it}^* \tag{2-13}$$

式中,B 为常数,u_{it}^* 为误差值。由于 β 的值只与期初的人均产出水平相关,而与其他参数无关。因此,此处测算的 β 为绝对收敛。

而人均收入水平的增长并不仅仅决定于期初水平,还受到其他一系列因素的影响,因而将式(2-13)修正后表达为:

$$\frac{1}{T-t} \cdot \log\left(\frac{y_{iT}}{y_{it}}\right) = B - \frac{1-e^{-\beta(T-t)}}{T-t} \cdot \log y_{it} + \varphi X_{it} + u_{it}^* \tag{2-14}$$

式中,φX_{it} 为一系列经济增长的影响因素。此处得到的公式即为相对 β 收敛。

为了简便起见,我们对上述传统的 β 收敛模型进行了改进。基本模型如下式所示:

$$\ln\left(\frac{y_{i,t}}{y_{i,t_0}}\right) = \alpha + \beta \ln(y_{i,t_0}) + u_{i,t} \tag{2-15}$$

其中,$y_{i,t}$ 和 y_{i,t_0} 分别表示各中小城镇期末和期初实际人均 GDP 的水平。如果 $\beta<0$,则存在 β 收敛,说明不发达中小城镇经济增长在速度上快于发达中小城镇,存在不发达中小城镇人均 GDP 趋于发达中小城镇的可能。假设此时的具体收敛速度为 λ,如要求取某一时间段的 β 收敛速度,则有 $\lambda=-\ln(\beta+1)/T$,其中 T 为时间跨度。

为了考察相对收敛情况,我们以索洛经济增长模型、传统 Cobb-Douglas 生产函数和 MRW 实证模型(Mankiw 等,1992b)为基础,对传统相对 β 收敛模型进行了改进:

$$\ln\left(\frac{y_{i,t}}{y_{i,t_0}}\right) = \alpha + \beta \ln(y_{i,t_0}) + \beta_1 \ln K_{i,t} + \beta_2 \ln H_{i,t} + \beta_3 \ln S_{i,t} \\ + \beta_4 \ln(n_{i,t} + g_{i,t} + \delta_{i,t}) + \beta_5 \ln A_0 + u_{i,t} \tag{2-16}$$

式中,α 为截距项,β 为收敛估计系数,$\beta_1 \sim \beta_5$ 为相对收敛的影响因素系数,$K_{i,t}$ 是投资率的度量指标,研究中用各中小城镇固定资产投资总额占当年 GDP 的平均比重来测算;$H_{i,t}$ 是人力资本的测定指标,用各中小城镇普通中学在校学生数占年末总人口的平均比重来说明;$S_{i,t}$ 为储蓄率,用各中小城镇城乡居民年末存款余额占当年 GDP 的平均比重来表征；变量 $n_{i,t}$ 为年均人口增长率，通过各中小城镇年末人口总量平均变化率来表示；$g_{i,t}$ 为技术进步变量；$\delta_{i,t}$ 为资本折旧率；$n_{i,t}+g_{i,t}+\delta_{i,t}$ 变量中参数 $g_{i,t}$ 和 $\delta_{i,t}$ 一般通过赋值实现，假设两者为常数，并参考 MRW 分析模型的处理方法，将两参数分别设定为 0.02 和 0.03；A_0 为初始技术水平，通过各中小城镇享受到的优惠政策代替（前述的宏观战略政策因素集），此处并不赘述；$u_{i,t}$ 为误差项。

但是标准分析框架可能忽略了空间依赖性，而空间依赖性可能导致传统的 OLS 模型估计有偏差甚至是无效的。大量的研究试图解决这一限制，其中空间计量经济模型是最为主要的分析框架。空间计量经济学是在 Cliff 和 Ord（1972，1981）开创性的工作基础上发展起来的。Anselin（1988）、Elhorst（2003）在传统数据模型基础上引进了空间滞后误差项，将空间相关性引进计量模型。Elhorst（2010）系统分析了空间数据模型的估计方法，使得空间数据模型逐步完善。其中，空间滞后模型（SAR）和空间误差模型（SEM）是空间计量经济分析最为成熟和常用的方法。空间滞后模型考虑的是周围空间单元对目标单元的空间影响和空间溢出效应，其允许因变量在单个区域（i）的观测值依赖于临近区域（$j \neq i$）的观测值。因此，中小城镇经济增长的绝对 β 收敛和相对 β 收敛空间滞后模型设定如下：

$$\ln\left(\frac{y_{i,t}}{y_{i,t_0}}\right) = \alpha + \rho \sum_{j=1}^{N} w_{ij} \ln\left(\frac{y_{i,t}}{y_{i,t_0}}\right) + \beta \ln(y_{i,t_0}) + \varepsilon_i, \varepsilon_i : Nid(0,\sigma^2) \quad (2-17)$$

$$\ln\left(\frac{y_{i,t}}{y_{i,t_0}}\right) = \alpha + \rho \sum_{j=1}^{N} w_{ij} \ln\left(\frac{y_{i,t}}{y_{i,t_0}}\right) + \beta \ln(y_{i,t_0}) + \beta_1 \ln K_{i,t} + \beta_2 \ln H_{i,t} + \beta_3 \ln S_{i,t}$$
$$+ \beta_4 \ln(n_{i,t} + g_{i,t} + \delta_{i,t}) + \beta_5 \ln A_0 + \varepsilon_i, \varepsilon_i : Nid(0,\sigma^2) \quad (2-18)$$

式中，α 为截距项，ρ 为空间自相关系数，w_{ij} 是空间权重矩阵；$\varepsilon_{i,t}$ 为分布误差项。

当存在空间相互作用于误差项过程，即来自于不同区域的误差之间存在空间协方差时，就会出现另一种空间依赖形式——空间误差模型（王劲峰等，2012）。此处，将中小城镇经济增长的绝对 β 收敛和相对 β 收敛空间误差模型设定如下：

$$\ln\left(\frac{y_{i,t}}{y_{i,t_0}}\right) = \alpha + \beta \ln(y_{i,t_0}) + \varepsilon_i, \varepsilon_i = \gamma \sum_{j=1}^{N} w_{ij} \varepsilon_i + \mu_i, \mu_i : Nid(0,\sigma^2) \quad (2-19)$$

$$\ln\left(\frac{y_{i,t}}{y_{i,t_0}}\right) = \alpha + \beta \ln(y_{i,t_0}) + \beta_1 \ln K_{i,t} + \beta_2 \ln H_{i,t} + \beta_3 \ln S_{i,t} + \beta_4 \ln(n_{i,t} + g_{i,t} + \delta_{i,t})$$
$$+ \beta_5 \ln A_0 + \varepsilon_i, \varepsilon_i = \gamma \sum_{j=1}^{N} w_{ij} \varepsilon_i + \mu_i, \mu_i : Nid(0,\sigma^2) \quad (2-20)$$

式中，γ 为空间误差系数。

2.3.2.2 中小城镇 β 收敛面板数据模型

鉴于一些学者对横截面数据模型分析经济增长收敛的质疑，多数学者推荐运用面板数据模型。面板数据具有更多的数据信息、更少的共线性、更高的估计效率等优势。为了便于面板数据分析，我们将 1992～2010 年以 4 年为一时间段（1992～1995 年，1995～1999 年，2000～2003 年，2004～2007 年，2007～2010 年，其中 1995～1999 年由于数据缺乏时间段为 5 年）检验人均 GDP 收敛情况，绝对收敛计量模型为：

$$\ln\left(\frac{y_{i,t}}{y_{i,t-4}}\right) = \alpha_i + \beta' \ln(y_{i,t-4}) + \mu_{i,t} \quad (2-21)$$

其中，$y_{i,t}$ 和 $y_{i,t-4}$ 分别表示各中小城镇期末和前 4 年实际人均 GDP 的水平；β' 是收敛系数；此时的 α 变为 α_i（固定效应），式（2-21）也是最为经典的面板数据模型。相对应的相对收敛模型可以表达为：

$$\ln\left(\frac{y_{i,t}}{y_{i,t-4}}\right) = \alpha_i + \beta'\ln(y_{i,t-4}) + \beta'_1\ln K_{i,t} + \beta'_2\ln H_{i,t} + \beta'_3\ln S_{i,t} \\ + \beta'_4\ln(n_{i,t} + g_{i,t} + \delta_{i,t}) + \beta'_5\ln A_0 + u_{i,t} \quad (2-22)$$

Anselin（1988）、Elhorst（2003）将空间面板数据模型分为固定效应、随机效应、固定系数和随机系数四类。多数学者选择固定效应模型，因此，此研究试图运用具有固定效应的空间面板模型检验中国城市和中小城镇经济增长收敛的基本情况。其中绝对 β 收敛和相对 β 收敛空间滞后面板数据模型演化为：

$$\ln\left(\frac{y_{i,t}}{y_{i,t-4}}\right) = \alpha_i + \rho\sum_{j=1}^{N} w_{ij}\ln\left(\frac{y_{j,t}}{y_{j,t-4}}\right) + \beta'\ln(y_{i,t-4}) + u_i + \varepsilon_{i,t} \quad (2-23)$$

$$\ln\left(\frac{y_{i,t}}{y_{i,t-4}}\right) = \alpha_i + \rho\sum_{j=1}^{N} w_{ij}\ln\left(\frac{y_{j,t}}{y_{j,t-4}}\right) + \beta'\ln(y_{i,t-4}) + \beta'_1\ln K_{i,t} + \beta'_2\ln H_{i,t} \\ + \beta'_3\ln S_{i,t} + \beta'_4\ln(n_{i,t} + g_{i,t} + \delta_{i,t}) + \beta'_5\ln A_0 + u_i + \varepsilon_{i,t} \quad (2-24)$$

式中，w_{ij} 是空间权重矩阵，由于使用的面板数据模型，此处的空间权重矩阵不应是 $N \times N$ 方阵，应为 $(N \times T) \times (N \times T)$ 的分块矩阵；$y_{j,t}$ 是空间上与观测值临近的观测值的加权平均水平；u_i 为空间特殊作用项；$\varepsilon_{i,t}$ 为分布误差项。

将中小城镇经济增长的绝对 β 收敛和相对 β 收敛空间误差面板模型（SEM）设定如下：

$$\ln\left(\frac{y_{i,t}}{y_{i,t-4}}\right) = \alpha_i + \beta'\ln(y_{i,t-4}) + u_i + \phi_{i,t}, \phi_{i,t} = \gamma\sum_{j=1}^{N} w_{ij}\phi_{i,t} + \varepsilon_{i,t} \quad (2-25)$$

$$\ln\left(\frac{y_{i,t}}{y_{i,t-4}}\right) = \alpha_i + \beta'\ln(y_{i,t-4}) + \beta'_1\ln K_{i,t} + \beta'_2\ln H_{i,t} + \beta'_3\ln S_{i,t} \\ + \beta'_4\ln(n_{i,t} + g_{i,t} + \delta_{i,t}) + \beta'_5\ln A_0 + u_i + \phi_{i,t}, \phi_{i,t} = \gamma\sum_{j=1}^{N} w_{ij}\phi_{i,t} + \varepsilon_{i,t}$$

$$(2-26)$$

式中，$\phi_{i,t}$ 为空间自相关误差项，γ 同样反映空间作用效应，但与 SAR 模型不同，其反映了影响周围中小城镇经济收敛的不可测因素影响到某一中小城镇经济收敛的程度。

2.3.2.3 空间计量模型计算与估计方法

最大似然估计（LM）、高斯混合模型（GMM）和蒙特卡洛计算（MCMC）是空间回归模型最为常用的估计方法，常用的统计量有 LM err、LM lag、Robust LM err 和 Robust LM lag，同时为了考查空间相关关系我们对 Moran's I 指数也进行了检验，相关检验公式在此并不赘述。本章主要借鉴 Elhorst（2003；2010）的 LM 估计方法，Kelejian-Prucha 的 GMM 估计方法和 MCMC 估计方法，同时参考 Donald J. Lacombe 网站[①]和 LeSage（2007）的网站[②]最新的空间计量经济分析模型 Matlab 代码（panel SAR 和 panel SEM）。

---

① http：//co-mmunity. wvu. edu/~djl041/matlab. html

② http：//www. spatial-econo-metrics. com/

2.3.2.4 数据

本章所用数据均来自于第一节构建的中小城镇经济增长数据库。具体包括通过平减后的人均 GDP 数据；表征投资水平的固定资产投资总额占当年 GDP 的平均比重；表征人力资本水平的各中小城镇普通中学在校学生人数占年末总人口的平均比重；表征储蓄水平的各中小城镇城乡居民年末存款余额占当年 GDP 的平均比重；表征人口增长的各中小城镇年末人口总量平均变化率；以及宏观战略政策因素集来表征中小城镇享受到的优惠政策代替初始技术水平。各数据均通过了数据标准化处理，不同数据间具有一定的可比性。

2.3.3 中小城镇经济增长收敛计量模型估计结果

2.3.3.1 中小城镇全样本绝对 β 收敛分析

传统 β 收敛检验注重时间层面考查，而忽视空间层面分析。本研究试图通过空间横截面数据模型和空间面板数据模型实现对中国中小城镇经济增长收敛大样本时空层面动态变化的估计。全样本分析重点考察 1992~2010 年中国县市单位的收敛特征，并通过经典收敛模型和空间计量模型的对比检验经典收敛理论和分析模型的适用性。同时，为了考查时间层面的动态性，我们将 1992~2010 年划分为 1992~2000 年、2000~2005 年和 2005~2010 年三个时间段。同时，运用这种划分方法也是为了检验 2000 年以来逐步实施的西部大开发战略、东北老工业基地振兴战略和中部崛起战略以及最近几年密集批准的国家战略是否起到了缩小区域差异的作用。另外，中小城镇经济虽有共同点，但毕竟城市经济与中小城镇经济发展的差异才是我们关心的问题之一，因此，我们单独对城市和中小城镇经济进行了对比分析。以下的分析也是从全样本、三大时间段、城市与中小城镇经济差异三个层面展开。

1992~2010 年全样本绝对 β 收敛横截面数据回归分析　　　　表 2-15

模型 统计量	(1) OLS 模型	(2) SAR 模型 (ML)	(3) SAR 模型 (MCMC)	(4) SAR 模型 (GMM)	(5) SEM 模型 (ML)	(6) SEM 模型 (MCMC)	(7) SEM 模型 (GMM)
α	3.5398***	1.8225***	1.7693***	4.0483***	4.2747***	4.3300***	4.2373***
	(28.4456)	(10.8819)	(16.5121)	(5.7011)	(24.4119)	(22.8684)	(32.9709)
$\ln(y_{i,t_0})$	−0.1568***	−0.1321***	−0.1269***	−0.1284***	−0.2307***	−0.2399***	−0.2255***
	(−7.5867)	(−8.7986)	(−9.5331)	(−6.9156)	(−9.9806)	(−9.1915)	(−13.0257)
ρ		0.6680***	0.6686***	−0.9273			
		(16.2798)	(35.1090)	(−0.7295)			
γ					0.6860***	0.6231***	0.646452***
					(27.8797)	(29.2258)	(51.2516)
$Rbar^2$	0.0240	−0.0602	−0.0614	−0.1537	0.3953	0.3780	0.3766
σ^2		0.1710		0.3128			0.1690
隐含 λ	0.0095	0.0079	0.0075	0.0076	0.0146	0.0152	0.0142
半生命周期(年)	73.1635	88.0279	91.9417	90.7973	47.5717	45.4845	48.8293

续表

统计量 \ 模型	(1) OLS模型	(2) SAR模型 (ML)	(3) SAR模型 (MCMC)	(4) SAR模型 (GMM)	(5) SEM模型 (ML)	(6) SEM模型 (MCMC)	(7) SEM模型 (GMM)
Moran's I	0.5571*** (45.8480)						
LM lag	3664.7043***						
LM err	2093.1366***						
R-LM lag	1760.2289***						
R-LM err	188.6612***						
Combined LM	3853.3655***						
LM spatial err	4355.3232***						
Spatial Hausman	260.8713***						
Log-likelihood		−546.2504			−506.6607		

注：括号内为 t 统计量，*** 表示在1%的水平上显著。资料来源为各年份《中国区域统计年鉴》《中国县（市）社会经济统计年鉴》《中国城市统计年鉴》以及各省（区、直辖市）统计年鉴（1993～2011年）。

从1992～2010年2286个中小城镇单位的全样本数据来看，横截面数据回归结果显示全国中小城镇经济增长中存在绝对收敛现象（表2-15）。同时，我们在全样本分析中都发现存在明显的空间效应，Moran's I 系数显著大于0（0.5571），因此，拒绝不存在空间自相关性的零假设。这同时也说明空间交互作用、地理区位和空间邻近性在区域经济增长分析中的重要性。传统的新古典经济分析框架认为经济是封闭的，从而忽视了空间区位在经济增长中的贡献。然而，这种假设是站不住脚的，对于一个地区和国家内部来说是很少出现阻止贸易和要素流动的情况。这时如果继续运用OLS框架对其进行分析很可能得到有偏甚至无效的估计结果。

为了应对这一问题，我们引入了空间计量经济分析方法，其中空间滞后模型（SAR）和空间误差模型（SEM）是最为成熟的两种方法。同时，为了对比分析，我们列出了经典收敛分析模型的分析结果（模型1）。结果显示，收敛速度为0.95%，但调整 R^2 仅为0.0240，经济落后地区赶上发达地区一半发展水平的时间约为73.16年。SAR和SEM模型的一般选择步骤是首先做空间计量模型的LM lag和LM err检验，在二者检验结果均显著的情况下，再作Robust LM lag和Robust LM err检验。从本章的检验结果来看，SAR模型优于SEM模型，但从Spatial Hausman检验来看，SEM也是明显显著的，而且Log-likelihood值显示SEM模型较优。从回归结果和调整 R^2 来看SEM模型是优于SAR模型的，而且SAR模型似乎存在偏差（$R^2<0$）。因此，综合来看SEM模型是最为合理的选择，而且ML、MCMC和GMM三种估计方法的结果基本一致。从其分析结果来看，调整 R^2 明显提高，γ 值均大于0.6，说明空间效应较显著。在考虑了空间效应后收敛速度明显加快，年收敛速度在1.42%～1.52%，半生命周期缩短到45.48～48.83年。因此，不论经典收敛模型还是空间计量经济模型均表明1992～2010年中国中小城镇经济增长出现了显著的绝对收敛，但收敛速度低于其他类似研究2%的水平，中小城镇经济增长差异

全样本面板数据按照 4 年为一时间段的划分方法进行处理，这也是诸多同类研究推荐的划分方法。表 2-16 是基于面板数据的回归结果。与横截面数据的回归结果相比，除整体收敛速度变快外，其他参数并未有较大变化。该表同样发现了绝对收敛现象。通过检验参数的对比发现 SAR 空间固定效应是最为合适的模型。该模型结果显示落后中小城镇以每年 2.76% 的速度追赶发达中小城镇，这一结果比 Pooled OLS 模型高了 77.86%，半生命周期也缩短为 25.07 年。这意味着空间效应对区域经济发展起到极为重要的作用。中国中小城镇间的经济互动和贸易往来较为频繁、可能存在技术和知识的空间溢出，在某些地区可能出现了高高集聚（H-H）或低低集聚（L-L）。某些地区凭借先天禀赋优势经济发展较快，同时通过空间溢出对相邻中小城镇的经济发展起到了促进作用。这种空间发展模式是空间外部性作用的必然结果。

1992～2010 年全样本绝对 β 收敛面板数据回归分析　　　　　表 2-16

模型 统计量	（1） Pooled OLS	（2） SAR No fixed (ML)	（3） SAR Spatial fixed (ML)	（4） SEM No fixed (ML)	（5） SEM Spatial fixed (ML)
α	1.0215***	0.6318***		1.5130***	
	(35.9064)	(12.7653)		(33.1188)	
$\ln(y_{i,t_0})$	−0.0603***	−0.0485***	−0.1047***	−0.1192***	−0.8500***
	(−17.7848)	(−14.5380)	(−42.4392)	(−22.2483)	(−90.1315)
ρ		0.5610***	0.5230***		
		(9.7796)	(10.2731)		
γ				0.6000***	0.9170***
				(57.6355)	(297.7349)
$Rbar^2$	0.0269	0.2653	0.3423	0.2949	0.6205
σ^2	0.1322	0.0998	0.1778	0.0958	0.0516
隐含 λ	0.0155	0.0124	0.0276	0.0317	0.4742
半生命周期(年)	44.5945	55.7572	25.0732	21.8367	1.4617
Moran's I	0.3543***				
	(65.1273)				
LM lag		3910.2819***	3635.6029***		
LM err				4334.2460***	2646.1945***
R-LM lag		240.5478***	4741.9894***		
R-LM err				564.5119***	3752.5810***
Log-likelihood	−2671.6000	−3411.9980	−2726.1208	−3240.6366	−619.8592

注：括号内为 t 统计量，*** 表示在 1% 的水平上显著，** 表示在 5% 的水平上显著。资料来源同表 2-14。
SAR No fixed (ML) 为 SAR 非固定效应模型（最大似然估计）。SAR Spatial fixed (ML) 为 SAR 空间固定效应模型（最大似然估计）。SEM No fixed (ML) 为 SEM 非固定效应模型（最大似然估计）。SEM Spatial fixed (ML) 为 SEM 空间固定效应模型（最大似然估计）。

2.3.3.2 中小城镇全样本相对 β 收敛分析

前述实证分析表明存在绝对收敛现象，但仍有必要继续估计是否存在相对收敛并进一步识别出中小城镇经济增长的影响因素。横截面数据回归结果显示中国中小城镇经济增长存在显著的相对收敛现象（表2-17）。与前述的模型选择方法类似，我们发现 SEM 模型仍是最为合适的模型，而且三种估计方法所得的结果高度一致，说明所得结果的稳健性较高。其回归结果与绝对收敛相比拟合优度和收敛速度均有所提升。这说明所选择的影响因素对中小城镇经济增长收敛具有一定的影响。

1992～2010 年全样本相对 β 收敛横截面数据回归分析　　表 2-17

统计量＼模型	（1）OLS模型	（2）SAR模型（ML）	（3）SAR模型（MCMC）	（4）SAR模型（GMM）	（5）SEM模型（ML）	（6）SEM模型（MCMC）	（7）SEM模型（GMM）
α	4.7590***	2.8341***	2.7507***	4.0965***	5.2513***	5.1761***	5.2218***
	(32.9746)	(8.5742)	(20.0761)	(16.2909)	(5.3607)	(27.8547)	(35.3351)
$\ln(y_{i,t_0})$	−0.3308***	−0.2368***	−0.2272***	−0.2604***	−0.3712***	−0.3506***	−0.3641***
	(−14.7780)	(−28.4530)	(−14.8147)	(−14.8716)	(−4.9408)	(−15.1343)	(−19.6705)
$\ln K_{i,t}$	0.1417***	0.1025***	0.0978***	0.1185***	0.091723**	0.1031***	0.0935***
	(6.9531)	(30.8134)	(6.8216)	(6.9417)	(2.2242)	(5.1565)	(5.3913)
$\ln H_{i,t}$	0.3589***	0.3867***	0.3052***	0.4658***	0.5535***	0.4602***	0.5477***
	(15.9868)	(14.9380)	(11.6720)	(14.4615)	(14.1529)	(9.6634)	(16.2442)
$\ln S_{i,t}$	−0.3411***	−0.2676***	−0.2175***	−0.3342***	−0.3209***	−0.3040***	−0.3248***
	(−15.4437)	(−54.1523)	(−10.7366)	(−13.4849)	(−4.5277)	(−10.4335)	(−13.3520)
$\ln(n_{i,t}+g_{i,t}+\delta_{i,t})$	−0.0678***	−1.6234***	−2.6113***	−2.0042***	−0.7634	−1.5521**	−0.8405
	(−3.4660)	(−4.7223)	(−4.8092)	(−3.3914)	(−1.3688)	(−2.3307)	(−1.5614)
$\ln A_0$	0.2705***	0.0562***	0.0622***	0.0722***	0.0715***	0.0793***	0.0726***
	(12.5356)	(22.4490)	(12.0118)	(11.0636)	(4.6055)	(10.0064)	(9.8063)
ρ		0.5980***	0.5980***	0.2058***			
		(26.1832)	(30.2974)	(3.1074)			
γ					0.6870***	0.6039***	0.6362***
					(5.5902)	(27.5711)	(48.9828)
$Rbar^2$	0.1960	0.1277	0.1385	0.3144	0.4937	0.4728	0.4737
σ^2		0.1540		0.1855	0.1370		0.1429
隐含 λ	0.0223	0.0150	0.0143	0.0168	0.0258	0.0240	0.0252
半生命周期（年）	31.0568	46.1696	48.3974	41.3677	26.8908	28.9039	27.5566
Moran's I	0.5712***						
	(47.0070)						
LM lag	3736.5680***						
LM err	2200.3740***						
R-LM lag	1755.2066***						

续表

模型 统计量	(1) OLS模型	(2) SAR模型 (ML)	(3) SAR模型 (MCMC)	(4) SAR模型 (GMM)	(5) SEM模型 (ML)	(6) SEM模型 (MCMC)	(7) SEM模型 (GMM)
R-LM err	219.0127***						
Combined LM	3955.5806***						
LM spatial err	4810.0834***						
Spatial Hausman	186.1230***						
Log-likelihood		−373.0959			−301.4117		

注：括号内为 t 统计量，*** 表示在1%的水平上显著，** 表示在5%的水平上显著。资料来源同表2-14。
SAR(ML)为SAR模型（最大似然估计）；SAR(MCMC)为SAR模型（MCMC估计）；SAR(GMM)为SAR模型（GMM估计）；SEM(ML)为SEM模型（最大似然估计）；SEM(MCMC)为SEM模型（MCMC估计）；SEM(GMM)为SEM模型（GMM估计）。

投资水平对经济增长的拉动与预期相同，在所有模型中均表现出显著的正向作用。中国改革开放以来的高投资发展模式在中小城镇经济增长层面再次得到印证。但是与投资水平相比，人力资本的拉动作用似乎更为强烈。教育水平综合提升对经济增长的乘数效应作用越来越明显。同时，结果还显示居民储蓄水平对经济增长起到阻碍作用。这说明中国居民的高储蓄率对人均GDP增长起到消极作用。原因可能是中国目前的高储蓄率并未形成有效的投资能力，存在投资效率低下问题，投资的乘数作用并未发挥作用，储蓄资金出现在银行沉淀的现象。人口增长水平对中小城镇经济增长起到阻碍作用，这一结果与其他同类研究一致。其实人口增长是具有两面性的，一方面劳动力数量的增加有利于经济增长，另一方面也降低了人均可享受的福利水平从而阻碍经济增长。这意味着中国中小城镇经济增长逐步摆脱了依赖劳动力红利的阶段，人口增加更多地表现为福利水平的消耗。另外，初始技术水平对中小城镇经济增长也表现出显著的促进作用。这说明初始的技术水平优势和技术发展惯性对区域经济增长起到至关重要的作用。

面板数据回归结果与横截面回归结果类似，只是参数大小发生了变化。相关参数检验表明SAR空间固定效应模型是最优模型（表2-18）。横截面数据和面板数据回归结果报告的中国中小城镇经济增长收敛速度处于同一区间，说明回归结果较稳健。对比绝对收敛我们发现固定了投资水平、人力资本、储蓄水平、人口增长水平和初始技术水平后中国中小城镇经济增长的收敛速度明显加快，面板数据回归结果显示收敛速度达到3.13%，相应的半生命周期也缩短为22.15年。但这一结果明显低于之前省域层面经济增长收敛速度的研究结论。

1992~2010年全样本相对 β 收敛面板数据回归分析　　　　表2-18

模型 统计量	(1) Pooled OLS	(2) SAR No fixed (ML)	(3) SAR Spatial fixed (ML)	(4) SEM No fixed (ML)
α	0.6352*** (21.1687)	0.4672*** (20.0071)		1.3081*** (29.2612)

续表

统计量＼模型	(1) Pooled OLS	(2) SAR No fixed (ML)	(3) SAR Spatial fixed (ML)	(4) SEM No fixed (ML)
$\ln(y_{i,t_0})$	−0.0711***	−0.0589***	−0.1177***	−0.1265***
	(−20.0487)	(−21.3395)	(−30.5086)	(−27.8273)
$\ln K_{i,t}$	0.0774***	0.0441***	0.0600***	0.0361***
	(27.8448)	(20.1960)	(20.5811)	(12.5768)
$\ln H_{i,t}$	0.0649***	0.0327***	0.1006***	0.0325***
	(9.3458)	(6.0671)	(12.0548)	(4.4184)
$\ln S_{i,t}$	−0.0252***	−0.0171***	−0.0240***	−0.0386***
	(−4.8637)	(−4.2174)	(−4.2485)	(−7.4730)
$\ln(n_{i,t}+g_{i,t}+\delta_{i,t})$	−0.3231***	−0.2855***	−0.2162***	−0.2049***
	(−5.0811)	(−5.7938)	(−4.3624)	(−4.4086)
$\ln A_0$	0.0192***	0.0149***	0.0789***	0.0245***
	(10.8420)	(10.8439)	(18.5640)	(12.1621)
ρ		0.6740***	0.6350***	
		(87.2200)	(77.9968)	
γ				0.7360***
				(91.5470)
$Rbar^2$	0.0748	0.4453	0.4403	0.4761
σ^2	0.0865	0.0518	0.0418	0.0489
隐含 λ	0.0184	0.0152	0.0313	0.0338
半生命周期（年）	37.5736	45.7093	22.1510	20.5042
Moran's I	0.4668***			
	(85.8653)			
LM lag		7415.7017***	6196.7732***	
LM err				7348.2661***
R-LM lag		165.4122***	141.5637***	
R-LM err				97.9767***
Log-likelihood	−2227.1000	132.8539	1433.2432	317.3950

注：括号内为 t 统计量，*** 表示在 1% 的水平上显著。资料来源同表 2-14。
SAR No fixed（ML）为 SAR 非固定效应模型（最大似然估计）；SAR Spatial fixed（ML）为 SAR 空间固定效应模型（最大似然估计）；SEM No fixed（ML）为 SEM 非固定效应模型（最大似然估计）。

2.3.3.3　中小城镇分时段绝对 β 收敛分析

表 2-19 是三大时间段绝对收敛的横截面数据回归结果。此处并未列出分时段面板数据回归结果，其原因是在反复试验中我们发现空间面板数据回归分析并不适用于短期的逐年分析。但分时段的横截面数据回归结果也足以说明总体趋势（之前分析显示 SEM 模式

是最优模型,因此此处仅列出 OLS 和 SEM 回归分析结果)。三大时间段横截面数据回归再次说明中国中小城镇经济增长在 1992～2010 年的三时段均存在绝对收敛现象。通过三大时段收敛系数对比我们发现 2005～2010 年的绝对收敛速度最快为 3.44%;2005～2010 年的收敛速度次之为 2.21%;1992～2000 年的收敛速度最慢为 2.06%。这种明显的加速收敛过程说明中国于 2000 年之后实施的一系列国家战略对缓解区域差异起到了一定作用,尤其是为中西部地区的追赶提供了机会。随着近几年国家层面对区域差异的逐步关注,国家战略的频频出台,中小城镇层面的相关政策优势不断叠加。这意味着从全国层面加大对中西落后地区的政策扶持和政策瞄准产生了一定效果。

1992～2010 年三时段绝对 β 收敛横截面数据回归分析　　　　表 2-19

年份	1992～2000 年		2000～2005 年		2005～2010 年	
模型	OLS	SEM (ML)	OLS	SEM (ML)	OLS	SEM (ML)
α	1.3815***	2.1684***	1.2785***	1.5090***	1.8145***	2.2652***
	(13.6332)	(26.8036)	(15.6374)	(13.8466)	(23.2215)	(40.5689)
$\ln(y_{i,t_0})$	−0.0433***	−0.1516***	−0.0772***	−0.1045***	−0.1083***	−0.1582***
	(−3.1186)	(−14.6945)	(−7.9671)	(−8.1942)	(−12.5746)	(−25.0734)
$Rbar^2$	0.0040	0.2808	0.0270	0.1970	0.0640	0.2092
σ^2		0.1267		0.0970		0.0837
隐含 λ	0.0055	0.0206	0.0161	0.0221	0.0229	0.0344
半生命周期(年)	125.2711	33.7292	43.1369	31.4002	30.2353	20.1247
Log-likelihood		−181.2670		159.3595		330.0996

注:括号内为 t 统计量,*** 表示在 1% 的水平上显著。资料来源同表 2-14。
SEM (ML) 为 SEM 模型(最大似然估计)。

2.3.3.4　中小城镇分时段相对 β 收敛分析

分时段相对 β 收敛回归结果与预期相近,只是不同时段经济增长影响因素的影响强度有所不同,从而也导致了相对收敛速度与绝对收敛速度的差异(表 2-20)。从 SEM 模型来看,1992～2010 年三时段的收敛速度呈倒"U"形的发展趋势。从经济增长的影响因素来看,OLS 和 SEM 模型存在一定差异,但作用符号完全一致。在未考虑空间效应时投资水平对经济增长的拉动呈现逐步提升的趋势,但考虑空间效应时这种趋势并不明显。人力资本对经济增长的影响出现动态波动的趋势,在 1992～2000 年表现出较为强烈的正向作用,2000～2005 年间这一作用逐步减弱,2005～2010 年这一作用又逐步加强。同时,储蓄水平也经历了类似的发展过程,只是作用方向不同而已。人口增长水平是影响较为强烈的因素,其对经济增长的阻碍作用在 2000～2005 年表现得最为强烈,这同时也可能是 2000～2005 年间收敛速度降低的主要诱因。1992～2010 年初始技术水平对经济增长的影响表现出显著的降低趋势。这说明随着知识和技术溢出以及"从干中学"发展模式的逐步推广已使初始技术水平的差异逐步弱化。

1992～2010年三时段相对 β 收敛横截面数据回归分析　　表2-20

年份	1992～2000年		2000～2005年		2005～2010年	
模型	(1)	(2)	(3)	(4)	(5)	(6)
统计量	OLS	SEM(ML)	OLS	SEM(ML)	OLS	SEM(ML)
α	2.6972***	3.1271***	1.5672***	1.7882***	2.1861***	2.7446***
	(24.6243)	(4.0478)	(14.0710)	(20.4958)	(18.5535)	(36.1193)
$\ln(y_{i,t_0})$	−0.2043***	−0.2793***	−0.1117***	−0.1405***	−0.1372***	−0.2059***
	(−13.8697)	(−4.3492)	(−9.0492)	(−11.3745)	(−13.0573)	(−23.9153)
$\ln K_{i,t}$	0.0059	0.0203***	0.0373***	0.0499***	0.0470**	0.0251***
	(0.7386)	(2.5645)	(3.6667)	(4.4774)	(3.6474)	(3.0044)
$\ln H_{i,t}$	0.2928***	0.2853***	0.0917***	0.0979***	0.1229***	0.1677***
	(16.7090)	(14.5368)	(4.5046)	(4.1287)	(5.2636)	(6.7823)
$\ln S_{i,t}$	−0.1625***	−0.1433***	−0.0458***	−0.0581***	−0.1219***	−0.1200***
	(−10.2278)	(−1.9764)	(−2.8479)	(−3.9150)	(−9.2041)	(−9.6026)
$\ln(n_{i,t}+g_{i,t}+\delta_{i,t})$	−2.1427***	−1.6133***	−2.1485***	−1.8150***	−0.8896***	−0.2432
	(−7.2141)	(−6.2461)	(−7.7416)	(−7.2504)	(−2.6930)	(−0.8146)
$\ln A_0$	0.0946***	0.0911***	0.0250***	0.0277***	0.0133***	0.0233***
	(17.3638)	(20.1399)	(5.0714)	(4.9143)	(3.2673)	(5.0666)
γ		0.5540***		0.4870***		0.4950***
		(3.7747)		(20.6520)		(32.2621)
$Rbar^2$	0.2210	0.3896	0.0690	0.2292	0.1030	0.2409
σ^2		0.1073		0.0929		0.0802
隐含 λ	0.0286	0.0409	0.0237	0.0303	0.0295	0.0461
半生命周期(年)	24.2642	16.9302	29.2601	22.8906	23.4850	15.0327
Log-likelihood		27.1152		210.5075		375.7716

注：括号内为 t 统计量，*** 表示在1%的水平上显著，** 表示在5%的水平上显著。资料来源同表2-14。
SEM（ML）为 SEM 模型（最大似然估计）。

2.3.3.5　城市和中小城镇绝对 β 收敛对比分析

如前所述，城市和县域经济发展表现出不同的模式，有必要将两者区别开来进行对比分析，以发现城市和县域经济增长收敛的差异性并从中探索中小城镇差异的形成机制。横截面数据回归显示，城市经济增长收敛速度明显快于县域经济增长收敛水平，从半生命周期来看缩短了10年左右（表2-21和表2-22）。SEM模型是较为理想的选择，而且三种估计方法结论一致。同时，与全样本数据回归结果相比，城市经济增长收敛速度亦明显快于全国平均水平。这意味着城市经济增长在推动区域经济收敛方面起到了核心作用，成为拉动区域经济赶超发展的引擎。相比县域经济，城市经济强大的吸管效应将大量的人流、物流、资金流和技术流吸引到城市并进一步优化和组合这些优势使其发挥更为巨大的效益。城市产业发展优势是传统农业主导型县域经济无法比拟的。县域经济增长收敛速度与全样本收敛速度基本一致。除了县域经济占样本中小城镇绝大部分之外，县域经济整体增长率偏低和产业发展滞后也许是更为深层的原因。

1992～2010年城市经济增长绝对 β 收敛横截面数据回归分析　　　表 2-21

统计量 \ 模型	(1) OLS	(2) SAR (ML)	(3) SAR (MCMC)	(4) SAR (GMM)	(5) SEM (ML)	(6) SEM (MCMC)	(7) SEM (GMM)
α	4.2280***	3.0750***	2.8076***	2.7465***	5.1597***	5.1792***	5.0961***
	(16.3870)	(20.2144)	(11.5553)	(4.7250)	(77.4530)	(19.8036)	(19.9699)
$\ln(y_{i,t_0})$	−0.2330***	−0.2341***	−0.1866***	−0.2434***	−0.3222***	−0.3249***	−0.3139***
	(−6.0810)	(−6.5973)	(−6.5734)	(−7.2952)	(−30.6160)	(−9.7266)	(−9.6312)
ρ		0.5270***	0.4906***	0.6771***			
		(10.6054)	(10.6974)	(2.7798)			
γ					0.5600***	0.5722***	0.5151***
					(17.2482)	(12.3459)	(16.7932)
$Rbar^2$	0.0530	−0.0423	−0.0020	0.2364	0.2642	0.2667	0.2404
σ^2		0.1791		0.1754	0.1690		0.1745
隐含 λ	0.0147	0.0148	0.0115	0.0155	0.0216	0.0218	0.0209
半生命周期(年)	47.0340	46.7773	60.4001	44.7421	32.0843	31.7557	33.1172
Moran's I	0.5357***						
	(23.4307)						
LM lag	992.2905***						
LM err	540.8072***						
R-LM lag	495.4815***						
R-LM err	43.9982***						
Combined LM	1036.2887***						
LM spatial err	1017.3032***						
Spatial Hausman	75.6863***						
Log-likelihood		−156.3224			−140.2257		

注：括号内为 t 统计量，*** 表示在1%的水平上显著。资料来源同表2-14。
SAR（ML）为SAR模型（最大似然估计）；SAR（MCMC）为SAR模型（MCMC估计）；SAR（GMM）为SAR模型（GMM估计）；SEM（ML）为SEM模型（最大似然估计）；SEM（MCMC）为SEM模型（MCMC估计）；SEM（GMM）为SEM模型（GMM估计）。

1992～2010年县域经济增长绝对 β 收敛横截面数据回归分析　　　表 2-22

统计量 \ 模型	(1) OLS	(2) SAR (ML)	(3) SAR (MCMC)	(4) SAR (GMM)	(5) SEM (ML)	(6) SEM (MCMC)	(7) SEM (GMM)
α	4.0640***	2.0052***	2.2599***	5.7956***	4.3726***	4.3733***	4.3620***
	(24.5900)	(7.5593)	(15.0375)	(5.1905)	(18.8031)	(25.1679)	(25.2553)
$\ln(y_{i,t_0})$	−0.2180***	−0.1606***	−0.1962***	−0.2519***	−0.2541***	−0.2541***	−0.2525***
	(−9.0410)	(−6.8634)	(−10.3966)	(−6.3500)	(−7.9973)	(−10.4898)	(−10.5110)

续表

模型 统计量	(1) OLS	(2) SAR (ML)	(3) SAR (MCMC)	(4) SAR (GMM)	(5) SEM (ML)	(6) SEM (MCMC)	(7) SEM (GMM)
ρ		0.6630*** (12.1838)	0.6544*** (28.7292)	−0.5577*** (−1.5792)			
γ					0.6820*** (23.5576)	0.6834*** (31.0003)	0.6531*** (44.0384)
$Rbar^2$	0.0470	−0.0019	−0.0415	−0.5427	0.4058	0.4061	0.3977
σ^2		0.1745		0.4402	0.1696		0.1719
隐含 λ	0.0137	0.0097	0.0121	0.0161	0.0163	0.0163	0.0162
半生命周期(年)	50.7386	71.2738	57.1259	42.9812	42.5676	42.5676	42.8669
Moran's I	0.5642*** (39.2981)						
LM lag	2657.3916***						
LM err	1535.2456***						
R-LM lag	1274.9063***						
R-LM err	152.7603***						
Combined LM	2810.1519***						
LM spatial err	3269.7180***						
Spatial Hausman	147.0705***						
Log-likelihood		−406.9266			−389.0524		

注：括号内为 t 统计量，*** 表示在 1% 的水平上显著。资料来源同表 2-14。
SAR（ML）为 SAR 模型（最大似然估计）；SAR（MCMC）为 SAR 模型（MCMC 估计）；SAR（GMM）为 SAR 模型（GMM 估计）；SEM（ML）为 SEM 模型（最大似然估计）；SEM（MCMC）为 SEM 模型（MCMC 估计）；SEM（GMM）为 SEM 模型（GMM 估计）。

面板数据回归结果同样发现这一现象（表 2-23 和 2-24）。混合面板数据模型显示城市经济增长收敛速度接近县域经济收敛速度的 2 倍。但依据综合估计参数和模型回归结果我们判定 SAR 空间固定模型仍为最优模型。而固定了空间效应后，SAR 空间固定面板数据模型显示二者的收敛速度差距有所缩小，但城市经济收敛水平仍快于县域。另外，值得注意的是城市经济增长的空间相关性略低于县域。这与县域经济单位数量多和天然的近邻性不无关系。城市经济的吸管效应固然重要，但空间的近邻性仍是不可忽视的重要因素。同时与全样本面板数据回归结果相比，我们发现城市和县域的收敛水平与全样本分析仍处于同一区间，说明模型稳健性较强。

1992～2010 年城市经济增长绝对 β 收敛面板数据回归分析　　表 2-23

模型 统计量	(1) Pooled OLS	(2) SAR No fixed (ML)	(3) SAR Spatial fixed (ML)	(4) SEM No fixed (ML)
α	1.4725*** (27.8630)	0.7884*** (15.8765)		1.5658*** (16.3844)

续表

统计量＼模型	(1) Pooled OLS	(2) SAR No fixed (ML)	(3) SAR Spatial fixed (ML)	(4) SEM No fixed (ML)
$\ln(y_{i,t_0})$	−0.1054***	−0.0637***	−0.1159***	−0.1159***
	(−17.8895)	(−12.2989)	(−18.6108)	(−11.2506)
ρ		0.5860***	0.5380***	
		(34.4053)	(31.3898)	
γ				0.6090***
				(11.0480)
$Rbar^2$	0.0898	0.3528	0.3033	0.3699
σ^2	0.1047	0.0744	0.0641	0.0725
隐含 λ	0.0278	0.0165	0.0308	0.0308
半生命周期（年）	24.8934	42.1242	22.5075	22.5075
Moran's I	0.3614***			
	(35.1858)			
LM lag		1210.7473***	1385.6183***	
LM err				1230.5972***
R-LM lag		183.1308***	699.0168***	
R-LM err				202.9807***
Log-likelihood	−939.6359	−502.2943	−240.2642	−470.4034

注：括号内为 t 统计量，*** 表示在1%的水平上显著。资料来源同表 2-14。
SAR No fixed（ML）为 SAR 非固定效应模型（最大似然估计）；SAR Spatial fixed（ML）为 SAR 空间固定效应模型（最大似然估计）；SEM No fixed（ML）为 SEM 非固定效应模型（最大似然估计）。

1992～2010年县域经济增长绝对 β 收敛面板数据回归分析　　表 2-24

	(1) Pooled OLS	(2) SAR No fixed (ML)	(3) SAR Spatial fixed (ML)	(4) SEM No fixed (ML)
α	0.9948***	0.6653***		1.8151***
	(27.0415)	(20.0437)		(26.5416)
$\ln(y_{i,t_0})$	−0.0594***	−0.0532***	−0.0979***	−0.0841***
	(−13.1572)	(−13.4281)	(−21.6273)	(−18.2186)
ρ		0.5440***	0.5270***	
		(46.7233)	(12.1597)	
γ				0.5120***
				(49.6907)
$Rbar^2$	0.0206	0.2538	0.1579	0.1385
σ^2	0.1411	0.1074	0.0970	0.1196

续表

	(1)	(2)	(3)	(4)
	Pooled OLS	SAR No fixed (ML)	SAR Spatial fixed (ML)	SEM No fixed (ML)
隐含 λ	0.0153	0.0137	0.0258	0.0220
半生命周期(年)	45.2761	50.7174	26.9105	31.5612
Moran's I	0.5313***			
	(82.5840)			
LM lag		6745.5653***	6515.6856***	
LM err				6306.2050***
R-LM lag		347.4098***	825.8196***	
R-LM err				208.0496***
Log-likelihood	−3601.7000	−2730.6623	−2295.1845	−3136.6033

注：括号内为 t 统计量，*** 表示在 1% 的水平上显著。资料来源同表 2-14。
SAR No fixed (ML) 为 SAR 非固定效应模型（最大似然估计）；SAR Spatial fixed (ML) 为 SAR 空间固定效应模型（最大似然估计）；SEM No fixed (ML) 为 SEM 非固定效应模型（最大似然估计）。

2.3.3.6 城市和中小城镇相对 β 收敛对比分析

考查城市和县域相对 β 收敛的目的在于对比两者经济增长影响因素的差异。通过横截面数据回归结果与面板数据模型的对比却发现横截面数据回归结果更接近现实，因此仅以横截面数据回归结果作为分析依据（表 2-25 和 2-26）。

1992～2010 年城市经济增长相对 β 收敛横截面数据回归分析　　表 2-25

模型 统计量	(1) OLS	(2) SAR (ML)	(3) SAR (MCMC)	(4) SAR (GMM)	(5) SEM (ML)	(6) SEM (MCMC)	(7) SEM (GMM)
α	5.4940***	2.7708***	2.7107***	2.6326***	4.2322***	4.2377***	4.1958***
	(17.3390)	(6.1755)	(8.2482)	(6.6027)	(23.2441)	(13.3499)	(13.1673)
$\ln(y_{i,t_0})$	−0.3840***	−0.3775***	−0.3351***	−0.3783***	−0.5049***	−0.5057***	−0.4935***
	(−9.8500)	(−4.8680)	(−10.2880)	(−11.5253)	(−14.9119)	(−13.8475)	(−14.0404)
$\ln K_{i,t}$	0.2200***	0.1343***	0.1185***	0.1314***	0.1628***	0.1630***	0.1620***
	(5.3880)	(4.1935)	(4.2296)	(4.5143)	(5.6994)	(5.5618)	(5.5154)
$\ln H_{i,t}$	0.1350***	0.2035***	0.1509*	0.2082*	0.3601***	0.3590***	0.3446***
	(3.8530)	(0.7230)	(1.6600)	(2.3540)	(4.2409)	(3.5583)	(3.4633)
$\ln S_{i,t}$	−0.3190***	−0.2130**	−0.2284***	−0.2060***	−0.2015***	−0.2012***	−0.2080***
	(−8.1430)	(−2.0765)	(−4.9798)	(−4.3729)	(−5.0300)	(−4.2756)	(−4.3587)
$\ln(n_{i,t}+g_{i,t}+\delta_{i,t})$	−0.0730***	−0.4254***	−1.3074*	−0.4467	−0.3065	−0.3042	−0.3064
	(−1.9310)	(−0.5580)	(−1.7689)	(−0.6603)	(−0.4767)	(−0.4700)	(−0.4626)
$\ln A_0$	0.3530***	0.4758***	0.4997***	0.4662***	0.5337***	0.5339***	0.5351***
	(9.1430)	(2.7014)	(8.8064)	(8.2187)	(11.2048)	(9.1694)	(9.0765)

续表

统计量\模型	(1) OLS	(2) SAR (ML)	(3) SAR (MCMC)	(4) SAR (GMM)	(5) SEM (ML)	(6) SEM (MCMC)	(7) SEM (GMM)
ρ		0.4220*	0.3847***	0.4796***			
		(1.7564)	(8.2013)	(4.3258)			
γ					0.5640***	0.5633***	0.5046***
					(24.7477)	(12.7402)	(12.2394)
$Rbar^2$	0.2400	0.1679	0.1938	0.3508	0.4115	0.4114	0.3835
σ^2		0.1492		0.1480	0.1341		0.1405
隐含 λ	0.0269	0.0263	0.0227	0.0264	0.0391	0.0391	0.0378
半生命周期(年)	25.7512	26.3226	30.5724	26.2533	17.7456	17.7089	18.3431
Moran's I	0.6097***						
	(26.6666)						
LM lag	1176.5469***						
LM err	700.5632***						
R-LM lag	555.2766***						
R-LM err	79.2929***						
Combined LM	1255.8398***						
LM spatial err	1739.9114***						
Spatial Hausman	105.5317***						
Log-likelihood		−89.8698			−65.8231		

注：括号内为 t 统计量，*** 表示在1%的水平上显著，* 表示在10%的水平上显著。资料来源同表2-14。SAR（ML）为 SAR 模型（最大似然估计）；SAR（MCMC）为 SAR 模型（MCMC 估计）；SAR（GMM）为 SAR 模型（GMM 估计）；SEM（ML）为 SEM 模型（最大似然估计）；SEM（MCMC）为 SEM 模型（MCMC 估计）；SEM（GMM）为 SEM 模型（GMM 估计）。

1992～2010 年县域经济增长相对 β 收敛横截面数据回归分析　　　　表2-26

统计量\模型	(1) OLS	(2) SAR (ML)	(3) SAR (MCMC)	(4) SAR (GMM)	(5) SEM (ML)	(6) SEM (MCMC)	(7) SEM (GMM)
α	5.8130***	3.0828***	3.0887***	4.4359***	5.4227***	5.4999***	5.3840***
	(27.7560)	(28.7085)	(16.4494)	(16.0746)	(71.6230)	(20.0975)	(25.2690)
$\ln(y_{i,t_0})$	−0.3380***	−0.3136***	−0.3136***	−0.3718***	−0.5090***	−0.5220***	−0.4967***
	(−14.1590)	(−18.6553)	(−16.6718)	(−17.1231)	(−24.9129)	(−16.9568)	(−21.4654)
$\ln K_{i,t}$	0.0690***	0.0304**	0.0300*	0.0260	−0.0262	0.0048	−0.0194
	(3.0130)	(2.1699)	(1.7171)	(1.3367)	(−1.5218)	(−0.1955)	(−0.8826)
$\ln H_{i,t}$	0.3810***	0.2280***	0.2278***	0.2589***	0.3964***	0.2538***	0.3807***
	(14.2270)	(7.9467)	(7.7448)	(8.0070)	(11.4317)	(4.5746)	(10.8408)

续表

模型\统计量	(1) OLS	(2) SAR(ML)	(3) SAR(MCMC)	(4) SAR(GMM)	(5) SEM(ML)	(6) SEM(MCMC)	(7) SEM(GMM)
$\ln S_{i,t}$	−0.3950***	−0.3557***	−0.3558***	−0.4265***	−0.4046***	−0.3656***	−0.4116***
	(−15.3930)	(−17.6066)	(−15.6796)	(−16.0922)	(−16.9487)	(−11.1501)	(−14.9536)
$\ln(n_{i,t}+g_{i,t}+\delta_{i,t})$	−0.1340***	−2.5236***	−2.5477***	−4.0868***	−0.2591	−1.9219*	−0.5608
	(−5.8980)	(−4.4410)	(−2.7463)	(−3.9758)	(−0.3175)	(−1.7394)	(−0.6043)
$\ln A_0$	0.1250***	0.3893***	0.3900***	0.4764***	0.5117***	0.5417***	0.5119***
	(5.4160)	(15.4015)	(15.3036)	(15.7140)	(18.1334)	(16.0163)	(16.8686)
ρ		0.5500***	0.5481***	0.1919***			
		(31.1653)	(23.4216)	(3.4599)			
γ					0.7070***	0.6106***	0.6387***
					(39.8426)	(23.2283)	(41.1477)
$Rbar^2$	0.2200	0.2643	0.2654	0.4269	0.5901	0.5650	0.5647
σ^2		0.1362		0.1630	0.1166		0.1238
隐含 λ	0.0229	0.0209	0.0209	0.0258	0.0395	0.0410	0.0381
半生命周期(年)	30.2472	33.1630	33.1594	26.8367	17.5379	16.9024	18.1745
Moran's I	0.5810***						
	(40.4659)						
LM lag	2871.4157***						
LM err	1627.9020***						
R-LM lag	1423.9223***						
R-LM err	180.4087***						
Combined LM	3051.8244***						
LM spatial err	3602.9946***						
Spatial Hausman	138.9742***						
log-likelihood		−175.0020			−91.3218		

注：括号内为 t 统计量，*** 表示在1%的水平上显著，* 表示在10%的水平上显著。资料来源同表2-14。
SAR（ML）为 SAR 模型（最大似然估计）；SAR（MCMC）为 SAR 模型（MCMC 估计）；SAR（GMM）为 SAR 模型（GMM 估计）；SEM（ML）为 SEM 模型（最大似然估计）；SEM（MCMC）为 SEM 模型（MCMC 估计）；SEM（GMM）为 SEM 模型（GMM 估计）。

在固定了各影响因素后回归模型拟合效果和收敛速度都有所提高。与县域经济增长相比，投资水平对城市经济增长的拉动作用更为强烈。这说明固定资产投资是驱动城市经济增长的主要动力之一。与城市相比县域经济的投资驱动作用明显乏力，部分模型甚至并未通过显著性检验。从人力资本水平来看，与之前预期不同，其对城市经济增长的驱动作用明显不及县域经济。由于普通高等学校在校学生数据的缺乏，研究中使用各中小城镇普通中学在校学生人数占年末总人口的平均比重数据来表征各中小城镇的人力资本水平。这在一定程度上可能无法反映城市人力资本优势，从而导致人力资本对城市经济增长驱动作用的弱化。同时也说明当前中小城镇经济增长对低水平人力资本的依赖性较强，提升人力资本素质仍是提高中小城镇经济增长水平的重要任务。居民储蓄水平对城市经济增长的负向作用略小于县域。这意味着城市经济发展中居民储蓄转化为投资的效率高于县域，资金沉淀概率更小。综合来看人口增长率对县域经济增长的负向影响强于城市。这说明人口数量增加与福利减少的关系在县域经济层面体现得更为深刻。初始技术水平在城市和县域层面均表现出较高的显著性和影响度。总体来看，初始技术水平对城市经济增长的推动作用略强于县域。这说明以优惠政策表征的初始技术水平对县域经济增长起到了至关重要的作用。城市享受到的优惠政策更多，这种城市倾向性为城市经济发展奠定了基础，同时也说明区域经济发展政策的引领和瞄准是具有明显效果的。

2.3.4 小结

本章试图系统研究中国 2286 个城市和县域经济增长收敛问题。改革开放特别是 1992 年市场经济体制确定以来中国区域经济取得了长足发展，但区域经济增长过程中的差异问题不容忽视。之前的多数研究重点分析了三大区域和省域层面的差异情况。只有极少量研究针对城市和县域层面展开，因此中小城镇层面的区域差异研究仍较薄弱。从中小城镇层面解析中国区域经济收敛行为就显得十分必要。

本章以空间计量经济分析为理论框架，并运用经典收敛模型进行对比分析。在模型设置上更关注中小城镇经济增长收敛中空间效应的控制。在这种空间计量经济分析理论框架下我们得到了与以往研究不同的结论。我们发现中小城镇经济增长存在绝对收敛和相对收敛行为，全样本数据回归显示年绝对收敛速度在 1.42%～1.52%，半生命周期在 45.48～48.83 年；相对收敛速度达到 3.13% 左右，相应的半生命周期也缩短为 22.15 年。同时我们发现，空间交互作用、地理区位和空间邻近性对区域经济增长起到重要影响。OLS 框架对其进行分析很可能得到有偏甚至无效的估计结果。

从经济增长影响因素来看，至 2010 年投资水平对经济增长产生显著的正向拉动作用。但是与投资水平相比，人力资本的拉动作用似乎更为强烈。人力资本综合提升对经济增长的乘数效应作用越来越明显。居民储蓄水平对经济增长起到阻碍作用，目前的高储蓄率并未形成有效的投资能力以及投资效率低下，储蓄资金出现在银行沉淀的现象。人口增长水平对中小城镇经济增长起到阻碍作用，中国中小城镇经济增长逐步摆脱了依赖劳动力红利的阶段，人口增加更多地表现为福利水平的消耗。初始技术水平对中小城镇经济增长也表现出显著的促进作用。

三大时段收敛分析发现 2000 年之后实施的一系列国家战略对缓解区域差异起到了一定作用。从全国层面对中西部落后地区的政策扶持产生了一定效果。1992～2010 年三时段的收敛速度呈倒 "U" 形的发展趋势。不同时间段经济增长的影响因素表现出明显差异而且时间效应的固定与否也会产生迥然不同的结果。

城市和县域经济增长对比分析发现，城市经济增长在推动区域经济收敛方面起到了核心作用，成为拉动区域经济发展的引擎。从中小城镇经济增长影响因素来看，投资水平对城市经济增长的拉动作用更为强烈。中小城镇经济增长对低水平人力资本的依赖性较强。城市经济发展中居民储蓄转化为投资的效率高于县域，资金沉淀概率更小。人口数量增加与福利减少的关系在县域经济层面体现得更为明显。区域发展政策的城市倾向性为城市经济发展奠定了基础。

从所得结论我们认为继续加大中西部和落后中小城镇的政策扶持力度，特别是提升投资水平和效率、提升人力资本素质、提高储蓄转化率、有效利用发达地区的知识和技术溢出是缩小区域和中小城镇经济增长差异的有效手段。

本章参考文献

[1] Anselin, L. Spatial economy: methods and models[M]. Kluwer Academic Publisher, 1988.

[2] Barro, R. J., Sala-i-Martin, X. Regional growth and migration: A Japan-United States comparison[J]. Journal of the Japanese and International Economies, 1992a, 6(4): 312-346.

[3] Barro, R. J., Sala-i-Martin., X. Convergence[J]. Journal of Political Economy, 1992b, 100: 223-251.

[4] Barro, R. J., Sala-i-Martin., X., Blanchard, O. J. Convergence across states and regions[J]. Brookings Papers on Economic Activity, 1991, (1): 107-158.

[5] Cliff, A., Ord, J. K. Testing for spatial autocorrelation among regression residuals[J]. Geographical Analysis, 1972, (4): 267-284.

[6] Cliff, A., Ord, J. K. Spatial processes: Models and applications[M]. Pion, London. 1981.

[7] Demurger, S., Sachs, J. D., Woo, W. T., Bao, S. G. C., Mellinger, A. National Bureau of Economic Research., 2002a, Geography, Economic Policy, and Regional Development in China, in: NBER working paper series no w8897, National Bureau of Economic Research, Cambridge, Mass., pp. Electronic resource.

[8] Demurger, S., Sachs, J. D., Woo, W. T., Bao, S. M., Chang, G. The relative contributions of location and preferential policies in China's regional development: being in the right place and having the right incentives[J]. China Economic Review, 2002b, 13(4): 444-465.

[9] Dmurger, S., 杰夫·萨克斯, 胡永泰, 鲍曙明, 张欣. 地理位置与优惠政策对中国地区经济发展的相关贡献[J]. 经济研究, 2002, (9): 14-23, 92.

[10] Elhorst, J. P. Specification and estimation of spatial panel data models[J]. International Regional Science Review, 2003, 26(3): 244-268.

[11] Elhorst, J. P. Spatial panel data models, in: Handbook of applied spatial analysis (M. M. F. a. A. Getis, ed.), Berlin: Springer, 2010.

[12] Esposti, R., Bussoletti, S. Impact of Objective 1 funds on regional growth convergence in the European Union: A panel-data approach[J]. Regional Studies, 2008, 42(2): 159-173.

[13] Fan, C. C., Scott, A. J. Industrial agglomeration and development: A survey of spatial economic issues in East Asia and a statistical analysis of Chinese regions[J]. Economic Geography, 2003, 79(3): 295-319.

[14] Fleisher, B. M., Chen, J. The coast-noncoast income gap, productivity, and regional economic policy in China[J]. Journal of Comparative Economics, 1997, 25(2): 220-236.

[15] Fujita, M., Hu, D. P. Regional disparity in China 1985-1994: The effects of globalization and economic liberalization[J]. Annals of Regional Science, 2001, 35(1): 3-37.

[16] Hao, R., Wei, Z. Sources of Income Differences across Chinese Provinces during the Reform Period: A Development Accounting Exercise[J]. The Developing Economies, 2009, 47(1): 1-29.

[17] He, C. F., Wei, Y. H. D., Pan, F. H. Geographical concentration of manufacturing industries in China: The importance of spatial and industrial scales[J]. Eurasian Geography and Economics,

2007, 48(5): 603-625.

[18] Ho, C. Y., Li, D. Rising regional inequality in China: Policy regimes and structural changes[J]. Papers in Regional Science, 2008, 87(2): 245-259.

[19] Jones, D. C., Li, C., Owen, A. L. Growth and regional inequality in China during the reform era[J]. China Economic Review, 2003, 14(2): 186-200.

[20] LeSage, J. P. Spatial econometrics: Statistical foundations and applications to regional convergence[J]. Journal of Regional Science, 2007, 47(3): 646-648.

[21] Liu, X., Yin, X. Spatial externalities and regional income inequality: Evidence from China's prefecture-level data[J]. Frontiers of Economics in China, 2010, 5(2): 325-338.

[22] Mankiw, N. G., David, R., David, N. W. A contribution to the empirics of economic growth[J]. The Quarterly Journal of Economics, 1992, 107(2): 407-437.

[23] Quah, D. T. Regional convergence clusters across Europe[J]. European Economic Review, 1996, 40(3-5): 951-958.

[24] Quah, D. T. Regional cohesion from local isolated actions: I. Historical outcomes[J]. in: DISCUSSION PAPER NO. 378. 1997.

[25] Sbergami, F. Agglomeration and Economic Growth: Some Puzzles[J]. in: HEI Working Paper N. 02/2002.

[26] Tian, L., Wang, H. H., Chen, Y. J. Spatial externalities in China regional economic growth[J]. China Economic Review, 2010, 20: S20-S31.

[27] Wang, Z., Ge, Z. P. Convergence and transition auspice of Chinese regional growth[J]. Annals of Regional Science, 2004, 38(4): 727-739.

[28] Wei, Y. D., Yu, D. L., Chen, X. J. Scale, Agglomeration, and Regional Inequality in Provincial China[J]. Tijdschrift Voor Economische En Sociale Geografie, 2011, 102(4): 406-425.

[29] Wei, Y. H. D. Regional inequality in China[J]. Progress in Human Geography, 1999, 23(1): 49-59.

[30] Wei, Y. H. D. Multiscale and Multimechanisms of Regional Inequality in China: implications for regional policy[J]. Journal of Contemporary China, 2002, 11(30): 109-124.

[31] Wei, Y. H. D., Fan, C. C. Regional inequality in China: A case study of Jiangsu Province[J]. Professional Geographer, 2000, 52(3): 455-469.

[32] Wei, Y. H. D., Kim, S. Widening inter-county inequality in Jiangsu Province, China, 1950-95[J]. Journal of Development Studies, 2002, 38(6): 142-164.

[33] Ying, L. G. Understanding China's recent growth experience: A spatial econometric perspective[J]. Annals of Regional Science, 2003, 37(4): 613-628.

[34] Ying, L. G. An institutional convergence perspective on China's recent growth experience: A research note[J]. Papers in Regional Science, 2006, 85(2): 321-330.

[35] Yu, D. L. Spatially varying development mechanisms in the Greater Beijing Area: a geographically weighted regression investigation[J]. Annals of Regional Science, 2006, 40(1): 173-190.

[36] Zhang, W. Rethinking regional disparity in China[J]. Economics of Planning, 2001, 34(1-2): 113-138.

[37] 蔡昉, 都阳. 中国地区经济增长的趋同与差异——对西部开发战略的启示[J]. 经济研究, 2000, (10): 30-37.

[38] 董先安. 浅释中国地区收入差距: 1952~2002[J]. 经济研究, 2004, (9): 48-59.

[39] 洪国志, 胡华颖, 李郇. 中国区域经济发展收敛的空间计量分析[J]. 地理学报, 2010, (12):

1548-1558.
- [40] 胡鞍钢，魏星．地区经济发展的局部不均衡剖解：1993~2005[J]．改革，2008，(11)：68-76.
- [41] 李国平，陈晓玲．中国省区经济增长空间分布动态[J]．地理学报，2007，62(10)：1051-1062.
- [42] 李小建，乔家君．20世纪90年代中国县际经济差异的空间分析[J]．地理学报，2001，56(2)：136-145.
- [43] 林光平，龙志和，吴梅．我国地区经济收敛的空间计量实证分析：1978—2002年[J]．经济学，2005，4 (S1)：67-82.
- [44] 林毅夫，刘明兴．中国的经济增长收敛与收入分配[J]．世界经济，2003，26(8)：3-14，80.
- [45] 刘强．中国经济增长的收敛性分析[J]．经济研究，2001，(6)：70-77.
- [46] 刘夏明，魏英琪，李国平．收敛还是发散？——中国区域经济发展争论的文献综述[J]．经济研究，2004，(7)：70-81.
- [47] 马拴友，于红霞．转移支付与地区经济收敛[J]．经济研究，2003，(3)：26-33，90.
- [48] 潘文卿．中国区域经济差异与收敛[J]．中国社会科学，2010(1)：72-84，222-223.
- [49] 潘文卿．中国的区域关联与经济增长的空间溢出效应[J]．经济研究，2012，(1)：54-65.
- [50] 沈坤荣，马俊杰．中国经济增长的俱乐部收敛特征及其成因研究[J]．经济研究，2002，(1)：33-39.
- [51] 王劲峰，Fischer, M. M.，刘铁军．经济与社会科学空间分析[M]．北京：科学出版社，2012.
- [52] 王小鲁，樊纲．中国地区差距的变动趋势和影响因素[J]．经济研究，2004，39(1)：33-44.
- [53] 王铮，葛昭攀．中国区域经济发展的多重均衡态与转变前兆[J]．中国社会科学，2002，(4)：31-39，204.
- [54] 王志刚．质疑中国经济增长的条件收敛性[J]．管理世界，2004，(3)：25-30.
- [55] 魏后凯．中国地区经济增长及其收敛性[J]．中国工业经济，1997，(3)：31-37.
- [56] 吴玉鸣．县域经济增长集聚与差异：空间计量经济实证分析[J]．世界经济文汇，2007，(2)：37-57.
- [57] 吴玉鸣，徐建华．中国区域经济增长集聚的空间统计分析[J]．地理科学，2004，(6)：654-659.
- [58] 许召元，李善同．近年来中国地区差距的变化趋势[J]．经济研究，2006，41(7)：106-116.
- [59] 周业安，章泉．参数异质性、经济趋同与中国区域经济发展[J]．经济研究，2008，43(1)：60-75，102.

第 3 章 中小城市人口集聚与土地扩展

内容提要：

本文基于全国第五次和第六次人口普查数据，以城区常住人口数量指代城市人口规模，将 2010 年等级为中小城市且 2000~2010 年未发生"新设立"和"撤市设区"的 560 座城市作为研究对象，对中小城市的人口增长与土地扩张的时空特征及影响因素进行了系统分析，并与大城市进行了比较分析。首先，采用中小城市人口拉动率等指标和局部空间自相关分析等方法，对中国中小城市人口增速与结构的分布格局及其演变进行分析，发现中小城市人口集聚的增速慢、流动人口贡献度低，高值区域集中在东部沿海地区；而大城市人口增速快、流动人口贡献度高，高值城市多为东部沿海城市和西部省会城市。2000~2010 年我国中小城市的数量比重一直维持在 90% 左右，人口规模由 1.53 亿人增至 1.73 亿人，平均人口增速为 32.9%，不足大城市的一半，对总规模增加的拉动率不足 20%。其次，根据中小城市人口增速及其结构组成，将我国中小城市人口集聚类型综合划分为流入驱动增长型、户籍驱动增长型、流入驱动平稳型、户籍驱动平稳型和人口缩减型五类，并对不同类型中小城市的空间格局及其人口集聚特点进行定性分析。其三，采用主成分降维、多元回归分析法，对比分析中小城市与大城市之间及各类中小城市之间的人口集聚机理差异。中小城市人口集聚受经济发展、城乡差距、公共服务等因素共同影响；而大城市人口集聚主要由经济因素驱动，相对单一。其四，比较了不同人口规模的城市在蔓延程度方面的差异，发现中小城市在人均城市土地增长率和跳跃或边缘式发展指数变化两个指标上均要高于特大城市和大城市，从而反映出中小城市无论在数量上还是形态上都比特大城市和大城市的蔓延程度更为严重。特大城市的城市蔓延问题虽然最受关注，但实际上在不同人口规模的城市中，特大城市的城市蔓延程度反而最低。大城市的蔓延程度介于中小城市和特大城市之间，但是其在城市形态上的蔓延也较为严重。

3.1 数据来源与研究方法

3.1.1 研究数据与处理

城市人口规模是描述城市规模体系的重要指标。根据《国务院关于调整城市规模划分标准的通知》（2014 年），以城区常住人口为统计口径，将城市划分为五类七档。新标准在小城市、中等城市、大城市、特大城市四个等级基础上增加超大城市一级，并提高了各等级城市的人口上下限，小于 100 万人的中小城市规模，是本研究重点关注的部分，大城市及以上等级城市（以下此类城市简称"大城市"）人口规模大于 100 万人。

2000 年全国共有 665 座城市，含 263 座设区城市和 402 座县级市。2000~2010 年，南海、顺德等 24 个县级市撤市设区，并入其他城市；另新设定西、陇南等 15 个县级市和地级市。至 2010 年，全国城市数量变为 656 座，包含设区城市 287 座和县级市 369 座，本研究后面章节重点讨论新设立、已撤市设区以外的630座城市。为提高时效性，城市规模等级以2010年城市人口规模为依据，中小城市560座，大城市70座。受数据限制，研究区不包含港澳台地区。

本研究重点讨论了2000年和2010年中国中小城市人口集聚的空间格局及其变化，没有将1982年和1990年纳入，主要出于三点考虑：第一，1982年和1990年两期人口普查数据中的城市人口数量统计口径相较于2000年和2010年变化偏大。按照城市规模等级划分新标准，1990年普查数据显示我国有大城市以上城市56座，2000年普查数据显示仅有53座，不符合常理。1982年和1990年的普查数据也难以校核为2000年和2010年的统计口径；第二，2000年以前的行政区划调整异常剧烈。1982年、1990年、2000年和2010年我国城市行政区分别有238个、389个、665个和656个，其中中小城市调整尤为突出，可见2000～2010年城市数量更加稳定，1982～2000年新增城市数量较多，城市人口和其他统计数据空缺不利于城市动态分析；第三，2000～2010年是我国城市化进程最快的时期，分析该时期中小城市人口集聚类型与机理对今后研究中小城市人口问题、制定人口引导政策有重要的借鉴和参考意义。

目前国内常用的城市人口规模统计资料有两类，分别是公安局统计的市区非农业人口和人口普查数据统计的市人口，这两个数据具有不同的统计口径和年份。前者延续性较好，在早期被城市规划法确立为界定城市规模的法定指标，但该数据仅以户籍登记为依据，忽略了迁入和迁出人口。随着改革开放之后人口限制政策的取消，人口迁移量逐年增加，市区非农业人口数据的偏差也越来越大。例如，深圳市2010年市区户籍非农业人口为260万人，根据2015年城市规模等级新标准判断仅为Ⅱ型大城市，而其城区常住人口实际已经超过1000万人，达到超大城市规模，因此基于市区户籍非农业人口的判别结果显然不符合现实。而且户籍制度逐步取消，非农业人口数据今后将难以获取。后者基于常住人口的口径进行统计，每10年进行一次普查，5年进行一次1%抽样调查。

2000年和2010年的城市人口数量分别来源于各省（市、区）第五次和第六次人口普查资料中的市人口数据，据此，构建2000年和2010年中国城市人口数据库。按照我国住房城乡建设部门、民政部门的界定，中国城市包括设区城市和不设区城市两类，其中设区城市由全部市辖区构成其行政范围，不设区城市一般是指县级市。

此外，六普中"市人口"采用常住人口口径，基于城市实际建成范围统计，较为准确。五普中的"市人口"针对县级市和设区市有两个不同的统计口径（图3-1），全部县级市和人口密度低于1500人/平方公里设区市市辖区的口径准确，而1500人/平方公里以上市辖区的市人口等于常住人口数量，口径偏大。为保证2000年城市人口数据的可信度，本文对2000年市人口存在偏差的部分进行修正。结合通过遥感影像识别出的建成区范围和城镇人口、市人口变化，发现随着城市实体范围的扩张和城市管辖范围的增加，城市人口数量和城镇人口数量均有所增加，且增加比重比较接近，因此加入2010年各市辖区城市人口与常住人口的比重为修正系数，以2000年的市辖区常住人口乘以该修正系数对2000年1500人/平方公里以上市辖区数据进行校正。最终修正了169个市辖区的市人口数据，涉及99个设区城市。修正系数多大于0.8，南宁市邕宁区、新乡市凤泉区、台州市路桥区、绍兴市越城区的系数低于0.5，修正后的数值更加接近真实值。

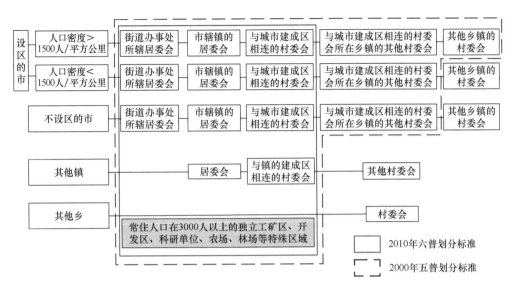

图 3-1 第五次和第六次人口普查城市人口统计口径
数据来源：本章参考文献 [59]

由于涉及动态增长，在数据处理上要保证行政区划的一致性。本章以 2010 年的各城市市辖区行政范围为准，对 2000 年相应区域的城区常住人口数量、流动人口数量等属性（及后面章节使用的社会经济统计数据）进行求和合并，但仍存在一定偏差，主要包括两方面：一是由于许多县市在 2010 年调整为市辖区，当年这些县市与市辖区之间流动人口数也应当剔除以保持和 2010 年一致，总的来看这类人口往年相对较少，误差不大；二是小幅度的行政区划调整，例如区县界的微调等等，误差亦不大。

3.1.2 研究方法

3.1.2.1 中小城市对规模增长的拉动率

在同一时期内，某区域内中小城市的城市人口规模增长量占该区内全部城市的城市人口增长总量的比重，用于分析与比较区域中小城市对区域城市人口规模增长或城镇化发展的拉动程度，具体形式如下：

$$SC = \Delta P_a / \Delta P \tag{3-1}$$

上式中，ΔP_a、ΔP 分别为研究期间中小城市和全部城市人口规模的增加量。拉动率越高，表示该区域的中小城市的人口增加对全部城市人口增长的拉动力越大。

3.1.2.2 城市人口增速

城市人口增速反映城市人口集聚程度变化的指代指标，用城市人口的增长率进行测度，其公式表达如下：

$$U' = \frac{U_t - U_0}{U_0} \times 100\% \tag{3-2}$$

式中，U' 代表中小城市人口规模的增长率，U_t、U_0 分别代表末期和初期的城市人口规模。如果 $U_t - U_0 < 0$ 时，说明中小城市人口减少，城市规模缩减。而 $U_t - U_0 \geqslant 0$ 时，

中小城市规模增加。

3.1.2.3 流动人口贡献度

流动人口贡献度反映常住人口中有多少是外来流动人口的结构指标,用流动人口的增加值占常住人口增加值的比重进行测度,公式如下:

$$M' = \frac{M_t - M_0}{U_t - U_0} \times 100\% \tag{3-3}$$

式中,M'表示流动人口对人口增长的贡献度,M_t、U_t分别表示末期的流动人口规模和城市常住人口规模,M_0、U_0分别表示初期的流动人口规模和城市常住人口规模。

3.1.2.4 集中度系数变化

位序—规模法则揭示了城市人口规模与其在全国城市体系中位序的关系,公式如下:

$$\ln P_i = \ln P_1 - q\ln R_i \tag{3-4}$$

上式中,P_i、R_i分别代表第i个城市的人口规模、位序,P_1为首位城市的人口规模,q为城市规模集中系数。城市规模集中系数q受到各种因素的影响,集中度如果大于1,表示高位序城市发育更加突出,小于1,则低位序城市发育更加突出。集中度变化指数以两个时期城市集中度的差值代表城市集中度变化情况,可以反映区域内不同等级城市规模变化的总体趋势,公式如下:

$$\Delta q = q_{t2} - q_{t1} \tag{3-5}$$

上式中,q_{t1}和q_{t2}分别为研究期初和期末的城市集中度,Δq为城市集中度变化指数,Δq数值大则说明城市规模集中度显著升高,大城市发挥集聚效应,城市人口规模增长的速度超过中小城市。

3.1.2.5 全局空间自相关(Moran's I)指数

全局自相关分析选取空间差异和空间异质性两个指标作为主要测度,评价了城市人口集聚格局的全局态势。空间差异可以通过数值空间分布的集散特征来反映,最常用的指标是变异系数:

$$CV = \frac{\sqrt{\frac{1}{n}\sum_{i=1}^{n}(x_i - \bar{x})^2}}{|\bar{x}|} \tag{3-6}$$

式中,CV表示变异系数,x_i和$\bar{x}$分别表示第i个变量值和各变量的均值,n表示变量的总数量。变异系数是变量之间标准差与均值的比值,是无量纲处理后反映变量数值之间差异的指代系数,变异系数数值越大,说明变量之间的空间差距越大。

空间单元与周围单元存在空间自相关的特征,若属性值的相关性随着空间分布集聚而越发显著,则可以认为属性值存在空间正相关;若随着空间分布离散属性值相关性越发显著,则可以认为存在空间负相关。澳大利亚学者 Moran 提出以全局 Moran's I 指数作为识别空间自相关的指数,该指数的具体表达形式为:

$$\text{Moran's } I = \frac{n\sum_{i=1}^{n}\sum_{j=1}^{n}w_{ij}(y_i - \bar{y})(y_j - \bar{y})}{\left(\sum_{i=1}^{n}\sum_{j=1}^{n}w_{ij}\right)\sum_{i=1}^{n}(y_i - \bar{y})^2} \tag{3-7}$$

式中，n 代表空间单元的数量，y_i 和 y_j 分别为第 i 个和第 j 个空间单元的属性数据，$\bar{y}$ 表示全部空间属性单元的平均值，w_{ij} 表示第 i 个和第 j 个空间单元的相对位置关系。全局 Moran's I 指数先假设空间属性单元之间不存在空间自相关的特征；然后根据 Z-score 分值来检验上述假设，当 $|z|>1.96$ 时拒绝该假设，即空间属性数据存在空间自相关性；最后将 Moran's I 指数归一化到 $-1 \sim 1$，若该数值大于 0 则表示属性值之间存在空间正相关特性，若数值小于 0 则表示存在空间负相关，0 值表示空间随机分布，没有明显的空间相关特征。

3.1.2.6 局域空间自相关（Moran's I）指数

全局 Moran's I 指数反映了全部空间单元属性数据的整体自相关趋势，但不能表达出各空间单元具体的空间自相关特性。美国学者提出局域空间自相关（Moran's I）指数，通过 LISA（Local Indicators of spatial association）来识别局域空间的空间自相关特性，计算方法表达为：

$$\text{Moran's } I_i = \frac{y_i - \bar{y}}{S^2} \sum_{j=1}^{n} w_{ij}(y_i - \bar{y}) \tag{3-8}$$

式中，S^2 表示 y_i 的离散方差，其他变量含义与全局空间自相关公式一致。局域 Moran's I 指数同样先假设了空间属性单元之间不存在空间自相关的特性，通过 Z-score 数值来检验各空间单元属性值是否具有自相关的态势，以 Moran 散点图的形式表示出来。散点图中原点为 0，代表均值，横坐标和纵坐标分别表示空间单元属性及其周边属性值的标准化值。每个单元在散点图上有唯一的点位，散点拟合出的曲线斜率数值上等于全局 Moran's I 指数。

根据局域 Moran's I 指数可以划分出四个 LISA 类型。其中，（1）HH 型，表示横坐标值和纵坐标值大于 0，即自身和周围属性值都高于均值，处在第一象限。说明通过 Z-score 数值的检验，空间单元 i 的属性值为显著 HH 型，自身和周围都是高值，存在局域空间正相关；（2）HL 型，表示横坐标值大于 0，但纵坐标值小于 0，即自身属性值高于平均值但周围属性值低于均值，处在第四象限。说明通过 Z-score 数值的检验，空间单元 i 的属性值为显著 HL 型，其他为不显著 HL 型，自身是高值，周围是低值，LISA 指数小于 0，存在局域空间负相关；（3）LH 型，表示纵坐标小于 0，纵坐标大于 0，即自身属性值低于平均值但周围属性值高于平均值，处在第二象限。说明通过 Z-score 数值的检验，空间单元 i 的属性值为显著 LH 型，其他为不显著 LH 型，自身是低值，周围是高值，LISA 指数小于 0，存在局域空间负相关；（4）LL 型，表示纵坐标值和纵坐标值小于 0，即自身属性值和周围属性值均低于平均值，处在第三象限。说明通过 Z-score 数值的检验，空间单元 i 的属性值为显著 LL 型，其他为不显著 LL 型，自身和周围都是低值，LISA 指数大于 0，存在局域空间正相关。

在全局和局域 Moran's I 指数中都需要对每个空间属性单元的"周围"单元给出范围，并通过空间权重矩阵 W 进行运算，该矩阵由第 i 个和第 j 个空间单元之间相对空间位置关系的 w_{ij} 值构成，w_{ij} 值可以通过空间距离、共边、共点等空间邻接关系来确定。矩阵 W 是一个对称空间矩阵，对角线是自身与自身的空间权重，取值为 0，其表达形式为：

$$\boldsymbol{W} = \begin{bmatrix} 0 & w_{12} & \cdots & w_{1n} \\ w_{21} & 0 & \cdots & w_{2n} \\ \cdots & \cdots & 0 & \cdots \\ w_{n1} & w_{n2} & \cdots & 0 \end{bmatrix} \quad (3\text{-}9)$$

在计算 Moran 指数散点图对应纵坐标值时,需要对矩阵 $\boldsymbol{W}$ 进行行标准化处理,即对矩阵中的每一行每个元素除以所在行元素之和的标准化处理,表达形式为:

$$\boldsymbol{W} = \begin{bmatrix} 0 & \dfrac{w_{12}}{\sum_{j=1}^{n} w_{1j}} & \cdots & \dfrac{w_{1n}}{\sum_{j=1}^{n} w_{1j}} \\ \dfrac{w_{21}}{\sum_{j=1}^{n} w_{2j}} & 0 & \cdots & \dfrac{w_{2n}}{\sum_{j=1}^{n} w_{2j}} \\ \cdots & \cdots & 0 & \cdots \\ \dfrac{w_{n1}}{\sum_{j=1}^{n} w_{nj}} & \dfrac{w_{n2}}{\sum_{j=1}^{n} w_{nj}} & \cdots & 0 \end{bmatrix} \quad (3\text{-}10)$$

本研究基于共边邻接算法(Rook Contiguity)判断城市的"周围"范围,即有共同边或者有共顶点的空间单元即可识别为周围城市,w_{ij} 赋值为 1,否则为 0。重点考察城市行政边界是否相邻,县级市边界以其行政边界为准,地级市边界以其市域抠除管辖县级市后的范围边界为准。然后对 Rook 邻接矩阵进行标准化,每一行之和等于存在 Rook 邻接性的空间单元数量。为了使得年际间具有可比性,本研究选取 2000~2010 年未发生剧烈行政区划调整的 630 个城市中的 560 个中小城市进行重点分析。在 GeoDa 软件下,基于 2000 年和 2010 年行政区划面状矢量数据和其拓扑关系,分别生成 560×560 的城际空间邻接权重矩阵,根据上述原理绘制这两年对应的城市人口及其增加值的散点图,生成 LISA 运算结果。值得注意的是,这里设区城市的矢量边界以地级城市排除县级市后的行政边界为准,县级市的范围为其城市行政边界内的区域。本研究将以行政区划面状矢量数据得到的 LISA 识别的格局进行城市点的可视化,包括显著 HH 型、显著 HL 型、显著 LH 型、显著 LL 型、不显著的四种类型区域和少数不具有空间邻接的城市统一标注为不显著型。

3.2 中小城市人口集聚特征

3.2.1 中小城市人口集聚的规模特征

3.2.1.1 整体特征

在中小城市人口规模比重变化方面,2000~2010 年中小城市占全部城市人口规模的比重从 54.09% 下降至 42.84%。如表 3-1 所示,2000 年中国城市总人口规模为 2.82 亿人,小城市规模比重最高(37.39%),中等城市的比重和特大城市接近,占 15% 左右。2010 年城市人口总规模超过 4 亿人,小城市占总规模的比重(26.92%)被大城市

（30.27%）超过，中等城市和特大城市比重依然保持接近15%。

2000～2010年中国各等级城市的城市人口、所占比重及其变化　　　表3-1

城市类型	2000年		2010年	
	人口（千万人）	比重（%）	人口（千万人）	比重（%）
中小城市	15.26	54.09%	17.25	42.84%
小城市	10.55	37.39%	10.84	26.92%
中等城市	4.71	16.70%	6.41	15.92%
大城市及以上	12.96	45.91%	23.01	57.15%
大城市	8.20	29.05%	12.19	30.27%
特大城市	4.76	16.86%	6.47	16.07%
超大城市	0.00	0.00%	4.35	10.81%
合计	28.21	100.00%	40.28	100%

3.2.1.2　省级分异

从省级尺度来看，不同省份在2000年和2010年的城市人口数量及其占总规模比重有所差异。本节通过2000年和2010年各省份中小城市人口规模及占总规模的比重等指标，展示了省级尺度下中小城市人口规模的空间分异。

2000年各省份中小城市人口规模普遍较小，仅有山东省总规模超过1000万人，中小城市规模占省内全部城市人口规模的比重多高于50%。从各省中小城市人口总规模来看，2000年山东省中小城市的人口规模达到1120万人；河南、湖北、广东等12个省份中小城市人口总规模超过500万人；青海、西藏、宁夏和海南中小城市人口总规模最小，低于100万人。从中小城市比重来看，多数省份的中小城市规模占一半以上。其中西藏自治区仅有日喀则和拉萨两座城市，均为中小城市，即城市人口均由中小城市提供；安徽、河南、湖南、江西、四川等人口大省中小城市人口比重较高，大于70%；青海省仅有西宁市、格尔木市和德令哈市三座城市，后两座城市为Ⅱ型小城市，人口规模远小于西宁市，因此中小城市人口规模比重仅为16%；其他省份大城市与中小城市的人口规模比重相对均衡。

2010年各省份中小城市人口总规模均有不同程度的增加，但其中小城市占总规模的比重变化并不明显。从人口总规模来看，2010年山东省仍然是中小城市人口总规模最大的省份，江苏、河南、广东和浙江省中小城市总规模增加至1000万人以上；新疆、内蒙古、广西等省区增加至300万人以上；青海、西藏、宁夏和海南中小城市人口总规模仍然最小，低于100万人。从中小城市的比重来看，各省份的中小城市人口比重变化较小，广东省比重下降12.1%，其他省份比重变化的绝对值均小于10%。

3.2.1.3　空间格局

在城市体系中，中小城市的人口集聚规模空间格局存在空间依赖性和极化效应，呈现出较大的区域差异。整体上来看，我国中小城市的人口集聚态势呈现出空间正相关，存在诸多人口集聚规模的高值区域和低值区域，同时也有不少"高低相接"和"低高相邻"的空间负相关单元。

从中小城市人口规模来看，2000～2010年中小城市规模的增长明显，均值由23.57

万人增加至 30.08 万人。全局 Moran's I 指数大于 0（在 GeoDa 软件中随机抽取数据进行排列检验，p 值均小于 0.05，通过 Z 值检验，下同），Z 值均大于临界值 1.96（表 3-2），具有空间自相关的特性。2000 年和 2010 年 Moran's I 指数处于相对较高的状态，均大于 0.44，说明中小城市人口集聚具有较强的空间自相关性，空间上总体表现为"高高集聚"或"低低集聚"占据多数。具体来看，从数量上 2000 年和 2010 年 LISA 分布规律相似，HH 型和 LL 型占 90% 左右，以 HH 型居多，占显著散点 70% 左右。

2000 年和 2010 年中小城市人口规模及其变化的统计量汇总　　　表 3-2

统计量	2000 年	2010 年
均值	23.57 万人	30.08 万人
标准差	17.20 万人	21.08 万人
最小值	1.18 万人	2.30 万人
最大值	94.38 万人	99.94 万人
Z 值	12.66	12.08
全局 Moran's I 指数	0.45	0.44
全局 Moran's I 指数检验 P 值	0.001	0.001
HH 型散点数量比重 (%)	71.00%	66.06%
HL 型散点数量比重 (%)	0.00%	1.83%
LH 型散点数量比重 (%)	9.00%	9.17%
LL 型散点数量比重 (%)	20.00%	22.94%

根据 2000 年和 2010 年我国中小城市人口集聚规模绘制了 Moran 散点图，与城市体系规律相似，较大规模的中小城市主要分布在"胡焕庸线"的东侧，集中在华北平原地区、长江中游地区、四川盆地等地区，具有"自身高、周围高"的特点。2000 年从 LISA 分布格局来看，显著 HH 型占据最高比重，主要分布在辽宁中部和西南部、黑龙江省东部、山东西部、河南中部、安徽省和江苏省北部、长江中游地区以及四川省西部，具有"自身高、周围高"的特点，是 2000 年我国中小城市人口集聚能力最强的区域。LH 型中小城市夹杂在若干 HH 型中小城市周围，分布相对分散，具有"自身低、周围高"的特点，是 2000 年我国中小城市人口集聚能力的洼地，其对城市人口的吸纳水平明显低于区域内其他中小城市。显著 LL 型中小城市集中分布在河南省中部和东北地区，还包括一些零散城市，如琼海市、建阳市（2014 年已改为南平市建阳区）等，此外 2000 年 LISA 图中没有出现显著 HL 型中小城市。

2010 年四种类型城市的比重略有变化，从空间上来看 HH 型中小城市更加集聚，有向东部沿海推进的态势，仍然主要分布在山东西部、江苏省、安徽省北部、河南省东部、湖南省、四川省中部、广东省东部沿海地区。与 2000 年有所不同的是，湖北省大量城市和黑龙江、四川省少量城市退出 HH 型，而苏南地区、广东东部地区的若干中小城市成为新晋 HH 型。LL 型中小城市分布较为分散，集中分布在东北地区和河北省中部地区；LH 型中小城市夹杂在 HH 型城市周围，分布同样较为分散，具有"自身低、周边高"的特点，是 2010 年中小城市人口集聚的洼地，城市人口数量明显低于周围中小城市；同时出现了少量 HL 型中小城市，具有"自身高、周边低"的特点，是 2010 年中小城市人口集聚的区域高地。

3.2.2 中小城市人口集聚的增速特征

3.2.2.1 整体特征

在中小城市人口增速方面，2000～2010年中小城市占全部城市人口规模的比重下降了11.25%（表3-3），平均人口增速仅为32.9%，不足大城市的一半，对城市人口规模增加的拉动率不足20%。如表3-3所示，中小城市总人口规模增加1990万人，小城市规模仅增加290万人，中等城市规模增加1700万人。大城市及以上增加1亿人口，其中大城市与超大城市人口增加4000万人左右，超大城市增加近2000万人口。小城市与大城市的人口规模比重变化最大，分别下降和上升10%左右。从对总规模增加的拉动率来看，中小城市的拉动率较低，中等城市和小城市的拉动率分别仅为14.08%和2.4%，而大城市和超大城市则具有30%以上拉动率。

2000～2010年中国各等级城市的城市人口、所占比重及其变化　　表3-3

城市类型	人口变化(千万人)	比重变化(%)	拉动率(%)
中小城市	1.99	−11.25%	16.48%
小城市	0.29	−10.47%	2.40%
中等城市	1.70	−0.78%	14.08%
大城市及以上	10.05	11.25%	83.27%
大城市	3.99	1.22%	33.06%
特大城市	1.71	−0.79%	14.17%
超大城市	4.35	10.81%	36.04%
合计	12.07	—	100.00%

运用位序规模法则，对2000年和2010年基于普查数据的城市规模等级结构进行分析，弹性系数由0.9467上升至1.0138（图3-2），说明2000～2010年我国城市规模体系整体呈现出向高位序大城市集中的趋势，中小城市吸纳城市人口的能力和速度落后于大城市。齐普夫回归模拟效果良好，R^2均大于0.94。2000年以后，我国逐渐弱化了过去中小城市偏向的城市化政策，更加强调各种等级规模城市的协调发展，城市规模分布集中度出现了上升。

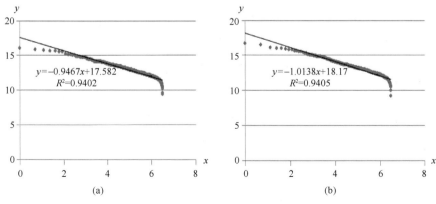

图3-2　2000年和2010年基于普查数据的位序规模曲线
(a) 2000年；(b) 2010年

3.2.2.2 省级分异

从省级尺度来看，2000年和2010年不同省份中小城市人口数量的增速和比重变化同样有所不同。本节通过中小城市人口规模增加值及拉动率等指标，展示了省级尺度下中小城市人口集聚的空间分异。

从人口规模增加值情况来看，2000~2010年我国东部沿海省份的中小城市规模增加明显高于中西部省份。江苏省、浙江省、山东省、河南省增加量最多，超过300万人，相当于一座Ⅰ型大城市的人口规模；福建省、广东省、安徽省、河北省、四川省、江西省、辽宁省、山西省、湖南省9个省份增加中小城市人口规模超过100万人，相当于一座Ⅱ型大城市的人口规模，其中四川省是西部地区中小城市人口和增加值最多的省份；青海、西藏、宁夏和黑龙江四个省份的中小城市人口规模增加值较少，低于20万人。

从拉动率来看，多数省份的中小城市拉动率低于50%。其中，西藏自治区全部两座城市均为中小城市，拉动率为1，新增城市人口全部由中小城市提供；江西省和河南省中小城市数量和规模较大，拉动率高于65%，中小城市在这两个省份城市化进程中扮演着核心角色，吸纳了多数新增城市人口；山东、山西、湖南、河北、云南等省份内中小城市同样在城市体系中作用明显，对城市人口增加的拉动率高于50%；广东、黑龙江、广西、青海4个省份大城市吸纳了多数新增城市人口，中小城市拉动率低于20%。

3.2.2.3 空间格局

在城市体系中，中小城市的人口增速空间格局存在空间依赖性和极化效应，呈现出较大的区域差异。整体上来看，我国中小城市的人口集聚态势呈现出空间正相关，存在诸多人口增速的高值区域和低值区域，同时也有不少"高低相接"和"低高相邻"的空间负相关单元。

从中小城市人口规模增加值来看（表3-4），2000~2010年我国中小城市人口规模发生显著变化，平均每个中小城市人口增加6.51万人，但内部变化情况相差巨大，增加值的标准差达到9.23，其中宜春市和晋江市是城市人口变化最剧烈的城市，前者减少17.68万、后者增加76.07万。增加值统计值的Moran's I指数为0.20，说明中小城市人口集聚具有空间正相关，空间上总体表现为"高高集聚"或"低低集聚"占据多数，同时有一定的"低高集聚"区域。从增速的角度来看，中小城市平均增加人口34%，模型通过了$p<0.05$的检验，Moran's I指数为0.08，具有空间自相关特性，但相对较弱。在空间上总体仍然表现为"高高集聚"或"低低集聚"居多，其中"低低集聚"比重最高，HL型和LH型也有一定比重。

2000年和2010年中小城市人口规模及其变化的统计量汇总　　　　表3-4

统计量	增加值	增速
均值	6.51万人	0.34
标准差	9.23万人	0.48
最小值	−17.68万人	−0.64
最大值	76.07万人	5.74
Z值	5.45	2.22
全局Moran's I指数	0.20	0.08
全局Moran's I指数检验P值	0.002	0.020
HH型散点数量比重(%)	41.89%	25.42%

续表

统计量	增加值	增速
HL 型散点数量比重(%)	6.76%	15.25%
LH 型散点数量比重(%)	21.62%	15.25%
LL 型散点数量比重(%)	29.73%	44.07%

根据2000～2010年我国中小城市人口集聚规模增加值和增速绘制了Moran散点图，与2000年和2010年空间格局有所区别，增加值的高值区域更加集中在东部沿海若干省份，如江苏、山东、广东，长江中游地区的人口高值区呈现为增加值的高值区域；而低值区域也更加集中，主要分布在东北地区黑龙江省和中部地区的湖北省，其增加值"自身低、周围低"的趋势越来越明显。增速的空间自相关同样主要呈现为"自身高、周围高"和"自身低、周围低"两种空间特征。

从2000～2010年中小城市人口增加值的LISA分布格局来看，显著HH型中小城市比重较高，主要分布在山东省、江苏省、广东省等东部沿海经济发展迅速的地区，中部地区的河南省是HH型比较集中的省份，另外其他该类中小城市分布相对分散，包括承德市、温岭市、天水市、平凉市和临汾市等。LL型中小城市比重同样较高，主要分布在东北地区的黑龙江省和长江中游地区的湖北省，说明由于自身人口吸纳能力欠缺和周围大城市的吸引较强，相对于其他省份黑龙江和湖北的中小城市人口集聚态势处于相对劣势，中小城市出现人口缓慢增长或负增长。其他LL型中小城市零散分布于各地，包括哈密市、酒泉市、开远市、冷水江市等。HL型中小城市数量较少，包括信宜市、凯里市、宜昌市、怀化市和阳江市，这些城市多分布相对分散，具有"自身高、周围低"的特点，是区域内人口集聚的高地。LH型中小城市主要分散地分布在HH型城市周围，具有"自身低、周围高"的特点，是区域内人口集聚的洼地，人口吸纳能力明显低于周围中小城市。

从2000～2010年中小城市人口增速的LISA分布格局来看，显著HH型中小城市数量相对较少，集中分布在长江三角洲地区和辽宁省沿海地区，还包括吴忠市、樟树市和韩城市等人口增长迅速的中小城市，具有"自身高、周围高"的特点。总的来看，长三角地区是中小城市人口增速最快的区域，随着国际城市上海的发展及其对周围城市群地区的带动作用，周边中小城市迅速崛起，成为吸纳本地城市化和外来流动人口的热点区域。LL型城市的分布与增加值的结果类似，同样主要集中在黑龙江省和湖北省，此外还包括开远市、普宁市等。HL型中小城市包括信宜市、安陆市、孝义市等，主要分布在LL型城市周围，具有"自身高、周边低"的特点，是增长率角度下的人口集聚高地，城市人口增长速度明显高于周围地区。LH型中小城市分布比较分散，包括琼海市、增城市、南安市、石狮市、巩义市等9个城市，此类城市具有"自身低、周围高"的特点，从增长率的角度来看是区域内人口集聚的洼地，人口吸纳能力低于周围城市。

3.2.3 中小城市人口集聚的结构特征

3.2.3.1 整体特征

根据流动人口规模增加值、占常住人口的比重变化和对新增人口的贡献度，反映中小城市人口结构变化。中小城市流动人口规模小、比重低，对新增人口的贡献度低于大城市。2000~2010年中小城市流动人口占全部常住人口规模的比重从5.23%上升至11.56%（表3-5），对人口规模增加的贡献度为42.28%。2000年中国中小城市总流动人口规模为1.99千万人，其中小城市数量众多，流动人口达到1.26千万人，占中小城市的63.32%，但占常住人口的比重最低，仅为4.31%；中等城市流动人口规模为0.73千万人，占常住人口的比重为8.30%，高于小城市但低于大城市。2010年中小城市流动人口规模增加至4.73千万人，占常住人口比重上升至11.56%，而大城市的流动人口规模则增至10.18千万人，比重上升至34.57%。中小城市流动人口对人口规模增长的贡献度同样低于大城市。中小城市的平均流动人口贡献度为42.28%，低于大城市及以上的63.83%，其中小城市最低，仅为38.34%，中等城市与大城市接近。

2000~2010年各等级城市流动人口及对人口增长的贡献度　　表3-5

城市类型	城市数量（个）	2000年		2010年		贡献度（%）
		流动人口（千万人）	占常住人口比重(%)	流动人口（千万人）	占常住人口比重(%)	
中小城市	561	1.99	5.23%	4.73	11.56%	42.28%
小城市	469	1.26	4.31%	2.82	9.25%	38.34%
中等城市	92	0.73	8.30%	1.91	18.32%	62.49%
大城市及以上	69	4.73	21.50%	10.18	34.57%	63.83%
大城市	57	1.97	16.17%	4.71	29.63%	63.64%
特大城市	9	1.49	23.81%	2.95	35.14%	64.37%
超大城市	3	1.27	35.66%	2.52	48.90%	69.39%
合计	630	6.72	11.19%	14.91	21.19%	44.68%

3.2.3.2　省级分异

从省级尺度来看，不同省份在2000年和2010年的城市流动人口数量及其占总规模比重有所差异，流动人口数量的增速和比重变化同样有所不同。本节通过2000年和2010年中小城市流动人口数量、占总常住人口比重、2000~2010年新增流动人口规模、对常住人口增长的贡献度等指标，展示了省级尺度下中小城市流动人口变化的空间分异，即城市人口增长结构的空间分异。

2000~2010年各省份中小城市的流动人口规模呈现"东高西低"态势，流动人口占常住人口的比重普遍上升。2000年各省份中小城市流动人口总规模低于Ⅰ型大城市规模，东部沿海五省总规模超过100万人，青海省和西藏自治区小于20万人。在结构上，各省份中小城市流动人口占比多小于10%，青海和西藏由于总常住人口规模较小，比重超过30%。2010年江苏省、浙江省和福建省的中小城市流动人口总规模超过300万人，青海省和西藏自治区仍然小于20万人，其他省份均有所增加。在结构上，中小城市的流动人口占比普遍上升，除了青海、西藏超过30%外，浙江、福建和内蒙古也超过了20%。对比2000年和2010年各省份中小城市流动人口规模及其比重可以看出，中小城市的流动人口规模和占比在各个省份均有增加，东部沿海省份的中小城市流动人口规模及比重相对较高。

2000~2010年各省份中小城市流动人口对人口增加的贡献度接近一半。在流动人口增加值上，2000~2010年江苏省和浙江省增加最多，其中浙江省增加438.1万人，江苏省增加354.4万人，相当于全国中小城市流动人口规模增量的1/3。四川、福建、山东、广东、湖南等省份也有较大的流动人口增量，超过100万人。西藏、青海、宁夏和海南的中小城市流动人口增量最少，均少于20万人。在贡献度方面，全国中小城市流动人口对人口增加的贡献度平均水平达到42.3%，接近一半。其中宁夏和浙江的贡献度最高，超过90%，但原因有所差异：2000~2010年宁夏流动人口增长量并不大，仅为6.4万人，同时本地户籍人口少量迁出，导致流入人贡献度较高；而浙江省中小城市流动人口本身具有较大体量和较快增速，是推动常住人口激增的重要动力。福建、广西、云南和陕西等省份同样具有较高的中小城市流动人口贡献度，均超过60%。

3.2.3.3 空间格局

流动人口增速快、贡献度高的中小城市集中在长三角地区，增速慢和贡献度低的中小城市集中在东北地区和长江中游地区。根据2000~2010年中小城市流动人口规模及其贡献度分布可以看出，中小城市的流动人口增量普遍不大，一般低于10万人，增量较大的中小城市集中分布在江苏省、浙江省和福建省，流动人口减少的城市集中分布在黑龙江省、吉林市、湖北省和广东省西南部。中小城市的流动人口贡献度普遍低于50%，高于50%的中小城市在长三角地区有较大重叠，还包括景洪市、黑河市等口岸城市和其他零散分布的中小城市。大部分中小城市的人口增长由本地城市化带动，户籍人口快速增加，流入人口规模不大。

下面通过空间自相关指数，进一步直观地反映了中小城市流动人口增加值和贡献度的空间集聚态势。整体上来看，我国中小城市的流动人口集聚态势呈现出空间正相关，存在诸多流动人口集聚的高值区域和低值区域，同时只有少量"高低相接"和"低高相邻"的空间负相关单元。从中小城市流动人口规模来看，如表3-6所示，2000~2010年中小城市流动人口规模平均增加4.81万人。全局Moran's I 指数大于0，具有空间自相关的特性。2000~2010年中小城市流动人口增加值和贡献度的Moran's I 指数处于相对较高的状态，说明中小城市流动人口集聚具有较强的空间自相关，空间上总体表现为"高高集聚"或"低低集聚"占据多数，HH型和LL型占80%左右，其中又以LL型居多，占显著散点的一半左右。

2000年和2010年中小城市流动人口规模及其增加值的统计量汇总　　　表3-6

统计量	增加值	贡献度
均值	48075	0.42
标准差	72303	0.45
变异系数	1.42	1.42
全局Moran's I 指数	0.38	0.45
全局Moran's I 指数检验P值	0.001	0.001
HH型散点数量比重(%)	23.49%	30.95%
HL型散点数量比重(%)	10.84%	10.66%
LH型散点数量比重(%)	8.43%	10.66%
LL型散点数量比重(%)	57.23%	47.72%

中小城市流动人口增加值和贡献度的高值区与低值区存在较大重合。从中小城市流动人口规模增加值来看，2000~2010年我国中小城市流动人口规模增加值较大的区域集中在长三角地区和福建的沿海城市，增加值较小的区域集中在东北地区的黑龙江省和吉林省，以及湖北中部、新疆西北部和广东东部地区。从中小城市流动人口贡献度来看，2000~2010年我国流动人口贡献度高的中小城市除了分布在长三角地区和福建的沿海城市外，还分布于四川和贵州，低值集中区基本相同。

3.3 中小城市人口集聚的类型划分

3.3.1 基于增速和结构的类型划分方法

3.3.1.1 划分原理

中小城市的人口集聚程度通过中小城市实体范围内的常住人口规模进行界定。城市人口规模增加来源包括机械增长、自然增长和国际移民。对我国城市而言，国际移民的贡献度普遍较低。已有研究表明我国1990年以来自然增长对人口规模增加的贡献度仅为10%左右，且不同地区间自然增长差异相对较小，因此本节主要对中小城市人口的机械增长部分进行讨论。在统计上，城市人口包括本地户籍常住人口和外来流动人口两部分，其中前者具有本地户籍又常住本地，其数量增加是多数中小城市人口规模增长的主要原因；后者作为流动人口在城乡间、城市间不断流动，在城市体系中形成流动网络，同样是城市人口增长的重要组成部分，影响各个城市的规模增长。在我国，一部分中小城市承接较多的流动人口或户籍人口增加迅速，城市规模迅速增长；而另一部分中小城市人口大量流出、吸纳新增人口乏力，城市规模受之影响停滞或衰退。

基于城市人口增速和结构的视角进行中小城市人口集聚类型划分，反映出中小城市增速及其结构的特征，有利于识别中小城市人口集聚规律及其对应的动力机理。通过增速进行初步判断，反映中小城市人口集聚规模的增减速度，即不同地区中小城市增长的增长率；通过结构进行进一步细分，反映人口快速增长的中小城市哪些是由大量外来人口流入引起、哪些是由户籍人口增加造成，即流动人口的增加值占城市总人口增加值的份额。这种人口增速与结构综合的动力过程，反映了中小城市人口集聚的基本特征及人口流动对不同中小城市人口集聚的重塑作用。

3.3.1.2 类型划分

首先，考察中小城市人口增速指标U'（公式见3-2）。$U_t-U_0<0$时，说明中小城市人口减少，城市规模缩减。而$U_t-U_0 \geqslant 0$时，中小城市规模增加，这里又存在两种情况，若U'大于某阈值，则可以认为该中小城市城市人口规模显著增加，若小于某阈值，则说明中小城市人口增加较为平稳。

再者，考察中小城市人口结构指标M'。由于流动人口多聚集于城区，可用市区流动人口规模指代城区流动人口规模。一般来说，用50%界定M'具有一定的意义，流动人口规模增加值与常住总人口增加值的比重超过一半，外来流动人口规模对城市人口规模的影响作用超过户籍人口，例如流动人口在选举权上更具优势、城市文化丰富度更高、城市为流动人口预留生存空间需求更大。因此若M'大于50%，属于流动人口驱动的人口增加；

若 M' 小于阈值 50%，属于户籍人口驱动的人口增加。图 3-3 中 L_t、L_0 分别代表末期和初期的户籍人口规模，M_t、M_0 分别表示末期和初期的流动人口规模：

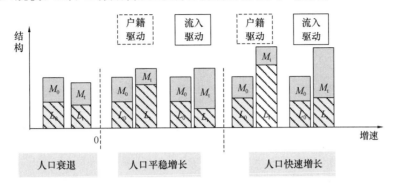

图 3-3 基于增速和结构差异的中小城市人口集聚类型划分

（1）$U' \geqslant \overline{U}'$，$M_t - M_0 \geqslant L_t - L_0$，中小城市城市人口规模快速增加，外来流动人口增长量高于本地户籍人口，即城市人口增长更多依赖于外来流动人口增长；

（2）$U' \geqslant \overline{U}'$，$M_t - M_0 < L_t - L_0$，中小城市城市人口规模快速增加，外来流动人口增长量低于本地户籍人口，即城市人口增长更多依赖于本地户籍人口增长；

（3）$0 < U' < \overline{U}'$，$M_t - M_0 < L_t - L_0$，中小城市城市人口规模较为稳定，外来流动人口增长量高于本地户籍人口，即中小城市人口规模没有明显改变但结构发生变化，规模增长主要依赖于外来流动人口增长；

（4）$0 < U' < \overline{U}'$，$M_t - M_0 \geqslant L_t - L_0$，中小城市城市人口规模较为稳定，外来流动人口增长量低于本地户籍人口增长量，即中小城市人口规模没有明显改变但结构发生变化，规模增长主要依赖于本地户籍人口增长；

（5）$U' < 0$，中小城市城市人口规模出现减少，成为人口缩减型中小城市。人口缩减型中小城市原则上可以根据人口规模结构变化进一步细分为由户籍迁出和未带有户籍迁出的人口流出两种驱动类型，前者表示城市内不仅常住人口发生缩减且户籍人口规模也有所下降，而后者城市中流失人口多未将户籍迁出。结合我国缩减型中小城市人口变化规律，仅有东北地区的鹤岗市、佳木斯市和西部的贺州市、玉门市等少量城市出现户籍人口明显减少，此类城市流出居民返回流出地长居的可能性非常小，可能会长久陷入人口缩减境地。而其他绝大部分城市出现的人口缩减主要由人口流出造成，流出居民对于重回流出地尚存观望态度，在流出地发展状况得到改善的情况下，极可能重回流出城市。考虑户籍迁出型中小城市数量有限，将人口缩减型中小城市合并讨论。

其中，（1）和（3）均属于流动人口驱动增长，$M' \geqslant 50\%$；（2）和（4）属于本地人口驱动增长，$M' < 50\%$；$\overline{U} \approx 0.35$，这里对城市人口平稳型与增长型的阈值取值为 0.35。图 3-4 对中小城市的人口增长率及流动人口贡献度进行展示，以中小城市平均人口增长率为界，接近一半的中小城市人口高速增长；以一半贡献度为界，只有两成中小城市人口增长主要由流动人口驱动。可见，中小城市人口增长主要由本地城市化带动，流动人口增加的贡献度普遍偏低。

在此基础上，可以将中小城市人口集聚类型划分为 5 类：

（1）Ⅰ类：流入驱动增长型中小城市，$U' \geqslant \overline{U}$，$M' \geqslant 50\%$；

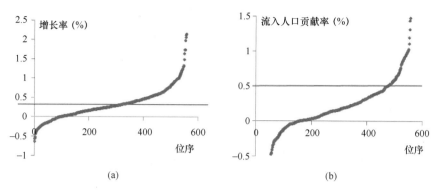

图 3-4 中小城市人口增长率与流动人口贡献度分布散点图
（a）中小城市人口增长率散点图；（b）流动人口贡献度散点图

（2）Ⅱ类：户籍驱动增长型中小城市，$U'\geqslant\overline{U}$，$M'<50\%$；
（3）Ⅲ类：流入驱动平稳型中小城市，$0<U'<\overline{U}$，$M'\geqslant50\%$；
（4）Ⅳ类：户籍驱动平稳型中小城市，$0<U'<\overline{U}$，$M'<50\%$；
（5）Ⅴ类：人口缩减型中小城市，$U'<0$。

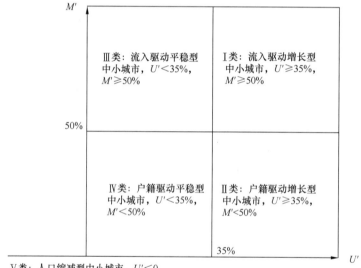

图 3-5 基于增速和结构差异的中小城市人口集聚类型划分方法

3.3.2 类型划分结果

2000~2010 年我国中小城市增速方面以平稳增长型为主，结构变化方面以户籍驱动型为主，同时有 100 座中小城市出现人口缩减。表 3-7、表 3-8 展示了中小城市和大城市不同类型城市的数量、人口规模和比重，各类中小城市名单见表 3-9。具体来看（表 3-7），平稳增长型中小城市占 43.57%，规模比重维持在 50% 左右，超过增长型中小城市；多数中小城市仍然以户籍驱动为主要动力，城市人口规模增加依靠本地城市化推动。虽然流动人口对中小城市人口规模起着越来越重要的作用，户籍型中小城市数量仍然占据了

67.32%,流入驱动型中小城市比重仅占 14.82%,17.86%的中小城市人口规模出现缩减。

2000～2010 年中国不同类型中小城市的城市数量及人口规模统计表　　表 3-7

类型名称	城市数量		城市人口规模				人口增速（%）	比重变化（%）
			2000 年		2010 年			
	数量（个）	占比（%）	规模（万人）	占比（%）	规模（万人）	占比（%）		
流入驱动增长型	44	7.86%	983.6	7.42%	1786.2	10.62%	81.60%	3.20%
户籍驱动增长型	172	30.71%	3049.4	22.99%	4963.8	29.52%	62.78%	6.53%
流入驱动平稳型	39	6.96%	1704.6	12.85%	2028.0	12.06%	18.97%	−0.79%
户籍驱动平稳型	205	36.61%	5006.5	37.75%	5910.6	35.16%	18.06%	−2.51%
人口缩减型	100	17.86%	2517.8	18.99%	2124.5	12.64%	−15.62%	−6.35%
汇总	560	100.00%	13261.9	100.00%	16813.1	100.00%	26.78%	0.00%

2000～2010 年中国不同类型大城市的城市数量及人口规模统计表　　表 3-8

类型名称	城市数量		城市人口规模				人口增速（%）	比重变化（%）
			2000 年		2010 年			
	数量（个）	占比（%）	规模（万人）	占比（%）	规模（万人）	占比（%）		
流入驱动增长型	36	51.43%	9065.3	62.23%	15629.6	68.00%	72.41%	5.77%
户籍驱动增长型	13	18.57%	2165.6	14.87%	3407.4	14.82%	57.34%	−0.05%
流入驱动平稳型	4	5.71%	445.9	3.06%	518.4	2.25%	16.26%	−0.81%
户籍驱动平稳型	14	20.00%	2497.6	17.14%	3046.9	13.26%	21.99%	−3.88%
人口缩减型	3	4.29%	393.9	2.70%	383.3	1.67%	−2.69%	−1.03%
汇总	70	100.00%	14568.3	100.00%	22985.6	100.00%	57.78%	0.00%

2000～2010 年不同类型中小城市数量及名单　　表 3-9

城市类型	数量（个）	名称
流入驱动增长型	44	昆山市、晋江市、瑞安市、十堰市、义乌市、江阴市、威海市、嘉兴市、湖州市、常熟市、金华市、漳州市、舟山市、怀化市、郴州市、河源市、余姚市、张家港市、吴江市、榆林市、清远市、乐清市、诸暨市、达州市、富阳市、温岭市、寿光市、西昌市、桐乡市、丹阳市、丽水市、四会市、永康市、太仓市、满洲里市、海宁市、临安市、平湖市、鹤山市、百色市、景洪市、绥芬河市、虎林市、灵武市
户籍驱动增长型	172	扬州市、秦皇岛市、莆田市、连云港市、营口市、赤峰市、咸阳市、东营市、开封市、淮北市、南充市、商丘市、宿迁市、信阳市、莱芜市、六盘水市、孝感市、新余市、赣州市、承德市、滕州市、晋城市、德阳市、通辽市、廊坊市、宿州市、六安市、驻马店市、永州市、宜兴市、抚州市、诸城市、耒阳市、曲靖市、胶南市、新泰市、邳州市、宜春市、衡水市、库尔勒市、娄底市、衢州市、朔州市、临海市、运城市、滁州市、福清市、伊宁市、高密市、章丘市、泰兴市、巴中市、喀什市、延安市、青州市、上虞市、永城市、楚雄市、项城市、汉川市、毕节市、邓州市、台山市、昌吉市、临清市、玉溪市、上饶市、大理市、肇东市、海门市、恩施市、新密市、兖州市、荣成市、莱西市、忻州市、醴陵市、曲阜市、东台市、嵊州市、凯里市、济源市、池州市、禹州市、信宜市、龙口市、黄山市、北流市、昭通市、偃师市、招远市、平凉市、酒泉市、广安市、庄河市、宣威市、辉县市、宣城市、荥阳市、临夏市、宁德市、武威市、锡林浩特市、嘉峪关市、莱州市、铜仁市、拉萨市、句容市、桐城市、福安市、长葛市、保山市、辛集市、防城港市、万宁市、榆树市、奉化市、孝义市、鹰潭市、汝州市、乐平市、瑞金市、宁国市、雅安市、高安市、长乐市、盖州市、从化市、恩平市、吴忠市、遵化市、常宁市、枝江市、藁城市、兴城市、英德市、峨眉山市、原平市、蓬莱市、南康市、黄骅市、明光市、讷河市、武安市、侯马市、高平市、永济市、武冈市、韩城市、扬中市、丰镇市、东方市、孟州市、河津市、鹿泉市、仁怀市、利川市、德兴市、霍林郭勒市、龙泉市、漳平市、潞城市、万源市、乌苏市、二连浩特市、日喀则市、五大连池市、阿图什市、德令哈市、阿尔山市、井冈山市、韶山市

续表

城市类型	数量（个）	名称
流入驱动平稳型	39	本溪市、株洲市、张家口市、湛江市、济宁市、镇江市、桂林市、平顶山市、泰安市、湘潭市、揭阳市、丹东市、韶关市、日照市、肇庆市、邵阳市、七台河市、许昌市、临汾市、绍兴市、濮阳市、潮州市、龙岩市、通化市、滨州市、北海市、慈溪市、海城市、梅州市、石狮市、三明市、三亚市、增城市、靖江市、新郑市、安宁市、高碑店市、黑河市、三河市
户籍驱动平稳型	205	淮南市、宜昌市、锦州市、安阳市、新乡市、绵阳市、盐城市、蚌埠市、宝鸡市、南阳市、牡丹江市、遵义市、焦作市、辽阳市、阜新市、黄石市、盘锦市、邢台市、攀枝花市、泰州市、长治市、马鞍山市、泸州市、葫芦岛市、自贡市、聊城市、九江市、漯河市、宜宾市、德州市、萍乡市、阳泉市、安庆市、乐山市、四平市、沧州市、天水市、普宁市、延吉市、鹤壁市、菏泽市、遂宁市、双鸭山市、乌海市、朝阳市、阳江市、即墨市、晋中市、梧州市、白山市、铜陵市、辽源市、石嘴山市、白银市、克拉玛依市、仙桃市、广元市、铜川市、胶州市、石河子市、瓦房店市、汕尾市、周口市、汉中市、白城市、安顺市、任丘市、巢湖市、绥化市、渭南市、咸宁市、开平市、资阳市、启东市、三门峡市、平度市、江都市、兴宁市、乌兰浩特市、大石桥市、定州市、邹城市、东阳市、亳州市、枣阳市、钦州市、溧阳市、天门市、哈密市、莱阳市、高州市、文登市、仪征市、云浮市、安康市、吴川市、张家界市、都江堰市、金坛市、林州市、新沂市、安丘市、梅河口市、涿州市、化州市、都匀市、开原市、敦化市、丰城市、吉首市、简阳市、姜堰市、廉江市、浏阳市、开远市、金昌市、阳春市、公主岭市、高邮市、安陆市、普兰店市、阆中市、双城市、永安市、大丰市、海阳市、潜江市、迁安市、格尔木市、东港市、九台市、巩义市、凌源市、兰溪市、泊头市、沙河市、德惠市、临湘市、福鼎市、广汉市、邵武市、牙克石市、五常市、灵宝市、桂平市、珲春市、贵溪市、冷水江市、乳山市、崇州市、奎屯市、天长市、岑溪市、昌邑市、乐陵市、樟树市、扎兰屯市、登封市、湘乡市、海伦市、石首市、南宫市、富锦市、卫辉市、连州市、河间市、舞钢市、新民市、尚志市、磐石市、琼海市、古交市、江山市、建瓯市、和田市、芒市、临江市、津市、沁阳市、新乐市、松滋市、安国市、绵竹市、建阳市、建德市、瑞昌市、霸州市、灯塔市、文昌市、南雄市、龙井市、博乐市、霍州市、图们市、东兴市、集安市、青铜峡市、赤水市、塔城市、阿勒泰市、合作市、同江市、阜康市、合山市
人口缩减型	100	枣庄市、岳阳市、鸡西市、常德市、荆州市、伊春市、阜阳市、鹤岗市、佳木斯市、茂名市、益阳市、内江市、玉林市、鄂州市、景德镇市、荆门市、松原市、贵港市、吉安市、南平市、兴义市、大冶市、应城市、江油市、黄冈市、兴化市、肥城市、随州市、兴平市、麻城市、武穴市、广水市、钟祥市、如皋市、阿克苏市、张掖市、雷州市、舒兰市、罗定市、安达市、河池市、禹城市、陆丰市、铁岭市、老河口市、龙海市、凤城市、沅江市、南安市、北票市、赤壁市、宜城市、洮南市、邛崃市、介休市、北安市、蛟河市、大安市、界首市、当阳市、洪湖市、彭州市、桦甸市、贺州市、丹江口市、宜州市、涟源市、清镇市、双辽市、儋州市、义马市、海林市、铁力市、什邡市、资兴市、乐昌市、凌海市、栖霞市、晋州市、洪江市、深州市、密山市、瑞丽市、宜都市、武夷山市、福泉市、华蓥市、和龙市、吐鲁番市、穆棱市、华阴市、高要市、个旧市、敦煌市、宁安市、凭祥市、根河市、玉门市、汾阳市、额尔古纳市

从不同类型中小城市总规模来看，人口规模占比与城市数量比重接近，户籍驱动型城市数量多、人口规模比重高，流入驱动型和收缩型中小城市人口规模比重较低。从2000～2010年的人口增速来看，流入驱动增长型和户籍驱动增长型中小城市增速最快，平均增速超过60%，占总规模的比重增加，其中户籍驱动增长型比重由22.99%上升至29.52%，增加了6.53%，流入驱动增长型中小城市比重上升3.20%，但人口增速高达81.60%。平稳型中小城市保持了18%左右的人口增速，但其人口比重有所下降；人口收缩型中小城市的增速和比重变化均为负值。

3.3.3 不同类型中小城市的分布特征

3.3.3.1 流入驱动增长型中小城市

流入驱动增长型中小城市有44座（表3-7），2000～2010年城市人口总规模由983.6万人增至1786.2万人，比重由7.42%升至10.62%，平均人口增速达到81.60%；新增流动人口总规模达到653.0万人，平均每个城市新增流动人口14.8万人，对城市人口增加的平均贡献度超过60%。空间上，此类城市最为集中，主要集中在长三角地区的浙江和江苏省，分布在长三角地区的比重超过一半，此外还分布在广东、山东、内蒙古、广西等省区。流动人口为城市建设和经济发展带来活力，同时流动人口的落户意愿不强烈，说明新增人口中还有较大一部分对未来长居打算持观望态度，在资本累计达到预期或经济下滑、收入缩水的情况下，有可能回到家乡或迁往其他城市。陆上边境城市景洪市、百色市、满洲里市、绥芬河市和虎林市借助口岸发展，吸引了大量外来流动人口，成为流动增长型中小城市。整体来看，流入驱动增长型中小城市多位于胡焕庸线东南半壁，这是由于改革开放以来我国经济重心逐步向东南沿海的珠三角、长三角等地区转移，这些地区的中小城市也成为流动人口的集聚中心，城市规模和增速在全国也属前列，城市规模增长受流动人口的驱动非常显著。

3.3.3.2 户籍驱动增长型中小城市

户籍驱动增长型中小城市有172座，2000～2010年城市人口总规模由3049.4万人增至4963.8万人，比重由22.99%升至29.52%，平均人口增速达到62.78%；流动人口总规模较小，对城市人口增加的贡献度不高。该类中小城市数量较多，分布相对分散，山东、四川、福建、河南等东部省份数量比重大，新增城市人口主要由户籍人口增加贡献，这些新增人口很大程度上属于本地城市化。受到城市公共服务水平、就业收入和城市生活等方面的吸引，对比流出地的生活水平后，多数外来人口有长期居住于流入城市的意愿，将户籍迁入该城市，方便享受流入地提供的就业机会、收入福利等。一般而言，户籍驱动增长型的中小城市人口规模相对稳定，流出地的吸引力明显弱于流入地，短时间内流入城市人口集聚能力不会受到宏观环境或城市发展阶段的影响。

3.3.3.3 流入驱动平稳型中小城市

流入驱动平稳型中小城市数量最少，仅有39座，2000～2010年城市人口总规模由1704.6万人缓慢增至2028.0万人，比重由12.85%降至12.06%，平均人口增速为18.97%；新增流动人口总规模达到343.7万人，平均每个城市新增流动人口8.8万人，对城市人口增加的平均贡献度同样超过60%。该类中小城市最为分散，主要分布在东南沿海、环渤海的城市群内等，新增人口主要由流动人口贡献，本地户籍人口增加较少甚至出现减少。流动平稳型中小城市多分布在大城市周边，自身具有吸纳就地城市化和其他城市或乡村人口流入的潜力，同时处于周围大城市的人口吸纳辐射区，在人口流入与流出博弈中出现人口规模缓慢增长，在结构上表现为流动人口比重上升而户籍人口比重下降。

3.3.3.4 户籍驱动平稳型中小城市

户籍驱动平稳型中小城市有205座，2000～2010年城市人口总规模由5006.5万人增至5910.6万人，比重由37.75%降至35.16%，平均人口增速为18.06%；流动人口总规模较小，对城市人口增加的贡献度不高。该类中小城市的城市人口规模和流动人口规模增长速度有限，城市化速度平缓且主要由本地户籍人口增加带动，分布广泛而分散，多远离大城市，在就地城市化推进中发挥着重要作用。相对于户籍驱动增长型中小城市，此类城市在产业经济发展、公共服务水平上有一定差距，人口吸纳能力明显较弱。相对于流入驱动型中小城市，此类城市人口规模相对稳定，新增城市人口多来自于周边城乡地区，在流入地具有稳定工作和生活，并已将户籍迁入，在未来一段时间会选择继续长居在流入城市。

3.3.3.5 人口缩减型中小城市

人口缩减型中小城市有100座，2000~2010年城市人口总规模由2517.8万人降至2124.5万人，比重由18.99%降至12.64%，平均人口规模减小15.62%；多表现为人口净流出，流入人口规模普遍不高。该类中小城市分布相对分散，主要分布在东北地区、长江中游地区、长三角地区、珠三角地区等。人口缩减型中小城市普遍居民收入水平较低，与东部发展大城市和中小城市的发展水平差距较大，不具有相对竞争优势，同时当地城乡差距不明显，城市对于周边乡村地区也没有表现出明显吸引力，农村剩余劳动力缺乏进城改善生活的意愿，还面临着城市建设滞后、环境恶化、产业停滞等问题，城市整体竞争力处于区域弱势地位，成为城市人口的主要输出区。

3.4 中小城市人口集聚机理

3.4.1 人口集聚的影响因素及指标选择

结合已有理论与研究成果（表3-10），从经济因素、发展速度、城乡差距、公共服务、区位特征和等级因素等方面选取解释变量对中小城市与大城市人口集聚进行模型分析。在社会经济发展方面，地方生产总值体现了城市经济发展活力，是衡量城市总体经济状况的重要指标；而固定资产投资是城市建造和购置固定资产的经济活动，固定资产投资额是检测投资变化的重要指标和反映经济运行热度的重要测量器；批发零售业销售反映城市在社会活动中提供零售业产品和服务的范围和数量；单位从业人数体现了城市的就业岗位供给水平，是吸引外来人口流入城市的重要吸引力和考量因素。因此选取地区生产总值、固定资产投资、批发零售销售额和单位从业人数作为解释变量反映中小城市的社会经济发展状况（表3-11）。地区生产总值增速和固定资产投资增速是重要的城市经济指标，反映了城市的经济发展速度。

城乡收入差距反映了农村剩余劳动力流入城市的需求，高收入差距的地区农村劳动力有更高的改善收入和生活水平的愿望，选取城镇居民可支配收入和单位职工工资与乡村人均可支配收入进行对比作为对应指标。其中，对于设区城市，城镇居民可支配收入和单位职工工资分别对应市域和市辖区的统计范围，前者重点反映市域内城镇居民与农村的收入差距，后者重点反映市域内市区城镇居民与农村的收入差距。在公共服务水平方面，教育和医疗服务水平与城市居民生活生产息息相关，是城市居民最为关心的公共服务，选择人均医院床位数和教师数作为相应指标。在区位特征方面，选择城市是否位于沿海或东部地区作为指标，检验不同区位城市在人口增速上的规律。考虑到城市人口具有明显的路径依赖效应，选取基期城市人口规模作为指标探究规模效益对人口增速的影响。此外，城市行政等级和期初规模等级在一定程度上决定了城市资源配置能力，继而对人口集聚产生影响。我国城市行政等级包括正省级（直辖市）、副省级、计划单列市、一般地级市和县级市等，其中直辖市只有四座，计划单列城市包含在副省级城市内，因此选择是否为副省级以上、一般地级市和县级市作为指标将城市行政等级划分为三类，其中大城市为副省级以上或一般地级市，中小城市为一般地级市或县级市。

模型理论框架及相关变量、机理和归因方式　　　　　　　表 3-10

理论框架	变量	机理	归因方式
劳动力市场分割理论	城市社会经济发展水平	社会经济发展水平的正向回报机理	经济水平高，就业机会和收入水平高，人口集聚能力强
规模经济理论	城市人口规模基础、行政等级	城市发展的集聚和马太效应	期初规模大、等级高的城市，具有更完善的产业链，人口集聚潜力大
城市人口"推—拉"理论	城乡发展差距	乡村收入低水平对剩余劳动力的推力，城市高收入的拉力	城乡收入水平差距大，剩余劳动力流入城市的愿望强烈，城市规模增加潜力大
新劳动力迁移经济学理论	公共服务配套水平	高水平公共服务资源的正向激励机理	教育、医疗等方面公共服务水平高的城市，流动人口具有高长居意愿
空间区位理论	中小城市的区位特征	流空间下区位差异对城市发展潜力的作用	区位条件优越的东部或沿海城市，人口吸纳能力强

城市社会经济数据主要来源于《中国城市统计年鉴》（2001 年和 2011 年），其中设区城市的指标取自对应数据的市辖区数值，县级市指标直接以对应统计数据为准。若干统计数据（如 2010 年县级市 GDP 数据）基于《中国区域经济统计年鉴》和《中国县（市）社会经济统计年鉴》进行补充；个别年份和城市缺失数据基于各省（区、直辖市）统计年鉴（2001 年和 2011 年）进行补齐。按照空间面板数据模型对基础数据的要求和数据可获得性，最终构建了 2000 年和 2010 年我国城市社会经济数据库（其中包括全部中小城市和大城市共 630 座）。

城市人口集聚模型的变量定义　　　　　　　表 3-11

要素集	具体因素	描述	数据来源
被解释变量	城市人口增长率	（2010 年城市人口－2000 年城市人口）/2000 年城市人口	第五次和第六次人口普查数据
经济因素	基期地区生产总值	2000 年城市生产总值	2001 年《中国城市统计年鉴》
	基期固定资产投资	2000 年城市固定资产投资总额	同上
	基期批发零售销售额	2000 年城市批发零售销售额	同上
	基期单位从业人数	2000 年城市单位从业人数	同上
发展速度	地区生产总值增速	（2010 年生产总值－2000 年生产总值）/2000 年生产总值	2001 年和 2011 年《中国城市统计年鉴》
	固定资产投资增速	（2010 年固定资产投资－2000 年固定资产投资）/2000 年固定资产投资	同上

续表

要素集	具体因素	描述	数据来源
城乡差距	城乡收入比	2000年城镇居民可支配收入与乡村人均可支配收入之比	2001年《中国县(市)社会经济统计年鉴》、《中国区域经济统计年鉴》以及各城市统计年鉴、统计公报
	职工乡村收入比	2000年单位职工工资与乡村人均可支配收入之比	同上
公共服务	人均医院床位数	2000年人均医院床位数	2001年《中国县(市)社会经济统计年鉴》
	人均教师数量	2000年人均中小学教师数量	同上
区位特征	是否沿海	是否为沿海城市	—
	区位(是否东部)	是否位于东部地区	—
等级因素	2000年人口规模	2000年各城市人口规模	第五次人口普查数据
	行政等级	等级是否为县级市、地级市或副省级以上城市	—

表3-12和表3-13是中小城市与大城市人口集聚影响因素的描述性统计分析。2000～2010年我国中小城市平均增加37.3%,个旧市人口规模收缩最明显,减少63.9%,晋江市人口规模增长量和增长率最高,由13.2万人增至89.3万人,增加了近6倍,增长率为576.0%。中小城市基期生产总值平均值为65.50亿元,最高值达到379.33亿元;固定资产投资平均值为13.86亿元,最高值达到192.27亿元;基期单位就业人数平均值为8.83万人,二连浩特市单位就业人数最少,仅有0.40万人。整体来看,大城市在生产总值、固定资产投资、批发零售销售额和单位从业人数方面均高于中小城市,城乡差距水平与中小城市接近,人均公共服务数量略低于中小城市。在区位方面,大城市更倾向于分布在东部、沿海地区,分别有14%和39%的中小城市位于沿海或东部地区,而大城市的比重达到35%和57%。中小城市基期人口平均规模为23.57万,淮南市是期初规模最大的中小城市,规模为94.38万人,韶山市规模最小,仅有1.18万人。

2000～2010年中小城市人口集聚影响因素的描述性统计分析　　　　表3-12

要素集	具体因素	单位	最小值	最大值	均值	标准差
被解释变量	城市人口增长率	%	−63.9%	576%	37.3%	0.67
基期经济因素	基期地区生产总值	亿元	2.38	379.33	65.50	67.16
	基期固定资产投资	亿元	0.39	192.27	13.86	18.36
	基期批发零售销售额	亿元	0.07	320.34	20.70	35.83
	基期单位从业人数	万人	0.40	33.74	8.83	9.13
经济发展速度	地区生产总值增速	%	−11.5%	2576.7%	369.4%	2.25
	固定资产投资增速	%	5.0%	17138.7%	1660.1%	19.45
城乡差距	城乡收入比	%	42.6%	610.8%	273.9%	0.92
	职工乡村收入比	%	123.2%	1188.5%	475.8%	1.72

续表

要素集	具体因素	单位	最小值	最大值	均值	标准差
公共服务	人均医院床位数	个/人	0.00	0.03	0.01	0.00
	人均教师数量	—	0.00	0.15	0.03	0.02
区位特征	是否沿海	—	0	1	0.14	0.36
	区位(是否东部)	—	0	1	0.39	0.49
等级因素	2000年人口规模	万人	1.18	94.38	23.57	19.38
	是否为地级市	—	0	1	0.36	0.24

2000～2010年大城市人口集聚影响因素的描述性统计分析　　表3-13

要素集	具体因素	单位	最小值	最大值	均值	标准差
被解释变量	城市人口增加率	%	−6.7%	127.4%	47.3%	0.33
基期经济因素	基期地区生产总值	亿元	121.35	4304.48	652.41	715.27
	基期固定资产投资	亿元	24.17	1697.71	182.30	261.11
	基期批发零售销售额	亿元	59.02	3905.00	568.83	777.66
	基期单位从业人数	万人	16.36	627.23	81.82	101.96
经济发展速度	地区生产总值增速	%	155.9%	999.4%	386.7%	1.69
	固定资产投资增速	%	201.3%	3545.5%	1280.0%	8.98
城乡差距	城乡收入比	%	131.5%	396.3%	246.2%	0.52
	职工乡村收入比	%	275.9%	889.5%	482.9%	1.25
公共服务	人均医院床位数	个/人	0.00	0.01	0.01	0.00
	人均教师数量	—	0.00	0.01	0.01	0.00
区位特征	是否沿海	—	0	1	0.35	0.45
	区位(是否东部)	—	0	1	0.57	0.50
等级因素	2000年人口规模	万人	38.25	1272.07	258.89	227.38
	是否为副省级以上城市	—	0	1	0.21	0.15

3.4.2 中小城市人口集聚机理及与大城市对比

通过对我国中小城市与大城市人口集聚的定量分析，可以发现计量模型较好地解释了城市人口集聚影响因素的作用机理。从城市人口集聚模型的系数和显著性来说，模型计算结果基本一致，说明模型的一致性较高。下面主要根据定量模型分析结果对上述中小城市人口集聚影响因素定性分析进行检验和修正。根据理论设想和指标可获得性，选取12项统计数据作为因子提取指标。结果显示（表3-14），原12项指标降维成5个主因子，且5个主因子的累计方差贡献率达到82.899%。其中，因子F1反映的是各城市的经济发展水平，F2反映的是各城市发展速度，F3主要表示各城市的城乡差距，F4反映的是各城市的教育和医疗卫生发展水平，F5主要体现的是各城市经济区位和地理区位特征。此外，在多元回归分析中还考虑了基期人口规模与行政等级对城市人口集聚能力的影响。

为了分析不同类型中小城市人口集聚的主要因素，以每个城市人口增速为因变量，将通过主成分降维分析得到的城市主因子作为自变量加入回归方程。因子分析以变量间具有相关性为前提，否则各变量间不存在共享信息，不能提取出公因子。KMO 和 Bartlett 球形度检验是判断各变量观测值之间相关性的重要方法。一般认为，当 KMO 值小于 0.5 时，不适合进行因子分析；当 KMO 值大于 0.6 时，因子分析结果"平庸"；当 KMO 值大于 0.7 时，结果可信度尚可；当 KMO 值大于 0.8 时，结果效果较好。本研究中 KMO 值为 0.740，因此认为数据适合进行因子分析，且效果较好。另外，卡方值为 5292.45，远远大于临界值，Bartlett 检验通过，Sig 值均在 0.000 水平下显著相关，说明具有较高的信度，适合进行因子分析。

城市指标的主成分分析结果　　　　　　　　　　　　　　表 3-14

	基期经济	发展速度	城乡差距	公共服务	区位特征	公因子方差
基期地区生产总值	0.972	−0.011	0.027	0.141	−0.011	0.966
基期固定资产投资	0.952	−0.032	0.094	0.116	−0.037	0.932
基期批发零售销售额	0.942	−0.007	0.082	0.138	−0.044	0.915
基期单位从业人数	0.946	−0.027	0.121	0.112	−0.086	0.930
地区生产总值增速	−0.009	0.820	0.193	−0.031	−0.056	0.713
固定资产投资增速	−0.140	0.682	−0.025	0.436	−0.157	0.700
城乡收入比	−0.136	0.034	0.756	0.137	0.517	0.878
职工乡村收入比	−0.042	−0.033	0.860	−0.138	0.352	0.886
人均医院床位数	−0.272	−0.186	0.172	0.775	−0.021	0.739
人均教师数量	−0.358	−0.195	−0.046	0.777	−0.048	0.775
是否沿海	0.239	0.154	−0.496	0.119	0.651	0.764
是否东部	0.224	0.054	−0.606	0.082	0.555	0.736
特征值	4.909	1.240	2.040	1.520	1.170	
载荷因子累计贡献率	37.762	47.301	62.991	74.684	82.899	

3.4.2.1 中小城市人口集聚机理

多元回归结果显示（表 3-15），整体来看对中小城市人口集聚能力起显著作用的因素包括基期经济水平与发展速度、城乡差距、公共服务水平、行政等级和期初规模，其解释力度为 0.539，显著性水平为 0.000。在作用力方向上，前 5 个显著主因子的标准系数均为正值，说明对中小城市人口吸纳水平均有正向影响，即经济发展水平高、发展速度快、公共服务水平高、城乡差距大的地级中小城市展现出更高的人口规模增长态势。

中国中小城市与大城市人口集聚的影响因素计量分析结果　　　　表 3-15

影响因素	标准系数与显著性水平	
	中小城市模型	大城市模型
基期经济水平	0.664***	0.852*
发展速度	0.059*	0.274**
城乡差距	0.444***	−0.131
公共服务水平	0.669***	0.208
区位特征	0.042	−0.149

续表

影响因素	标准系数与显著性水平	
	中小城市模型	大城市模型
期初规模	−0.379***	−1.131**
行政等级	0.141**	−0.070
解释力度	0.539	0.483
模型显著水平	0.000	0.018

注：标准系数反映因子影响力方向与大小；显著性水平 * $p<0.1$，** $p<0.05$，*** $p<0.01$。

基期经济水平与发展速度对中小城市人口集聚能力具有显著影响，且影响力较大，与定性分析一致。这是由于地区生产总值和固定投资等在很大程度上反映了城市经济发展活力，数值越高说明地区产业发展较其他城市更好，相应的潜在就业需求和就业回报就会提升，对农村剩余劳动力和其他城市流动人口产生吸引力，催生了城市人口规模增加。而单位就业人数直接反映了城市对劳动力的需求量，新增人口在流入城市前都会综合考虑流入地的就业机会与收入情况，预期获得更丰富就业岗位的城市自然受到流动人口的青睐，成为城市人口集聚较多的区域。

城镇居民可支配收入和单位职工工资与乡村人均可支配收入之间的差距对中小城市人口集聚有显著正向影响。城乡收入差距是乡村居民流入城市的重要经济动力，城乡差距显著的区域有利于推进本地城市化，吸纳农村剩余劳动力就近进入城市，享受更高水平的收入和生活水平；而在城乡差距不大的区域，农村居民自身生活质量并未明显低于城市居民，城镇化的意愿不强烈，周边城市吸纳本地乡村人口的潜力相对较低。在人口城镇化过程中，中小城市人口增加主要依靠吸纳本地乡村人口，受地区城乡差异影响显著。

教育和医疗水平对中小城市人口集聚能力有显著正向影响，符合预期假设，教育和医疗水平较高的中小城市更具有城市人口吸引力。随着人们生活水平的改善和流动人口素质的提升，城市人口在选择中小城市居住时除了经济收入水平还考虑到长远的城市公共服务供给情况，将目光同样投向城市的宜居性，在其他因素不变的情况下，教育和医疗条件较好的中小城市将更具有吸引力，再加上中小城市的公共服务相对容易获得，成为影响中小城市人口集聚能力的重要因素。

行政等级因素对中小城市人口集聚有显著影响，地级市等级的中小城市表现出更高的城市人口增速。在行政等级高的中小城市在资源配置和城市发展发言权等方面表现出优势，有利于城市经济产业发展和就业岗位的提供，大大提升了城市人口规模的增长速度。县级市在行政审批等方面还受地级市的管辖，发展空间受限，影响了其城市经济增长和人口吸纳。

历史基础因素往往被学者忽视，通过计量分析发现其对中小城市人口集聚的影响显著。城市人口集聚能力是长期历史积累的结果，往往不是短时间内可以形成的。期初规模因素对中小城市人口集聚能力展现出负向作用，出现显著的规模收敛效应，2000年人口规模大的中小城市在2000~2010年具有更低的城市人口增长速度。

区位特征方面重点考虑了是否位于沿海或东部地区对城市人口集聚的影响，结果表明区位特征因素对中小城市人口规模增加均没有显著影响。但这并不表明区位特征对中小城市人口增长没有影响,本章下一节对不同类型中小城市人口集聚与区位因素的关系进行进一步分析。

3.4.2.2 与大城市人口集聚机理对比

多元回归结果显示(表 3-15),与中小城市相比大城市人口集聚的显著影响因素相对较少,包括基期经济水平、发展速度和期初规模,解释力度略低于中小城市模型为 0.483,显著性水平为 0.018。经济水平、发展速度和期初规模因素对大城市和中小城市均具有显著性且作用力方向相同,即基期经济水平高、发展速度快,规模小的大城市展现出更高的人口规模增长态势。城乡差距、公共服务水平和行政等级要素对中小城市人口集聚有显著影响,但对大城市影响不显著。区位特征对大城市与中小城市均没有显著影响。

基期经济水平和发展速度对中小城市和大城市人口集聚均起到显著的正向作用。从因子作用力上,大城市经济因素的正向作用大于中小城市。对于大城市,基期经济水平和发展速度每提升一个单位,人口集聚水平分别上升 0.852 个单位和 0.274 个单位;而对于中小城市,基期经济水平和发展速度每提升一个单位,人口集聚水平仅上升 0.664 个单位和 0.059 个单位。大城市人口集聚主要受经济发展水平的影响,新增城市人口由经济收益驱动的趋势明显。

期初规模因素对中小城市和大城市人口集聚能力均展现出负向作用,出现显著的规模收敛效应,基期人口规模大的大城市在 2000~2010 年具有更低的城市人口增长速度。在理论上,规模大的城市理应具有更高的集聚经济和规模效应,带来城市人口的快速增长。但我国长期实施控制(特)大城市规模的政策,采取设置较高户籍迁入门槛、限制迁入规模等措施控制城市人口规模,以削减大城市人口快速增加与公共服务供给、城市建设滞后之间的断层,导致具有期初规模优势的大城市未能展现出更快的城市人口增长速度。

城乡差距因素对中小城市与大城市人口集聚的影响存在差异,对前者有显著正向作用,对后者没有显著影响。这是由于大城市的人口规模增长一方面依靠本地农民吸纳带来的就地城市化,另一方面还吸引其他地区中小城市人口和乡村人口的远距离迁移。特别是在城镇化快速推进阶段,人口远距离迁移规模巨大,成为大城市人口增加的主要动力,造成现阶段我国大城市人口规模增加受益于自身强经济带动力产生的广阔人口辐射范围,与小区域的城乡差距因素并没有直接联系,而多数中小城市人口增加仍然主要依靠本地城市化,受城乡差异影响显著。

公共服务因素和行政等级因素同样对中小城市与大城市人口集聚的影响存在差异,均对中小城市有显著影响,对大城市影响不显著。具体而言,人均公共服务水平高的中小城市表现出更高的人口吸纳能力,而规模增长快的大城市没有表现出人均公共服务水平的高低规律。在现行体制下,流动人口在大城市并不能享受当地的公共服务,他们是被高收入期望而不是高公共服务所吸引;在中小城市分享公共服务更容易,公共服务也成为其吸引人口集聚的重要因素。一方面,说明对于大部分大城市的新增城市人口,公共服务水平并非吸引他们进入该城市的核心原因,经济收入、就业机会等原因可能是更重要的流入动力;另一方面,人口的大量流入也拉低了城市人均可利用公共服务资源水平,导致人口增加多的城市可能出现人均可用量较低,揭示出教育和医疗资源布局不够合理,不同规模城市之间享受到的平均公共服务数量存在差异。副省级与地级市的大城市人口增速没有明显区别,造成行政等级因素对大城市人口集聚没有显著影响。

区位特征对中小城市与大城市人口集聚均没有显著影响,位于沿海或东部地区的中小城市和大城市都没有表现出更强的人口集聚,若干西部省会城市借助自身对区域城市和农村地区的辐射能力,表现出强劲的人口规模增长势头。

3.4.3 不同类型中小城市的机理对比

中国中小城市人口集聚能力分布表现出与自然地理现象类似的规律,同时还受制于社会经济环境的复杂背景,具有非规则性的空间分布规律。本节在借鉴已有研究成果的基础上,从各城市的社会经济发展水平、公共服务配套等方面剖析上述分异规律的影响因素,其形成机理和归因方式如表 3-16 所示。在理论分析基础上,构建指标体系并选取相应指标。从中小城市分类的角度,五类中小城市人口集聚的影响因素及其作用方向有明显差异。

3.4.3.1 流入驱动增长型中小城市

在流入驱动增长型中小城市模型中,整体解释力度和显著性水平均较高(表3-16)。7个主因子中,只有经济发展水平因子和公共服务因子呈现显著正向作用,城市经济水平、就业状况及公共服务水平是影响该类中小城市人口集聚能力的主要因素,城乡差距、区位条件和行政等级因素并没有明显影响。对比具有显著影响的经济水平和公共服务因子,经济水平因子具有更高的显著性水平和标准系数,说明流入驱动增长型中小城市人口增长的首要驱动是发达经济水平带来的充足就业机会与收入预期,公共服务对新增人口有一定吸引,但吸引力弱于经济因素。

各类中小城市人口集聚的回归模型结果 表 3-16

	中小城市整体	流入驱动增长型	户籍驱动增长型	流入驱动平稳型	户籍驱动平稳型	人口缩减型
经济水平	0.664***	0.898**	0.153	0.830**	0.251	0.238
发展速度	0.059*	0.129	0.124**	0.060	0.470***	−0.053
城乡差距	0.444***	0.476	0.462***	0.405	0.470***	0.184
公共服务水平	0.669***	0.596*	0.550***	0.478***	0.334***	0.172
区位特征	0.042	0.048	0.202**	−0.534***	0.235***	−0.0139
期初规模	−0.379***	−0.363	−0.047	−0.563***	−0.205	−0.071
行政等级	0.141**	−0.103	−0.113	0.346	0.109	0.182
解释力度	0.539	0.516	0.710	0.545	0.505	0.212
模型显著水平	0.000	0.100	0.000	0.100	0.000	0.746

注:标准系数反映因子影响力方向与大小;显著性水平 * $p<0.1$,** $p<0.05$,*** $p<0.01$。

中小城市在城市体系中落户门槛相对较低,有户籍迁入意愿的流动人口一般可以顺利落户在流入城市。该类城市人口快速增长且新增人口主要由流动人口贡献,是区域产业经济发展的"增长极",但实际上新增流动人口打算长期定居的比重并不高,其中大部分新增城市人口流入的首要原因是出于获得更高经济收入的目的,从经济落后地区远距离流入的情况也不在少数。对于不打算长居的远距离流动人口来说,城市发展速度属于非"必需品",因此城乡差距和发展速度都没有显著影响。在空间和行政等级上,区位特征与行政等级因子没有显著影响，说明该类型中小城市在全国尺度下分布相对均匀，没有集中在东部沿海地区的趋势；地级与县级该类城市在人口增速规律上也没有明显分异。

3.4.3.2 户籍驱动增长型中小城市

在户籍驱动增长型中小城市模型中，4个主因子有显著影响，经济发展速度、公共服务水平、城乡差距和区位条件都是影响该类中小城市人口集聚能力的主要因素。该类城市人口规模高速增加，户籍人口增速高于流动人口，城市经济发展速度、公共服务水平和城乡差距对该类中小城市人口集聚有正向作用，就业机会丰富、经济发展迅速的地级城市吸纳更多人口，新增户籍人口关注城市公共服务供给水平，希望能够有良好的教育与医疗服务配套。在空间上，区位特征因子系数为正，说明该类城市在东部沿海地区具有更高的人口集聚能力，是由于东部沿海中小城市普遍发展水平和公共服务水平均较高，对长居人口具有更强的吸引力。西部中小城市城市腹地广阔、城乡差距较大，具有更大的就地城市化潜力，理应成为户籍驱动增长型中小城市的密集区，但目前西部中小城市的本地城市化推进相对缓慢，还难以担负起吸纳农村剩余劳动力就地城市化的任务。

城乡收入差距是造成户籍城镇化的重要动力，农村居民在原居住地难以获得满意的生活水平，形成乡村地区"推力"，城市工作岗位的高收入形成"拉力"，共同驱动农村剩余劳动力由发展落后的乡村流入城市，并出于完全融入城市生活、方便获得社会福利的目的，将户籍迁入流入城市。当然，新增城市人口在选择是否落户流入城市时都面临着利益博弈，若迁入流入地就意味着要放弃家乡土地和其他福利，失去回乡的退路，与此同时是获得更方便享受城市福利的机会；若不迁入流入地当然承担的风险会小一些，但在医疗和子女教育方面会有诸多不便。相对流入驱动增长型中小城市，户籍驱动型往往具有广阔的落后乡村腹地，发展水平较高的中小城市优势得到凸显，流动人口情愿放弃农村土地，打算长期定居在城市，造成这些中小城市的城市户籍人口激增。

3.4.3.3 流入驱动平稳型中小城市

在流入驱动平稳型中小城市模型中，整体解释力度和显著性水平较高，模拟效果较好。该类城市人口规模缓慢增加，流动人口增速高于户籍人口。流入驱动平稳型中小城市的影响因素与流入驱动增长型在经济发展水平和公共服务水平方面的影响显著性和作用力方向一致。流入型中小城市的人口增长主要由流动人口贡献，人口集聚影响机理相差不大。经济发展水平和公共服务水平提高是增强该类中小城市人口集聚能力的主要因素，城乡差距并未表现出显著影响。经济发展水平是决定其人口规模增长速度的关键因素，高经济规模和人口规模基础的中小城市具有更强的集聚效应，吸纳更多人口流入，高公共服务水平可以辅助该类中小城市吸引更多人口集聚。在空间上，区位特征因子有显著负向作用，说明该类型中小城市在全国尺度下主要集中在西部地区。在行政等级上，地级与县级该类城市在人口增速规律上也没有明显分异。

3.4.3.4 户籍驱动平稳型中小城市

在户籍驱动平稳型中小城市模型中，解释力度达到0.505，显著性水平为0.000，说明模型模拟效果尚可。该类城市人口规模缓慢增加，户籍人口增速高于流动人口。该类中小城市的影响因素显著性及作用方向与户籍驱动增长型中小城市一致，4个主因子有显著影响，经济发展速度、公共服务水平、城乡差距和区位条件是影响该类中小城市人口集聚能力的主要因素，经济增速快、城乡差距大、公共服务配套完善的该类城市具有更高的人口吸纳水平。在空间上，区位特征因子系数为正，说明该类城市在东部沿海地区具有更高的人口集聚能力。与户籍驱动增长型中小城市反映出的问题一致，西部该类中小城市尚未完全利用起城市腹地广阔、城乡差距较大的潜力，缺乏依靠本地城市化对户籍人口和城市人口规模平稳增长的带动。

3.4.3.5 人口缩减型中小城市

在人口缩减型中小城市模型中，解释力度仅为 0.212，说明模型模拟效果较差。说明在 7 个主因子外还有其他因素对人口收缩型中小城市的人口增速产生显著影响。该类城市人口规模减小，整体模拟效果不佳，所得因子系数有待进一步考虑。根据一般认知，此类中小城市在宜居环境、产业结构、社会氛围等方面与其他城市的差距同样是造成人口缩减的重要原因，受制于难以通过参数加入模型，因此具体影响将结合案例分析进一步进行阐述。

3.5 中小城市的土地蔓延特征与成因

3.5.1 城市蔓延及测度指标

3.5.1.1 概念界定及研究进展

自 20 世纪 70 年代以来，由于城市蔓延所带来的经济和社会成本的增加，这一现象开始得到众多学者和城市规划者的持续关注。关于城市蔓延的研究主要起源于北美城市，而且最初主要被认为是发生在美国城市的一种城市扩张现象，并且受到了当地政府的重视。然而，发展中国家的城市在快速的城市化过程中也正经历着严重的城市扩张，因此，很多研究也开始关注发展中国家城市的城市蔓延问题。

在现有的研究中，对城市蔓延的定义和测度方法都还没有一个统一的认识。通常，可以将现有的定义分为两种类型：一种是只关注城市蔓延所呈现的空间特征或者内涵特征。城市蔓延的空间特征往往比较直观，易于观察，如跳跃式或分散式发展、低密度扩张、可达性差等特征；而城市蔓延的内涵则往往与过度郊区化或城市土地过快增长有关。这些定义简单直接，易于应用，但是由于城市蔓延在不同国家或地区的特征和内涵并不完全相同，因此在实证研究中往往需要根据当地城市发展的背景加以调整，选择最适合的指标进行分析。第二种定义则是侧重于将城市蔓延的特征与其原因或影响相结合。Burchell 等（1998）对城市蔓延的定义较为典型，包含了无序扩张的特征，如低密度发展、跳跃式发展或分散式发展，以及社会和环境效应，如缺乏功能性开放空间和占用农田等。这种类型的定义相比第一种来说更全面，但也有一些学者提出质疑，因为将城市蔓延的特征和影响相互结合，会导致整个研究框架的混乱，而且也可能导致不同城市间不能很好的进行比较。

在城市蔓延的测度方法方面，最初测度城市蔓延的研究大多采用单指标进行分析。由于数据获取相对较为容易，人口密度和就业密度等表征城市发展密度变化的指标最为常用；另一个常用指标则是城市土地的扩张量，因为城市土地的增长意味着城市用地规模的扩大。但是，由于单一指标往往不能全面反映城市蔓延的特征，越来越多的研究开始采用多指标进行测度。目前，多指标测度存在的问题在于：一是应该采用哪些指标进行研究缺乏共识，二是应该使用单个指标分别进行研究还是应该组合这些指标进行综合测度也没有一致的认识。

基于城市蔓延的定义和测度指标，大多数研究主要是对某个特大城市或大城市的蔓延情况进行分析研究，包括城市蔓延的模式、驱动力以及所带来的社会经济影响。还有一些研究比较了不同的大城市之间的蔓延程度差异以及其随着时间的变化情况。除了对特大城市和大城市的研究，部分实证研究也发现，城市蔓延同样会出现在中小城市，因此需要引起学者和政府的重视。

基于以上讨论，尽管城市蔓延的实证研究已经较为丰富，但是对于不同规模城市之间的蔓延程度的差异还缺乏讨论。换句话说，城市蔓延程度是否与城市规模有关？一般而言，城市人口规模可能通过地价和通勤成本影响城市扩张：城市人口规模越大，其地价和通勤成本也就越高，因此就会抑制城市的扩张，从而在一定程度上限制城市的扩张。从一些研究来看，部分关于大都市城市蔓延的实证研究表明，城市发展最为紧凑的城市几乎都是特大城市。而且 Morollon（2016）的研究表明，在西班牙城市中，城市人口的快速增长往往会促使城市发展形态更为紧凑。这一研究很可能说明中小城市蔓延程度更高，因为中小城市的人口增长往往比特大城市和大城市要更加缓慢。尽管如此，直接比较不同城市规模之间蔓延程度差异的研究仍然非常少。Gao 等（2016）的研究认为中小城市在城市蔓延上最为显著，但是该研究存在一定的局限性：一方面，其所使用的夜光数据可能不够准确；另一方面，该研究仅采用了一种测度指标，这可能无法很好地反映城市蔓延问题。综上所述，已有实证研究还不足以证实城市蔓延和城市规模之间存在确切的联系。

基于以上讨论，本节的研究目标为分析和比较不同人口规模城市之间蔓延程度的差异。在我国，随着城镇化的快速发展，已有研究表明很多大城市已经出现了城市蔓延问题。同时，中小城市在城市土地扩张上也非常明显。因此，我国的城市为进行不同规模城市蔓延程度比较研究提供了很好的样本。

3.5.1.2 测度方法与指标

城市蔓延的测度指标通常与城市蔓延的定义密切相关。本研究认为，城市蔓延的定义应该将城市蔓延的原因和影响与其现象分开。这意味着在测度指标选择上将只能从城市蔓延的空间特征或内涵方面进行考虑。结合已有研究，本书从城市蔓延的数量和形态特征两个方面来设计指标，因为这往往被认为是我国城市蔓延最重要的两个方面（图3-6）。

在城市蔓延的数量特征上，许多研究采用城市土地的扩张面积来反映城市的蔓延程度，也就是城市土地扩张数量越高，城市蔓延程度就越高。这种测量方法应用较为简单直观，但它可能不适合比较不同规模城市之间的蔓延差异，因为特大城市和大城市在城市用地扩张规模方面通常比

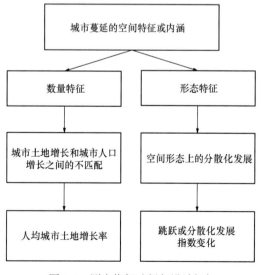

图3-6 测度指标选择与设计框架

中小城市要高得多，但这并不意味着前者比后者有着更高的蔓延程度，因为快速城镇化的背景下，城市土地的扩张往往是不可避免的。因此，在研究中应该区分哪一种城市土地扩张是蔓延，而哪一种扩张是正常的城市化。Zhang（2000）认为，城市蔓延可以被理解为城市土地与人口增长之间不成比例的扩张。换句话说，如果城市土地的扩张规模超过了支持其人口增长所需的数量就可以被视为出现城市蔓延。在我国快速城镇化的背景下，这种不成比例的扩张将更加适合来测度我国的城市蔓延问题，尤其是比较不同规模城市的蔓延程度差异。

那么应采用何种指标来衡量上述"不成比例的扩张"？Fulton等（2001）认为，如果城市土地的增长率高于城市人口的增长率，就会出现城市蔓延。该方法简单易行，然而这种比较并没有直接表示蔓延的程度。一些研究采用了这两个指标的比值进行测度，但是当分母非常小时，会出现非常高的值，对研究结果比较造成较大影响。另一种方法则是采用人均城市土地变化率，该指标也可以表示城市土地增长率与城市人口增长率之间的关系。人均城市土地的增长意味着城市土地面积的增长速度快于城市人口的增长速度，而人均城市土地的下降则是相反的含义。另外，人均城市土地变化率不仅可以用来反映城市土地是否存在蔓延，还可以反映城市蔓延的程度。最为重要的是该指标可以在不同规模的城市之间进行比较。因此，本节采用人均城市土地变化率指标来反映城市蔓延的第一个核心特征：如果人均城市土地增加，就意味着城市蔓延；相反，如果人均城市土地减少，就意味着城市发展变得更为紧凑。人均城市土地变化率（R_{PCUL}）计算如下：

$$PCUL = UL/UP \tag{3-11}$$

$$R_{PCUL} = (PCUL_{t+1} - PCUL_t)/PCUL_t \tag{3-12}$$

其中 UL 为城市土地面积，UP 为城市人口，$PCUL$ 为人均城市土地面积，R_{PCUL} 为人均城市土地变化率。

在形态学的研究上，城市土地的在景观上的分散特征往往较为重要，而在中国的城市发展中，分散化的发展模式也被证实是中国城市蔓延的主要特征。这种分散发展的模式包括城市土地的边缘式扩张和跳跃式的扩张。在本研究中，采用"跳跃"或"边缘发展指数"（简称LEDI），即城市土地的"跳跃"或"边缘"发展的百分比来衡量城市土地的分散程度。当跳跃式或边缘发展指数增加时，就意味着城市蔓延的出现。相反，如果该指数下降，就意味着城市发展更为紧凑。

根据Camagni等（2002）和Wilson等（2003）的研究，城市土地增长模式可以分为三种类型：填充型、边缘扩张型和跳跃式发展型。基于Xu等（2007）和Yue等（2013）的研究，本研究使用以下公式来确定是否发生了城市土地的跳跃式增长或边缘式增长：

$$C = L/P \tag{3-13}$$

其中 L 为斑块与相邻中心簇的公共边界长度。需要说明的是，在一些城市中包含一个以上的郊区中心，如北京、上海、重庆，而这些郊区的城市次中心往往是一个独立的城市发展集群，将其视为蔓延或跳跃发展是不合理的，因此本研究将这些集群视为城市的中心集群。P 是土地的周长。因此，C 表示现有中心集群与土地斑块之间的相邻关系。

如果 $C=0$，则表示跳跃式发展；

如果 $C<0.5$，则表示边缘式发展；

如果 $C>0.5$，则表示填充式发展。

在本研究中，填充式发展不会被认定为城市蔓延，跳跃式或边缘式发展指数及其变化计算如下：

$$LEDI = A_{\text{LED}}/UL \tag{3-14}$$

$$C_{\text{LEDI}} = LEDI_{t+1} - LEDI_{t} \tag{3-15}$$

公式中，A_{LED} 为跳跃式或边缘式发展的城市土地总面积，C_{LEDI} 为跳跃式或边缘式发展指数的变化。

综上所述，本研究从考虑城市扩张的空间特征或内涵进行指标设计的原则出发，分别采用人均城市土地变化率和跳跃式或边缘式发展指数两个指标从数量和形态上反映城市蔓延的特征。尽管这两个指标并不新颖，但它们可以很好地反映城市的蔓延特征，更重要的是，这两个指标均可以在不同规模的城市之间进行比较。在以下的具体分析中，除了使用以上两个指标分别进行测度比较外，本节还将结合这两个指标对不同人口规模城市之间的蔓延差异进行综合对比分析。

3.5.1.3 研究对象与数据

2000~2010 年，我国城市人口和城市建设用地经历了显著的增长：城镇人口从 2000 年的 20952 万人增加到 2010 年的 33390 万人，年均增长 5.94%；同时，城市建设用地面积从 22087.30km² 增加到 40946.44km²，年均增长 8.54%。

按照 1990 年中国城市分类标准可以将我国的城市划分为四类：特大城市、大城市、中等城市和小城市。表 3-17 为 2000 和 2010 年我国不同规模城市的数量分布。由于这一时期行政区划调整相对较少，总体上来看，我国的城市总数保持稳定，但小城市数量减少相对较为明显，而其他规模的城市数量有一定程度的增长。但主要原因是由于城市人口的快速增长，2010 年的分类标准适用性降低。因此，在本研究中，对于不同规模城市的分组仍基于 2000 年的城市人口规模进行划分。

2000 年和 2010 年不同规模城市分组及数量情况 表 3-17

城市规模（百万人）	2000 年	2010 年
特大城市（>1）	40	62
大城市（0.5~1）	53	95
中等城市（0.2~0.5）	218	240
小城市（<0.2）	352	258
小计	663	655

根据我国城市的行政等级，可以将其划分为地级城市和县级市。在目前的行政区划制度下，地级市包括市辖区和其他所辖单位，如县级市、县、镇。然而基于城市的概念，地级市往往仅指其市辖区范围，类似于西方城市的概念。相对而言，县级市一般没有明确的中心城区，并且通常包含了大量的非城市化区域。因此，本书认为以我国的地级城市为研究样本较为合适，能够与西方的相关研究进行比较。此外，考虑到一些城市在 2000~2010 年经历了行政区划调整，人口数据和经济数据无法进行比较，因此本书将这些城市排除在样本之外。最后，本书的研究包含了 232 个地级城市（图 3-25 中小城市、大城市、特大城市的样本规模分别为 150 个、49 个、33 个）。由于被剔除的城市为随机分布，且数量相对较少，因此对本研究结果影响较小。

在研究数据方面，2000年和2010年的两组土地利用数据由中国科学院资源环境科学数据中心提供，其原始数据来源于2000年和2010年的两组无云陆地卫星地图（分辨率为30 m，7波段），相关的图像预处理、分类和分类精度评估由数据来源单位完成。2000年的土地利用数据为矢量数据，而2010年的土地利用数据是100×100 m栅格数据。土地利用数据包括建设用地、耕地、林地、草地、水和未利用土地。建设用地包括城市化用地、农村居民点用地等独立建设用地。在本研究中，城市化土地被提取为研究对象。本文所用城市人口数据来源于《2010年中国人口普查数据》和《2000年各县（市）人口普查数据》，相应的行政区划数据来源于1982~2011年的《中国行政区划年鉴》，其中包含了行政区划调整、各"市辖区"地区数量等数据。行政区划矢量数据来源于"国家基础地理信息数据库"。

3.5.2 中小城市的城市蔓延程度与特征

3.5.2.1 人均城市土地变化指标（R_{PCUL}）

从人均城市土地变化指标的结果来看，在232个地级城市中，该指标的最大值、最小值、平均值和标准差分别为256.9%、-19.2%、46.0%和43.9%。从2000~2010年，大多数城市（208个）出现了人均城市土地的增长；相比之下，只有24个城市人均城市土地出现降低。

为了分析城市人口规模与人均城市土地变化率之间可能存在的关系，本文采用了统计分析的方法。从结果来看，与特大城市和大城市相比，中小城市人均城市土地增长要更为明显。首先，中小城市的R_{PCUL}平均变化率要高于特大城市和大城市（图3-7a）。其次，从不同R_{PCUL}变化率在不同变化区间的情况来看（图3-8a），只有46.7%的中小城市的R_{PCUL}变化率低于所有城市的平均值（46.0%），而特大城市和大城市的比例则分别为78.8%和63.3%；另外，约20.7%的中小城市R_{PCUL}变化率高于平均值2倍，而大城市和特大城市中该比例仅分别为4.1%和3.0%。

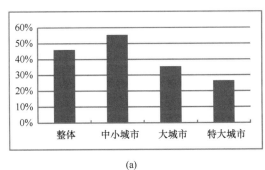
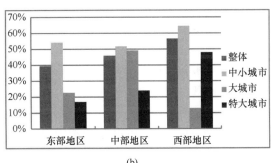

(a)　　　　　　　　　　　　　　(b)

图3-7　不同规模城市人均城市土地变化率统计图
(a) 全国；(b) 三大地区

从我国三大地区（东部地区、中部地区和西部地区）的情况来看（图3-8b，c，d），在三个地区中，中小城市在R_{PCUL}增长率方面仍然要高于特大城市和大城市，但是三大地区也存在一定的差异。具体的，东部地区的结果与全国整体的情况较为相似；但是在中部地区，大城市R_{PCUL}的平均变化率相对较高，而且其高于平均值的城市比例也非常高；在西部地区，除了中小城市外,特大城市的 R_{PCUL} 的平均变化率也很高,而大城市的 R_{PCUL} 变化率则相对最低,这反映出中部地区的大城市和西部地区的特大城市蔓延的程度可能也较高。

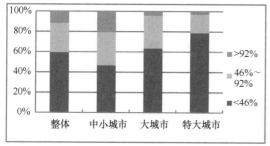

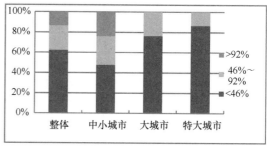

(a)   (b)

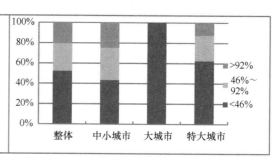

(c)   (d)

图 3-8　不同规模城市人均城市土地变化率分组统计结果
(a) 全国;(b) 东部地区;(c) 中部地区;(d) 西部地区

3.5.2.2　跳跃或边缘发展指数(LEDI)

从跳跃或边缘发展指数变化的分析结果来看,其最大值、最小值、平均值和标准差分别为 50.0%、−24.1%、16.0% 和 14.8%。从 2000~2010 年,211 个城市出现 LEDI 增长,相比之下,只有 21 个城市的 LEDI 有所下降。

从 LEDI 指数的变化与城市规模之间可能存在的关系来看,中小城市 LEDI 增长总体上高于大城市和特大城市,这同样是基于 LEDI 的平均变化(图 3-9a)和不同 LEDI 变化水平中不同规模城市的比例(图 3-10a)。首先,中小城市 LEDI 平均变化值要高于特大城市和大城市。其次,从不同 LEDI 变化在不同区间的情况来看,只有 48.7% 的中小城市的 LEDI 变化值低于所有城市的平均值(16.0%),而特大城市和大城市的比例则分别为 72.7% 和 55.3%;另外,约 15.8% 的中小城市 LEDI 变化值高于平均值 2 倍,而大城市和特大城市中该比例仅分别为 6.1% 和 6.4%。但是值得注意的是大城市的 LEDI 增长仅略低于中小城市。

从三大地区比较的情况来看(图 3-10b,c,d),与 R_{PCUL} 的变化率不同的是,中小城市的 LEDI 变化仅在东部地区比特大城市和大城市要高,而在中部地区,大城市的 LEDI 平均变化值要高于中小城市和特大城市,变化值高于平均值的城市比例最高,达到 16%;在西部地区,特大城市的 LEDI 变化值同样较高,其变化值超过平均值 2 倍的特大城市数量占比达到 12%,远高于全国平均水平。

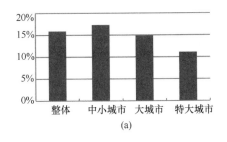
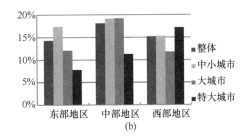

图 3-9 不同规模城市的跳跃或分散发展指数变化统计图
(a) 全国；(b) 三大地区

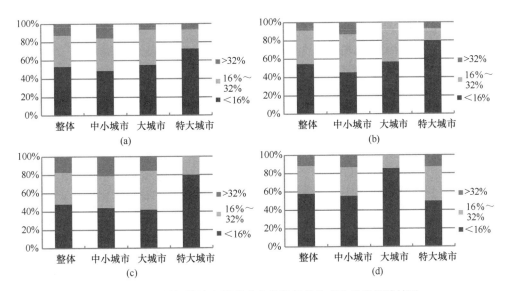

图 3-10 不同规模城市跳跃或分散发展指数变化分组统计结果
(a) 全国；(b) 东部地区；(c) 中部地区；(d) 西部地区

3.5.2.3 基于两个指标的综合分析

根据以上两个指标的平均值，本研究将所有城市划分为四种类型：

(1) 两个指标均低增长型；

(2) 仅 R_{PCUL} 高增长型；

(3) 仅 LEDI 高增长型；

(4) 两个指标均高增长型（图3-11）。从结果来看，首先大约66.8%的城市在至少一个指标上出现了较为明显的增长，其中两个指标均高增长的比重为24.1%，而仅有33.2%的城市在这两个指标上的增长均较低；其次，在至少有一个指标高增长的城市中，中小城市的城市蔓延比例最高，超过75%，其次是大城市，占比为60%左右；比重最低的为特大城市，约为40%。从类型（2）和类型（3）所占的比重来看，两者并没有非常显著的差异，比重较为接近，但是在特大城市和大城市中，类型（3）所占的比重相对较高。这可能表明，与PCUL的增长相比，大城市和特大城市在LEDI方面具有更高的蔓延程度。

从东、中、西的三大地区的情况来看，东部地区与整个样本的特征较为相似，只是特大城市和大城市两个指标均高增长的城市占比略低于全国的平均水平。而在大城市中，类型（3）的比例要远高于类型（2）的比重，前者是后者的将近4倍；在中部地区，虽然中小城市比大城市蔓延的程度要高，但两者的差异要明显低于全国的平均水平，实际上中部的大城市中，有40%的城市在两个指标上均增长明显，远高于其他规模的城市；在西部地区，特大城市蔓延的程度要高于东部地区和中部地区，有37.5%的特大城市在两个指标上均增长明显，该比例甚至超过了中小城市。

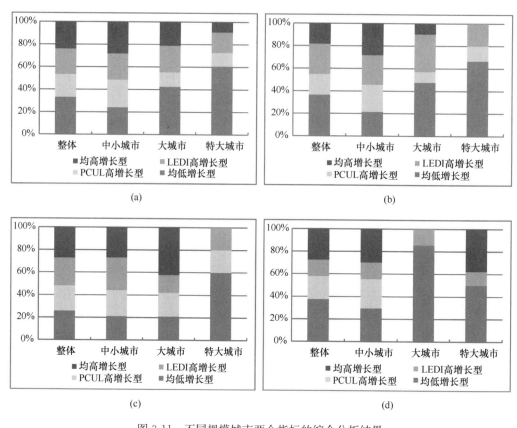

图3-11 不同规模城市两个指标的综合分析结果
（a）全国；（b）东部地区；（c）中部地区；（d）西部地区

3.5.3 不同规模城市蔓延程度差异的成因分析

本节以中国地级城市为样本，比较了不同人口规模城市之间城市蔓延程度的差异。结果表明，与特大城市和大城市相比，中小城市人均城市土地增长率更高，而且跳跃或边缘发展指数变化也更高；相比之下，特大城市在以上两个指标的变化值上均是最低水平。以上发现可以说明，在不同规模的城市中，中小城市的城市蔓延情况最为严重，其次是大城市，而特大城市的蔓延状况反而是最轻。从我国城市蔓延的驱动因素来看，快速的城市化、城市中心地价飞涨、郊区交通改善等均可能存在一定的作用。但在以下部分，本研究主要关注不同规模城市之间蔓延程度差异的驱动因素以及不同地区间差异的原因。虽然只进行了定性分析，但这可以加深对上述发现的理解。

从已有研究来看，目前还没有理论直接阐明城市蔓延程度是否与城市人口规模有关。从城市经济学的角度来看，通勤成本和地价是解释这一问题的两个重要因素。随着城市的扩张，交通拥堵往往成为一个严重的城市问题，导致通勤成本飙升，这样就会产生一个限制城市过度扩张的力量。与此同时，大城市的地价往往较高，这就增加了空置土地占用的成本，从而阻碍了城市的扩张。相比之下，在较小的城市中，交通状况往往比大城市要好得多，因此对于通勤距离的考虑变得不那么重要，从而导致城市在土地利用上遍地开花而缺乏限制。此外，较低的土地价格也在一定程度上降低了建设成本，使中小城市更容易进行土地扩张。

除了以上的理论解释外，我国不同规模城市之间的蔓延差异也受到一定的制度和经济发展因素的影响，包括城市规划、不同规模城市的城市发展政策、以产业为导向的增长模式、土地财政制度和地方政府的作用等。

3.5.3.1 城市规划因素

城市规划对城市发展的约束力不够往往被认为是我国城市蔓延的重要因素之一。这主要是因为城市发展规划或者城市总体规划虽然受到中央政府的监督，但是具体的制定和实施仍是由地方政府所主导。由于特大城市和大城市的城市规划往往是中央政府关注的重点，因此在特大城市和大城市的城市规划中，土地使用审批程序和政策也相对更加严格，这在一定程度上会抑制城市土地的无序扩张。相比之下，由于中小城市数量众多，而且相对于特大城市和大城市也处于弱势的地位，因此往往被中央政府所忽视。很多学者认为中小城市的城市规划效果如何往往难以评估，例如根据 Chen 等（2013）的研究，山东省 91 个中小城市中只有 3 个城市对其制定的城市规划进行了实施评估。事实上，在中小城市的城市规划中，城市的发展受地方政府意图的影响更大，从而减弱了城市规划对城市发展的约束力。

3.5.3.2 城市发展政策

我国对不同规模的城市采取了不同的发展政策，这些政策对城市蔓延也会产生一定的影响。自改革开放以来，随着我国的快速城镇化，特大城市和大城市快速扩张，其人口集聚能力远远超过了其他规模的城市，但人口的过快增长也导致了很多城市问题的出现，如房价过高、交通拥堵、空气污染等。相反，中小城市却面临着人口流失和经济发展缓慢的问题。因此中央政府的城市政策逐渐从鼓励特大城市和大城市发展转变为限制特大城市和大城市的快速增长，而培育中小城市发展成为新的目标和重点。在这样的政策导向下，对中小城市扩张发展策略的限制进一步减弱，为中小城市的扩张提供了空间，从而在一定程度上导致了中小城市较高的蔓延程度，而特大城市和大城市的发展则是受到了严格的限制，有利于城市的紧凑化发展。

3.5.3.3 以工业发展为导向的城市土地增长

我国大部分城市，主要是大中小城市，通常以产业发展为土地利用的导向，大量的城市土地被用以支持产业发展，而各种设立的经济开发区则成为产业发展的重要空间载体。大量的经济开发区往往占用了城市周边大量的非建设用地，而且由于其较低廉的地价，也促使了工业用地的大面积扩张和用地效率的低下，这必然导致人均城市土地的增长。同时由于工业污染问题，这些开发区往往远离城市中心，需要大量的基础设施投入以达到较高的可达性，而这在一定程度上又促进了城市形态的跳跃式发展，降低了城市用地的效率。相比之下，在我国特大城市中，工业发展所占比例往往相对较低，例如 2010 年北京的工业产值仅占当年 GDP 的 19.6%，而服务业等第三产业占比超过 70%。因此，在过去的十年中，由于工业的快速扩张而导致的城市土地占用对特大城市的影响要小于其他规模的城市，也是中小城市高度蔓延，而特大城市相对较轻微的影响因素之一。

3.5.3.4 土地财政和地方政府的作用

自1982年和1988年土地市场改革以来，地方政府通过出租城市土地使用权和收取土地使用费而获取土地财政收入，成为地方财政的重要来源。过高的土地财政收入刺激了地方政府"出售"更多土地的意愿，推动了地方政府的城市增长政策。而且，在过去十年里，随着房地产的繁荣，房地产投资者已经成为城市土地的最大买家，更多的土地被地方政府征用用于房地产开发。但是，中小城市的实际住房需求往往被高估，因为中小城市的人口增长并没有预期的快，这导致了城市土地扩张和人口增长之间的不匹配。特大城市和大城市的土地扩张同样受到土地财政的深刻影响，但是在其人口高速增长的情况下，人口和用地额不匹配情况则要轻微的多。因此，我国的土地财政政策和由此产生的地方政府的城市增长政策也是导致中小城市高度蔓延的重要原因之一。

3.5.4 结论与讨论

本节以中国地级城市为研究样本，比较了不同人口规模的城市在蔓延程度方面的差异。经研究比较发现，中小城市在人均城市土地增长率和跳越或边缘式发展指数变化两个指标上均要高于特大城市和大城市，从而反映出中小城市无论在数量上还是形态上都比特大城市和大城市的蔓延程度更为严重。同时，在研究中也发现特大城市的城市蔓延问题虽然最受关注，但实际上在不同人口规模的城市中，特大城市的城市蔓延程度反而最低。大城市的蔓延程度介于中小城市和特大城市之间，但是其在城市形态上的蔓延也较为严重。以上的研究发现也许反映了城市蔓延程度与城市的人口规模有着一定的联系。从理论上来说，通勤成本以及地价与城市人口规模密切相关：一般而言，通勤成本和地价都会随着城市规模的增大而增加，这将对城市的扩张产生较大的压力，从而降低了城市蔓延的程度。此外，在我国，一些制度和经济发展因素也具有一定的解释能力，如城市规划和城市发展政策在不同规模城市中的差异、以产业为导向的增长模式、土地财政制度和地方政府的角色等因素，也会对不同规模城市的蔓延问题产生影响。

与已有研究相比，本文的研究结果与现有认识基本一致，进一步反映了城市蔓延程度与城市的人口规模有着密切的联系。此外，本研究也得出了一些新的发现。其一，研究发现某些城市在一个测度指标上的值比较低，但在另一个指标上的值则比较高。例如，22.4%的地级城市在人均城市土地增长变化方面并不明显，但是这些城市在跳跃和边缘发展方面则变化非常显著。本文认为这些城市的蔓延情况也较为严重。因此，结合以上两个指标来识别和比较城市蔓延是非常必要的，而仅使用其中一个指标可能会掩盖一些城市的蔓延问题。其二，与特大城市和大城市相比，中小城市在人均城市用地增长方面要比跳跃或边缘发展更为严重：中小城市人均城市土地变化率分别是特大城市和大城市的2.08倍和1.67倍，而在跳跃或边缘发展指数变化方面，这两个数字仅分别为1.56倍和1.16倍。其三，不同规模城市的城市蔓延程度差异在我国三大地区中也存在不同，中部地区的大城市和西部的特大城市的蔓延程度相对较高，这可能与区域发展政策、经济发展阶段等区域因素有关。

本文的研究发现对已有研究的贡献在于以下几个方面：

（1）本文提供了城市蔓延程度与城市规模存在联系的新的直接证据，也就是人口规模越高的城市反而城市蔓延的程度会越低。

（2）本文分别使用了人均城市土地增长率和跨越或边缘发展指数变化两个指标来反映城市蔓延在数量和形态上的特征。尽管这些指标并不是很新颖，但与密度或可达性等城市蔓延的测度指标不同的是，它们在不同规模的城市之间具有可比性，而且它们也能够反映城市蔓延最重要的两个方面。因此本文的研究设计可以为比较不同规模城市的蔓延问题提供一些启示。

（3）本文讨论了不同规模城市蔓延程度差异的驱动因素，这些因素在现有的研究中还没有得到深入讨论，因此本文的分析也有助于加深对城市规模如何影响城市蔓延程度的认识。

本文研究结果能够为城市发展政策的制定提供一定的启示：

（1）本文认为应该更加注意控制中小城市的无序扩张，而执行更为严格的城市规划并加强对城市规划的实施效果的评估是解决这一问题的直接途径之一。具体而言，一方面，在城市规划中要进一步控制城市建设用地的总量，提高城市土地利用效率；另一方面，城市规划应该严格限制城市的跳跃式和边缘式的无序扩张，促进城市形态紧凑发展。同时，本文认为中央政府应加强对中小城市城市规划的实施评价和监管，增强城市规划在中小城市的约束力。更重要的是，本文认为应该改革现有的土地财政制度才能促使地方政府在城市发展中的决策更加理性化，而不是一味的追求城市规模增长所带来的收益。

（2）本文认为中西部地区的城市蔓延问题需要引起学者和政策制定者的更多关注。从本文的发现来看，中西部地区的城市比沿海地区的城市蔓延的更快，而且这一现象既发生在这些地区的中小城市，也发生在特大城市和大城市。因此，中央政府需要更多地关注这些地区的城市蔓延问题。同时，这些地区的地方政府也应调整其城市扩张政策，采取必要的措施限制低密度的产业发展，促进城市的紧凑发展。

（3）本文建议中央政府重新考虑不同规模城市的发展政策。特大城市和大城市在城市发展问题上的日益突出一直是政策制定者试图控制其发展的主要依据。然而，本文的研究发现，中小城市也同样存在相似的问题，只是这些问题并没有得到足够的重视。以城市蔓延问题为例，中小城市实际上比特大城市和大城市蔓延得更为严重。因此，当前的政策应该充分考虑发展不同规模城市的优势和劣势，实现更加均衡的城市发展政策。

本文的研究同样存在一些不足，在今后的研究中可以加强以下几个方面的研究：

（1）本文采用的城市蔓延的测度指标只能反映城市蔓延的某些方面，并不能全面的反映城市蔓延问题。因此，可以通过更详细的土地利用和人口数据来设计更多的测度指标，但这些测度指标应可以在不同规模的城市之间进行比较。

（2）由于无法考虑到控制变量的影响，本文的统计分析方法可能并不完全足以证明城市规模与城市蔓延程度之间的关系。因此，本文认为回归分析的方法可以使研究结果更具说服力。

（3）中小城市的蔓延问题需要来自其他国家或地区的更多的实证研究。在中国，城市蔓延的驱动因素和城市发展模式与我国独特的政策设计密切相关，而这些因素在很大程度上不同于西方城市的驱动因素。因此，城市规模和城市蔓延的关系需要从其他国家获得更多证据，以确定在全球范围内不同规模的城市中，中小城市是否蔓延的最为严重。

本章参考文献

[1] Anthony J. Do state growth management regulations reduce sprawl?[J]. Urban Affairs Review, 2004, 39(3): 376-397.

[2] Barredo J. I, Demicheli L, Lavalle C. et al. Modelling future urban scenarios in developing countries: An application case study in Lagos, Nigeria[J]. Environment & Planning B Planning & Design, 2004, 31(1): 65-84.

[3] Burchell R. W., Shad N. A., Listokin D. et al. The costs of sprawl-revisited[J]. Tcrp Report, 1998.

[4] Camagni R., Gibelli M. C., Rigamonti P. Urban mobility and urban form: the social and environmental costs of different patterns of urban expansion[J]. Ecol Econ, 2002, 40(2): 199-216.

[5] Chen Y., Chen P., Yin H. Problems in the implementation assessment of city master planning in small and medium-sized cities and the countermeasures: A case study on Shand ong province[J]. City Planning Review, 2013, 37(9): 51-54. (In Chinese)

[6] Deng F. F., Huang Y. Uneven and reform and urban sprawl in china: the case of Beijing[J]. Progress in Planning, 2004, 61(1): 211-236.

[7] Ding C. Policy andpraxis of land acquisition in China[J]. Land Use Policy, 2007, 24(1): 1-13.

[8] Ding, C., & Zhao, X. Land market, land development and urban spatial structure in Beijing[J]. Land Use Policy, 2014, 40(40): 83-90.

[9] Downs A. New visions for metropolitan America[J]. Land Economics, 1994.

[10] Ewing R. Is Los Angeles-style sprawl desirable?[J]. Journal of the American Planning Association, 1997, 63(1): 107-126.

[11] Ewing R., Pendall R., Chen D. Measuring sprawl and its transportation impacts[J], Transportation Research Record: Journal of the Transportation Research Board, 2003, 1831(1): 175-183.

[12] Ewing R., Pendall R., Chen D. D. T. Measuring sprawl and its impact[J]. Smart Growth America, 2002, 57(2): 320-326.

[13] Fang C. A review of Chinese urban development policy, emerging patterns and future adjustments [J]. Geographical Research, 2014, 33(4): 674-686. (In Chinese)

[14] Fang Y., Pal A. Drivers of urban sprawl in urbanizing China - a political ecology analysis[J]. Environment & Urbanization, 2016, 28(2): 599-616.

[15] Feng L. Spatial pattern analysis of urban sprawl: case study of Jiangning, Nanjing, China[J]. Journal of Urban Planning & Development, 2012, 138(3): 263-269.

[16] Frenkel A., Ashkenazi M. Measuring urban sprawl: how can we deal with it?[J]. Environment & Planning B Planning & Design, 2005, 35(1): 56-79.

[17] Fulton W. B., Pendall R., Mai N. et al. Who sprawls most? How growth patterns differ across the U. S[J]. The Brooking Institution Survey Series. 2001.

[18] Galster G., Hanson R., Ratcliffe M. R. et al. Wrestling sprawl to the ground: defining and measuring an elusive concept[J]. Housing Policy Debate, 2001, 12(4): 681-717.

[19] Gao B., Huang Q., He C. et al. How does sprawl differ across cities in china? A multi-scale investigation using nighttime light and census data[J]. Landscape & Urban Planning, 2016, 148(41): 89-98.

[20] Gillham O. 2002. The limitless city.

[21] Hamidi S., Ewing R. A longitudinal study of changes in urban sprawl between 2000 and 2010 in the United States[J]. Landscape & Urban Planning, 2014, 128(3): 72-82.

[22] Harvey R. O., Clark W. A. V. The nature and economics of urban sprawl[J]. Land Economics, 1965, 41(41): 1-9.

[23] He Q., Liu Y. A study on the features and treads of industrial transfer among regions of China: An empirical analysis based on the statististical date during 2000-2010[J]. Economic Geography, 2012, 32(12): 85-90. (In Chinese)

[24] Jaeger J. A. G., Bertiller R., Schwick C. et al. Suitability criteria for measures of urban sprawl[J]. Ecological Indicators, 2010, 10(2): 397-406.

[25] Jiang G., Ma W., Qu Y. et al. How does sprawl differ across urban built-up land types in China? A spatial-temporal analysis of the Beijing metropolitan area using granted land parcel data[J]. Cities, 2016, 58: 1-9.

[26] Kasanko, M., Barredo, J. I., Lavalle, C., Mccormick, N., Demicheli, L., & Sagris, V. Are european cities becoming dispersed? A comparative analysis of 15 European urban areas[J]. Landscape & Urban Planning, 2001, 77(1), 111-130.

[27] Kolankiewicz L. J., Beck R. Weighing sprawl factors in large U. S. cities[R]. Washington, 2001. http://www.sprawlcity•org/study USA/.

[28] Lichtenberg E., Ding C. Local officials as land developers: urban spatial expansion in China[J]. Journal of Urban Economics, 2008, 66(1): 57-64.

[29] Liu, Y., Fan, P., Yue, W., & Song, Y. Impacts of land finance on urban sprawl in china: the case of chongqing[J]. Land Use Policy, 2018, 72, 420-432.

[30] Liu H., Wang Y., Ji L. Characteristics, mechanism and pattern of inter-regional industry transfers in China[J]. Economic Geography, 2014, 34(1): 102-107. (In Chinese)

[31] Liu X., Wang M. How polycentric is urban China and why? a case study of 318 cities[J]. Landscape & Urban Planning, 2016, 151: 10-20.

[32] López E., Bocco G., Mendoza M. et al. Predicting land-cover and land-use change in the urban fringe : a case in Morelia city, Mexico[J]. Landscape & Urban Planning, 2001, 55(4): 271-285.

[33] Lopez R., Hynes H. P. Sprawl in the 1990s measurement, distribution, and trends[J]. Urban Affairs Review, 2003, 38(3): 325-355.

[34] Luo Z., Wang X., Geng L. Administrative division adjustment in metropolitan areas of China: stages and characteristics in the acceleration period of urbanization. City[J] Planning Review, 2015, 39(2): 44-49. (In Chinese)

[35] Lv Z. Q., Wu Z. F., Wei J. B. et al. Monitoring of the urban sprawl using geoprocessing tools in the Shenzhen Municipality, China[J]. Environmental Earth Sciences, 2010, 62(6): 1131-1141.

[36] Masoumi H E. Urban sprawl in mid-sized cities of mena, evidence from Yazd and Kashan in central Iran[J]. Knowledge Management Research & Practice, 2014, 6(6): 25-41.

[37] Morollón, F. R., Marroquin, V. M. G., & Rivero, J. L. P. Urban sprawl in spain: differences among cities and causes[J]. European Planning Studies, 2016, 24(1), 207-226.

[38] Monkkonen, P., Comandon, A., Escamilla, J. A. M., & Guerra, E. Urban sprawl and the growing geographic scale of segregation in Mexico, 1990-2010[J]. Habitat International, 2018, 73, 89-95.

[39] Mills E. S. Urban sprawl causes, consequences and policy responses : gregory d. squires, editor. Washington, D. C.: urban institute press, 2002[J]. Regional Science & Urban Economics, 2003, 33(2): 251-252.

[40] Puertas, O. L., Henríquez, C., & Meza, F. J. Assessing spatial dynamics of urban growth using

[41] Rojas C, Iván Muniz, Pino J. Understanding the Urban Sprawl in the Mid-Size Latin American Cities through the Urban Form: Analysis of the Concepción Metropolitan Area (Chile)[J]. Journal of Geographic Information System, 2013, 05(3): 222-234.

an integrated land use model. Application in Santiago Metropolitan Area, 2010-2045[J]. Land Use Policy, 2014, 38(2): 415-425.

[42] Sierra C. The dark side of the American dream: the Aosts and consequences of suburban sprawl [M], 1997, Sieera Club Press, College Park, MD.

[43] Soltani, A., Hosseinpour, M., & Hajizadeh, A. Urban sprawl in Iranian medium-sized cities: investigating the role of masterplans[J]. Journal of Sustainable Development, 2017, 10(1), 122.

[44] Song Y., Zenou Y. Property tax and urban sprawl: theory and implications for U.S. cities[J]. Journal of Urban Economics, 2006, 60(3): 519-534.

[45] Sutton K., Fahmi W. Cairo's urban growth and strategic master plans in the light of Egypt's 1996 population census results[J]. Cities, 2001, 18(3): 135-149.

[46] Tian, L., Ge, B., & Li, Y. Impacts of state-led and bottom-up urbanization on land use change in the peri-urban areas of shanghai: planned growth or uncontrolled sprawl?[J]. Cities, 2017, 60.

[47] Wang L. G., Han H., Lai S. K. Do plans contain urban sprawl? A comparison of Beijing and Taipei [J]. Habitat International, 2014, 42(2): 121-130.

[48] Wei, Y., & Min, Z. Urban spill over vs. local urban sprawl: entangling land-use regulations in the urban growth of China's megacities[J]. Land Use Policy, 2009, 26(4): 1031-1045.

[49] Wilson B., Chakraborty A. The environmental impacts of sprawl: emergent themes from the past decade of planning research[J]. Sustainability, 2013, 5(8): 3302-3327.

[50] Wilson E. H., Hurd J. D., Civco D. L. et al. Development of a geospatial model to quantify, describe and map urban growth[J]. Remote Sens Environ, 2003, 86(3): 275-285.

[51] Xu C., Liu M., Zhang C. et al. The spatiotemporal dynamics of rapid urban growth in the Nanjing metropolitan region of China[J]. Landscape Ecol, 2007, 22(6): 925-937.

[52] Yew C. P. Pseudo-urbanization? Competitive government behavior and urban sprawl in China[J]. Journal of Contemporary China, 2012, 21(74): 281-298.

[53] Yue W., Liu Y., Fan P. Measuring urban sprawl and its drivers in large Chinese cities: the case of Hangzhou[J]. Land Use Policy, 2013, 31(31): 358-370.

[54] Zeng C., Liu Y., Stein A. et al. Characterization and spatial modeling of urban sprawl in the Wuhan metropolitan area, China[J]. International Journal of Applied Earth Observation & Geoinformation, 2015, 34(1): 10-24.

[55] Zhang J., Lei J., Li X. et al. The features and influencing factors of urban expansion in China during 1997-2007[J]. Progress in Geography, 2011, 30(5): 607-614. (In Chinese)

[56] Zhang T. Community features and urban sprawl: the case of the Chicago metropolitan region[J]. Land Use Policy, 2001, 18(3): 221-232.

[57] Zhang T. Land market forces and government's role in sprawl: the case of China[J]. Cities, 2000, 17(2): 123-135.

[58] Zhao P. Sustainable urban expansion and transportation in a growing megacity: consequences of urban sprawl for mobility on the urban fringe of Beijing[J]. Habitat International, 2010, 34(2): 236-243.

[59] 张立. 城镇化新形势下的城乡（人口）划分标准讨论[J]. 城市规划学刊, 2011, (2): 77-85.

[60] 王桂新, 黄祖宇. 中国城市人口增长来源构成及其对城市化的贡献: 1991~2010[J]. 中国人口科学, 2014, (2): 2-16, 126.

第 4 章　中小城镇产业发展困境与优化路径

内容提要:

本章选取特色产业小镇、位于京津冀的中小城镇以及雄安新区等典型类型与热点区域的中小城镇为研究对象,详实梳理其当下产业发展所面临的困境,诸如特色产业小镇产业发展所遭遇的产业形态相对低端、产业核心竞争力不足,空间分布较为分散、区域有机融合不足,政府驱动投资为主、后继发展动力不足等问题;京津冀中小城镇产业发展所面临的人才、资本等高端创新要素流转共享不畅、产业链匹配保障等分工协同环境共创不力、产业协同创新的政策框架体系共建不全等挑战;雄安新区可能面临的北京"强磁力效应"所带来的聚效弱化风险、空间割裂风险以及产业断裂风险。在此基础上,本章针对性提出破题思路并研究了优化发展路径与方案,可为中小城镇产业发展路径优选提供决策参考。

4.1　我国特色产业小镇发展模式及运营机制

4.1.1　新形势下特色产业小镇的建设背景分析

在我国经济发展步入新常态、产业结构转型升级进入攻坚期的关键阶段,寻求经济增长新动力源、挖掘有效高端供给已成为紧迫任务,也是供给侧改革的主要内容。特色小镇作为产业及人口集聚的主要载体,未来必将担当起工业化及城镇化的主力军作用。为此,2016 年国务院多部委出台《关于开展特色小镇培育工作的通知》明确提出,到 2020 年,我国将培育 1000 个左右各具特色、富有活力的休闲旅游、商贸物流、现代制造、教育科技、传统文化、美丽宜居等特色小镇。

各地也纷纷提出建设特色小镇的计划,目前共有 26 个省份明确了具体计划以及配套支撑政策。以浙江为代表的先进省份,在培育特色小镇方面取得不菲成绩,涌现出以云栖小镇等为代表的特色产业小镇。但与此同时,我们也应清楚地看到,各地在培育特色小镇时还存在大量以小镇名义"圈地"、产业低端化、同质化等现象,未能真正起到集聚产业与人口、合理优化区域城市格局的目的。

现阶段,需要深刻剖析我国特色产业小镇发展过程中遇到的实际问题及其原因,深入探讨可供选择的模式及运营机制,以便更好指导高端产业培育、特色城镇发展等相关工作开展。

本章在剖析目前我国特色产业小镇运营情况的基础之上,对国外特色产业小镇建设经验进行总结借鉴,提出符合我国实情的特色产业小镇的发展模式,进而对特色产业小镇的具体运营模式进行设计。

4.1.2　特色产业小镇建设的重大意义

4.1.2.1　特色产业小镇是新常态下的地区经济发展新引擎

当前,我国经济发展正处在"速度换档、结构调整、动力转换"的三期叠加时期,在经历改革开放 40 多年的快速发展后，已步入经济新常态。由于劳动力成本、土地等生产要素价格不断上涨，以及日益严格的环境保护要求，依靠传统产业以及基础设施大规模投资建设的经济发展旧动力逐渐衰竭，而动力转换则成为经济新常态的最核心、最根本内容。

培育经济发展新动能，一方面需要抢占新一轮科技革命和产业变革制高点、争夺全球产业发展主导权；另一方面，需要结合我国发展实际，有选择性地在若干具有重要战略地位的产业领域进行重点突破。我国传统产业发展集聚区在经历多年发展后，产业结构相对固化，转型升级压力较大。而特色产业小镇作为全新的产业发展基地，可有效对接国内外产业顶级资源，走创新发展之路，因此也有必要、有能力承担起新常态下地区经济发展新引擎的核心作用。

4.1.2.2　特色产业小镇是新型城镇化发展的重要空间形态

伴随着改革开放后 40 多年的经济迅速发展，我国城镇化发展已步入重要的历史拐点时期。一方面，大城市由于产业及人口的过度集聚，造成了诸如交通拥挤、环境恶化、房价飞涨等一系列大城市病，对高端产业人才的吸引力也逐渐下降；另一方面，我国城镇化发展过程中始终面临着小城镇产业规模小而弱、功能相对单一、创新发展动力不足、综合配套环境不完善等问题，对促进区域均衡发展作用有限。

在我国城镇化发展面临新形势的背景下，特色产业小镇的发展将有效弥补地区经济发展不平衡的趋势，有效构建起以"大城市＋特色小镇"为核心的区域城镇空间发展格局组合形态，并着力打造特色产业小镇集"生态—生产—生活"于一体的综合产业发展环境体系，形成优美的生活生态环境与高效的生产环境，有力助推特色产业小镇快速健康发展。

4.1.2.3　特色产业小镇是创新型产业发展的重要空间载体

特色产业小镇作为产业发展新兴之地，往往属于产业发展的"处女地"，传统产业的比重较小，因此面临的产业转型升级压力也小。这也决定了特色产业小镇往往可以在产业发展方向上实现弯道超车，通过大力发展战略性新兴产业，打造创新型产业发展高地，带动整个地区的跨越式发展。

与此同时，特色产业小镇由于在发展模式上正进行着创新探索，亦可作为我国推进"大众创业、万众创新"的重要载体，在创新体制机制方面进行大胆探索，着力解决我国"双创"目前面临的科技成果转化率不高，缺乏正确产业方向引导，"双创"商业模式单一、缺乏有效激励机制等一系列问题。

4.1.3　我国特色产业小镇发展的现状概述

4.1.3.1　数量初具规模且分布较为广泛

虽然在国家政策层面，特色小镇相关规划、扶持政策、发展措施多发布于 2016 年，但在实践层面，以浙江等省份为代表，在培育特色小镇方面已开展大量工作，并取得一定成效，特色小镇的数量与体量初具规模。

为合理规范特色小镇发展，制定适宜的顶层设计方案，2016 年 10 月住房和城乡建设部正式公布 127 个第一批中国特色小镇名单。从已公布的特色小镇的空间布局来看，在全国范围内特色小镇多集中于中东部地区，但从省级层面来看，分布较为广泛，浙江、江苏、广东、山东、河北、河南、湖北等省份特色小镇数量均在 10 个以上。

从特色小镇所吸纳的就业人口来看,目前首批 127 个特色小镇平均可提供就业岗位 2.7 万个,并可带动周边农村就业人口平均 1 万个左右,占区域就业总人口的 37% 左右,对整个地区的就业拉动效应显著。个别特色产业小镇带动就业人口数量可观,超 10 余万人,如广东佛山市顺德区北滘镇已拥有 18.7 万就业人口,成为地区经济发展重要引擎。

4.1.3.2 产业类型已呈现多元化趋势

各地在培育特色产业小镇发展时,结合自身资源禀赋特征以及产业发展基础,已形成不同产业类别的特色小镇。概况来看,主要分为以下 6 种类型。

历史文化型:主要结合特色小镇遗留保护的历史文化古迹,发展相关旅游文化体验及纪念品加工制造。如越城黄酒小镇、龙泉青瓷小镇、湖州丝绸小镇等。

城郊休闲型:主要借助毗邻大城市的优越地理位置,以及良好的生态环境和自然风景,发展旅游观光、休闲餐饮等服务业。如安吉天使小镇、丽水长寿小镇、太湖健康蜜月小镇等。

新兴产业型:主要借助毗邻大城市的科技资源优势,发展高科技产业链相关环节,与大城市产业类别构成有机体。如余杭梦想小镇、西湖云栖小镇、临安云制造小镇等。

金融创新型:主要借助优美生态环境及良好的交通条件,吸引配套金融服务的私募中介机构、初创型机构等进行集聚。如上城玉皇山南基金小镇、梅山海洋金融小镇、富阳硅谷小镇等。

交通区位型:主要借助空运、航运、铁路、公路等多式联运智能化物流网络体系,积极发展电子商务、物流装备制造等相关产业。如建德航空小镇、萧山空港小镇、北京新机场服务小镇等。

时尚创意型:主要借助打造时尚产业平台,促进国内与国际互动交流,发展设计与研发、销售展示以及教育与培训等相关产业。如余杭艺尚小镇、滨江创意小镇、西湖艺创小镇等。

4.1.3.3 开发运营模式正不断探索创新

为有效促进特色产业小镇发展,2016 年 7 月住房和城乡建设部、国家发展改革委与财政部联合发布了关于开展特色小镇培育工作的通知,提出各地在培育特色小镇发展时,需坚持以下原则:一是坚持突出特色。从当地经济社会发展实际出发,发展特色产业,传承传统文化,注重生态环境保护,完善市政基础设施和公共服务设施,防止千镇一面。依据特色资源优势和发展潜力,科学确定培育对象,防止一哄而上;二是坚持市场主导。尊重市场规律,充分发挥市场主体作用,政府重在搭建平台、提供服务,防止大包大揽。以产业发展为重点,依据产业发展确定建设规模,防止盲目造镇;三是坚持深化改革。加大体制机制改革力度,创新发展理念,创新发展模式,创新规划建设管理,创新社会服务管理。推动传统产业改造升级,培育壮大新兴产业,打造创业创新新平台,发展新经济。

为此,各地在开展特色产业小镇培育实践过程中,着重在体制机制改革上下文章,利用市场化手段引入多方投资、推进 PPP(Public-Private Partnership)模式有效整合社会资源,在一定程度上改变了传统城镇发展或产业园区开发以政府为主导的模式,对促进特色产业小镇发展起到了较大推动作用。

4.1.4 我国特色产业小镇发展面临的问题

4.1.4.1 产业形态相对低端，产业核心竞争力不足

目前我国多数特色产业小镇仍缺乏实质性产业支撑，多数仍以旅游观光或生态休闲等第三产业为主，部分以第二产业为主的特色小镇也主要从事一般性制造业，如传统产业中的纺织服装、食品加工等，以高端产业引领的特色产业小镇仍相对缺乏。

与此同时，部分开发商以特色小镇为名进行房地产圈地，只注重短期内房地产销售带来的利润，并未将特色小镇发展的重点放在高端产业的长效培育方面，造成特色小镇的产业内生结构不合理、低端化现象严重。

4.1.4.2 空间分布较为分散，区域有机融合不足

从目前我国特色产业小镇的空间分布区位来看，多分布在中东部地区，特别是东部沿海的浙江、江苏、广东、山东等地，对促进当地经济发展、形成特色产业集聚起到较为明显的助推作用。但广大中西部地区特色产业小镇发展程度较为缓慢，数量及规模分布较为分散。

与此同时，部分地区的特色小镇地理区位选址不佳，离大城市距离较远，综合配套设施不完善，难以在区域内形成有机互动式发展，对疏解大城市过度集聚的产业与人口的效果甚微，难以吸引高端人才进行创新创业活动。

4.1.4.3 政府驱动投资为主，后继发展动力不足

目前地方政府在推进特色产业小镇建设过程中，盲目建设的冲动还在，往往处于政绩的考虑，利用政府资金进行前期大规模投资建设，但由于培育对象过多，往往推进特色产业小镇建设的效果不佳。

由于各地方政府利用市场化手段推进共同开发的基础条件、综合能力等有较大差距，有些地方尚不能有效导入社会资本共同进行特色小镇的基础设施建设以及高端产业培育，导致特色产业小镇发展动力后续无力。

4.1.5 国外特色产业小镇发展及运营模式借鉴

纵观国外特色产业小镇的发展历程，呈现出产业专业化与特色化明显、区域协同发展成效良好等特征，并可归纳总结为核心企业辐射发展模式、资源优势集聚发展模式、工业生态共生模式 3 种类型，为我国培育特色产业小镇提供了大量可供借鉴的经验。

4.1.5.1 核心企业辐射发展模式

核心企业辐射发展模式主要以单个行业龙头企业为核心引擎，并带动相关配套产业链在该特色产业小镇进行有效集聚。典型案例如德国沃尔夫斯堡汽车小镇等。

沃尔夫斯堡作为大众汽车总部所在地，占地约 6.5 平方公里，厂房覆盖范围广，目前已成为沃尔夫斯堡的地标。沃尔夫斯堡人口总量 12 万人左右，但创造的 GDP 却超越德国很多大型城市，如慕尼黑等，人均 GDP 位居德国城市前列。

早期沃尔夫斯堡是德国在 20 世纪规划建造的三座城市之一，最初建设城市的目的仅仅是为了给当时刚刚成立的大众汽车公司的员工提供住处。后来随着大众汽车公司的不断壮大，相关配套服务和产业也应运而生，目前沃尔夫斯堡已发展形成很成熟的商业工业一体化模式，提供了以汽车、技术、科技和革新等为主题的展厅和相关旅游景点，并带动了

其他旅游服务的兴盛。如很多人购买新车选择到沃尔夫斯堡汽车城提车，同时在园内参观游玩，也带动了小镇饮食、手工等产业的发展，真正使得沃尔夫斯堡成为宜居、宜业、宜游的智能化多元生态小镇。

4.1.5.2　资源优势集聚发展模式

资源优势集聚发展模式主要是依托当地所具备的各类资源禀赋条件，发展相关制造加工以及相关服务产业等。典型案例如法国格拉斯香水小镇等。

格拉斯是法国香水的第一产地，城镇人口不到4万人，但镇上却集聚了超过30家香水工厂。自18世纪以来格拉斯的香水制造业一直相当繁荣，风靡世界的香奈儿5号香水就诞生于此，它也为法国赢得了"香水之国"的美誉。法国格拉斯最初皮革业发展兴盛，后因该产业造成环境污染而逐渐开始发展养花产业对环境进行改善，并走上产业转型之路。格拉斯小镇所在地气候非常适合花卉种植，为制造香水提供了丰富的原材料，再加上法国浪漫人文因素的影响，小镇重点产业逐渐偏向花卉种植业及香水工业。

后来围绕香水产业小镇先后开发了国际香水博物馆、弗拉戈纳尔香水工厂、弗拉戈纳尔美术馆、普罗旺斯艺术历史博物馆等著名景点，并每年举行国际玫瑰博览会和"茉莉花节"，吸引了大批游客到来，旅游业又成了小镇的主导产业。格拉斯小镇历经了多次的产业转型，并最终走上了以绿色农业为基础，新型工业为主导，现代服务业为支撑的小镇经济发展模式。

4.1.5.3　工业生态共生模式

工业生态共生模式主要指特色产业小镇内部依托某一特色主导产业，打造循环经济体系模式，促进地区产业转型升级发展。典型案例如丹麦卡伦堡工业小镇等。

卡伦堡是位于丹麦首都哥本哈根以西约100公里的小镇，人口规模较小，目前居住人口仅为5万人左右。卡伦堡已形成成熟的工业生态共生体系，并将跨产业资源循环利用理念推广至世界各地，并成为目前很多国家发展循环经济的典范。

该特色产业小镇共有4家主要企业，发电厂、炼油厂、石膏材料公司，以及循环经济核心技术提供方——丹麦最大的生物工程公司挪伏·挪尔迪斯克公司，它除了进行正常的生产活动外，还为整个卡伦堡的循环经济服务。除了四家重点企业外，卡伦堡市政府也带头参与了共生体系的运行，与发电厂签订合作协议，利用发电厂出售的蒸汽为全市供暖，同时鼓励其他产业进入整个生态系统，寻求更高效的循环利用生产模式。在政府合理规划下，其他产业如水泥厂、硫酸厂、农场、渔场等都参与到了工业生态体系，废料利用企业之间距离不过百米，由专门的管道体系连接，形成了成熟的运营模式。

4.1.6　我国特色产业小镇的发展模式分析

整体来看，目前我国特色产业小镇的发展还处于起步期，虽然特色产业小镇的数量规模以及产业类别多样化有了一定发展基础，但离引领地区经济发展、培育新动能、促进产业转型升级的目标仍有一定差距，尤其是部分地区特色产业小镇还存在"以特色小镇之名、行房地产之实"，产业空心化等现象仍然存在。

未来在培育特色产业小镇时，需更加注重符合特色小镇自然禀赋、区位特征、地区经济发展综合要素等条件的高端主导产业，真正将其打造为区域发展的产业高地，并形成产业辐射带动作用，有效集聚高端创新型人才。

综合判断，特色产业小镇的发展需做到"三个结合"：首先是在产业类型上要做到高低结合，既要发展高精尖产业体系，又应充分利用"互联网+"手段对传统产业进行改造升级；其次是空间布局要做到新旧结合，既要在大城市周边积极开发新的特色产业小镇，又应注重旧城改造提升打造发展新空间；再者是开发模式须做到上下结合，一方面要注重政府自上而下引导式开发与产业培育，另一方面更应注重产业自下而上发展，尊重市场规律、发挥市场效能。

4.1.6.1 产业选择依据与标准

特色产业小镇的核心是特色产业，其产业定位应摒弃"大而全"的固有发展思路，力求"特而专"，避免同质竞争，实现错位发展，保持特色小镇的产业特性。因此，需要结合我国培育发展战略新兴产业的宏观背景，积极响应制造强国、网络强国的两大战略目标，充分对接"中国制造2025""互联网+"等国家层面产业发展行动计划，大力发展大数据和云计算、智能制造、生物医药等附加值高、科技含量高、产业辐射带动效应强的高精尖产业体系，以及创意设计、健康服务业等智力密集型产业，充分体现产业发展领军羊的示范带动作用。

（1）从资源本底优势出发，结合产业发展趋势，合理确定小镇高精尖产业体系。

产业是人口合理聚集、城镇健康发展的基础，合理确定特色产业是小镇发展的根基。应从小镇的自然资源、人口结构、区位条件、科技条件、产业基础等条件出发，并充分对接国内外产业发展最新技术趋势，因地制宜、合理确定小镇发展的主导产业，着重发展高精尖产业，打造一批智能机器人、通用航空等特色产业小镇。在充分培育高端产业的同时，还需注重产业链综合配套建设，以二产为基础，注重与一产、三产的融合发展，并着力培育龙头企业，发挥带动效应，引领地区经济发展。

（2）充分利用"互联网+"等信息化手段，改造提升传统产业并打造特色产业集群。

当前一些特色小镇由于历史发展路径依赖、自身产业技术水平有限等客观原因，在特色产业培育上仍以传统制造、一般加工业为主，如陶瓷小镇、纺织小镇等，可充分利用"互联网+"等现代化信息技术手段，对传统产业进行改造升级，注重个性化定制等产业链高端环节的培育，并由传统制造为主向前端研发设计、后端服务升值等全产业链延伸，真正提升传统产业的技术含量与价值等级。

4.1.6.2 空间布局原则与标准

特色产业小镇的空间布局合理性也是决定其是否能成功发展壮大的关键。如果远离大城市，特色产业小镇将受空间距离约束，无法实现对接大城市过剩产业与人口的溢出；如果紧邻大城市，又难免被大城市吞并形成城市蔓延式发展，难以形成自身独特产业体系。因此，合理确定特色产业小镇空间布局，对促进特色产业小镇健康有序发展至关重要。

（1）合理在大城市周边布局特色小镇，并促进其产城融合共建。

产城融合发展符合城镇化发展的客观规律、有助于特色产业小镇扎牢发展根基。"有产必有城，有产则城立、则城兴，有城无产则城衰、则城空"，因此要把产城融合共建摆在特色小镇建设的重要位置。而合理的空间位置布局则是促进特色产业小镇产城融合发展的根本，空间位置距离大城市较远，不利于承接产业发展要素空间溢出，难以形成特色小镇产业发展的根基；距离大城市空间位置较近，有被大城市空间蔓延发展所吞并的风险，难以保持特色产业小镇的独立完整性。因此，需要在大城市周边合理确定特色产业小镇空间布局,既要与大城市保持适宜距离,又要有综合便捷的立体交通体系进行相连,并树立"以产立城、以产兴城、以产聚人"的发展思路,实现产、城、人的融合发展。

(2) 注重大城市内部原有空间改造升级,挖掘特色产业小镇发展新空间。

当前,我国部分大城市在经历快速发展过程后,城市内部空间日益拥挤、产业形态逐渐凸显落后态势,因此也正面临升级优化、改造提升等一系列城市更新的现实问题。例如北京主城区内很多原有工厂大院、仓储空间等,原有功能及产业形态已远远不符合城市功能定位,且不能满足城市发展现实需求,有必要对此类旧空间进行功能升级改造。因此,可借助特色产业小镇的发展契机,对原有城市内部空间(原则上面积大于1平方公里)进行产业业态重构与高端产业导入,并结合景观改造、建筑风格提升等工作,打造特色产业发展空间。

4.1.6.3 综合开发模式选择与建设标准

特色产业小镇作为产业、人口、城镇发展的新兴载体,必须不同于传统产业园区、经济开发区等固有发展模式,在顶层设计、经营体系等方面灵活创新,充分利用"政府引导、市场主导"相结合的方式,快速有效推进特色产业小镇的规划、建设和运营。

首先,要重视政府顶层设计,提倡小镇多元化发展。特色产业小镇规划不同于单纯的产业园区规划,更多要与当地城镇居民的生产生活相联系,因此政府需结合本地发展需求、产业基础和人口规模布局等因素,提出相应的特色小镇规划策略,避免"照本宣科"、贸然模仿其他省份的建设情况,从而造成"千镇一面"现象。同时还要考虑生态保护因素,以及当地的土地、自然资源等相关限制条件,划清发展红线,做好特色小镇建设负面清单。

其次,要给入驻小镇企业充分的经营主动权。特色小镇虽然是政府主导项目,但是对于一个小镇的长期发展来说,吸引有能力的企业和项目入驻,更能够发挥小镇资源和人口优势,谋求长远竞争力。因此,政府适度放权,在保障监管能力的条件下,更大程度将发展空间留给企业,给企业投资和项目选择更多优惠,将小镇运营主动权交给企业,才能激发企业的创新创业热情。

最后,是要重视小镇体制机制创新。按照建设"服务型、责任型、效率型"小镇政府的要求,在现有管理体制下,结合特色小镇产业发展和企业对人才、技术等方面的需求,设立专门工作小组,积极探索"扁平化管理、企业化服务"的管理运营模式,围绕重点产业发展实际需要设立相应服务机构,可从现有专业部门选派人员,针对重点行业招商引资开展创新型工作。

4.1.7 我国特色产业小镇的运营模式分析

4.1.7.1 推行政府引导+PPP综合运作模式

应突出政府在构建特色产业小镇中的引导作用,提升政府资金的运用效率,打破传统的财政支撑为主的投资运营模式,构建以项目为核心,特色产业小镇投融资平台为支撑的特色产业小镇建设PPP综合运作模式,充分发挥市场优势,带动民间资本活力。可根据特色产业小镇建设需求成立主管项目公司,由项目公司负责对项目进行融资,政府对公司实施一对一监管,保障公司运营合法合规。项目融资可采取政府背书信用,包括基金资金、开发性银行政策资金、PPP开发资金、商业银行信贷资金、ABS资产证券化、政府贴息、贷款资金等多元化形式。对于小镇建设中的基础设施投资方面，初期主要由政府投资，社会资本参与风险管控。后期建设成熟后，由社会资本接手运营，负责特色产业小镇公共服务设施和商业设施的日常经营管理，并按照规定取得相关收入，实现盈利。

4.1.7.2　高端产业扶持政策体系构建

在建设引导方面，可通过全国财政资金中划拨相关特色产业小镇建设资金，由省、市等各级领导部门统一下发，对资金的使用实施层级监管，层层上报，针对不同小镇制定差异化的扶持政策和绩效考核评价体系。投融资方面，应最大化发挥银行、证券保险等金融机构作用，通过债券、PPP等模式拓宽小镇融资渠道。产业培育方面，突出特色产业小镇有效投资体系建设，根据不同地区的发展情况和发展特色，综合考评特色产业小镇发展方向，平衡产业、金融、旅游、休闲和其他综合性功能建设，构建优势互补的产业体系，避免"千镇一面"现象发生。此外，针对不同地区的实际建设需求，可适当出台相应的配套行政管理、审批管理等政策。

4.1.7.3　人口与土地政策等综合配套

应实施特色产业小镇人口管理市民化战略，结合城镇化建设，推动特色产业小镇社保制度改革，提升特色产业小镇公共基础设施和公共服务水平，适度放开除个别大城市外的城镇落户限制。积极实施招商和人才引进计划，通过在各大城市开展项目宣传、建设规划介绍会等形式提升特色产业小镇项目和人才吸引能力，通过与大企业、潜力企业合作带动小镇创新发展，通过搭建与本地区和周边地区院校人才合作战略吸纳相关产业人才。保障特色产业小镇建设新增用地指标，根据各地区不同土地分布规律和用量情况，通过盘活存量土地和利用低丘缓坡资源等形式，调整完善、优化保障特色产业小镇用地，严格监管土地使用情况。

4.2　京津冀协同发展背景下城际产业联动困境与优化路径

4.2.1　以产业联动促进京津冀协同发展的成功经验

近几年来，三地政府针对区域产业发展面临的不平衡、不充分、不协调的主要矛盾，从共享产业要素禀赋、重构产业结构位序、创新产业合作机制等方面着手，以产业协同有效促进京津冀协同发展。例如，河北省与京津两地共建科技产业园区55个、产业技术联盟65家、各类众创空间200余家，引进京津高新技术企业1300家，培育并促进科技型中小企业裂变式增长，双创活跃度不断提升。三地在产业协同实践中探索出一系列卓有成效的方法手段。

4.2.1.1　顺应产业发展规律，实现转移中转型

通过主动顺应产业发展规律，京津冀产业协同在引导产业"空间搬迁"的同时，注重促进产业转型升级与价值链提升。受生产要素价格与产业链配套影响，北京、天津的一般性产业存在疏解搬迁的客观必要，河北也存在产业承接的主观需求。三地抓住产业协同发展机遇，并未将产业疏解简单理解为企业空间位置迁移，而是在转移过程中通过技术指导与资金扶持等手段，实现企业原有技术与价值链提升，进而以产业升级促进环境治理。

如北京第一家实现整体搬迁的企业——凌云化工公司，在上游原材料供应商（首钢集

团）搬迁后，维持稳定生产日益困难，且原有技术已不能满足日趋严格的环保要求。由北京丰台搬迁至河北邯郸后，该公司采用新设备、新技术，不仅没有污染输出，更充分利用当地铸管工业园的废气、废水、废渣、废料等工业排放物，打通"四个闭路循环"融合，不仅实现自身优化升级与上下游联动发展，而且带动了当地循环经济发展与产业升级。

4.2.1.2　强化创新资源配给，实现创新中创业

通过强化创新资源配给，京津冀产业协同有效地促进科技成果异地转化加速提升，增强三地创新创业活力。北京科技资源优越、创新技术原始积累丰富，孵化企业成功率高，近几年涌现出基于信息技术和知识经济的独角兽企业。但以往受困于体制机制及空间束缚，北京科创资源对外辐射带动效果弱，未能有效带动天津、河北创新发展。京津冀产业协同推进中，北京以科技资源转移有效促进三地产业能级提升，与天津、河北积极探索促进创新资源流通的体制机制创新点，不仅发挥北京创新资源的溢出带动作用，更利用创新带动创业，激发市场活力。

从创业载体来看，三地通过成功复制推广现有创新平台来推进创新创业活动。以中关村为例，在突破原有"一区十六园"空间载体约束下，中关村体系相关创新载体在京津冀范围内共同孵化企业数量增长较快：截至 2016 年年底，中关村企业在天津、河北设立分支机构达 8 万多家，技术合同输出 3012 项，均取得显著进步。例如保定中关村创新中心运营 2 年已吸引 97 家企业与机构入驻，累计研发投入 4000 万元，申请知识产权 200 余件。诸如神州数码、桑德环境、碧水源等一批信息技术与环保科技型企业在河北等地发展壮大，有效带动了当地创新创业。

4.2.1.3　优化三地合作机制，实现协同中协作

通过优化三地分工机制及构建合作载体，京津冀产业协同有力促进三地产业链"分工协作"，产业配套紧密度"协同提升"。以往由于京津冀三地产业层次梯度差较大导致全产业链分工协同较少。突出表现为北京产业层级相关较高，与津冀两地在生产子系统、供应子系统、需求子系统等多层面存在产业链断环与孤环现象。例如，北京一些企业的相关配套环节难以在河北地区寻找到合适供应商，不得不跨区域在长三角、珠三角等地寻求合作。京津冀协同发展战略实施以来，三地通过加快协作载体及协作平台建设推进产业错位发展，实现产业链不同环节的大中小微企业的协同合作，初步构建了良好的产业生态环境体系。

三地通过大力推进共建园区等协作载体建设实现产业联动发展。通过中关村保定创新中心、中关村（曹妃甸）高新技术成果转化基地、张北大数据产业园等重点共建园区建设，以外部导入大企业为龙头，有效带动当地相关民营经济及中小企业发展，使其积极广泛地参与到京津冀产业链分工协作体系。如张北大数据产业园，通过引入众多北京总部企业大数据中心，带动了阿里巴巴、赛尔网络等数据企业集聚，并在当地逐渐培育了一批云服务企业及相关电信、电力服务企业。在共建园区推进过程中，部分园区突破创新，实行"442"分税机制以促进产业转移方与接受方的利益共享。

4.2.2　掣肘京津冀城际产业联动与高质量协同发展的主要挑战

党的十九大提出我国已进入高质量发展阶段，需建立更加有效的区域协调发展新机制，着力加快建设实体经济、科技创新、现代金融、人力资源协同发展的产业体系，健全

财政、货币、产业、区域等经济政策协调机制。推进京津冀高质量协同发展，实现"高品质"产业协同是关键，实现创新要素流转畅通、产业生态配套连通、政策体系衔接贯通是保障。但通过实地调研发现，三地目前在推进"高品质"产业协同方面仍面临以下挑战。

4.2.2.1 人才、资本等高端创新要素流转共享不畅

近年来随着产业协同发展进程不断推进，已有不少源于北京的人才与企业落户天津、河北，初步搭建了以中关村体系及三地共建产业园区为基础的产业创新平台。但整体而言，北京外迁多为一般性制造业企业，而流转至河北、天津的高端创新资源相对较少，这不仅对产业承接地发展带动有限，也未能充分挖掘释放其最大发展潜力。这主要表现为以下方面：

（1）配套环境及发展效能差距较大导致高端产业人才集聚于北京的扎堆态势仍未改变。

目前虽然众多北京企业在天津、河北开设分支机构，但由于核心研发人员及管理层不愿随之搬迁，相关企业在天津、河北发展规模及创新能力严重受限，多为业务代理或加工基地，甚至还面临随迁人才大量流失所导致的"搬迁即倒闭"风险。特别是对于市场开拓扩张型的转移产业来讲，能否吸引到高端人才是最为关键因素。

究其原因，一方面是由于北京对高端人才的吸聚磁力极强，高端人才由于公共配套服务、事业发展前景等因素不愿离开北京；另一方面也是由于天津、河北等承接地对高端人才的吸引力较弱，与北京相比，天津、河北两地的公共配套服务能力相对较差，尤其是河北等地创新创业环境氛围尚不成熟、政府服务效率有待进一步提升。此外也受制于产业承接地一些固有政策束缚和准入门槛，如调研发现天津对人才落户的社保档案、服务期限等方面设定过高约束条件，原先规定35岁以上人员拥有硕士以上学历方可落户（现已取消此限制），限制了部分企业家落户扎根发展；又如河北设置了北京迁入高新技术企业人员转档方能享受当地人才奖励政策等前置条件。

（2）创新集聚的"马太效应"导致产业资本高度集中北京的金融格局仍未改观。

北京集聚了全国数量最多的天使投资、风险投资、私募股权等产业资本机构，2016年数量已达到2000余家，稳居全国第一。此外依托中关村国家自主创新示范区等高科技产业园区，成立了数量众多的产业基金与产业联盟，加之数量众多的银行、证券等金融机构，丰富的资本储备、便捷的融资环境条件为高科技产业发展提供了肥沃的土壤，已形成产业资本与技术创新相互促进的正循环，北京作为全国创新中心也呈现出显著的强者愈强式"马太效应"。

与北京相比，津冀两地尤其是河北的产业金融机构相关较少，导致其中小企业发展普遍面临严重缺少产业资本支撑的困境，特别是对"创新中创业"的支撑较弱。而集聚北京的大量金融机构溢出带动效应发挥不佳，一方面是银行等机构由于异地授信或抵押物评估等政策约束很难跨区域服务；另一方面则是风险投资、产业基金等机构主动走出去服务京津冀产业协同发展的意愿不强。尤其是河北一些初创型科技类企业，往往很难获取初期发展亟需的融资渠道与资金支持，又缺少本地金融机构或产业基金的有效扶持，导致产业规模与技术能力很难做大做强，无法步入科技与资本快速融合发展的良性循环路径。

4.2.2.2 产业链匹配保障等分工协同环境共创不力

目前三地产业结构等级不匹配、产业业态模式差距较大，区域性产业链匹配保障体系

仍不完善，北京一些产业在天津、河北难以寻找到合适配套产业，产业梯度差依旧存在，产业转移存在空间跳跃风险。同时，在区域环保压力增大等因素影响下，河北一些基本配套性产业面临去产能与环保双重压力，发展举步维艰，这将影响北京相关产业转移落地与迅速壮大，加剧区域发展的不平衡态势。这主要表现为以下方面：

（1）基础与高端环节的错配将导致产业挤出风险。

从发展阶段来看，北京已迈入后工业化时代，而天津正处于向后工业阶段演进过程，但河北整体还处在工业化中后期阶段。京津产业发展门槛不断抬高，三地产业协作配套根基并不牢固。同时，随着京津冀环保标准要求不断提升，一些产业向长三角、珠三角乃至中西部地区的跨区域、大尺度空间转移现象加剧，这可能会对京津冀产业链条完备性造成影响。根据产业发展规律，高端产业仍需要产业链上下游的协同配套，基础产品与相关服务对促进高端制造研发生产至关重要，如基础零部件的快速响应对高端产品的研发中起着重要支撑作用。如果出现一般性制造业的大规模流失，必将对京津冀产业协同创新发展造成影响，特别是对产业配套完善型的产业转型行为将冲击较大。

（2）产业链配套的传导效应将导致产业停摆风险。

如果出现大量一般性产业的跨区域转移，或者环保风暴下的限产、停产等现象日益频繁，产业链条的传导效应将对京津冀产业发展的稳定性造成影响。当前在环保检查具体执行过程中对不同产业、不同技术环节的环保标准把握不准，难免对产业协作造成"误伤"。某些产业链关键环节的缺少将对产业运行造成打击：如调研得知，北京四方继保自动化公司保定分公司所生产的高端电机自动化设备，由于设备外壳生产企业的喷涂技术与标准问题，常陷入无法按时组装交货的困境。另外，民生保障与产业发展在要素供给方面往往存在一定争夺现象：由于要优先保障民生，原本供应高端产业发展的配套资源往往"被转移"，如供暖季居民供暖与工业生产对热蒸汽的"抢食"，也将造成产业停摆。

（3）产业要素价格快速波动将导致成本急升风险。

受配套产业转移及限产、停产等影响，产业运行综合成本的快速攀升有可能对京津冀产业升级有序性造成影响。目前各地在疏解产业与环境整治过程中，还存在对餐饮等一般性服务业的盲目关停，这将造成居民生活成本与劳动报酬双上涨。同时，为尽早实现去产能目标，各地也存在对钢铁、化工等基础性产业的过分拉闸限电，可能影响原材料生产能力并导致原材料价格急剧攀升，这些都将导致产业发展成本走高，进而一定程度掣肘正常的产业协同与转型升级，尤其对要素成本驱动型的产业转移影响较大，可能迫使企业在京津冀区域范围外寻找"成本洼地"。

4.2.2.3 产业协同创新的政策框架体系共建不全

目前三地产业协同受制于上位政策约束或对接机制不完善，仍存在不协调、不灵活、缺乏弹性等问题，导致三地产业政策无法合力施展，如异地授信贷款、相关产业资质互认等实质性政策无法落地实施，这势必造成区域产业协同发展的不协调。主要表现为以下方面：

（1）三地产业协同仍受特定国家层面政策体系约束制约。

目前三地实施产业转移协作时，仍面临一些国家层面的体制机制束缚，相关政策门槛制约或延缓了产业落地步伐与协同创新进程，如在特定生产领域的资质与技术标准认证目前在三地无法通用。调研发现，由北京迁往河北曹妃甸的特种车辆生产企业，由于需要重新向国家主管部门申请相关资质，导致生产进程及设计产能严重受挫。

(2) 三地产业协同仍缺少省际产业政策对接的灵活机制。

目前在一些可由地方政府主导的产业扶持政策层面，三地在认定标准、程序等方面仍固守原有工作流程，一定程度上制约了产业协同发展进程。如对由北京迁出的国家高新技术企业，在天津或河北仍需当地主管部门进行新一轮的资质认证，方可享受相关国家政策，这不仅无法为企业运营进行实质性减负，还将在市场影响力、品牌认知度等方面对企业造成一系列潜在负面影响。

(3) 三地在产业空间布局引导政策方面仍缺乏统一部署。

在京津冀产业协同推进过程中，由于缺少明确的顶层产业空间布局规划与实质性引导，目前天津、河北等地仍存在过度招商、盲目招商等恶性竞争现象，无法有效形成产业的错位协同发展，导致部分已确定的协作示范区发展效果不佳。如河北唐山市曹妃甸区在钢铁、化工、一般制造业等产业方面基础雄厚，又作为京冀两地政府确定的协作示范区，本应成为承接对应产业转移协作的主战场，但在实际产业转移过程中，仍面临着其他区县的激烈竞争，导致产业雷同发展、空间分布失序现象仍然存在。

4.2.3 以高品质城际产业联动推进区域协同高质量发展

为深入推进京津冀协同发展，须顺应时代号召，深入贯彻习近平新时代特色社会主义思想，坚持高质量发展的新理念，从高效率政策体系、高品质创新环境、高标准要素供给等方面着手，以产业高品质协同全面推进京津冀协同向纵深发展。

4.2.3.1 从中央、地方、主管部门等多维度构建高效率产业协同政策体系

一是，三地应共同发力，在国家产业管控政策方面进行先行先试，在重点领域寻求率先突破。三地应立足产业协同发展的实际需求，就产业政策向国家主管部门申请先行先试，深化改革探索，创新出台一批有效促进产业转移升级的管理办法，加速产业协同步伐。如对一些特种产品的生产领域，对于由北京全面转移至津冀两地的生产环节，大幅简化项目投资落地的行政审批流程，在产业资质申请方面由审批制改为备案制，并贯彻执行国务院机构改革方案，整合优化三地产业主管部门职能，减轻企业负担并助推产业转移升级。

二是，三地对重点产业的扶持政策应保持统一适用。加强三地产业主管部门的沟通协作，对于在京津冀三地之间设立分支机构的企业，在不改变经营范围、产品类型的前提下，实现对相关企业资质的审核免除。比如对高新技术企业的资质认证、科研中心研发投入的认定进行三地互认，以及对转移类制造业企业实现税收减免返还政策的对接连贯实施。

三是，增强三地对产业链不同环节的协同管理，提升全产业链的技术与环保水平，确保产业链条的完备性，增强对高端产业发展的配套能力。实现对产业协同的精准管理，促进三地组织协调的通力合作与技术标准的因业施策。产业主管部门应与环保部门通力合作，利用产业升级促进环保提升，利用合理环保标准加速产业升级，确保产业协同发展的稳定有序。应对不同产业环节、产业类型的环保标准进行精准把控，并对符合产业发展规律的技术改造升级给予扶持，为各产业链升级改造制定详尽路线图与时间表，为一般性产业升级预留一定过渡期，防止个别产业环节缺少而造成产业停摆。

4.2.3.2 以人才、科技金融为抓手优化高品质产业协同创新环境

一是以人为本,着力引导高端创新创业人才向天津、河北集聚。创新人才流通与管理办法,树立"不求留得住,但求用得上"的新理念,探索人才中长期合作机制,通过"传、帮、带"方式提升津冀两地人才队伍整体素质。一方面,引导北京出台更多鼓励科研人员、管理人员等创新型人才赴津冀两地创新创业的扶持政策,如对赴津冀创新创业人员保留原单位工作关系并给予一定创业基金扶持;另一方面,津冀两地在补齐教育医疗等基本公共服务短板的同时,更应充分营造有利于高端人才创新创业的环境,构建高效型综合服务体系,如更大程度贯彻高技术人才个人所得税返还等优惠政策,并加快各级政府"放管服"改革。

二是以科技金融为加速器,通过产业资本的盘活与整合,助推津冀两地中小微科创型企业蓬勃发展。一方面,三地政府应积极搭建产融对接交流平台,如定期组织津冀科创型中小微企业两地赴京进行路演等融资活动,并鼓励北京金融机构在津冀设立分支机构加强对接服务,通过引导北京丰富的金融资本充分与津冀两地广阔的产业发展需求对接,促进科技与金融深度结合,助力创新创业;另一方面,鼓励三地政府成立产业投资基金池,构建引导基金、母基金、子基金等多层科技金融体系,通过创新融资途径、设立专项产业贷款、扩大直接融资渠道等多种方式,助推津冀两地产业转型升级并做优做强。

4.2.3.3 以重点要素支撑、空间布局优化保障高标准产业协同要素供给

一是对加强关键产业要素资源的重点保障,实现三地产业协同发展的稳定性、产业升级的有序性。具体可从要素保障上实现对产业协同的重点支撑,主要实现生产价格波动的可控与产业转型升级的有序。对涉及民生保障需求与产业稳定运行的重要基础性产业,如供热、供电、供气等环节,三地应联合制定重点保障措施,灵活运用财政、税收等政策引导基础性产业加快升级改造,使之尽快达到环保标准,实现生产的连续性、价格的稳定性,为产业协同发展提供良好经济运行基础。

二是三地应对产业空间布局及主导产业定位开展顶层设计。主要应围绕北京作为科创中心、天津作为先进制造研发基地、河北作为高端产业转化地的宏观产业定位格局,从产业链分工协作上进行合理配置并强化规划全过程评估,以实现对产业协同的实质性引导。从区域空间优化重构角度出发,以河北雄安新区、北京通州副中心、天津滨海新区等重要新区建设为主,遵循各自国家战略定位并配套优先扶持政策,加强相关创新要素与重大产业项目向上述地区的重点引导,打造高端高新产业集聚地,形成区域性核心增长极。进而在其周围布局一批津冀产业合作园,为相关配套产业预留宽裕发展空间,在产业类型、空间布局上形成链条式、网络化合作机制,切实增强区域产业发展的协调性与空间有序性。

4.3 雄安新区产业发展困境与优化路径研究

雄安新区作为党中央和国务院确定的首都功能拓展区与国家级新区,将对优化京津冀城市空间结构及产业布局体系产生深远影响。但目前北京城市增长与产业发展已形成单极化"强磁力效应",路径依赖下的集聚固化特征愈发显著,对雄安新区发展带来严峻排他风险。赛迪智库工业经济研究所认为,亟需快速、有效形成雄安新区产业发展的凝聚力、

驱动力和持续力，构建"集聚性、共生性、永续性"的创新产业体系，从"集聚机制、协调机制、动力机制"角度破题，探索创新产业发展的有效抓手，形成"反磁效应"以有力支撑雄安新区"千年大计"战略构想快速推进。

4.3.1 雄安新区发展将面临北京单极化"强磁力效应"下的排他风险

北京的城市增长与产业发展已步入"磁力效应愈强、辐射效应愈弱"的固化阶段，雄安新区在建设初期必然面临北京单极化"强磁力效应"的排他性影响，并对雄安新区快速、可持续发展带来聚效弱化、空间割裂、产业断裂等潜在风险。

（1）风险1：雄安新区发展面临北京"强磁力效应"带来的聚效弱化风险。

目前人才、技术、资金等各类创新发展要素在北京的过度集聚已产生路径依赖，"强磁力效应"愈发明显，这对雄安新区实施创新驱动、发展高端高新产业构成要素集聚瓶颈。数据表明，北京高校及科研机构数量稳居全国第一；2016年北京市新增双创类企业占全国20%、中关村企业总收入占全国高新区1/7；北京各类创投及私募基金达3942家，管理资金超1.6万亿。受经济依附效应影响，各类创新要素及产业发展在北京集聚步伐不断加快，"马太效应"持续增强，这不仅将导致北京"大城市病"愈发顽疾，也将弱化雄安新区的发展集聚效能。

（2）风险2：雄安新区发展面临北京"强磁力效应"带来的空间割裂风险。

北京产业发展及创新要素集聚"单极化"集聚态势明显，"强磁力效应"形成了对津冀地区发展的空间挤压与割裂，如与北京接壤150公里内分布着25个贫困县，已形成"环首都贫困带"；与此同时，北京优越的教育、医疗、快速轨道交通等公共服务设施并未向周边地区有效辐射，造成地区发展差距加大、空间紧密度减弱。雄安新区短期内若不能建立与北京全方位产业、交通及公共服务体系的紧密关联性，亦面临着与北京发展的空间割裂风险，且难以形成对周边发展腹地的有效带动。

（3）风险3：雄安新区发展面临北京"强磁力效应"带来的产业断裂风险。

当下，北京以新一代信息技术、金融商贸、高端服务咨询、文化创意等为主的产业体系对河北、天津的辐射带动效果甚微，难以建立强有力经济联系与产业互动；而雄安新区辖内三个县区目前产业发展面临层次低、规模小、创新弱等现实问题，未来在培育高端高新产业发展时如不能有效形成对北京的"反磁效应"，又将陷入北京"排他性"发展的恶性循环体系，难以形成产业创新永续发展的动力源泉。

4.3.2 雄安新区需培育"集聚性、共生性、永续性"创新产业体系以形成"反磁效应"

为有效促进雄安新区快速、可持续发展，需从注入创新发展动力源的角度着手，构建"集聚性、共生性、永续性"创新产业体系以形成"反磁效应"，与北京中心城区错位发展，和北京城市副中心一同形成北京新两翼，并带动周边河北地区发展。

（1）雄安新区需快速汇聚智力型创新要素以形成产业发展的集聚性。目前雄安新区辖区内仍以农业及小商品加工为主，属于产业发展的"处女地"，面临着短期内寻找创新驱动发展动力源的紧迫任务。为促进其创新型产业体系迅速做大做强，需注重高端产业的吸纳移植，创新工作方法，着力打造高端智力型创新要素集聚平台，以实现产业集聚发展效应，探索人口经济密集地区优化开发新模式。

（2）雄安新区需构建京津冀产业协同发展体系以实现共生性。在构建高端高新产业体系时，雄安新区需着重选取产业链条长、附加值高、溢出效果显著的特定创新型产业，既实现自身产业高端化与集聚化，又能带动配套产业在河北、天津等地区快速发展，有效发挥京津冀三地资源禀赋及比较优势，实现与北京、天津的错位发展，真正起到促进区域协同效果。同时，应加强雄安新区与周边地区的交通互联互通与公共服务均等化，提升对周边腹地发展的有效辐射。

（3）雄安新区需构建高端高新产业发展长效机制以实现创新驱动的永续性。作为继深圳特区、浦东新区之后的又一具有全国意义的新区，雄安新区还担负着探索创新驱动发展模式、培育经济新动能的艰巨任务。这需要突破现有体制机制束缚，在创新要素流通、政府与市场关系协调等关键领域大胆改革创新，建立促进创新型产业发展的长效机制，逐步发展成为京津冀区域空间乃至全国范围内新的增长极。

4.3.3 雄安新区培育创新型产业发展体系的主要抓手

从现实发展与未来远景构建的综合角度出发，雄安新区培育创新型产业发展体系，既需要形成对北京"存量"资源的有效吸纳，更需注重对未来创新型产业发展的"增量"培育。

（1）引育结合，形成创新要素向雄安新区汇合的集聚机制。

一方面，充分发挥中央的统筹协调能力，利用行政、经济等综合手段，对北京过度集聚的"存量"产业创新要素向雄安新区进行合理引导。尤其是注重对总部基地、科研院所高校等非首都核心功能的导入，可通过设立分支机构、合作共建等形式加强交流，并通过提高待遇、级别和福利等手段引导其向雄安新区加速集聚；另一方面，高标准、高起点制定雄安新区产业发展规划，结合经济新动能培育的要求，在创新经济、数字经济等领域进行重点引导。设立产业发展的高技术、高效益与绿色门槛，制定详尽产业负面清单，杜绝低端落后产业发展，并遏制房地产投机行为以避免对高端产业发展的挤出效应。

（2）多管齐下，构建雄安新区与周边地区协调发展的共生机制。

首先，合理确定雄安新区与京津及河北其他区域的功能定位，突出雄安新区的改革创新试验基地功能、北京的首都服务功能、天津的高端制造与对外贸易功能、河北的广阔经济发展腹地功能，着力延伸雄安新区创新型技术孵化与产业化培育链条，形成有效合力促进区域产业链协同发展；其次，建设雄安新区与北京、天津、河北其他地区的快速交通网络体系，增强互联互通，加速人员、信息、物资等流通；再者，探索实施雄安新区与北京的医疗保险一体化、户籍一体化、人才一体化、义务教育一体化等政策创新，破解制约创新发展要素在区域内有效流通的体制机制障碍。

（3）体制革新，形成雄安新区创新驱动发展的永续性动力机制。

雄安新区创新驱动发展更需有效培育、吸纳产业发展的"增量"。这要求推进创新要素体制机制改革，解决好政府引导与市场主导两者之间关系，有效激发市场活力。一方面，积极探索创新成果转化的市场化、商业化模式，借鉴中关村创新发展经验并做进一步大胆改革创新，理顺政府、科研机构、高等院校、企业、高端人才之间的利益关系，在股权分配、资金奖励等方面制定明确政策，激发企业与个人的创新活力，构建协同创新机制；另一方面，强化政府搭建公共平台的"服务＋激励"功能，指引和引导现有各类性质的公共平台从提供创新发展空间等基础服务向创新服务体系转变，为创新型企业提供法律顾问、管理咨询、产业技术合作、公共试验平台等综合配套服务，不断丰富服务类型与模式。

本章参考文献

[1] 张颢瀚，张超. 地理区位、城市功能、市场潜力与大都市圈的空间结构和成长动力[J]. 学术研究，2012，(11)：84-90.

[2] 孙铁山，王兰兰，李国平. 北京都市区人口——就业分布与空间结构演化[J]. 地理学报，2012，67(6)：829-840.

[3] 邓羽，司月芳. 北京市城区扩展的空间格局与影响因素[J]. 地理研究，2015，34(12)：2247-2256.

[4] 徐和平. 论郊区化与美国大都市区产业及空间结构的演变[J]. 中国名城，2013，(3)：47-51.

[5] 魏钊. 城市化进程中北京市卫星城发展战略研究[D]. 吉林大学，2009.

[6] 白旭飞，刘春成，侯汉坡. 大都市卫星城空间布局模式的启示[J]. 科技管理研究，2007，(10)：129-131.

[7] 冯云飞. 土地利用与产业结构协调发展研究[D]. 河北师范大学，2012.

[8] 殷广卫. 新经济地理学视角下的产业集聚机制研究[D]. 南开大学，2009.

[9] 李晓华，刘峰. 产业生态系统与战略性新兴产业发展[J]. 中国工业经济，2013，(3)：20-32.

[10] 邓羽，蔡建明，杨振山，王昊. 北京城区交通时间可达性测度及其空间特征分析[J]. 地理学报，2012，67(2)：169-178.

[11] 朱华友. 空间集聚与产业区位的形成——理论研究与应用分析[D]. 东北师范大学，2004.

[12] 张芸，梁进社，李育华. 产业集聚对大都市区空间结构演变的影响机制——以北京大都市区为例[J]. 地域研究与开发，2009，28(5)：6-11.

[13] 苏斯彬，张旭亮. 浙江特色小镇在新型城镇化中的实践模式探析[J]. 宏观经济管理，2016，(10)：73-75，80.

[14] 卫龙宝，史新杰. 浙江特色小镇建设的若干思考与建议[J]. 浙江社会科学，2016，(3)：28-32.

[15] 朱莹莹. 浙江省特色小镇建设的现状与对策研究——以嘉兴市为例[J]. 嘉兴学院学报，2016，28(2)：49-56.

[16] 邢黎闻. 云栖小镇不是镇而是一个产业平台[J]. 信息化建设，2016，(12)：48-49.

[17] 陈宇峰，黄冠. 以特色小镇布局供给侧结构性改革的浙江实践[J]. 中共浙江省委党校学报，2016，(5)：28-32.

[18] 于新东. 以产业链思维运作特色小镇[J]. 浙江经济，2015，(11)：17.

[19] 黄芳芳. 以PPP模式打造特色小镇[J]. 经济，2016，(35)：68-71.

[20] 曾江，慈锋. 新型城镇化背景下特色小镇建设[J]. 宏观经济管理，2016，(12)：51-56.

[21] 李琳. 特色小镇——小平台撬动大产业[J]. 广西城镇建设，2016，(10)：8-9.

[22] 孙奇，杨国胜. 特色小镇建设重在谋划特色产业[J]. 浙江经济，2015，(6)：33.

[23] 荣国平，张连荣. 特色小镇建设理论探索与实践——以羊平小镇为例[J]. 城市，2017，(1)：28-32.

[24] 陈建忠. 特色小镇建设：浙江经济转型升级模式的新探索[J]. 浙江经济，2016，(24)：6-8.

[25] 吴一洲，陈前虎，郑晓虹. 特色小镇发展水平指标体系与评估方法[J]. 规划师，2016，32(7)：123-127.

[26] 于新东. 特色小镇的产业选择机制[J]. 浙江经济, 2015, (21): 19.
[27] 盛世豪, 张伟明. 特色小镇: 一种产业空间组织形式[J]. 浙江社会科学, 2016, (3): 36-38.
[28] 路建楠. 上海推进特色小镇发展的政策思路及典型案例研究[J]. 科学发展, 2017, (1): 38-45.
[29] 于新东. 让特色小镇的定位与产业实现双赢[J]. 杭州科技, 2016, (2): 23-25.
[30] 宋为, 陈安华. 浅析浙江省特色小镇支撑体系[J]. 小城镇建设, 2016, (3): 38-41.
[31] 牛少凤. 培育特色小镇的"六化"路径[J]. 中国国情国力, 2016, (2): 15-16.
[32] 闵学勤. 精准治理视角下的特色小镇及其创建路径[J]. 同济大学学报(社会科学版), 2016, 27(5): 55-60.
[33] 聂正标, 宋家宁. 金融资本介入特色小镇运营路径分析[J]. 中国经贸导刊, 2016, (35): 3-4.
[34] 徐黎源, 颜传津. 嘉兴市培育特色小镇路径研究[J]. 价值工程, 2016, 35(4): 183-184.
[35] 潘毅刚. 从理念创新到实践创新——浙江特色小镇的成效和方向选择[J]. 浙江经济, 2016, (24): 23-25.
[36] 周鲁耀, 周功满. 从开发区到特色小镇: 区域开发模式的新变化[J]. 城市发展研究, 2017, 24(1): 51-55.
[37] 卓勇良. 创新政府公共政策供给的重大举措——基于特色小镇规划建设的理论分析[J]. 浙江社会科学, 2016, (3): 32-36.
[38] 赵国强. 传统产业转型视域下打造特色小镇的探索——以诸暨市推进大唐镇创建袜艺小镇为例[J]. 江南论坛, 2016, (10): 18-20.
[39] 许益波, 汪斌, 杨琴. 产业转型升级视角下特色小镇培育与建设研究——以浙江上虞e游小镇为例[J]. 经济师, 2016, (8): 90-92.
[40] 汪千郡. 产城融合视角下特色小镇规划策略探讨——以青神苏镇为例[J]. 住宅与房地产, 2016, (27): 41-43.
[41] 张颢瀚. 地理区位、城市功能、市场潜力与大都市圈的空间结构和成长动力[J]. 学术研究, 2012, (11): 84-90.
[42] 孙铁山, 王兰兰, 李国平. 北京都市区人口——就业分布与空间结构演化[J]. 地理学报, 2012, 67(6): 829-840.
[43] 赵建吉, 茹乐峰, 段小微, 苗长虹. 产业转移的经济地理学研究进展与展望[J]. 经济地理, 2014, 34(1): 1-6.
[44] 樊杰, 蒋子龙, 陈东. 空间布局协同规划的科学基础与实践策略[J]. 城市规划, 2014, 38(1): 16-25, 40.
[45] 杨开忠. 京津冀大战略与首都未来构想——调整疏解北京城市功能的几个基本问题[J]. 人民论坛·学术前沿, 2015, (2): 72-83, 95.
[46] 魏后凯, 吴晓霞. "十二五"时期中国区域政策的基本框架[J]. 经济与管理研究, 2010, (12): 30-48.
[47] 樊杰, 郭锐. 面向"十三五"创新区域治理体系的若干重点问题[J]. 经济地理, 2015, 35(1): 1-6.
[48] 王业强, 魏后凯. "十三五"时期国家区域发展战略调整与应对[J]. 中国软科学, 2015, (5): 83-91.

第 5 章　基于生态—生产—生活要素集聚的中小城镇发展模式

内容提要：

中小城镇的发展条件、发展环境、发展阶段和发展需求存在较大差异，因此中小城镇的发展也具有多种模式，同时中小城镇的模式划分也存在不同的视角和类型。本章在综述"三生空间"理念在国家、区域和城市不同空间尺度发展应用的基础上，提出将"三生空间"理念扩展应用到中小城镇模式研究的设想。以生态—生产—生活要素集聚作为划分中小城镇模式的依据，提出中小城镇发展的模式链—模式集—模式库构建框架，构建了12种模式集，以及32个中小城镇具体发展模式，包括：农业劳动力集聚模式、工业劳动力集聚模式和服务业劳动力集聚模式；农业用地集聚模式、工业用地集聚模式和服务业用地集聚模式；国外资本集聚模式、国内资本集聚模式和地方资本集聚模式；信息设施集聚模式和信息产业集聚模式；高技术产业集聚模式和技术成果集聚模式；知识要素集聚模式和知识产业集聚模式；矿产资源集聚模式、旅游资源集聚模式和文化资源集聚模式；国内市场集聚模式和国外市场集聚模式；第一产业集聚模式、第二产业集聚模式和第三产业集聚模式；国家政策集聚模式和省级政策集聚模式；森林集聚模式、草原集聚模式、沙漠绿洲集聚模式和湖泊集聚模式；康养集聚模式、餐饮集聚模式和娱乐集聚模式。本章还通过建立中小城镇模式指数及模式识别方法，研发了基于生态—生产—生活要素集聚的中小城镇发展模式识别系统，实现了中小城镇发展模式的定量判定，可为中小城镇的发展提供策略建议和决策支持。

5.1　中小城镇发展模式框架

中小城镇发展模式可以从不同视角划分多种类型。从"三生空间"的视角看，中小城镇所具有的生态、生产和生活功能在中小城镇的发展过程中所起到的作用并不相同，三种功能的重要性程度和相互作用方式也不同。因此，借助"三生空间"的理念来认知中小城镇的发展模式，可以将中小城镇划分成多种发展模式。"三生空间"作为一种新的空间发展理念，不仅对国家、区域和城市等较大尺度空间的发展起到了指导作用，也将在中小城镇的发展中起到独特作用，指导中小城镇健康可持续发展。

5.1.1　不同视角下的中小城镇发展模式回顾

5.1.1.1　基于经济发展模式的中小城镇发展模式

经济发展模式是指在一定地区、一定历史条件下形成的独具特色的经济发展道路，主要包括所有制形式、产业结构和经济发展思路、分配方式等。基于经济发展模式的理论内涵，中小城镇可以分为苏南模式、温州模式和珠江三角洲模式等。

（1）苏南模式

苏南模式通常是指苏南的苏州、无锡和常州地区通过发展乡镇企业实现非农化发展的方式，由费孝通先生在 1983 年所写的专著《小城镇再探索》中提出。其主要特征为：①农民依靠自己的力量发展乡镇企业；②乡镇企业的所有制结构以集体经济为主；③乡镇政府主导乡镇企业的发展；④市场调节为主要手段。苏南模式在一次次的转型和跨越中，逐渐走向成熟，向新苏南模式转变。新苏南模式是苏南人民以科学发展观为指导，在全面建设小康社会的伟大实践中，逐步形成的一种新的区域发展模式。它成功探索了一条经济社会全面、协调、可持续发展的小康之路。与原苏南模式的"三为主、两协调、一共同"特征相比，新苏南模式是以"一个目标、两手并举、三创精神、四大超越"为鲜明特征的创新实践。新苏南模式不仅是对创新体制的进一步完善和发展，更是对传统增长方式和传统发展观的突破，能够实现向又好又快的增长模式转变。

（2）温州模式

温州模式通常是指浙江省东南部的温州地区以家庭工业和专业化市场的方式发展非农产业，从而形成"小商品、大市场"的发展格局。小商品是指生产规模、技术含量和运输成本都较低的商品，大市场是指温州人在全国建立的市场网络。其基本特征为：①经济形式家庭化，小商品大都是以家庭为单位进行经营；②经营方式专业化，有家庭生产过程的工艺分工、产品的门类分工和区域分工；③专业生产系列化；④生产要素市场化，按市场的供需要求组织生产与流通，资金、技术、劳动力等生产要素，均可自由流动；⑤服务环节社会化，随着全球化和创新型发展，温州模式逐渐走向全世界，吸引外资，加强对外合作（杨樱，2008）。

（3）珠江三角洲模式

珠江三角洲模式通常是指广东省珠江流域中的城镇，改革开放以来向市场经济转轨过程大规模引进香港等地的外资，以外资企业和中外合资企业为主体的出口导向型经济模式。珠江三角洲模式下的产业逐渐集群化，产业结构不断转型升级，高新技术产业成为新的投资点。改革开放后，珠江三角洲在从计划经济向市场经济转轨的过程中，利用国家给予的优惠政策，通过其独特的地理区位、土地和劳动力等优势与外来资源相结合，创造了由地方政府主导的外向型快速工业化经济发展模式，走出一条具有中国特色的沿海地区新工业化发展道路。

5.1.1.2 基于产业类型的中小城镇发展模式

基于产业类型的中小城镇发展模式是指在中小城镇范围内，集聚一种或多种产品（服务）为主导产业，辐射带动周边地区发展。中小城镇的主导产业影响城镇经济的发展方向、性质、速度和规模，并体现出城镇在区域经济中的地位分工。

1. 特色农业型

特色农业型不是指粮食总产量多、单位面积产量高，而是指以国内外市场需求为导向，以经济效益为中心，以县域的特色农业为主导，形成生产、加工和销售即"农工贸"一体化产业链与价值链，构建城镇农业的支柱产业和优势产品，以促进城镇经济结构重组与优化的一种产业发展模式。其主要特征是：

（1）专业化生产。由于资源优势或历史偶然因素，在城镇内形成某种产品的大量生产，再发展成专业生产，即从原料、初级产品到中间产品与最终产品整合为一体，并以品牌产品的形式进入市场。

(2) 一体化经营。形成生产、加工到销售的一体化经营模式，涵盖产品生产全过程。

(3) 实施企业化管理。将粗放的、农户式经营发展成集约化、集中式、规范式的生产与管理，形成龙头企业、农户、协会及中间组织等之间的合理组织模式，以实现农业现代化，提升产业发展层次。

(4) 面向广泛市场。特色农业要成为城镇经济发展的产业模式，关键是农产品要突破地方市场进入大中城市市场，甚至国际市场，才能将弱质低效的产业做成强势高效的产业。

目前一些城镇的城市休闲农业（或叫城市观光农业）、养殖业、菜篮子农业与支柱产品农业（如马铃薯、百合、油橄榄等）等就是采用这种发展模式。如吉林的农安县、江西的遂川县、江苏的射阳县和山东的寿光市、蓬莱市等，均以商品农业、市场农业、外向农业为发展路线，按照农业产业化的要求将农业生产与加工、销售联系起来，形成"农工贸"互动的链条，通过加工、销售环节的发展带动生产环节的发展，形成优势农产品集群，促进现代农业的发展。

2. 工业主导型

工业主导型发展模式是指在中小城镇第二产业无论从产值还是就业比重都占主导地位，乡镇工业蓬勃发展。其主要特征为：

(1) 民营经济是主导。多数城镇由于区位、资本、技术和人才等条件的制约，依靠国有经济推动县域经济产业发展，但这并不是一种有效的方式，而是与市场需求相适应的合作企业、股份制企业、个体企业、私营企业和外资企业等民营经济实体，由于具有产权清晰、机制灵活、市场化程度高等优势，成为城镇经济发展工业的主导力量。

(2) 中小企业是主体。以工业为主导的城镇经济拥有大量的中小企业，并且中小企业是城镇经济发展的产业组织常态，遍及中心城镇、乡镇与村户，形成在地域上集聚、产业链条上分工和行业上集中等优势与特点。

(3) 专业化的特色生产。城镇经济工业主导型模式主要是依托资源优势、区位条件、市场信息和外资等条件，形成某一种或仅几种产品为主导的专业化、特色化生产，形成一县一色、一品一镇、一品几镇、一镇一主导产品的发展格局。

如凉山州安宁镇围绕发展现代医药、装备制造和新能源建设成凉山工业园。广安市街子镇对接重庆产业转移发展汽摩装备制造、节能环保等产业，形成了一批产城融合的特色镇。

3. 服务主导型

服务业主导型城镇经济发展模式是指服务产业在城镇经济发展中具有突出的带动作用，以服务业带动城镇经济三大产业的全面进步与发展。目前主要形式有：

(1) 专业（批发）市场形式。借助自身优势，在当地形成全省、全国乃至世界范围内的批发市场，由批发市场带动当地相关产业的发展，从而引领城镇经济的全面发展。如，义乌以小商品市场为依托，带动相关产业发展，使很多商品在全国具有较高市场占有率，其饰品产量约占全国的70%，衬衫产量约占全国的25%，拉链产量约占全国的25%，针织袜子产量约占全国的33%。又如，湖南邵东县（现为邵东市）的五金批发市场，带动了全县的五金加工业发展，其中的螺丝刀、钳子、扳手等生产量在全国占有较大比重。

(2) 旅游资源开发形式。指依托丰富的旅游资源，发挥旅游业的巨大优势，以旅游服务业带动城镇经济的发展。如江油市借助"诗仙故里"文化积淀和古迹遗存,打造青莲国际诗歌小镇;阿坝州漳扎镇打造以羌族风情为主题的特色旅游镇;南充市搬罾镇(2019年改为搬罾街道)建设"锦绣田园",发展乡村观光旅游镇。

4. 复合产业型

复合产业型模式是指中小城镇的经济产业在多种因素共同作用下发展起来的,三次产业协调发展,同时具有多个特色优势产业,而且基础设施、科技、文化等事业全面发展。多数人口规模较大的镇(特别是县城)属于复合产业型模式。

5.1.1.3 基于动力视角的中小城镇发展模式

影响中小城镇发展的驱动要素有很多,都是不可或缺的。每个城镇都具有自身的发展条件和个性特征,理论上存在一种或几种核心驱动要素,对其他要素产生正面影响和诱发促进作用。结合新时期出现的新特征,梳理了影响中小城镇发展的十种核心驱动要素或者驱动力,为中小城镇模式提炼和选择提供参考。

(1) 劳动力驱动型

劳动力是中小城镇发展最基本的要素之一,如何深入理解并处理好劳动力集聚与中小城镇发展的关系对新时期加快中小城镇发展具有至关重要的作用。劳动力集聚与中小城镇发展并非始终是互促共进的关系,需要看中小城镇发展所处阶段。在城镇发展的初级阶段,尚不需要更多劳动力或无力提供充足非农就业,人口的大量集聚反而给中小城镇发展造成压力。在城镇处于快速发展阶段,劳动力集聚对城镇产业发展具有重要支撑作用。在城镇发展处于提质发展阶段时,劳动力素质和结构表现得更为重要。

(2) 土地要素驱动型

土地作为最基本、最实在的生产要素,几乎综合了其他要素的所有问题。特别是在我国,土地公有的性质又必然决定了政府对这一基本生产要素配置的主导性。伴随 20 世纪 70 年代末农村"家庭承包制"的实施,土地流转制度的建立和改革促进了中小城镇的快速发展。土地成为不少中小城镇获取资本的重要来源,特别是位于大中城市边缘的中小城镇通过土地出让获取大量发展资金,极大推动了城镇经济的发展。

(3) 资本驱动型

外资和民间资本在推动我国城镇化发展过程中发挥了重要作用。外资驱动型城镇多出现于沿海,凭借沿海优势,吸引大量外资,发展对外经济,促进城镇发展。外资驱动模式在我国珠江三角洲地区最为典型。20 世纪 90 年代,珠三角一批中小城镇通过吸引三资企业实现了当地经济发展,城镇化的"外向型"特征非常明显。比较而言,民营资本驱动模式在长三角区地区的中小城镇中较为常见,这里正规金融对资本的配置作用较弱,民间金融却非常活跃。民营资本一方面可以通过增加资金投入提高城镇建设质量,另一方面可以通过投资产业促进城镇经济增长。

(4) 资源驱动型

由于资源类型多样、分布极不均衡且优劣程度差异较大,中小城镇发展的资源驱动模式具有不同的表现和问题。在传统中小城镇的发展过程中,矿产资源曾起到明显的推动作用,例如一些中小城镇是依靠煤矿资源获得发展的。然而不少矿业型城镇,过分依赖矿产资源,不注重新技术的升级换代,产业结构单一,资源价格波动直接影响中小城镇的经济起伏,而且随着矿产资源的枯竭,中小城镇将逐渐陷入发展困境。相比而言,旅游资源驱动更具优势,随着人们物质生活的极大丰富,旅游业逐渐兴盛起来,中小城镇对旅游资源的开发利用可以带动餐饮、娱乐等第三产业的发展。

(5) 市场驱动型

中小城镇依托自身良好的交通和区位条件,通过建立专业批发市场,促进商贸物流发展,逐渐成为地方商贸中心,实现城镇经济繁荣。专业市场通过交易方式专业化和交易网络设施共享化形成了交易领域的信息规模经济、外部规模经济和范围经济,从而形成商品的低交易费用优势,增强了所在中小城镇的竞争力。例如20世纪80年代,以义乌小商品市场为代表的专业市场开始兴起,通过具有一定规模的可共享的交易平台和销售网络,节约中小企业和批发商的交易费用,形成具有强大竞争力的批发价格,为城镇经济发展注入活力。模仿义乌小商品市场的发展模式,国内出现了一大批小商品市场,这些小商品市场对活跃城镇经济、增强城镇发展活力发挥了重要作用。

(6) 特色产业驱动型

中小城镇的长期发展离不开实体经济和产业推动,发展特色产业是中小城镇增强竞争力和实现持续发展的必由之路。然而中小城镇的资金和配套设施具有局限性,其发展模式往往会以单一制造业、单一产品为主,这种单一制造业、单一产品的发展模式受市场波动的影响较大,给中小城镇经济带来很大的不确定性。中小城镇由于土地规模限制无法同时发展多种产业,但却不能一成不变,只有进行技术升级才能为中小城镇持续发展带来不竭动力。如广东省中山市古镇镇,受金融危机的影响,一大批小企业纷纷倒闭,然而却有一部分企业通过技术升级实现了转型和持续发展,成功走出危机,也为该镇产业转型升级贡献了力量。

(7) 政策驱动型

在中国现有体制下,政策对于中小城镇发展的促进作用不可小觑。一项好的政策可能大大推动中小城镇的发展,尤其是国家确立的重点示范镇,被赋予了更多的改革权力和良好政策,促使中小城镇的发展更加迅速。除了宏观层面的政策推动之外,还有一些针对某些领域的优先试验政策措施。例如,天津华明示范镇通过"宅基地换房"解决了新型城镇化的安居难题,还通过"三区联动"(农村居住社区、示范工业园区和农业产业园区相互推动、相互促进、共同发展)、"三改一化"("农改非""村改居"集体经济改股份制经济、促进城乡一体化发展)、"金融华明"(建立村镇银行,用"草根银行"服务"草根经济")等改革解决了农民的就业、医疗等问题,探索出了一条新型城镇化的新路径。

(8) 信息驱动型

20世纪90年代以来,受信息技术进步的影响,互联网逐渐融入人们的生活,大大改变了居民的生活和消费方式。互联网也逐渐成为企业发展的必备工具,大大改变了企业的区位选择考虑,并促进了产业分工。由于信息化发展,使某些过去缺乏区位优势的中小城镇获得了新的机会,推动了中小城镇的新发展。互联网和移动通信的普及推动了信息化发展,信息对称又使得供需更加平衡,这就增加了信息集聚的重要性,谁掌握了信息谁就拥有了主动权。"淘宝镇"就是很好的例子,它们掌握了大量的某种产品的供需信息,选择大中城市周边的中小城镇集中经营,推动了中小城镇的发展,也为农村特色产业发展提供了新的载体。未来"互联网+"必将催生更多依靠信息发展起来的中小城镇。

(9) 知识驱动型

知识对中小城镇竞争力的促进作用将会愈来愈显著。在国外，通过建设大学城或高技术园区的方式促进大城市周边中小城镇发展的案例非常多见，知识在促进城镇发展和增强竞争力方面发挥了重要作用。例如美国著名的康奈尔大学位于仅有10万常住居民的伊萨卡镇；科罗拉多大学位于小城市波德尔；日本的筑波科学城就位于东京60公里之外的不到20万人的茨城县。在国内，大学和高技术园区往往位于大中城市，但可以采用在大中城市周边环境优美的中小城镇建立研发和试验基地的方式，推动中小城镇向科技型城镇的转型。大连市旅顺口区龙王塘街道就借助大学城项目及软件园二期工程，为村民提供了就业机会和经营机会，更是吸引了大批高素质的专业技术人员和创意人才来此地就业、生活，进而带动了中小城镇发展。

(10) 技术驱动型

如果一个城镇中一定规模的劳动力都不同程度地掌握了某项或某类技术，并因此促进了某一产业的发展，增强了城镇的竞争力，就可称之为技术驱动型城镇。技术是中小城镇发展的竞争优势，技术的集聚又会激发和催生新的更高技术，进而推动中小城镇向专业化技术城镇发展。例如广东省汕头市澄海的毛衫加工工艺、广东省潮南区谷饶镇的内衣加工工艺、广东省潮州市饶平县的鱼缸加工技术、浙江省慈溪镇的不锈钢工艺、广东省普宁市占陇镇的衬衫加工工艺等，这些技术的应用和发展使得这些城镇成为国内驰名的技术型城镇。当然还应当注重技术改造，如果技术发展跟不上外部环境的变化，那么就会降低中小城镇的竞争力，进而使城镇走向没落。只有那些注重技术升级和产业升级的技术专业镇，才能实现可持续发展。

5.1.2 "三生空间"理念的应用尺度及对中小城镇的认知

在综述"三生空间"理念内涵及其在国家、区域和城市不同空间尺度发展应用的基础上，提出将"三生空间"理念扩展应用到中小城镇尺度，并从"三生空间"的角度提出生产型、生活型和生态型中小城镇的发展模式。

5.1.2.1 "三生空间"理念内涵

"三生空间"是指生态空间、生产空间和生活空间。生态、生产和生活三种功能空间，涵盖了生物物理过程、直接和间接生产以及精神、文化、休闲、美学的需求满足等，是自然系统和社会经济系统协同耦合的产物。生态空间与自然本底有关，是以提供生态产品和生态服务为主导功能的区域，在调节、维持和保障区域生态安全中发挥重要作用；生产空间与产业结构有关，是以提供工业品、农产品和服务产品为主导功能的区域；生活空间与承载和保障人居活动有关，是以提供人类居住、消费、休闲和娱乐等为主导功能的区域；生态空间、生产空间、生活空间三者之间相互联系、相互影响，其中生产空间是根本，决定着生活空间、生态空间的状况；生活空间是目的，空间优化的归宿是生活空间的更加美好；生态空间为生产空间、生活空间提供保障，若生态恶化，生产空间将受到制约，生活空间也会受限。"三生空间"是客观上的功能空间实体，更是一种新的空间发展理念，这种理念强调功能差异与功能互补，希望达到功能融合一体。

5.1.2.2 "三生空间"在不同尺度的应用

"三生空间"的理念已经应用于国家、区域和城市不同空间尺度，对国家、区域和城市的发展起到重要作用。

1. "三生空间"理念在国家尺度的应用

"三生空间"理念的最初提出,是对国家尺度国土空间的理想思考,具体在 2012 年的中共"十八大"报告中有所体现,并提出了"生产空间集约高效、生活空间宜居适度、生态空间山清水秀"的国家国土空间发展总目标。之后,"三生空间"理念就常被应用在国家尺度的空间发展研究中:一是用在国土空间利用质量评价中。李秋颖等通过构建国土空间利用质量综合评价指数及其子系统——生态、生产和生活空间利用质量指数,以实现集、山清水秀的生态空间、约高效的生产空间和宜居适度的生活空间;二是用在国土空间综合分区中。马世发等将"三生空间"认知体系进行系统性的尺度升华,用"三生功能"解释国土空间综合分区理论范式,这对国土生态空间、生产空间和生活空间的合理开发利用具有指导意义;三是用在国土空间功能分类中。方创琳等分别构建以生态、生产和生活功能为主导的国土空间功能分类体系来统筹生态、生产和生活用地空间,以适应国土空间管理和研究的需要;刘继来等基于"三生空间"的土地分类体系研究了中国"三生空间"的时空格局及演化特征。

2. "三生空间"理念在区域尺度的应用

"三生空间"理念在区域发展中的应用也很广泛。在区域资源开发与规划的研究中,曹玉红等运用"三生功能"协调融合的理念,探索了长江沿线资源开发模式与管理策略,以满足生态保护、提升生活质量和提高区域使用效益的需求,通过营造良好的生态环境、生产环境与生活环境,促进区域有序与可持续发展。在区域土地利用转型及其生态环境研究中,吕立刚等基于"三生"土地利用主导功能分类,研究区域土地利用功能结构转型、空间转型特征及其生态环境响应规律。在区域土地利用适宜性评价研究中,张春花等利用综合评价模型和 GIS 空间分析方法,把辽宁沿海经济带划分为生产适宜区、生活适宜区、生态适宜区,以期为提升区域经济带综合利用价值、促进区域经济建设提供科学参考。

3. "三生空间"理念在城市尺度的应用

"三生空间"理念在城市中的应用表现在以下几个方面:一是对城市"三生空间"功能进行定量识别和分析。李广东等通过构建城市生态—生产—生活空间功能分类体系来反映不同地类的功能类型,起到了很好的效果;二是对城市空间布局的探究。潘陇等借助"三生空间"的理念提出生态、生产和生活三者共生的城市功能布局,以促成经济、社会、生态三者的和谐共生发展;三是对城市空间结构的优化。汪阳红等根据不同城市空间拓展特征,发挥土地多样性功能,构建了各具特色的"三生空间"保护模式,有效协调了城市间空间拓展冲突;朱媛媛等从生态、生产和生活空间最优发展的思路,提出推动城市可持续发展的对策。

5.1.2.3 "三生空间"对中小城镇模式的应用

"三生空间"理论不仅在国家、区域、城市等尺度得到广泛应用,近来也逐步延伸到中小城镇的研究中。比如,在小城镇用地适宜性评价中,陈晓华等基于"三生空间"协同视角,构建了用地适宜性评价指标体系,进行建设适宜性等级分区,并应用评价结果,确定了不同分区村镇居民点空间优化的模式与途径。在小城镇空间适宜性评价中,高爽构建了城镇空间适宜性评价指标体系,将"三生空间"作为城镇生态、生产和生活发展与保护的功能空间,为生态文明理念在镇域空间规划上的落实提供了理论支撑。

1. 生产型特色小镇发展模式

所谓生产型特色小镇发展模式，是以特色产业为支撑，将特色小镇的发展聚焦在特色产业的某个环节或多个环节、某种产品或少数几个产品的生产、加工、研发或销售上，通过特色产业带动小镇生活设施和生态环境建设，实现生产功能驱动型的生态、生产和生活协调发展的特色小镇。生产型特色小镇在东部经济发达地区相对较多。比如，广东省佛山市的北滘镇，以"智造北滘，魅力小城"为城镇发展目标，通过智能制造，打造家电全产业链，夯实传统制造业基础，围绕品牌家电重点发展总部经济、工业设计、电子商务等现代服务业，美的空调就是其最具代表性的产品。山西省朔州市的金沙滩镇，以"陶瓷产业"为特色，依托悠久的产业历史，在巩固传统陶瓷产业的同时，提高陶瓷产品和产业的艺术性、科技含量及附加值，其陶瓷产品远销国外，拥有目前国内规模最大的日用陶瓷生产企业。江苏省邳州市的碾庄镇，将五金机械作为特色产业，确立了"五金工具—机械制造—装备制造"产业转型升级的发展方向。此外，具有"新型工业小镇"之称的河北省秦皇岛市的石门镇、"工贸红色小镇"海南省海口市的云龙镇等，都属于生产型特色小镇模式。

当然，生产型特色小镇在发展特色产业、推动经济发展的同时也存在一些问题，当前普遍体现在以下几个方面：一是产业技术水平总体不高，人才储备少，创新乏力；二是经营和管理手段相对落后，家族式管理较多，影响企业后续发展；三是产业发展资金缺乏，特别是一些小微企业习惯于靠自有资金的积累或转借发展生产，很少获得来自银行的资金支持，发展后劲不足；四是一些产业特色镇过度追求产业发展和经济效益，忽视了小城镇应有的宁静宜人的人文和空间特色，造成过度开发和生态环境破坏。生产型特色小镇未来的发展，既需要发挥特色产业的支撑带动作用，还要解决当前存在的问题，以实现生产型特色小镇的"三生"融合发展。

2. 生活型特色小镇发展模式

所谓生活型特色小镇模式是以满足人们休闲、娱乐、消费为主，拥有完善的基础设施和生活服务设施，以发展民间文化、养生、养老、休闲和健康为主的生活型产业为主导，有啤酒小镇、养生小镇、娱乐小镇、体育运动小镇等多种形式。生活型特色小镇往往有较为优良的生态环境，有利于发展康体旅游业。比如，河南省林州市的石板岩镇，依托得天独厚的山水资源、独具特色的石板民居和深厚的历史文化底蕴，大力发展旅游观光、绘画写生、休闲养生等相关服务型产业，成为迷人的太行风情小镇。辽宁省大连市的谢屯镇，将养老养生和休闲旅游相结合，形成居住与旅游功能融合发展的一体化格局，打造成了特色鲜明的"休闲养老小镇"。重庆市涪陵区的蔺市镇，以特色景观旅游服务为主题，传承历史文化，服务就业创业，打造"特色文化旅游"服务名镇。除此之外，具有古韵文化特色的辽宁省东港市孤山镇，以健康疗养为特色的四川省攀枝花市红格镇，也都属于这一模式。

当然，在生活型特色小镇的发展中也有一些镇走了弯路，比如，有些镇文化过度商业化，将历史街区建成全新的"古街"，丢掉了文化根基；有些镇完全依靠镇财政承担基础设施建设重任，导致财政压力大、经济运转负担过重；有些镇完全复制照搬城市建设模式，建设高层居住小区，对城镇空间和面貌造成建设性破坏。如果不能有效解决这些问题，单纯从提高生活便利性考虑小城镇的发展，而忽视历史文化、产业支撑和生态环境，那么这种生活型特色小镇在新的时期将会走向衰败。

3. 生态型特色小镇发展模式

生态型特色小镇的生态环境优良、自然风景优美，往往借助其优越的生态资源发展生态旅游、生态种植和循环经济，从而促进中小城镇的发展。此类型的特色小镇多分布在山水景美、生态资源优良的地区。例如，四川省巴中市的驷马镇，依托生态环境和自然资源优势，发展生态旅游，努力打造"川东北水乡第一镇"。贵州省安顺市的旧州镇，依靠优美的生态环境和丰富的历史文化，打造历史文化名镇、全国美丽宜居小镇和生态文化旅游小镇，被誉为"梦里小江南，西南第一州"。属于此种模式的还有拥有"绿色生态示范镇"称号的山东省威海市崮山镇，拥有"古堰画乡"称号的浙江省丽水市大港头镇等。

然而，随着生态型特色小镇的发展建设，一些负面问题也逐渐凸显出来。有些城镇片面追求经济效益，在大力发展旅游业的同时忽视了生态环境的保护，造成当地生态资源的人为破坏，给小城镇的后续发展造成致命打击；有些小镇为了打造生态旅游区，将原住居民一律驱赶到区域外，给原住居民的生活带来诸多问题，增加了社会矛盾；更多的生态型特色镇最大的发展限制是基础设施的不完善，这极大地影响游客的旅游体验和感知，不利于小镇旅游产业发展。良好的生态环境是生态型特色小镇持续发展的保障条件，也关乎居民的生活品质；以破坏当地的生态环境、影响居民生活为代价的发展是不可持续的，需要生态型特色小镇在未来发展中重点关注。

4. 综合型特色小镇发展模式认知

综合型特色小镇发展模式是上述三种模式的综合体，难以区分是生产主导、生活主导还是生态主导，三生功能互补融合发展，生态环境、生产环境与生活环境都比较优越，是经济、社会、生态与城镇风貌和谐发展的特色小镇类型（徐东辉，2013）。综合型特色小镇的典型有：江苏省南京市的桠溪镇，依托生态、文化、农业资源优势，一方面以彰显生态自然、和谐宜人的世外田园景观为宗旨，打造"国际慢城"旅游形象；另一方面积极引入高端科技企业，发展生产性、生活性服务业，促进小城镇的"三生功能"融合发展。甘肃省武威市的清源镇，依托沙漠绿洲生态景观和葡萄酒酿造的天然气候优势，将产业、文化、旅游"三位一体"紧密结合发展城镇经济，将生态、生产、生活"三生融合"打造葡萄酒小镇，被誉为中国的"波尔多"。北京市房山区的长沟镇，旨在建设生态环保、智慧科技、宜居宜业、业城融合的国际金融小镇，在产业方面——围绕基金产业，打造基金全产业链；在生态方面——建设湿地公园，提升生态环境质量；在生活方面——完善生活服务设施，聚集教育、医疗等优质资源，让"基金人"在小镇高效工作的同时，能够拥有便捷美好的生活。综合型特色小镇模式的典型案例还有吉林省龙潭区的乌拉街满族镇、湖南省湘潭市的花石镇等。

当然，综合型特色小镇在"三生"融合发展过程中也面临一些问题。在生产方面，产业布局过于分散，缺乏基础配套，难以形成产业的规模效益，而且企业发展产生的废气、废水、废渣等污染物无法及时处理，对生态环境造成一定的破坏；在生活方面，不能有效利用"宜居"的城镇环境和服务功能，促进特色产业发展；在生态方面，很难协调好生态保护和经济发展之间的关系。综合型特色小镇的特色不明显，也会使小镇在发展中缺乏竞争力。如果不能实现"三生功能"的有机融合、"三生空间"的格局互补，就难以提升综合型特色小镇的竞争力和发展活力。

5.1.3 基于"三生空间"的中小城镇发展模式库

从生态—生产—生活要素集聚的视角建立中小城镇发展的模式库，由模式链和模式集构成（图5-1）。

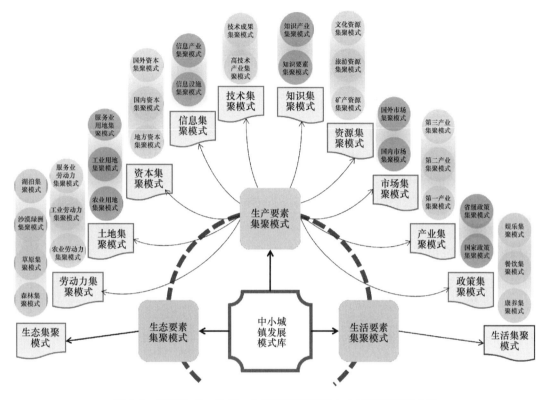

图 5-1 基于生态—生产—生活要素集聚的中小城镇发展模式库

模式链由横链和纵链交错构成。生产要素集聚模式、生活要素集聚模式和生态要素集聚模式三个并列模式共同构成横链；同时还有多个模式的纵链，如生产要素集聚模式—劳动力集聚模式—农业劳动力集聚模式，生产要素集聚模式—劳动力集聚模式—工业劳动力集聚模式，生产要素集聚模式—劳动力集聚模式—服务业劳动力集聚模式；生产要素集聚模式—土地集聚模式—农业用地集聚模式，生产要素集聚模式—土地集聚模式—工业用地集聚模式，生产要素集聚模式—土地集聚模式—服务业用地集聚模式等等。

模式集包括12种类型，分别为劳动力集聚模式集、土地集聚模式集、资本集聚模式集、信息集聚模式集、技术集聚模式集、知识集聚模式集、资源集聚模式集、市场集聚模式集、产业集聚模式集、政策集聚模式集、生态集聚模式集和生活集聚模式集，每个模式集包含不同具体模式，共32个具体模式类型。劳动力集聚模式集包含农业劳动力集聚模式、工业劳动力集聚模式和服务业劳动力集聚模式3个；土地集聚模式集包括农业用地集聚模式、工业用地集聚模式和服务业用地集聚模式3个；资本集聚模式集包括国外资本集聚模式、国内资本集聚模式和地方资本集聚模式3个；信息集聚模式集包括信息设施集聚模式和信息产业集聚模式2个；技术集聚模式集包括高技术产业集聚模式和技术成果集聚模式 2 个；知识集聚模式集包括知识要素集聚模式和知识产业集聚模式 2 个；资源集聚模式集包括矿产资源集聚模式、旅游资源集聚模式和文化资源集聚模式 3 个；市场集聚模式集包括国内市场集聚模式和国外市场集聚模式 2 个；产业集聚模式集包括第一产业集聚模式、第二产业集聚模式和第三产业集聚模式 3 个；政策集聚模式集包括国家政策集聚模式和省级政策集聚模式 2 个；生态集聚模式集包括森林集聚模式、草原集聚模式、沙漠绿洲集聚模式和湖泊集聚模式 4 个；生活集聚模式集包括康养集聚模式、餐饮集聚模式和娱乐集聚模式 3 个。

5.2 中小城镇发展模式识别

中小城镇发展模式识别是用于判定某个中小城镇属于何种发展模式。通过研发中小城镇发展模式识别方法、中小城镇发展模式识别指标体系、中小城镇发展模式识别关键阈值，根据中小城镇的具体指标测算中小城镇发展指数，依据模式识别方法确定中小城镇的发展模式类型。其中，中小城镇发展模式识别指标体系构建和中小城镇发展模式识别关键阈值厘定是中小城镇发展模式识别的关键。

5.2.1 中小城镇发展模式识别的方法步骤

5.2.1.1 识别的主要步骤

中小城镇发展模式的识别可以归结为五步（图 5-2）：

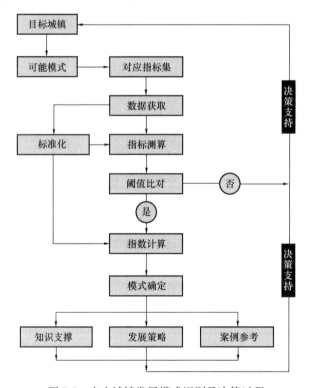

图 5-2 中小城镇发展模式识别及决策过程

第一步，模式初判。确定目标城镇之后，通过与中小城镇地方官员交流沟通圈定可能类型，避免数据收集量过大。

第二步，数据收集。按照圈定的可能模式的对应指标收集数据，建立中小城镇的数据集。

第三步，指标测算。首先对数据进行标准化处理，按照中小城镇发展模式指数的计算公式计算中小城镇发展指数。

第四步，模式判定。计算满足阈值的城镇模式指数，通过多个指数的比较判定模式类型。依据指数高低判定，可以是一种模式，也可以是一种模式主导的多模式并行的综合模式。根据计算所得的中小城镇发展指数结果，参照模式判定办法（图5-3），判断中小城镇发展的具体模式类型。

第五步，模式策略。针对中小城镇的模式结果，给出中小城镇重点发展模式的策略建议。

5.2.1.2 模式判定方法

中小城镇发展模式可以划分为单一模式和混合模式（图5-3），具体判定方法如下：

单一模式指所有数据仅达到一种模式的指标阈值要求，计算结果显示仅有一个指数结果。

混合模式指中小城镇发展指数的计算结果显示有多个指数达到阈值要求，因此需要进一步细分，这里划分成A-X型模式、AB-X型模式和综合型模式。

A-X型模式：模式A主导型，并有其他模式特征。模式A的指数得分占所有模式总得分的一半以上；

AB-X型模式：模式A和B共同主导型，并有其他模式特征。模式A和B的指数得分占所有模式总得分的一半以上；

综合型模式：任何一个或两个模式都没有明显优势。任何一个或两个模式的指数得分不超过所有模式总得分的一半。

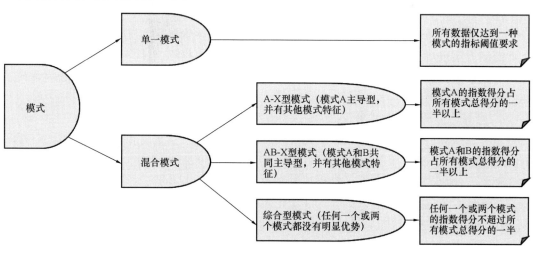

图5-3 模式类型判定方法

5.2.2 中小城镇发展模式识别的指标设置及测算方法

设置中小城镇发展模式的指标体系是判断中小城镇发展模式的重点环节。基于"三生空间"理念在中小城镇应用的讨论，设计了 32 个模式的测算指标体系与指数计算方法。

5.2.2.1 生产要素集聚模式的判定指标及测算方法

1. 农业劳动力集聚指数

农业劳动力集聚指数用农业人口规模、农业人口集中度和农业吸纳人口程度 3 个指标计算得来。其中，农业人口规模反映中小城镇从事农业的人口数量，包括农林牧副渔各农业行业及为农业服务的从业人员；采用农业人口数量（万人）这一指标。计算方式为：农业从业人员数＋林业从业人员数＋牧业从业人员数＋渔业从业人员数＋农业其他从业人员数＋农业服务业人员数。

农业人口集中度反映农业人口在中小城镇的集中程度，也反映农业从业人员对中小城镇发展的贡献程度，采用农业人口占比（％）这一指标。计算方式为：农业从业人员占中小城镇全部从业人员的比重。

农业吸纳人口程度是反映农业劳动力集聚程度的关键指标，反映农业市场化水平与农业劳动力集聚水平；采用外地农民聘用率（％）这一指标。计算方式为：农业劳动力外地聘用数量占总用工（外地聘用与本镇之和）数量的比重，应取评价年份加前两年共三年的平均数。

2. 工业劳动力集聚指数

工业劳动力集聚指数用工业人口规模、工业人口集中度和工业吸纳人口程度 3 个指标计算得来。其中，工业人口规模反映中小城镇中从事工业的从业人员数量，包括工业各行业和建筑业的从业人员；采用工业人口数量（万人）这一指标。

工业人口集中度反映工业从业人员在中小城镇的集中程度，也反映工业人员对中小城镇的贡献程度；采用工业人口比重（％）这一指标。计算方式为：工业从业人员占中小城镇全部从业人员的比重。

工业吸纳人口程度作为衡量工业劳动力集聚程度的关键指标，反映工业市场化水平与工业劳动力集聚水平；采用外地工人聘用程度（％）这一指标。计算方式为：工业劳动力外地聘用数量占总用工数量（外地聘用与本镇之和）的比重，应为评价年份加前两年共三年的平均数。

3. 服务业劳动力集聚指数

服务业劳动力集聚指数用服务业人口规模、服务业人口集聚度和服务业吸纳人口程度 3 个指标计算。其中，服务业人口规模即从事服务业的人口数量，包括代理业、饮食业、旅游业、仓储业、租赁业、广告业和其他服务业；采用服务业劳动力人口数量（万人）这一指标。计算方式：代理业人员数＋饮食业人员数＋旅游业人员数＋仓储业人员数＋租赁业人员数＋广告业人员数＋其他服务业人员数。

服务业人口集聚度反映服务业劳动力人口集中程度；采用服务业人口比重（％）这一指标。计算方式为：服务业从业人员占中小城镇全部从业人员的比重。

服务业吸纳人口程度反映该城镇从事服务业的外地人口所占比重；采用外地服务业人口占比（％）这一指标。计算方式为：外地服务业人口占中小城镇全部从业人员的比重，应为评价年份加前两年共三年的平均数。

4. 农业用地集聚指数

农业用地集聚指数用农业用地规模、农业用地产值和农业用地效率 3 个指标计算。其中，农业用地规模指耕地、园地、林地、牧草地和养殖水面的总和，采用农业用地面积（万亩）这一指标。

农业用地产值即农、林、牧、渔业全部产品和对农林牧渔业生产活动进行的各种支付性服务活动的价值总量，反映一定时期内农业生产总规模和总成果；采用农业用地产值（亿元）这一指标。农业总产值的计算方法通常是按农林牧渔业产品及其副产品的产量分别乘以各自单位产品价格求得。

农业用地效率指归一化处理之后的单位土地上的平均年产值，是反映农业土地利用效率的一个重要指标，采用农业土地产出率（万元/亩）这一指标。计算方式为：农业 GDP 与土地面积之比，反映单位面积的产出情况。

5. 工业用地集聚指数

工业用地集聚指数用工业用地规模、工业用地产值和工业用地效率 3 个指标计算。其中，工业用地规模指工厂、车间、手工业作坊、建筑安装的生产场地、排渣（灰）场地等用地土地面积；采用工业用地面积（万亩）这一指标。

工业用地产值指工厂、车间、手工业作坊、建筑安装的生产场地、排渣（灰）场地等用地的总产值，是以货币表现的工业企业在报告期内生产的工业产品总量，采用工业用地产值（亿元）这一指标。

工业用地效率指归一化处理之后的单位工业用地上的平均产值，是反映工业土地利用效率的一个重要指标；采用工业用地产出率（万元/亩）这一指标。

6. 服务业用地集聚指数

服务业用地集聚指数用服务业用地规模、服务业用地产值和服务业用地效率 3 个指标计算。其中，服务业用地规模包括旅游业、商业、文化创意产业等产业用地面积；采用服务业用地面积（万亩）这一指标。

服务业用地产值指包括旅游业、商业、文化创意产业等产业的产业总值；采用服务业用地产值（亿元）这一指标。计算方式为：旅游业产值＋商业产值＋文化创意产业产值。

服务业用地效率反映单位面积的产出情况；采用服务业用地产出率（万元/亩）这一指标。计算方式为：服务业 GDP 与土地面积之比。

7. 地方资本集聚指数

地方资本集聚指数采用地方投资规模和地方投资比重 2 个指标计算。其中，地方投资规模反映本地投资的规模水平，即本地人（本镇人）在该中小城镇的投资；采用地方投资额度（亿元）这一指标，采用近五年的平均值。

地方投资比重反映本地投资对中小城镇发展的贡献程度；采用地方资本占比（％）这一指标。计算方式为：用本地资本占全部资本的比重测算，采用近五年的平均值。

8. 国内资本集聚指数

国内资本集聚指数用国内投资规模和国内投资比重 2 个指标计算。其中，国内投资规模反映国内资本在中小城镇集聚的规模水平；采用国内投资额度（亿元）这一指标。计算方式为：用国内资本（扣除地方资本）测算，采用近五年的平均值。

国内投资比重反映国内投资对中小城镇发展的贡献程度；采用国内资本占比（％）这一指标。计算方式为：国内资本去除本镇资本后占全部资本的比重，采用近五年的平均值。

9. 国外资本集聚指数

国外资本集聚指数用投资额度和投资比重2个指标计算。其中，投资额度反映国外资本在中小城镇集聚的规模水平；采用外商直接投资（亿元）这一指标。计算方式为：用实际外商投资额度测算，采用近五年的平均值。

投资比重反映外商投资对中小城镇发展的贡献程度；采用外资占比（％）这一指标。计算方式为：外商投资额占全部资本的比重，采用近五年的平均值。

10. 信息设施集聚指数

信息设施集聚指数用网络设施水平、监控设备水平和通信设备水平3个指标计算。其中，网络设施水平是反映中小城镇互联网普及程度的基本指标，是评价中小城镇信息设施发展程度的指标之一；采用互联网普及率（户/百人）和WIFI覆盖率（％）这两个指标。计算方式为：互联网普及率＝年末互联网宽带用户数/人口总数，WiFi覆盖率（％）＝WiFi用户数/总户数。

监控设备主要指用于重要道路上的监控，是保障人民出行安全、监管道路情况、维持社会稳定的重要措施。监控设施水平反映了中小城镇的社会安全程度；采用电子监控覆盖率（％）这一指标。

通信设备水平主要用于反映中小城镇内部与外界的联系程度，以及中小城镇自身的开放程度；采用程控电话覆盖率（户/百人）这一指标。

11. 信息产业集聚指数

信息产业集聚指数用信息产业规模和信息产业比重2个指标计算。其中，信息产业规模反映中小城镇信息产业的产业规模，采用信息产业产值（亿元）这一指标，产业产值越大，说明中小城镇信息产业发展程度越好。

信息产业比重反映信息产业在中小城镇所有产业中所占的比重；采用信息产业占比（％）这一指标。计算方式为：信息产业产值与中小城镇产业总值的比值。信息产业所占比重越大，中小城镇的信息产业发展集聚程度越高。

12. 高技术产业集聚指数

高技术产业集聚指数用高技术产业规模和高技术产业比重2个指标计算。其中，高技术产业规模反映中小城镇高新技术产业的产业规模，采用高新技术产业产值（亿元）这一指标，产业产值越大，说明中小城镇高新技术产业发展程度越好。

高技术产业比重指标反映高新技术产业在中小城镇所有产业中所占的比重；采用高科技产业产值占GDP的比重（％）这一指标。计算方式为：高新技术产业产值与中小城镇产业总值的比值。比值越大，说明中小城镇的高新技术产业发展集聚程度越高。

13. 技术成果集聚指数

技术成果集聚指数用技术成果发明和技术成果应用2个指标计算。其中，技术成果发明指每万人拥有经国内外知识产权行政部门授权且在有效期内的专利件数，包括发明专利、实用新型专利和外观设计专利三种类型。科技是第一生产力，该指标用于反映中小城镇科技研发能力和创新能力，进而反映出中小城镇的发展能力和潜力；采用万人专利拥有

第5章 基于生态—生产—生活要素集聚的中小城镇发展模式

量（件/万人）这一指标。

技术成果应用指登记合同成交总额中，明确规定属于技术交易的金额。即从合同成交总额中扣除所提供的设备、仪器、零部件、原材料等非技术性费用后实际技术交易额，但合理数量的物品并已直接进入研究开发成本的除外。该指标是衡量中小城镇科研产出质量和市场应用水平的综合指标，采用技术市场交易额（万元）这一指标。

14. 知识要素集聚指数

知识要素集聚指数用知识人才和知识成果2个指标计算。其中，知识人才通过大学生就业程度体现知识要素集聚程度高低；采用知识型人才就业人口比重（%）这一指标。计算方式为：大学生就业人员数占总就业人员数的比重。

知识成果指每万人发表论文的数量，是评价知识要素集聚模式的指标之一；采用万人发表论文数（篇/万人）这一指标。计算方式为：发表论文数量/中小城镇人口（万人）。

15. 知识产业集聚指数

知识产业集聚指数用知识产业规模和知识产业比重2个指标计算。其中，知识产业指在生产过程中对智力要素依赖大大超过对其他生产要素依赖的产业。具体包括电子计算机工业，飞机和宇宙航天工业，原子能工业，大规模和超大规模集成电路工业，精密机床、防治污染设施制造等高级组装工业，高级医疗器械，电子乐器等产业门类；采用知识产业产值（亿元）这一指标。

知识产业比重反映知识产业集聚情况；采用知识产业比重（%）这一指标。计算方式为：知识产业产值占产业总产值的比重。

16. 矿产资源集聚指数

矿产资源集聚指数用矿产资源收入规模和矿产资源收入比重2个指标计算。其中，矿产资源收入规模即从事矿产资源开发、保护和再生产的产业活动的总产值，采用矿产资源产值（亿元）这一指标。

矿产资源收入比重反映了矿产资源集聚状况；采用矿产产值占GDP的比重（%）这一指标。计算方式：矿产产值占GDP的比重。

17. 旅游资源集聚指数

旅游资源集聚指数用旅游资源和旅游收入2个指标计算。其中，旅游资源指一切可以用于发展旅游业的自然资源和古今人文资源的总称；采用4A级旅游景点数量（个）这一指标。

旅游收入指由旅游消费而产生的收入，是反映旅游业对中小城镇经济贡献的一个重要指标；采用旅游产业增加值（亿元）和旅游产业增加值占GDP比重（%）这两个指标。

18. 文化资源集聚指数

文化资源集聚指数用文化设施和文化产业2个指标计算。其中，文化设施反映文化的集中程度；采用是否具有历史文化名镇称号这一指标。

文化产业以生产和提供精神产品为主要活动，以满足人们的文化需要作为目标，是指文化意义本身的创作与销售，狭义上包括文学艺术创作、音乐创作、摄影、舞蹈、工业设计与建筑设计；采用文化产业收入（亿元）和文化产业收入占GDP比重（%）这两个指标。计算方式为：文化产业收入是文学艺术创作产值＋音乐创作产值＋摄影＋舞蹈＋工业设计＋建筑设计的总和。

19. 国内市场集聚指数

国内市场集聚指数用国内市场规模、国内市场辐射范围和国内市场占有比重3个指标计算。其中，国内市场规模指商品在全国范围内的交易额，一般以一年为尺度；采用国内市场交易额（亿元）这一指标。

国内市场辐射范围能够反映市场的大小，以及交易覆盖范围；采用市场产品覆盖省区数量（个）这一指标。

国内市场占有比重反映国内市场在总交易市场占有的份额；采用国内市场交易额占市场总交易额的比重（％）这一指标。

20. 国际市场集聚指数

国际市场集聚指数用国际市场规模、国际市场辐射范围和国际市场占有比重3个指标计算。其中，国际市场规模反映本地的国外市场的容量大小；采用国外市场交易额（亿元）这一指标。

国际市场辐射范围反映面向的国家数量，反映了对外交易的范围大小；采用市场产品覆盖国家数量（个）这一指标。

国际市场占有比重指对外交易额的比重，是评价中小城镇对外贸易状况的重要指标；采用国际市场交易额占市场总交易额的比重（％）这一指标。

21. 第一产业集聚指数

第一产业集聚指数用一产产值和一产优势度2个指标计算。其中，一产产值包括农林牧副渔各农业行业及为农业服务的行业产值；采用农业产值（亿元）这一指标。计算方式为：农业产值＋林业产值＋牧业产值＋渔业产值＋农业其他产值＋农业服务业产值。

一产优势度是常见的一种分析产业集聚程度的有效方法，通常能够反映第一产业系统的集聚程度；采用农业区位熵值这一指标。计算方式为：该城镇农业产值占GDP的比重与全国农业产值占GDP比重的比值。

22. 第二产业集聚指数

第二产业集聚指数用二产产值和二产优势度2个指标计算。其中，二产产值是以货币表现的工业企业在报告期内生产的工业产品总量；采用工业产值（亿元）这一指标。

二产优势度反映第二产业系统的集聚程度；采用工业区位熵值这一指标。计算方式为：该城镇工业产值占GDP的比重与全国工业产值占GDP比重的比值。

23. 第三产业集聚指数

第三产业集聚指数用三产产值和三产优势度2个指标计算。其中，三产产值包括代理业、旅店业、饮食业、旅游业、仓储业、租赁业、广告业和其他服务业；采用服务业产业产值（亿元）这一指标。计算方式为：代理业产值＋旅店业产值＋饮食业产值＋旅游业产值＋仓储业产值＋租赁业产值＋广告业产值＋其他服务业产值。

三产优势度反映第三产业系统的集聚程度；采用服务业区位熵值这一指标。计算方式为：该城镇服务业产值占GDP的比重与全国服务业产值占GDP比重的比值。

24. 国家政策集聚指数

国家政策集聚指数用国家政策名号和国家政策资金2个指标计算。其中，国家政策名号包括国家级重点镇、国家级旅游镇、国家级特色小镇等；采用国家级名号数量（个）这一指标。

国家政策资金指国家或有关部门或上级部门下拨行政事业单位具有专门指定用途或特殊用途的资金;采用国家给予的资金额度(万元)这一指标。

25. 省级政策集聚指数

省级政策集聚指数用省级政策名号和省级政策资金2个指标计算。其中,省级政策名号包括省级重点示范镇、省级旅游特色名镇、省级特色小镇等。采用省级名号数量(个)这一指标。

省级政策资金反映省政府或有关部门或上级部门下拨行政事业单位具有专门指定用途或特殊用途的资金;采用省政府给予的资金额度(万元)这一指标。

5.2.2.2 生态要素集聚模式的判定指标及测算方法

1. 森林集聚指数

森林集聚指数用森林覆盖和森林生态2个指标计算。其中,森林覆盖指一个中小城镇森林面积占土地面积的百分比,是反映中小城镇森林面积占有情况或森林资源丰富程度及绿化实现程度的指标;采用森林覆盖率(%)这一指标。

森林生态指森林生物之间及其与森林环境之间的相互作用和相互依存;采用森林破坏率(%)这一指标。计算方式为:森林破坏面积占森林面积的比重。

2. 草原集聚指数

草原集聚指数用草原覆盖和草原生态2个指标计算。其中,草原覆盖反映中小城镇草原面积占有情况或草原资源丰富程度及绿化实现程度的指标;采用草原覆盖率(%)这一指标。计算方式为:草原面积占土地面积的百分比。

草原生态指草原生物之间及其与草原环境之间的相互作用和相互依存;采用草原破坏率(%)这一指标。计算方式为:草原破坏面积占草原面积的比重。

3. 绿洲集聚指数

绿洲集聚指数用绿洲覆盖和绿洲生态2个指标计算。其中,绿洲覆盖指一个中小城镇绿洲森林面积占土地面积的百分比,是反映中小城镇绿洲森林面积占有情况或绿洲森林资源丰富程度及绿化实现程度的指标;采用绿洲森林覆盖率(%)这一指标。计算方式为:绿洲森林覆盖率=(绿洲内有林地面积+绿洲内国家特别规定的灌木林地面积)/绿洲土地总面积。

绿洲生态指绿洲生物之间及其与绿洲环境之间的相互作用和相互依存;采用绿洲退化率(%)这一指标。计算方式为:绿洲森林破坏面积占森林总面积的比重。

4. 湖泊集聚指数

湖泊集聚指数用湖泊面积和湖泊生态2个指标计算。其中,湖泊面积指湖界包围的范围,又称湖面面积,专指正常水位时的湖水面积;采用湖泊覆盖率(%)这一指标。计算方式为:区域(或流域)内湖泊的面积与区域(或流域)总面积之比。

湖泊生态指湖泊生物群落与大气、湖水及湖底沉积物之间连续进行物质交换和能量传递,形成结构复杂、功能协调的基本生态单元;采用湖泊污染率(%)这一指标。计算方式为:湖泊污染面积占湖泊面积的比重。

5.2.2.3 生活要素集聚模式的判定指标及测算方法

1. 康养集聚指数

康养集聚指数用养老设施、养老人口和康养产业3个指标计算。其中,养老设施指为老年人提供集中居住和照料服务的场所；采用养老服务设施覆盖率（%）这一指标。计算方式为：拥有符合标准的日间照料中心、老年人活动中心等养老服务设施的农村社区占所有社区的比重。

养老人口指中小城镇 65 岁以上的老人；采用老年人口入养老院比重（%）和康养吸纳程度（%）这两个指标。计算方式为：老年人口入养老院比重（%）为养老院入住人数占城镇 65 岁以上老年人口比重；康养吸纳程度（%）为养老院入住外地人口数量占养老院入住总人口的比重。

康养产业是 21 世纪的新兴产业，是现代服务业的重要组成部分，关系国民的生存质量，影响经济社会发展；采用康养产业产值占比（%）这一指标。计算方式为：以健康养老服务为目的的各项收入总和占城镇总收入的比重。

2. 餐饮集聚指数

餐饮集聚指数用美食称号和美食产业 2 个指标计算。其中，美食称号指中小城镇拥有的全国知名小吃的数量。该指标主要用于反映中小城镇的餐饮、美食发展程度，全国名小吃的数量越多，该城镇餐饮业发展水平越高；采用国家知名品牌（个）这一指标。

美食产业反映中小城镇中全国知名小吃的经济收益状况，经济收益越高，则该城镇的名小吃发展水平越高；采用美食经济收益（亿元）这一指标。

3. 娱乐集聚指数的指标

娱乐集聚指数用娱乐设施投资和娱乐产业 2 个指标计算。其中，娱乐设施投资指主营娱乐设施（包括体育运动、节庆活动、文化活动、民俗活动等娱乐类型）上的投资额占城镇总投资额的比重（例如冰雪运动小镇投资冰雪运动的总金额），取五年平均值；采用娱乐设施投资占地方投资比重（%）这一指标。

娱乐产业指标指娱乐各项收入占城镇总收入的比重，取五年平均值；采用娱乐产业增加值占比（%）这一指标。

5.2.3 中小城镇发展模式识别的关键阈值厘定

指数计算的过程中涉及每个指标的阈值参数，而厘定每个指标的阈值是模式判定和测算过程的关键问题。分别对 32 个模式指数测算中的指标进行分析，给出了每个指标的阈值及依据。

5.2.3.1 生产要素集聚模式识别的关键阈值厘定

1. 农业劳动力集聚模式的阈值厘定

（1）农业人口数量阈值

小城镇人口至少要达到 3 万人以上，才能发挥集聚功能。从事农业的人口数量也需要达到一定规模，才能发挥农业人口集聚效应。由于我国东中西部地区人口分布差异以及中小城镇劳动力集聚功能强弱不同，我们将农业人口阈值按地区划分，东中部地区阈值定为大于等于 5 万人，西部地区大于等于 2 万人。例如，山东省新泰市汶南镇是中国特色农业乡镇，2004 年底全镇总人口 10.1 万人，其中农业人口 8.75 万人。广西壮族自治区灵山县太平镇是典型的农业小镇，2013 年末总人口 12.85 万人，其中农业人口 12.55 万人。新疆哈密市二堡镇是以棉花、蔬菜、园艺及农区养殖业为主的平原农业大镇，2005 年总人口 1.3 万人，其中农业人口 1.23 万人。吐鲁番市葡萄乡 2011 年总人口 1.71 万人，其中农业人口 1.65 万人。

(2) 农业人口集中度阈值

农业人口较高的集中度是农业劳动力集聚模式的重要特征，参考多个小城镇农业人口比重，将农业人口占比大于 80% 作为判定阈值。例如，山东省新泰市汶南镇 2004 年农业人口占全镇人口的 86.5%。广西壮族自治区灵山县太平镇 2013 年农业人口比重为 97%。哈密市二堡镇 2005 年农业人口比重达到 94.47%。吐鲁番市葡萄乡高达 96.27%。

(3) 外地农民聘用率

农业发展水平较高的中小城镇，规模化种植需要大量农业劳动力，在农忙季节会通过聘用农业劳动力的方式发展生产。考虑到所聘劳动力可能大部分来自本镇，而本指标是该城镇对外的农业劳动力集聚水平，选择聘用外地农业劳动力程度作为考查指标，选定 20% 作为阈值。新疆和东北等农业人口缺口大的城镇会有较高比率。新疆呼图壁县园户村镇是以种植棉花为主的农业小镇，2018 年总人口 2.1 万人，农业人口 1.8 万人，每年农忙时吸纳拾花工 1000 余名，外地农民外聘率大约是 20%。

2. 工业劳动力集聚模式的阈值厘定

(1) 工业人口数量阈值

工业劳动力集聚模式的中小城镇首先应具有一定规模的工业从业人员数量，以发挥工业劳动力集聚效应，参考相关城镇工业人口现状，将工业人口数量的阈值定为 6 万人。例如，浙江省诸暨市大唐镇的支柱产业是袜业，2015 年总人口 5.7 万人，吸纳从业人员近 25 万人。广东省中山市古镇镇 2010 年全部社会从业人员 9.8 万人，工业从业人员为 6 万人。

(2) 工业人口比重阈值

浙江省诸暨市大唐镇 2015 年工业人口比重为 81%；广东省中山市古镇镇 2010 年工业人口比重为 61%。天津市大港区中塘镇 2000 年工业人口比重为 87%（王玉华，2001）。参考相关城镇工业人口集聚程度，将工业人口比重阈值定为 60%。

(3) 外地工人聘用程度阈值

乡镇工业发展是我国东南沿海吸引人口流入的重要动力。工业型小镇的人口主要来源于外地，外来务工人口的集聚对工业的发展产生积极作用（孙丽环，2013）。参考相关城镇工业外来人口状况，将外地工人聘用程度的阈值定为 30%。例如，江苏省扬州市西湖镇 2010 年本地人口 6000 人，外地来此从事工业的人口达 4000 人，外地工人聘用度为 40%。广东省中山市南朗镇外来务工人口 2015 年达 8 万余人，外来工人聘用度为 88%。广东省中山市古镇镇是"中国灯饰之都"，2010 年常住人口 15 万，外来人口约 60 万人，外来人口大都是在工厂做工，外地工人聘用度为 80%。

3. 服务业劳动力集聚模式的阈值厘定

(1) 服务业劳动力人口数量阈值

在中小城镇发展进程中，人口集聚对劳动密集型服务业发展具有重要意义。服务业劳动力集聚模式的中小城镇首先应具有一定的服务业从业人员规模，参考相关城镇的服务业人口数量，将服务业劳动力人口数量阈值定为 1 万人。例如，江苏省常熟市虞山镇全力打造云裳小镇、长三角创意之都，服务业从业人员 2015 年有 1.2 万人。江苏省昆山市花桥镇以服务业为主导，2012 年从事服务业人员达 1.97 万人。山西省忻州市五寨县是著名的旅游景区，2012年第三产业从业人员1.9万人。

(2) 服务业人口比重阈值

服务业劳动力集聚模式的中小城镇，其服务业人口比重应达到一定比例，考虑相关城镇服务业人口比重状况，将服务业人口比重的阈值定为15%。例如，浙江省金华市横店镇是著名的"影视小镇"，全镇有4.21万名劳动力，其中第三产业就业人员2014年占19%。山西省忻州市五寨县是著名的旅游景区，小镇全部从业人员11.58万人，第三产业从业人口数量1.9万人，服务业人口集中度2012年为16%。

(3) 外地服务业人口占比阈值

江苏省徐州市沙集镇是有名的淘宝小镇，2016年末从业人员3.5万人，吸引外来人口1万余人从事商业服务，外地服务人口占比约30%。参考相关城镇外来人口占比状况，将外地服务业人口占比的阈值设为30%。

4. 农业用地集聚模式的阈值厘定

(1) 农业用地面积阈值

山东省新泰市汶南镇的经济发展以农业为主，2004年全镇共有耕地面积8.7万亩。河南省新乡市恼里镇2017年入选为第二批中国特色小镇名单，全镇有6.1万亩耕地，其中已建成5万亩优质麦农业园。新疆巴音郭楞州七个星镇以种植葡萄为主，2006年农业耕地5.9万亩。甘肃省武威市凉州区清源镇2014年有耕地面积3.8万亩。随着城镇化的加快，农业用地需要集约高效发展，农业用地面积需要控制在一定范围之内，综合考虑将农业用地面积的阈值设为6万亩。

(2) 农业用地产值阈值

山东省新泰市汶南镇，2004年该镇的农业收入为2.78亿元，2005年为3.1亿元。河北省保定市庞口镇是农业大镇，2017年农业总产值10.8亿元。新疆巴音郭楞州七个星镇是典型的葡萄小镇，2006年农业产值1.13亿元。浙江省建德市杨村桥镇的草莓小镇，全镇产业2004年产值约7亿元。中小城镇现代新型农业发展加快，农业产值也不断提高，综合考虑，将农业用地产值3亿元作为阈值。

(3) 农业土地产出率阈值

河南省安阳市龙泉镇有1700多年的花卉栽培历史，是全国著名的"花卉之乡"，2016年全镇花木种植面积已达到2.25万亩，年总产值1.54亿元，土地产出率为0.68万元/亩。浙江省建德市草莓小镇2016~2017年度草莓每公斤平均售价在20~32元，平均亩产值达3万元。新疆维吾尔自治区现代农业发展迅速，农业生产规模化、标准化、市场化，2010年温室大棚平均产值1.05万元/亩。随着城镇化的加快，土地不断减少，提高农业土地产出率成为重点。不同的农作物农业产出率也不同，综合考虑，选择1万元/亩作为阈值。

5. 工业用地集聚模式的阈值厘定

(1) 工业用地面积阈值

浙江省嘉兴市嘉善县西塘镇2012年工业用地面积2.7万亩。江苏省如东县栟茶镇工业经济发展快速，已形成了石油机械、皮革加工、毛巾织造、渔网生产、化工、建材、电子七大系列产品生产基地，2007年工业集中区面积0.57万亩。上海市松江区车墩镇2012年工业用地0.81万亩。参考以上资料，将工业用地面积的阈值定为0.5万亩。

(2) 工业用地产值阈值

浙江省嘉兴市嘉善县西塘镇 2012 年工业生产总值 5.39 亿元。江苏省如东县栟茶镇 2007 年完成工业产值 12.21 亿元。上海市松江区车墩镇 2012 年工业总产值 22.08 亿元。参考以上资料,将工业用地产值阈值设定为 5 亿元。

(3) 工业用地产出率阈值

浙江省嘉兴市嘉善县西塘镇 2012 年土地产出率 1.99 万元/亩。江苏省如东县栟茶镇 2007 年土地产出率为 21.42 万元/亩。上海市松江区车墩镇的土地产出率为 272.6 万元/亩。参考以上资料,将工业用地产出率阈值设为 20 万元/亩。

6. 服务业用地集聚模式的阈值厘定

(1) 服务业用地面积阈值

北京市古北口镇国际旅游度假区位于古北口镇司马台村汤河流域,总占地面积 1.34 万亩。河南省开封市朱仙镇国家文化生态旅游示范区是河南省、开封市重点项目和省、市重点旅游项目,占地 0.53 万亩。江苏省苏州市"苏绣小镇"位于苏州西部生态旅游度假区,占地约 0.57 万亩。从各具体事例可以看出,该项指标所设置的阈值范围太大,因城镇占地面积大小不同,以历史文化名镇为例,该类型城镇以服务业为主,主要集中在旅游区内,面积 0.5 万~2.5 万亩。因此,将服务业用地面积阈值设为 0.5 万亩。

(2) 服务业用地产值阈值

古北口镇 2016 年接待游客 243 万人次,实现综合收入 7.2 亿元。2014 年江苏省昆山市巴城镇全年接待游客 280 万人次,同比增长 8.9%,实现旅游收入 19.3 亿元。由于不同城镇的产值差异较大,因此,将服务业用地产值阈值设置为 8 亿元。

(3) 服务业用地产出率阈值

2017 年古北口镇服务业用地产出率为 5.37 万元/亩。经过调查,以服务业为主的城镇用地产出率普遍可以达到 3 万元/亩以上,因此阈值设定为 5 万元/亩。

7. 地方资本集聚模式的阈值厘定

(1) 地方投资额度阈值

山东省寿光市上口镇基础设施日渐完善,吸引了大批农民进入城镇务工经商。部分富裕起来的农民进城带资建设,逐步形成了政府、集体、个人一起上的多元化、多层次投资格局,2000 年地方投资达 2 亿元。结合我国中小城镇实际情况,将阈值设定为 2 亿元。

(2) 地方资本占比阈值

地方资本占比能够反映一个地区的资本集聚程度,只有达到一定的比重才能形成集聚,例如,山东省寿光市上口镇 2000 年地方投资占比达 60%。结合相关案例,将阈值设定为 50%。

8. 国内资本集聚模式的阈值厘定

(1) 国内投资额度阈值

河南省开封市朱仙镇"国家文化生态旅游示范区"项目占地 5300 亩,总计投资 120 亿元,规划分四期,计划 10 年完成,每年 12 亿元。安徽省西递镇争取国家专项建设基金、中央预算内资金和省级专项补助资金等累计达 10.9 亿元。位于吉木萨尔县新疆首个以北庭文化为主题的特色小镇,总投资 20.8 亿元。广东省中山市三角镇 2011 年国内投资 6 亿元。参考相关数据将阈值设定为 10 亿元。

(2) 国内资本占比阈值

广东省中山市三角镇 2011 年内资占比 67%。古北水镇同样引入了外来资本，由 IDG 战略资本、中青旅、乌镇旅游公司共同投资 5 亿元建设，此后又引进北京和谐成长投资中心、北京能源集团，截至 2017 年 6 月其注册资本提高到 15.32 亿元，内资占比 33.3%。参考相关数据将阈值设定为 30%。

9. 国外资本集聚模式的阈值厘定

(1) 外商直接投资阈值

广东省中山市三角镇 2011 年引进外资 5423 万美元，约合 3.4 亿元人民币。根据我国中小城镇的外商投资情况，将阈值设定为 2 亿元。

(2) 外资占比阈值

广东省中山市三角镇 2011 年外资占比 37%。浙江省嘉兴市桐乡市乌镇外资占比 15%。由于东部沿海地区是吸引外资的重点地区，该地区城镇的外资比重具有重要的参考价值。参考相关数据将阈值设定为 15%。

10. 信息设施集聚模式的阈值厘定

(1) 互联网普及率阈值

2016 年全国农村整体互联网普及率为 26.9 户/百人。其中浙江省嘉兴市乌镇 2016 年的互联网普及率为 37.5 户/百人，考虑到全国东、中、西部地区间中小城镇发展水平不同，将该指标阈值设置为 35 户/百人。

(2) WiFi 覆盖率阈值

2016 年浙江省嘉兴市乌镇的 WiFi 覆盖率为 90%，山西省晋城市陵川县附城镇、杭州余杭梦想小镇以及成都市浦江县鹤山镇的 WiFi 覆盖率达到了 100%。考虑东西部地区发展不平衡的特点，将该指标阈值定为 80%。

(3) 电子监控覆盖率阈值

陕西省江阴市汉阳镇 2017 年辖区内视频监控的覆盖率已达 80%，浙江嘉兴市桐乡市乌镇和浙江省象山县贤庠镇 2017 年的监控覆盖率已达 100%。考虑东西部地区的基础设施建设存在差异性，将阈值定为 90%。

(4) 程控电话覆盖率阈值

2016 年山西省晋城市陵川县附城镇程控电话覆盖率为 13 户/百人，乌镇为 24.4 户/百人，而烟台市刘家沟镇仅为 3.4 户/百人。乌镇位于杭州市，相较而言其经济条件水平好于烟台市和晋城市。综合考虑，中小城镇程控电话覆盖率的阈值定为 13 户/百人。

11. 信息产业集聚模式的阈值厘定

(1) 信息产业产值阈值

滨江物联网小镇 2017 年的信息产业产值为 500 亿元，由于该小镇位于信息产业较为发达的浙江省杭州市，且集聚发展的产业类型多为高附加值产业，同时入驻企业为行业龙头企业，如阿里巴巴等，所以该镇信息产业产值会偏高。一般小镇如珠海市唐家湾镇，其移动互联网产业的产值在 2015 年为 115.7 亿元。对于刚刚建设信息产业的小镇，其初步产值低于 100 亿元，如云栖小镇在 2015 年的信息产业产值为 30 亿元，2016 年为 80 亿元。综合考虑阈值设为 100 亿元。

(2) 信息产业占比阈值

滨江物联网小镇 2017 年信息产业占比为 46%,但由于杭州市滨江区为发展较好地区,除了信息产业也会注重其他产业的发展;相比之下,珠海市唐家湾镇 2015 年信息产业占比为 61.2%,行业占比较高。综合考虑阈值设为 55%。

12. 高技术产业集聚模式的阈值厘定

(1) 高新技术产业产值阈值

2014 年浙江台州黄岩区的黄岩智能模具小镇高技术产业产值为 145 亿元。同在浙江的长兴新能源小镇和海宁阳光科技小镇的高新技术产业产值 2016 年分别为 102.5 亿元和 130.5 亿元。综合考虑阈值设为 100 亿元。

(2) 高科技产业产值占 GDP 的比重阈值

2014 年浙江省台州市黄岩智能模具小镇高科技产业占比为 44%,2016 年海宁阳光科技小镇高科技产业占比为 75%,长兴新能源小镇高新技术产业占比为 20.5%,而金华新能源汽车小镇高科技产业占比仅为 10.7%。综合考虑阈值设为 15%。

13. 技术成果集聚模式的阈值厘定

(1) 万人专利拥有量阈值

滨江物联网小镇位于浙江省杭州市滨江区内,2016 年其万人专利拥有量高达 156 件,相比之下,海宁市袁花镇的海宁阳光科技小镇的万人专利拥有量仅为 5 件。综合考虑将阈值设为 70 件/万人。

(2) 技术市场交易额阈值

位于山西省晋城市的陵川县在 2016 年的技术市场交易额达到了 2830.8 万元。福建省龙岩市连城县 2016 年的技术市场交易额为 3593.7 万元。陵川县位于中部地区,而连城县位于较为发达的东部沿海地区,考虑到区域发展差异,阈值设为 2800 万元。

14. 知识要素集聚模式的阈值厘定

(1) 知识型人才就业人口比重阈值

2018 年全国就业人员 7.7 亿人,技术工人 1.65 亿人,占就业人员的比重约为 20%,其中高技能人才 4700 多万人,仅占就业人员约 6%。2014 年底,广州市高技能人才 64.2 万人,占技能劳动者的比例为 30.3%,高于全国、全省平均水平。从某种意义上讲,知识经济就是人才经济,知识生产集聚模式对人力资源的素质、结构和培养具有很高的要求。综合考虑,将大学生就业比重的阈值定为 30%。

(2) 万人发表论文数阈值

据统计,河南省开封市朱仙镇总人口约 5.3 万人,2016 年在百度学术上搜索其论文有 123 篇,主要是围绕朱仙镇的木版年画主题,万人发表论文数为 24 篇。上海市金山区枫泾镇自 2016 年以来,在百度学术上搜索论文有 66 篇,全镇 6.78 万人,万人发表论文数为 10 篇。中小城镇万人发表论文数能够反映一个地区知识集聚程度,论文发表的多少体现了城镇高知识人才的集聚程度和知识生产能力。综合考虑将万人发表论文数的阈值定为 20 篇/万人。

15. 知识产业集聚模式的阈值厘定

(1) 知识产业产值阈值

云栖小镇成为中国首个云计算产业生态小镇,2015 年云计算相关产值实现 100 亿元。浙江省台州市黄岩智能模具小镇重点围绕智能制造、研发设计、企业孵化、总部经济、教育培训、生活服务六大方面来构建产业发展体系，2014年实现年产值145亿元。知识产业作为知识经济时代新的经济增长点，对促进中小城镇经济增长，提高中小城镇竞争力具有重要意义。综合考虑，将知识产业产值的阈值定为100亿元。

（2）知识产业比重阈值

浙江省梦想小镇涵盖了互联网创业小镇和天使小镇两大内容。2016年云计算相关产值实现100亿元，余杭区生产总值达800亿元，梦想小镇的产值占余杭区的比重为12.5%。随着知识型经济的发展，知识产业的比重也在不断上升，综合考虑，将知识产业比重的阈值定为10%。

16. 矿产资源集聚模式的阈值厘定

（1）矿产资源产值阈值

较大的规模是矿产资源集聚模式的重要特征，参考多个小城镇矿产资源产值，将矿产资源产值大于1亿元作为判定阈值。例如：青海省海西蒙古族藏族自治州乌兰县，2010年矿产资源完成产值约23.3亿元，增加值约10.8亿元。2016年，山西忻州市保德县矿产产业生产总值60亿元，增加值40.4亿元。

（2）矿产产值占GDP的比重阈值

属于矿产资源集聚模式的中小城镇，其矿产占GDP比重应达到一定比例，考虑相关城镇矿产占GDP比重状况，将矿产资源收入比重的阈值定为60%。例如：青海省海西蒙古族藏族自治州乌兰县，2010年矿产占GDP比重71%左右。山西忻州市保德县2016年矿产产值占GDP比重61.1%。

17. 旅游资源集聚模式的阈值厘定

（1）4A级旅游景点数量阈值

江西省宜春市靖安县，拥有3处4A级景区。新疆阿勒泰富蕴县，拥有1处5A级景区。湖南省株洲市炎陵县，拥有2处4A级景区。参考相关城镇4A级旅游景点数量状况，将4A级旅游景点数量阈值设为1。

（2）旅游产业增加值阈值

2015年，江西省宜春市靖安县，旅游产业增加值为24.73亿元。新疆阿勒泰富蕴县，2015年旅游产业增加值为4.15亿元。用旅游产业增加值反映旅游资源集聚程度时，东中西部阈值标准应是不同的。考虑东中西地区差异，将西部地区旅游产业增加值阈值设为4亿元，东中部地区旅游产业增加值阈值设为20亿元。

（3）旅游产业增加值占GDP比重阈值

属于旅游资源集聚模式的中小城镇，其旅游产业增加值占GDP比重应达到一定比例，考虑相关城镇旅游产业增加值占GDP比重状况，将旅游产业增加值占GDP比重的阈值定为9%。例如：新疆阿勒泰地区富蕴县，2015年旅游产业增加值占GDP比重9.8%。

18. 文化资源集聚模式的阈值厘定

（1）是否具有历史文化名镇称号阈值

上海市金山区枫泾镇和河南省禹州市神垕镇，均为第二批中国历史文化名镇。河南省开封市祥符区朱仙镇，1987年被省政府命名为"历史文化名镇"；2008年12月，朱仙镇被国家文物局和住房和城乡建设部授予"中国历史文化名镇"。湖南省长沙市宁乡县沩山乡，2017年获批为湖南省第五批历史文化名镇。参考多个小城镇文化设施水平，将1（具有历史文化名镇称号）作为判定阈值。

(2) 文化产业收入阈值

浙江省金华市东阳横店，2015 年文化产业收入 38.1 亿元。上海市金山区枫泾镇，2010 年文化产业收入 5 亿元。由于横店的文化产业发展极其成熟，文化产业收入占 GDP 比重达 28%，远高于全国平均水平和其他处于发展中的文化资源聚集小镇的一般水平。综合相关城镇考虑，把文化产业收入的阈值定为 3 亿元。

(3) 文化产业收入占 GDP 比重阈值

浙江金华市东阳横店，2013 年文化产业收入占 GDP 的比重达 28%，是全国平均水平 2.78% 的 10 倍多。上海市金山区枫泾镇，2010 年文化产业收入占 GDP 比重 10.04%。综合考虑相关小镇文化产业收入占 GDP 比重和全国文化产业收入占 GDP 比重的平均水平的比较以及不同小镇文化产业发展的差异，把文化产业增加值占 GDP 比重的阈值设为 10%。

19. 国内市场集聚模式的阈值厘定

(1) 国内市场交易额阈值

广东省中山市古镇镇，是中国灯饰之都，2014 年灯饰产品国内交易额 131.4 亿元，占全国市场份额的 60% 以上。浙江省嘉兴市桐乡市濮院镇是中国毛衫第一市，2015 年毛衫国内市场交易额 308.7 亿元，占全国市场份额的 60% 以上。由于相关城镇地区存在差异，资源优势和发展程度各不相同，综合考虑把国内市场交易额的阈值设为 10 亿元。

(2) 市场产品覆盖省区数量阈值

市场产品覆盖省区数量的多少是国内市场集聚模式的重要衡量标准，参考多个小城镇市场产品覆盖省区数量，将市场产品覆盖省区数量大于 28 个作为判定阈值。例如：浙江省嘉兴市桐乡市濮院镇是中国毛衫第一市，毛衫产品销售覆盖全国 30 多个省市。江苏省苏州市吴江区震泽镇是中国蚕丝之乡，蚕丝被在全国 30 多个省市区都建有销售网点。

(3) 国内市场交易额占市场总交易额的比重阈值

广东省中山市古镇镇是中国灯饰之都，2014 年灯饰产品国内市场交易额占市场总交易额的比重为 81.7%。浙江省嘉兴市桐乡市濮院镇 2015 年毛衫产品国内市场交易额占市场总交易额的比重为 99.58%。由于产品特性和国外市场开拓程度等因素的差异，综合考虑把国内市场交易额占市场总交易额的比重的阈值设为 80%。

20. 国外市场集聚模式的阈值厘定

(1) 国外市场交易额阈值

市场规模的大小是国外市场集聚模式的重要衡量标准，参考多个小城镇市场国外市场交易额，将国外市场交易额大于 10 亿元作为判定阈值。例如：广东省中山市古镇镇 2014 年灯饰产品国外市场交易额为 29.4 亿元。

(2) 市场产品覆盖国家数量阈值

市场产品覆盖国家数量的多少是国外市场集聚模式的重要衡量标准，参考多个小城镇市场产品覆盖国家数量，将市场产品覆盖国家数量大于 10 个作为判定阈值。例如：广东省中山市古镇镇灯饰产品出口到 130 多个国家和地区。浙江省嘉兴市桐乡市濮院镇作为中国毛衫第一市，毛衫产品出口到俄罗斯、日本及中东东南亚诸国等 20 多个国家。

(3) 国际市场交易额占市场总交易额的比重阈值

广东省中山市古镇镇 2014 年灯饰产品国外市场交易额占市场总交易额的比重为 18.3%。江西南昌进贤县文港镇是中国毛笔之乡、华夏笔都，2015 年笔类产品国外市场交易额占市场总交易额的比重为 11.8%。由于产品的特性和价值不同，综合考虑把国外市场交易额占市场总交易额的比重的阈值设为 10%。

21. 第一产业集聚模式的阈值厘定

（1）农业产值阈值

重庆市涪陵区蔺市镇位于闻名遐迩的"中国榨菜之乡"。2016 年蔺市镇入选第一批特色小镇。蔺市镇农业经济发达，盛产优质稻米，是涪陵区的"鱼米之乡"、产量重地、蔬菜基地。除水稻外，还有茶叶 3000 亩、南方早熟梨 4000 亩、蔬菜 10000 亩、中药材 5000 亩等支柱产业。2013 年，蔺市镇地区总产值为 13 亿元，农业生产总值为 5 亿元。山东省烟台市刘家沟镇是第一批入选特色小镇的城镇之一，全镇经济由农业、渔业和工业三大产业构成。刘家沟镇发挥丘陵山区的优势，积极发展葡萄种植酿酒业和桑蚕养殖业。2008 年，全镇经济总收入为 38.06 亿元，农业总产值为 14.3 亿元。结合案例与数据，将农业产值阈值定为 5 亿元。

（2）农业区位熵值阈值

四川省成都市寿安镇是农业发达大镇，以花木产业为主导产业，2006 年国内生产总值达到 35657 万元，一、二、三产业产值分别为 14126 万元、14930 万元、6601 万元，农业增加值 1.045 万元，农业总产值 1.9 亿元，根据公式计算可得寿安镇农业区位熵为 5。福建省厦门市莲花镇是同安区第一农业重镇，莲花镇以传统农业为主，农业产值占莲花镇总产值比重高达 72.7%。经计算，莲花镇农业区位熵为 8.5。依据以上案例数据，将第一产业集聚模式农业区位熵的阈值定为 4.5。

22. 第二产业集聚模式的阈值厘定

（1）工业产值阈值

天津市武清区西北部大王古镇，2017 年被评为第二批中国特色小镇之一。大王古镇属于工业强镇，工业发展水平位于天津市全区前列，凭借其区位优势引进国内外企业 2600 余家，其中包括一汽大众、北汽海纳川、美国凡士通等知名企业。2016 年，工业总产值达到 465 亿元。广东省江门市棠下镇是江门市重点发展的先进制造业示范区，形成了电子信息、精密机械、智能家电、健康食品等四大支柱产业，2016 年工业总产值为 520.12 亿元。广东省东莞市长安镇工业发达，特别是电子信息产业，2014 年长安镇工业总产值达到 1166.5 亿元。浙江诸暨市店口镇现已构筑了铜加工、管业、汽配、制冷四大产业群，2014 年其工业总产值为 812 亿元。结合案例与现实发展情况，将其阈值定为 450 亿元。

（2）工业区位熵值阈值

山东省淄博市淄川区昆仑镇是淄博市的工业重镇，2016 年入选中国首批特色小镇；此外昆仑镇相继被评为山东省高端装备制造产业园区和山东省中小型锻造及冲压设备产业基地。2000 年其三产比重为 4∶76∶20，工业区位熵值达 1.67。根据已有研究数据与实际案例，将第二产业集聚模式工业区位熵值的阈值定为 1.5。

23. 第三产业集聚模式的阈值厘定

（1）服务业产业产值阈值

第5章 基于生态—生产—生活要素集聚的中小城镇发展模式

浙江省东阳市横店镇是国家 5A 级旅游区、国家影视产业试验区，是国内著名旅游景点，也是服务业最为发达的城镇之一，有"中国好莱坞"之美誉，2014 年其服务业产值为 90.07 亿元。江苏省昆山市花桥镇 2013 年第三产业产值为 121 亿元（魏晶，2015）。综合考虑，将第三产业集聚模式下的三产产值阈值定为 50 亿元。

（2）服务业区位熵值阈值

北京市昌平区小汤山镇地热资源丰富，2005 年被中国矿业联合命名为"中国温泉之乡"，2016 年被列为第一批中国特色小镇，旅游资源丰富。2001 年，第三产业分量最重，占了 60%~68%，其区位熵在 1.5~1.7 之间。江苏省花桥镇是江苏省唯一一个以现代服务业为主导产业的开发区，2014 年花桥镇的三产比重为 0.29∶20.54∶79.17，其服务业区位熵为 1.66。随着社会发展，我国经济结构中第三产业占比逐渐增大，2015 年第三产业比重超过 50%，因此服务业区位熵值最大为 2，作为三产优势度小镇，其区位熵值必须大于 1。综合考虑，在数据和案例的支持下，将第三产业集聚模式服务业区位熵值的阈值定为 1.5。

24. 国家政策集聚模式的阈值厘定

（1）国家级名号数量阈值

山东省淄博市昆仑镇是淄博市的工业重镇，2016 年入选第一批中国特色小镇。此外，其获得的国家级名号还有：全国发展乡镇企业先进乡镇、首届中国乡镇投资环境 100 强乡镇、全国经济强乡镇和明星乡镇。重庆市潼南区双江镇以历史文化闻名，获得的国家名号有：中国特色小镇、十大历史名镇之一、全国历史文化名镇。贵州省遵义市茅台镇以酒闻名，获得的国家称号有：国家特色小镇、全国小城镇重点建设镇、全国综合改革试点镇、全国财政体制改革试点镇、全国小城镇建设示范镇。浙江省诸暨市大唐镇获得的国家名号有：国家小城镇建设试点镇、现代示范镇、全国村镇建设先进镇、国家卫生镇。广东省中山市古镇镇被授予的国家名号有：中国灯饰之都、国家新型工业化产业示范基地、中国花木之乡、国家文明镇、国家卫生镇。浙江省嘉兴市桐乡市濮院镇获得的国家名号有：中国羊毛衫名镇、中国市场名镇、中国毛衫第一市、中国大型品牌市场、全国百佳产业集群、中国最具商业影响力专业市场、中国十大服装专业市场、中国羊毛羊绒服装第一镇、中国纺织服装商业 20 年杰出市场等荣誉称号。横店镇是国家可持续发展实验区、国家影视产业实验区、浙江省高新技术实验区，先后荣获国家卫生镇、全国文明镇、第一批中国特色小镇等 20 多项荣誉称号。综合多个案例，将国家政策集聚模式的国家级名号数量的阈值定为 3。

（2）国家给予的资金额度阈值

我国南部的鸽镇是国家级贫困镇，2007 年申请的国土整治资金为 1530 万元，一事一议项目的资金为 735 万元。通过以上案例，将国家政策集聚模式政策资金额度的阈值定为 1000 万元。

25. 省级政策集聚模式的阈值厘定

（1）省级名号数量阈值

山东省淄博市昆仑镇是淄博市的工业重镇，获得的省级名号有：省级中心镇、省级小康镇、省计划生育先进单位、全省经济强乡镇、省乡镇企业先进乡镇。山东省烟台市刘家沟镇是国家葡萄标准化种植示范区，获得的省级名号有：山东省体育先进镇、山东省文化先进镇、山东省小城镇建设百新工程试点镇、农村财务管理示范乡镇、新农村建设科技示范镇。浙江省嘉兴市桐乡市濮院镇是中国毛针织产业重地，获得的省级称号有：浙江省文明镇、浙江省体育强镇、浙江省教育强镇、浙江省科普示范镇、全省文化市场管理示范镇。山东省新泰市汶南镇先后获得：山东省先进基层党组织、山东省村镇建设新型乡镇、山东省中心镇、山东省十大名镇、山东省环境优美乡镇。河南省新乡市恼里镇曾先后被授予：河南省百强乡镇、中州名镇、河南省卫生乡镇、河南省环境优美小城镇、河南省科技示范镇、省六好先进党委等荣誉称号。根据查找的多个案例，将省级政策集聚模式省级名号数量的阈值定为5。

(2) 省政府给予的资金额度阈值

2016年，陕西省发出《关于进一步推进全省重点示范镇文化旅游名镇（街区）建设的通知》，从2016年到2020年，省财政给予每个省级重点示范镇每年1000万元专项资金支持，每个省级文化旅游名镇每年500万元专项资金支持；广西壮族自治区将整合涉及示范镇建设的相关资金和项目，积极为示范镇争取中央专项和转移支付资金支持。自治区本级资金补助标准为每个示范镇1000万元，示范镇总投资一般不低于2000万元；2017年云南省特色小镇发展领导小组办公室公布了"云南省特色小镇创建名单"，同时对于纳入创建名单的特色小镇，近期拨付每个小镇1000万元的启动资金。结合案例与各省政策，将省政府给予的资金额度的阈值定为1000万元。

5.2.3.2 生态要素集聚模式识别的关键阈值厘定

1. 森林集聚模式的阈值厘定

(1) 森林覆盖率阈值

判别城镇发展是否依托森林资源，若是则森林资源需要有一个必要临界值，80%以上的覆盖率给予了本城镇依托森林资源进行开发的可能性。例如，长白朝鲜族自治县隶属于吉林省白山市，位于吉林省东南部，长白山南麓，鸭绿江上游右岸，森林总面积232895.6公顷，森林覆盖率达92%，位居全省乃至全国前列；吉林省白山市抚松县土地总面积615311.22公顷，林地551102.95公顷，占总面积的89.56%；位于吉林省东南部、白山市北部的靖宇县，地处长白山西麓，松花江上游左岸，拥有林地面积2169平方公里，森林覆盖率达84%。

(2) 森林破坏率阈值

森林生态系统应加以保护和经营，通过提高管理水平来改善森林的健康状况。通过查阅相关文献，我们得知当森林破坏率达到6%时，若不采取措施对森林进行补救，那么整个森林的生态健康将会持续恶化。

2. 草原集聚模式的阈值厘定

(1) 草原覆盖率阈值

西藏那曲地区的那曲县，总面积16195平方千米，截至2013年全县共有9万人，那曲县是纯牧业县，草原面积1.25万平方公里，草原覆盖率为77.2%，可利用草场面积有1.05万平方公里；陈巴尔虎旗隶属内蒙古自治区呼伦贝尔市，位于呼伦贝尔市西北部，地处呼伦贝尔大草原腹地，截至2012年，人口为5.9万人，总面积为21192平方公里。该旗境内可利用草原面积1.52万平方公里，草原覆盖率为71.7%，年可利用饲草贮量24.2亿公斤。所选城镇分别来自我国草地资源丰富的青藏和内蒙古地区，均属于我国草地资源较为丰富的地区，且草原资源均对当地的经济发展产生了重要影响。该阈值设定为 75%。

(2) 草原破坏率阈值

草原生态系统是一个由自然、经济、社会三大子系统共同构筑的复合生态系统，草地畜牧业地区的可持续性需要在生态、经济和社会的可持续性这三者的平衡中求得，为了能够发挥草原集聚效应，草原生态需要稳定在一个临界值内。当草原破坏率不超过 6%，才能有效地管理草原和取得最大的经济效益（刘东霞，2007）。

3. 沙漠绿洲集聚模式的阈值厘定

(1) 绿洲森林覆盖率阈值

岳普湖县隶属于新疆维吾尔自治区喀什地区，地处新疆西南部，总面积 3327 平方公里，总人口 17.4 万人（2015 年）。岳普湖县有林地 16.48 万亩、果园 1.14 万亩、草地 94.67 万亩，绿洲森林覆盖率为 22.5%。参照新疆整体的绿洲森林覆盖率 28.5%，我们把 40% 定为绿洲森林覆盖率的阈值。

(2) 绿洲退化率阈值

绿洲作为我国生态边界最重要的一道防线，然而绿洲的生态环境恶化日益严重，甚至濒于消亡，受到了我国政府的高度重视。为了保证绿洲集聚效应的正常发挥，我们认为绿洲森林的破坏率不宜超过 2%。

4. 湖泊集聚模式的阈值厘定

(1) 湖泊覆盖率阈值

我国东部平原地区和西藏地区湖泊覆盖度较大，但一个湖泊往往是分布于多个中小城镇，参考多个小城镇的湖泊覆盖度，我们把阈值定为 35%。例如，新疆维吾尔自治区巴音郭楞蒙古自治州博湖县位于焉耆盆地东部，开都河下游。全县总面积 3808.6 平方公里，2013 年人口为 61830 人，博斯腾湖古称"西海"，是中国最大的内陆淡水湖，水域面积达 1646 平方公里，占全县总面积的 43.2%；刚察县为青海省海北藏族自治州辖县，2012 年全县总人口 4.2 万人，面积 1.2 万平方公里，县境内有青海湖，湖面面积 4473 平方公里，湖水容量 850 亿立方米，湖泊覆盖度为 37%。

(2) 湖泊污染率阈值

常见的研究湖泊污染问题的切入点都是湖泊的水质和富营养化变化趋势，因湖泊污染面积难于确定精确数值，我们采用近年来湖泊减少面积与湖泊面积的比重来确定阈值。湖泊的减少以及湖面的萎缩，导致湖泊防洪调蓄功能大为减弱，加重洪水和干旱灾害的威胁，降低水域纳污能力，加速水体污染。通过翻阅相关文献及数据，最终把 2% 定为临界值。

5.2.3.3 生活要素集聚模式识别的关键阈值厘定

1. 康养集聚模式的阈值厘定

(1) 养老服务设施覆盖率阈值

乌镇地处浙江省桐乡市北端，截止 2017 年底共有养老服务中心 3 个，21 个居家养老照料中心。2017 年新建乌镇居家养老服务照料中心，建筑面积 1100 平方米，设有智慧养老综合服务平台，基本已经实现养老服务设施的全覆盖。考虑到区域差异以及养老康健小镇的建设时间和经济成本，把康养小镇的养老服务设施覆盖率阈值定为 80%。

(2) 老年人口入养老院比重和康养吸纳程度阈值

乌镇 2016 年户籍人口总数约为 5.7 万人，60 岁及以上老年人口数为 1.57 万人，80 岁以上老年人口 2127 人，百岁老人有 4 位，纯老年人家庭的老年人有 228 人，失能老人有 279 人，半失能老人有 365 人。乌镇有 1 家敬老院，12 个居家养老服务照料中心，其中，乌镇居家养老服务照料中心是一级中心，使用面积达 2000 平方米，其提供的养老服务覆盖乌镇 3 个社区和 1 个行政村的 4000 多位老人。考虑到现有养老院的数量以及床位数和我国老年人口数量的严重不匹配，以及我国传统的居家养老方式，把老年人口入养老院比重阈值定为 20%。

乌镇居家养老服务照料中心，建筑面积 1100 平方米，乌镇智慧养老综合服务平台设于本照料中心。2017 年末拥有养老服务中心 3 个，床位 216 张，安置五保、三五老人 59 人，其中社会寄养人员 60 人。由于乌镇本身老年人口所占比例较大，因此外地人口在养老院入住比例较小，鉴于老年人的就近养老习惯和地区间养老服务水平差异，把康养吸纳程度阈值定为 10%。

(3) 康养产业产值占比阈值

乌镇是我国智慧养老小镇的代表，养老产业较为健全。乌镇 2017 年实现生产总值达 60.31 亿元，比上年增长 12.1%；三次产业结构比例为 4.8：49.1：46.1，其中第三产业增加值 27.79 亿元，比上年增长 19.9%。旅游，住宿和餐饮业收入在第三产业收入中占 1/3，结合 2017 乌镇政府公报，其健康养老产业的收入总和占城镇总收入的 1/5 左右。这里把康养产业产值占比的阈值定为 20%。

2. 餐饮集聚模式的阈值厘定

(1) 国家知名品牌阈值

逍遥镇胡辣汤是中国知名美食小吃，2006 年被评为"河南十大名吃"之一，其原产地在河南省周口市西华县，该镇以胡辣汤为发展核心。截至 2017 年，逍遥镇共有胡辣汤加工企业 9 家，个体工商户 1750 余名；河南省漯河市舞阳县北舞渡镇拥有众多名优小吃，其中最有名的小吃是北舞渡胡辣汤；陕西省的腊汁肉夹馍是全国人民最钟爱的食品之一，其发源地为陕西省白吉镇，该镇白吉馍十分出名，配以腊汁肉则是闻名全国的腊汁肉夹馍。根据所查案例，美食小镇基本上都以一种闻名的小吃为发展核心，因此将生活集聚模式小镇拥有的国家著名小吃或省内著名小吃数量的阈值定为 1。

(2) 美食经济收益阈值

福建省三明市沙县夏茂镇是沙县小吃的发源地，2010 年外出办小吃人员达 1.3 万余人，每年增收 1.5 亿元。夏茂镇闻名中国的小吃是"牛系列"，最有名的是炖牛腩和牛脚筋。河南省周口市西华县逍遥镇胡辣汤是中国知名美食小吃，该镇以胡辣汤为发展核心，2015 年创经济效益 6 亿元。结合案例，将美食集聚模式小镇的美食经济创收的阈值定位在 1 亿元。

3. 娱乐集聚模式的阈值厘定

(1) 娱乐设施投资占地方投资比重阈值

2018 年 3 月，浙江绍兴市上虞区 e 游小镇 26 个重大项目集中开工，总投资达 147.8 亿元；21 个项目集中签约，总投资达 131 亿元。1996 年至 2012 年，横店集团累计投入 30 亿资金兴建广州街、香港街、明清宫苑等影视拍摄基地和两座超大型的现代化摄影棚。

对于娱乐型城镇，基础设施建设尤为重要，娱乐设施投资充足是保证该类型城镇发展的重要保障。将娱乐设施投资占地方投资比重阈值设置为50%。

(2) 娱乐产业增加值占比阈值

2011年到横店旅游的人数超过1200万人，实现收入60亿元，横店文化娱乐产业增加值占GDP的比重达28%，相当于全国平均水平2.78%的10倍多。娱乐型城镇建设最重要的一个目的是能够推动相关产业（体育产业、冰雪产业、游戏产业、影视产业）等的发展。因此，将娱乐收入占比的阈值定为40%。

5.3 中小城镇发展模式决策

特色小镇是中小城镇的一种类型，虽是城镇体系中的最末一级，却是协调城乡发展的重要环节，其健康发展是推动新型城镇化、区域经济转型和新农村建设等重大国家战略的有效途径。特色小镇同样具有"三生功能"，同样存在"三生空间"，理想的特色小镇发展应该是"三生功能"互补、"三生空间"协调。特色小镇的发展要以实现"三生"协调发展为宗旨，贯彻落实创新、协调、绿色、开放、共享的发展理念，因地制宜，突出特色，培育成特色鲜明、产业兴旺、绿色生态、美丽宜居的特色小镇，促进传统小城镇发展模式的转型升级，打造成小城镇产业、建设、居民和文化一体发展的功能平台，达到小城镇"生态、生产和生活"的高度融合，实现特色小镇的健康永续发展。

5.3.1 基于生态—生产—生活要素集聚的中小城镇发展策略

基于生态—生产—生活要素集聚的中小城镇应该是生态、生产和生活相互联系、相互融合的，而现实中的中小城镇还存在许多"三生功能"不明确、"三生空间"不协调的问题。这些问题都需要加强研究，总结和吸取优秀典型案例的经验教训，针对中小城镇在发展中的具体问题，因地制宜地寻找应对良策，以实现中小城镇的"三生功能"互补和"三生空间"协调。

5.3.1.1 基于生产要素集聚的中小城镇发展策略

基于生产要素集聚的中小城镇（即生产型特色小镇），要以创新发展为灵魂、以现代管理为手段、以资金运转为动力、以宜居宜业为保障，来实现生产型特色小镇的健康发展。以创新发展为灵魂，既要选择具有自身优势的企业、产业和产品，发展具有前景和潜力的高新技术产业，还要加大技术投入，增加机器人、智能技术、大数据产业、物联网、基因技术、3D打印等高端产业的引进。当然，对普通的小城镇而言，并不具备自身创新的实力，开展自主创新并不切合实际，建议加强同具有创新能力的大城市、大企业建立合作联系，积极将新技术、新产品、新思路引进到特色镇的特色产业发展中来。应当以现代管理为手段，转变企业管理和经营方式，避免家族式管理；以资金运转为动力，加大招商引资力度，积极宣传推广，通过多种途径、多种渠道引进内资外资；以宜居宜业为保障，注重生态环境保护和生活基础设施建设，建成生产功能与生活、生态功能协调发展的生产型特色小镇。

1. 劳动力集聚模式的中小城镇发展策略

劳动力集聚模式的中小城镇需要改善就业环境，提高中小城镇吸纳就业人才的能力。

对于农业劳动力集聚模式的中小城镇需要加快培育现代农业经营主体，防止农业人力资源贫瘠化；为农业劳动力提供多种服务，包括农业技能培训、医疗卫生服务等，保障就业人员权益；完善就业中介机构，为本地农业劳动力需求大户吸引劳动力，为本地劳动力增加农业工作机会，增加农业劳动力的流动性；随着城镇化进程推进，更多劳动力向城市转移，应把握大趋势，提前进行农业种植调整，推广使用规模化、现代化农业技术，减少对农业劳动力的依赖。

对于工业劳动力集聚模式的中小城镇应成立外来人员服务中心，为外来务工人员提供个案辅导、社交婚恋、法律维权、技能培训、子女照顾、互助热线等免费贴心服务；外来务工人员较多的小城镇存在更大的违法犯罪风险，应大力维护好小城镇的治安，保障人身安全；推进农业转移人口市民化进程，对符合条件的农民工争取落户进入城镇户籍；鼓励职工通过参股的方式参与企业发展，消除产权差异造成的影响，增加工人的积极性和责任心。

服务业劳动力集聚模式的中小城镇应加快城镇化进程，促进人口进一步向中小城镇集聚，促进中小城镇向服务业主导方向转变；扩大服务业熟练劳动力的就业比例，提高服务业整体的产品质量、生产效率及竞争力；进一步加大中小城镇高等教育的投入规模，提高熟练劳动力的相对供给，助推我国服务业就业结构的优化升级；提高服务业劳动力准入门槛，有助于服务业劳动力素质的提高；以市场为导向，加强现代服务业的人才储备。

2. 土地集聚模式的中小城镇发展策略

土地集聚模式的中小城镇需要有效利用土地，提高土地的有效利用率。对于农业土地集聚模式的中小城镇要合理施肥，防止土地不良性状和土地退化；在选择中小城镇农业作物时，选育优良品种，以科技创新来支撑农业发展；加大农业喷灌等基础设施建设，提高土地产出率；调整土地用地结构，根据中小城镇人口和用地规模情况，规划城镇用地；发展现代农业，加大农业科技投入，利用互联网等信息设施，推广农业产品，提高农业产值和农业产出率。

工业土地集聚模式应建立一套比较完整的土地利用评价指标体系，在土地投入指标、产出指标、收益指标等方面设立评价标准；对原国有、集体及其他企业一些闲置的、未充分利用的土地，通过联合、兼并、租赁等各种形式盘活土地存量，使其得到充分利用；工业城镇的发展不能以生态环境为代价，应当注重环境友好型、资源节约型城镇建设；抓好定位，从促进工业发展转向促进一、二、三产业融合发展。

服务业土地集聚模式应大力鼓励服务业创业，扩大现代服务业供给；继续落实国家结构性减税政策，持续释放政策红利；加大创新体制机制建设，促进服务产业发展；积极发展生活性服务业，包括旅游、健身、家政、养老等；积极改善现代服务业必备的交通、通信、网络等硬件条件。

3. 资本集聚模式的中小城镇发展策略

资本集聚模式的中小城镇需要建立完善的投融资服务体系，鼓励多渠道投融资创新，可用的融资方式包括政策性（商业性）银行（银团）贷款、债券计划、信托计划、融资租赁、证券资管、基金（专项、产业基金等）管理、PPP融资等。对于地方资本集聚模式的中小城镇应形成政府、集体和个人多元化、多层次的投资格局；多渠道汇集地方资金，形成多样化资金来源方式。

国内资本集聚模式的中小城镇应大力引进国内投资机构；出台招商引资相关规定及政策意见，努力改善营商环境，为招商引资提供政策保障；丰富招商引资形式、切实加强专业化招商引资队伍建设。

国外资本集聚模式的中小城镇应根据当地的政策、资源、市场条件及投资需求等因素，结合吸引外资的各种手段，做好地区投资良好形象的宣传；加强基础设施建设，增强外资的吸引力。

4. 信息集聚模式的中小城镇发展策略

信息集聚模式的中小城镇需要政府部门在信息设施普及过程中承担起主要责任，加大对宽带互联网、电话、移动网络建设的投资；做好与大型通信企业的合作，如中国电信、中国移动等企业，弥补政府在信息设施建设过程中的不足；推动当地通信设施的普及，提高当地的城镇化水平、对外开放程度以及人民综合素质；电子监控的覆盖工作要进行到村、街道，使村村有监控、每个街道有监控；吸纳大型龙头企业，同时对创业企业和小企业实施落地优惠政策；建设优美的工作、生活环境，加大人才吸引优势；简化信息产业相关手续的办理程序，使信息产品的开发、上市更便捷；培养、建立完善的产业链，保证最终产品的研发与上市。

5. 技术集聚模式的中小城镇发展策略

技术集聚模式的中小城镇应大力引进高新技术的研发与制造人才，确保高新技术产业的推进；政府加大对产品的采购，增加资金直接投入量，减少税收以及放宽金融支持政策，以促进高新技术产业的发展；将科技成果产业化和市场化，加快高新技术产业的发展；积极向市场宣传新型科技成果，扩大科技成果的消费市场；积极吸纳高素质科研人员，推出"抢人"优惠政策，吸引人才集聚，同时引进高校和科研院所，为中小城镇发展注入新鲜力量；提高当地市场对技术成果的接纳程度，建立活跃的市场环境，推动技术成果的产业化和市场化；

技术成果的发明和应用同时并行，科研成果和应用市场缺一不可；鼓励研发人员积极进行产品专利申请，保障科研人员的基本权益。

6. 知识集聚模式的中小城镇发展策略

知识集聚模式的中小城镇应完善培养方案，构建合适的教育培养模式。政府及社会应推进改革，培养创新型人才；实施大学生补贴政策，吸引农村籍大学生回乡建设；建立市场导向的就业机制，解决大学生就业现状；牢牢把握市场需求，实现政府促进就业、高校指导就业和大学生自主择业的有机结合；大学生自身要提高个人素质，提高科研技能；加大研发投入、促进科研成果转化。

知识产业集聚模式的中小城镇应着重支持培育知识产业的应用基础研究类原始创新，激发民间资本投资知识密集型产业的积极性；充分发挥中小城镇"人才红利"，大力发展知识密集型服务业；充分发挥利益牵引和物质刺激在知识和技术密集型产业发展中的巨大作用；政府应主动引进高技术人才，发挥人才的集聚效应，提高知识产业产值和比重。

7. 资源集聚模式的中小城镇发展策略

资源集聚模式的中小城镇应做好资源型产业定位，树立新的均衡协调的发展观；建立资源产业可持续发展战略，促进资源型产业链向精细加工环节延伸；提高科技创新能力，充分利用现有资源，挖掘可替代资源，避免产业发展单一和资源枯竭问题。

矿产资源集聚模式的中小城镇应把生态文明建设置入到矿产资源开发利用管理的全过程：在探矿权设置阶段，按规划避开生态功能区、生态敏感脆弱区、基本农田、城市建设区等区域，绝不越"红线"半步。在找矿阶段，实行"绿色勘查"，比如：能用物化探测方法的，不用揭露工程；能用浅钻的，不用槽探；尽量减少对周围生态环境的破坏；事后及时进行生态恢复。在开采阶段，按"绿色矿山"要求开发矿产资源：开采前，编制矿山地质环境保护和土地复垦方案，对矿山地质灾害防治、矿山含水层保护、重金属迁移防治、矿山地质环境恢复等提出明确的实施方案、具体的保障措施、可考核验收的标准，以达到"绿色矿山"要求；开采中，实时进行矿山环境检测，严格控制废弃物、污染物排放在国家标准容许范围内；开采后，及时进行矿山生态环境治理恢复。

旅游资源集聚模式的中小城镇需要政府规划、专家论证、立足资源、突出特色、真正打造出特色旅游的亮点；引导企业参与，形成产业链条，带动群众致富，获得良性循环；激发本地居民和政府的保护与参与意识，共同打造旅游品牌；以城乡规划为龙头，引导旅游特色小城镇稳步发展；以农民增收为目标，让农民利用自己的资产和劳动直接参与；立足于可持续发展，正确处理资源保护与旅游开发的关系；多渠道增加投入，完善小城镇基础设施建设；加强部门协调，推动旅游与小城镇协调发展；加快制度创新，推动旅游城镇制度建设；发挥市场机制，拓宽城镇发展旅游业的融资渠道；促进旅游设施建设，提高城镇旅游综合服务水平；突出地域特色，提升城镇旅游经济的品牌竞争力。

文化资源集聚模式的中小城镇应牢牢把握城镇特色文化的精髓部分，将文物、古迹、风景名胜、文化遗产和节庆风俗等极具地域特色的文化资源作为城镇发展模式更新的重要依托；开发和引进创意文化产业，合理构建文化产业体系；加大基础设施建设与宣传力度，规划先行。

8. 市场集聚模式的中小城镇发展策略

市场集聚模式的中小城镇发展需要尊重要素流动规律，注重政府引导和市场结合，处理好产业与环境的问题。从全国层面，应进一步深化体制改革，取消不利于市场一体化的各类制度和政策障碍；加速交通建设，特别是要加强某些交通枢纽的基础设施建设，进一步促进市场一体化发展，为产业扩散转移创造条件；从地区层面，通过国内和国外两个市场整合资源，寻求在一体化市场中的比较优势；打破地方行政保护和垄断，消除市场分割，降低物流等交易成本。

国外市场集聚模式的中小城镇应继续加强金融市场建设，进一步提高金融发展水平；推动实现出口结构的优化升级，提高出口商品的技术水平和附加值；合理发展民间金融，以降低外贸企业的融资约束。

9. 产业集聚模式的中小城镇发展策略

产业集聚模式的中小城镇应着力发展地区特色产业，打造特色产业链，促进产业可持续发展。对于第一产业集聚模式应加大农业基础设施资金投入；引进农业人才，加快农业科技创新；推进农业化分工，促进产业集群化发展；加强农业科研开发，健全科研推广体系；完善农业标准体系，实施严格标准化管理；强化环境和资源保护，促进农业可持续发展。

第二产业集聚模式的中小城镇应进行技术升级，调整产业结构与产品结构；提高产品质量，创立品牌，实现专业化生产，确保生态环境与生产环境相协调；创造良好政策环境,加强宣传,引进大量劳动力与人才。

第三产业集聚模式的中小城镇应注重产业布局的集聚与分散并举,产城融合发展;发掘休闲旅游、文化旅游、观光旅游等特色旅游项目;巩固和壮大以旅游业、住宿餐饮业、批发和零售业为主的传统产业,积极推进生产性服务业发展。

10. 政策集聚模式的中小城镇发展策略

政策集聚模式的中小城镇应协调好不同层次的政策措施,加强政府部门对中小城镇发展的引导和资金投入。对于国家政策集聚模式的中小城镇应充分利用国家政策对中小城镇发展的优势,以点带面,确保乡镇建设的健康发展;充分利用名号效应,加大宣传力度,合理利用扶持资金,吸引更多资金与人才的到来;注重基础设施建设,完善配套设施。

省级政策集聚模式的中小城镇应根据国家政策和地区特色来制定符合中小城镇发展的政策;合理使用政府给予的资金,打造自身特色;利用好已有的省级名号,做好宣传,吸引更多的资金,促进本地更快更好的发展。

5.3.1.2 基于生态要素集聚的中小城镇发展策略

基于生态要素集聚的中小城镇即是生态型特色小镇。生态资源本底是生态型特色小镇得以存在和赖以发展的根本,若生态环境遭到破坏,生态型特色小镇则随之消失。因此要以保护生态资源为根本,注重生态保护过程中当地居民的参与,处理好生态保护与经济发展的关系,促进生态型特色小镇的持续发展。首先要把生态环境的保护放到万事之首,采用智慧保护的设施和措施,明确生态保护的主体责任,发挥政府、个人、社会、团体等在生态保护中的积极作用,确保生态本底不被破坏,保住生态型特色小镇的根本;其次要处理好生态保护区当地城镇居民的生产生活问题,将当地城镇居民视作生态保护区的重要组成部分,将小城镇的规划纳入生态保护区的总体规划,统筹考虑小城镇的交通、居住、产业、环境保护等问题;最后要解决好生态型特色小镇的发展问题,可以充分利用当地生态资源的优势,发展特色林果业、特色养殖业、特色生态旅游业等生态产业,促进城镇经济发展。

(1) 森林集聚模式的中小城镇发展策略

森林集聚模式的中小城镇应充分利用并合理配置各种土地资源,见缝插绿,多栽种树木,提高区域范围内的整体树冠覆盖率;加强绿化养护的监管以保证林木保养率;严格实行责任追究制度,把森林资源的保护纳入目标管理,乡镇主管领导为主要责任人;加大林政执法队伍建设,理顺林业管理体制,大力查办涉林案件中发生的渎职犯罪案件,达到更有效地管理森林资源、打击涉林违法犯罪的目的。

(2) 草原集聚模式的中小城镇发展策略

草原集聚模式的中小城镇需要摸清草原底数,科学划定禁牧区和草畜平衡区,合理确定禁牧补助、草畜平衡,合理设定奖励具体发放标准以及封顶、保底标准,避免出现因补贴额度过高"垒大户"和因补贴过低影响牧民生活的现象;开采和建设要有科学的生态补偿机制,统一归口草原确权登记颁证工作,对放牧草场和荒漠草场实施分类管理;保护和合理利用天然草场,改良复壮天然草地,提高平均产草量,提升优质牧草比例。

(3) 沙漠绿洲集聚模式的中小城镇发展策略

沙漠绿洲集聚模式的中小城镇应制定流域综合治理方案,组织多部门做好前期的调研工作,提出科学合理的措施,避免因措施不当引发新的环境蠕变问题;进行全流域水资源的综合调配，减少上中游用水，使绿洲有一定的水资源保障；节约绿洲农业用水，改造老灌区，改变传统漫灌水的浇灌方式；调整农业结构，减少农业耕种面积；建立保护发展绿洲森林资源目标责任制，禁止开荒、禁止打井、禁止放牧、禁止乱采滥伐、禁止野外放火，全力巩固扩大重点治理成果；强力推进"设施农牧业+特色林果业"模式，大力发展沙产业，以企业、合作社、协会的方式，将广大农户结成利益共同体。

（4）湖泊集聚模式的中小城镇发展策略

湖泊集聚模式的中小城镇应制定湖泊健康监测评估标准和方法，建立湖泊监测体系和监测信息协商共享机制；开展关键技术研究，形成符合湖泊流域生态特点的健康监测与评估技术体系；制定基于湖泊流域生态健康监测评估结果的湖泊保护对策；完善流域水污染减排和治理的补贴奖励制度，建立流域水污染的减排和治理政府责任机制，用行政措施推进流域内各项水污染减排和治理工作。

5.3.1.3 基于生活要素集聚的中小城镇发展策略

基于生活要素集聚的中小城镇（即生活型特色小镇），要体现宜居的特征，处理好设施的投资模式、宜居的文化本底和宜居宜业结合等关键问题。实现宜居性首先要保证生活居住的舒适性，特色小镇的基础服务设施要跟得上，这势必要解决好基础设施的投资模式问题。基础设施建设要符合小镇特征，要小而综；同时要发挥企业和社会资本的作用，减轻城镇政府财政压力，实现资金的合理运转。追求宜居性不能脱离本地的优秀传统文化，要加强特色文化的保护和发扬，在物质性文化景观上保留住小城镇的建筑特色，区别于城市和乡村建筑，体现地方传统文化；在非物质文化景观上要注重保护利用本地民俗、节庆、传说、歌曲、武术等特色资源，实现有内涵的宜居。宜居、宜业要紧密结合，缺少就业机会的宜居城镇会存在可持续发展的问题，建议加强对宜居小镇的产业和就业问题的研究，增加就业机会，实现特色小镇宜居和宜业的有机结合。山东济宁市的尼山镇是一个很好的例子，作为儒家学派创始人孔子的诞生地，尼山镇致力于发展孔圣人、国学相关的特色产业，培育浓郁的治学、求学氛围，并把握好商业和学问之间的关系，用文化实现了尼山镇的宜居宜业。

（1）康养集聚模式的中小城镇发展策略

康养集聚模式的中小城镇应根据自身的特色，确定小镇开发类型，依托开发类型，强化健康主题，进行多元化开发；养老服务设施的选址要贴近老年人的活动范围，不应超出老年人的社区出行距离极限；设施功能的设置也应该依据老年人群的主体需求，不仅要全面覆盖"养、医、学、教、乐、为"等居家养老服务的目标，还要兼顾物质和精神两方面；更大尺度地借助其他公共服务设施资源平台，重视与其他公共服务设施的功能整合，推进诸如医养结合、养教结合等，实现快速有效地满足迅速增长的社区居家养老服务需求。

（2）餐饮集聚模式的中小城镇发展策略

餐饮集聚模式的中小城镇应促进营销管理能力，对于美食小镇而言，营销至关重要；加强生产加工技术培训；传承美食文化，将美食与文化相结合，促进美食产业的升级；加强监管体系的建设，确保食品卫生安全；加大传承与创新投入，对于传统美食，不仅仅要将其手艺传承下去，还要把握发展趋势，对它进行创新改进。

（3）娱乐集聚模式的中小城镇发展策略

娱乐集聚模式的中小城镇应加快娱乐产业设施投资建设，促进娱乐产业发展，突出"娱乐＋"业态；按照"生态—生产—生活"相融合的思路，致力于为每一个投资者、创业者以及消费者提供最为优质和完善的服务，营造良好环境；突出娱乐营销工作重点，打响娱乐产业品牌，提高知名度，拓宽市场，吸引客源；服务人民群众，推动社会各界力量参与；政府做好引导工作，把握发展方向，通过制定相关的政策来保证城镇建设工作的顺利进行。

5.3.2 中小城镇不同类型发展模式的典型案例

5.3.2.1 生产要素集聚模式的典型城镇

1. 农业劳动力集聚模式的典型城镇——新疆巴州尉犁县尉犁镇

新疆巴音郭楞蒙古自治州（以下简称巴州）尉犁县尉犁镇依靠水土光热等优势资源积极发展现代农业，发挥农业劳动力专业化与集聚优势，推动城镇经济发展，是典型的农业劳动力集聚的发展模式。巴州尉犁县域内2010年有宜农可垦地352万亩，林地255万亩，草原1556万亩，其中优质可垦地60万亩。2013年新增高效节水垦地面积5万亩，通过推广应用综合集成技术，棉花单产、总产分别达到155.2公斤/亩、195.76万担。种植特色作物6441亩，新建设施大棚256座共1015亩。成立全疆首个"家庭农场"，在农业产业化、规模化发展方面做出积极探索。林果、畜牧实现做优做强，林果面积达10.2万亩，果品总产1.86万吨，同比分别增加1.7万亩、3000吨。制定出台一系列扶持畜牧业发展的优惠政策，协调落实贴息贷款3270万元，兑现草原生态保护补助奖励资金2240万元，标准圈舍、良种牲畜补贴813万元。2013年，尉犁县总人口11.72万人（有新疆生产建设兵团第二师驻县团场），其中地方人口6.9万人，维吾尔族占47.6%，汉族占51.7%。每年都有大量的务工人员采摘棉花，外地农民聘用度较高。近几年采摘棉花的务工人员工资越来越高，给当地农民造成压力。棉花机械化采摘技术得到推广及应用，一台采棉机单日采收进度可达150亩，日采籽棉4.6万公斤左右，相当于1000个拾花工的劳动量，每亩棉花的机械采收费用比人工采摘节约劳动力成本500多元。机采棉技术在该团的推广成为对棉花传统种植和采摘模式的一种变革。机采棉技术的推广，有效解决了植棉面积与拾花劳力紧缺的矛盾，成功降低拾花成本的同时也是推动社会进步，实现棉花生产机械化、现代化的必由之路。

2. 工业劳动力集聚模式的典型城镇——浙江省诸暨市大唐镇

浙江省诸暨市大唐镇是中国袜业之乡，有着全球门类最齐、产能最大的袜业及原料生产基地，袜业是典型的劳动密集型产业，大唐镇属于工业劳动力集聚模式。袜业是大唐镇的支柱产业，特别是从1999年和2000年成功举办两届中国袜业博览会后，大唐镇已成为闻名全国的袜业之乡、市场大镇。2001年全镇拥有工业企业4273家，其中织袜企业3289家，累计完成工业总产值46.9亿元，实现销售45.6亿元，利税5.36亿元，出口产品交货值4.18亿元，分别比2000年增长20.46%、19.52%和21.87%。大唐镇以轻纺原料、袜子、袜机、联托运和劳动力等五大市场为依托，以社会化合作、专业化分工为特征，以个体经济为主体，基本形成了织袜为主，轻纺原料生产、销售、印染和定型包装一条龙服务的经济格局，奠定了全国最大袜业生产基地的龙头地位。大唐是诸暨市的经济重镇，2006年全镇实现工农业总产值252亿元，其中工业产值250亿元。大唐镇总人口5.7万人，吸纳从业人员近25万人，工业人口占比达到81%，并吸引了大量的外来人口，为袜业的发展提供了充足的劳动力。

3. 服务业劳动力集聚模式的典型城镇——江苏省昆山市花桥镇

江苏省昆山市花桥镇地域面积50平方公里，距离上海市中心不到25公里，西邻昆山国家级开发区，东依上海国际汽车城。花桥镇以服务业为主导，2005年就提出建设"花桥国际商务城"的构想，总体定位为"融入上海、面向世界、服务江苏"。2006年花桥国际商务城被批准为以现代服务业为主导产业的省级开发区，其劳动力密集优势明显，是典型的服务业劳动力集聚的发展模式。2013年入选财政部、商务部现代服务业综合试点，成为昆山深化两岸产业合作试验区的核心区。2012年，从事服务业人员达1.97万人，截至2014年末，花桥镇外来暂住人口达到10万人。

4. 农业用地集聚模式的典型城镇——浙江省建德市杨村桥镇

浙江省建德市杨村桥镇位于杭州西部，素有"中国草莓"之乡、"严州白梨"之都的美誉。全镇地域面积133.2平方公里，2004年辖22个行政村，1个居民区，人口19448人，耕地面积892公顷，山林面积11216公顷，土地资源优势明显，是典型的农业用地集聚的发展模式。村桥镇率先从日本引进大棚草莓种植技术，由原来的苗木消毒转化为土壤消毒。种植的"丰香"、"章姬"、"红颊"等品种，远销北京、广东、青岛、南京等地。2004年总产值为2400万元。杨村桥镇农业经济稳步发展，镇党委、政府认真探索"农民不离土地奔小康"的农业发展路子，大胆进行种植结构调整，先后建立了优质米、干鲜水果、水产品、生态经济型林业、名优茶制作、家禽养殖六大农业开发基地。本镇的特色产品"严州白梨"，通过良种引进、新品种开发，从1992年的630亩、133吨发展到1998年的2111亩、2178吨，产值达到697万元。镇农业的拳头产品"草莓"，通过政府搭桥、专家指导规划，生产走上了突飞猛进的快车道，1998年全镇大棚栽培3133亩，实现产值2556万元，每亩最高收益12000元，产品销往北京、广州、大连、杭州、南京等大中城市，种植草莓最早的绪塘村被誉为"浙江草莓第一村"。1998年全镇13683亩耕地，实现产值4325万元，土地产出率达到每亩3161元。

5. 工业用地集聚模式的典型城镇——浙江省嘉兴市嘉善县西塘镇

浙江省嘉兴市嘉善县西塘镇是"中国纽扣之乡"，2012年工业用地面积2.7万亩，工业生产总值5.39亿元，土地产出率1.99万元/亩，是典型的工业用地集聚模式。2016年，有纽扣生产企业1300余家，年生产纽扣1600多个品种、600亿颗左右，产量占全国需求量的50%，行业年产值65亿元左右，税收贡献占全镇财政总收入的1/3。2011年，西塘镇实现规模以上工业企业产值31.1亿元，实现利税3.5亿元，其中实现利润2.8亿元。2015年，西塘镇新增"个转企"48家，"小升规"7家，"新进规"3家；产值超亿元工业企业达10家。2016年，西塘镇规模以上工业企业达38家，规模以上工业产值93.59亿元。

6. 服务业用地集聚模式的典型城镇——北京市密云区古北口镇

古北口镇是北京市第二批42个重点镇之一，也是北京市30个文化创意产业集聚区之一，"司马台——雾灵山沟域"是北京市政府重点支持的七条沟域经济带之一。古北水镇（司马台长城）国际旅游度假区总占地面积9平方公里，总投资逾45亿元人民币，是集观光游览、休闲度假、商务会展、创意文化等旅游业态为一体，服务与设施一流，参与性和体验性极高的综合性特色休闲国际旅游度假目的地。古北水镇（司马台长城）国际旅游度假区内拥有 43 万平方米精美的明清及民国风格的山地合院建筑，包含 2 个五星标准大酒店、4 个精品酒店、5 个主题酒店，20 余家民宿、餐厅及商铺，10 多个文化展示体验区及完善的配套服务设施。

7. 地方资本集聚模式的典型城镇——山东省寿光市上口镇

山东省寿光市上口镇基础设施日渐完善，吸引了大批农民进入城镇务工经商。部分富裕起来的农民进城带资建设，逐步形成了政府、集体、个人一起上的多元化、多层次投资格局，是典型的地方资本集聚发展模式。上口镇交通便利，具有良好的对外开放和招商引资的区位优势及资源优势，是潍坊市确立的首批"中心镇"。1991 年以来，镇党委、政府不断加大投入，突出高精尖产品的研发，先后投资 3.1 亿元，利用外资 360 万美元。2000 年地方投资达 2 亿元，地方投资占比达 60%。

8. 国内资本集聚模式的典型城镇——河南省开封市朱仙镇

河南省开封市朱仙镇"国家文化生态旅游示范区"由河南开心一方置地集团投资开发，项目占地 5300 亩，总计投资 120 亿元，每年 12 亿，是典型的国内资本投资集聚发展模式。2000 年，朱仙镇投资 1228 万元，对镇区"三纵三横"六条主干大街进行拓宽改造，改善道路面积 24 万平方米，新修下水道 14.8 公里，镇区新建住宅面积 210 万平方米，开发沿街商贸楼 11 万平方米，改造通信线路 60 公里。镇区电话普及率 40%，有线电视普及率 67%，建成了无线电视台，覆盖半径 30 公里，改善了居民生活条件，提高了镇区发展质量。

9. 国外资本集聚模式的典型城镇——广东省中山市三角镇

广东省中山市三角镇 2011 年引进外资 5423 万美元，约合 3.4 亿元人民币，外资占比达 37%，小镇发展主要依靠国外资本优势，是典型的国外资本集聚发展模式。

10. 信息设施集聚模式的典型城镇——浙江省嘉兴市桐乡市乌镇

浙江省嘉兴市桐乡市乌镇在信息集聚方面表现突出，互联网覆盖率、WiFi 覆盖率、监控覆盖率以及电话普及率均处于上等水平，数值明显高于其他城镇，是典型的信息设施集聚发展模式。2016 年互联网普及率为 37.5 户/百人，WiFi 覆盖率为 90%，监控覆盖率已达 100%，程控电话覆盖率为 24.4 户/百人。

11. 信息产业集聚模式的典型城镇——滨江物联网小镇

滨江物联网小镇位于杭州市高新区的东部，建设目标是成为国际一流的物联网产业小镇和应用示范区，主攻物联网产业，同时大力发展云计算、大数据、移动互联网等物联网基础性支撑产业，是典型的信息产业集聚发展模式。作为一个信息产业领域的特色小镇，这里已集聚了一批具有国际竞争力的物联网产业龙头骨干企业。以"海康威视"领衔的数字安防产品市场份额全国第一，已落户上市公司 7 家，还将在 3 年内引进信息智慧企业 100 家，集聚信息产业领域创新人才 2.5 万人，培育新上市企业 2 家、新三板挂牌企业 5 家。2017 年物联网产业产值 500 亿元、税收 40 亿元。

12. 高技术产业集聚模式的典型城镇——黄岩智能模具小镇

2014 年浙江省台州市黄岩区的黄岩智能模具小镇高技术产业产值为 145 亿元，高科技产业占比为 44%，是典型的高技术产业集聚发展模式。黄岩素有"中国模具之乡"的美誉，模具产业作为黄岩区的优势产业之一，至今已有近 60 年的发展历史。2014 年，黄岩共有模具、配件及相应装备企业2200多家，从业人员5万多人，实现年产值145亿元，模具年出口量在3亿美元以上。小镇引入了包括精诚模具、星泰模具、誉隆科技、德玛克、润兰制造、凯华模具、轩汉模具7家模具行业领军企业在内的30多家黄岩本土模具企业。这些企业带动黄岩模具从产业集聚迈向品牌集聚，推动整个产业的转型升级。

13. 技术成果集聚模式的典型城镇——山西省晋城市陵川县

山西省晋城市的陵川县2013年科技3项经费支出600万元，2016年的技术市场交易额达到了2830.8万元，是典型的技术成果集聚发展模式。2013年完成各类科技项目114项（国家和省级各1项，市级21项，县级91项）。2016年组织实施各类科技项目34项（省级18项、市级16项）。在省级项目中，列入重点研发一般项目4项，成果转化项目4项，农村技术承包项目6项，专利推广资助项目2项，科技重大专项持续支持项目2项。2016年技术市场交易成交235项，有效发明专利拥有量340件，省级科技成果鉴定2项；新认定国家星创天地1个、省民营科技企业7个、省科普基地1个、省众创空间4个。截止2016年末，共有国家星创天地1个，国家科技特派员创业链3个，省级民营科技企业38个，省级科普基地11个，省级创新型企业11个，省级创新型试点企业2个，省级工程技术研究中心4个，省级重点实验室3个，省级科技企业孵化器1个，省级众创空间4个，省级农业科技园区2个，省级星火示范基地3个。

14. 知识要素集聚模式的典型城镇——岱家山知识产权特色小镇

湖北省武汉市江岸区岱家山知识产权特色小镇率先实施打造全国首家"知识产权特色小镇"，拟通过5年时间，引进知识产权源头企业，打造知识产权服务平台，将小镇打造成为知识产权聚集区和知识产权转化密集区，是典型的知识要素集聚发展模式。岱家山科技创业城作为湖北省武汉市重要的创新创业载体，现已建成集创客空间、创业苗圃、科技企业孵化器、瞪羚企业加速器为一体的16万平方米创新创业载体，是全国41家科技创业孵化链条之一，也是国家备案的众创空间、国家级孵化器、国家级小型微型企业创业创新基地。岱家山历来非常重视知识产权工作，在湖北省知识产权局和武汉市科技局的关心和指导下，通过在武汉岱家山科技企业孵化器有限公司、武汉岱家山科技企业加速器有限公司、岱家山创客空间设立知识产权服务部，聘请知识产权服务专员，制定专门的知识产权激励政策，聘请知识产权创业导师，引进知识产权专业服务机构，连年举办知识产权文化节和商标品牌文化节等方法和手段，引导企业开展持续的技术创新活动，不断提高企业的创新能力，使得入驻企业的知识产权数量快速增长。岱家山科技创业城先后被湖北省知识产权局认定为湖北省首个"知识产权服务工作站"、湖北省第一批"知识产权双创示范园区"，被武汉市科技局认定为武汉市首家"专利创业基地"和首批"知识产权托管园区"，被武汉市工商局认定为首批"商标品牌示范园区"和"商标品牌服务工作站"，江岸区科技局首家"专利服务站"落户岱家山园区。岱家山科技创业城通过为企业提供知识产权创造、运营、保护、管理等方面的服务，很好地推动了知识产权与区域重点产业的发展融合。

15. 知识产业集聚模式的典型城镇——梦想小镇

浙江省杭州市奈杭区的"梦想小镇"涵盖了互联网创业小镇和天使小镇两大内容，依靠互联网技术，打造知识产业小镇，是典型的知识产业集聚发展模式。其中，互联网创业小镇重点鼓励和支持"泛大学生"群体创办电子商务、软件设计、信息服务、集成电路、大数据、云计算、网络安全、动漫设计等互联网相关领域的产品研发、生产、经营和技术（工程）服务等企业；天使小镇重点培育和发展科技金融、互联网金融，集聚天使投资基金等，着力构建覆盖企业发展初创期、成长期、成熟期等各个不同发展阶段的科技金融服务体系，助力知识产业发展。

16. 矿产资源集聚模式的典型城镇——山西省忻州市保德县

山西省忻州市保德县是以矿工业发展为主的小城镇，是典型的矿产资源集聚发展模式。保德矿产资源极为丰富，截至 2009 年，已探明矿产种类包括煤、铁矿、铝土矿、硫磺矿、石灰石、高岭土等。煤炭资源分布面积达 560 平方公里，且具有煤质好、埋藏浅、杂质少、易开采等特点，已探明总储量为 127 亿吨。铝土矿分布面积为 480 平方公里，已探明总储量为 86.4 亿吨。铁矿类型较多，分布广泛，总储量为 37.8 亿吨。石灰石可开采量为 360 亿吨。硫磺矿储量为 11.52 亿吨。此外，还有较多的高岭土、油页岩、白云岩等。截至 2013 年保德县共有 11 座煤矿，拥有 5 座生产矿井，6 座基建矿井，总产能提升到 1960 万吨。2016 年，矿产产业生产总值 60 亿元，占 GDP 比重 61.1%。

17. 旅游资源集聚模式的典型城镇——江西省宜春市靖安县

江西省宜春市靖安县是被列入旅游强县的小城镇，是典型的旅游资源集聚发展模式。靖安县总面积 1377.49 平方公里，2018 年总人口 15 万人，拥有 3 处 4A 级景区，一级景点 10 处，二级景点 36 处；2015 年全县完成接待游客 457.3 万人次，实现旅游综合收入 30.63 亿元。旅游产业增加值 24.73 亿元，占 GDP 比重 68%。2007 年靖安被列入首批江西省旅游强县，成功入选江西省旅游强县创建县和"中国生态旅游大县"200 强。

18. 文化资源集聚模式的典型城镇——上海市金山区枫泾镇

上海市金山区枫泾镇是第二批中国历史文化名镇，2010 年文化产业收入 5 亿元，占 GDP 比重 10.04%，是典型的文化资源集聚发展模式。古镇周围水网遍布，镇区内河道纵横，桥梁有 52 座之多，现存最古老的为元代致和桥，距今有近 700 年历史。全镇有 29 处街、坊，84 条巷、弄，仍完好保存的有和平街、生产街、北大街、友好街四处古建筑物，总面积达 48750 平方米（不包括其他街区保存的古建筑物），是上海地区现存规模较大且保存完好的水乡古镇。枫泾镇为典型的江南水乡集镇，素有"三步两座桥，一望十条港"之称，镇区多小圩，形似荷叶，故又称"清风泾""枫溪"，别号"芙蓉镇"。枫泾是驰名中外的金山农民画的发源地，是现代民间绘画之乡，金山农民画被誉为"世界民间艺术珍品"，建有二十多个景点。

19. 国内市场集聚模式的典型城镇——湖南省邵阳市邵东县廉桥镇

湖南省邵阳市邵东县廉桥镇是全国第四大药材批发市场，享有南国药都的美誉，药材销往全国 30 多个市，2017 年成交额 10 亿元，国内市场交易额占市场总交易额的比重为 99.9%，是典型的国内市场集聚发展模式。2017 年药材经营户达到了 1000 多家，直接从业人员 5000 多人，经营药材品种达 1000 多个，药材畅销全国，远销东南亚等国家地区。药市的发展带动了药材种植业的发展，邵东县药材种植面积达 70 万余亩，促进了药材加工业的发展，本乡镇及周边乡镇药材加工户达 1000 余家。2017 年药市年成交额 10 亿多元，年上缴国家税费 800 多万元。

20. 国外市场集聚模式的典型城镇——广东省中山市古镇镇

广东省中山市古镇镇是中国灯饰之都，2014年灯饰产品国外市场交易额为29.4亿元，灯饰产品出口到130多个国家和地区，灯饰产品国外市场交易额占市场总交易额的比重为18.3%，是典型的国外市场集聚发展模式。近几年来，随着古镇镇政府不断加大"古镇灯饰"的宣传推广，国外市场拓展取得了较好的效果。仅从古镇灯博会来看，海外专业买家呈现稳定增长趋势。2015年的第16届古镇灯博会，海外买家3419人，再创历史新高。经过多年的发展，"古镇灯饰"的全球影响力已经不容忽视。以古镇灯饰为核心的三市十一镇千亿集群已然形成，灯都古镇是服务于全球70亿人的超级大市场。第17届古镇灯博会，由于新超级卖场的加入，使展会成为亚太地区规模最大的灯饰会展，同时灯都古镇也成为亚太地区规模最大的专业市场。

21. 第一产业集聚模式的典型城镇——江苏省镇江市茅山镇葡萄小镇

江苏省镇江市茅山镇葡萄小镇截至2011年拥有葡萄和苗木两大高效农业主导产业，是典型的第一产业集聚发展模式。以丁庄万亩葡萄基地为核心，已形成800公顷葡萄产业种植规模；以永兴苗木基地为核心，已形成近1000公顷苗木产业种植规模。作为打造葡萄特色小镇的重点项目，丁庄万亩葡萄园游客服务中心主体已全部竣工，该游客中心总投资2000多万元，占地5000多平方米，除用于游客接待外，还有培训中心、农产品展示中心、葡萄分拣中心、电子商务中心等功能。此外，还特别设立了丁庄葡萄发展史展览馆，增添葡萄小镇的历史内涵。除游客中心外，茅山镇还围绕"葡萄"这一主题，打造了老方葡萄广场、葡萄长廊等基础设施。

22. 第二产业集聚模式的典型城镇——浙江省绍兴市诸暨市店口镇

浙江省绍兴市诸暨市店口镇是闻名全国的工业强镇，20世纪80年代被誉为"中国南方五金城"，2010年被确定为"浙江省首批小城市培育试点镇"。店口镇现已形成了铜加工、管业、汽配、制冷等四大产业群，是典型的第二产业集聚发展模式。2014年工业总产值为812亿元，战略性新兴产业投资占工业投资比重达45%以上，实现高新技术增加值35.8亿元，占规模以上工业增加值的47%；新增2000万元以上工业企业70家、超亿元企业16家、超10亿元企业1家，新上市企业2家，新增高新技术企业13家，新增工业功能区面积约3.5平方千米。2011~2014年累计完成工业投入220亿元，其中战略性新兴产业投资占比从2010的25%提高到2014年的近50%。

23. 第三产业集聚模式的典型城镇——浙江省东阳市横店镇

浙江省东阳市横店镇是国家5A级旅游区、国家影视产业试验区、国内著名旅游景点，也是服务业最为发达的城镇之一，有"中国好莱坞"之美誉，是典型的第三产业集聚发展模式。2014年其三产比例分别为1.64∶24.33∶74.03，服务业产值为90.07亿元。2014年，横店镇横店影视文化产业实验区新增入区企业46家，入区企业总数达587家；实现营业收入134.2亿元，上缴总税收134.34亿元；接待剧组178个，接待游客1374.79万人次。

24. 国家政策集聚模式的典型城镇——山东省淄博市昆仑镇

山东省淄博市昆仑镇是淄博市的工业重镇，2016年入选第一批中国特色小镇，国家给予了很大的政策支持，获得的国家级名号有：全国发展乡镇企业先进乡镇、首届中国乡镇投资环境100强乡镇、全国经济强乡镇和明星乡镇；重庆市潼南区双江镇以历史闻名，获得的国家名号有中国特色小镇、十大历史名镇之一、全国历史文化名镇；贵州省遵义市茅台镇以酒闻名，获得的国家称号有国家特色小镇、全国小城镇重点建设镇、全国综合改革试点镇、全国财政体制改革试点镇、全国小城镇建设示范镇；浙江省诸暨市大唐镇获得的国家名号有国家小城镇建设试点镇、现代示范镇、全国村镇建设先进镇、国家卫生镇；广东省中山市古镇镇被授予和评为中国灯饰之都、国家新型工业化产业示范基地、中国花木之乡、国家文明镇、国家卫生镇。

25. 省级政策集聚模式的典型城镇——河南省新乡市恼里镇

河南省新乡市恼里镇曾先后被授予"河南省百强乡镇""中州名镇""河南省卫生乡镇""河南省环境优美小城镇""河南省科技示范镇""省六好先进党委"等荣誉称号。

5.3.2.2 生态要素集聚模式的典型城镇

1. 森林集聚模式的典型城镇——吉林省白山市长白朝鲜族自治县

吉林省白山市长白朝鲜族自治县 2013 年森林总面积约 23 万公顷，森林覆盖率 92%，其中林业用地 21.9 万公顷，占森林总面积的 94.2%，活立木总蓄积量 2334 万立方米，是典型的森林集聚发展模式。

2. 草原集聚模式的典型城镇——西藏自治区那曲县

那曲县是藏北政治、经济、文化、交通、信息、通信中心，是纯牧业县。2017 年草原面积 1.25 万平方公里，可利用草场面积 1.05 万平方公里，草原覆盖率为 77.2%。那曲草甸草原主要由小嵩草组成，其株高仅 3~5 厘米，但生长十分密集。牲畜品种主要有牦牛、绵羊、山羊和马。

3. 沙漠绿洲集聚模式的典型城镇——内蒙古自治区阿拉善盟额济纳旗

内蒙古自治区阿拉善盟额济纳旗地处中国北疆，位于内蒙古自治区最西端，沙漠绿洲面积范围大，是典型的沙漠绿洲集聚发展模式。境内多为无人居住的沙漠区域，地形主要由戈壁、低山、沙漠、河流、湖泊和绿洲等类型构成，其中，戈壁面积 0.61 万平方公里，沙漠面积 1.56 万平方公里，绿洲面积 3.16 万平方公里，分别占总面积的 5.93%、15.17%、27.57%。额济纳旗的绿洲面积处于递减状态，沙地面积持续增长，且增长态势较为迅速。缩小的绿洲面积中，以乔木林和灌木林居多，沙漠化的关键在于黑河的水量供给减少，黑河水量增大则绿洲面积有所恢复。

4. 湖泊集聚模式的典型城镇——新疆巴音郭楞蒙古自治州博湖县

新疆维吾尔自治区巴音郭楞蒙古自治州博湖县位于焉耆盆地东部，开都河下游。全县总面积 3808.6 平方公里，位于其中的博斯腾湖古称"西海"，是中国最大的内陆淡水湖，水域面积 1646 平方公里，占全县总面积的 43.2%，是典型的湖泊集聚发展模式。博斯腾湖分为大湖区和小湖区，其中大湖区面积 1200 余平方公里，小湖区面积 400 余平方公里，湖群密集，分布有大小不等的 16 个小型湖泊，是新疆重要的渔业生产基地。湖区总容量近 100 亿立方米，对焉耆盆地的气候有明显的调节作用，能缓和气温变化，增加降水量，减少蒸发量，阻止干热风袭击，直接影响湖区周围生物组成，是焉耆盆地的天然调节水库。博湖县水草丰美，资源丰富，气候温和湿润，土地平坦肥沃，宜农宜牧，被誉为鱼肥、草茂、粮多的"塞外江南"，曾获全国"十佳示范县""国家园林县城"荣誉称号。

5.3.2.3 生活要素集聚模式的典型城镇

1. 康养集聚模式的典型城镇——浙江省嘉兴市桐乡乌镇

浙江省嘉兴市桐乡乌镇以智慧养老、康养小镇和智慧养老项目为主，是典型的康养集聚发展模式。乌镇借力"互联网大会"开创乌镇"互联网+"养老服务新模式，被国家发展改革委办公厅、民政部办公厅、全国老龄工作委员会办公室综合部评选为全国养老服务业发展典型案例。乌镇是智慧健康养老全国示范镇，2017年末拥有养老服务中心3个，床位216床，安置五保、三五老人59人，其中社会寄养人员60人。2017年新建乌镇居家养老服务照料中心，建筑面积1100平方米，设有智慧养老综合服务平台。乌镇为了更好地发展健康养老产业，打造智慧养老示范小镇，采取了以下措施：一是设立多层次的医养结合模式，加快促进医疗与养老的多部门结合；二是采用质量评估机制，有效及时地进行服务反馈；三是确保落实养老服务人员待遇，护理员素质明显改善。

2. 餐饮集聚模式的典型城镇——河南省周口市西华县逍遥镇

河南省周口市西华县逍遥镇是胡辣汤的原产地。胡辣汤为河南十大名吃之一，2010年被河南省文化厅批准为"非物质文化遗产"。逍遥镇2017年共拥有胡辣汤加工企业9家，个体工商户1750余名，年创经济效益6亿元，以胡辣汤为核心的餐饮产业成为逍遥镇乃至西华县的支柱产业。

3. 娱乐集聚模式的典型城镇——浙江省绍兴市上虞区e游小镇

浙江省绍兴市上虞区e游小镇是浙江省重点培育的特色小镇之一，主要发展以游戏、影视、电竞、动漫为主的泛娱乐类信息经济产业，是典型的娱乐集聚发展模式。e游小镇以上市公司引领产业发展示范区的建设为契机，积极推动海内外并购重组。小镇惠普网络游戏广场、浙大网新e游科创中心、余坤"互联网+"创新中心、滨江众创新天地等7个总投资43.9亿元的信息经济产业项目加速建设，为e游小镇建设提供了坚实支撑。

5.3.3 中小城镇发展模式的决策平台

为了便于对中小城镇发展进行综合评价，确定其发展模式，为中小城镇发展提供可借鉴性的发展策略和案例参考，研发了中小城镇发展模式识别与集成决策支持系统。本系统从主导中小城镇发展的核心驱动要素出发，集成32种发展模式，通过对指数的计算，实现了中小城镇发展模式的识别，并给出发展建议策略和案例参考，为中小城镇未来的发展模式选择提供辅助决策支持。

5.3.3.1 中小城镇发展模式识别与集成决策支持系统的结构与功能

1. 中小城镇发展模式识别与集成决策支持系统的核心结构

中小城镇发展模式识别与集成决策支持系统，首先根据某特定中小城镇特点进行模式初判，筛选初步适合的模式，然后通过导入指标数据，进行阈值对比和模式确定，给出该城镇适合的发展模式，并根据系统数据库给出相应的发展策略、知识支撑和案例参考，为该城镇发展提供决策支持。

2. 中小城镇发展模式识别与集成决策支持系统的核心功能

中小城镇发展模式识别与集成决策支持系统的核心功能包括：城镇信息录入、模式初判、指标数据导入及标准化、阈值对比、指标计算、模式确定、发展策略、知识支撑、案例参考等。具体功能如下：

(1) 城镇信息录入

城镇信息是包含要评价的目标中小城镇的基本信息和特征信息，是对目标城镇的基本认知，为模式初判提供依据。

(2) 模式初判

根据目标城镇的基本信息和特点，依据系统中所有发展模式评价方式，通过人工方式对发展模式进行初步筛选，为模式确定缩小范围。

(3) 指标数据导入及标准化

将系统所有模式所需要的75个指标的相关数据录入系统，并对数据进行标准化处理。

(4) 阈值对比

根据录入的数据，对每一个指标进行阈值比对，并根据比对结果筛选出相应模型。

(5) 指标计算

根据录入的数据和模式指标方法计算指标数值。

(6) 模式确定

根据阈值对比结果和指标计算结果，按照模式计算方法，确定模式为单一模式还是混合模式，并给出相对应的具体模式。

(7) 发展策略

根据模式确定结果，从策略库中获取目标城镇的发展策略，为目标城镇发展提供智慧支持。

(8) 知识支撑

根据模式确定结果，从知识库中获取目标城镇的发展模式相应的知识支撑，为目标城镇发展提供智慧支持。

(9) 案例参考

根据模式确定结果，从案例库中获取目标城镇的发展策略，为目标城镇发展提供案例知识。

5.3.3.2 中小城镇发展模式识别与集成决策支持系统的主要模块

中小城镇发展模式识别与集成决策支持系统包括7个模块，具体功能如下：

(1) 用户模块

用户模块主要用于系统注册、用户注册和用户登录。

(2) 项目模块发

项目模块主要针对项目的创新、编辑、浏览、删除等管理功能。

(3) 地图模块

地图模块主要定位目标城镇的地理位置和地理环境，辅助用户模式判别。

(4) 模式初判模块

模式初判模块主要根据目标城镇的基本信息和特点，利用人工干预方式对目标城镇的发展模式进行初步筛选。

(5) 数据获取模块

数据获取模块用于导入和导出进行模式识别所需要的指标数据。

(6) 模式识别模块

模式识别模块是本系统的核心,根据模式初判结果和导入的数据,经过数据标准化、阈值对比、指标计算、模式确定等步骤完成对目标城镇的发展模式识别。

(7) 模式策略模块

模式策略模块根据模式识别结果,基于策略库、知识库和案例库等对目标城镇发展提供发展策略、知识支撑和相关城镇案例等辅助性决策支持。

5.3.3.3 中小城镇发展模式识别与集成决策支持系统的技术流程

中小城镇发展模式识别与集成决策支持系统,在功能上,主要包括项目管理、模式识别、决策支持和用户管理等。系统在展示上,主要包括菜单、地图和功能区等3块。其中,菜单主要包括:项目、模式初判、导入导出数据、阈值对比、模式确定、发展策略、知识支撑、案例参考、帮助等;地图展示全国城镇地图位置;功能区主要完成各种功能。

(1) 系统登录界面

系统启动时,首先显示登录界面,如图5-4所示,提示用户输入用户名和密码,点击"登录"按钮,若用户名与密码匹配,系统将启动供用户使用。

图 5-4 登录系统界面

(2) 用户注册

系统启动后,只有拥有了用户名和密码,才可以登录,查看管理分享数据。用户注册在系统启动界面点击【注册】按钮,弹出注册对话框。如果有了注册文件,请导入注册文件,完成注册信息;如果没有注册文件,需要填写注册信息,生成注册信息文件,发送到系统管理员,等系统管理员审核,发放许可。

(3) 系统主界面

为方便用户操作,系统主界面采用流行的 Ribbon 界面模式,主界面主要包括两个部分:菜单栏和地图。

菜单栏对系统各个功能进行了总体分类:包括项目、模式识别与决策支持和帮助等(图5-5),每一个大类菜单包含二级子菜单。

第 5 章 基于生产—生态—生活要素集聚的中小城镇发展模式

图 5-5 菜单栏分类

1) 项目。系统是按照项目的形式来贯穿整个操作，分为新建项目、打开项目、管理项目三个菜单。

2) 模式识别与决策支持。模式识别与决策支持包括模式初判、数据获取、阈值对比、模式确定、发展策略、知识支撑和案例参考等。

3) 帮助。帮助菜单主要是关于系统的信息说明。

地图模块引入 Bing 地图，可以查询各个城镇的地理位置和地理环境，主要包括放大、缩小、漫游、搜索、定位等功能。

（4）项目

按照项目工程的形式贯穿评价操作，主要功能有新建项目、打开项目、管理项目三个菜单。

1) 新建项目。通过菜单"项目—新建项目"按钮，即可打开新建项目对话框（图 5-6）。

图 5-6 新建项目对话框

2) 打开项目。通过点击菜单"项目—打开项目"按钮即可（图 5-7）。

3) 项目管理。通过点击菜单"项目—项目"按钮，即可对系统中所有的项目进行新建和删除。

（5）模式初判

通过点击菜单"模式识别与决策支持—模式初判"按钮，即可进入模式初判环节，必须要有新打开的项目。

（6）数据获取

"数据获取"模块主要针对系统模式识别中需要的指标数据，分为导入数据和导出数据。

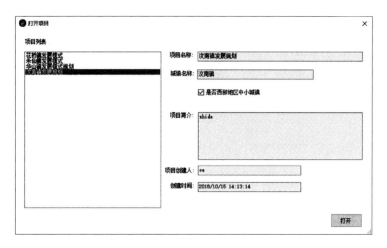

图 5-7 打开项目对话框

（7）模式识别

本模块主要包括阈值对比和模式确定等功能。包括阈值对比和模式确定两部分。

（8）模式策略

本模块包括发展策略、知识支撑和案例参考等。

本章参考文献

[1] 陈望雄. 东洞庭湖区域森林生态系统健康评价与预警研究[D]. 中南林业科技大学，2012.
[2] 陈晓华，王方，储金龙. 基于"三生"空间协调的传统村镇居民点空间优化研究——以国家建制镇示范点源潭镇为例[J]. 安徽建筑大学学报，2016，24(6)：84-90.
[3] 曹玉红，曹言红. 生态—生产—生活功能协调的长江岸线资源开发与管理[J]. 环境科学与管理，2011，36(10)：176-179.
[4] 党丽娟，徐勇，高雅. 土地利用功能分类及空间结构评价方法——以燕沟流域为例[J]. 水土保持研究，2014，21(5)：193-197，203.
[5] 方创琳，马海涛，李广东等. 城市群地区国土空间利用质量提升理论与技术方法[M]. 北京：科学出版社，2017.
[6] 房俊峰. 我国"淘宝村"的发展特征分析及展望[J]. 商业经济研究，2016(4)：75-76.
[7] 傅强. 人力资源开发与中国经济长期发展趋势研究[D]. 青岛大学，2016.
[8] 高爽，董雅文，祝栋林. 生态文明视角下的镇域空间资源管控研究——以南京市竹镇镇为例[J]. 环境污染与防治，2016，38(1)：97-101，105.
[9] 黄金川，林浩曦，漆潇潇. 面向国土空间优化的三生空间研究进展[J]. 地理科学进展，2017，36(3)：378-391.
[10] 洪银兴. 苏南模式的演进及其对创新发展模式的启示[J]. 南京大学学报(哲学·人文科学·社会科学版)，2007(2)：31-38.
[11] 刘东霞. 呼伦贝尔草原生态环境脆弱性分析及生态承载力评价[D]. 北京林业大学，2007.
[12] 李广东，方创琳. 城市生态—生产—生活空间功能定量识别与分析[J]. 地理学报，2016，71(1)：49-65.
[13] 刘继来，刘彦随，李裕瑞. 中国"三生空间"分类评价与时空格局分析[J]. 地理学报，2017，72(7)：1290-1304.

[14] 吕立刚,周生路,周兵兵等. 区域发展过程中土地利用转型及其生态环境响应研究——以江苏省为例[J]. 地理科学, 2013, 33(12): 1442-1449.

[15] 李秋颖,方创琳,王少剑. 中国省级国土空间利用质量评价: 基于"三生"空间视角[J]. 地域研究与开发, 2016, 35(5): 163-169.

[16] 隆少秋. 县域经济发展及结构优化的理论与实践[M]. 广州: 华南理工大学出版社, 2006, 88-122.

[17] 马海涛. 科学认知"国土空间"[J]. 科学, 2015, 67(5): 42-44.

[18] 马海涛,李强. 新时期中小城镇发展的核心驱动要素解读[J]. 小城镇建设, 2016, (12): 24-27, 44.

[19] 马海涛,李强,刘静玉等. 中国淘宝镇的空间格局特征及其影响因素[J]. 经济地理, 2017, 37(9): 118-124.

[20] 马海涛,赵西梅. 基于"三生空间"理念的中国特色小镇发展模式认知与策略探讨[J]. 发展研究, 2017, (12): 50-56.

[21] 马世发,黄宏源,蔡玉梅等. 基于三生功能优化的国土空间综合分区理论框架[J]. 中国国土资源经济, 2014, (11): 31-34.

[22] 潘陇,单太志,唐志勇. 生态、生产、生活融合理念下的城市布局研究——以温州市瓯海区郭溪功能区为例[J]. 规划师, 2014, 30(z3): 265-270.

[23] 彭昱,周尹. 城市人口集聚与服务业发展[J]. 财经问题研究, 2016, (12): 35-40.

[24] 孙丽环. 劳动力流动对中国工业集聚的影响研究[D]. 吉林大学, 2013.

[25] 邵西梅. 农业人口集聚与小城镇建设研究——基于新泰市汶南镇的实证分析[D]. 山东师范大学, 2007.

[26] 石忆邵. 中国新型城镇化与小城镇发展[J]. 经济地理, 2013, 33(7): 47-52.

[27] 魏晶. 科技支撑现代服务业发展的思路研究——以昆山市花桥镇为例[J]. 江苏科技信息, 2015, (32): 10-13.

[28] 吴莉娅,顾朝林. 全球化、外资与发展中国家城市化——江苏个案研究[J]. 城市规划, 2005, 29(7): 28-33.

[29] 王耀斌,刘光琇,冯起等. 基于粗糙集与灰色理论的额济纳绿洲稳定性综合评价[J]. 资源科学, 2012, 34(9): 1750-1760.

[30] 王玉华. 中国北方经济发达地区乡镇企业集聚的特征及效果——以天津市张家窝镇、中塘镇与河北省大河镇曲寨村为案例[J]. 中国农村经济, 2001, (9): 25-30.

[31] 汪阳红,卢伟. 优化城市群生产生活生态空间结构的总体思路[J]. 中国发展观察, 2014, (1): 29-30.

[32] 徐东辉. "生产、生活、生态"融合理念下的佛山市迳口华侨经济区开发建设规划[J]. 规划师, 2013, (2): 72-79.

[33] 薛凤旋,杨春. 外资: 发展中国家城市化的新动力——珠江三角洲个案研究[J]. 地理学报, 1997, 52(3): 193-206.

[34] 徐小佶,韦信宽. 县域经济发展模式[M]. 北京: 社会科学文献出版社, 2010: 39-64.

[35] 杨樱. 我国区域发展模式的比较与评价研究[D]. 中国科学技术大学, 2008.

[36] 郁俊莉,孔维,宗一鸣. 新型城镇化建设中"安居难题"解决的理念、机制与路径研究——以天津华明示范镇"宅基地换房"实践为例[J]. 中国行政管理, 2015, (10): 119-123.

[37] 张春花,曲玮,石水莲等. 基于"三生"空间视角的辽宁沿海经济带岸线利用适宜性评价——以大连庄河沿海为例[J]. 海洋开发与管理, 2016, (5): 20-23, 31.

[38] 郑德隆. 小城镇劳动力集聚研究[D]. 山西财经大学, 2010.

[39] 周瑾,张勇. 城市化进程中小城镇发展策略研究[J]. 小城镇建设,2010,(11):27-31.
[40] 战炤磊. 中国县域经济发展模式的分类特征与演化路径[J]. 云南社会科学,2010,(3):109-113.
[41] 张秀生,王伟,胡春娟等. 中国县域经济发展[M]. 北京:中国地质大学出版社,2009. 22-29.
[42] 朱媛媛,余斌,曾菊新等. 国家限制开发区"生产—生活—生态"空间的优化——以湖北省五峰县为例[J]. 经济地理,2015,35(4):26-32.

第6章 基于生态—生产—生活要素集聚的中小城镇路径选择

内容简介：

中小城镇未来发展要促进"生产空间集约高效、生活空间宜居适度、生态空间山清水秀"。中小城镇发展的主要类型包括乡镇工业带动型、个体私营工业带动型、外资带动型、资源开发带动型、旅游带动型、边贸带动型、交通枢纽带动型、中心城市辐射型、卫星镇、专业市场带动型、农贸市场带动型等。本章选取苏南、温州及珠江三角洲地区等中小城镇典型案例区，总结归纳了苏南城市群、温州以及珠江三角洲中小城镇发展模式，并从生产要素导向、生活要素导向以及生态要素导向三维视角分析上述区域中小城镇发展路径，总结其发展问题，提出路径优化架构。基于此，本章进一步构建出中小城镇"三生"要素评价指标体系与路径选择原则，并以京津冀城市群中小城镇为案例，运用层次分析法和熵值法对指标进行主客观综合赋权，采用耦合协调度类型计算出中小城镇生态—生产—生活要素协调发展水平。综合研判"三生"要素驱动下的中小城镇发展类型，选择不同发展类型下中小城镇发展路径，最终研发出基于生态—生产—生活要素集聚的中小城镇路径选择系统，以期为中小城镇的发展路径提供建议支撑和选择系统。

6.1 中小城镇发展路径结构

6.1.1 多种模式"三生融合"发展路径案例分析

党的十八大报告提出："促进生产空间集约高效、生活空间宜居适度、生态空间山清水秀"，这无疑明确了我国未来城镇化的发展方向。探讨中国城市群地区中小城镇的发展路径具有重要的理论意义及实践意义，为城市群地区中小城镇"三生"要素发展路径提供重要的支撑，以期实现城市群地区协同发展。通过对前人研究的总结，得出中小城镇发展的主要类型及推动力（表6-1），苏南、温州及珠江三角洲地区在特定的背景下，形成不同的地区发展模式，基于中小城镇"三生融合"发展路径的分析，主要选取苏南模式、温州模式及珠三角模式进行探讨。

中小城镇发展的主要类型、推动力及代表地区　　表6-1

主要类型	主要推动力	代表地区
乡镇工业带动型	社区政府间发动的农村工业化	苏南地区
个体私营工业带动型	民间资本发动的农村工业化	温州地区
外资带动型	外资导引下的工业化	珠三角地区
资源开发带动型	资源开发及相关产业发展	资源富集区

续表

主要类型	主要推动力	代表地区
旅游带动型	特色旅游资源的开发与服务	旅游资源富集区
边贸带动型	边境口岸贸易	沿边地区
交通枢纽带动型	交通枢纽服务	交通要道
中心城市辐射型	中心城市的经济及社会服务辐射	大中城市郊区
卫星镇	中心城市功能重组与优化	特大型城市郊区
专业市场带动型	专业市场和市场群落的发育	浙江
农贸市场带动型	集市贸易与农副产品流通	广大农区

6.1.2 苏南城市群发展模式

苏南地区位于太湖之滨、长江三角洲中部，主要包括南京、无锡、苏州、常州、镇江5市，人多地少，但农业生产条件得天独厚，且苏南地区紧邻上海等大中城市，不仅可以受到这些城市良好的辐射作用，且具有庞大的市场，地理位置优越。同时，苏南地区作为中国民族资本主义工商业的发祥地，该地区具有搞集体经济的传统和基础。在其特定的条件下，苏南地区形成了自己特有的发展道路，走的是一条先工业化，再市场化的发展路径，其发展模式是"地方政府公司主义模式""能人经济模式"和"政绩经济模式"，但在本质上是"政府超强干预模式"，在政府超强干预的情况下，使乡镇企业承担了大量社会政府职能和"公共企业家"职能，虽然这种现状在短时间内可能是积极的，但政企不分的集体产权制度随着市场等因素的变化，经济会出现滑坡现象，且在这样的经济体制下，产生了大量的环境污染，亟需寻找出适合苏南地区发展的路径（图6-1）。

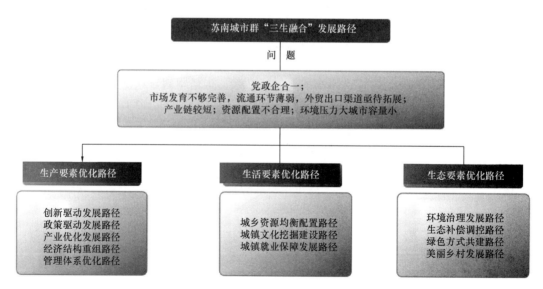

图 6-1 苏南城市群"三生融合"发展路径框架图

6.1.2.1 生产要素导向的路径优化

创新驱动发展路径：苏南地区由于地理位置比较优越，工业起步较早，且紧邻上海等国家重要的大中城市，可以接受很好的技术、资金辐射，为苏南地区的发展提供了更多便利的条件，不仅在原有的产业上进行优化，同时也发展更有前景及潜力的高新技术产业，加大技术投入，增加了机器人、智能技术、大数据产业、物联网、通用航空、基因技术、3D打印等高新技术的引进；鼓励乡镇企业建立研发机构，支持有条件的乡镇企业申报设立一批企业技术中心、工程实验室、工程（技术）研究中心；引导和鼓励乡镇企业发挥创新的主体作用，鼓励乡镇企业提高研发经费支出水平，支持企业运用新一代信息技术，将研发技术、制造技术、管理技术、自动化技术与信息技术有机融合，推动产品研发模式和设计理念创新、产品制造模式和制造方法创新、企业业务模式和业务流程创新。

政策驱动发展路径：苏南地区助推政策精准化，加大对标准、专利、创意、设计、工艺、品牌、市场网络、营运服务等软资源形成环节的投入，进一步精准扶持政策；加大对软资源市场化获利路径相关的环境、制度和政策方面投入；建立科技成果使用权、处置权和收益管理权"三权分离"制度，让企业获得使用权，创新者个人获得收益管理权，让创业者"合理合法富起来"。

产业优化发展路径：苏南地区坚持以规模化、组织化、区域化和市场化为导向，借鉴西方发达国家"腾笼换鸟"的方式，将一些传统的、劳动密集型的、高污染高能耗的企业整体转移出去，进行产业结构的调整；培育壮大新兴产业，提速发展现代服务业，以专业化、网络化向价值链高端延伸为方向，发展现代物流、工业设计、服务外包等生产性服务产业；同时，还积极推进农村一二三产业融合发展；积极推动农产品加工业快速发展，培育新型流通模式，促进农业与旅游、文化、教育等产业深度融合，发展农村电子商务，突出各乡镇各自特点，以此来实现产业结构的优化升级。

经济结构重组路径：苏南地区通过经济结构的重组，有效地处置了一些僵尸企业及产能过剩的行业；以城镇和产业园为平台，引导企业向产业园靠拢、产业园向城镇靠拢，倡导城镇公共服务设施和市政基础设施的共建共用；带动农村人口向城镇转移，增强产业集群效应，形成特色主导产业集群。

管理体系优化路径：苏南地区完善中小企业内部环境管理机制，对中小企业不良环境行为给区域经济社会发展带来的沉重环境压力，进行优化，构建现代化企业治理体系；加快产权制度创新，引导乡镇企业利用产权交易市场，优化企业股权结构，鼓励乡镇企业推行员工持股，支持优质乡镇企业通过上市发展成为公众公司；完善企业内部治理，建立市场化选人用人机制以及职业经理人激励与约束机制；推动乡镇企业管理规范化制度化，积极推广卓越绩效管理，引入精益管理理念与规范，优化业务流程和管理模式。

6.1.2.2 生活要素导向的路径优化

城乡资源均衡配置路径：苏南地区坚持以人为本、服务为先，发展中小城镇教育、卫生、养老等公共服务事业，不断提升中小城镇基本公共服务水平。苏南地区推进城乡教育资源均衡配置，实施"置换式"教师交流工程、"承包式"结对帮扶工程和"输血式"办学扶持工程，探索学校发展"共同体"和"一校多区"的办学模式；加快乡镇卫生院、卫生室的标准化和规范化建设，重点加强乡镇卫生院和社区卫生服务中心慢病管理、儿科、妇产科、康复科等重点领域建设，完善城乡医院长期对口协作机制，提高基层医疗卫生服务能力。

城镇文化挖掘建设路径：苏南文化底蕴丰厚，文化资源成为苏南模式的重要生产要素；苏南地区充分尊重地方优势文化，强化地域文化的特征，保护有价值的历史遗存；通过长年城镇生活的积存，营造出具有地方浓郁特色的城镇，有效避免了苏南地区"千镇一面"的现象；并且在强化其中小城镇文化个性的同时，也注重了与整个苏南地区文化的融合。

城镇就业保障发展路径：由于苏南地区早期发展为劳动密集型的工业区，随着经济的发展，人口的增长，劳动力密集的产业已经逐渐失去优势。因此，苏南地区为摆脱劳动力饱和的局面与缺少就业机会的可持续发展困境，不断加强对苏南地区的产业和就业问题的研究与创新，积极引进一些具有技术含量的劳动密集型产业，不断增加就业机会，实现苏南地区人员就业的可持续发展。

6.1.2.3 生态要素导向的路径优化

环境治理发展路径：随着苏南地区经济的快速发展，造成了严重的污染问题，苏南地区下力气解决"水、气、固废"三大环境污染问题，建设"三生"融合的地区发展：首先，以太湖为重心，治理水污染问题，严格执行太湖一级保护区化工企业关停任务，在太湖一级保护区建设生态循环农业基地，启动畜禽养殖拉网式提升改造工作。针对黑臭水体问题，苏南地区采取控源截污、沟通水系、清淤疏浚、生态修复等工程性措施，全面整治区内的黑臭河道。其次，苏南地区应有效处置生活垃圾和建筑垃圾，治理固体废弃物。苏南地区改变过去粗放填埋或露天焚烧的处理方式，建成垃圾焚烧发电厂，实现生活垃圾标准化处理及资源的循环利用。在建筑垃圾处置上，采取回收利用方式，最大限度"变废为宝"。最后，苏南地区严控挥发性有机物，治理大气污染，实施工业企业挥发性有机物整治、重点行业清洁原料替代、餐饮油烟污染控制等措施，有效减少了挥发性有机物的排放量。

生态补偿调控路径：苏南城市群的绿色发展建立在"有规划""有目的"的基础上，通过当地政府、企业和人民的合力，深化生态文明体制改革，法治与德治相结合，建立适应苏南地区的绿色发展制度体系。苏南地区在对过去发展所导致的严重污染的"痛定思痛"的基础上，进行体制改革。苏南各县市通过建立一个针对生态补偿制度运作的协调机制，突出问题导向，补齐生态环境质量领域的突出短板，建立生态保护责任制，实施官员问责制的监管手段，市、县、镇、村之间通过签订生态补偿目标责任书的方式来明确责任、权利的归属。完善生态救济制度，通过立法保障对生态补偿制度的集体救济方法、程序、责任方式予以规范化、制度化。

绿色方式共建路径：苏南地区兴起时由于乡镇企业中政府和企业间有很强的内部关联性，探索形成共建共治共享的生态保护机制就成了苏南地区发展的必要路径，因此，苏南地区中小城镇不断加快实施PPP生态项目，以资本合力放大生态效益，大力倡导绿色生活方式，提高公众环保参与度，推动群众成为生态保护引领区建设的自发组织者和自觉参与者；积极引进共享单车、共享新能源汽车等绿色交通方式；开通"生态江苏"微信公众号，让绿色生活深入人心。

美丽乡村发展路径：苏南地区大力推进节能降耗，针对广大的乡村地区，大力推广各类节能科技的应用，加大燃煤锅炉整治力度，全面推进热电厂天然气改造和绿色建筑发展；大力实施苏南地区村庄净化、绿化、美化、亮化工程，加强农房、院落等传统风貌整治，提升农林牧渔等田园生产景观，形成点、线、面相结合的农村绿化美化新模式；通过健全农村垃圾收集转运处理机制，全面推进乡镇所在地、环境敏感区域、规模较大规划布点村庄和新建村庄的生活污水处理。

6.1.3 温州模式

改革开放初期，以家庭自营经济为基础，以家庭工业和联户工业为支柱，以专业市场为依托，以农民供销员为骨干的经济格局——"温州模式"悄然诞生。它与同时期的"吴川模式"并驾齐驱，引起全社会的普遍关注。其率先摸索的改革发展的路径、方法乃至方向，不仅在当时推动了温州经济面貌上的深刻变化，而且至今仍有一定的借鉴意义。由于缺乏必要的监管和引导，温州模式也导致了假冒伪劣横行，曾几何时，温州产品几乎等同于劣质假冒货的代名词。温州经济在飞速发展的同时，也暴露了许多弊端。20世纪80年代中后期，一些温州人急功近利，大量制造伪劣产品。欺骗市场，其结果是失去市场。温州的决策者此刻清醒地意识到，如果不引以为戒，温州人的全民创业就有可能转变为"全民待业""全民失业"，必须重塑温州形象。温州市委、市政府积极加强市场调控，规范市场行为，引导市场经济向健康的方向发展。温州模式粗放的发展方式，对当地的自然环境造成了恶劣的破坏，曾经的一段时间里，当地遍布的河流水道大多受到了污染，如比较出名的平阳水头制革污染，还有电镀业也对当地的环境造成过严重破坏（图6-2）。

图6-2 温州模式"三生融合"发展路径优化图

6.1.3.1 生产要素导向的路径优化

政府扶持发展路径：温州地区积极引导和鼓励民营企业上市，不断推动企业管理向正规化方面发展，为促进民营经济高质量的发展，温州市积极推出金融支持民营企业发展路径：一方面，发挥政府最大的效能帮助企业；另一方面，明确发展目标，切实可行地制定一些民营企业的发展计划，鼓励中等规模以上的民营企业充分运用企业债、公司债等产品和银行间市场工具，引导同行业的中小企业捆绑发行集合债券产品，优化企业融资结构，促使民营企业逐步引入现代企业制度，摆脱家族企业模式的弊端，实现企业管理和经营的规范化及长久健康发展。

创新引导发展路径：温州各村镇借力"互联网＋"整体推进村镇的电子商务各领域的发展，丰富电子商务新业态，大力扶持科技创新和网络创业，培育新型的网络经营主体，通过创新引领温州地区电商的发展；不仅如此，温州市积极创建创新创业服务平台，推动大众创业，万众创新；勇于进行制度创新，规范和引导温州庞大的民间资本重归实业，实现金融资本与产业的良性结合与互动。

产业优化发展路径：温州地区通过多年的努力，使经济先发优势转变为经济先转优势，着力发展金融业，在有限的资源条件下，挖掘高附加值的产业项目，因地制宜的着力打造具有地域特点的金融产业；与此同时，温州地区结合自身发展特点，大力发展商贸业及旅游业，且取得了很好的成绩，现今，温州地区的旅游产业还存在无限的魅力和发展空间；此外，温州地区与时俱进，大力发展高新科技、"低碳"绿色产业，制定了温州地区低碳发展规划，有效地减少了地区的碳排放。

6.1.3.2　生活要素导向的路径优化

传统手工业传导路径：温州的民俗文化是温州模式形成的重要原因之一，在其形成与发展过程中共起作用、相辅相成。传统的手工业是"温州模式"中不可或缺的要素，随着温州模式的不断发展，传统手工业带给温州经济的弊端也开始渐渐展露出来，传统手工艺的技术含量低，产品链也比较短，温州地区积极破解传统手工业发展的瓶颈问题，不断推进产品向高级化的方向发展，在此基础上，不断深究产品背后的文化附加值，不仅促进了传统手工艺品的复兴，也避免批量生产，提高了产品的质量。

民办教育驱动路径：温州通过开展民办学校营利性和非营利性分类登记管理，争取打造全国民办教育的"温州样本"。温州市通过民办幼儿园质量整体提升工程、民办中小学品牌建设工程等重点工程的实施，使得民办教育在教育发展中发挥更加积极和重要的作用，从而加快温州市民办教育综合改革从"试点"迈向"示范"。

文化诚信共建路径：温州地区不断推动优秀传统文化的传承与培育好家风、建设新乡贤文化相结合，以群体研究、先贤研究和温商研究为重点，深入挖掘与应用温州模式的文化内涵；不断建立诚信文化宣传的长效机制，通过深入开展诚信主题活动、建立诚信宣传长期阵地、深化诚信教育和人才培育等方式，增强温州模式的诚信标志与影响力。

公共服务建设路径：温州积极引进更多的项目，且从现有温州的PPP项目来看，既有经营性或准经营性项目，也有无经营收入的公益性项目。要按照"政府主导、筑牢基础、分类推进"的原则，稳步实施PPP融资模式。首先重点推进收益性项目，优先选择收益稳定、合同关系清晰、技术成熟的项目，如市政供热、供水、供气、污水处理、垃圾处理、城市公共交通、停车场、养老服务设施、保障房建设等。其次，积极探索公益性项目推进的适合路径。

医疗卫生服务路径：温州地区的结合实际，进行医疗卫生体制的改革，一是全面提高智慧医疗水平，推出"互联网＋医疗健康"，以远程会诊平台为依托，方便群众看病就医；二是改造专业服务环节，对医院业务的流程进行改造及对业务人员的业务能力加大培养力度；三是补齐基层短板，不断加强慢性病的管理，使广大群众共享改革"红利"。

6.1.3.3 生态要素导向的路径优化

生态补偿激励路径：温州地区重点从以下方面来推进生态补充：首先明确了生态补偿的主客体，再而提高生态补偿标准，且建立补偿方式的多样化，通过这样的方式，来进行生态补偿；其次，制定激励性的生态补偿政策，有效地解决温州地区在发展过程中产生的生态冲突和社会经济发展冲突，为温州地区生态要素的发展，提供更好的发展基础。

政府扶持发展路径：温州地区通过建立政府与社会"双责"，形成社会强大合力，共同担负起双向互助的生态环保责任。在政府方面，划定并严守生态保护红线，完善主体功能区制度和生态补偿机制，建立资源环境监测预警机制，严格环境执法和督查问责；在社会方面，实施全民参与行动，提高全社会生态环境保护意识，推动绿色消费等。温州地区通过这样的方式，实现生态环保与社会双向互助的"责任共同体"。

生态环境治理路径：湿地系统水质污染治理是温州模式的主要特色之一。温州地区通过引入低影响开发、分散式污水处理等技术来提升水质，来保证人民及水生生物的用水安全。定期对水生环境进行健康测量，对其系统健康状况做出判断和评价，为水生生物栖息及繁衍提供场所，并且及时进行水生动植物种类或数量的补充、增殖、放流或收割、捕捞等，提高生态系统的生物多样性。

6.1.4 珠江三角洲模式

改革开放后，珠江三角洲在从计划经济向市场经济转轨的过程中，利用国家赋予的优惠政策，以其独特的地理区位、土地和劳动力等优势，与外来资源相结合，创造了由地方政府主导的外向型快速工业化经济发展模式，走出一条具有中国特色的沿海地区新工业化发展道路。其共有四个典型特征：一是政府主导；二是外向经济；三是民营经济的快速市场化；四是国内国外两个市场联动。传统珠三角模式的实质是劳动力导向的外向型经济，其利用中国廉价的劳动力，大力引进外资，并将其产品远销世界各地，在中国建立起了世界工厂，借此为中国在国际产业链的循环中争得一席之地。但也正是因为这样的贸易加工型经济模式，使珠三角如今面临资源紧缺、环境压力、民工荒等一系列问题，并成为影响珠三角经济进一步发展的瓶颈（图6-3）。

6.1.4.1 生产要素导向的路径优化

产业结构升级路径：珠江三角洲地区在发展中，将廉价劳动力推动的工业化提升为由高新技术产业推动的工业化、信息化和现代化。对此，政府也制定了帮扶政策，鼓励大中型企业建立技术中心和研发中心，同时推进珠三角地区公共实验室、重点实验室和高校、科研院所的重点学科、科研基地建设。促进企业与高校、科研院所合作，通过自身的优势，不断与国外企业进行资本与技术的合作，促使珠江三角洲的产品全面参与国际分工，使得整个珠江三角洲加工制造业的产业技术水平得到提升。同时，珠三角地区积极推进现代服务业的发展，促进了该地区产业的全面升级。

产城融合发展路径：珠三角地区积极推进产城融合，向着生态—生产—生活三者之间达到平衡的方向发展，积极将高污染的低端制造业脱离沿海地区，以"现代科技＋生命健

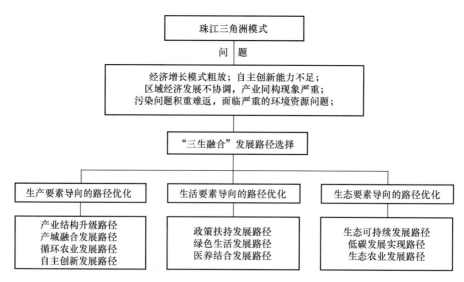

图 6-3 珠三角模式"三生融合"发展路径选择

康产业"为方向，承接和发展高新技术、健康养生、生态休闲、环保能源、旅游装备等新业态、新产业。珠三角地区坚持"产城融合"，发展特色小镇，打造出一个宜业宜居宜游的"创新产业社区"。

循环农业发展路径：珠三角地区在其特定的自然条件下，形成了自身特有的循环及生态农业，农业的发展以农业产业化促进现代生态农业发展，形成了以节水、节肥、节药、节能、节地为主要措施的生态农业模式，通过利用平衡施肥、水土保护等措施，控制肥料和农药的使用时间和使用量，减少养分的流失，提高其利用效率；积极推广多类型生态循环农业发展模式，结合珠三角地区的发展经验，形成了"产＋销＋游"产业链，发展壮大新型农业经营主体，促进"公司＋合作社＋农户"组织链的形成，推进一二三产业深度融合发展。

自主创新发展路径：珠三角地区积极响应国家政策，全力打造国家级的自主创新示范区，出台了一系列重大创新政策举措，使得创新创业环境得到全面优化；建设重大创新平台，不断提升创新驱动发展能力，不断加大对高新技术产业自主创新的投入，在高新技术自主创新的投入上，政府不仅在政策上给予优惠，而且在资金上也大力扶持，鼓励自主创新的发展。

6.1.4.2 生活要素导向的路径优化

政策扶持发展路径：珠三角地区随着经济的发展，人口数量逐渐增多，就业压力也随之增大，二胎政策实施之后，应加大对女性的关注，政府需增加陪产假期，缓解就业歧视，实施人性化的管理，有效降低离职率。

绿色生活发展路径：作为中国五大城市群之一的珠三角城市群，不断倡导生活方式绿色化，包括节约的生活方式和消费理念：一方面鼓励绿色生产，保障绿色产品及服务的供给，引导公民绿色消费；另一方面，加强政策引导，通过生活方式的绿色转变倒逼生产方式的绿色转变，最终形成合力，共同推进珠三角地区的绿色发展。

医养结合发展路径：珠三角地区受到国家和地方的推进，各个市区根据自身的特点，积极探索医养结合的发展路径，主要表现为五种模式：医院增加养老的功能、养老院增加医疗功能、直接新办医养结合机构、社区卫生服务中心"支撑辐射"与"家庭医生"嫁接医养结合。珠三角地区通过不断的提升医疗机构设备及医护人员专业的培训，最大程度地消除家属们"在养老院治病不专业，在医院养老不舒适"的担忧。珠三角地区通过设立补贴项目，以满足不同老人的需求，尽力解决社会养老问题。

6.1.4.3 生态要素导向的路径优化

生态可持续发展路径：珠三角对一些深山区、森林区进行限制开发，很大程度上推进了珠三角实施全面发展战略的进程，通过调整人与生态环境的关系，不断树立公民的环保意识，使其认知从向自然的索取转向对自然的保护，不断优化生态结构与人的协调共生，调整人与生态的关系。

低碳发展实现路径：常年来，珠三角地区政府以及企业积极推进低碳发展，并且成为推进生态文明建设的基本途径和方式，这也是珠三角转变经济发展方式的重点任务和重要内涵。珠三角地区作为中国主要的工业生产区，积极做好减排工作，开发新能源用以替代传统能源，通过政策引导、技术主导、投资带动等方式，大力发展节能环保产业，构建了低碳产业、建筑和交通体系，推动了社会经济发展的低碳转型，加快了原有基础工业的升级，使其工业园区成为循环工业、节能减排、集中排污治污集聚地，资源循环利用的生态园。

生态农业发展路径：珠三角地区大力建设都市型现代特色农业，积极发挥大型粮食、蔬菜、瓜果、水产、禽畜基地的作用，注重改善品质，提高效益，进一步巩固珠三角地区的"米袋子，菜篮子"的战略地位，以现代农业基地为重点，推进种养结构调整，实施高效生态农业。推广使用有机肥，防止农业面源污染，发展适应都市型绿色农优产品。调整养殖结构，推广生物互生互促、互净互保养殖模式，力求在珠三角打造良好的现代型养殖业示范基地。

6.1.5 总结

通过对三种模式生产要素的发展路径的分析，共总结出8条发展路径，总体来看，每个模式都有自己特点，三种模式普遍存在的发展路径为创新驱动发展路径及产业优化升级路径，证明在生产要素中，创新及产业升级是每个中小城镇发展的共性问题，每个地区需针对特定的发展背景，根据自身特有的发展模式，寻找出适合其发展的路径，可以借鉴，但切勿照搬；对三种模式的生活要素的发展路径进行分析，共总结出11条发展路径，较全面地涉及生活要素的各个方面，具有较强的借鉴价值；苏南、温州、珠三角模式在前期的发展中都带来了较为严重的生态问题，从三种模式中共总结出7条发展路径，治理、补偿、低碳、绿色成为三种模式生态要素发展路径选择的关键词，中小城镇生态要素的发展需紧紧把握生态发展的需求，制定切实可行的发展路径（表6-2）。

三种模式"三生"要素发展路径关键词分析总结　　　　表6-2

模式	生产要素发展路径	生活要素发展路径	生态要素发展路径
苏南模式	创新、政策、产业、结构、管理	城乡均衡、文化、就业	治理、补偿、绿色、美丽乡村

续表

模式	生产要素发展路径	生活要素发展路径	生态要素发展路径
温州模式	政府扶持、产业、创新	手工业、民办教育、文化诚信、公共服务、医疗卫生	补偿、政府扶持、治理
珠三角模式	产业、产城融合、循环农业、创新	政策、绿色生活、医养结合	可持续、低碳、生态农业
总结	创新、政策、产业、结构、管理、政府扶持、产城融合、循环农业	城乡均衡、文化、就业、手工业、民办教育、文化诚信、公共服务、医疗卫生、政策、绿色生活、医养结合	治理、补偿、绿色、美丽乡村、补偿、政府扶持、可持续、低碳、生态农业

6.2 "三生融合"导向的中小城镇发展路径优化架构

2000年，美国经济学家、诺贝尔经济学奖获得者斯蒂格利茨（Stiglitse）曾经说过：影响21世纪人类社会进程两件最深刻的事情：第一是以美国为首的新技术革命，第二是中国的城镇化（吴良镛，2002）。我国不提"城市化"而提"城镇化"，是有特定的含义的，即不能只强调发展大中城市，而忽视小城市和小城镇（许经勇，2011）。但城市发展战略客观实践表明，战略的落脚点仍聚焦在积极推动大城市的发展上，国际化大都市也成为越来越多区域中心城市的发展目标。从整体上看，我们在相当程度上都忽视了中小城镇应有的基础性地位。在新型城镇化背景下，"倒逼"效应推动了中小城镇发展步伐。习近平总书记在2015年中央城市工作会议上强调要统筹生态—生产—生活三大布局，把握好生产空间、生活空间、生态空间的内在联系，实现生产空间集约高效、生活空间宜居适度、生态空间山清水秀，提高城市发展的宜居性。"三生融合"的城市发展理念为中小城镇的发展开辟了崭新的机遇和广阔的空间。如表6-3所示，2004~2016年，我国建成区常住人口在500万人以上的大城市由5个增加到9个，介于100万~500万人的大城市由100个增加到142个，100万人以下中小城市由175个减至128个。

2004~2016年我国不同人口规模城市数量（单位：个）　　　　表6-3

年份	超大城市 ＞1000万人	特大城市 500万~1000万人	大城市 100万~500万人	中小城市 ＜100万人
2004	3	5	100	175
2005	3	6	104	170
2006	3	5	109	166
2007	3	7	108	165
2008	3	7	112	161
2009	3	8	113	159
2010	3	8	116	156
2011	3	9	114	157
2012	3	9	119	152

续表

年份	超大城市 >1000万人	特大城市 500万~1000万人	大城市 100万~500万人	中小城市 <100万人
2013	3	9	120	151
2014	3	10	127	143
2015	4	9	133	137
2016	4	9	142	128

资料来源：根据相关年份《中国城市统计年鉴》数据整理计算得到。

6.2.1 生产要素导向的路径优化架构

6.2.1.1 路径存在问题

1. 中小城镇产业发展水平相对偏低

中央农村工作会议提出，到2020年要解决约1亿进城常住的农业转移人口落户城镇、约1亿人口的城镇棚户区和城中村改造、约1亿人口在中西部地区的城镇化。解决"三个1亿人"问题关键在就业。当前，世界经济复苏缓慢，我国经济增速放缓，农民在城市和沿海地区就业稳定性下降，而农业增收较难，部分农民在进城和回乡之间陷入两难困境。长期以来，国内很多研究者笼统地把农民兼业本身作为问题。事实上，兼业是现阶段农民家庭效益最大化的理性选择。问题在于兼业环境，即中西部中小城镇产业缺乏，农民工人户远距离分离，兼业难成本高。贯彻党的十八届三中全会精神，走中国特色新型城镇化道路，推动大中小城市和小城镇协调发展，要着力扶持中小城镇产业，优化农民兼业环境，引导部分农民就近兼业，提高农民生活质量和水平。如表6-4所示，2004~2016年，我国中小城市非农产业增加值占全部城市的比重由20%下降到7%；中小城市2004~2016年的平均非农产业增加值的增长率为121.89%，低于其他规模城市的增长率（249.35%，432.14%和134.30%）。

2. 城乡差距潜存"代际传递"风险

随着城乡协调发展深入推进，近年来，我国城市和农村在基础设施、居民收入、居民身份等方面的差距显著缩小。但与此同时，城乡居民在公共服务、家庭财产、隐性权利等方面仍存在较大差距，尤其是农民生活水平提高后，对医疗、教育、文化等方面更高层次的需求得不到有效满足。若不尽快构建更加平衡的发展环境，城乡差距潜存"代际传递"的风险（表6-4、表6-5）。

2000~2016年我国不同规模城市非农产业增加值比重　　　　表6-4

项目	超大城市 >1000万人		特大城市 500万~1000万人		大城市 100万~500万人		中小城市 <100万人	
	增加值 （亿元）	比重 （%）	增加值 （亿元）	比重 （%）	增加值 （亿元）	比重 （%）	增加值 （亿元）	比重 （%）
2004	1975.00	7	1745.85	6	8250.86	31	14945.93	56
2005	4682.38	22	3246.15	15	9782.00	46	3538.21	17

续表

项目	超大城市 >1000万人		特大城市 500万~1000万人		大城市 100万~500万人		中小城市 <100万人	
	增加值（亿元）	比重（%）	增加值（亿元）	比重（%）	增加值（亿元）	比重（%）	增加值（亿元）	比重（%）
2006	2818.29	15	2037.76	11	10214.05	54	3713.29	20
2007	-4967.78	-21	-7637.83	-32	-5240.68	-22	41676.22	175
2008	9616.20	33	13014.92	46	13886.32	49	-8040.72	-28
2009	10318.93	95	13753.56	127	23635.83	219	-36890.63	-341
2010	6479.97	14	4341.09	9	9389.64	21	25446.37	56
2011	10809.37	13	14567.77	18	43518.85	52	14024.88	17
2012	3524.98	3	-8502.64	-7	-9722.96	-8	135032.87	112
2013	3813.99	-7	22737.94	-44	46567.70	-89	-125529.58	240
2014	5516.05	17	8273.18	26	15289.10	48	2709.21	9
2015	7311.94	24	6369.22	21	15691.73	51	1260.06	4
2016	9204.48	22	13580.15	33	15735.66	38	2650.58	7

资料来源：根据相关年份《中国城市统计年鉴》数据整理计算得到。

2004~2016年我国不同规模城市平均地方财政一般预算内收入（单位：亿元） 表6-5

年份	超大城市 >1000万人	特大城市 500万~1000万人	大城市 100万~500万人	中小城市 <100万人
2004	666.48	172.79	32.12	6.14
2005	835.99	198.12	39.13	8.21
2006	979.70	236.95	47.49	9.35
2007	1240.33	194.93	56.56	10.30
2008	1473.76	349.39	67.69	15.09
2009	1599.37	358.54	77.70	16.11
2010	1967.45	489.82	99.0	20.94
2011	2335.54	594.83	119.41	26.52
2012	2582.16	686.83	136.09	31.15
2013	2828.78	778.83	154.45	35.16
2014	3167.06	682.90	160.65	36.76
2015	3501.32	753.39	178.39	37.14
2016	3789.78	795.54	187.45	38.78
2016/2004（%）	568.63	460.41	583.59	631.59

资料来源：根据相关年份《中国城市统计年鉴》数据整理计算得到。

3. 人均地方财政一般预算内收入增长有待加快

由表 6-5 可知，我国不同规模城市平均地方财政一般预算内收入都呈现不断上升的趋势。与其他规模等级城市相比，尽管中小城市的地方财政一般预算内收入也在不断上升，但从每一年的数据来看，增长较为缓慢。

6.2.1.2 路径优化架构

1. 强化中小城镇经济功能

提升中小城镇生产、贸易、金融、信息和物流等经济功能。城镇经济功能居于所有城镇功能的核心地位，它不仅是城镇形成和存在的前提，也是其他所有城镇功能的前提。城市城镇经济功能从内容上可分为生产、贸易、金融、信息和物流等。根据产业链理论可知，城镇产业作为城镇经济功能的载体，城镇产业链的完善程度和城镇产业结构优化程度对城镇经济功能的完善和强化具有决定作用。目前，从中小城镇推进人口城镇化的角度出发，首要应强化经济功能，才能不断完善和提升中小城镇整体功能，为人口城镇化提供就业支撑和基础，为功能的进一步优化提供财政支撑和基础。同时，促进中小城镇产业集聚发展，加快中小城镇产业结构优化和产业升级，不仅要推进中小城镇工业的快速发展，更要加快中小城镇贸易、金融、信息和物流等现代服务业的快速发展，推进中小城镇功能由纯粹的生产功能转向集生产、贸易、金融、信息和物流等功能为一体的综合经济功能。

2. 夯实中小城镇产业发展基础，提升产城融合质量

首先，树立产城融合发展的战略意识。一是从观念上树立服务业集聚与新型城镇化协同发展的战略意识，制定二者协同互动发展的规划，实现二者同步发展和联动发展，以提升经济效益和促进经济可持续发展；二是制定新型城镇化建设过程中配套的服务业倾斜政策，汲取中高端人才，发挥服务业创造工作岗位和吸纳工作人口的集聚优势，加大已有城镇和新建城镇中服务业的集聚，进而满足提升新型城镇化质量的需求；三是加强对中小城镇规划实施过程的管理。通过强化政府在制定和实施中小城镇发展规划中的管理职能，各司其职，保障规划在制定和实施过程中的一致性。

其次，突出中小城镇产业发展侧重点。实证研究结果表明各地区新型城镇化建设严重脱离了服务业集聚的发展规律而过快推进。因此，应加快制定中小城镇发展应遵循的基本原则，将一般性和特殊性结合起来，明确不同层次、不同类型的城镇和产业发展侧重点，引导中小城镇差异化发展。一是，中小城镇应基于国家政策机遇和城市发展趋势，结合自身发展背景及在不同区域层次中的特点，挖掘中小城镇自身的比较优势，明晰自身在城市区域或城市群中的定位和特色功能。如东部地区中小城镇应加快服务业转型升级以满足和支撑新型城镇化提质增速的需要；中部地区中小城镇要继续发挥资本密集型产业集聚优势；西部地区中小城镇则要有侧重的提升服务业集聚水平和调整服务业集聚结构。二是，各地区都应依据自身区位优势和资源禀赋优势，走专业化道路，通过优先培育主导产业，推进其专业化、高端化和精品化发展。从自身实际出发，摒弃薄弱，突出重点，形成区域联动、协同均衡的发展局面。三是，加快发展中小城镇资本密集型产业和大力发展高科技和新兴产业。另外，中小城镇应积极引入中高端人才，加大对外开放力度，在满足服务业集聚发展、新型城镇化建设和二者协同发展需要的同时，加快供给侧结构性改革和转变经济增长方式以提升经济效益。

3. 重视乡村经济，统筹城乡经济社会发展

国际经验表明，凡是城市化水平高的国家，其农业同样发达，农业部门的发达是提高城市化的基础。因此，要通过积极解决"三农问题"，着力提高农民的收入水平，优化农村环境，逐步缩小城乡经济差距，实现城乡统筹发展。资料研究表明，在美国现有的乡村，只保留某些乡村特征，在生产、生活方式上已经和城市没有什么差别，城乡进入了协调发展的良性循环。而在巴西，情况正好相反。在城市化过程中，片面强调城市的扩张而忽略了农村的发展，城乡之间存在着巨大的差距，社会问题突出，城乡二元经济结构严重阻碍了经济社会发展。正反两方面的例子表明，传统的偏重城市发展的政策倾向应该立即纠正，要落实统筹城乡协调发展的政策措施。在城市群体系中，无论是城镇中心，还是其周边的辐射区，都离不开辐射范围内乡村地区的发展。必须统筹发展，最终形成城市群良性发展的格局。加快中小城镇周边乡村建设，统筹城乡发展，是加快中小城镇建设的助力源泉。

4. 更好发挥政府在新型城镇化进程中的引导作用

新型城镇化的本质特征是资源要素的集聚和优化配置。中共十八届三中全会提出要理清政府与市场的边界，核心问题是处理好政府和市场的关系，使市场在资源配置中起决定性作用。泰勃特模型认为，生产要素在空间上可以流动，政府间存在着一个政府服务的竞争性市场，企业和公众则"以足投票"，选择提供税收和公共物品最好的地方政府。中小城镇政府通过完善市场制度设计，不断优化政府服务，特别是在土地供给、融资和民生等方面深化改革，优化企业投资环境。对保证市场规范运行、促进持续发展的缺失因素，需要做好"加法"，建设统一开放、竞争有序的市场体系，形成良性的激励约束机制。注重引导企业居民"以足投票"，是中小城镇政府加快推进城镇化建设的重要抓手。

6.2.2 生活要素导向的路径优化架构

6.2.2.1 路径存在问题

1. 中小城镇人口集聚功能偏弱

一定规模的人口集聚是城镇发展的内涵和基础。一般理论认为小城镇人口应有 5 万人以上，镇区 2 万～3 万人，才能达到基础设施和服务的门槛，初步体现聚集效应；超过 5 万人则对周边乡镇的经济和社会发展起到明显的带动作用；达到 15 万人口的规模时，聚集效应和扩散效应才能充分发挥出来。较为一致的结论是，至少有 3 万人以上的小城镇才能发挥集聚产业和人口的功能，但目前有此规模的建制镇不到 1000 个。李克强指出，目前小城镇数量多但规模小，1.9 万多个建制镇建成区平均人口仅 7000 多人，相当多的镇不足 5000 人，集聚产业和人口的能力十分有限。小城镇人口规模过小，必然造成发展空间和辐射区域狭小，城镇发展的后劲严重不足，无法形成规模效益和聚集效益，也会导致基础设施投资成本偏高而使用效率偏低，第三产业发展也难以形成一定的经济效益和社会效益。如表 6-6 所示，2004～2016 年，我国中小城市常住人口占全部城市常住人口的比重由 30%下降到 17%，下降了 13%，而同期常住人口超过 1000 万人以上的超大城市、500 万～1000 万人之间的特大城市以及 100 万～500 万人之间的大城市的常住人口所占比例分别上升了 4%、3%和 6%。

2004～2016 年我国不同规模城市建成区人口总量及比重　　表 6-6

项目	超大城市 >1000 万人		特大城市 500 万～1000 万人		大城市 100 万～500 万人		中小城市 <100 万人	
	数量（万人）	比重（%）	数量（万人）	比重（%）	数量（万人）	比重（%）	数量（万人）	比重（%）
2004	3399.55	10	3167.71	9	17876.36	51	10461.66	30
2005	3430.51	9	3890.91	11	18621.25	51	10641.63	29
2006	3935.99	11	2970.07	8	19635.62	54	9935.36	27
2007	3977.65	11	4024.60	11	18997.74	51	9978.12	27
2008	4014.95	11	4067.24	11	19636.94	52	9634.41	26
2009	4049.08	11	4616.62	12	19658.24	52	9620.66	25
2010	4188.69	11	3662.86	12	20424.84	53	9456.52	24
2011	4328.30	11	5238.90	13	20297.40	52	9556.60	24
2012	4363.30	11	5311.30	13	21192.15	53	9429.95	23
2013	4396.30	11	5383.70	13	21872.90	53	9416.30	23
2014	4576.70	11	5896.00	14	23104.00	54	8936.70	21
2015	5876.93	13	5497.26	13	24361.77	55	8544.20	19
2016	6306.00	14	5688.00	12	26552.00	57	8025.00	17

资料来源：根据相关年份《中国城市统计年鉴》数据整理计算得到。

2. 中小城镇教育规模偏小

随着城镇化的不断推进和经济水平的不断提升，我国各级城市依据各地实际的人口变化趋势，不断调整和完善普通中学和小学的数量、规模和布局。2004 年以来，中小城市万人拥有的普通中学和小学数量呈现不断下降的趋势，如表 6-7、表 6-8 所示，与其他规模等级的城市相比而言，中小城市的普通中学和小学的教师数量依旧偏少。

2004～2016 年我国不同规模城市万人拥有学校情况（单位：所/万人）　　表 6-7

项目	超大城市 >1000 万人		特大城市 500 万～1000 万人		大城市 100 万～500 万人		中小城市 <100 万人	
	普通中学	小学	普通中学	小学	普通中学	小学	普通中学	小学
2004	0.20	0.41	0.19	0.44	1.03	3.03	0.69	2.52
2005	0.19	0.38	0.18	0.41	1.05	3.00	0.70	2.35
2006	0.21	0.46	0.15	0.29	1.08	2.96	0.64	2.05
2007	0.23	0.54	0.14	0.29	1.30	3.44	1.19	1.70
2008	0.20	0.42	0.20	0.37	1.04	2.81	0.56	1.66
2009	0.19	0.40	0.23	0.44	1.01	2.61	0.55	1.56
2010	0.19	0.36	0.22	0.42	1.02	2.59	0.52	1.40
2011	0.19	0.33	0.23	0.43	1.00	2.44	0.52	1.33
2012	0.20	0.34	0.23	0.43	1.01	2.33	0.51	1.27

续表

项目	超大城市 >1000万人		特大城市 500万～1000万人		大城市 100万～500万人		中小城市 <100万人	
	普通中学	小学	普通中学	小学	普通中学	小学	普通中学	小学
2013	0.20	0.34	0.24	0.43	1.06	2.31	0.50	1.19
2014	0.20	0.34	0.27	0.46	1.08	2.27	0.48	1.08
2015	0.26	0.44	0.25	0.41	1.16	2.51	0.46	1.06
2016	0.27	0.45	0.26	0.42	1.12	2.65	0.45	1.05

资料来源：根据相关年份《中国城市统计年鉴》数据整理计算得到。

2004～2016年我国不同规模城市普通中学和小学师生比（%）　　表6-8

项目	超大城市 >1000万人		特大城市 500万～1000万人		大城市 100万～500万人		中小城市 <100万人	
	普通中学	小学	普通中学	小学	普通中学	小学	普通中学	小学
2004	0.20	0.41	0.19	0.44	1.03	3.03	0.69	2.52
2005	0.19	0.38	0.18	0.41	1.05	3.00	0.70	2.35
2006	0.21	0.54	0.14	0.2	1.30	3.44	1.19	1.70
2007	0.23	0.54	0.14	0.29	1.30	3.44	1.19	1.70
2008	0.20	0.42	0.20	0.37	1.04	2.81	0.56	1.66
2009	0.19	0.40	0.23	0.44	1.01	2.61	0.55	1.56
2010	0.19	0.36	0.22	0.42	1.02	2.59	0.52	1.40
2011	0.19	0.33	0.23	0.43	1.00	2.44	0.52	1.33
2012	0.20	0.34	0.23	0.43	1.01	2.33	0.51	1.27
2013	0.20	0.34	0.24	0.43	1.06	2.31	0.50	1.19
2014	0.20	0.34	0.27	0.46	1.08	2.27	0.48	1.08
2015	0.26	0.44	0.25	0.41	1.16	2.51	0.46	1.06
2016	0.27	0.45	0.26	0.42	1.12	2.65	0.45	1.05

资料来源：根据相关年份《中国城市统计年鉴》数据整理计算得到。

3. 中小城镇医疗服务水平偏低

实现公共服务均等化是新型城镇化的重要任务之一，而医疗卫生设施作为公共服务设施的核心类型，提升其医疗服务水平，是实现"以人为本""城乡一体"等新型城镇化核心要义的重要支撑。中小城市作为新一轮城镇化的主战场，探索其符合新型城镇化发展路径的医疗卫生服务水平更是具有突出意义。如表6-9所示，2004年以来，中小城市每万人拥有的床位数和医生数呈现不断上升的趋势，高于超大城市和特大城市每万人拥有的床位数和医生数，但远远低于大城市每万人拥有的床位数和医生数。同时，中小城市每万人拥有的医院数具有不断下降的趋势，而其他规模等级城市则保持稳定增长（如大城市）和持续增长（超大城市和特大城市）。

2004～2016年我国不同规模城市每万人拥有医院数、床位数和医生数　　表6-9

项目	超大城市 >1000万人			特大城市 500万～1000万人			大城市 100万～500万人			中小城市 <100万人		
	医院数	床位数	医生数	医院数	床位数	医生数	医院数	床位数	医生数	医院数	床位数	医生数
2004	0.16	18.69	8.92	0.14	15.16	9.23	1.00	80.08	44.24	0.80	50.62	25.02
2005	0.16	19.61	11.03	0.15	16.85	9.35	1.17	85.36	46.81	0.81	53.07	25.49
2006	0.17	19.69	10.45	0.12	15.57	9.04	1.04	92.73	51.14	0.75	50.79	24.63
2007	0.17	21.30	11.34	0.16	16.08	9.62	1.00	96.10	52.71	0.71	51.94	26.44
2008	0.16	21.95	12.23	0.17	23.22	13.68	0.96	99.47	54.28	0.67	53.09	28.24
2009	0.21	23.29	12.57	0.16	25.65	14.58	0.97	111.08	59.21	0.79	56.05	29.20
2010	0.19	24.43	13.44	0.16	27.90	15.59	0.98	120.08	63.12	0.76	57.78	29.40
2011	0.18	25.57	14.31	0.17	33.82	17.77	0.93	122.25	64.54	0.77	62.66	30.91
2012	0.19	27.43	16.16	0.17	39.94	18.29	1.02	142.22	71.39	0.75	68.45	31.99
2013	0.20	31.43	16.66	0.21	41.22	20.73	1.04	151.00	76.27	0.74	70.39	32.21
2014	0.21	31.65	17.75	0.25	44.11	22.13	1.13	161.93	80.44	0.65	72.03	31.86
2015	0.29	40.47	22.89	0.22	47.27	23.40	1.17	176.89	87.07	0.72	72.89	30.64
2016	0.30	42.45	24.78	0.23	49.56	24.45	1.25	183.56	89.65	0.54	76.34	30.11

资料来源：根据相关年份《中国城市统计年鉴》数据整理计算得到。

4. 中小城镇吸纳就业能力不足

在我国的城镇化进程中，单纯依靠大城市已经不能解决农村剩余劳动力转移的问题，小城镇将在城镇化进程中发挥更重要的作用，是未来吸纳农村剩余劳动力的主力军（方创琳等，2009）。面对我国城市群内部分工协作不够、集群效率不高，中小城市集聚产业和人口不足，小城镇服务功能弱等现实问题，我国新型城镇化明确提出了"加快发展中小城市，有重点地发展小城镇，促进大中小城市和小城镇协调发展"的要求。如表6-10所示，2004～2016年，我国中小城市非农产业从业人员占全部城市非农产业从业人员的比重由27%下降到14%，中小城市2004～2016年的非农产业从业人员的增长率为40.00%，高于特大城市的增长率25.35%，但远远低于巨大规模城市和大规模城市的增长率86.32%和43.16%。

2004～2016年我国不同规模城市非农产业从业人员及比重表　　表6-10

项目	超大城市 >1000万人		特大城市 500万～1000万人		大城市 100万～500万人		中小城市 <100万人	
	就业人员（万人）	比重（%）	就业人员（万人）	比重（%）	就业人员（万人）	比重（%）	就业人员（万人）	比重（%）
2004	948.93	15	690.19	11	2955.71	47	1687.05	27
2005	990.79	15	706.72	10	3447.59	51	1617.05	24
2006	1055.37	15	732.98	11	3220.14	48	1735.9	26
2007	1065.54	15	933.36	13	3551.43	49	1644.18	23

续表

项目	超大城市 >1000万人		特大城市 500万~1000万人		大城市 100万~500万人		中小城市 <100万人	
	就业人员（万人）	比重（%）	就业人员（万人）	比重（%）	就业人员（万人）	比重（%）	就业人员（万人）	比重（%）
2008	1110.45	16	958.11	13	3453.48	49	1580.71	22
2009	1171.38	15	1031	14	3650.45	49	1624.82	22
2010	1278.58	16	1143.05	14	3965.13	49	1634.9	21
2011	1385.77	16	1352.47	16	4133.35	48	1694.07	20
2012	1305.04	14	1583	16	4947.22	52	1749.94	18
2013	1472.76	14	1813.52	17	5679.07	52	1887.82	17
2014	1707.56	15	1969.2	17	5901.13	52	1786.16	16
2015	2041.49	19	1446.03	13	5873.94	53	1667.18	15
2016	2357.45	20	1557.36	13	6010.34	52	1678.98	15

资料来源：根据相关年份《中国城市统计年鉴》数据整理计算得到。

6.2.2.2 路径优化架构

（1）提高人口和公共服务城镇化质量。

提高人口城镇化和公共服务城镇化水平和质量，增强中小城市就业吸纳能力。首先，政府部门应采取措施鼓励经济活动和劳动力的空间集聚，顺应就业跨区域集聚的趋势，加快地区间协同发展，从经济层面和制度层面综合关注都市区和城市群建设，中小城镇优化公共服务与公共治理，都应以增强人口聚集能力和经济发展活力为重点，特别是户籍制度改革要及时、有序推进，为人口自由流动营造良好的制度环境。制定更有效的政策以减少就业成本，提升地区内部就业人口、技术和资本水平，进而提高地区劳动生产率和促进经济增长以缩小地区差距，优化公共服务与产品供给，重点要体现在住房、教育、医疗、社会保障等方面，鼓励农业转移人口纳入保障体系。中小城镇建设还必须解决好基础产业的问题，利用产业带动就业，以业留人，开发利用清洁能源，坚持绿色低碳发展，进一步强化中小城镇宜居优势，吸引各类产业落地，创造更多的就业机会，绝不能依靠行政命令人为集聚人员，人为扩大城镇规模。其次，重视中小城市基本特征，改进和提升中小城市的公共服务和就业环境质量。各中小城市在制定经济发展战略时应充分考虑影响城市就业集聚的经济因素、社会因素、资源因素和环境因素，提供高品质的就业环境和高覆盖的公共服务。再次，统筹就业供给和就业需求推进中小城市就业集聚与增长，优化中小城市工业及服务业布局和结构，加快促进中小城市产城融合和经济发展。

（2）加密和打通中小城市基础设施网络化建设。

加密和打通基础设施网络化建设，构建完善的围绕提高居民生产生活保障能力的基础设施体系。基础设施的完备程度是中小城市吸纳更多人口和就业的基础硬性条件，也是城市生产和服务功能的基本组成部分。由于中小城市财政实力不足、规划建设落后和缺乏高效管理等，多数中小城市的基础设施相对薄弱，整体承载力不强。因此，应以现代化的综合交通体系和信息服务体系为支撑，构成大中小城市协调发展的城市网络体系，这也是提升城市群质量的关键途径。第一，加大政策力度和资金支持力度，全面加强中小城市在道路交通、铁道交通、通信网络和水电气暖等基础设施的建设。第二，加快提高中小城市的规划、建设和管理水平，提升中小城市对基础设施的利用效率和保障水平。第三，以市场为导向，采用政府直接和政府引导民间资金以不同形式和不同渠道进入中小城市基础设施建设领域的投资，鼓励和推动投资多元化。现代化的生态小城镇系统应以良好基础设施为支撑，为物流、能源流、信息流、价值流和人流的运动创造条件，在加速的有序运动中，减少经济损耗和对小城镇生态环境的污染。

6.2.3 生态要素导向的路径优化架构

6.2.3.1 路径存在问题

（1）缺乏总体规划及生态环境功能区划

中小城镇基本上都是由原来的县、乡政府所在地、集市、工矿生产地、旅游、农村居民点等发展而来的，由于历史原因或没有总体规划或规划不合理，造成总体布局上不同程度地缺乏环境理性，用地布局不合理的现象比比皆是。由于缺乏明晰的功能区划，往往形成影响小城镇可持续发展的诸多问题：一是城镇建设大量占用耕地，造成土地资源的浪费；二是旧城改造缺乏明确目标，新区与老区结构松散，二者关系处理的不好，发展不协调，房屋建筑增多，缺少绿地或绿地减少，造成生态环境功能失调；三是各类用地布局分散，往往造成环境功能混杂、相互干扰的不利局面，限制了城市功能的发挥；四是缺乏合理的生态支持系统，严重影响小城镇的生态功能，造成饮用水源、污水排放、生态景观、污染预防等功能的弱化甚至丧失。

（2）环境污染严重及环境基础设施欠缺

由于中小城镇大多缺乏污水处理设施和垃圾填埋场，各地小城镇的生活污水和部分工业废水一般都未经处理就排入水体，加上农村生活污水、农田废水、畜禽粪便、农药化肥残液，使大量的氮、磷、有机物等进入水环境，地表水受到不同程度污染，而且，由于水资源短缺，造成水体自净能力非常低，内源产生的污染物增加，最终造成小城镇地表水污染严重，并出现富营养化现象；小城镇大气环境质量要略好于大城市，但随着小城镇规模的不断扩大和经济的不断发展，工业污染排放将越来越危害小城镇的大气环境质量。城镇建设中没有很好的规划布局，再加上小城镇经济实力较弱，难以在短期建成独立的城镇污水及垃圾处理设施，城镇环保欠账普遍，主要表现在生产、生活废水和废气烟尘大都处于无序排放状态，小城镇内垃圾收集系统不健全，生活垃圾常直接堆放在村庄道路两旁，垃圾处理方式只是简单地填埋，对有害固体废物及危险固体废物的处置技术水平较低。

（3）乡镇企业污染严重及环境监管力度不够

乡镇企业环境污染问题也是小城镇环境保护和建设发展中突出的问题之一。由于城市工业结构的调整，污染严重而又不宜在城市中发展的工业，被陆续迁移到小城镇中，由于规划不合理造成乡镇企业集中程度低，工业农村化的现象十分明显，再加上认识水平、经济水平及管理水平三方面的限制，很多工业污染得不到有效的控制。乡镇企业由于设备简陋、工艺落后，其能耗系数和物耗系数均较高，造成了能源和资源的大量浪费。更为严重的是，乡镇企业的"三废"还造成了空气污染、土地质量变差和水质恶化，损害人身健康，造成生态系统的严重失调，使其潜在生产力大大下降或丧失殆尽。由于区县级环保部门人力有限,环境保护工作重心集中于县城以上的城市管理,而对小城镇环境的监管力度较弱。同时,环境污染事故应急能力较差,不利于小城镇的环境保护。现行的环境保护条块结合、以快为主的管理体制,在实际工作中往往是相关部门偏重部门自身利益,环境保护难以实施统一监督管理。

(4) 生态绿地系统不健全

小城镇在区内或周边虽然存留不少农田、果园等绿地,但是大多数缺乏完备的生态绿地系统。究其原因有以下几个方面:一是没有进行生态绿地系统规划或规划不合理;二是在小城镇建设中普遍存在街道拓宽挤占道路绿化带,新开街道达不到道路绿地率标准;三是公共绿地不足,远远低于国家或省级标准,在建设方面还存在好大而厌小,缺乏与居民的亲和力;四是缺乏防护绿地,尤其是工业防护绿地。

6.2.3.2 路径优化架构

(1) 制定中小城镇的整体规划

小城镇规划的好坏可以直接影响城镇未来发展的方向。小城镇规划要合理预见小城镇的发展方向、规模和布局,做好环境预测和评价,协调各方面在发展中的关系,统筹安排各项建设,使整个小城镇的建设和发展,达到技术先进、经济合理、环境优美的综合效果。小城镇的规划除了可持续发展、因地制宜等基本原则,还要突出小城镇的特点。

(2) 加强中小城镇基础设施建设,提高居民的生活质量

近几年来,我国小城镇基础设施建设虽然得到了很大的发展,但从总体来看水平还比较低。小城镇基础设施是小城镇为顺利进行各种经济活动和其他社会活动而建设的各类机构和设施。政府应该加大对城镇生活污水、生活垃圾、危险废物处理等环境基础设施建设的投入。

(3) 重视中小城镇绿化建设

加强小城镇绿化建设,创造良好的人居环境。充分利用原有的人文和自然条件,优先培育和种植区域适应性强、体现本地特色的绿化植物种类;通过规划和优化小城镇用地结构、提高小城镇土地利用率、扩大绿地比例等多种形式,不断增加绿地面积,保持生态功能和植物的多样性;建设山、水、城、林相依的宜居型生态小城镇,加强城郊防护林体系与小城镇绿地系统相结合,使防护林体系与小城镇文化艺术、市民休闲、医疗健康、保健等方面密切相关。

(4) 推行清洁生产,发展生态产

通过建立生态产业园区,将产业基地与生态环境融为一体,纳入整个生态系统统一管理,发展循环经济;逐步把传统产业调整、发展为生态农业,形成一种可持续发展的生态化产业体系,努力提高生态经济在国民经济中的份额。

(5) 倡导生态文化,提高公众的持续发展意识

以生态文化逐步改变人的价值取向和行为模式,从而诱导绿色、文明的生产消费方式;提高公众的参与意识,使善待自然、保护环境成为全社会的自觉行为,促进可持续发展的现代化生态小城镇建设。

6.2.4 "三生融合"导向的路径架构

本研究遵循"案例经验(实践)—理论路径(理论)—实践应用(实践)"的马克思唯

物主义方法论，基于苏南、温州与珠江三角洲典型案例总结出普适的中小城镇"三生融合"发展路径。

从生产要素来看，政府给予政策扶持，引导高新技术、绿色低碳、生态环保等产业发展，可以激发企业创新活力，从而实现产业结构转型升级，与此同时，缩小城乡差距，注重城乡统筹、协调发展，最终可以提升经济总量与质量、实现经济结构的转型升级。

从生活要素来看，应提升公共服务水平，主要包括就业保障服务、加强基础设施服务、医疗卫生服务、教育文化服务，同时注重缩小城乡差距、代际差距、区域差距，最终实现公共服务均等化，切实提升人民生活满意度、增进人民福祉。

从生态要素来看，我国改革开放以来自上而下的粗放发展模式造成了严重的生态环境衰退与经济损失，针对已被破坏、并影响到人们的生产生活的自然要素，应进行必要生态修复。另外，必须始终贯彻习总书记"两山"理论，绝不走先污染后治理的老路，"撸起袖子"探索绿色环保可持续发展之路，对治理生态环境增加的成本进行必要的生态补偿。

从"生态—生产—生活"融合来看：经济总量的提升允许国家有更高比例的财政支出比重配置于公共服务的建设与完善，同时有助于抵消生态修复与补偿成本，产业结构、经济质量的优化有助于实现绿色环保可持续发展；人民生活水平与质量的提升，可以基本满足人们物质需求，根据马斯洛需求层次理论，人们低层次的需求得到满足以后，会追求更高层次的精神需求（自我实现），这种对于需求的进步，其实是人力资本的改善，因此，可以激发更为广泛的创新，助力经济结构转型，同时，人们对于生活环境的认识也会有所改善，生态环保意识的加强同样有助于实现可持续发展；生态环境是人类生存的基础，生态环境问题上升为国家乃至国际战略高度可以"倒逼"创新行为、产业结构转型，约束人类活动、加强环保意识、改善人力资本。具体路径架构如图6-4所示：

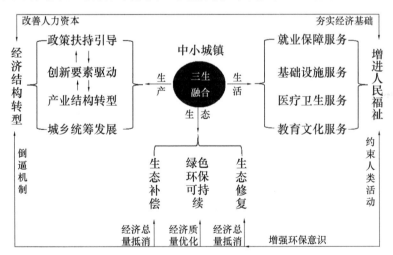

图6-4 "三生融合"导向的中小城镇发展路径框架

6.3 基于"三生"要素的中小城镇发展路径选择

中小城镇是城镇化体系的"末端神经系统"，联系着周边农村地区，也是我国新型城镇化进程中行政等级最小的城镇空间。它主要指镇区常住人口少于 2 万人，全域常住总人口少于 5 万人的建制镇。相比较于中大型城镇、重点镇、特大镇和超大镇而言，中心城镇受腹地小、人口少、资源禀赋弱和创新机制欠缺等短板制约，发展相对滞后。中小城镇作为城镇化发展系统中的"城镇末梢"，一边连接着乡村，成为乡村在城镇或就近城镇化的主要载体；一边连接着中心城市或大城市，成为大城市资源辐射的"承载空间"。在地域发展层面，2 万多个中小城镇将是中国新型城镇化在土地、产业、人口、生态和稳定等可持续发展进程中的重要力量。中小城镇经济社会发展差距过大，发展相对滞后，严重影响了新型城镇化和区域协同发展的战略进程。

6.3.1 中小城镇"三生"要素评价指标体系及指标预处理

"三生"空间为"生态—生产—生活"空间的简称，是指人们从事生产活动，进行日常生活以及开展生态服务的功能空间，其为人类经济社会赖以发展、人类文明得以传承的空间基础。"三生"空间的科学布局和合理开发对城镇单元的空间职能分布、国土空间组合开发与功能优化，以及促进资源、生态环境与社会经济协调可持续发展具有重要意义。党的十八大首次提出"三生"空间优化建设思路，要求"推进生态文明建设，优化国土空间开发格局，实施主体功能区战略，促进生产空间集约高效、生活空间宜居适度、生态空间山清水秀"。"三生"空间反映的是土地利用类型、区域功能以及空间分布格局，综合体现区域国土空间的利用质量。该建设思路的提出源于我国城镇化过程中出现了众多诸如人口膨胀、城乡不协调、区域不均衡、土地资源利用低效、生态破坏严重、环境污染日益加剧、国土空间利用质量低下等"城市病"问题。

针对"三生"空间这一主题，国内学者做了大量的研究，但是还没有明确界定"三生"空间的概念、划分标准以及评价指标体系等。在现有"三生"空间的学术研究成果中，主要包括"三生"空间利用分类及功能评价体系、国土空间利用质量评价及建设开发、"三生"空间格局整治规划及优化开发思路、土地"三生"承载力与集约利用评价体系以及"三生共赢"社会建设机制。"三生"空间是我国在开展生态文明建设的过程中所提出的，其以优化国土空间开发格局作为核心工作。樊杰基于主体功能区战略，结合地区发展特征与现状，将中国国土空间利用类型划分为优化、重点、限制和禁止开发四种。本节以京津冀城市群 202 个县域单元作为研究区域，结合前人研究成果，构建一套着力于体现系统规模、结构、效益以及质量的"三生"要素评价指标体系，并采用主客观结合的方法对指标权重进行赋权。

6.3.1.1 研究区域与数据来源

京津冀城市群是中国经济核心区和体现国家竞争力的重要区域，包括北京、天津 2 个直辖市和河北省的石家庄、唐山、秦皇岛、邯郸、邢台、保定、张家口、承德、沧州、廊坊和衡水 11 个地级市。为了分析中小城镇的发展状况，本文以县区为基本研究单元，共 202 个县级城市行政单元，包括 73 个区、20 个县级市、109 个县。京津冀城市群交通相连、经济相通、生态共享、污染共治，在区域一体化建设的基础上形成生态—生产—生活"三生要素"发展的命运共同体，中小城镇发展在京津冀协同发展过程中发挥着承上启下的重要作用，同时也面临着新的机遇和挑战。为了分析"三生"要素长时间序列上的变化特征，本书选择 2005～2015 年为中小城镇协同效应及发展路径选择研究的时段。数据来源于《北京市统计年鉴》《北京区域统计年鉴》《天津统计年鉴》《河北经济年鉴》《中国城市统计年鉴》《中国区域经济统计年鉴》《中国县域统计年鉴》《北京交通发展年报》以及统计机构发布的官方数据和统计公报。土地利用数据来源于中国科学院资源环境科学数据中心,通过对遥感影像数据提取获得。

6.3.1.2 "三生"空间要素系统评价指标体系

"三生"空间要素系统是一个包括生态、生产和生活多维系统的复杂巨系统。本节结合前人研究结果,分别从体现系统规模、结构、效益以及质量视角构建了"三生"要素评价指标体系,其中生态系统包括生态质量、生态保障和生态风险,生产系统包括生产规模、生产效益和生产结构,生活系统包括生活福祉、生活能力和生活空间。通过对大量文献的阅读参考,根据指标选择的综合性、差异性和科学性原则以及数据的代表性、可获得性,并结合京津冀地区实际情况共选取 14 个表征指标构建出中小城镇"三生"要素评价指标体系,指标主客观及综合权重由下述方法计算得出(表 6-11)。

"三生"要素评价指标体系表 表 6-11

系统	子系统	具体指标	单位	属性	主观权重	客观权重	综合权重
生态要素系统	生态质量	湿地面积占比	%	正	0.236	0.370	0.299
	生态保障	生态空间用地面积占比	%	正	0.365	0.344	0.359
	生态风险	生态空间用地面积下降比率	—	负	0.399	0.286	0.342
生产要素系统	生产规模	人均固定资产投资从业人员比例	元/人	正	0.116	0.209	0.158
	生产效益	GDP 增长率	%	正	0.153	0.191	0.174
			%	正	0.291	0.190	0.239
	生产结构	非农业人口比重	%	正	0.193	0.214	0.206
		第二产业与第三产业产值比值	%	正	0.247	0.196	0.223
生活要素系统	生活福祉	户均电话用户数量	个/户	正	0.165	0.072	0.114
		财政预算收入与财政预算支出比	%	负	0.161	0.155	0.165
	生活能力	人均城乡居民储蓄存款余额	元/人	正	0.172	0.303	0.237
		人均社会消费品零售总额	元/人	正	0.163	0.264	0.216
	生活空间	公路密度	公里/平方公里	正	0.152	0.109	0.134
		人口密度	人/平方公里	负	0.187	0.088	0.134

生态质量表示生态空间优劣程度,用湿地面积占比表征;生态保障表示对生态空间的保障,用生态空间用地面积占比表征;生态风险表示生态空间受损情况,用生态空间用地面积下降比率表征。生产规模表示区域生产活动过程中的规模大小,用人均固定资产投资和从业人员比例表征;生产效益表示生产产值状况,用 GDP 增长率表征;生产结构表示产业结构,用非农业人口比重和第二产业与第三产业产值比值表征。生活福祉表示居民便利程度,用户均电话用户数量和财政预算收入与财政预算支出比表征;生活能力表示居民可消费金额值,用人均城乡居民储蓄存款余额和人均社会消费品零售总额表征;生活空间表示影响居民生活水平的空间状况,用公路密度和人口密度表征。

6.3.1.3 指标预处理及权重求解

通过层次分析法和熵值法对城镇化与"三生"要素评价指标体系各指标进行主客观综

合赋权，再采用最小信息熵原理综合指标主客观权重，得到综合权重，具体过程如下。

（1）基于标准化方法对指标进行无量纲化处理

在综合评价分析中，评价指标的目的和含义的差异导致各指标具有不同的量纲和数量级，当指标的数值大小同评价效果呈现正相关时，该指标为效益性指标，指标数值越大，评价效果越好；当指标的数值同评价效果负相关时，该指标为成本形指标，指标数值越大，评价效果越差。因此，通常采用标准化处理方法消除不同量纲和数量级对评价指标的影响，以此降低随机因素的干扰。

设 $X=(x_{ij})_{m\times n}$，m 为评价区域的个数，n 为评价指标的个数。

效益型指标：
$$x'_{ij} = \frac{x_{ij} - \min\limits_{1\leqslant i\leqslant m}(x_{ij})}{\max\limits_{1\leqslant i\leqslant m}(x_{ij}) - \min\limits_{1\leqslant i\leqslant m}(x_{ij})} \tag{6-1}$$

成本型指标：
$$x'_{ij} = \frac{\max\limits_{1\leqslant i\leqslant m}(x_{ij}) - x_{ij}}{\max\limits_{1\leqslant i\leqslant m}(x_{ij}) - \min\limits_{1\leqslant i\leqslant m}(x_{ij})} \tag{6-2}$$

其中，x_{ij} 表示第 i 个评价区域的第 j 个指标，x'_{ij} 为标准化的值。

（2）基于层次分析法计算指标主观权重

层次分析法（Analytic Hierarchy Process，简称 AHP）是将与决策总是有关的元素分解成系统、子系统、指标等层次，在此基础之上进行定性和定量分析的决策方法。本项目采用 1~9 标度方法，依据中国科学院、北京大学、清华大学、北京师范大学等科研单位 35 位本领域专家的主观赋权意见来构造判断矩阵，获得第 S 个系统层相对目标层的权重 $a_s(s=1,2,\cdots,5)$，第 S 个系统层下第 k 个指标对第 S 个系统层的权重 $b_k(k=1,2,\cdots,m)$ 则第 S 个系统层下第 k 个指标相对总目标的权重为：

$$c_k = a_s b_k \tag{6-3}$$

其中，指标权重向量为 $C=\{c_1,c_2,\cdots,c_n\}$。

获得判断矩阵后，需要对其进行一致性检验。若检验通过，则权重分配合理；否则，需要重新构造判断矩阵计算权重，所得主观权重详见表 6-11。同理，计算出准则层权重。由于 AHP 层次分析法在文献中应用较多，具体计算过程不再赘述。

（3）基于熵值法计算指标客观权重

熵值法（Entropy Method）是一种基于数据内部的离散程度客观计算指标权重的客观赋权方法，相对客观、全面、无需先验结果。通常，熵值越大，系统结构越均衡，差异系数越小，指标的权重就越小；反之则指标的权重越大。计算步骤如下：将各指标标准化消除不同量纲造成的差异化，

1）计算比重：
$$s_{ij} = x_{ij}\Big/\sum_{i=1}^{n}x_{ij} \tag{6-4}$$

2）计算指标的熵值：
$$e_j = -k\sum_{i=1}^{n}s_{ij}\ln s_{ij},\ k=1/\ln(n) \tag{6-5}$$

3）计算第 j 项指标的信息效用值：
$$g_j \cdot g_i = 1 - e_i \tag{6-6}$$

4）计算指标 x_j 的权重：

$$\omega_i = g_i \bigg/ \sum_{j=1}^{p} g_i \tag{6-7}$$

5) 计算指标的综合效用值:

$$C_{\lambda i} = \sum_{j=1}^{p} \omega_j x_{\lambda i j} \tag{6-8}$$

式中: $C_{\lambda i}$ 为第 λ 年第 i 个城市的指标评价值, w_i 为第 j 个指标的权重值, $x_{\lambda i j}$ 为第 λ 年第 i 个城市第 j 个指标的标准值, n 为评价指标个数。

(4) 优化综合权重

通过 AHP 层次分析法和熵值法分别计算出模型指标的主客观权重 W_{1i} 和 W_{2i}。其中层次分析法比较主观, 容易受到评价过程中的随机性和评价专家主观上的不确定性及认识上的模糊性的影响; 熵值法相对客观, 但损失的信息有时会较多, 且有时受离散值影响较大。为了优化主、客观权重, 利用最小信息熵原理对主、客观权重进行综合, 缩小主、客观权重间的偏差。

$$W_i = \frac{(W_{1i}W_{2i})^{1/2}}{\sum_{i=1}^{n}(W_{1i}W_{2i})^{1/2}} \tag{6-9}$$

6.3.2 中小城镇"三生"要素耦合发展效应分析

6.3.2.1 耦合协调度模型及耦合类型划分

1. 系统指数综合评价模型

运用线性加权方法分别计算生态、生产和生活要素系统评价指数值, 计算公式为:

$$f(x) = \sum_{i=1}^{n} w_i x_i, \; g(y) = \sum_{j=1}^{m} w_j y_j, \; h(z) = \sum_{k=1}^{l} w_k z_k \tag{6-10}$$

$$F(x) = \sum_{i=1}^{n} W_i f(x), \; G(y) = \sum_{j=1}^{m} W_j g(y), \; H(z) = \sum_{k=1}^{l} W_k h(z) \tag{6-11}$$

$f(x)$、$g(y)$ 和 $h(z)$ 分别表示生态、生产和生活子系统综合评价值, $F(x)$、$G(y)$、和 $H(z)$ 分别表示生态、生产和生活系统综合评价值, x_i、y_j 和 z_k 分别表示生态、生产和生活评价指标标准化数值, w_i、w_j、和 w_k 分别表示生态、生产和生活评价指标综合权重, W_i、W_j 和 W_k 分别表示生态、生产和生活子系统权重, 本文认为子系统具有同等的重要性, 为此采用均等权重。

2. 耦合协调度模型

"三生空间"系统存在复杂的交互耦合胁迫机制, 表现为生产与生活要素对生态要素的胁迫作用和生态要素对生产与生活要素的约束作用两个方面。采用经典范式研究城市化进程中, 生态、生产和生活要素协同发展效应, 并分析其演化趋势, 划分协同发展类型。

(1) "三生"要素系统耦合度模型

耦合是物理学的概念, 是指两个或两个以上系统通过物质、能量、信息交换等途径彼此影响的现象, 并通过相互作用在系统之间传输物质、能量、信息等。也就是说, 耦合是系统之间相互依赖的一个度量, 用来衡量系统之间相互影响、相互依赖的程度。从协同学角度来看, 子系统之间的耦合作用决定了主系统在演化过程中达到临界值时是走向无序还是有序。但仅仅使用耦合度函数却只能够描述系统之间协调发展的程度, 还无法确定子系统是在较高的水平上相互促进，还是在较低的水平上紧密联系。而通过进一步引入耦合协调度函数，不仅能够反映系统之间的协调程度，还能体现协调发展水平的阶段性。由于系统之间的耦合关系存在相似性，耦合现在被广泛地应用到研究复合系统交互胁迫关系之中，其表达式为：

$$C = \left[\frac{F(x) \times G(y) \times H(z)}{\left(\frac{F(x) + G(y) + H(z)}{3}\right)^k} \right] \quad (6-12)$$

其中，C 为"三生空间"系统的耦合度，且 $0 \leqslant C \leqslant 1$，$F(x)$ 为生态系统综合评价值，$G(y)$ 表示生产系统综合评价值，$H(z)$ 表示生活系统综合评价值，k 为调节系数，且 $k \geqslant 2$，本书 $k=3$。

（2）"三生"要素系统协调度模型

为了更好地判断三个系统之间的协调发展程度，构建协调度模型。其计算公式如下：

$$T = \alpha F(x) + \beta G(y) + \lambda H(z)$$
$$D = \sqrt{CT} \quad (6-13)$$

其中，D 为协调度，T 为生态、生产和生活系统综合发展指数，α、β、λ 为待定权重，分别为生态、生产和生活系统的贡献份额。考虑到京津冀地区生态要素要略优于其他生产和生活要素，所以取 $\alpha=0.4$，$\beta=\lambda=0.3$。

（3）城市化与生态环境协同效应类型划分

根据协调度 D 及生态系统 $F(x)$ 和生产系统 $G(y)$、生活系统 $H(z)$ 的大小，将生态—生产—生活复合系统的协同效应类型分为 3 大类、5 个亚类和 6 个子系统类型状态（Li 等，2012），如表 6-12 和表 6-13 所示：

生态—生产—生活复合系统协同发展综合类型和亚类别划分　　表 6-12

综合类别	协调度水平	亚类别	类型
协调发展	$0.8 < D \leqslant 1$	高级协调	V
转型发展	$0.6 < D \leqslant 8$	中度协调	IV
	$0.4 < D \leqslant 0.6$	濒临失调	III
不协调发展	$0.2 < D \leqslant 0.4$	中度失调	II
	$0 < D \leqslant 0.2$	严重失调	I

生态—生产—生活复合系统协同发展子类型划分　　表 6-13

系统指数值对比		子类别	类型
$F(x) - G(y) > 0.1$ 且 $F(x) - H(z) > 0.1$	$F(x) - G(y) > G(y) - H(z)$ 且 $F(x) - H(z) > H(z) - G(y)$	生态优先	A
	$F(x) - G(y) < H(z) - G(y)$	生产滞后	F
	$F(x) - G(y) < G(y) - H(z)$	生活滞后	G
$G(y) - F(x) > 0.1$ 且 $G(y) - H(z) > 0.1$	$G(y) - F(x) > F(x) - H(z)$ 且 $G(y) - H(z) > H(z) - F(x)$	生产优先	B
	$G(y) - F(x) < H(z) - F(x)$	生态滞后	E
	$G(y) - F(x) < F(x) - H(z)$	生活滞后	G

续表

系统指数值对比		子类别	类型
$H(z)-F(x)>0.1$ 且 $H(z)-G(y)>0.1$	$H(z)-F(x)>F(x)-G(y)$ 且 $H(z)-G(y)>G(y)-F(x)$	生活优先	C
	$H(z)-G(y)<G(y)-F(x)$	生态滞后	E
	$H(z)-F(x)<F(x)-G(y)$	生产滞后	F
$\|G(y)-F(x)\|\leqslant 0.1$ 且 $\|G(y)-H(z)\|\leqslant 0.1$ 且 $\|H(z)-F(x)\|\leqslant 0.1$		均衡发展	D
上述条件以外情况		其他类型	H

6.3.2.2 "三生"要素系统指数及其耦合协调度分析

1. 京津冀中小城镇"三生"要素系统指数值时序演变特征

分析京津冀中小城镇"三生"要素系统指数的时序演变特征，计算各地市的县区"三生"要素系统指数均值，并对结果进行可视化分析，结果如下。

（1）生态要素系统指数时序演变特征

京津冀城市群2005～2015年承德和秦皇岛中小城镇生态要素系统指数时序变化较为显著，衡水、石家庄、沧州、邯郸中小城镇生态要素系统指数值时序变化相对较大，其余地市中小城镇生态要素系统指数值时序变化较小。承德地区中小城镇2005～2009年生态要素系统指数值呈现快速上升趋势，2010～2015年略有下降，在国家政策引导和支持下，承德市2005年以后大力创建国家森林公园，发展生态环保型产业，要求"以生态立市"，担当京津冀地区的水资源涵养区和生态屏障区。秦皇岛地区中小城镇2005～2010年生态要素系统指数值呈现波动变化特征，2010～2015年则显著上升，秦皇岛是中国旅游名城，京津冀地区生态标兵城市，"碧水蓝天"行动助力生态环境质量的提升，2012年以来政府加大旅游资源开发的管制，制定多项制度保障地区生态用地空间（图6-5）。

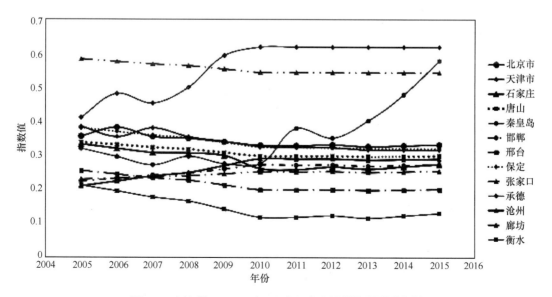

图6-5　京津冀2005～2015生态要素系统指数时序变化图

(2) 生产要素系统指数时序演变特征

从曲线波动变化情况来看，京津冀城市群承德、秦皇岛中小城镇时序变化最为明显，石家庄、衡水、邢台、廊坊、邯郸和沧州中小城镇时序变化居中，其余地市中小城镇时序变化较为平稳。2005～2006 年，北京、唐山两市，区别于其他地级市，呈现上升趋势，在 2007～2008 年，除北京外，其余地市均呈上升趋势，2007～2015 年各地市，呈现波动上升的趋势，但变化较小。从图中可以明显看出在 2007 年与 2013 年两个时间节点处，发生了增减变化，说明 2007 年河北省生产出现了一个低谷的时期，而在 2013 年达到生产要素综合指数的一个高潮，且部分市区甚至超过了北京。这是由于在 2007 年，河北省出现严重的结构性矛盾，节能降耗的任务较为艰巨，人员失业现象较为严重，就业压力增大，而在 2013 年，由于政府的合理引导，以及大力招商引资，使得在 2013 年生产要素指数达到一个小巅峰。而从京津冀整体范围来看，天津市中小城镇的生产要素系统指数在 2005～2015 年均高于京津冀城市群其他县区，但整体上逐渐趋于协调（图 6-6）。

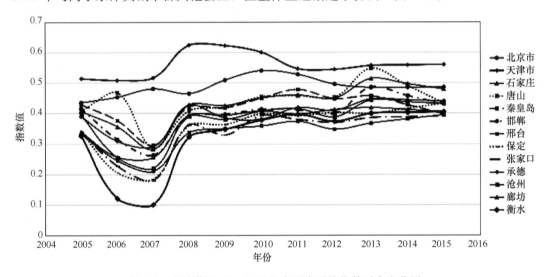

图 6-6 京津冀 2005～2015 生产要素系统指数时序变化图

(3) 生活要素系统指数时序演变特征

京津冀城市群中小城镇生活要素系统指数波动变化较为明显，尤其是 2005～2011 年。作为全国人口最密集的城市群之一，京津冀城市群承载着全国近 1/10 人口，进一步分析该地区中小城镇生活要素系统指数，可以看出，在 2005～2015 年，生活要素系统指数整体上呈现波动上升的变化趋势，除北京和天津外，河北省各市中小城镇变化轨迹较为一致，在 2007 年的前后，有明显的增减变化，2005～2007 年间生活要素系统指数有一个明显的上升，2007～2009 年有明显的下降趋势，且在 2007 年秦皇岛、唐山、石家庄的生活要素系统指数超过了北京，其余年间北京的生活要素系统指数均超过京津冀其他地市（图 6-7）。

2. 京津冀中小城镇"三生"要素系统指数值空间演变特征

(1) 生态要素系统指数空间演变特征

京津冀城市群 2005～2015 年生态要素系统指数空间演变较为显著，且从整体上来看，京津冀城市群空间差异较大，呈现出西北部优于东南部的现象，且在 2005～2015 年，京

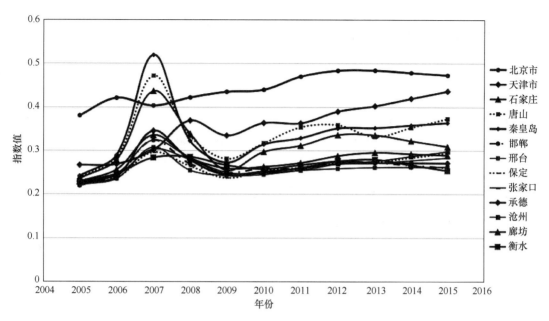

图 6-7 京津冀 2005～2015 生活要素系统指数时序变化图

津冀的各个县区生态要素系统指数都有所改善,其中冀北地区承德市的丰宁县及隆化县变化最明显,生态环境得到很好的改善,较好地完成了中央及省给予承德水源涵养、生态支撑的这个特殊使命,且从市域范围上来看,目前,承德市的生态要素系统指数最高,生态环境最好。沧州、邢台、邯郸、衡水、秦皇岛地区的生态要素系统指数较低,在未来的发展中,需关注区域发展中的生态问题。

(2) 生产要素系统指数空间演变特征

京津冀城市群 2005～2015 年生产要素系统指数空间变化显著,区域差异较大,河北省生产要素系统指数有了较为明显的提升,就京津冀城市群整体来看,冀西北地区指数值偏低,且以京津为核心,向外扩散。天津市的滨海地区成为京津冀城市群生产要素系统指数最高的地区,这与其特定的地理位置有关,作为渤海湾重要的地区,黄河的入海口,加上其重要的港口,使得天津的滨海新区,承担了大量的生产要素的职能。而在 2007 年后,京津冀城市群生产要素系统指数空间差异在逐步缩小,趋于协调,未来京津冀城市群中小城镇"三生"要素协同发展,需综合考虑地区的生产优势及发展实际,使其在未来达到基本平衡的局面。

(3) 生活要素系统指数空间演变特征

生活要素系统指数渐呈现京—津极化空间分布格局。2005～2015 年,北京、天津地区的中小城镇生活要素系统指数明显高于周边地区,并由北京为核心逐渐向天津、唐山等地的中小城镇扩散,核心—边缘结构逐渐巩固。京津冀城市群中小城镇生活指数与经济发展空间布局呈现高度一致性,经济基础是实现生活美好的前提,因此,未来京津冀城市群要打破生活指数极化的僵局,应继续优化京津经济结构,实现高质量经济增长,同时大力发展河北地区经济,做好非首都功能承接任务,实现京津冀协同发展,从而缩小生活指数差距,最终实现生活协同。

3. "三生"要素系统协调度渐由京—津极化演变为北高—南低两极分化空间格局

"三生"要素系统协调度渐由京—津极化演变为北高—南低两极分化空间格局。2005~2007年，京津冀城市群"三生"要素系统协调度在北京、天津等地区的中小城镇呈现较高状态，极化效应显著，之后逐渐向外围扩散，主要延伸至承德、张家口等地。2010年，北高—南低两极分化空间格局初现，直至2015年。值得一提的是，2005~2015年，张家口、邢台等西南部地区的少数中小城镇一直呈现较高的协调度。未来实现京津冀城市群中小城镇"三生"协调发展，应继续优化北部中小城镇"三生"系统协调度，同时大力提升南部中小城镇"三生"系统协调度，最终形成南北协调发展格局。

6.3.3 基于"三生"要素的中小城镇发展路径选择

6.3.3.1 京津冀中小城镇发展路径总结分析

为了从"三生空间"要素系统维度总结分析京津冀中小城镇发展路径，本节根据表中原则进一步处理"三生"要素系统指数值，并得出各区县具体发展类型。

京津冀城市群以生态优先为主要发展路径的中小城镇数量最多，且主要分布于京津冀北部和西部地区，其数量呈现逐年下降的趋势，向北部张家口、承德和秦皇岛地区集聚。这些地区是京津冀的生态屏障区、水资源涵养区以及绿色发展标兵城市，政府部门深刻贯彻中央"绿水青山就是金山银山"的可持续发展精神，环保责任"从上到下"层层落实，"横向到点、纵向到边"，要求责任具体到人，高度重视"三生"要素质量的提升，集中发展服务业、旅游业和高科技产业等生态型产业。

京津冀城市群以生活优先的中小城镇较少，均衡发展的区县数量呈现逐年下降趋势。京津冀城市群是我国五大国家级城市群之一，社会经济发展迅猛，外迁人口数量比例逐年上升，城市居民生活与工作压力都较大，经济收入、生活质量与社会福利等远远落后于社会经济、区域产业的高速发展。京津冀地区借助区域自然资源禀赋、交通区位、人才资源以及金融资本等优势，北京、天津在金融性服务业、高科技产业等方面具有人才与资本优势，借助政府部门的支持，形成产业间的链条式发展；唐山在工业型产业方面具备资源优势，逐步形成中国钢铁行业巨龙，生产要素远高于其他要素；张家口、承德和秦皇岛旅游资源丰富，具备大美生态型资源本地优势，集中打造为高负荷城市居民减压、休闲、养生和美容等的康美型产业支柱。

京津冀城市群不存在生产要素滞后的区县，生活要素滞后的区县数量呈现先增加后减少的变化趋势。京津冀城市群产业发展具有资本、人才和政策等综合优势，随着中央和地方政府的重视以及京津冀协同发展战略的提出，生产要素一定处于优势水平。在城镇居民收入增加，生活水平稳步提升后，生活要素滞后状况逐步缓解。

6.3.3.2 京津冀中小城镇发展路径选择

根据上一节中京津冀中小城镇"三生"要素发展路径的结果分析，本节进一步科学制定中小城镇发展路径的选择原则和方案，为中小城镇发展路径的选择提供理论依据，以期实现中小城镇地区的协调发展。

1. 中小城镇发展路径选择原则

中小城镇在选择发展路径时，主要是依据往年发展的综合情况进行判定，为此，需要进一步分别计算出2005~2015年京津冀中小城镇"三生"要素系统综合指数值。在以往评价中，通常认为时间具有同等权重，但是在判定一个地区长时间年限发展路径时，要考虑该地区多年来随着地区经济社会、政治需求、自然条件以及文化习俗的变化发展路径也在发生改变，近年来的发展路径应该是该地区成熟的发展路径，为此，不同时间段应该赋予不同的权重。本文设定 2005~2008 年时间权重为 0.8，2009~2012 年时间权重为 1.0，2013~2015 年时间权重为 1.2。采用表 6-13 中指数对京津冀中小城镇 2005~2015 年综合发展路径进行判定，并据此进一步分别根据马太效应原则、木桶效应原则和协同效应原则选择中小城镇未来发展路径。

(1) 基于马太效应原则的发展路径选择模型

"马太"一词引自圣经，后来"马太效应"被社会心理学家用来解释"强者更强，弱者更弱"的现象，再后来被广泛运用到地理学、经济学、管理学、社会学以及教育学等诸多领域。地理学中区域发展的"马太效应"主要体现在让有条件发展的地区"强者更强"，以发展优势地区创建区域中心，形成协同发展圈，并带动周边地区连片集群发展。在城市群协同发展战略的影响下，京津冀中小城镇加速人才、资金、产业等要素集聚，也有部分城镇借助政策、交通、产业、人才以及环境等方面的优势在某些要素方面发展较强，并形成具有地区特色的发展路径。针对要素高于阈值上限，即发展远超过其他地区的城镇，应该依据"马太效应"，继续保持发展趋势，促进优势要素更优，即选择优势要素优先发展的路径。

(2) 基于木桶效应原则的发展路径选择模型

木桶效应又称为"木桶原理"和"短板原理"等，是美国管理学家彼得（Peter）提出的。该理论以比喻的方式描述了一个现象，其核心思想是：一只木桶盛水的数量并不取决于桶壁上最长的那块木板，而是取决于最短的那块木板。木桶理论通常被用作解释构成组织的各个部分中，往往最有劣势的部分决定了整个组织的水平。京津冀是城镇化发展的核心区，经济增长的"第三极"，同时也是中国城市病问题最突出、生态环境压力最大、生态破坏和环境污染问题最严重的地区。部分中小城镇在某些方面劣势显著，要素评价值远低于其他地区，要素发展高度不平衡，应该根据"木桶原理"，借助政策等内部力量，市场等外部力量，加速落后要素的发展，促进中小城镇的多要素的平衡发展，即选择劣势要素加速发展的路径。

(3) 基于协同效应原则的发展路径选择模型

协同效应是指在系统发展优势和劣势均相对不明显的情况下，为了实现系统整体发展良好的效果，需要促进多要素或多单元之间协同发展，形成要素或单元之间的正向影响，即实现多要素或多单元的"1+1>2"效应。协同效应通常可以分为内部协同和外部协同两种类型：内部协同主要是指系统内部多要素相对平衡发展，相互促进和有效提升；外部协同主要是指系统外部多单元相互协作和共建共享互利，形成命运共同体和发展一体化。京津冀城市群是中国最重要的政治、经济、文化与科技中心，拥有完备的现代产业体系和交通基础设施，其政治等方面的特殊性导致中小城镇两极分化极其严重，同时也有部分城镇要素发展均相对中等、均衡，即要素处于阈值上下限之间。针对这部分城镇，可以依据协同效应原则选择要素均衡发展路径。

2. 京津冀中小城镇发展路径选择

首先对京津冀中小城镇 2005~2015 年综合发展类型进行判定，结果详见表 6-14，并据此进一步分别根据马太效应原则、木桶效应原则和协同效应原则选择中小城镇未来发展路径。

京津冀中小城镇发展路径选择表　　　　　　　　　　　　　　　　　　　　表 6-14

发展类型	县区	发展路径
生态优先	北京市（怀柔区、密云区、平谷区、延庆区），天津市（宁河区），石家庄市（行唐县、井陉县、灵寿县、平山县），唐山市（迁安市、遵化市），邯郸市（邱县、魏县），邢台市（临城县、内丘县），保定市（安新县、阜平县、涞水县、涞源县、满城区、曲阳县、顺平县、唐县、易县），张家口市（赤城县、崇礼县、沽源县、怀安县、怀来县、康保县、尚义县、万全县、蔚县、宣化县、阳原县、张北县、涿鹿县），承德市（承德县、丰宁满族自治县、隆化县、滦平县、平泉县、围场满族蒙古族自治县、兴隆县），沧州市（海兴县、黄骅市）	◇ 美丽乡村发展路径 ◇ 绿色发展路径 ◇ 生态补偿机制调控路径 ◇ 完善环境健康系统路径 ◇ 生态可持续发展路径 ◇ 湿地水生生态优化路径 ◇ 生态环境可持续发展路径 ◇ 低碳发展实现路径
生产优先	天津市（北辰区、津南区、西青区、东丽区），石家庄市（藁城区、深泽县、井陉矿区、桥东区），唐山市（古冶区、开平区、丰润区、丰南区、曹妃甸区），邯郸市（馆陶县、丛台区、复兴区、邯山区、曲周县、涉县、武安市、永年县），邢台市（宁晋县、桥西区），保定市（竞秀区、莲池区、高碑店市、高阳县、容城县、雄县），张家口市（桥东区），沧州市（孟村回族自治县、盐山县），廊坊市（霸州市）	◇ 创新驱动发展路径 ◇ 政策驱动发展路径 ◇ 城镇经济结构重组优化路径 ◇ 管理体系优化路径 ◇ 创新引导发展路径 ◇ 产业转型优化路径 ◇ 生态产业发展路径
均衡发展	石家庄市（鹿泉区、新乐市、正定县），唐山市（乐亭县），秦皇岛市（昌黎县、抚宁区、青龙满族自治县），邢台市（威县、新河县），保定市（定兴县），沧州市（吴桥县），廊坊市（大城县）	◇ 政策扶持发展路径 ◇ 产业链发展路径 ◇ "三生"要素可持续发展路径 ◇ 产业结构优化升级路径 ◇ 循环农业发展路径
生态滞后	北京市（大兴区），天津市（河北区、河东区、河西区、和平区、红桥区、南开区），石家庄市（栾城区、桥西区、新华区、裕华区、长安区、赵县），唐山市（路北区、路南区），秦皇岛市（北戴河区、海港区、山海关区），保定市（博野县、定州市），沧州市（新华区、运河区、肃宁县）	◇ 生态补偿机制调控路径 ◇ 完善环境健康系统路径 ◇ 生态补偿路径 ◇ 生态可持续发展路径 ◇ 湿地水生生态优化路径 ◇ 生态环境可持续发展路径 ◇ 低碳发展实现路径
生活滞后	天津市（滨海新区、蓟县），石家庄市（赞皇县），邢台市（邢台县）	◇ 完善城乡资源配置优化路径 ◇ 乡镇文化建设路径 ◇ 文化集约化生产之路 ◇ 中小城镇公共服务建设路径 ◇ 医疗卫生体制发展路径 ◇ 生活方式绿色化发展路径

本章参考文献

[1] Li Y, Li Y, Zhou Y, et al. Investigation of a coupling model of coordination between urbanization and the environment.[J]. Journal of Environmental Management, 2012, 98(1): 127-133.

[2] 陈望雄. 东洞庭湖区域森林生态系统健康评价与预警研究[D]. 中南林业科技大学, 2012.

[3] 蔡云楠, 肖荣波, 艾勇军等. 城市生态用地评价与规划[M]. 北京: 科学出版社, 2014.

[4] 陈忠暖, 阎小培, 徐红宇等. 港澳珠江三角洲与长江三角洲可持续发展测评比较[J]. 经济地理, 2007, 27(3): 387-391.

[5] 方创琳, 贾克敬, 李广东等. 市县土地生态—生产—生活承载力测度指标体系及核算模型解析[J]. 生态学报, 2017, 37(15): 5198-5209.

[6] 樊杰. 主体功能区战略与优化国土空间开发格局[J]. 中国科学院院刊, 2013(28): 193~206.

[7] 李广东, 方创琳. 城市生态—生产—生活空间功能定量识别与分析[J]. 地理学报, 2016, 71(1): 49-65.

[8] 李秋颖, 方创琳, 王少剑. 中国省级国土空间利用质量评价: 基于"三生"空间视角[J]. 地域研究与开发, 2016, 35(5): 163-169.

[9] 李伟松, 李江风, 姚尧等. 三生空间重构视角下的镇域农村居民点整治分区——以湖北省荆门市沙洋县官垱镇为例[J]. 地域研究与开发, 2016, 35(1): 139-143.

[10] 刘耀彬, 李仁东, 宋学锋. 中国城市化与生态环境耦合度分析[J]. 自然资源学报, 2005, 20(1): 105-112.

[11] 默顿. 论理论社会学[M]. 何凡兴译. 北京: 华夏出版社, 1990: 82-83.

[12] 马艳梅, 吴玉鸣, 吴柏钧. 长三角地区城镇化可持续发展综合评价——基于熵值法和象限图法[J]. 经济地理, 2015, 35(6): 47-53.

[13] 宋建波, 武春友. 城市化与生态环境协调发展评价研究——以长江三角洲城市群为例[J]. 中国软科学, 2010, (2): 78-87.

[14] 吴康, 方创琳. 新中国60年来小城镇的发展历程与新态势[J]. 经济地理, 2009, 29(10): 1605-1611.

[15] 吴良镛. 面对城市规划"第三个春天"的冷静思考[J]. 城市规划, 2002, 26(2): 9-14.

[16] 吴艳娟, 杨艳昭, 杨玲等. 基于"三生空间"的城市国土空间开发建设适宜性评价——以宁波市为例[J]. 资源科学, 2016, 38(11): 2072~2081.

[17] 徐春. "三生共赢"社会共治: 创建生态文明建设新机制[J]. 社会科学战线, 2016, (11): 34-38.

[18] 许经勇. 我国城镇化体系中的小城镇建设问题[J]. 吉首大学学报(社会科学版), 2011, 32(1): 74-77.

[19] 肖利华. 反思木桶理论[J]. 企业管理, 2005(5): 92-93.

[20] 张春梅, 张小林, 吴启焰等. 发达地区城镇化质量的测度及其提升对策——以江苏省为例[J]. 经济地理, 2012, 32(7): 50-55.

[21] 陶晓燕, 章仁俊, 徐辉, 朱九龙. 基于改进熵值法的城市可持续发展能力的评价[J]. 干旱区资源与环境, 2006, 20(5): 38-41.

第7章 国内外中小城镇人口集聚与产业发展案例研究

内容简介：

本章系统分析德国、英国、法国、美国、日本、韩国等全球发达国家中小城镇的发展经验与规律。其中，德国中小城市数量众多、人口比重较高，在城市规模体系中占据重要地位，中小城市之间及中小城市与大城市之间的人口流动比较密切；英国和法国呈现首都一城独大、中小城市发育缓慢的特点，中小城市与大城市之间的人口流动密切；美国城市人口具有沿海集聚态势，大中小城市人口比重均匀，规模分布存在一条类似于"胡焕庸线"的南北向人口密度分界线，东部地区相对人口规模较高，西部除沿海地区有若干大城市，广阔的山区城市人口规模较小；日本和韩国受制于狭小的国土面积，城市数量有限，人口集中在沿海地区的若干城市。国际经验表明中小城市产业经济发展是人口集聚能力提升的重要动力，农业技术进步为中小城市人口集聚奠定了物质基础，公共服务和制度均等化为人口向中小城市合理流动创造条件。接着，本章选取赤峰市、荆门市和葫芦岛市等不同类型中小城镇作为案例地，基于"人口—产业"集疏视角，重点分析案例城市的人口集疏机理及产业发展模式。其中，推动赤峰市人口快速增长的核心要素包括公共服务资源、收入、空间邻近性、丰富的农村剩余劳动力等，赤峰市人口集聚也面临医疗问题设施有待提升、牧区流动人口对传统生活方式依恋、中心城区人居环境提升等挑战；结合荆门市居民调查问卷、政府部门访谈和统计数据分析，将影响其人口集聚态势的因素归纳为区域地位、就业与收入、公共服务、生活环境与城市建设等方面，同时也面临产业升级转换缓慢、产业发展与生态环境保护矛盾突出、三产发展不足等现实挑战；葫芦岛市人口集聚的主要优势在于良好的区位条件、资源禀赋和产业优势等，但是也面临经济发展活力不足、农民工市民化成本过高、公共服务城乡分割、传统观念等挑战；推动丽江市人口快速增长的核心要素包括良好的交通区位、资源禀赋、旅游产业等，使之吸引大量的外地人和周边村民涌入城镇，从事酒吧、餐馆、小吃店、特色民俗等业态经营和保洁、服务员、保安等旅游服务工作。

我国处于城镇化快速发展阶段，大城市人口快速集聚，农村人口快速收缩，而中小城市处于大城市与农村之间，出现了部分增长、部分收缩的空间分异特征。同时，中国中小城市人口集聚能力分布表现出与自然地理现象类似的规律，同时还受制于社会经济环境的复杂背景，具有非规则性的空间分布规律。本章通过分析发达国家不同城市体系下中小城镇的发展经验，系统总结成功的中小城镇发展经验，并遴选赤峰市、荆门市葫芦岛市和丽江市，作为本地户籍人口增长依赖、人口流失或资源型中小城镇的转型发展案例，基于"人口—产业"集疏视角，重点分析案例城市的人口集疏机理及产业发展模式。

7.1 国际中小城镇发展经验

各国中小城市呈现出差异性的规模分布特点（潘华，2014）。俄罗斯、英国和法国具有明显的大城市高度集中特征，中小城市发展相对薄弱，特大城市在城市规模体系中占据主导地位。而德国和意大利人口相对分散，中小城市在数量和总规模上占据主导。不同国家的中小城市在城市体系中扮演不同的角色，本节通过分析国际上具有典型性的国家在城市化不同阶段的人口流动及中小城市规模变化特点，总结中小城市发展模式的经验及启示。

7.1.1 德国

德国中小城市数量众多、人口比重较高，在城市规模体系中占据重要地位，中小城市之间及中小城市与大城市之间的人口流动比较密切。工业革命后，德国近代城市化逐步推进，特别是在1870～1900年间呈现出强劲发展势头，至1910年德国成为继英国之后第二个实现城市化的国家，城镇化水平达到60%（徐继承，2012）。德国的城镇化推进伴随着产业结构调整，城市建设促进了建筑、金融等各个产业高速发展，农村人口就近进入中小城市，短期内迅速实现城市化。

至2010年，德国人口总规模为8178万，城市化水平67%，主要分布于星罗棋布的中小城市，大城市数量不多，人口超过100万人的城市仅有柏林、汉堡、慕尼黑和科隆四座。德国小型城镇的人口规模在1万～2.5万人（682个）；中型城市规模在2.5万～10万人（418个），大型城市规模超过10万人。德国每平方公里人口达到233人，在各国人口密度中排16名，高于其他北欧国家。但由于德国人口多生活在中小城市，每个城市都有自己成熟的市政设施配套，再加上便捷的交通条件，加强了城市之间的联系，缩短了交通事件，从而形成人口均匀分布的特点。从原因来看，德国人口分布分散、多集聚在中小城市，是由自然条件、历史沿革、城市资源分配与交通建设、城市规划设计等多方面因素造成的。

德国独特的自然地理条件是形成众多星罗棋布中小城市的首要条件。从地形上来看，德国北部地区除了阿尔卑斯山脉附近的巴登-符腾堡州及巴伐利亚州外，其他大部分地带均为平原地区，南部地区高原山地也相对平缓，这为城市建设创造了得天独厚的优势，提供了丰富的居住和开发空间，在一定程度上导致城市均匀分布。与此不同，我国幅员辽阔，但中西部部分区域不适宜居住，在快速城镇化阶段农村劳动力大量涌入东部发达城市，难以形成相对均匀的城市分布和以中小城市为主导的规模结构体系。

德国均匀的城市人口分布具有悠长的历史渊源。长期以来，德国国内散布着众多公国性质的自治地区，人口散居在各等级城市，均匀的城市分布一直存在。工业革命后，鲁尔地区人口密度有所上升，但随着经济转型、土地价格提高和小汽车的普及，人口开始向周边生活成本相对低的小城市转移，人口密度逐渐下降。

从城市资源分配角度来看，德国各州具有独立的经济自主权利，它们利用自身条件与优势形成特色经济产业与社会文化定位，有利于不同城市的发展。城市间的职能分工比较鲜明而单一，综合型多功能大城市并不多见。此外，德国交通设施十分便捷，基本实现了城乡一体化和城市均衡化。无论是通过火车还是公路，居民都能顺畅的在城市及城乡之间通勤，因此很多人选择在一些中小城市或卫星城购买价格低廉的房子，每天开车上班，以此改善居住环境。而且，德国不同城市的小学和中学教育水平相近，其他公共服务条件也没有明显区别，也在一定程度上影响了德国的城市规模分布。

德国城市规划一直秉承城市分散化的指导思想，有意识地缩小城市之间的经济和人口差距。其目标是建立起一张均匀的城市网，而不是若干大城市主导的城市体系。通过对中小城市大力投入基础设施建设，城乡及城市之间的差距逐渐缩小，各城市都具备了承载一定规模人口的能力。例如，西德首都波恩只有不到40万人口，苏塞尔多夫人口也不超过70万人。当然德国的城市规划也并非万能，针对两德统一后的东西差距，德国政府投入大量精力与财力试图加以弥补，但目前东德经济发展依旧相对滞后，工作机会仍然较少，失业率偏高。

7.1.2 英国与法国

英国和法国呈现首都一城独大、中小城市发育缓慢的特点，中小城市与大城市之间的人口流动密切。在工业革命和农业革命以后，英国和法国的主要经济动力发生转型，由农业社会向工业社会过渡，解放出的农村剩余劳动力进入城市地区，推动城市人口规模大幅度提高，总的来看大城市在城市化推进中发挥着核心作用。

2010年英国人口约6277万人，首都一城独大，中小城市数量众多但平均规模较小。八个主要都市区是英国的主要人口密集区，占全国3%的面积和30%左右的人口，伦敦市城市人口800万人，都市区人口约1400万人，占整个英国人口的近1/4；曼彻斯特作为主要工业城市人口规模达到224.03万人，都市区420.92万人。此外其他大多数城市的人口规模都在10万人以下，城市分布比较均匀。工业和农业革命是英国中小城市人口增长的重要动力。城镇化初期阶段，工业化带动了曼彻斯特、格拉斯哥、伯明翰等中小城市经济发展，农业革命解放了一部分农村剩余劳动力，不同阶层开始显现。除少数移居国外，多数人流入城市成为工人，从而促进英国中小城市人口的增长；在城镇化中期阶段，农业技术改进和农产品商品化为中小城市人口增加奠定了物质基础，推动中小城市人口规模不断上升；在城镇化后期，大城市发展出现城市通勤不便、宜居性下降等诸多城市病，人口开始出现向中小城市回流的态势。

2010年法国人口为6500万人，首都城市规模一城独大的态势更加明显。巴黎城市人口220万人，都市区人口达到1200万人，占法国总人口的近1/5。第二大城市马赛市仅有86万人，人口规模超过20万人的城市仅有11座。法国中小城市数量众多，二战以后法国积极通过把产业迁出大城市来疏减人口，阻止制造业投资向巴黎集中，执行以提倡卫星新城开发模式为代表的城市政策，有效地疏散了制造业和人口。小城市受欧洲农业政策的影响快速发展，借助宜人的环境，重点吸引了退休人群和普通客源；中等城市则受益于国土规划政策，捕获中产富裕家庭。北部中小城市以第二产业为主导，南部中小城市以第三产业为主，是著名的旅游目的地，共同形成法国中小城市体系。

英国与法国的城市规模等级结构类似，首都都市区规模远高于其他地区，中小城市分散而精小。从原因来看，这种独特的城市体系是由地理因素、政治因素和循环累积效应等共同作用形成的。地理位置方面，伦敦和巴黎地形均为平原，地处温带海洋性气候区，地表河流众多、水源充足，适宜居住。同时这两座城市还具有发达的水路交通，面向西欧广阔的消费市场，整体城市化水平和居民收入水平均较高；政治方面，巴黎与伦敦举足轻重的政治地位决定了其在经济、文化发展上的优势，成为城市吸引人口集聚的重要因素。而其他中小城市经济和社会发展体量落后，吸引力低，难以形成足够的人口增长动力。当然一城独大的态势与城市的历史演变过程也有分不开的关系。以巴黎为例，从路易七世时代的大规模扩修到路易十四时期规模扩张和公共设施配套再到拿破仑时期行政边界外扩，无不对巴黎城市规模扩张产生重要影响。

7.1.3 美国

美国城市人口具有沿海集聚态势，大中小城市人口比重均匀，规模分布存在一条类似于"胡焕庸线"的南北向人口密度分界线，东部地区相对人口规模较高，西部除沿海地区有若干大城市，广阔的山区城市人口规模较小。2010 年美国人口规模达到 3.09 亿人，不同等级城市数量众多，分布分散。在空间分布上，美国城市人口分布主要集中在大西洋和太平洋沿岸地区和五大湖区。这些城市内部联系密切，组成了太平洋沿岸城市群（圣弗朗西斯科—洛杉矶—圣迭戈）、大西洋沿岸城市群（波士顿—纽约—华盛顿）和五大湖沿岸城市群（芝加哥—底特律—匹兹堡）。与中国不同的是，美国一些社会经济地位较高的城市并非所在州的州府，如纽约市和洛杉矶市都非所在州的首府，美国城市的行政职能和经济职能没有完全重叠。

美国中小城市人口占城市总规模的一半左右，在城市体系中有举足轻重的地位。18 世纪 70 年代至 20 世纪初，美国处于城镇化初期，工业革命带动东部和五大湖区经济快速发展，农业技术进步解决了农产品的基本供给，并为工业生产提供原材料，农村人口向中小城市聚集，形成了以纽约和芝加哥为中心的中小城市群。此外，国际移民大量涌入，这些移民只有不到 20% 从事农业生产，成为中小城市人口增长的重要来源；城镇化后期阶段，企业规模不断扩张，从大城市向土地资源丰富、环境优美的郊区和中小城市转移，出现了郊区化趋势。20 世纪 70 年代初期，美国的中小城市人口规模已超过大城市。美国城市发展更偏重市场化，政策因素主导力较弱，公平公正的制度环境吸引新移民和城市人口向中小城市流动，可享受到同样优质与高效的公共服务。

7.1.4 日本和韩国

日本和韩国受制于狭小的国土面积，城市数量有限，人口集中在沿海地区的若干城市。城镇化初期历时相对较短，但人口增长速度非常迅速，一方面受工业化进程的推进，劳动人向工业城市集中，另一方面政府的政策促进了农村剩余劳动力向中小城市流动，但该时期日本和韩国对农业重视不足，不利于健康发展；到了城镇化中期（20 世纪 70 年代），重工业向沿海地区集中，带动了经济发展，周边中小城市人口规模有所增加；城镇化后期，为了解决人口过度向大城市集中，政府制定了鼓励中小城市发展的政策，引导产业经济向中小城市倾斜。

2010 年日本人口规模为 1.28 亿人，其中首都东京行政管辖范围内人口达到 1200 万人，由东京、横滨、琦玉和千叶组成的东京都市圈人口超过 3500 万人，是世界上人口规模最大、最密集的都市圈之一。在空间分布上，日本城市人口主要集中分布在本州岛的南部沿海地区，尤以东京都市圈人口最多。受经济收入和就业机会的吸引，许多中小城市居民流入东京都市圈，造成了日本城市人口的极化现象。日本政府同样制定了鼓励中小城市发展的战略政策，引导东京都市圈的企业向中小城市疏解，但成效不显著。目前东京在发展过程中，高度注重依靠轨道交通引导副中心中小城市发展，都市圈拥有地铁 300 多公里，铁路近 3000 公里，轨道交通系统承担了东京近 9 成的客运量。

2010 年韩国人口规模达到 4941 万人，城市人口主要分布在汉江下游的江汉平原以及洛东江下游的部分地区，首尔市的人口近 1000 万人，占韩国总人口的近 1/4，东南沿海庆尚道的釜山市、大邱市等城市人口也比较密集，城市人口主要分布在西北和东南地区，山区人口稀少，全罗道和忠清道适合粮食种植，人口密度处于平均水平。韩国人口大量集聚在首尔都市区的原因主要是为了获得良好的就业机会和公共福利。作为韩国的政治、文化和经济中心，首尔吸引了大量人口流入，成为韩国人口规模最大、密度最高的城市。首尔周边的中小城市大多被吞并，如京畿道冠岳市和始兴郡先后经行政区划调整为首尔市冠岳区和衿川区。

7.1.5 经验与启示

综合国际经验，中小城市在不同国家的城市规模体系中扮演着不同角色。从各国城镇化进程来看，中小城市的人口增长和流动呈现出一定的阶段性特征，对我国中小城市人口集聚具有启示作用（表 7-1）。

7.1.5.1 中小城市产业经济发展是人口集聚能力提升的重要动力

工业化进程能够推进产业结构和产业布局调整，从而带动人口和劳动力向重要产业聚集地迁移。中小城市的产业发展基础相对落后，就业吸纳能力有限，导致中小城市的人口集聚水平过低。根据韩国和日本等国的经验，为提升中小城市人口集聚能力，应推进城市体系的产业综合布局，基于不同城市的产业发展潜力、产业发展政策向中小城市合理倾斜，弥补中小城市在产业功能、经济发展上与大城市的短板，引导农村剩余劳动力就近流入中小城市。

典型国家案例的特征、原因与经验梳理　　　　　表 7-1

国家	主要特征	形成原因	经验与启示
德国	中小城市众多、人口比重较高；大城市数量不多，100 万人以上仅 4 座	整体来看地形相对平坦；曾广泛执行区域自治，自主性强；公共服务配套完善而均匀；分散化的城市规划设计	①产业发展及其布局是人口集聚的重要动力； ②农业现代化释放出剩余劳动力，为城市人口集聚奠定基础； ③公共服务和制度均等化为人口向中小城市合理流动创造条件； ④发展空间、地形等自然条件在很大程度上决定了城市人口的空间分布特征
英国和法国	大城市集聚、首都一城独大；中小城市众多但普遍规模较小	自然条件适宜；政治地位放大了经济、文化优势；历史沿革和人口调控政策	
美国	大中小城市人口比重均匀；人口向沿海和城市群地区集聚	自然条件：中西部山区人口规模小；产业布局和结构调整升级；市场化运作，制度环境公平	
日本和韩国	空间狭小、人口高度集聚在大城市；中小城市发展受阻，"灯下黑"现象	空间受限，人口集中在沿海地区；政治、文化和经济中心；大城市长期发挥虹吸作用	

数据来源：作者整理。

7.1.5.2 农业技术进步为中小城市人口集聚奠定了物质基础

随着农业生产技术的提升和规模生产的普及，实现少量农业人口养活日益增多的城市人口，解放出农村剩余劳动力进入中小城市。我国农业基础比较薄弱，农业人口比重较高，应关注农业技术进步和农业人才培养，推动农业走规模化、专业化和集约化道路，为提高中小城市人口集聚能力提供物质基础。

7.1.5.3 公共服务和制度均等化为人口向中小城市合理流动创造条件

根据国外经验，平等的制度环境可以加速人口在不同等级城市之间流动，并在流入城市获得与当地居民相等的待遇。高品质的公共服务是重要的吸引点。目前，我国许多中小城市的公共服务水平仍然较低，制度配套仍然不够完备，降低了中小城市对外来人口的吸引力。因此，应以全面放开中小城市落户限制为突破口，清除制度性障碍；同时提高中小城市的公共服务供给水平，扩大服务范围，使流动人口实现市民化。

7.2 赤峰市人口集聚与产业发展模式

赤峰市是内蒙古自治区下辖地级市，位于内蒙古东南部，属于本地户籍人口驱动增长为主的中小城市。其市域面积为9万平方公里，辖3区7旗2县，处于农牧交错带地区。人口在市域内的分布很不均匀，人口密度呈现出南高北低特征，市区的人口密度高达204人/平方公里，南四旗县为66人/平方公里，北五旗县只有21人/平方公里。南部旗县区为农区，包括市辖区、喀喇沁旗、宁城县和敖汉旗等，人口相对密集、城镇化水平相对较高，农业生产形态以农耕为主；北部旗县为牧区，包括克什克腾旗、林西县、巴林右旗、巴林左旗和阿鲁科尔沁旗等，地广人稀，草场面积广大，城镇化水平较低，农村居民以蒙古族为主，主要生产方式为牧业。作为农牧交错地区及以本地户籍人口增长驱动为主的中小城市，赤峰市对同类型中小城镇发展具有一定的参考意义。

7.2.1 城市集聚要素

赤峰市出现的户籍城市人口快速增加趋势，主要受发展基础、就业、环境等方面因素的影响。结合赤峰市居民调查问卷、政府部门访谈和统计数据分析，将影响其人口集聚态势的因素归纳为区域格局、就业收入、农村劳动力潜力、公共服务等方面，分析了本地户籍人口增加的主要原因。

7.2.1.1 区域格局

从区域发展格局看，赤峰市居东北、华北两大经济区之间，是京津冀地区与东北地区联系通道的重要节点。市域人口呈外流趋势，外出务工者多为地方的青壮年劳动力。根据赤峰计生部门的数据，每年赤峰市到外地高校就学3万~4万人，但每年回赤峰就业的大学毕业生只有3000~4000人，人才流失对地方的发展有一定影响。近年来省内呼和浩特、包头和省外北京、天津、辽宁等主要外流地区生活成本大幅上升，外出就业的吸引力减少，再加上赤峰市经济持续发展，城镇就业岗位增长，将吸引一部分外出务工人员回乡就业，学有所成的技能人员回乡创业，预计未来常住人口年均减少规模会逐步收窄。

从市域内部人口吸引力来看，中心城区对本地城市化贡献较高。根据"五普"和"六普"统计，2000~2010年赤峰农村牧区常住人口减少了21.2%，农村人口转移的速度较快。根据国家卫生和计划生育委员会（以下简称卫计委）的统计，2015年赤峰市农村地区外出务工人员净增约6.9万人，其中4.5万人在市域内务工，占比约为65%，实现本地城市化；2.29万人到市域外务工，占比约为35%。总的来看，赤峰市城镇人口增长以本地流入为主，2015年城镇人口增长的4.7万人中，超过95%（4.5万人）为本地农村转移人口。

7.2.1.2 就业收入与城乡差距

市区城镇常住居民人均收入明显高于各旗县区的城镇和农村牧区人均收入。市区城市居民的高收入水平是吸引各旗县城镇或农村居民进入市区的最主要动力，新增城市人口流入城市后不仅享受到更充足的就业机会、更多样的生活体验，还能得到丰厚的经济回报。2001~2015年赤峰市城乡居民收入差距逐年拉大（图7-1），2015年赤峰市城镇居民人均可支配收入为23195元，农民人均纯收入8812元，城乡收入比2.63:1。与相邻的通辽和锡林郭勒盟相比，赤峰市农牧区可支配收入相差明显，通辽和锡林郭勒盟分别达到10757元和12222元。市内元宝山区、红山区和松山区城镇人均可支配收入分别达到27940元、25877元和24339元，明显高于其他旗县（图7-2）。全市9个旗县中，除克什克腾旗外，其余8个旗县为全国扶贫开发重点旗县，这些旗县的财政支出大部分依靠国家的转移支付。此外，近些年赤峰市区经济发展速度较快，重工业成为支柱产业，带来了丰富的就业机会，与市内其他城镇相比明显更有吸引力，是人口城镇化的主要区域。

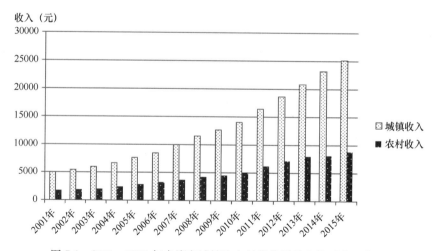

图7-1 2001~2015年赤峰市城镇和农村常住居民人均可支配收入

7.2.1.3 农村劳动力释放

种植业生产方式的改变促进了大量农村劳动力转移，推动了人口的城镇化。2015年赤峰市市域常住人口430.0万人，其中农村人口超过250万人，是人口城镇化的巨大后备力量。随着技术进步和农村社会化生产服务水平的提高，农民可以通过外部市场解决种植需求，方式包括农资购买、雇佣劳动力、机械服务，农村的种植业已经由传统的小户耕作模式发展为小户经营＋机械化＋社会化服务的模式，这种模式经营主体依然是小农，但耕作模式是以社会化服务来进行支撑。其特点是半机械化、较少的用工量和生产效率的提

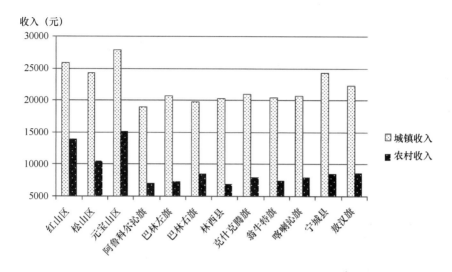

图 7-2 2015 年赤峰市各旗县区城镇和农村常住居民人均可支配收入

高,从而大量的劳动力得以释放出来。

农村劳动力释放表现在三个方面:一是对劳动力的总量要求下降,只需要少部分劳动力即可从事耕作;二是对劳动力的年龄要求下降,通过社会化的服务,留守妇女和老人也可以承担起耕作任务;三是对劳动力的劳动时间要求下降,劳动力只需要在一季的种植时间内花费不到两个月的时间从事管理。生产方式的改变使大量青壮年劳动力得到了解放并长时段外出务工,留守的妇女和老人可在农闲时节在周边地区兼业。由于牧业大资本量的投入,加之高风险和草场面积等限制,目前牧业生产仍然以小户经营为主。

7.2.1.4 公共服务

公共服务吸引力是引导赤峰市人口城镇化的重要动力,市区的优质教育资源推动了本地人口城镇化。农村经济条件较好、对孩子教育期望高的家庭对优质教育资源具有强烈需求,其中一部分通过购房直接转变成了城市居民,而另一部分则是租房"陪读",亲辈在"陪读"之余往往寻找兼职工作,但实际上祖辈"陪读"比亲辈"陪读"的比重要高,也是经济条件较差家庭充分利用剩余劳动力的方式。随着学生学业结束父母可能会回乡居住,这种由于"陪读"带来的人口城镇化是不完全的人口城镇化。在赤峰,"陪读"现象普遍,也造成农村教育成本支出的提高。

新一代农民工基本上是"不可能再回到农村的一代",他们在精神上和生产生活上已经完全接受了城镇生活,绝大多数不可能再回到农村谋生,最直接的表现形式是在结婚时要在城镇买房。赤峰中心城区的教育、医疗等方面的公共服务配套明显优于周围旗县及其乡镇,在条件允许的情况下,年轻人首选在市区购房。《赤峰市房地产市场调研报告》显示,赤峰不同区域的住房市场需求规模存在较大的差异,市辖区住房销售量占全市的51%。住房销售规模的巨大差异在一定程度体现出公共服务能力的差异和人们对城镇生活方式的追求导致不同区域对人口的吸引力强弱较为悬殊,成为赤峰吸引农村人口城镇化的重要推动力。

2013年赤峰市商品住房销售情况统计　　　　　　　表 7-2

类别	市区	阿旗	左旗	右旗	林西	克旗	翁旗	喀旗	宁城	敖汉	合计
商品住宅销售总面积（万平方米）	179.7	36.0	25.3	2.6	17.9	4.6	25.5	16.1	9.4	36.8	353.8
销售面积比重（%）	51%	10%	7%	1%	5%	1%	7%	5%	3%	10%	100%
商品住宅销总套数（套）	17407	5246	2647	221	1962	449	2444	1665	890	4162	37093

数据来源：赤峰市房地产市场调研报告（2014）。

7.2.1.5　城市集聚要素梳理

从集聚机理看来，推动赤峰城市人口快速增长的核心要素包括：

（1）公共服务的吸引力。相对于市域内的旗县地区，城市的基础设施特别是教育资源具有明显优势，特别是城市周边旗县的年轻人首选在市区定居，老家乡镇是最后选择；

（2）收入吸引力。农村收入水平难以满足年轻人的生活需求，2000~2010年赤峰农村牧区常住人口减少了21.2%，受到外出打工相对高收入的吸引，流向本地城市；

（3）空间临近优势和丰富的农村剩余劳动力。从流动人口来源结构上，赤峰市吸引的流动人口多来自本市下辖旗县，这些旗县拥有巨大的城镇化潜力，大量农村和小城镇居民的现有收入和生活环境难以满足预期，而赤峰市区作为就近吸纳点，在思想观念和生活方式等方面与流出地接近，流动人口与当地居民的社会网络基础相对牢固，因此呈现出就地城市化的态势；

（4）随着技术进步和农村社会化生产服务水平的提高，农民可以通过外部市场解决种植需求，生产方式的改变使大量青壮年劳动力得到了解放，通过进城务工实现人口城镇化。

当然本地剩余劳动力进入赤峰也会有一定限制，成为选择常住并落户赤峰的阻力：

（1）赤峰市整体发展水平有限，城市的医疗文体设施仍然有待完善，流入其他城市的农村人口占据较高比重。赤峰吸引的新增城市人口主要为本地农村人口，对外来流动人口的吸纳能力仍然相对不足；

（2）牧区流动人口对传统生产生活方式的依恋。牧民的恋土情结、农村非农产业发展和农业资源使用效率的提高等，形成了就地城市化的反"推力"。虽然一部分牧民出于生活水平改善的目的流入赤峰市区，但他们往往存在语言障碍，喜好从事牧业而非城市环境，向往自由无拘束的生活，在获得基本经济基础的前提下选择回到家乡；

（3）中心城区城市建设面临人居环境提升的巨大压力。由于中心城区建设速度快，建设过程中往往回避了城市设计的问题，原来处于城市外围的村庄逐渐成为城中村，数量多、分布散、面积大，内部道路普遍较差，污水、垃圾处理问题也较为突出，医疗、文体设施缺乏，整体环境品质较低，是需要改造的棚户区。

7.2.2 人口集疏机理

赤峰市人口增速较快，主要人口集聚来源为城市市辖区扩张和对下辖旗县人口本地城市化的吸纳。市域尺度下，2000～2010年赤峰市常住人口增加18万人，户籍总人口增加11万人。其中，红宝山区常住人口增加最多（11.6万人），其次为松山区和元宝山区。在9个旗县中，仅有巴林左旗人口略微增加，其他旗县均有不同程度的人口减少，而且呈现出离市区越近人口流失越严重的趋势（表7-3）。卫计委的问卷数据同样印证了赤峰市人口规模增加主要由本地城市化贡献这一现象。筛除16周岁以下不具备工作能力的问卷后，共保留363份，其中92.0%为农业户口，属于乡—城流动，8.0%为非农业人口，属于城—城流动。在流入来源方面，赤峰下辖的9个旗县是绝对的第一大来源地，占流动人口的86.0%；流动人口长居意愿极高，达到86.5%。

在市区范围内，2000～2010年赤峰城市人口规模由56.1万人增至82.3万人，城市人口增长近26.2万人；流动人口增加6.4万，对城市人口增加的贡献度不高。对比2000年和2010年市区各街道常住人口规模可以发现，松山片区、红山片区和平庄片区是赤峰市区人口规模最大的区域，也是新增人口最多的区域；元宝山镇和风水沟镇出现人口减少；其他各乡镇人口缓慢增加。

2000年和2010年赤峰市各旗县区常住人口及其变化　　表7-3

旗县区	人口密度（人/km²）	城镇化率（%）	2000年常住人口（万人）	2010年常住人口（万人）	常住人口变化（万人）
市辖区	204	72.1	133.4	115.4	17.9
红山区		94.2	43.5	31.9	11.6
元宝山区	204	71.5	32.5	29.7	2.8
松山区		50.5	57.4	53.8	3.5
旗县	60	37.7	300.8	328.2	−27.4
阿鲁科尔沁旗	21	34.4	27.2	29.7	−2.5
巴林左旗	55	30.1	32.8	33.3	−0.5
巴林右旗	19	52.8	17.6	17.4	0.1
林西县	61	51.7	20.1	23.6	−3.5
克什克腾旗	12	47.2	21.1	24.3	−3.2
翁牛特旗	41	36.1	43.3	46.4	−3.1
喀喇沁旗	117	38.5	29.3	36.2	−6.9
宁城县	141	24.2	54.7	59.2	−4.5
敖汉旗	73	24.7	54.7	58.1	−3.4

从流动人口的视角，进一步分析了影响流动人口定居赤峰意愿的主要因素，以反映城市吸引力的构成。研究将个体特质、家庭特征、就业收入、公共服务和人口来源等方面因子纳入模型，以流动人口的长期居住意愿为解释变量，对363个样本数据进行多项Logistic回归模拟，以被解释变量中的"难以确定"为参照组，考察各影响因素对赤峰市流动人口长期居住意愿的影响情况。

赤峰市流动人口意愿模型的多元逻辑回归分析结果　　　　表 7-4

大类	解释变量	打算长期居住			不打算长期居住		
		B	sig.	Exp（B）	B	sig.	Exp（B）
个体特质	年龄	0.00	0.86	1.00	−0.07	0.18	0.94
	受教育程度	0.22	0.60	1.25	−3.11	0.06	0.04
	户口性质	−1.13	0.09	0.32	−8.01	0.87	0.00
家庭特征	家庭规模	0.23	0.29	1.26	−0.04	0.95	0.96
	滞留年限	0.10	0.11	1.10	0.20	0.07	1.22
就业收入	收入水平	0.23	0.05	1.26	0.49	0.01	1.63
	就业身份	0.46	0.23	1.59	−0.78	0.49	0.46
公共服务	医疗保险	1.34	0.09	3.83	−15.89	1.00	0.00
	子女安置	−0.20	0.67	0.82	−3.25	0.01	0.04
人口来源	市内来源	1.53	0.00	4.62	1.06	0.39	2.88

AIC=317.99　　BIC=403.67　　−2倍对数似然值=273.99
卡方=53.51　　Sig.=0.000

模型估计显示似然比卡方的观测值为 53.51，拟合优度检验统计值为 273.99，说明解释变量总体与模型存在显著线性关系，回归模型能够较好拟合样本数据。从表 7-4 回归结果可见，相对于参照组，愿意和不愿意长居赤峰的影响因素存在显著差异。户口性质、家庭规模、收入水平、医疗保障和流动人口来源等因素显著影响流动人口的定居意愿，受教育程度、滞留年限和子女安置等因素显著影响不打算定居的意愿。

7.2.2.1　个体特质

关于个体特质的解释变量中，户口性质对长居意愿有显著负向影响，受教育程度对不愿长居赤峰具有显著负向影响。具体来看，赤峰市区近 90% 流动人口由本市下辖县流入，92% 的流动人口拥有农业户口，这部分人户籍地（特别是北部牧区旗县）经济水平落后、就业带动不足，向往城镇公共服务体系和城市生活方式，更倾向于长期定居赤峰市。一般认为，青年群体流入城市后定居意愿比较强烈，大多选择从体力行业入手，期望融入城市生活，排斥重回农村生活状态；而中老年群体外出多处于家庭生计考虑，看重即时经济收益，计划满足基本需求后重回家乡生活。从赤峰市调查群体来看，受访者平均年龄为 36 岁，说明流动人口整体呈现年轻状态，并未表现出不同年龄层定居意愿的差异化。受教育程度高的流动人口在城市能够获得充足的就业机会和工作收入，更加不愿回到家乡，倾向于长期定居于城市。

7.2.2.2　家庭特征

在家庭特征解释变量中，滞留年限对不打算长居赤峰意愿有正向显著影响，家庭规模没有显著影响。赤峰市流动人口平均流入规模为 3.21 人，说明一家三口及以上规模的整户迁移占较大比重，单人或夫妻迁移比重不高，流动家庭的规模大小并未显著影响定居意愿。与义乌的结果不同，赤峰市滞留年限长的流动人口反而更加倾向于未来移居他处。农牧交错地区城镇化主要体现为就地城市化，从家庭生命周期来看，一个核心家庭的子女成年后到市区打工，适婚年龄后回家结婚，父母将积蓄和子女打工收入用于购买或建筑婚房，成家后的子女住进新房后寻找新的收入来源或继续外出打工，婚育子女后，或由父母抚育或由妻子抚育，选择家乡或市区读书。随着父母老去，流出人口回到家乡，其子女此时若接受高等教育可能会向更远方城市发展，若没有则继续打工或寻找新的收入来源重复其父辈的生命历程。滞留在赤峰较久的流动人口在积累了足够资本之后，可能会跨过婚后外出赚钱到回家养老的阶段，回到家乡完成家庭生命周期的更迭，因此滞留年限长的流动人口反而更加倾向于不长居在赤峰。

7.2.2.3 就业收入

在就业收入解释变量中，收入水平对长居意愿有显著正向影响，就业性质影响不显著。高收入流动人口的长居意愿分化严重，一部分高收入者在市区获得高于家乡的经济来源和公共服务，未来选择在赤峰市定居；而另一部分高收入者通过进城打工或自主创业获得丰厚经济回报，在完成资本积累后，选择在未来近期适当的时间回到家乡或迁往更高等级城市，满足自身经济与生活环境需求。就业性质方面，雇员和雇主身份的流动人口拥有接近的长居赤峰意愿，在回归结果中就业身份因子不显著。

7.2.2.4 公共服务

在公共服务方面，医疗保险和子女安置对打算长期居住在赤峰的意愿有显著影响。城镇职工医疗保险反映了用人单位的实力和受访者对未来工作稳定性的判断。获得职工医疗保险的流动人口在医疗方面享受到与当地居民接近的福利，具有较高的长居意愿。子女同行会提高流动人口长居的概率。有68%受访者子女一同留至赤峰，其中一半子女为学龄儿童（6~12岁），这些儿童在赤峰上学，享受了相较于流出地更优的基础教育，同时又避免了父母与子女的分离导致的子女成长问题。也有一部分子女与父辈一起在赤峰工作，未来有将户口迁至赤峰的打算。

7.2.2.5 人口来源

赤峰流动人口的市内流入比重高达86%，这部分流动人口明显具有更高的长居意愿。一方面，市内流动人口在思想观念和生活方式等方面与赤峰更接近，迁移距离也相对较短，个人和家庭的社会关系网络影响会更强，更有利于他们在赤峰市长居；另一方面，赤峰市下辖旗县农业人口和非农业人口的城镇化需求旺盛，北方牧区旗县相对经济收入可观，但生活环境落后，配套公共服务设施得不到保障，南方农区旗县收入水平较低，靠近城市，具有较强的进入城市工作和生活的意愿。

7.2.3 产业发展模式

从经济实力、产业结构角度，逐一剖析赤峰市产业发展模式现状及存在问题，面向未来赤峰市经济区位及发展战略需求，基于工业、服务业及农牧业，构建赤峰市可持续发展模式。

7.2.3.1 经济实力

赤峰市经济实力稳步增长，整体处于工业化中期。2012年，赤峰市生产总值1556.8亿元，占内蒙古生产总值的8.8%，居内蒙古12个盟市第5位。按照可比价计算，比2011年增长15.6%，略高于全自治区12.8%的增长速度。赤峰市经济水平处于自治区中游，GDP增速与内蒙古整体水平相近。赤峰市人均GDP 3559元，内蒙古为6502元，全国为7858元。2000~2012年，赤峰、内蒙古、全国人均GDP的年增长率分别为21.3%、

21.0%、14.1%。至 2012 年，赤峰市人均生产总值达到 36070 元，低于自治区同期的 63886 元，接近全国的 38420 元；在增速上较 2011 增长 15.9%，高于自治区整体水平（10.2%）。结合赤峰市数据，根据钱纳里的工业化发展阶段理论可以判断赤峰市目前处于工业化中期的阶段。工业化中期制造业内部由轻型工业的迅速增长转向重型工业的迅速增长，非农业劳动力开始占主体，第三产业开始迅速发展，这一阶段产业大部分属于资本密集型产业。根据钱纳里理论推测赤峰市未来的经济发展阶段特征，即工业化后期阶段。在第一产业、第二产业协调发展的同时，第三产业开始由平稳增长转入持续高速增长，并逐渐增加对区域经济增长的推动力量。

7.2.3.2 农业结构

赤峰市第一产业稳步发展，农牧业产业化进程有序推进。2012 年，赤峰市第一产业产值 237.5 亿元，是 2000 年（45.2 亿元）产值的 5.3 倍。从占总产值的比重来看，第一产业比重逐年下降，从 2000 年的 28.1% 下降至 2012 年的 15.3%，主要由牧业份额下降造成。赤峰市农林牧渔业增加值 395.5 亿元，按可比价格计算，"十一五"期间，2005 年至 2010 年年均增长 16.5%。赤峰市种植业稳步发展，2012 年农作物总播种面积达到 1666.46 万亩，其中粮食作物播种 1346.7 万亩，粮食总产突破 100 亿斤，比上年增加 13 亿斤，首次迈入"百亿斤粮食生产地级市"行列，并被评为全国粮食生产先进市。江苏雨润集团、广东温氏集团、北京挑战集团、首农集团、山东神舟集团等一大批国内外产业化龙头企业落户赤峰，加快了赤峰农牧业产业结构调整的步伐。2012 年，全市投资在 1000 万元以上的农牧业产业化新、改、扩、续建项目达到 123 个，完成投资 61.2 亿元。同时，园区建设规模不断扩大。

7.2.3.3 工业结构

赤峰市工业发展以重工业为主，其有色金属产业主导地位稳固。2012 年，赤峰市第二产业产值 856.4 亿元，是 2000 年（53.7 亿元）产值的 15.9 倍。从占总产值的比重来看，第二产业比重逐年上升，从 2000 年的 33.4% 到 2012 年上升至 55.0%。重轻工业产值比为 4.8，较 2000 年的 1.4 和 2005 年的 2.0 显著大幅增加，重工业的比重持续上升，工业结构至今仍为典型的重工业主导型。按生产规模类型分，2005 年赤峰市大型企业占据主导地位，而近年来逐步表现为"两头大，中间小"的结构，中小型企业相对提升。按工业行业大类来看，2007 年和 2012 年有色金属冶炼和压延加工业都占据主要地位，但份额相对减小。份额显著下降的行业还有电力、热力生产和供应业等；增长较快的主要是有色金属矿采选业、冶炼和压延加工业等。可见，当前工业结构仍然以有色金属相关产业为主。

7.2.3.4 服务业结构

服务业以交通、零售业为主，高技术服务业极为薄弱，旅游业发展滞后。2012 年，赤峰市第三产业产值 462.9 亿元，是 2000 年（62.0 亿元）产值的 7.5 倍。从占总产值的比重来看，近年来第三产业比重略有下降，从 2000 年的 38.5% 下降至 2012 年的 29.7%。依靠良好的区位优势，赤峰构筑了北连俄蒙，东达沈大，南接京津的大物流格局。物流园区、物流节点的建设进一步推动了物流业与制造业联动发展，打造了以红山、松山、喀旗和美物流园区为主的赤峰物流核心区，推进了右旗、左旗、克旗、宁城等特色物流园区建设，形成了专业化、规模化、集约化的现代物流体系。但信息传输、计算机服务和软件业等高技术服务业产值份额相对较低。赤峰市的旅游资源丰富、资源品位高,有集草原风光和历史文化与一体的突出优势,客流量日益增加。但是,从内蒙古各盟市境内外旅游与GDP份额的关系图可以看出,赤峰市境内外汇在内蒙古所占的比例都处于中游水平,与旅游业发展迅猛的呼伦贝尔、呼和浩特、锡林郭勒和鄂尔多斯有较大的差距。

7.2.3.5 园区发展

园区是赤峰市重要的经济增长极,存在布局分散、主导产业同构等问题。园区经济增长显著,2013年赤峰市级及以上工业园区累计基础设施投入资金86.23亿元,比2012年增加了18亿元,成为赤峰市经济增长最活跃的地区;赤峰经济开发区、宁城经济开发区、玉龙工业园区和林西工业园区成为销售收入百亿元园区。赤峰市共有13个工业园区,其中自治区级工业园区6个、市级工业园区7个。但是,园区布局过于分散,投入不足,缺乏与城镇化建设的有机衔接;规模偏小,管理机构设置较乱,多头管理、行政资源分散;各开发区之间存在不同程度同质化和低档次恶性竞争。从世界历史上的经验来看,本地工业化的发展会带来农村劳动力的转移和城镇人口的增长。实际上,赤峰的工业化已经取得了长足发展,比如宁城县汐子镇的几个工业园区吸纳了近6000人就业。但转移到本地工业企业就业的劳动力并没有成为城镇人口,本地工业化发展没有帮助本地工人脱离农业生产。赤峰市三次产业产值结构为15.3∶55.0∶29.7,符合"231"产业结构,而第六次人口普查显示赤峰市三次产业就业人员的比重分别为53.0∶20.8∶26.2,具有"132"就业结构模式,第二产业产值大但吸纳就业相对较少,因此农牧劳动力转移压力大。

7.2.3.6 产业发展模式

主动融入京津冀经济圈,深入实施"生态立市、工业强市、服务活市、农牧稳市"三产联动发展的总体战略;将赤峰建设成为国家重要的有色金属产业基地、能源化工基地、绿色农畜产品生产加工基地、草原文化旅游胜地。深化提升四大资源型工业、重点培育三大高技术产业、大力发展两大劳动力密集产业,优化工业经济结构、壮大经济实力;优先发展以商贸物流和文化旅游为重点的现代生产性服务业和生活性服务业,激发经济发展活力、扩大就业容量;大力推进农牧业的现代化发展与二、三产业融合发展,促进农牧民增产增收与民生改善;着力促进区域分工协作,优化空间布局;着力促进"四化"互动协调,推进产城融合与城乡统筹发展。

工业方面,发挥区域自然资源优势,深化提升四大资源产业,包括冶金工业、化学工业、能源工业和建材工业;承接国际国内产业转移,积极培育三大高技术产业,包括医药产业、信息产业和装备制造业;大力发展两大劳动密集型产业,推进农村转移就业和新型城镇化,包括农畜产品加工和轻工纺织。

服务业方面,以中心城区、主要旗县驻地和重点乡镇驻地为依托,多元化发展服务业,重点发展商贸物流业、文化旅游业,培育发展健康养老业、科技服务业,提升发展传统批发零售业、房地产业、餐饮业等;商贸物流业加强信息化、工业化与商贸物流业的联动,建设赤峰城区、大板两大商贸物流中心,完善陆港通道建设,加强与天津港、锦州港、绥中港的联动,强化商贸物流体系建设,明确分工,提升机场的物流功能,加强商贸信息化建设,推广电子商务在商贸业中的应用;文化旅游业需要加强本地旅游资源的开发整合,突出特色,重点打造克什克腾和"王爷府—黑里河"两大生态文化旅游品牌,加强站点—通道—酒店接待的旅游体系建设,推广红山、巴林石、辽文化等形象,打造知名文化节事，延伸旅游产业与文化创意等产业的整合发展。

农牧业方面，着力推动农牧业有机、特色、精品化发展。发展绿色有机、特色精品农牧业，加大技术和管理投入，提升附加值；立足特色产品，加强整合营销，打造强势品牌；加强对蒙都羊业、大牧场、塞飞亚等优势企业的支持和培育，提升产业整体水平。依托区县特色农畜产品，加强产业横向联系，发展多元产品加工，重点发展元宝山区、宁城县两大农畜产品加工基地。联动旅游观光业，发展农牧业观光体验、品牌企业游览、特色产品展示销售等，实现三次产业间的联动互促。鼓励"企业＋合作组织＋农户"等合作组织，推进家庭经营、集体经营、合作经营和企业经营等共同发展。大力培育带动力强的加工龙头企业，必须确保农民稳定增收，必须加大政府扶持力度，最关键是建立公司与农户之间合理的利益分配机制。

7.3 荆门市人口集聚与产业发展模式

湖北省荆门市是典型的人口收缩型中小城市，地处湖北省中心位置，也是长江中游地区城市人口衰退片区的核心位置。2000~2010年，其周围的钟祥市、荆州市、当阳市、宜城市、随州市、广水市、宜都市、应城市等也都出现了不同程度的城市人口减少，将荆门市作为典型案例进行研究，对解释区域普遍存在的人口缩减现象有广泛参考意义。

7.3.1 城市集聚要素

荆门市出现的城市人口衰减趋势，主要受发展基础、就业、环境等方面因素的影响。结合荆门市居民调查问卷、政府部门访谈和统计数据分析，将影响其人口集聚态势的因素归纳为区域地位、就业与收入、公共服务、生活环境与城市建设等方面，并分析人口缩减的原因。

7.3.1.1 区域格局

荆门市位居湖北省"一主两副"三大都市圈之间，处于区域发展洼地，严重影响了其人口吸纳能力。《湖北省城镇体系规划》确立了"一主（武汉）两副（宜昌、襄樊）"的城镇格局，荆门位于襄荆宜高速公路—焦柳铁路复合发展轴，处于武汉、襄樊、宜昌构成的三角形几何中心。在湖北省制定的"两圈一带"总体发展战略中，荆门市处于武汉城市圈、鄂西生态文化旅游圈与沿长江经济带的边缘地带。根据约翰·弗里德曼提出的核心—边缘理论，区域发展的核心城市集聚了资金、技术、劳动力等生产要素，周围其他城市的生产要素不断流入核心城市，形成经济发展的边缘地带。边缘地带城市在区域竞争中处于劣势，社会经济发展水平与中心城市的差距逐步拉大。近年来，荆门市国民经济快速发展，但与"一主两副"城市及周边的襄阳和宜昌相比，发展相对滞后，在区域格局中逐渐被边缘化。荆门市在区域竞争中的劣势地位影响了产业提升速度，制约了劳动力吸纳能力，造成农村进城务工人员优先选择进入其他城市。

7.3.1.2 就业收入

荆门因石化而建市，因重工业而兴，时至今日石化对荆门来说依旧举足轻重。其他主要工业企业包括华能荆门电厂、葛洲坝水泥厂、格林美、李宁工业园、洋丰集团、福耀玻璃、鄂中化工、金龙泉集团、天茂集团等。整体来看，荆门的重工业特征明显，资本及技术密集型产业比重大，而劳动密集型产业比重小，导致了工业本身吸纳就业的能力不足。2014年末，荆门平均每家规模以上工业企业吸纳从业人数156人，比全省平均水平（225人）少69人，低于武汉市（357人）、宜昌市（253人）、襄阳市（210人）。与此同时，荆门第三产业发展不够、比重持续回落，2014年降至31.0%，低于全省平均水平10.5个百分点，削弱了经济吸纳就业的能力。荆门经济吸纳就业有限，集聚能力不足，直接影响着城镇化进程。高端产业规模小，提升缓，难以弥补传统行业增速下滑，2015年高技术制造业仅占规模以上工业的1.5%，低于全省平均水平6.5个百分点。

荆门市城镇可支配收入落后于其他城市，在城市间不具备竞争力；城市内部城乡收入差距较小，小城镇吸纳了一定农村剩余劳动力。2015年，荆门市居民人均可支配收入20559元，其中城镇居民人均可支配收入26731元，农村居民人均可支配收入14716元，城乡收入比为1.8。同时期，全国对应数值为21966元、31195元和11422元，城乡收入比为2.7；湖北省对应数值为20026元、27051元和11844元，城乡收入比为2.3，可见荆门市城乡差距较小，居民整体收入低于全国平均水平、略高于全省平均水平，城镇居民收入明显低于全国和省内平均值，但农村居民收入却大幅高于全国和湖北省平均农村居民收入水平。一方面，荆门市人均耕地相对充裕，农业产业化条件较好。湖北人均耕地面积仅为1.3亩/人，而荆门人均耕地达到2.5亩/人，是全省平均水平的近两倍，且荆门地处江汉平原中心，具有水土资源优势；另一方面，荆门市小城镇发育基础好，城乡统筹推进较快，为农村剩余劳动力进行本地城市化提供了条件。因此荆门虽然有充足的城镇化潜力，但农村发展质量较高，导致农村人口进行城市化的"推力"不足，农村居民倾向于留在本地就业。与周围城市相比，武汉市和长沙市的城镇常住居民人均可支配收入分别达到36436元和39961元，远远高于荆门市水平，因此在城市之间荆门市同样不具备收入上的竞争力。对于有意愿外出工作的农村劳动力而言，周围大城市能够提供更高的就业收入，具有更高的经济吸引力（图7-3）。

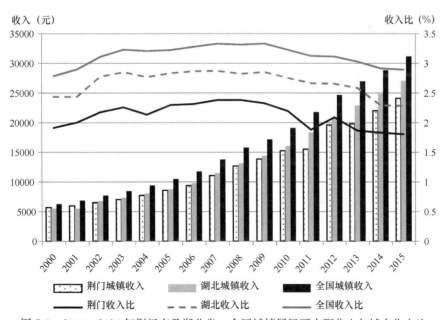

图7-3 2000~2014年荆门市及湖北省、全国城镇居民可支配收入与城乡收入比

7.3.1.3 公共服务

荆门市公共服务水平由城乡公共设施建设程度决定，体现在教育、科技、文化、卫生等公共事业方面，为市民参与社会经济、政治、文化活动提供保障。荆门拥有三甲医院3所，包括荆门一医、荆门二医和荆门中医医院，为荆门市居民医疗卫生提供基本保障。但与其他城市相比，荆门市医疗卫生资源总量相对不足，每千常住人口床位数、护士数低于全省平均水平，医护比仅为1：1.02，护士配备严重不足。同时医疗卫生机构管理体制和运行机理不完善，重点专科建设相对滞后，缺乏在全省有重要影响的学科带头人，整体医疗技术水平和服务能力落后于周边地市。龙泉中学是湖北省重点中学，2015年全市中小学接纳7500余名进城务工人员子女和返乡民工子女入学就读。但整体来看，中小学骨干教师流失严重，教师年龄结构性矛盾突出，影响了教师整体素质。部分教师在知识更新、创新能力等方面存在着一定的差距，教育观念比较落后，教育能力不能适应教育教学改革的新要求。

对外交通不畅严重阻碍了荆门居民出行效率的提升。目前，荆门是全省唯一未通高速铁路的地级市，陆路交通运输条件不及周边城市；港口建设落后，水运优势未能充分挖掘；航空尚未实现"零突破"，冷水机场的复飞计划仍然被搁置。荆门对外交通正面临着"进不来、出不去"的困境，经济发展逐步被边缘化，严重制约着招商引资和人口、资本等要素集聚。

在城市公共服务能力方面，荆门市能够满足城市居民的一般需求，但城镇化加速发展和周围大城市崛起对荆门公共服务提出了更高要求，市政基础设施和公共服务能力仍需进一步提升，城市交通、垃圾处置等基础设施建设与大城市差距较大。社会事业发展滞后，教育、卫生、文化、养老、住房等公共服务供给不足。

7.3.1.4 生活环境

荆门市空气质量位于省内倒数位置，如表7-5所示。2015年湖北省纳入国家考核范围的12个地市PM10浓度均值为71微克/立方米，与2014年同比下降37.2%；全国来看，纳入国家考核的地市平均浓度为100微克/立方米，较2014年同比下降9.1%。而荆门市2015年空气可吸入颗粒物浓度达112微克/立方米，明显高于省内其他城市，与2014年同比增幅达6.7%，同样是增幅最快的地区。一方面，荆门市地理气象条件不佳，输入影响大。中心城区处于山间盆地，逆温层低，不利于大气污染物扩散，当北方连续出现重污染天气，污染气团随北风飘移至荆门后形成静稳状态，严重影响荆门市的空气质量；另一方面，中心城区周边部分石灰石厂、采石厂、磷化工企业等环保措施不完善，废气超标排放，污染严重。污染源主要来自荆门石化、葛洲坝水泥厂和国电，这些企业虽已按要求完成脱硫、脱硝、除尘改造，但主要污染物排放绝对总量仍然较高。在推进工业化进程中，荆门的重化工业，如化学原料及化学制品制造业、石油加工、炼焦及核燃料加工业、非金属矿物制品业等行业规模快速壮大。重化工业的快速扩张使得荆门工业高消耗特征更加明显，给"节能减排"带来了巨大压力。东宝区、掇刀区NOx已分别超出环境容量3144吨/年、5629吨/年，东宝区大气颗粒物超出环境容量12344吨/年，工业废气排放、机动车排放和城市面源排放居高不下。此外，水资源和土地资源安全也受到威胁。特别是在城北胡双磷地区（胡集镇、双河镇和磷矿镇），磷化工企业污水处理设施进展缓慢，给水土资源保护造成极大压力。

城市设计不甚合理,交通拥堵问题严重。因山体地形和铁路分割,南北交通瓶颈问题突出。南北城区目前主要由白云大道和象山大道联系,由于山体的阻隔,两城区之间的瓶颈——虎牙关成为交通压力集中的地点。加上南北向铁路因素的影响,使得问题更为复杂。随着城市向南发展,交通制约问题日益突出。

湖北省2015年空气可吸入颗粒物(PM10)平均浓度情况表　　　　　表7-5

按平均浓度排序(μg/m³)			按增幅排序(%)		
序号	地方	2015年浓度	序号	地方	较2014年同期增幅
1	荆门	112	1	荆门	6.7
2	宜昌	109	2	孝感	3.9
3	襄阳	107	3	黄石	1
4	孝感	107	4	襄阳	-1.8
5	荆州	106	5	随州	-2.9
6	武汉	101	6	咸宁	-4.4
7	随州	101	7	鄂州	-8.3
8	黄石	100	8	十堰	-9.3
9	鄂州	100	9	武汉	-9.8
10	十堰	88	10	黄冈	-18
11	咸宁	87	11	宜昌	-18.7
12	黄冈	82	12	荆州	-29.8
国家考核地市平均		100	国家考核地市平均		-9.1

数据来源:湖北省环境保护厅网站 http://report.hbepb.gov.cn:8080/pub/root8/shbth/201512/t20151223_82130.html。

7.3.1.5 城市集聚要素梳理

荆门市作为一个传统的农业型发展城市,长期以来以农业生产为主导产业,曾经的三线建设带来了短暂的辉煌,但这段时期经济发展和城市规模扩张主要依靠政策的支持。近年来荆门自身人口基数偏少、人才基础较弱等发展短板就愈发凸显,城市人口出现明显缩减。目前,大部分流出城市人口只是实现了居住地点和生产方式的转变,没有完全融入其他城市,实现生活方式的根本性转变,因此荆门市还有巨大吸纳回乡人员的潜力。

荆门市是典型的人口缩减型中小城市,人口集聚的主要阻力或人口流出的主要动力可以归纳为以下三方面:

(1)产业滞后,就业带动不足。荆门市产业结构以重化工产业为支柱,经济发展重点依靠石油化工、热电、水泥等高资源依赖型产业,劳动密集型和技术密集型产业发展严重滞后,导致劳动力吸纳能力不足。随着重化工产业宏观形势下滑,这些企业的经济效益急转直下,就业吸纳能力继续下降;

(2)城市生态生活环境宜居度低。荆门市地处江汉平原中心,具有良好的生态资源基础,生态宜居理应成为荆门吸纳本地城市化和外来流动人口的重要手段,但恰恰相反,荆门的空气质量常年位于湖北省倒数位置,居民也对本地环境质量怨声载道,"污染"甚至

成为本地人对荆门最广泛的城市形象认识;

(3) 公共服务供给水平有限,归根于低行政等级造成话语权弱势。在城市内部,荆门的教育、医疗的公共服务水平基本能够满足当地居民的生活要求,但与省会武汉及其他大城市相比仍有较大差距,城市建筑、交通等方面设计不够合理,在具有相同就业机会时当地居民倾向于流向更高等级的城市,享受更好的社会福利。而市域内城乡收入和生活水平差距不大,农村居民流入城区的意愿不强。在区域格局下,受制于规模等级和行政等级的劣势,荆门市在争取宏观福利政策、招揽优质企业入驻过程中往往不具有足够吸引力,导致高铁等基础设施建设滞后、产业更新换代缓慢,这在很大程度上影响了荆门人口吸引力的提升。

当然荆门市作为我国中部地区典型的中小城市,城市人口腹地广阔、经济发展潜力巨大,仍然有城市人口集聚潜力可供挖掘:

(1) 就地城市化潜力。荆门市市域人口达 300 万人,城市人口仅不足 50 万人,仍然具有较大本地城市化潜力。此类中小城市应加强提升自身公共服务水平,提高就业吸纳能力,广泛吸引本地区有意愿的农村剩余劳动力进城,享受城市生活带来的便利。同时加强农民职业培训,促进农业人口非农转化,消除就业市场供需要求不匹配;

(2) 新兴产业起步。中小城市人口集聚和经济发展具有"船小好调头"的优势,有机会尝试进行产业结构和新兴产业的更新换代。以荆门市为例,依靠全国唯一的水上飞机研究所(605 研究所),今后在航空飞行器的研发、制造、展览等领域可大有所为,随着其品牌的升级和经济的腾飞,人口和人才吸纳能力的提升也将水到渠成;

(3) 宏观经济和政策背景。在目前我国经济背景下,人口流动出现新形势,东部沿海地区的流动人口返乡比重逐年上升,为西部中小城市规模提升带来机遇。同时,国家新型城镇化规划等诸多政策均将提升中小城市人口吸纳能力作为未来我国人口合理分布调控的重要任务,因此应把握好经济和政策给其带来的巨大利好,吸纳周围农村剩余劳动力适度集聚。

7.3.2 人口集疏机理

2000 年,荆门市市域人口 297.1 万人,至 2010 年市域人口降至 287.4 万人市辖区人口因行政区划调整有所上升(图 7-4)。荆门立市较晚,流动人口多来自周边乡镇和县市,包括东宝区和沙洋县的城乡人口,以及在荆门做生意的"仙天潜"地区人口,目前荆门对京山和钟祥河东的辐射力有限,对钟祥河西以及当阳、远安、南漳辐射力较强。老荆门人多居住于东宝区,外地或乡镇流入人口多定居掇刀区。2001~2010 年荆门市区分乡镇常住人口规模变化也验证了总规模收缩,除了东宝和掇刀片区人口呈现小幅增长外,其他乡镇、街道人口均出现显著减少。据人社部门数据显示,2015 年,荆门市农村劳动力规模为 110 万人,其中转移农村劳动力 54 万人。从去向方面来看,转移农村劳动力中省外去向劳动力 29.1 万人,集中在珠三角(16.4 万人)和长三角地区(12.7 万人);省内去向 10.2 万人,以武汉为主;市内去向

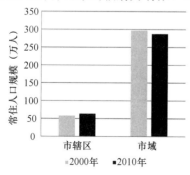

图 7-4 荆门市常住人口变化

15.9万人，集中在荆门城区和其他县城。大规模流向其他城市的农村劳动力显示出荆门在人口吸引力方面的弱势地位，但从趋势上看外出务工农民有返乡的趋势，这为荆门提升中心城区集聚水平带来机遇。

基于荆门市居民的调查问卷，对荆门市城市人口吸引力进行分析，通过市民对荆门市现实状况、主要问题及提升建议的态度反映荆门市作为人口缩减典型案例区出现城市人口减少的原因，并提出市民角度下荆门市人口吸引力提升的具体建议。调查问卷从现实与需求、问题识别、优势挖掘和吸引力提升等方面了解了当地居民的实际看法（图7-5）。

7.3.2.1 现实与需求

现实与需求部分调查了市民角度下荆门市现状和期待的城市形象（图7-5）。现状城市形象的统计结果直观地展现出荆门市目前人口缩减、经济停滞的现实状况，排在前四位的选项分别是"污染""拥挤""落后"和"闭塞"，其中68.61%的受访者认为重工业生产造成的污染已经成为荆门市的代名词，47.85%的受访者认为荆门市城市规划设计与执行不佳导致拥挤问题严重，1/3左右的受访者以"闭塞"和"落后"来形容荆门市目前在区域中的格局地位与社会经济发展水平。与之相反，"宜居""休闲""农谷"等吸引人口定居的形象却比重均低于20%，说明目前荆门市各方面配套设施建设、人文环境、经济发展水平仍与居民预期存在相当大的差距。

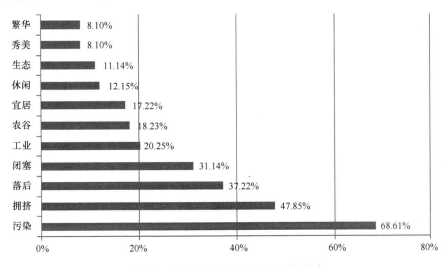

图7-5 目前荆门城市形象的民意统计

期望的城市形象反映了居民对于荆门市这类中小城市的功能需求（图7-6），也侧面给此类城市进行人口吸纳能力提升提供了参考。从统计结果来看，居民较为关注的城市形象名词包括"宜居""生态""健康"和"富裕"等，其中65.06%的受访者关注"宜居"，与此同时对于"创新""科技"等要素的需求并不大。中小城市作为城市规模体系中串联小城镇与大城市的节点，发挥着重要的居住功能，居民选择定居中小城市首先关注的是其居住环境和舒适度。在科研和高端服务领域，大城市依靠集聚效应和规模经济成为主要增长极，中小城市吸纳人口的主要抓手是宜人的生活环境、健康的生态环境，这些宜居要素是人口缩减型中小城市减缓人口规模下降、提升人口吸纳能力的最后一根稻草。

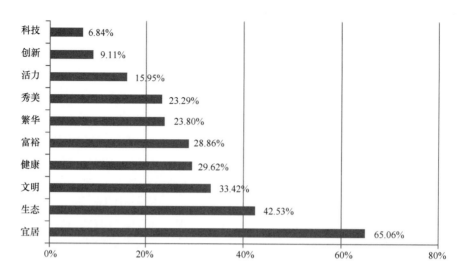

图 7-6 荆门城市形象期待的民意统计

7.3.2.2 主要问题

主要问题识别部分调查了市民角度下舒适度提升的主要短板、城市建设及交通、污染等方面的问题。总的来看，制约荆门市居民居住舒适度最重要的短板在于交通条件的限制（图 7-7），主要表现为未通高铁。作为湖北省唯一未通高铁的地级市，荆门市居民出行极为不便，到最近的大城市——武汉市需要 4 小时车程，严重影响了当地居民居住和外来人口流入的意愿。从居民期望到周围城市的通勤工具来看（图 7-8），倾向于小汽车自驾的居民仅占 36.96%，期望乘坐高票价高速铁路和中等票价城际铁路的居民则分别占到 64.56% 和 75.95%，可见荆门市现有的对外交通远远不能满足居民的日常需求，限制了其人口吸纳能力的提升。

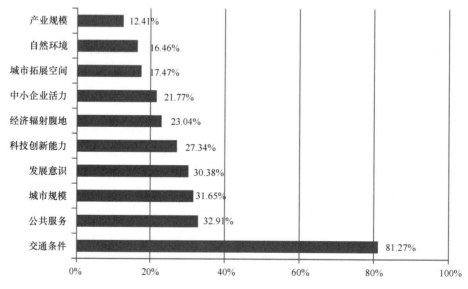

图 7-7 荆门城市吸引力提升短板的民意统计

其他主要短板还包括城市建设不合理、发展意识不强、中小企业活力不足等方面。而荆门市城市建设存在的主要问题集中在交通拥堵、环境卫生、市政设施和教育医疗服务供给规模等方面（图 7-10）。针对荆门市目前存在的污染问题，受访者对于造成较大影响企业的态度较为强硬，超过 2/3 的居民认为这些企业应该逐步淘汰转型或进行异地搬迁（图 7-9），这一方面体现了现阶段城市居民对城市生活环境的关注，另一方面也体现出荆门市破解环境污染问题已经刻不容缓，应当将原本是城市发展优势的生态环境品牌重新树立。

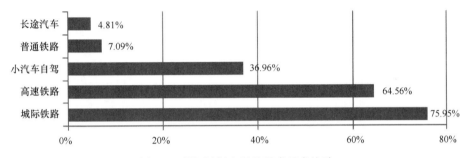

图 7-8　荆门城际交通的需求民意统计

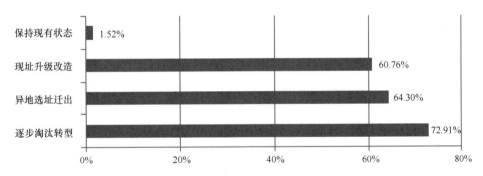

图 7-9　荆门环境污染型企业应对措施的民意统计

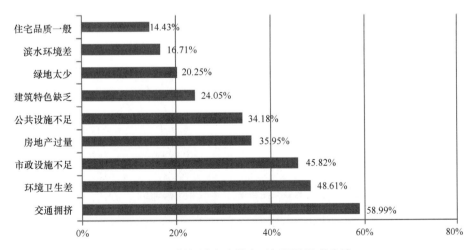

图 7-10　荆门城市建设主要问题的民意统计

7.3.2.3 核心优势

核心优势挖掘部分调查了市民角度下荆门市未来的核心竞争力、发展的潜力区域及人口集聚热点（图7-11，图7-12）。统计显示，"生态资源"是受访者中普遍认为荆门市未来的核心竞争力（图7-11），展现了居民对荆门市生态资源本底的认可和对未来环境改善的期许，与目前较为严重的污染问题形成反差。除此之外，交通和人才领域同样可以作为未来荆门市吸引力和竞争力提升的焦点。

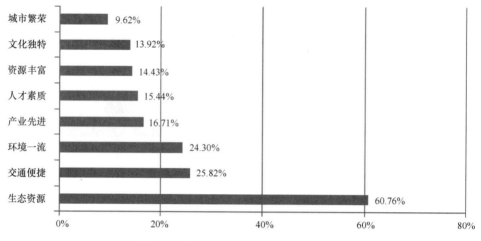

图7-11 荆门城市竞争优势的民意统计

根据统计结果，市民选出的发展潜力区域与人口集聚热点区域有较大重合（图7-12，图7-13），东宝老城区和掇刀区作为目前人口最密集、产业最集中的地区并不是第一选择，相反风景秀丽、环境宜人的漳河新区在两项中均得到80%以上的选票，一方面体现出居民对老城区目前生活状态的不满；另一方面体现出对宜居环境的向往。当然随着漳河航空新城的打造，未来漳河新区不仅能够提供优质的居住功能，还会增加二产和三产就业规模。除荆门市域外，29.87%的受访者将武汉市作为自己未来可能居住的城市（图7-13），说明人口缩减型中小城市居民受到大城市就业机会、社会福利等方面优势的

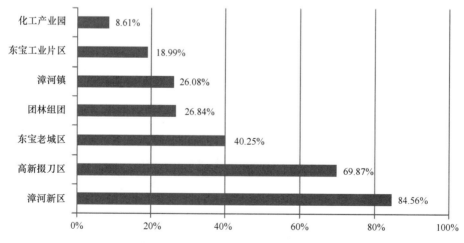

图7-12 荆门城区潜力区域的民意统计

第7章 国内外中小城镇人口集聚与产业发展案例研究

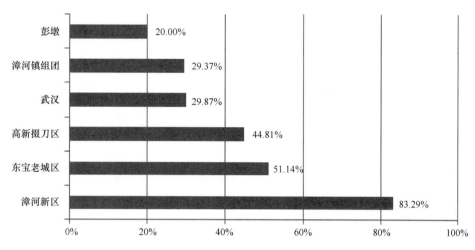

图 7-13 荆门城区居住选择意向统计

吸引,向大城市迁移的潜在愿望,也展现出该类中小城市在城市吸引力提升方面的紧迫性。

7.3.2.4 吸引力提升

吸引力提升部分调查了市民角度下期望的荆门市就业、生活环境。就业环境方面,63.04%的市民希望荆门市重点发展绿色、生态的新兴科技产业(图7-14),解决目前重工业主导造成的环境污染严重、产品附加值低等问题,在提升居民收入水平的同时改善生活环境质量;20.51%的市民关注创新创业环境的打造,希望营造活力自主的经济环境,为充分发挥居民的主观能动性创造条件;此外,受访者对于企业结构以大企业还是中小企业为主体并没有差异性的观点。

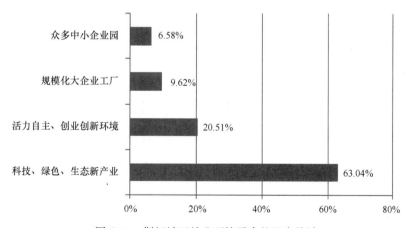

图 7-14 荆门城区就业环境需求的民意统计

在生活环境方面(图7-15),77.72%的市民希望荆门市未来打造成为幽静而又融入自然的生活居住组团,可见中小城市居住功能的提升对于其人口吸引起着关键性的作用。具体而言,未来荆门市在区域交通格局的地位、环境污染整治力度和公共服务供给水平提升等方面将成为决定其人口规模是否继续缩减的关键因素。同时,受访者认为构建"高效便捷的大型都市""时尚的城市新区"或"生活氛围浓厚的老城"对他们的吸引力并不大。

265

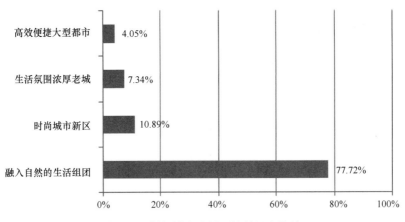

图 7-15 荆门城市生活环境的民意统计

7.3.3 产业发展模式

荆门属于典型的三线建设城市，即 1964 年后由于中苏关系交恶以及美国在中国东南沿海的攻势，出于国防安全的考虑工业大规模向中西部地区迁移。荆门依靠江汉油田成为中南地区重要的石化中心，迅速由为周边农业生产提供县域服务功能的县城，衍生成为重化工生产基地，城市地位也逐步提升。1983 年荆门县升为湖北省辖地级市，包括原荆门县、京山县、钟祥市。荆门炼油厂进驻后，又吸引了水泥厂和热电厂等重化工企业入驻荆门，在 20 世纪 70～80 年代荆门经济大跃进，财政运转的 80% 来自炼油厂等重化工产业。但到了 1985 年以后，随着我国"出口导向战略"融入全球经济体系以及市场经济实施，大量生产要素向沿海和大城市集聚，地处地理中心的荆门却逐渐被边缘化。支柱产业石油化工的原材料大量依靠进口原油，造成成本上升，效益远低于原料地和沿海地区石化基地，再加上长期以来的高污染重化工产业对资源环境可持续的破坏逐渐显现，市区以往的生态环境优势逐渐丢失，荆门产业经济发展进入转型期，就业和人口吸引出现疲态。荆门在产业发展上与国家政策和省级发展战略的实施联系密切，因此具有明显的波动性和阶段性，大致可将其发展历程划分为三个发展阶段：1995 年以前以农业为主的发展阶段、1995～2010 年工业化发展的初级阶段以及 2010 年后工业化的中期发展阶段。全面解析荆门产业发展现状问题及挑战，在路径依赖和路径突破双轨下，构建荆门产业发展模式。

7.3.3.1 经济实力

荆门市经济发展位于省内第三梯队，面临被边缘化的风险。GDP 总量与人均 GDP 均位居湖北省第三梯队。湖北省经济格局大致存在四个梯队：第一梯队为武汉，其 GDP 总量占据湖北省的 1/3；第二梯队为宜昌和襄阳，两者 GDP 总量均占 10% 左右；第三梯队为 GDP 总量占比在 4%～5% 的地市；而第四梯队则是其他 GDP 规模较低的地市（图 7-16）。2014 年，荆门全市生产总值 1310.59 亿元，占湖北省总量的 4.53%，位居湖北省 17 个地市中的第 7 位；人均地区生产总值 45363.26 元，略低于全省同期的 47144.60 元，居湖北省的第 8 位（图 7-17）。综合来看，荆门经济水平处于湖北省的第三梯队。2000 年以来，湖北经济格局基本稳定，但第一梯队和第二梯队的经济份额呈现上升趋势，如武汉 GDP 占比从 2000 年的 25% 上升到 2014 年的 35%；而第三梯队则是呈下降趋势。荆门经

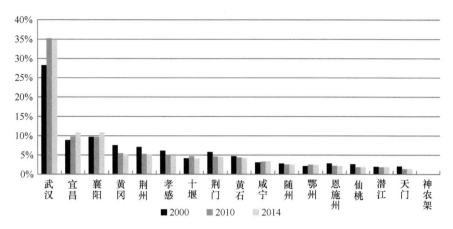

图 7-16 湖北省各地市 GDP 总量（亿元）

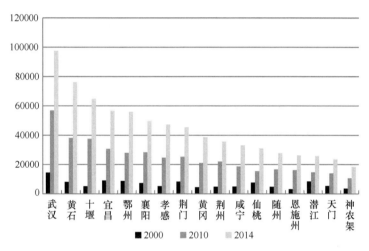

图 7-17 湖北省各地市人均 GDP

济份额占湖北省的比重也呈现下降趋势，与周边地市的差距也呈拉大趋势：2009 年，荆门 GDP 总量分别是宜昌市和襄阳市 GDP 总量的 0.47 倍和 0.50 倍，到 2014 年则下降到了约 0.42 倍。从荆门所处区位来看，其位于襄阳、宜昌和武汉的中间地区，发展空间受到挤压，面临被周围地区边缘化的风险。

7.3.3.2 产业结构

荆门产业结构为典型的"231"结构，且该结构不断稳固（图 7-18）。2014 年第一产业生产总值为 198.1 亿元，第二产业生产总值为 706.5 亿元，第三产业生产总值为 406.0 亿元，三次产业结构为 15.1∶53.9∶31.0，为典型的 231 产业结构。从变化趋势来看，2005 年以后荆门"231"的产业结构逐渐突出，二产发展明显快于一产和三产，且在 2010 年后比重突破 50%，而三产和一产比重则呈现下降的趋势。2012 年后，二产所占比重稳中有降，三产比例略有上升，三次产业结构比例呈现稳定趋势。三产比重由 2012 年的 29.4% 上升到了 2014 年的 31.0%，增长 1.6%；而二产比重则相应的从 54.1% 下降到 53.9%，下降 0.2%。从总体上来看，荆门三次产业稳定在 15∶55∶30 左右。

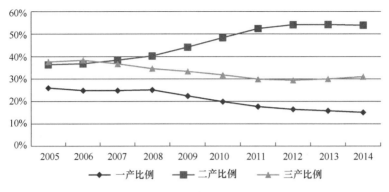

图 7-18　荆门市三次产业比例变化图（2005~2014 年）

7.3.3.3　工业发展

工业发展进入调整期，接续产业发展速度快但规模较小。2005 年，荆门工业增加值为 99.50 亿元（当年价），2014 年工业增加值为 657.92 亿元（当年价），按可比价格计算，工业增加值增长约 3.68%；同时工业在整个经济中所占的比重也从 2005 年的 32.2% 上升到 2012 年的 50.8%。2012 年以后，工业仍以较快的速度发展，但其在经济发展中所占的比重开始下降，到 2014 年工业增加值占 GDP 的比重为 50.2%，略低于 2012 年的水平。由于工业是二产的主体，二产对经济发展拉动率的下降可以反映出工业发展动力的下降。2005 年以来，二产发展对经济增长的拉动作用均远高于三产和一产，且呈现不断上升的趋势；到 2011 年，二产对经济的拉动率达到了 10%。2011 年以后，二产对经济发展的拉动率开始下降，到 2014 年下降到 6% 左右。石化产业是荆门工业经济的主体产业，约占工业产值的 1/3，在 2010 年甚至达到 40%。但近年来石化产业发展进入瓶颈期：首先，2010 年后，石化产业产值占工业总产值的比重持续下降，到 2014 年下降到 27.6%；其次，石化产业增速明显放缓，2010 年石化产业产值增速达 32.3%，而 2014 年则下降到 5%。同时，石化产业沿海布局的态势更加明显，内陆则以沿江、靠近资源地布局为主，荆门石化产业在未来竞争格局中并不占优势。因此总体上来看，石化产业发展已经进入瓶颈期。

新兴产业发展速度快，但大部分产业规模偏低。从产业发展速度来看，农副食品加工、通用设备制造、纺织及新兴产业发展速度较快。2009~2014 年，农副食品加工产值增长了 3.39 倍，通用设备制造增长了 2.53 倍，纺织服装、服饰增长了 7.92 倍。但是除了农副食品加工、通用设备制造业、非金属矿物制品业等产业具备一定的产业规模外，其他新兴产业产业规模明显偏低，如专用设备制造业和医药制造业占工业总产值的比重不足 2%，废弃资源综合利用业则尚未形成产业体系。因此，新兴产业对经济发展的支撑作用较为有限。

7.3.3.4　一产发展

荆门市一产发展在省内具备比较优势，内部结构逐步优化。2014 年全市农林牧渔业总产值 351.67 亿元，2005 年全年农林牧渔业总产值 135.52 亿元，按可比价格计算，农林牧渔业总产值增长 83.2%，年均增长 9.24%。从一产在经济发展中的作用来看，一产对荆门经济发展的贡献度一直高于湖北省平均水平，在省内竞争中具备规模优势，属于优势产业。同时，荆门处于湖北省主体功能区规划中所确定的国家农产品主产区圈层的核心位置，在政策支持上也具备比较优势。从一产内部构成来看，农业占据主体，其比例高达60%左右，而牧业和渔业占比相对较低。近年来，随着荆门市农业模式和生产方式的转变，农业在一产中的占比呈现下降的趋势，2014年农业占一产的比重已经下降到50%以下；而渔业和牧业的比重则呈现上升的趋势。渔业和牧业的发展将提高荆门市农产品的多样性，优化一产内部结构，提升竞争力。

7.3.3.5 三产发展

荆门市三产增速较快，但以生活性服务业也为主，缺乏强势产业带动。2005～2014年，荆门三产增加值不断增长，绝大多数年份其增速都保持在10%以上，在部分年份增速有所下滑，表现出一定的波动性。2014年，全市GDP增速下降到10%，但三产增速仍高达12%，受经济波动影响较小。近年来，全市生活性服务业和生产性服务业业的比值维持在3:1，说明三产发展未发生根本性的变化。另外大多数行业规模所占比重偏低，2014年三产各行业增加值占GDP比重的平均值为2.21%，除批发零售业占比7.57%外，大多数行业占GDP的比重低于2%。相对于工业行业中石化产业、农产品加工等行业的高占比来说，三产行业在经济发展中的比重不高，对经济发展的带动和影响作用有限。2010年，荆门市旅游总收入40.52亿元，到2015年，增长到130.1亿元，增长趋势较为明显，但相比湖北省的水平，旅游业收入在整个经济发展中的比重仍较低，例如2013年，湖北省旅游总收入占GDP的比重已经达到了13%，而荆门市则仅为7.5%，因此未来旅游业仍存在较大的发展空间。

7.3.3.6 区域比较

产业发展在区域格局中面临较大竞争，部分产业具备比较优势。化工产业和农产品加工是宜荆荆（宜昌、荆州、荆门）最重要的支柱产业，化工产业在荆门和荆州产业份额排名第二，而在宜昌排名第一，份额超过25%。农副食品加工在荆门和荆州均是份额最高的产业，而在宜昌，酒、饮料和精制茶制造业在排在第二，仅次于化工产业。农产品相关行业，非金属矿物制造、纺织业在三个地市中也同样占据较为重要的地位。因此，宜荆荆在工业行业结构上具有较强的相似性，区域间相互竞争的可能性较大。农副食品加工、通用设备制造规模占据优势，其规模高于宜昌和荆州。从增速上来看，农副食品加工增速略低于荆州但高于宜昌；通用设备制造在增速上远高于宜昌和荆州；非金属矿物制造和化工产业规模约为宜昌一半，但增速高于宜昌，具备后发优势。另外，尽管化工产业发展已经进入瓶颈期，但荆门在石化产业上仍具备较强的竞争实力。

7.3.3.7 发展瓶颈

一是，产业转型升级缓慢，缺乏核心驱动力。二产发展动力下降较为明显，对经济贡献趋弱。二产是荆门经济发展的主体和动力来源，但二产增长呈现急剧下滑趋势：2011年二产产值增长率为30%，2012年下降到16.7%，2014年则仅为7.6%。同时，一产和三产增长率变化不大，分别维持在5%和10%左右的增长水平上。因此，二产发展动力衰弱是荆门经济增长下滑的主要原因。重化产业受内外部条件制约，发展前景不明，接续产业"有特色无产业链"。

二是，三产发展不足，对区域中心城市支撑不够。荆门市三产规模偏低，三产产值与荆州相比较低，与宜昌则是存在非常大的差距。从发展趋势上来看，荆门市三产增速在区域对比中也不占据优势,未来增长仍然缺乏动力。从三产的比例上来看,荆门市三产比重也较低,三产比例维持在30%左右,低于湖北省平均水平(40%),对GDP拉动率也低于湖北省平均水平1个百分点。因此,从总体上来看三产发展对经济增长的带动作用有限。由于提供三产服务是城市中心城区的基本职能,服务业的规模往往会成为中心城区发展的重要影响因素,荆门中心城区服务业规模小增速慢将不利于区域中心城市的打造。

三是,产业发展和生态保护矛盾突出,资源优势未能充分显现。重化为主的产业结构能源消耗大,环境污染严重。在工业化进程中,荆门的重化工业,如化学原料及化学制品制造业、石油加工、炼焦及核燃料加工业、非金属矿物制品业等行业规模快速壮大,2014年三大行业产值占全部规模以上工业的比重达36.7%。重化为主的产业结构对资源消耗较为依赖。2006~2014年,荆门规上工业能源消费量增长16.8%,工业用电量增长61.1%,工业用水量增长50.7%。同时,重化产业的发展也对荆门的生态环境造成了严重的影响,生态环境保护面临严峻挑战。同时,重化产业的发展与历史和政策因素联系较为紧密,其发展未能充分结合荆门市的资源优势。荆门市最早是农业大县,农业发展在区域竞争中占据优势,随着当前经济发展方式和居民消费方式的转变,荆门除了农业方面的优势外,生态资源的优势将在未来更加凸显,但目前重化为主的产业结构将会制约生态产业的发展,不利于生态优势的发挥。

四是,产业就业吸纳能力较弱,对新型城镇化和城乡统筹支撑不足。二产和三产吸纳就业人数比例偏低,2014年,荆门市二产吸纳人员数量为37.9万人,占总就业人员数量24.5%,而一产吸纳人员数量为58.8万人,占总就业人员数量的38.0%,二产吸纳就业人员数量与一产吸纳就业人员数量存在较大差距。与周围地区相比,2005~2007年荆门市二产吸纳就业数量的比例略高于宜昌市,但2008年以后,二产吸纳就业人员数量占总就业的比例逐渐低于宜昌市,且差距呈现增大的趋势。同时,三产吸纳就业人员数量占总就业的比例也呈现出同样的趋势,与荆州市和宜昌市均存在一定的差距。就业增长主要来源于三产,但增长不稳定,荆门就业总体上保持增长的趋势,2006~2014年间,年平均增长2.16万人;但总就业增长的波动比较大,最高年份增长超过5万人,最低时则为负增长,且2012年后就业增长持续下滑。从就业来源来看,就业的增长主要是来源于三产就业的增加,但其增长波动较大,造成全市总就业量增长不稳定;一产对就业增长的贡献较为有限,且未来增长潜力不大;二产就业增长波动性也较大,呈现高低起伏的特点。就业增长的乏力导致荆门市人口净迁出,不利于新型城镇化和城乡统筹的推进。

7.3.3.8 产业发展模式

根据产业发展目标和总体策略,在时间尺度上将产业发展划分为转换期、中远期和远景期三个部分,根据在不同阶段的发展特点和目标,采取不同的发展策略和重点发展方向。

近期,正处于产业发展动力转换期,寻求传统重工业主导的产业发展模式向绿色、可持续模式转换的途径,支柱产业仍是石油化工和农产品加工。该时期石化产业实现落后产能淘汰、技术升级和循环开发利用,农产品加工产业优势得到巩固,通用航空、汽车装备等智能制造产业的核心竞争力不断提升,电子信息、新能源、再生资源等新兴产业逐步发展。具体包括:重点深化石化产业改造,淘汰落后产能,严格控制高污染、高能耗产品的生产量，逐步降低对石化产业的依赖；以荆门化工循环产业园为载体，积极扶持本地龙头企业，发展特种润滑油和废油再生等产业；巩固农产品加工区域优势，继续做大"中国农谷"品牌，做强彭墩、柴湖、屈家岭等农产品加工重点基地，推进农业现代化发展与二三产业融合发展；提高智能制造核心环节参与度，大力培育高技术型产业，增强经济活力，给予通用航空、电子信息、新能源、再生资源等新兴产业政策支持。

中远期，将有潜力的朝阳制造业产业打造为新兴支柱产业，实现支柱产业平稳的更新换代，具体的智能制造产业将取代石化产业的核心地位，初步形成以通用航空和汽车装备为重点的智造中心，绿色农产品的品牌优势和核心竞争力进一步提升，休闲养老、医疗保健等产业融合发展，成为经济增长的重要动力，实现三次产业间的联动互促。具体包括：将通用航空、京山轻机、汽车装备等智能制造产业打造成为荆门主导产业。吸引高端人才，延长产业链，实现产业协调发展，建成一批产城人融合的特色小镇，辐射周边城市，初步确立智能制造产业在华中地区的中心地位；依托特色农产品，加强产业横向联系，发展多元化产品加工，深度整合种植物（第一产业）+加工（第二产业）+销售、旅游（第三产业），打造"第六产业"；联动旅游观光业，提升荆门油菜花旅游节、屈家岭桃花节、荆门紫薇花旅游节等节庆活动影响力；借力国家通道枢纽，推动优势农产品"走出去"，继续提升农产品加工行业在国内外的竞争力；发挥生态环境优势，依托大健康产业园，发展健康养老服务产业，打造漳河新区健康养老产业园、中航工业医养结合基地等高端医养结合服务区，初步形成国内知名的健康养老基地。

远期，绿色农产品基地、健康养生胜地和智造中心的目标得以实现。该时期荆门市农产品名扬天下、"中国农谷"享誉国际，健康疗养领跑全国，智能制造产业成为华中地区的制高点。具体包括：打造辐射国内外的绿色有机农产品加工产业链，以基地为载体，以产业链为纽带，重点发展精深加工、丰富产品种类、培育优质品牌、提高产品附加值，形成国际领先的农产品供给、加工生产线；打造生物医药、休闲养老、旅游度假等大健康产业链，着眼于老年人养老的实际需求，推动医疗卫生和养老服务相结合，增加养老服务和产品供给，建成全国性健康养老（医养结合）示范区；打造布局合理的高端装备制造产业集群，以通用航空装备、汽车及零部件等领域为主攻方向，构建涵盖研发、生产、售后、培训、展览的智能制造产业链，形成国内领先的通用航空、智能制造特色小镇。

7.4 葫芦岛市人口集聚与产业发展模式

葫芦岛市位于渤海之滨，地处辽宁省西南端，东邻锦州市，西接山海关，北靠朝阳市，拥有海岸线258公里，素有"关外第一市"之称。葫芦岛市辖"三区、两县、一市"，即连山区、龙港区、南票区、绥中县和建昌县兴城市（县级），葫芦岛市已形成了石油化工、能源电力、船舶制造、有色金属等四大支柱产业，并拥有锦西石化、葫芦岛锌厂、方大化工、锦天化、北方锦化、渤海船舶制造有限公司、绥中发电有限责任公司、绥中海上36-1油田等众多具有行业影响力的大型工业企业。但新时期，葫芦岛市作为东北地区中小城市，同样面临着新的转型挑战，对东北地区其他资源型城市或中小城市发展也具有参考意义。

7.4.1 城市集聚条件

7.4.1.1 良好的区位条件及资源禀赋

拥有良好的区位交通、资源禀赋以及政策优势。葫芦岛背靠蒙东资源丰富地区，承接东北华北两大经济板块双向辐射，拥有滨海临港的巨大优势条件。作为国家级园林城市和中国优秀旅游城市、辽宁省三大旅游区之一，葫芦岛拥有丰富的自然景观资源与人文历史资源。作为传统的老工业城市，葫芦岛产业基础良好、底蕴深厚，同时泳装等新型产业发展具有较好的发展基础，这些都为城市转型升级发展提供了巨大的优势条件。目前葫芦岛城镇化水平较低，也蕴含着巨大的后发潜力。从外部政策环境来看，葫芦岛作为传统的老工业生产基地，享受国家及辽宁省有关老工业基地振兴的相关政策、资金和技术等的扶持。南票区及杨家杖子经济开发区被列入国家经济转型试点地区，在地方财政、税收等方面享有国家特殊的扶持和补助。

7.4.1.2 土地资源和水资源紧张，产业结构矛盾突出

土地与水资源相对紧缺，产业结构性矛盾突出。葫芦岛是土地与水资源较为紧缺的城市，尤其是土地资源，工业用地利用粗放进一步加剧了城镇建设用地紧张的矛盾。海洋、旅游、文化等资源禀赋优势没有得到有效利用与发挥。作为老工业城市，葫芦岛产业结构矛盾日益凸显，以重工业为主体的公有制经济严重抑制了民营化和市场化经济的发展，导致经济安全性较差、生态环境矛盾突出、城镇化推动作用有限等等一系列问题。葫芦岛是环渤海地区最年轻的城市之一，但在区域性职能的设置、区域通道建设方面的不足，导致城市综合竞争力不高，辐射带动作用有限。此外葫芦岛肩负的军事安全职能对城市发展也造成了较大影响。

7.4.1.3 辽宁沿海经济带及锦葫都市区的发展机遇

步入转型发展的重要历史机遇期。沿海开发开放成为新时期环渤海区域发展的主题，随着国家及区域有关生态文明、新型城镇化、辽宁沿海经济带战略的逐步实施，葫芦岛产业转型发展迎来了重要的机遇期。面对日益增强的区域性生产和生活服务业的发展需求，锦葫都市区提出了建设辽西地区区域中心城市的目标。区域经济的快速发展为葫芦岛枢纽发展带来了强有力的腹地支撑，港口发展的外部环境大大改善，与内陆联系的通道建设快速推进，葫芦岛的区域地位和重要性也在逐步提升。此外南票区与连山区的行政区划调整、南票老城区的搬迁、老工业基地搬迁改造、葫兴一体化发展态势以及东戴河新区的建设使城市空间发展格局不断得到优化。

7.4.1.4 环渤海地区区域竞争的发展挑战

区域竞争极为激烈，发展方式亟待转型。金融危机后世界经济发展模式和国际产业分工出现了大调整，葫芦岛主导产业受到重大影响，经济结构转型面临难度较大。目前环渤海地区各城市内部竞争极为激烈，表现出了明显的产业同构、工业区与港口恶性竞争的现象，与葫芦岛相邻的锦州与秦皇岛先发优势较为明显，葫芦岛在通道建设、港口发展、腹地服务及主导产业选择方面已明显落后。长期以来葫芦岛经济增长在很大程度上建立在对资源和能源的高消耗上，还没有完全由"高投入、高消耗、高排放、不协调、低循环、低效率"的粗放型经济增长方式转向更加集约的可持续发展道路上来。

7.4.2 人口集疏机理

2013年末,葫芦岛市全市常住人口258.6万人,其中城镇人口120.3万人。户籍人口279.9万人,低于常住人口,总体属于人口净迁出地区。根据历次人口普查及最新统计资料,葫芦岛市近50年发展过程中年龄结构已从年轻型进入到成年型,并且向老年型社会演化的态势已经十分明显,但是人口的受教育程度不断加深,每10万人拥有的大专及以上、高中及中专和初中学历的人数不断增多,就业集中在制造业、教育、公共管理和社会组织、电力燃气及水生产等相关行业部门,其他行业就业人员较少。人口空间分布"沿海多、内陆疏",滨海平原地区人口稠密,山区人口稀疏,沿102国道、京沈高速、306国道、318省道、310省道等等重要交通走廊,集聚了葫芦岛较多的人口,西部则围绕建昌县城及其周边重点镇形成人口集聚发展地区。

葫芦岛市人口城镇化动力不足的原因主要包括:经济发展整体活力不足,作为一个以重工业为主的老工业基地,产业、项目的就业吸纳能力较弱,对城镇化的牵动作用不突出;农民工市民化过程中的成本过高,对进城农民来说,在购买房屋、子女教育、家庭医疗、社会保障、基本生活等方面的支出也将明显增加;城乡分割的户籍管理、土地管理、社会保障制度,以及财政金融、行政管理等政策,固化着已经形成的城乡利益失衡格局,制约着农业转移人口市民化;传统观念桎梏影响,离土不离乡的观念还深植于相当数量的农民心中,新生代农民工只是进城进镇工作、结婚、生活,离乡又转户的还比较少。

因此,重构葫芦岛市的人口吸引力,应从以下几处着力:全面提升中心城市辐射带动功能,加快发展绥中城区与建昌城区,加快对中心城市存量空间的挖潜利用,要加大开发开放力度,健全以先进制造业、战略性新兴产业、现代服务业为主的产业体系,提升要素集聚、科技创新、高端服务能力,发挥规模效应和带动效应,同时,两个县城应坚持功能开发和产业发展并重,加强产业和公共服务资源布局引导,加强市政基础设施和公共服务设施建设;完善综合运输通道和区际交通骨干网络,加快建设城市综合交通枢纽,加快葫芦岛中心城区、兴城城区、绥中县城和建昌县城之间的交通网络建设,提高小城镇公路技术等级、通行能力和铁路覆盖率,改善交通条件,提升服务水平;以棚户区和城中村改造为抓手,加快城区老工业区搬迁改造,稳步实施城中村改造,有序推进旧住宅小区综合整治、危旧住房和非成套住房改造,加快城区环境污染整治,全面提升中心城区的人居环境;加强制度改革,完善社会保障,以农业转移人口为重点,兼顾高校和职业技术院校毕业生、城镇间异地就业人员和城区城郊农业人口,推进城乡统筹和农业转移人口市民化,积极推进城镇基本公共服务的全面开放,为在城镇有稳定就业的转移人口提供公平的落户机会。

7.4.3 产业发展模式

葫芦岛以其得天独厚的自然资源、秀美的风光和基础雄厚的现代化工业体系,日益发展成为环渤海经济圈中一座新兴的现代化工业、港口、旅游城市。葫芦岛市雏形始于清代,因港而兴,19世纪末直奉铁路通车以及20世纪初京奉铁路的建设大大地改善了葫芦岛的交通区位条件,使其从区域交通末梢走向了区域交通枢纽。新中国成立后国家将渤海造船厂、葫芦岛锌厂、锦西水泥厂、锦西化工厂等国家重点项目布局在此,葫芦岛逐步形成了以石油化工、有色金属冶炼、机械造船、建材为主的城市产业格局，其工业生产基地的地位也正式确立。与此同时，葫芦岛因深处中国最大内海深处，新中国成立后也成为中国在渤海湾最大的不冻军港和东北地区重要的军事基地，军事基地也随之成为葫芦岛城市的重要职能之一。近年来，在兼顾工业发展的同时，葫芦岛市加快了滨海宜居休闲城市建设的步伐，实施了规模空前的三河治理、老城区改造和新城区拓展工程，初步形成了连山、龙港、兴城"三位一体"大城区格局。

7.4.3.1 经济实力

经济实力稳步增长。2014年，葫芦岛市全市生产总值721.6亿元（当年价格），占辽宁省全省生产总值的2.5%，按照可比价计算，GDP比2013年同比增长3.4%；2013年，葫芦岛市全市生产总值775.1亿元（当年价格），占辽宁省全省生产总值的2.9%，居辽宁省14个地市第13位，按照可比价计算，比2012年增长7.2%，略低于全省增长8.7%的增长速度；2014年，人均地区生产总值28021元，低于全省同期的65201元，在增速上较2013增长4.0%。2014年，葫芦岛市地方财政一般预算性收入为81.6亿元，仅占辽宁省2.6%的份额，固定资产投资额为544.9亿元，仅占辽宁省2.6%的份额。总的来看，葫芦岛市经济水平基本上处于辽宁省的下游。纵观1989年锦西市独立设市以来，至2014年地区生产总值年均增长9.52%，其中"十一五"期间，葫芦岛市2010年地区生产总值较2005年增长1.7倍，年均增长10.69%，葫芦岛市进入了快速发展阶段。此外，GDP增速历年波动较大，1995年至1998年、2001年至2005年两个时间段较全省有较高的增速，而最近几年，仅2010年相对全省较高。总的来看，葫芦岛市经济增长相对于全省波动剧烈，近年来低于全省水平（图7-19）。

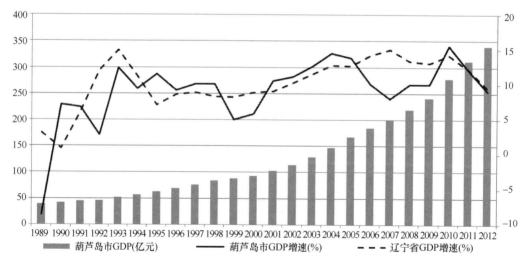

图7-19 葫芦岛市历年国民生产总值及其增速（按1989年价折算）

7.4.3.2 产业结构

工业是区域经济总量增长的主要动力。2014年第一产业生产总值95.1亿元，第二产业生产总值319.6亿元，第三产业生产总值306.9亿元，三次产业结构为13.2∶44.3∶42.5。2013年葫芦岛市第一产业生产总值101.6亿元，第二产业生产总值363.5亿元，第三产业生产总值310.0亿元，三次产业结构为13.1∶46.9∶40.0，为"231"的产业结构模式。同期，辽宁省的三次产业结构为9∶54∶37，葫芦岛市第三产业份额相对于全省占优。纵观1989年以来葫芦岛市产业结构的演进，一直保持"231"的产业结构。其中第一产业占比呈下降趋势，第二产业占比也逐步缓慢下降，第三产业占比逐步上升，在2009年第二产业和第三产业分别以43%和42%的占比十分接近。从产值角度，按可比价，2012年相对于1989年，第一产业翻了6.5倍，年均增长8.5%；第二产业翻了7.3倍，年均增长9.0%；第三产业翻了14.5倍，年均增长12.3%。可见，葫芦岛市第三产业发展具有较强的活力，份额增长显著。2000以来，第一产业的贡献和拉动作用的非常有限（图7-20），主要表现为第二产业和第三产业的博弈。在贡献率上，第三产业和第二产业交替，二者份额的波动幅度也相当；在拉动率上，第三产业和第二产业也表现为交替，但是第二产业的波动幅度相对于第三产业显著剧烈。可见，第二产业和第三产业近年来对葫芦岛市的经济增长都有较大的贡献，但是第二产业的拉动作用对区域经济增长的影响较大，葫芦岛市目前处于工业化中期的阶段，同时也处于中等收入陷阱的阵痛时期。

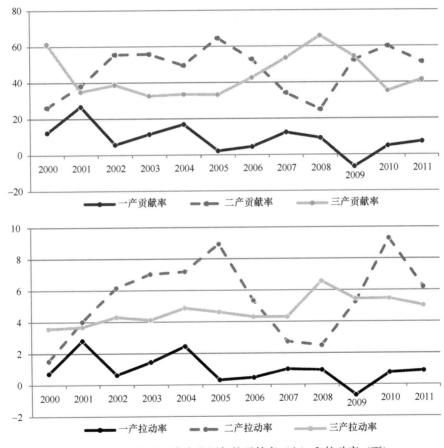

图7-20 葫芦岛市三次产业历年的贡献率（上）和拉动率（下）

7.4.3.3 二产发展

轻工业发展滞后、中小型工业相对提升。2014年规模以上工业增加值177.7亿元（按现行价格），较2013年同比增长6.5%；2014年规模以上工业总产值933.3亿元（按现行价格），比上年增长3.7%。按轻重工业分，轻工业总产值160.3亿元，增长11.4%；

重工业总产值773.0亿元，增长2.2%，轻重工业比约为17.2∶82.8，较2005年的1.7∶98.3已显著大幅下降，轻工业的比重持续上升，但工业结构至今仍为典型的重工业主导型。按经济类型分，国有企业总产值54.0亿元，与上年持平；集体企业总产值6.4亿元，下降48.0%；股份合作企业总产值3.2亿元，增长10.3%；股份制企业总产值790.9亿元，增长5.4%；外商及港澳台商投资企业总产值27.6亿元，增长12.2%；其他经济类型企业总产值51.3亿元，下降8.4%。国有控股企业总产值519.9亿元，下降12.6%。全年工业出口交货值53.5亿元，增长19.4%。和"十一五"期间一致，葫芦岛市工业产值仍然为股份制企业为主，不同的是2005年国有企业占比2.2%、集体企业占比8.1%，而到2014年，国有企业占比5.8%、集体企业占比0.7%，变化显著。2012年，国有控股企业总产值595.3亿元，增长1.2%，占规模以上工业总产值的近60%，即葫芦岛市国有控股企业主导当地的工业发展。按生产规模类型分，2008年之前葫芦岛市大型工业占据主导地位，而近年来逐步表现为"两头大，中间小"的结构，中小型工业占比相对上升。按工业行业大类分，无论是"十一五"之前的2005年，还是之后的2014年，石油加工、炼焦业及核燃料加工业都占据主要地位，但份额相对减小。份额显著下降的行业还有有色和黑色金属冶炼及压延加工业等；增长较快的主要是有色金属矿采选业、纺织服装、鞋、帽制造业等，但幅度不大。可见，当前工业结构仍然以石油化工、船舶制造、能源电力、有色金属等传统四大支柱产业为主。

7.4.3.4 三产发展

旅游相关产业和房地产业快速发展。根据产业结构的评价，葫芦岛市第三产业的份额逐年增加，其对经济的贡献和拉动作用也越发显著，葫芦岛市的服务业整体呈现增长态势。纵观2005年至2011年各服务业大类，在产值上比重较大的为批发和零售业、交通运输仓储业、居民服务和其他服务业，在增幅上年均增长较快的是公共管理和社会组织、居民服务和其他服务业、住宿和餐饮业，基本上都是生活或者消费导向的服务业。从固定资产投资行业投向来看，增长较快的行业有：农林牧渔业投资6.0亿元，增长104.2%；交通运输仓储和邮政业投资61.8亿元，增长40.5%；住宿和餐饮业投资27.8亿元，增长140.5%；信息传输软件和信息技术服务业投资5.5亿元，增长510.7%；房地产业投资140.0亿元，增长32.2%；租赁和商务服务业投资28.0亿元，增长899.2%。投资规模上，房地产业的份额绝对领先，一方面是国内住房投资大背景的驱动；另一方面，葫芦岛海岸线周边的海景房投资也促进了当地的投资增长。而其中许多第三产业的发展得益于旅游业的快速发展。旅游业作为综合性服务产业，对于旅游资源丰富的葫芦岛市更具经济拉动的作用。2013年，全年旅游总收入实现271亿元，比上年增长25%，而在2005年旅游总收入仅为21.3亿元。2013年接待国内旅游者2726万人次，增长34.9%，是2005年的6.0倍，国内旅游收入214.1亿元，增长23.3%；接待入境旅游者10.3万人次，增长17.0%，是2005年的4.1倍，旅游创汇5016万美元，增长17.8%。此外，葫芦岛市近年增加"泳装节"等旅游节事活动，进一步推动葫芦岛市成为华北和东北地区重要的旅游目的地。总的看来，相比于生活性服务业，无论是规模还是增长速度上，生产性服务业相对薄弱。

7.4.3.5 一产发展

农业总体平稳发展。2013年全市农林牧渔业增加值101.6亿元，2012年全年农林牧渔业增加值 95.9 亿元，同比增长 4.8%。按可比价格计算，"十一五"期间，2005 年至 2010 年年均增长 16.5%。其中，种植业增加值 39.2 亿元，"十一五"期间年均增长 17.6%；林业增加值 1.3 亿元，"十一五"期间年均增长 8.1%；牧业增加值 34.2 亿元，"十一五"期间年均增长 17.2%；渔业增加值 19.0 亿元，"十一五"期间年均增长 13.7%；农林牧渔服务业增加值 2.2 亿元。可见，种植业、牧业在葫芦岛市第一产业发展中仍占据主导地位。全市农业产业化龙头企业实现年销售收入 85 亿元、利税 7.2 亿元。带动农户和从业人员分别达到 40 万户和 2.5 万人。全市 207 家规模以上龙头企业中，加工型企业 85 个，流通型企业 24 个，生产型企业 98 个。虽然近年来农业产业化速度加快，但整体进程仍然相对薄弱。

7.4.3.6 园区发展

园区构成葫芦岛市重要的经济增长极，但是园区发展程度差异较大。2012 年，13 个重点园区完成地区生产总值 110 亿元，占全市生产总值的 15.3%。葫芦岛市共 13 个重点园区。不同于传统的工业园区，葫芦岛市的 13 个重点园区的定位更加多样化，且与其区位紧密相关。在海岸线周边，主要发展沿海工业，尤其依托葫芦岛港的临港工业；在内陆的山区，由于矿藏资源的优势，在南票、八家子、杨家杖子等地区发展矿业及其相关产业；在农业发达的绥中县和建昌县，有 2 个农业产业化和生态农业为主体的园区；此外，临海的龙湾定位在金融和旅游业发展，觉华岛定位在旅游业发展。可见，13 个产业园区在三次产业均有涉及，但是园区之间的发展阶段存在差异：①位于老城区的葫芦岛经济开发区、海洋工程园区、高新技术产业开发区由于已经积累了多年的发展历史，目前处于扩张升级的阶段，其投产所创造的产值和利税也是显著的；②南票煤炭工业区、杨家杖子经济开发区、八家子经济开发区本身是具有一定的矿业基础的，一些基础设施也相对成熟，目前处于资源枯竭型地区的转型过程，是一个优化升级的阶段；③打渔山工业园区、兴城临海产业区、绥中滨海经济区由于在辽宁省沿海经济带中处于重要位置，园区规划和建设已经按部就班展开，实现部分投产，开始创造一定的产值、税收、就业，是一个成长发展的阶段；④而龙湾中央商务区、觉华岛旅游度假区、建昌食品工业园、前所现代生态农业园区目前处于基础设施和功能配套的完善阶段，小部分开始创收，但基本上处于起步阶段。这些可以从各个园区 2012 年的主要经济指标看出来，例如后四者除了觉华岛外，财政收入均为 0，而觉华岛正式作为一个全面的旅游佛岛对外开放也尚未起步。

7.4.3.7 区县发展

葫芦岛市下辖 3 区 2 县 1 市，总的来看，连山区、龙港区两个老城区在地区生产总值、人均 GDP、地均 GDP 占据绝对优势，尤其龙港区，虽然面积少，但由于葫芦岛港、葫芦岛经济开发区等园区等区位由使，具有较高的经济发展水平；但也不能忽视，从规模以上工业利税总额角度看，龙港区利税为负，可持续不强，亟待转型。而从固定资产投资角度，随着绥中县变成省直管县以及东戴河新区的发展，绥中县的投资力度加大，地方财政收入也紧随连山区、龙港区之后。不难发现，从经济水平角度，葫芦岛是呈现东高西低的区县经济格局，但是由于兴城市、绥中县亦具备沿海优势，加上近年来东戴河新区、兴城临海产业基地的崛起，葫芦岛市投资重心和经济重心也逐步向西均衡。

7.4.3.8 发展问题

(1) 城市经济安全性差，传统的四大支柱产业发展疲软，而新兴支撑产业尚未发展起来。葫芦岛市多年来以石油化工、船舶制造、能源电力、有色金属等传统四大支柱产业为主，然而，传统老工业对城市经济的支撑能力越来越弱，葫芦岛市在新兴产业发展上存在迷茫，尚未发展起来，近年来，随着房地产业的发展，葫芦岛市利用滨海景观资源、新城开发等在房地产业上发展有所起步，但是土地财政模式的房地产业发展不可持续，对城市经济发展支撑有限；

（2）区域竞争力差，葫芦岛市全市生产总值居辽宁省 14 个地市第 13 位，GDP 平均增速亦不及辽宁省的平均水平。旅游业方面，环渤海城市基本上都有滨海旅游产业，与北戴河、大连等相比成熟度不足。老工业方面，东北地区同构产业较多，但葫芦岛的产业规模相对靠后；

（3）城市活力不足。创新是城市健康发展、效率发展的重要能力，目前全市仅 4 家单位从事为其他产业服务的科研机构，文化创意产业尚未成熟；

（4）产业对城镇化支撑度不够，葫芦岛市三次产业将人口占行业人口的比重是一个典型的"132"的就业结构模式，第一产业劳动力群体在葫芦岛市占据主体，与产值的"231"模式形成鲜明倒置关系；

（5）产业与生态环境矛盾突出，葫芦岛市的经济增长主要靠投资拉动，经济的快速增长在很大程度上建立在对资源和能源的高消耗上，从根本上看，还没有完全由"高投入、高消耗、高排放、不协调、低循环、低效率"的粗放型经济增长方式转向集约的可持续发展道路，这种传统的发展模式和产业结构状况为葫芦岛市的发展带来了巨大环境压力，也造成生态环境和经济社会发展之间的矛盾。

7.4.3.9 产业发展模式

工业方面，在继续加强重工业的基础上大力发展高新技术产业与加工制造业，培育新兴产业。把增强创新支撑能力、促进绿色发展作为重要着力点，改造提升石油化工、能源电力、船舶制造等传统优势产业，培育发展数字产品制造、矿产资源综合利用、新能源产业（核电站设备及零部件制造等）等战略性新兴产业，积极发展纺织服装（泳装）、通用机械制造（泵业）和农副产业加工业，再造产业竞争新优势，建设成为环渤海地区重要的临港工业基地。

服务业方面，以文化旅游产业为抓手，大力发展现代服务业。充分发挥葫芦岛旅游和文脉资源，扶持葫芦岛市旅游城市形象的提升，打造特色旅游品牌。围绕文化旅游产业，拓展养老、商贸、房地产等生活性服务业，全面提升城市的中心服务功能。深化发展科技服务业和现代物流业等生产性服务，促进信息化与工业化的深度融合发展，增强产业的创新支撑能力。通过综合发展物流基地、旅游度假区、养老健康产业园和文化创意产业园，建设成为中国北方旅游度假与休闲养老胜地和辽西地区商贸物流中心。

农业方面，以高效合理利用农渔业资源为抓手，依靠科技创新，加快提高土地产出率、资源利用率、劳动生产率，实施创新支撑发展战略；营造良好的品牌发展氛围，逐步形成培育品牌、品牌促进的良性循环，实施品牌引领发展战略；加快"走出去"步伐，提高"引进来"质量，不断提高利用两个市场、两种资源的能力，实施开放驱动发展战略，打造全国重要的优质特色农渔业生产、出口和加工基地；东北地区海洋绿色生态养殖和水产品加工出口基地；辽宁省现代农渔业发展先导示范区。

7.5 丽江市人口集聚与产业发展模式

丽江市是云南省地级市，位于云南省西北部，滇川藏三省区交界处。辖1个市辖区和4个县，分别是古城区、玉龙县、永胜县、华坪县和宁蒗县。丽江市是国际知名旅游城市，是古代"南方丝绸之路"和"茶马古道"的重要通道，拥有世界文化遗产丽江古城、世界自然遗产三江并流、世界记忆遗产纳西族东巴古籍文献三大世界遗产。旅游风景点104处，有丽江古城、玉龙雪山、虎跳峡、老君山、束河古镇、阿纳果等知名旅游景点。丽江市先后被评为中国旅游竞争力百强城市、中国十大休闲城市、中国优秀旅游城市、中国十大魅力城市、云南省人才特区、长江经济带上的绿色明珠等荣誉称号。作为旅游业驱动其他产业发展和人口集聚的典型城市，丽江市对同类型中小城镇发展具有一定的参考意义。

7.5.1 城市集聚条件

7.5.1.1 区位交通条件

丽江历史上就是云南省滇西北的重要政治、经济、文化中心，地处云南省西北部，东西最大横距为212.5公里，南北最大纵距为213.5公里，处于金沙江中、上游，青藏高原和云贵高原结合部，属于低纬度内陆高原山区，东南、东北面与四川省攀枝花市、盐边县、盐源县、木里藏族自治县接壤，东南面与楚雄彝族自治州的永仁县、大姚县隔江相望，南与大理白族自治州的宾川县、鹤庆县、剑川县毗邻，西与怒江傈僳族自治州的兰坪县、迪庆藏族自治州的维西县相接，北与迪庆藏族自治州的香格里拉县隔江相望。丽江城区离昆明502公里，距攀枝花市280公里，至下关市201公里，至兰坪金顶206公里，至香格里拉县城198公里。已经形成以高等级公路、铁路和航空为骨架四通八达的立体交通体系。优越的区位优势和便捷的交通网络，为丽江市产业发展和人口集聚奠定了良好的基础。

7.5.1.2 资源禀赋

丽江市最具优势和开发潜力的资源是其旅游资源。丽江市核心旅游资源是"两山、一城、一湖、一江、一文化、一风情"，其中"两山"即玉龙雪山和老君山，玉龙雪山是国家级风景名胜区、国家首批5A级景区，被誉为冰川博物馆和动植物宝库；老君山位于世界自然遗产"三江并流"核心区域，是中国乃至世界生物多样性的宝库。"一城"即拥有800多年历史的丽江古城，是世界文化遗产、国家历史文化名城、国家5A级景区和全国文明风景旅游区，是我国保存最完整、最具民族风格的古代城镇。"一湖"即被誉为高原明珠的泸沽湖，是云南省九大高原湖泊之一。"一江"即金沙江，流经丽江615公里，最具代表性的有万里长江第一湾、虎跳峡、宝山石头城、塔城唐代铁桥遗址。"一文化"即纳西东巴文化，是融纳西古乐、东巴经卷、东巴绘画、建筑艺术及宗教文化为一体的纳西文化体系，东巴古籍文献已被列入世界记忆遗产名录。"一风情"即摩梭风情，泸沽湖畔的摩梭人至今仍保留着母系氏族男不娶、女不嫁的婚姻习俗，被称为"人类母系文化最后一片净土"。此外，丽江市还拥有丰富的水能、风能、太阳能等自然资源，拥有多处煤矿、铝矿、镁矿等矿产资源以及丰富的中药材、芒果、螺旋藻、玛卡等生物资源，这些资源为丽江市发展文化旅游产业、能源产业、载能产业、特色化农业等创造了条件。

7.5.1.3 城乡收入差异

丽江市城市居民人均可支配收入与农村居民人均可支配收入具有较大的差距，但这种差距逐渐缩小（图7-21）。1978年，农村居民人均可支配收入仅有66元，城镇居民人均可支配收入400元，此时城乡收入比高达6.06。到2017年，农村居民人均可支配收入增加至9520元，城镇居民人均可支配收入高达30403元，城乡收入比降至3.19。值得注意的是，近年来，丽江市城乡收入比虽不断缩小，但仍高于全国平均水平（2.71），也就是说丽江市城乡地区仍存在较大的收入差异。城乡收入差距的存在增大了城市对农村居民的吸引力，为追求更高的收入水平，越来越多的乡村居民集聚于城市，从事服务员、出租车司机、保洁员等低层次工作，谋生计赚钱养家。

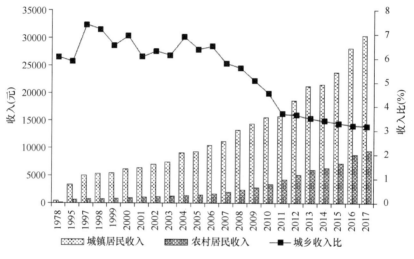

图7-21 1978～2017年丽江市城乡收入对比

7.5.1.4 就业机会

近年来，丽江市农村劳动力转移就业37.3万人，占劳动力总数的63%。从行业分布来看，以第一产业和第三产业为主，第一产业转移就业17.7万人，占47.5%；第二产业转移就业2.7万人，占7.2%；第三产业转移就业16.9万人，占45.3%。从就业去向来看，以市内转移为主，在本乡镇内转移就业23.8万人，占64%；在乡外县内转移就业4.4万人，占12%；在县外省内转移就业7.13万人，占19%；在省外转移就业1.97万人，占5%。从转移方式来看，以帮带和自发转移为主，有序输出0.35万人，占0.9%；帮带和自发输出35.75万人，占95.9%；创业1.2万人，占3.2%。此外，丽江市就业局"十三五"规划指出，要强化政策导向，努力扩大就业，完善创业体系，推进创业带动就业，加强技能培训，提升就业能力，加强就业监测，积极应对失业，力争在"十三五"时期，完成城镇新增就业4.2万人；扶持创业7000人；城镇登记失业率控制在4.5%以内；新增转移农村劳动力1.5万人；失业保险参保人数达到16.7万人次；收缴失业保险金7000万元。

7.5.1.5 公共服务设施

丽江市的公共服务设施也是引导人口集聚的重要因素，包括教育、科技、文化、卫生等方面,为市民参与社会经济、政治、文化活动提供保障,从而增加城市吸引力。其中,教育是关键,2017年丽江全年小学在校人数84404人,初中在校人数43984人,高中在校人数22424人。幼儿园在园幼儿32863人,幼儿园专任教师1696人。在校残疾儿童52人。小学毛入学率116.54%,比上年提高0.85个百分点。小学辍学率0.01%。初中毛入学率达到123.36%。初中升学率73.11%,比上年下降0.34个百分点,初中巩固率98.58%,初中辍学率0.48%。全市小学教师学历达标率为99.65%,初中教师学历达标率为97.92%,高中教师学历达标率为97.92%。全市普通高考录取率92.5%,比上年提高9.1个百分点。其次,科技方面,2017年丽江全年实施国家和省级各类科技计划项目104项,申请专利457件,有2项科技成果获省级以上科技进步奖。全市万人专利授权数为1.04件。再者,文化方面,2017年丽江共有文化馆6个、国有博物馆6个、公共图书馆6个、文管所3个。广播综合人口覆盖率99.34%,电视综合人口覆盖率99.52%。基础设施建设进一步得到加强,全年新建及改扩建村文化室190个。此外,体育方面,2017年丽江全年共举办市级综合性运动会3次、县(区)级综合性运动会10次、乡镇(办事处)级综合性运动会71次、行业系统综合性运动会19次。最后,医疗方面,2017年丽江共有政府办医疗卫生机构91个,实有病床位数4592张,拥有卫生技术人员4754人;私立医院29个,实有病床位数1145张,拥有卫生技术人员697人;个体诊所204个,拥有卫生技术人员518人;村卫生室432个,拥有卫生技术人员1208人。

7.5.2 人口集疏机理

2017年,丽江市常住人口129.0万人,户籍人口122.7万人,属于人口净流入地区。2017年全市流动人口62283人,主要分布在古城区和玉龙县(古城区46881人、玉龙县9402人、永胜县1358人、华坪县1741人、宁蒗县2901人),其中暂住半年以下12922人(古城区8781人、玉龙县2690人、永胜县480人、华坪县369人、宁蒗县602人);暂住半年至一年10698人(古城区7501人、玉龙县1725人、永胜县340人、华坪县579人、宁蒗县553人);暂住一年至五年32652人(古城区25377人、玉龙4690人、永胜县482人、华坪县719人、宁蒗县1384人);暂住五年以上6011人(古城区5222人、玉龙县297人、永胜县56人、华坪县74人、宁蒗县362人)。

近年来,丽江市城镇人口不断增多,由2003年的8.6万人增长至2018年的16.81万人,城镇化水平不断提升,但一直低于全国水平。自2003年丽江撤地设市以来,城镇化水平逐年提升,由2003年的19.66%增长至2017年的39.26%,年均增长1.4个百分点,尤其是2004~2005年,增幅高达5.91个百分点。但图7-22显示,丽江市城镇化进程虽与全国几乎保持同步发展,但是一直低于全国城镇化水平,2017年仍比全国低19.26个百分点,城镇人口吸引力不足,有待进一步发展壮大。

在空间上,古城区各街道、各县县城及其周边乡镇城镇化水平较高。2018年古城区的大研、祥和、金山、西安四个街道以及玉龙县城黄山镇、永胜县城永北镇、华坪县城中心镇、宁蒗县城大兴镇城镇化水平较高,均高于全市平均水平(40.44%)。此外古城区及各县城周边的开南街道、金安镇、荣将镇、石龙坝镇等地城镇化水平也相对较高,均高于30%。值得注意的是,丽江市城镇化水平呈现"南高北低"的空间格局,永胜县西南部的涛源镇、鲁地拉镇、片角镇等偏远乡镇城镇化水平均在20%以上,其原因主要是该区域

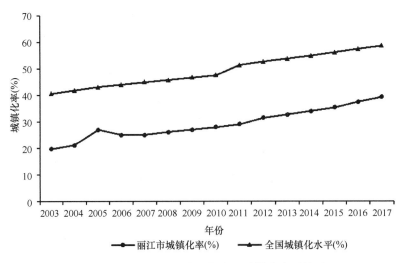

图 7-22 丽江市城镇化水平与全国城镇化水平的对比

乡村地区大多不适宜人居住，人口大多集中在相对便捷的城镇地区。相对应地，城镇人口也主要分布在古城区各街道、各县县城及其周边区域，呈现"南高北低"的空间格局。与城镇化水平空间分布基本一致，城镇人口分布也主要集中在古城区的大研、西安街道，大兴镇、中兴镇、永北镇等县城以及永胜县的顺州镇、涛源镇、期纳镇、三川镇等地区。"南高北低"的城镇空间分布格局比较突出，尤其是位于南部的永胜县和华坪县大多数乡镇，城镇人口规模相对较高。

丽江市人口城镇化主要受旅游业驱动，旅游业的发展，带动了批发零售业、交通运输业、金融业等产业发展，从而提供更多的就业岗位，增加居民收入，不断吸引周边村民迁入，实现城镇化过程。这种由旅游驱动的人口向城镇或旅游小镇、村落集中的城镇化过程也可称作旅游城镇化。值得注意的是，在城市和乡村地区具有不同的旅游城镇化过程。本研究分别选取丽江市古城区以及宁蒗县落水村作为案例地进行实证分析，探索两种模式的旅游城镇化过程及其动力机制。

7.5.2.1 城镇地区的旅游城镇化——以古城区为例

古城区是丽江市下辖的唯一市辖区，是丽江市的政治、经济、文化、科技、金融和信息中心，自古以来是汉、藏、白、纳西等民族文化、经济交往的枢纽，是南方丝绸之路和"茶马古道"的重镇及军事战略要地。境内名胜古迹随处可见，自然景观多姿多彩，民族文化璀璨夺目，拥有世界文化遗产丽江古城、世界记忆遗产纳西族东巴古籍文献、世界自然遗产"三江并流"以及被中外学者称为"音乐活化石"的纳西古乐。旅游景点有大研古镇、束河古镇、黑龙潭、观音峡等。古城区旅游产业的发展，吸引大量的外地人和周边村民涌入城镇，从事酒吧、餐馆、小吃店、特色民俗等业态经营和保洁、服务员、保安等旅游服务工作，推进了其城镇化进程。

1. 旅游驱动的城镇化过程

（1）空间城镇化

丽江市古城区建城区不断向外扩展，建设用地面积不断增加，逐渐由工商业、居住功能为主的工商业城镇转变为集餐饮、住宿、购物、娱乐、度假、居住等功能于一体的旅游城市（图7-23）。根据古城区建设用地扩展速度和土地利用功能变化特征，古城区空间城镇化可分为以下三个过程：

1）缓慢起步阶段（1990~1995年）

1990年及之前，丽江市是滇西北高原上历史悠久的工商业城镇。早在明清及民国时期，大研古城内90%的居民从事工商业，抗战时期古城内商店就高达1200多家。新中国成立后丽江市工商业得到进一步发展，1983年丽江市城市规划的定位是建设以农林牧产品为主的轻工业城镇，此后随着丽江古城和玉龙雪山先后被评为国家历史文化名城和国家重点风景名胜区，丽江市旅游业才开始真正发展起来，旅游功能开始凸显，面向游客的餐馆、客栈、工艺品店等旅游业态开始出现，并主要集中在大研古城内。1990年旅游业发展以来，在旅游经营者的先锋示范作用下，越来越多的居民开始参与旅游，古城片区内的工商业逐渐转化为旅游商贸业，餐馆、客栈、工艺品店、特产店等旅游业态在大研古城内快速集聚，相应地古城区建设用地面积不断扩展，由1990年的1.582平方公里扩展到1995年的3.075平方公里，年平均增长速度达18.87%。在空间上，建设用地扩展以大研古城为核心，向北部、西北方向延展。值得注意的是，此阶段除大研古城内的古城保护与发展用地明显增加外，为城镇居民提供居住功能的二类居住用地也明显扩展，由0.285平方公里增长至1.755平方公里，且主要分布在大研古城区的外围，一是因为旅游业发展吸引了外地经营投资商和旅游服务人员的进入，少部分当地居民将自家住房租给外地人从事旅游经营，而举家外迁居住；二是因为外地旅游经营者和有条件的旅游服务人员的市民化需要落地扎根，刺激了房地产业的发展。

2）加速扩展阶段（1996~2000年）

1995年，丽江城市规划首次将其定位为"旅游城市"。1996年初，丽江市地震不仅没有将其打垮，反而为其旅游带来了知名度，推动古城区旅游业快速发展，绝大多数大研古城内的传统工商业逐渐被淘汰，转变为特色餐馆、小吃店、民宿客栈、酒吧、工艺品店、特产店等旅游业态，标志着古城区正式由工商业城镇转变为旅游城镇。古城内旅游业的发展也为古城外居民带来了商机，促使大研古城外围地区的旅游商服业态的配套发展，商业金融用地快速蔓延，高达1.680平方公里。旅游业的发展也吸引了大量的外地经营者和周边村民前来就业，进而实现城镇化进程，极大刺激了居住用地的供给以及公共服务设施配套建设，促使古城区建成区建设用地快速扩展，到2000年建设用地面积增至7.679平方公里，年均增长速度高达29.94%，尤其是二类居住用地，由1995年的1.755平方公里增至2000年的3.575平方公里，增长了1倍多；此外，教育科研用地、医疗卫生用地、文化娱乐用地等服务性用地开始出现并填充式扩展。在空间上，建设用地向西和西北方向扩展，形成了以大研古城为核心，内层为商业金融用地，外层为二类居住用地的扇形空间结构。值得注意的是，游客的高端需求也促使旅游度假公寓、度假别墅等一类居住用地开始出现，度假旅游开始萌芽。

3）稳步提升阶段（2001~2018年）

21世纪以来，古城区建设用地空间扩展速度有所放缓，到2005年建成区建设用地面积达13.232平方公里，年均增长速度降至14.46%；此后由于丽江古城业态的过度商业化、严重同质化等问题，旅游业发展进入瓶颈期，加之城镇化人口已基本达到饱和，空间扩展速度继续减慢，2010年、2018年年均增长速度分别降至5.74%和4.48%。在空间上，2001~2005年，香格里大道的建设引导城市向西、南两个方向蔓延式扩展，形成了以大研古城为核心，沿香格里大道、长水路、西安路等几条城市主干道的"放射状"发展格局。2005年之后，建设用地继续向南方蔓延，但是在西和北两个方向以填充式扩展为主。值得注意的是，随着游客消费需求的转型升级，此阶段酒店、餐馆等旅游业态设施沿街道布局并进行档次化和特色化提升，大量高档酒店、星级酒店建设完成，旅游业态建筑风貌、装饰风格、宣传营销等也逐渐注重文化内涵，突出特色。此外，此阶段在政府与外来投资者的支持下，古城区北部建设多处度假地产项目，以满足游客日益增长的度假需求，到2018年一类居住用地高达2.279平方公里。这标志着古城区已完全转变为集新型旅游商贸业、传统城市商贸业、居住服务商贸业、高端度假、传统居住等功能于一体的旅游城市，并基本框定了以大研古城旅游产业为核心，内层商业金融业为依托，一类居住用地和北部二类居住用地为支撑的环状空间格局。

丽江市古城区土地利用变化　　　　　表 7-6

土地利用	1990年	1995年	2000年	2005年	2010年	2018年
建成区面积（km²）	6.7	8.35	20.85	22	19.28	29.84
建设用地年均增长速度（%）	—	18.87	29.94	14.46	5.74	4.84
建设用地面积（km²）	1.582	3.075	7.679	13.232	17.027	23.623
其中：						
一类居住用地	—	—	0.360	0.493	0.850	2.279
二类居住用地	0.285	1.755	3.575	7.088	8.817	12.235
交通设施用地	—	—	—	0.064	0.101	0.106
医疗卫生用地	—	—	0.079	0.092	0.131	0.152
古城保护与发展用地	1.125	1.147	1.334	1.434	1.443	1.570
商业金融用地			1.680	2.831	3.248	3.601
工矿仓储用地			0.038	0.080	0.216	0.223
教育科研用地			0.158	0.575	1.084	1.474
文化娱乐用地			0.026	0.030	0.031	0.033
绿地广场用地	0.173	0.173	0.207	0.268	0.417	7.204
行政办公用地	—	—	0.222	0.277	0.691	0.746

(2) 经济城镇化

丽江市具有历史悠久的工商业基础，尤其是作为丽江市唯一市辖区的古城区，是典型的以工商业为主导的"321"产业结构。随着旅游产业的发展，越来越多的居民从土地中解放出来，以旅游业态经营、旅游服务等各种形式参与旅游，实现非农化过程。总的来看，古城区经济城镇化率持续上升，由2003年的90.61%上升至2017年的95.48%，其中第一产业比重逐年下降，由2003年的9.37%降至2017年的4.52%。相对应地，以旅游业为主导的第三产业比重整体呈上升趋势，由2003年的58.18%上升至2016年的64.29%，强化了第三产业的主导地位。值得注意的是，2006~2010年旅游业进入中后期发展阶段，旅游业发展速度开始下降，第三产业比重略有下降并稳定在60%左右水平。2011年进入巩固提升阶段，旅游业发展速度相对缓慢，以旅游业为主导的第三产业比重

第7章 国内外中小城镇人口集聚与产业发展案例研究

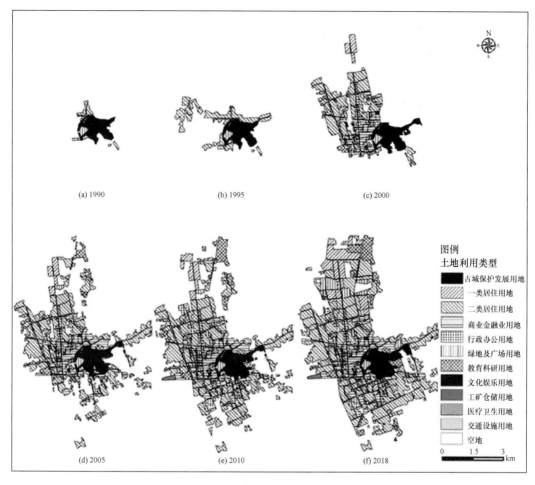

图 7-23 古城区空间形态与土地利用演变

明显下降,直到 2014 年随着全域旅游和乡村振兴战略的实施,第三产业比重才有所回升。此外,随着智能化生产和高端装备制造业的发展,2005 年以来古城区第二产业比重虽有所上升,但近年来受旅游业发展冲击,比重又开始回落,整体处于波动下降趋势,2016 年第二产业比重占 30.82%,不足第三产业的一半(图 7-24)。

(3) 人口城镇化

古城区城镇人口不断增加,由 2003 年的 8.6 万人增加至 2016 年的 16.81 万人,增长了近一倍。相应地,人口城镇化率也不断提升,由 2003 年的 60.22% 提升至 2016 年的 75.4%,平均每年增长 1.17 个百分点。旅游业的发展给丽江城区带来了大量的就业机会,吸引大量的省内外劳动力前来,并逐渐成为城区的常住居民。2006 年丽江市古城区流动人口仅 0.7 万人,占城区总人口的 6.3%。随着旅游产业的快速发展,2008 年古城区流动人口增至 0.8 万人。2009 年旅游业进入巩固阶段以来,增长率开始下降,外来流动人口相应地有所减少。直至 2014 年左右,随着全域旅游的发展和旅游产业的转型升级,旅游就业吸附能力有所回升,尤其是 2014~2015 年,外来人口快速增至 6.51 万人,占城区总人口的 38.29%。此外,城区就业岗位主要依赖于旅游业;2004 年古城区旅游直接从业人

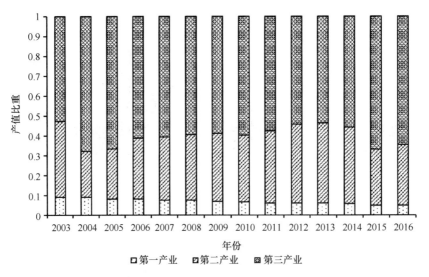

图 7-24 古城区三次产业产值及经济城镇化率

员1.5万人,间接就业5万人;2016年旅游从业人员达14万人,占全区总人口的2/3。

值得注意的是,2015年以来,本地人口下降至10.49万人,城区流动人口快速增长至6.51万人,占本地人口的62.1%,反映了丽江古城区的城镇化是一种外地人挤占本地人的被动城镇化过程。近年来,丽江古城内大批本地临街居民对居住住房进行改造,一是划分出部分空间出租以补贴家庭收入,二是全家迁往新城将房屋整体出租直接获取利润,这两种改造又以后者为绝对主导。因此出现了大量本地居民搬出古城外,大批外地人搬进古城取代本地人的人口置换现象。外地人在古城内的垄断,造成了与本地居民的社区隔离,使"外来文化"与古城文化无法得到有效沟通交流,而这种外来文化与古城传统风格、历史风貌格格不入,反差极大,逐步使古城丧失了独有的历史文化特色,加剧了古城的商业化气息,使纳西文化趋于空心化。

古城区人口城镇化　　　　表 7-7

年份	城镇人口(万人)	城镇化率(%)	城区户籍人口(万人)	城区暂住人口(万人)
2003	8.6	60.22	—	—
2004	8.95	60.74	—	—
2005	9.21	61.44	—	—
2006	10.54	61.88	10.4	0.7
2007	10.79	62	10.5	0.8
2008	11.06	62.3	10.5	0.8
2009	11.66	63	10	0.6
2010	11.67	63	11.74	0.3
2011	12.28	65.9	12.8	0.3
2012	13.71	70.6	12.9	0.5
2013	13.99	72.3	12.98	0.65
2014	14.68	72.3	13.84	0.74
2015	16.65	75	10.49	6.51
2016	16.81	75.4	10.49	6.51
2017	17.25	78.58	—	—

2. 旅游城镇化动力机制

（1）旺盛的旅游市场需求是古城区旅游城镇化的根本动力

古城区具有丽江古城、束河古镇等优势旅游资源，尤其是作为国家级历史文化名城和世界文化遗产的丽江古城，吸引着越来越多的游客前来游玩，2016年共接待游客465.58万人次。游客的增多刺激了当地的旅游消费，促使大规模旅游接待服务业态开发与建设，古城街道的临街房屋几乎全被开辟为商铺、餐馆、酒吧、客栈等。旅游产业的发展一方面能增加当地旅游收入和财政收入，从而促使政府有更多的公共资金投入到基础设施建设，提升城市形象和打造政绩工程，增强了城市吸引力，促进了城镇化进程；另一方面，旅游产业的发展能为当地和外地劳动者提供大量的就业岗位，如业态经营者、服务员、清洁工、保安等职位，从而吸引了周边以及外地大量的农村剩余劳动力前来就业，实现城镇化进程。

（2）政府宏观调控和基础设施、公共服务体系建设是古城区旅游城镇化的重要保障

政府通过编制规划、项目开发、制定政策法规等手段来引导和促进旅游业发展、规范旅游市场行为，是旅游城镇化的引导者和调控者。首先，各项规划与城市定位指引着城市的发展方向，政府在2010年丽江城市总体规划修编中提出，要建设国家历史文化名城、滇西北中心城市，具有鲜明地方民族特色，融"山、水、田、城、村"于一体的国际精品旅游城市，并指导丽江市形成"双轴多中心"的格局，影响着其空间城镇化进程；其次，通过规划和各种土地、投融资、人才等优惠政策来引领和支持旅游业发展。此外，政府加强基础设施和供水供电等公共服务建设，尤其是交通设施，建成了民航、铁路、高速公路三位一体的立体交通网络，目前丽攀高速、丽西高速、空港经济区也在加速规划建设中，这些基础设施与公共服务体系建设为古城区旅游城镇化提供了重要的保障。

（3）企业投资是古城区旅游城镇化发展的间接力量

企业通过投资行为为旅游城镇化提供资金支持，尤其是民营企业。旅游产业发展带来了巨大的商机，促使民营企业大量投资批发零售业、住宿餐饮业、服务业、交通运输业、旅游房地产等旅游相关行业。据调研，丽江古城内从事旅游商品销售、餐馆、客栈、酒吧等业态的80％以上为民营企业。值得注意的是，随着旅游产业的发展以及游客休闲度假消费升级，越来越多的房地产公司介入古城区旅游城镇化进程。投资的房地产包括两种：普通住宅地产和旅游房地产。普通住宅地产主要有吉祥上居、吉祥苑、锦天国际花苑等。旅游房地产主要有雪山纳里、复华度假村等。房地产的发展一方面能改变城市的空间形态和功能结构，引导高端居住区向景区周边集聚；另一方面，旅游地产通过与政府进行土地交易，能增加古城区经济总量和财政收入，吸引更多的人口集聚，此外，整个房地产业的发展能为旅游城镇化进程中前来的农业人口和外来人口提供居住空间。

7.5.2.2 乡村地区的旅游城镇化——以落水村为例

落水村位于云南省丽江市宁蒗县永宁乡，坐落于国家4A级风景名胜区、省级旅游区、省级自然保护区泸沽湖畔，是中国母系社会最后一个摩梭人部落，被批准为第一批国家传统村落。落水村是典型的景区依托型旅游村落，是泸沽湖景区重要的综合旅游接待服务基地，游客的到来刺激了旅游消费，乡村旅游产业蓬勃发展，促使大量本地居民就地改造自家住房，从事农家乐、农家旅馆等业态或参与划船、跳舞、摔跤等项目，就地实现了职业非农化，是一种就地城镇化模式。

1. 旅游城镇化过程

(1) 空间城镇化

旅游城镇化过程中，落水村建设用地面积不断扩展，由 1994 年的 0.06 平方公里增加至 2018 年的 0.24 平方公里，增长了 3 倍。其中 2004~2012 年增长速度最快，年均增长率达 11.67%；其次是 1994~2004 年的旅游发展初期，年均增长率达 9.09%；2015 年以来，建设用地增长速度有所放缓，年均增长率下降至 3.29%。根据建设用地增长速度以及落水村空间演化特征，可将其空间城镇化过程分为缓慢起步、快速扩展和稳步提升三个阶段。

1) 缓慢起步阶段（1994~2005 年）

1994 年及之前，落水村只有少数观光游客，旅游业基本处于摸索状态。1989 年，村里开设了第一家家庭旅馆，直到 1992 年才有第二家。自 1994 年建立宁蒗泸沽湖省级旅游度假区以来，落水村旅游产业才真正发展起来。1994 年落水村建设用地主要以提供居住功能的住宅用地为主，在空间上，一是以打渔谋生的渔户住宅沿湖而建，被称为"下落水村"；二是以农业谋生的农户住宅依山而建，被称为"上落水村"，因而形成道路南北两侧沿湖和依山集聚的分异格局。随着旅游产业的发展，建设用地不断向外扩展，扩展速度达 9.09%。此外，旅游功能也开始凸显，在沿湖少数几家农家餐馆、家庭客栈示范带动下，越来越多的村民参与旅游经营，农家旅馆、农家乐等旅游业态逐渐出现。此阶段旅游用地主要集中在沿湖区域，并来源于以下两个方面：一是大量沿湖居住用地的就地改造，将自家住房改造为农家旅馆、特色餐馆等，产生大量旅住混合用地；二是沿新建村内道路的另地新建，2005 年沿湖道路（湖滨路）南侧的村内道路（无名路）建设完成并向东南侧和香格里拉—永仁路延伸，旅游业态不断沿新建道路扩展。

2) 快速扩展阶段（2005~2015 年）

2005 年以来，泸沽湖景区先后被评为国家 4A 级旅游景区，落水村被批准为国家第一批传统村落，旅游业发展势头强劲。旺盛的旅游市场需求，刺激了落水村的旅游消费，在利益驱动下，更多的村民参与旅游，建设用地快速扩展，由 2005 年的 0.12 平方公里迅速增加至 2015 年的 0.19 平方公里，增长率高达 11.67%。此阶段，增加的农村建设用地主要以耕地向旅游用地转变为主。相对应地，旅游功能不断加强，并与居住功能混合无法分割，特色餐馆、特色工艺品店、民族服饰店、民俗博物馆、民俗文艺园等新兴旅游业态大量出现，并沿湖向内部扩展。在空间上，下落水村继续沿村内道路延伸，尤其是湖滨路南侧的无名路，与沿湖区域连成一片；上落水村也逐渐有农户参与旅游经营，沿香格里拉—永仁路向北扩展，呈现出上、下落水村空间相连的趋势（图7-25）。值得注意的是，此阶段有不少外地人进入，通过租住、购买或土地流转本地人宅基地，参与旅游经营。

3) 稳态提升阶段（2015~2018 年）

2015 年以来，旅游业发展导向开始转变为以生态保护和文化提升为主，建设用地虽仍不断扩展，但速度有所放缓，2018 年达 0.24 平方公里，年均增长率仅为 3.29%（表7-8）。此阶段农村建设用地仍以旅住混合用地为主。现有经营的宾馆、酒店和民居接待户约 200 多家、客房约 2000 间，且主要集中在下落水，占全村的 95%。2015 年左右，村民陆续向外承包土地、转让客栈，外来人的到来使村内的旅游接待设施不断更新，旅游功能不断进行档次化提升，出现了规模较大的精品酒店、观景客栈、度假地产等业态，并添加摩梭文化元素，注重文化内涵的打造。而大部分当地村民自认为缺乏经验、资金和先进管理技术，逐渐退出低端的民宿经营。因此此阶段高端旅游业态逐渐增多，低端旅游业态越来越少。值得注意的是，由于村民的退出而使得沿湖村民在靠山一侧的上落水村另建宅基地，导致此阶段上落水村的农村宅基地也有所扩展。在空间上，旅游业态继续沿湖、沿路向内部扩展，强化了上、下落水村连接成片的空间格局（图7-25）。

1994～2016年落水村土地利用变化　　　　　　　　　表7-8

地类		年份			
		1994年	2005年	2010年	2018年
土地利用面积（平方公里）	耕地	0.82	0.54	0.43	0.43
	林地	1.29	1.29	1.29	1.29
	园地	0.05	0.16	0.19	0.19
	水域及水利设施用地	1.06	1.06	1.06	1.06
	农村建设用地	0.06	0.12	0.19	0.24
	交通设施用地	0.02	0.04	0.04	0.04
	空地	0.11	0.23	0.24	0.19
建设用地年均增长率（%）		—	9.09	11.67	3.29

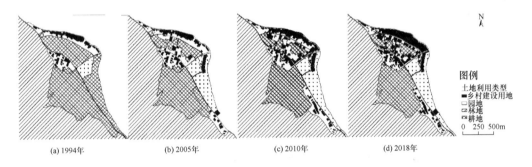

图7-25　1994～2018年落水村土地利用演变

（2）经济城镇化

在1994年旅游业发展之前，落水村产业结构以种植业、捕鱼业和养殖业为主，并有少数村民开始向游客卖水、摆水果摊等做起小生意，旅游产业开始萌芽。1994年旅游业发展以来，不少村民开始将自家房屋改造为农家乐、农家餐馆，从事旅游经营。2005年落水村经济总收入达607.59万元，农民人均纯收入1333元，但在旅游业带动下，下落水村旅游经营者农民人均纯收入高达2241元，落水村经济结构虽仍以农业为主，但不断向旅游业倾斜，出现了大量的农业—旅游业兼业型农户。此后旅游业快速发展，到2008年，农村经济总收入889.40万元，其中：种植业收入208万元，占总收入的23.4%；畜牧业收入200万元，占总收入的22.5%（其中，年内出栏肉猪1010头，肉牛5头，肉羊140头）；渔业收入15.6万元，占总收入的1.75%；林业收入35.80万元，占总收入的4%；旅游业收入215万元，占总收入的35.4%；工资性收入120万元，占总收入的13.5%。落水村经济结构转变为以旅游业为主，种植业和养殖业为辅，农民人均纯收入2120元。2015年前后，大量的外地人涌入落水村，本地人在获得高昂的房屋出租费用的同时也拥有一笔丰厚的文艺演出费,2018年农民人均纯收入高达27538元,旅游产业成为落水村的支柱产业,更加强化了其作为"丽江十大富裕村"的地位。

(3) 人口与社会城镇化

旅游产业的发展带来了落水村人口城镇化过程,促使人口结构、生产生活方式、社会关系和文化观念发生变化。人口结构方面,落水村共有原住民72户,600人左右。随着旅游产业的发展,吸引了大量的游客和周边村民、四川、云南其他地区的外地人前来参与旅游,实现了城镇化过程。到2018年,落水村外来人口共有2600人左右,远远超过本地人。生产方式方面,旅游业发展之前,几乎所有的劳动力均从事第一产业,以种植业、养殖业、渔业为主;随着旅游产业的快速发展,越来越多的村民逐渐退出农业转变为从事旅游经营的生计模式。原住民参与旅游的方式主要有以下三种:一是村集体组织村民开展划船和篝火晚会等项目,收入以家庭为单位进行分配;二是不少村民在先驱者带动下自发地将自家住房就地改造为农家旅馆、客栈、餐馆等,从事旅游业经营;三是有的村民将自家住房腾出一部分空间来租给外来经营者,通过收取租金获取利润。2015年前后,外地人大量进入,以租住村民住房从事经营旅游业态为主。但由于传统村落保护的加强以及生态保护区核心区禁止一切开发建设等硬性规定,旅游效益有所下降,绝大部分缺乏经验的当地村民逐渐退出旅游经营,此时原住民生产方式只有以下两种:一是以划船、篝火晚会、自行车出租和包车环湖等形式参与旅游接待项目,二是收取高昂的租金,据调研知,一年房屋租金在10万~20万元不等。生活方式方面,随着村民经济收入和生活水平的提高,逐渐实现了生活现代化,几乎每家都有洗衣机、空调、热水器等家电设备,每家都有私家小汽车等。社会文化方面,绝大多数本地人都对游客和外地人的到来持欢迎态度,都比较乐意去和他们相处与交流,尤其是传播传统的摩梭文化,他们认为每天晚上的民族文艺表演是生活的乐趣,能达到保护与传承文化的目的。

2. 旅游城镇化动力机制

(1) 旺盛的消费市场需求为村民就地就近实现非农化提供了商机

落水村坐落在泸沽湖西侧,是泸沽湖景区重要的旅游接待服务基地,除此之外,落水村凭借古韵传统的木楞子房、四合院以及风情特色的摩梭民族文化,也成为泸沽湖景区极具代表性的景观和重要的乡村旅游目的地,吸引着越来越多的游客前来,2016年丽江市域内泸沽湖景区共接待游客105.32万人次。游客的到来刺激了旅游消费,为落水村带来了巨大商机,促使大量本地农户将自己住房改造为农家餐馆、家庭客栈、旅游商品店等业态,增加了农民经济收入,促进落水村产业结构由农业向旅游业转变,绝大多数村民直接或间接从事旅游活动,就地实现了非农化和城镇化进程。

(2) 农户的积极参与是实现旅游城镇化的基本前提

农户的积极参与才使其摆脱农业的束缚转而从事非农产业,是实现旅游城镇化的前提。旅游业相较于农业具有较强的比较优势,村民也亟需从土地资本中脱离出来,渴望增加经济收入,提高生活水平。游客的涌入让部分先驱者看到了商机,并进行大胆的尝试和探索。首先一些村民做起了餐馆、客栈、旅游商品销售等小生意,成为旅游参与的经营者和主体;其次一些村民在村组织带头领导下,参与划船、跳舞、保洁、服务员等旅游服务性工作。先驱者们提供的产品与服务很快收获了可观的效益,更多的村民看到了旅游业增加收入和提高生活水平的可能性,在示范效应的带动下,纷纷效仿先驱者,全民参与到旅游业中,即使后期有的村民从旅游经营中脱离出来,但仍以旅游服务的形式参与其中,基本实现了全村村民的就地城镇化过程。

(3) 企业投资是落水村旅游城镇化的主要力量

旅游发展后期,落水村旅游城镇化进入巩固提升阶段,一部分企业开始介入,并主导着旅游业发展方向。首先企业开始向本地村民租赁或购买地理位置较好的地块或宅基地,修建改造为更加高端化的精品酒店、特色客栈、商务宾馆等,促进旅游产业提档升级;其次部分企业为迎合日益增长的休闲度假旅游需求,纷纷投资房地产,开发湖景房,为游客提供度假场所。外来企业的到来极大推动了落水村旅游产业的发展和升级,从而吸引更多的游客和村民参与,促进了城镇化进程。

(4) 政府渐进式调控是保证落水村旅游城镇化有序进行的重要保障

在旅游城镇化过程中,政府作为一只"看不见的手",其角色不断地在变化。在旅游发展初期,农户自发地将现有住宅转化为旅住混合用地,政府鼓励放任其发展,属于"旁观者"角色;旅游发展中期,在先驱者示范效应下,越来越多的村民参与到旅游中来,由于旅游业给村民和村集体带来巨大收益,政府加大了农村基础设施投资和政策扶持的力度,并出台了《泸沽湖旅游区总体规划2001—2020年(修编)》《泸沽湖风景名胜区规划》《泸沽湖—永宁—拉伯城乡总体规划(2010—2030年)》等多项规划,支撑和保障旅游业发展,又扮演着"推动者"的角色;旅游发展后期,政府逐渐意识到保护传统村落和摩梭民族文化的重要性,加大村落监管力度,加强建筑风貌改造,强制沿湖100米内的村民务必退出,不允许一切建设,政府在旅游城镇化中又转变为"监管者"角色。

7.5.2.3 两种类型旅游城镇化模式的对比分析

城镇地区与乡村地区的旅游城镇化模式有着一定的相似与差异(表7-9),其中在空间城镇化方面,其共同点主要体现在两者均经历了外部形态扩展和内部重组的过程。空间形态扩展均是建设用地扩张,尤其是旅游用地增长迅速,旅游功能突出,而耕地、绿地等非建设用地减少。两者的不同点主要体现在城镇地区的空间扩展以另地新建为主,扩展规模较大,尤其是城镇住宅用地;而乡村地区以就地重建为主,扩展规模相对较小,土地利用以农村宅基地就地向旅游住宿、旅游餐饮等用地转变为主。

城镇与乡村地区的旅游城镇化模式对比　　　　表7-9

类型	共同点	异同点
空间城镇化	外部形态扩展和内部功能重组,旅游用地突出	城镇地区:以另地新建为主,扩展规模较大;土地利用以向城镇住宅用地转变为主,旅游用地为辅。 乡村地区:以就地重建为主,扩展规模小。土地利用以农村宅基地就地转化为旅游用地为主
经济城镇化	产业结构向第三产业转移,旅游业为主导产业	城镇地区:产业结构由工业或商业服务业向旅游业转移。 乡村地区:产业结构由农业向旅游业转移
人口与社会城镇化	吸引外地人进入,实现城镇化进程	城镇地区:旅游经营以外地人为主,本地人通过收取租金间接参与旅游,在空间上本地人与外地人居住隔离。 乡村地区:旅游经营以本地人为主,外地人大量进入后,本地人通过收取租金和文艺表演的形式参与旅游,在空间上本地人与外地人居住融合

经济城镇化方面，两者的共同点在于其产业结构均向第三产业转变，旅游接待人次和旅游总收入不断增加，旅游逐渐成为当地的支柱产业和居民收入的主要来源。其不同点在于城镇地区的经济结构是由工业或商务服务业向旅游业转变而来，而乡村地区的经济结构是由农业向旅游业转型。值得注意的是，由于旅游产业的季节性，两地经济结构也存在一定的季节差异，在淡季城镇地区往往以工商业为主导，而农村地区以农业为主。

人口和社会城镇化方面，两者的共同点在于旅游业的发展提供大量的就业机会，吸引大量外地人前来，实现城镇化进程。不同的是，城镇地区旅游经营以外地人为主，而本地人将自家住房租给外地人通过收取租金间接参与旅游，在空间上，本地人搬出喧闹的旅游区，与游客和外地人社会隔离，不利于传统文化的保护与传承；而乡村地区旅游城镇化过程以本地人就地从事旅游经营实现非农化为主，是一种就地城镇化过程，随着外地人的介入，不少村民逐渐退出旅游经营，通过收取租金或文艺汇演参与旅游。在空间上，本地人与外地人以及游客是相互融合的，这种居住模式便于传统文化的交流，有利于文化的保护与传承。

7.5.3 产业发展模式

7.5.3.1 经济实力

丽江市经济实习相对较弱，但经济发展水平与其他州市差距不大，具有较大的发展潜力。从经济总量来看，2017年丽江市国内生产总值达339.5亿元，占云南省总量的2.0%，位居云南省16个州市的倒数第3名，约是首位城市昆明的1/15，经济实习相对其他州市相对较弱（图7-26）。从经济发展水平来看，2017年丽江市人均GDP达2.6万元/人，位居云南省16个州市的第10位（图7-27），低于云南省3.3万元/人的平均水平，远低于全国人均GDP水平（约6.0万元/人）。值得注意的是，除昆明、玉溪和迪庆市人均GDP突破4.0万元/人外，丽江市人均GDP与其他州市差别不大。此外，丽江市经济发展速度相对较快，2017年的经济总量相较于2000年增长了58.9%，发展速度位居云南省16个州市的第4名，表现出较大的发展潜力。

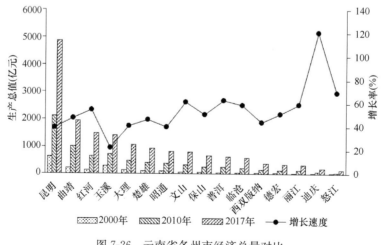

图7-26 云南省各州市经济总量对比

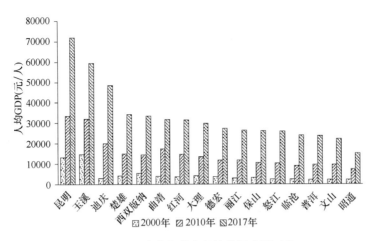

图 7-27 云南省各州市经济发展水平对比

7.5.3.2 产业结构

改革开放以来,丽江市产业结构不断优化,经历了由"132"到"312"再到"321"的产业结构转型(图 7-28)。1978年,第一产业产值为0.88亿元,第二产业产值为0.33亿元,第三产业产值为0.45亿元,三次产业结构为53:20:27,第一产业占绝对主导。随着旅游业的发展,第一产业所占比重不断下降,第三产业比重不断上升,并于1988年第三产业产值比重首次超过第一产业,形成33:29:38的"312"型的产业结构,第三产业逐渐占据主导地位。随着城镇化进程的不断推进,更多的农民从第一产业中解放出来,第一产业产值比重持续走低,第二产业和第三产业比重波动上升,并于2003年起,第二产业产值比重超过第一产业,形成26:28:45的"321"型产业结构,第三产业在丽江市经济发展中占据了绝对的主导地位。此后,产业结构基本稳定,第三产业比重稳定在44%左右,主要表现为第一产业和第二产业之间的博弈,第一产业比重继续下降,第二产业比重波动上升。到2017年,第一产业产值为49.61亿,第二产业产值为137.14亿元,第三产业产值为152.73亿元,三次产业结构为15:40:45,第二产业比重不断接近于第三产业。值得注意的是,丽江市自古都没有出现工业占主导的产业结构类型,这是因为旅

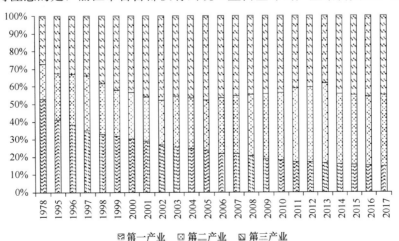

图 7-28 1978~2017年丽江市三次产业结构演化

游业开发以来，丽江市一直是一个以商业服务业为主导的旅游城市，旅游业一直是其主导产业和战略支柱产业。

7.5.3.3 一产发展

全面推进高原特色农业现代化。近几年，丽江市以深化农业供给侧结构性改革为主线，加快转变农业生产方式，大力推进生态环境建设，继续保持高原特色农业发展的良好态势，实现了产业提升和农民增收。2017年全年共实现农业总产值92.09亿元，增长5.9%，增加值51.08亿元，增长5.8%。粮食播种面积204.01万亩，粮食产量再创历史新高，总产量达到53.02万吨，比上年增加0.62万吨，增长1.18%。全年肉类总产量14.78万吨，比上年增长3.1%，其中：猪肉产量11.46万吨，增长1.8%。禽蛋产量5498吨，比上年下降3.2%。牛奶产量4594吨，比上年下降47.4%。年末大牲畜存栏63.9万头，比上年增长0.47%；生猪存栏146.4万头，比上年增长2.8%。农村常住居民人均可支配收入达9520元，增长8.8%。蔬菜、水果、肉类、水产等高原特色农产品供给充足，农旅结合、三产融合继续深化，农业生态文明建设成效显著。

7.5.3.4 二产发展

第二产业产值不断增长，工业对国民经济的支撑力逐年增强。工业经济增长显著，工业生产总值由2000年的4.5亿元增长至2017年的71.98亿元。2017年，丽江规模以上工业增加值55.80亿元，比上年增长13.0%，增速比上年提高7.0个百分点。其中，煤炭开采和洗选业完成增加值3.8亿元，下降0.3%；电力生产业完成增加值35.4亿元，增长16.5%；农副食品加工业完成增加值3.7亿元，增长4.9%；非金属矿物制品业完成增加值4.8亿元，增长23.9%。年末规模以上工业企业共有84户，全年实现主营业务收入126.29亿元，比上年增长1.19%；实现利税12.7亿元，比上年下降8.13%，其中：利润总额1.35亿元，下降9.25%。总结来看，以水电为主的清洁能源产业不断壮大，生物资源加工产业跃上新台阶，以煤炭采洗为主的矿产业得以优化升级，以水泥为主的建材产业加快升级改造，多点支撑工业经济增长的新格局初步形成，为丽江市未来经济持续快速健康发展奠定了坚实基础。

7.5.3.5 三产发展

丽江市第三产业以旅游业为主导，带动批发零售、商贸金融、房地产业等发展。1994年11月省政府在丽江召开的滇西北旅游规划现场办公会拉开了丽江旅游发展的序幕。20多年来，丽江市立足丰富独特的旅游资源，确立和实施旅游先导战略，探索出了一条以旅游业为主导带动其他产业发展的路子，产业规模日益壮大，产业体系逐步完善，品牌效应不断扩大，旅游业成为丽江经济社会发展的先导产业、第一大战略支柱产业。总结来看，丽江市旅游业发展呈现以下三方面特征：

（1）旅游产业规模不断扩大，旅游产业集聚持续增强

1995年以来，丽江市旅游产业规模持续扩大，游客接待量由84.5万人增长至2018年的4643万人次，旅游总收入由1995年的3.3亿元增长至2018年的998.45亿元（表7-10）。此外，丽江市旅游产业也表现出"大分散、小集中"的趋势。"大分散"指的是随着全域旅游和乡村振兴战略的实施，丽江市的经济活动和旅游功能向郊外和更远的农村地区扩散延伸；"小集中"指的是旅游活动虽然大格局是从城市中心向全域扩散，但在城区、小城镇、典型乡村地区仍然呈现集中态势，形成旅游产业集聚区。由于旅游产业集聚和规

模效益的存在,通过技术外部性和市场外部性,会使区域劳动生产率提高,盈利能力增加,从而导致新的资本生成和区域经济增长,这种增长反过来又进一步促进人口和经济向规模效应的集聚区集中。

1995～2018 年丽江市旅游接待与旅游收入情况　　　　　　　　　表 7-10

年份	游客接待量(万人)	旅游总收入(亿元)	年份	游客接待量(万人)	旅游总收入(亿元)
1995	84.50	3.30	2007	530.93	58.24
1996	112.00	2.35	2008	625.49	69.54
1997	173.20	9.47	2009	758.14	88.66
1998	201.00	10.87	2010	910.00	112.50
1999	260.00	15.90	2011	1184.05	152.22
2000	282.30	18.22	2012	1599.10	211.73
2001	322.10	20.43	2013	2079.58	278.66
2002	337.51	23.37	2014	2663.81	378.79
2003	301.40	24.04	2015	3056.00	483.48
2004	360.18	31.76	2016	3519.91	608.76
2005	400.00	38.53	2017	4069.46	821.90
2006	460.09	46.29	2018	4643.00	998.45

(2) 旅游功能日益增强,旅游配套设施日益完善

随着旅游产业的不断发展,越来越多的游客和外来人口涌入丽江市,人口的集聚刺激了旅游消费,旅游业态数量不断增多,类型也不断丰富,品质不断提升,从而增强了丽江市旅游功能。到 2017 年,丽江市共有国际品牌酒店 13 家,星级酒店 154 家,特色民居客栈 117 家,全市宾馆(饭店)、客栈等各类住宿设施床位数已达 20 多万,旅行社 179 家,已取得电子导游证的导游 2231 人,旅游汽车公司 7 家,586 辆旅游车。此外,丽江市不断加大资金投入,加强交通基础设施和供水供电、智慧旅游等公共服务建设,完善旅游配套设施,增强旅游服务功能。

(3) 文化内涵日渐突出,生态环境保护与旅游发展齐头并举

丽江市旅游产业开发以文化为引领,高度重视文化性,提高文化品位和文化含量,积极培育丽江的旅游文化品牌,提升丽江市旅游的核心竞争力。通过培育东巴文化、纳西古乐、摩梭风情等知名文化品牌,推出了《丽江金沙》《印象丽江》《丽江千古情》等一批民族文化旅游演艺精品。同时在旅游业态风貌改造上也注重文化体现,凸显文化内涵。此外,丽江市旅游发展以生态环境保护为基础,在拉市海、泸沽湖等生态保护核心区均实行严格的保护制度,强制性退出开发,注重生态保护效益。

7.5.3.6　发展问题

一是三次产业结构不尽合理,工业经济发展不充分,特别是电能丰富但能源消纳市场小,消纳能力弱,未能充分发挥清洁能源优势;二是高原特色农业发展不充分,农业龙头企业量少质弱,农产品加工转化率低,市场竞争力不强,农业的集约化、组织化程度低,主导产业不突出,农业产业规模效益低;三是工业结构不合理,能源工业比重大,加工制造业终端产品少,产业链短,高新技术产业尚未形成规模态势,新兴产业仍处于起步阶

段,企业规模偏小,大企业、大集团少,且带动作用不足;四是旅游产业区域发展不均衡,空间布局不清晰,旅游产品结构有待优化完善,低空旅游、养老旅游、养生旅游、医疗旅游以及研学旅游等新兴业态发展不充分,旅游消费中用于基础要素的消费构成所占比例远大于提高要素的消费;五是服务行业发展水平有待加强,服务业发展不平衡,特色文化产业、商务服务业、信息服务业、电子商务等新兴服务业发展相对滞后。

7.5.3.7 发展模式

牢固树立和贯彻落实创新、协调、绿色、开发、共享的发展理念,以资源为依托,以开放型、创新型、高端化、信息化、绿色化为引领,以项目为抓手,科学规划,完善政策措施,创新体制机制,优化发展环境,集中优势资源,推动产业集聚,实现传统产业和新兴产业"双轮驱动"、相互促进、共同发展,加快推进重点产业迈向高端水平,努力闯出一条跨越式产业发展之路。

农业方面,立足资源禀赋,发挥地域和旅游优势,突出特色。以市场需求为导向、农民增收为核心、科技为支撑、农旅结合为突破口,加快转变农业生产方式,努力提高农民组织化程度和农业产业化水平,积极构建特色化、科技化、外向化的高原特色现代农业产业体系和新型农业经营体系,着力打造"一区三基地五产业",即云南农旅结合、三次产业融合发展的样板示范区,我国主要的早生产产业基地,全国重要的生物药材生产基地,云南省绿色生态农产品基地,重点发展优质粮菜、生态林果、生物药材、草原畜牧、淡水渔业、高原花卉六大产业。

工业方面,首先大力发展清洁载能产业。依托金沙江中游水电开发丰富的水能资源,立足丰富的煤炭、铝矿、镁矿、铜矿资源,充分利用水电、光电、风电互补的特征,实现三种清洁能源的优化利用、内部消化与打捆外送,同时以清洁能源促进载能产业的发展,形成水—电—硅—多晶硅—单晶硅—单晶硅太阳能光伏组件—太阳能光伏电站以及水—电—镁(铝)矿—金属镁(铝)—镁(铝)合金加工—终端应用全产业链;积极引入单(多)晶硅太阳能电池、太阳能光伏组件、太阳能光伏电站项目,以隆基股份为龙头,吸引企业集聚,形成以单晶硅硅片硅棒为主,水电铝、镁合金、硅钙合金、水泥并进的清洁载能产业体系。此外,高效利用国内、国际两个市场,建设开放式、国际化的丽江市生物医药和大健康产业体系。树立现代化生物医药和大健康产业发展观念,以生物优良选育、规范化种植、产品精深加工研发、市场培育为重点,不断延伸产业链条,把生物医药和大健康产业建成包括生物优良品种选育、优质种苗培育、优质生物生产、产品加工储运、物流配送、配套专用物资、科研教育、技术推广服务等功能完善的现代化产业体系。

服务业方面,首先,重点培育文化旅游产业。充分发挥丽江市文化底蕴深厚、山水资源丰富的优势,促进文化产业和旅游业融合发展,以全域旅游为方向,以高端化、国际化、特色化为目标,以优化结构、转型升级、提质增效为主线,以改革创新和融合发展为动力,着力打造更具丽江特色和魅力的文化旅游品牌。其次,加快服务业发展,全面实施加快发展现代化服务业行动,深化服务业改革,优化服务业发展政策环境,在推进旅游文化产业、现代物流产业等重点产业发展的同时,着力推动生产性服务业向专业化和价值链高端延伸、生活性服务业向精细化和高品质转变。此外,要以移动互联网、云计算、大数据、物联网等新一代信息技术发展为前提,尽快构建形成有利于"互联网+"快速发展的基础设施和关键性产业,推动产业融合发展,大力发展分享经济。

本章参考文献

[1] 潘华. 国外中小城市人口增长和流动的特征及启示[J]. 中国经贸导刊, 2015, (7): 55-58.
[2] 徐继承. 工业化时期德国西部城市的崛起及其影响[J]. 史学集刊, 2012, (5): 80-87.
[3] 石忆邵. 德国均衡城镇化模式与中国小城镇发展的体制瓶颈[J]. 经济地理, 2015, 35(11): 54-60, 70.
[4] 周彦珍, 李杨. 英国、法国、德国城镇化发展模式[J]. 世界农业, 2013, (12): 122-126.
[5] 丁声俊. 德国小城镇的发展道路及启示[J]. 世界农业, 2012, (2): 60-65.
[6] 克劳斯·昆兹曼, 尼尔斯·莱伯, 刘源. 德国中小城镇在国土开发中扮演的重要角色[J]. 国际城市规划, 2013, 28(5): 29-35.
[7] 陈一帆. 转型背景下日本小城镇建设管理经验与启示[J]. 现代商贸工业, 2020, 41(5): 59-61.
[8] 王青云, 左健. 日本城镇化进程中住房问题及启示[J]. 宏观经济管理, 2019, (9): 84-90.
[9] 卢峰, 杨丽婧. 日本小城镇应对人口减少的经验——以日本北海道上士幌町为例[J]. 国际城市规划, 2019, 34(5): 117-124.
[10] 潘晓黎. 韩国城镇化对中国新型城镇化建设的启示[J]. 企业改革与管理, 2016, (22): 201.
[11] 陈明珠. 发达国家城镇化中后期城市转型及其启示[D]. 中共中央党校, 2016.
[12] 林小如, 赵苏磊. 美国农村城镇化历程、动力机制及特点研究[J]. 城市建筑, 2019, 16(13): 87-92.
[13] 王枫云, 唐思雅. 美国小城镇发展的动力体系及其启示[J]. 城市观察, 2019, (1): 82-91.
[14] 张阳, 周政旭. 美国不同行政层级城镇发展力水平比较[J]. 小城镇建设, 2018, 36(11): 35-42.
[15] 宋丽梅. 葫芦岛市城市公共设施空间布局优化研究[D]. 东北师范大学, 2011.
[16] 金浩然, 刘盛和, 戚伟. 基于新标准的中国城市规模等级结构演变研究[J]. 城市规划, 2017, 41(8): 38-46.
[17] 何玉芹. 城镇化建设中的城市功能定位与分工研究——以湖北省荆门市为例[J]. 荆楚学刊, 2015, 16(2): 60-63, 68.
[18] 陈振华, 陈珊珊. 湖北荆门城市功能转型与空间重构[J]. 规划师, 2012, 28(12): 28-32.
[19] 李波, 徐程扬, 乌志颜, 龚岚. 赤峰市城市森林建设潜力[J]. 东北林业大学学报, 2011, 39(1): 110-112.
[20] 梁子森, 杨丽娟, 邹艳丽. 城市空间形态演进的影响因素分析——以赤峰市为例[J]. 中国科技信息, 2008, (17): 295-297.
[21] 张超. 基于RS和GIS的赤峰市城市公园绿地服务水平研究[D]. 内蒙古农业大学, 2016.
[22] 方伟洁, 石海涛. 旅游业发展对丽江城市文化更新作用研究[J]. 四川省干部函授学院学报, 2019, (1): 17-20, 24.
[23] 葛敬炳, 陆林, 凌善金. 丽江市旅游城市化特征及机理分析[J]. 地理科学, 2009, 29(1): 134-140.

第8章 智慧低碳中小城镇发展动力机制与模式

内容提要：

以城市为核心的人类活动的飞速发展，在大幅提高了人们物质生活水平的同时，也造成了自然生态和资源环境破坏，带来了一系列"城市病"。随着新一代信息技术产业革命的到来，低碳发展理念和基于网络与大数据的智慧发展理念有机互动融合，为城市未来的可持续发展提供了创造性契机和有效途径，也使得"智慧低碳城市"日渐成为研究焦点。本章从定性和定量角度对智慧低碳城市发展演化的动力机制进行研究，探索建立智慧低碳城市发展测度评价指标体系和模型，总结智慧低碳城市发展的主要模式。首先，提出了智慧低碳城市的概念，分析了智慧低碳中小城镇发展的影响因素与动力机制。认为智慧低碳城市是以城市生存容量为基础，以公共服务理念为核心，以信息化为驱动，通过技术、产业、文化、治理等层面的创新和互动，实现环境和社会发展的全面智慧、低碳、安全、高效、灵活和有弹性，达到人地关系地域系统健康良性循环的价值最大化的城市。其发展受到内外两大因素影响：一方面，科学技术与低碳经济的交互创新是智慧低碳城市发展的核心内驱力，生态环境变化和资源消耗压力是智慧低碳城市发展的内在根本动力，经济金融发展和产业结构成长是智慧低碳城市发展的内驱基础；另一方面，城市功能优化升级和发展转型是智慧低碳城市发展的外因前提，优质人力资本和充足资金供给是智慧低碳城市发展的关键外驱力，社会文化环境和体制创新改革是智慧低碳城市发展的重要外部动力支撑。其一般规律为：以科学技术与低碳经济的交互创新、进步与应用为快速兴起的核心，逐步受到体制机制创新改革、优质人力资本、充足资金供给、社会文化环境改善等的推动，最后进入以科学技术创新生成的财富创造能力为强大内驱力的成熟阶段，是一个非线性螺旋上升的综合动态系统链条。其次，构建了智慧低碳中小城镇的发展水平测度指标体系与模型。采用TOPSIS法，从科学技术条件、资源环境条件、经济产业条件、基础设施功能条件、关键资本条件和制度文化条件等六大方面，构建了智慧低碳城市发展动力机制的量化研究框架。同时借鉴人类的"智力商数"概念，构建了反映智慧低碳城市发展运行能力和表现的模型——"智慧低碳优势商数"[简称"智优商"（SLSQ）]。根据智慧低碳城市发展的相互依赖和反馈性，采用基于熵权的网络分析法，从城市生态资源保障水平、城市经济发展水平、城市服务与设施水平、城市人文素养水平和城市治理与协调水平等五个方面进行测度，然后应用"智优商"模型确定智慧低碳城市发展水平。其三，提出了智慧低碳中小城镇发展模式。分别以发展动力机制和发展智优商为基础，总结了智慧低碳中小城镇发展模式和多种性质的复合发展模式，发现外强内弱型"均商"模式是我国智慧低碳城市主要的发展模式，即我国目前的智慧低碳城市发展模式主要是外源动力触发推动型的发展模式。

8.1 智慧低碳中小城镇发展的影响因素与动力机制

8.1.1 内源刺激因素及其动力机制

城镇智慧低碳发展的关键背景是新一代信息通信技术产业革命的机遇和日益严峻的生态资源环境压力。因此，其内源核心因素应该是技术进步创新与能源变革，根本因素是生态环境形势恶化和资源消耗的巨大压力，基础因素是经济产业的快速发展与调整和后金融危机时代的发展需求。

8.1.1.1 科学技术与低碳经济的交互创新机制

科学技术一直对人类社会的发展起着重要作用，特别是当人类社会进入城镇大发展的知识信息经济社会时，各个领域日新月异的科学技术进步与创新就更加成为城镇进一步优化发展的核心源动力。与此同时，由于传统粗放的城镇发展模式已经越来越不符合现代化新型城镇的可持续发展要求，低碳经济和绿色发展的理念日益深入人心。近10年来，以物联网、云计算和感知技术为核心的新一代智慧信息通信技术不仅从工具层面引发了城镇智慧低碳发展的生产和管理方式变革，而且很大程度上影响了城镇发展迈向智慧低碳可持续模式的建设理念和价值。因此，受到智慧信息技术浪潮和低碳经济革命交互融合作用的巨大影响，新一代科学技术与低碳经济的交互创新催生了全新的城镇可持续发展模式——智慧低碳城镇。整体来说，科学技术与低碳经济的交互创新一方面可以直接转化为生产力，促进智慧低碳城镇的产业发展和经济增长；另一方面通过改善提升社会基础建设和管理，推动城镇物质空间和人文社会环境的智慧低碳化。依靠科学技术与低碳经济的交互创新这一关键变革力量，城镇的能源供应网络、产业能源结构、生产生活资料等都可以在一定程度上获得智慧低碳化改良与创新，并通过优化资源配置、提高效率和有序度、降低物质资源消耗等途径，推动城镇向智慧低碳化的内涵发展模式转变。可见，科学技术和低碳经济的交互创新是催生智慧低碳城镇的核心因素。

1. 作用层次方面

从作用层次来看，科学技术和低碳经济的交互创新对于智慧低碳城镇发展的影响主要来自以下三个方面（图8-1）：

（1）城镇整体层面的交互创新

当城镇在经济、社会、基础设施、城镇治理等领域产生了科学技术和低碳经济的交互创新之后，城镇的空间利用率会相应提高、社会资源供给会增加、经济产出效益会提升、社会人文环境会改善、城镇功能结构会优化、城镇治理水平会提升。同时，这些领域之间的互动也会产生新的交叉领域的交互创新，带来城镇智慧低碳发展的良性循环，推动智慧低碳城镇的全面形成。

（2）产业层面的交互创新

在城镇发展过程中，城镇主导产业能够以自身的创新特性强化整个城镇产业结构系统的创新特性，引导城镇经济和社会发展的方向。科学技术和低碳经济的交互创新使得生产要素向能够创造出具有更高效益和生产率的产业流动集聚，促进诸如智慧安防、数字文化、绿色建筑等智慧低碳产业的兴起，以及诸如能源化工、电力交通、机械冶金等传统产

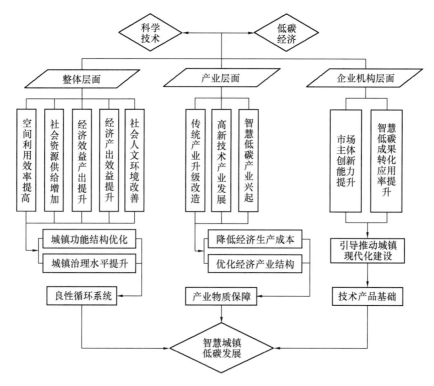

图 8-1 科学技术和低碳经济交互创新的影响层面示意图

业的改造；同时使得相关的生产、生活和生态环境条件得到改善、催生发展需求，拉动城镇产业结构向更加智慧低碳的方向演进，为智慧低碳城镇的发展提供良好的产业物质保障。

（3）企业和机构层面的交互创新

作为城镇发展中最活跃的基本单元，企业的智慧低碳技术进步与交互创新不仅有助于原有技术与产品的完善提高和各类成本的降低，也有助于新技术和新产品的生产应用与经济社会效益的增加。同时，作为智慧低碳技术进步与交互创新的主要推动者，各类科学研究和技术开发机构对于相应技术的研究与推广，也会引导推动智慧低碳城镇的发展。因此，企业和各类科研与技术开发机构之间的互动创新，会大大提高智慧低碳技术的成果转化和应用率，从而夯实智慧低碳城镇发展所必备的技术与产品基础。

2. 作用领域方面

从作用领域来看，科学技术和低碳经济的交互创新对于智慧低碳城镇发展的影响主要体现在以下四个方面（图 8-2）：

（1）智慧低碳城镇的经济金融

科学技术和低碳经济的交互创新必然对各类装备和服务产生新的需求，创造出巨大的产品市场；同时，通过更有效的智慧低碳化生产方式、组织方式和管理方式来提高城镇的资源利用效率，进一步促进城镇经济产业结构的优化升级。在城镇经济向着智慧低碳可持续的良性循环前进时，城镇的投资吸引力和金融市场也会逐步扩大，产生智慧低碳型的投资模式和金融运行体系，从而构建起便捷高效的智慧低碳城镇经济金融系统。

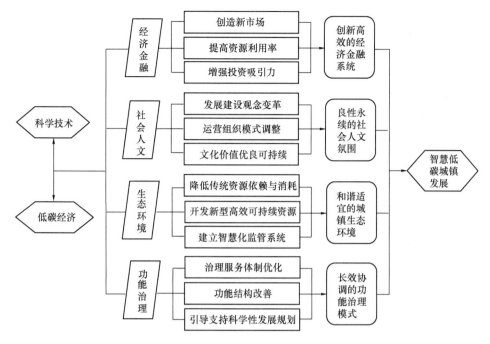

图 8-2 科学技术和低碳经济交互创新的影响领域示意图

（2）智慧低碳城镇的社会人文

科学技术和低碳经济的交互创新逐步改变了工业时代的价值观，城镇发展和价值体现更多以城镇的生产、生活和生态之间的多向良性可持续互动为核心。同时，科学技术和低碳经济的交互创新也推动着城镇的组织策略、治理体制、公共服务方式、社会运营模式、文化传承保护途径等的改变，形成了多主体积极参与、信息传播与管理公开、体制机制灵活有效、社会运行文明有序、价值行为规范积极、文化价值不断丰富的智慧低碳城镇社会人文体系。

（3）智慧低碳城镇的生态环境

科学技术和低碳经济的交互创新能够提高城镇生态环境的治理能力和资源循环利用水平，实现城镇人文与生态环境的协调发展。一方面，科学技术和低碳经济的交互创新可以大幅降低对传统资源的依赖与消耗，开发新能源和实现资源循环使用，减少对城镇生态系统的破坏，有助于生态系统恢复和再造；另一方面，依靠科学技术和低碳经济的交互创新，可以建立和实施生态环境监测预警系统和自动平衡调节系统，根据城镇承载能力促进城镇合理发展，建立和谐适宜的可持续智慧低碳城镇生态环境系统。

（4）智慧低碳城镇的功能与治理

通过科学技术和低碳经济交互创新，城镇的经济功能得到增强、社会功能得到改善、服务功能得到提升、生态功能得到保障，进而扩大了城镇影响力和辐射范围，刺激了智慧低碳城镇的整体功能调整优化。同时，科学技术和低碳经济交互创新改变了传统的城镇治理模式，更加注重多主体协同治理和智慧低碳化经营运作，推动了跨部协同和资源整合；而且为实现具有生态理性特征的智慧低碳城镇发展规划和实践提供了技术支持和策略引导，促进长效协调的智慧低碳城镇功能结构与治理模式形成。

3. 作用效果方面

从作用效果来看，科学技术和低碳经济交互创新对于智慧低碳城镇发展的影响主要有以下五个效应：

(1) 协作效应

智慧信息技术的空间发展与城镇的主要信息通信通道和交通通道相匹配，与城镇的主要活动区域和聚集节点相连接，实现通道网络的便捷智慧化与高效低碳化，与现代化新型可持续城镇的发展呈协同并进的趋势。

(2) 替代效应

科学技术和低碳经济交互创新可以克服原本存在的一些时间和空间障碍，大幅降低通勤成本、开发成本和交易成本，以城镇发展的全面协调智慧低碳化替代传统的结构失衡的城镇模式。

(3) 衍生效应

科学技术和低碳经济交互创新创造出了新的衍生需求，例如，城镇内部和城镇之间的交流往来更加方便高效，城镇生产活动效率和灵活性更高，城镇社会文化与生态环境得到更新提升和改善等，从而推动城镇各个领域的优化与发展。

(4) 溢出效应

科学技术和低碳经济交互创新具有强渗透性和正外部性，在改变产业结构和形态的同时，对原材料、能源、资本等生产要素从设计、研发、制作、管理、营销等全产业链进行优化提升，并催生新的城镇经营和发展方式。同时，通过智慧化可视检测和智能感知与调控技术，城镇智慧低碳发展的相应内容可以受到及时监控和调整，推动城镇整体活动的智慧低碳化。

(5) 增强效应

科学技术和低碳经济交互创新能有效扩大城镇物质形态网络和管理空间，提高其功效和利用率。例如，利用信息监测与引导系统改善出行活动效率，利用现代数字控制技术对各类空间进行实时监管和应急处理，利用人工智能网络技术对城镇建筑进行智能管控，利用智能网络系统节约基本资源使用和消耗，使智慧低碳城镇发展具备广泛的乘数倍增效应。

8.1.1.2 生态环境变化和资源消耗的增压机制

人类的活动需要自然地理环境和资源做支撑，城镇健康发展更需要良好的生态环境和可持续的资源作为物质基础条件和必要依托。然而，工业时代的传统城镇发展和城镇化的快速推进使得城镇出现了严重的资源环境问题。这些自然生态环境和能源资源问题每年能够造成超过千亿元的健康损害成本和约占当年经济总量8.5%~10%的经济损失，增加了城镇脆弱性，制约了城镇发展的广度、深度和速度。可见，虽然生态环境本身具有一定的缓冲、抗逆和自净能力来维持城镇的生存与发展，但长期以来的线性发展模式已大大降低了城镇自然生态系统的持续生产力，如果继续下去，势必突破城镇生态系统的承载力和上限阈值，使城镇走向系统崩溃。因此，日益严峻的生态环境危机和资源消耗压力就成为促进城镇展开自身系统修正，推动具有智慧低碳城镇发展的根本动力。整体来说，生态环境变化和资源消耗压力一方面可以刺激城镇能源资源结构的调整和技术创新应用，在提高资源利用率的同时尽可能降低资源使用量，促进城镇生产的智慧低碳化；另一方面可以激励城镇建设和制度文化的转变提升，形成注重生态环境保护和资源可持续利用的氛围，推动城镇生活的智慧低碳化，同时，创新性地使用新一代智慧信息技术，加强对生态环境和资源消耗的监测调控，能够实现城镇生态的智慧低碳化。

从作用内容和领域来看，生态环境变化和资源消耗压力主要在以下四个方面影响智慧低碳城镇发展（图8-3）：

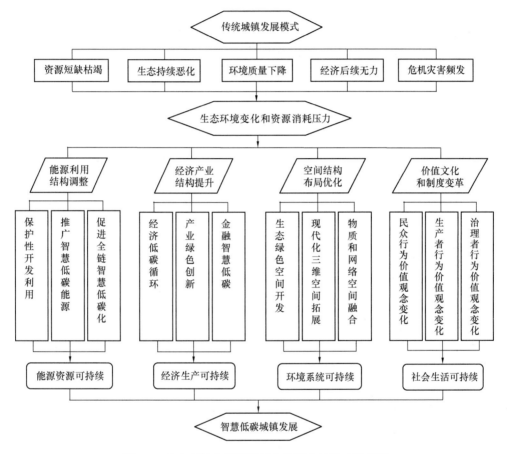

图8-3 生态环境和资源消耗变化压力的影响示意图

（1）推动能源利用结构调整，实现智慧低碳城镇的能源资源可持续

能源资源是经济增长和社会发展最基本的驱动要素，是城镇发展的生命线。当前，城镇能源资源消耗压力一是因为主要资源的不可再生属性，二是能耗效率偏低。那么，能源利用结构调整就成为了推动智慧低碳城镇能源资源可持续的基础。其具体途径主要包括：1）运用先进适用的技术对不可再生性资源进行可持续性开发，全面推广循环经济模式，提高资源重复利用和循环再生效率，减少不可再生能源资源消耗。2）发展推广绿色新能源，优化能源供给结构。根据城镇实际，积极发展太阳能、地热能、风能、生物质能、信息能等具有智慧低碳特性的可再生能源和替代能源资源，促进城镇能源资源结构多元化和利用率优化。3）研发应用创新性智慧低碳技术，促进全链全系统的智慧低碳化。通过研发和应用诸如智慧能源跟踪监测技术、分布式智慧能源供给网络系统、功能性低碳纳米材料、优化整合型高级发电技术、智慧化碳捕捉与封存和交易技术、智能型清洁生产等智慧

低碳技术和材料，提高城镇能源在开发、生产、输送、转化和利用过程中的使用效率，实现全产业链和城镇各个系统的智慧低碳化运行。

（2）推动经济产业结构提升，实现智慧低碳城镇的经济生产可持续

传统城镇发展模式带来的资源和环境双重压力，促使其必须寻求一条人类社会与环境资源协调共进的可持续发展道路。因此，通过经济发展的低碳循环、产业发展的绿色创新和金融发展的智慧低碳等能够提升经济产业结构的方式和手段，智慧低碳城镇的经济生产可持续也逐步得到了实现。具体包括：1）经济发展的低碳循环通过构建"资源—产品—再生资源与回用"的城镇经济反馈流程，推动物质资源和能源的不断循环和充分合理的持久利用，实现智慧低碳城镇的经济发展可持续。2）产业发展的绿色创新通过各个产业在全生产链、不同部门、产出成果、生产工具和手段等方面采用清洁、循环、生态、智能的创新性低碳技术，使产品在设计、制造、包装、运输、使用到回收处理的整个生命周期中，对环境的负效应最小、资源效率最高、企业和社会的多方效益最优，形成具有高效代谢过程的网络型、进化型、复合型产业体系，实现智慧低碳城镇的产业发展可持续。3）金融发展的智慧低碳通过利用云计算、物联网等新一代信息通信技术对资本进行引导，促进更加合理的资源配置，推动投资结构和产业结构的优化调整，降低空间开发、固定资产管理运营、交通往来等成本，激励创新成果转化和市场开拓，实现智慧低碳城镇的金融发展可持续。

（3）推动空间结构布局优化，实现智慧低碳城镇的环境系统可持续

城镇发展的物质载体是土地，生态环境和资源问题一定程度上来自于传统城镇发展中的土地空间不合理开发利用，而这又反过来影响城镇空间结构进一步合理发展。因此，必须注重环境保护建设和生态持续修复，逐步实现"环境友好、和谐共生、智慧高效"的智慧低碳城镇发展。具体而言：1）充分利用智慧低碳技术进行有效修复重建与治理，注重绿色生态空间的合理开发建设，保障足够的城镇生态空间和绿色开放空间，实现智慧低碳城镇自然生态环境和生活环境的可持续。2）借助新一代智慧技术，促进物质与网络空间的有机结合，积极推进城镇空间综合体建设，引导相应的产业、人员、服务等的空间布局逐步协调，在提高土地集约利用效率的同时，合理拓展城镇三维空间，实现适度紧凑的智慧低碳城镇生产空间环境的可持续。3）通过科学有效的城镇发展规划、空间规划、产业规划、土地利用规划、生态环境规划等，推动城镇内部各类空间的布局结构优化，最大限度地提高城镇空间利用率、减少空间开发的资源环境负效应，构建生态、环保、智慧、舒适的城镇空间，实现智慧低碳城镇整体环境系统的可持续。

（4）推动价值文化和制度变革，实现智慧低碳城镇的社会生活可持续

资源环境问题和城镇生态问题使人们对城镇的生态需求不断增强，引导着城镇生产模式和价值文化观念的转变，推动着城镇发展的制度变革，进而实现智慧低碳城镇的社会生活可持续。具体方式包括：1）城镇消费者意识到环境恶化对其生活方式及质量产生的巨大影响，从而在生活中提倡和践行绿色低碳消费、适度合理消费、生态环保消费和智慧可持续性消费，形成智慧低碳的生活习惯与文化氛围，奠定智慧低碳城镇社会生活可持续的广泛基础。2）城镇建设者和生产者意识到环境恶化对其效益与成果的负面影响，从而推行智慧低碳的生产方式、技术工具和产品，在城镇建设中加大智慧低碳设施投入、强化环境污染监测预警和生态空间修复保护，有力支撑智慧低碳城镇的社会生活可持续。3）城

镇治理者意识到环境恶化对城镇价值和健康发展的深远影响，从而制定严格的法律法规和技术标准，采取积极有效的生态环保和资源利用政策，通过战略引导、规划落实、有效监督等形成有特色的城镇文化和稳定高效的制度体系，为智慧低碳城镇社会生活的可持续提供坚实保障。

8.1.1.3 经济金融发展和产业结构成长的需求机制

经济环境是影响城镇发展的最基本社会环境变量，与城镇各类活动的物质能量交换与互动作用也最直接。社会经济发展水平和经济实力为城镇的发展程度、速度、规模和状态奠定了基础，是城镇不断向前发展的基础动力源。随着经济全球化的迅速展开，许多城镇通过对外交流与经济贸易活动大大增强了自身经济实力；同时，基于全球化的资本大规模流动为许多城镇带来了资本存量的增加、融资能力的增强、资本结构的改善和资源配置效率的提升，为城镇发展提供了直接有效的支持。然而，传统盲目扩张的外向型经济和过度消费的模式引发了发达国家的金融危机，并产生了全球连锁反应，冲击了城镇的发展资金链和产业经济基础。经济金融的快速发展能够直接为城镇建设提供所需的大量资金，推动城镇现代化发展，奠定智慧低碳城镇建设的物质与资本基础；同时，传统经济金融模式的负面效应很大程度上影响了城镇的经济社会环境，制约了传统城镇的发展，促使智慧低碳城镇发展模式的出现。另外，作为城镇经济发展的核心内容，一方面城镇产业结构受到经济金融增长的刺激，通过需求结构变化引导工业制造业和第三产业的发展，增强了城镇实体经济和现代化产业的实力；另一方面为了摆脱经济金融危机困境，在新一轮科学技术革命激励下，城镇逐步对自身的产业内容和结构进行技术改造和提升，推进了智慧低碳、科学高效、可持续的产业结构调整，形成了智慧低碳城镇发展的基础动力。

从具体内容来看，经济金融发展和产业结构成长对于智慧低碳城镇发展的作用主要体现在以下三个方面（图8-4）：

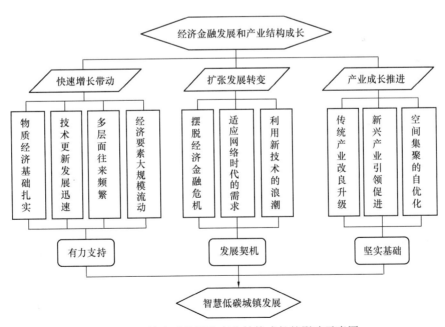

图 8-4 经济金融发展和产业结构成长的影响示意图

(1) 经济金融的快速发展为智慧低碳城镇建设提供了有力支持

经济金融增长带动了城镇的社会、产业、人口、环境和相应制度的变化，为城镇建设提供了最有力的支持。随着经济贸易全球化、一体化、智能化浪潮的来临，现代城镇之间的资源、资金、人才、信息、技术等发展要素的联系和交流愈发紧密，大量城镇通过对外交流与经济贸易活动获得了先进的技术、利用了更多的资本与机会，进一步优化了城镇的产业结构，大幅提升了自身的经济实力，推动整个城镇系统的财富创造与累积活动逐步升级为全新的模式。一方面，基于全球生产供应链的大规模资本流动使得大量外资涌入城镇，增加了城镇的资本存量、增强了城镇的融资能力、改善了传统的资本结构，并相应地提升了各类经济金融资源的配置效率，推动了城镇的经济金融增长和创新活动生产，为智慧低碳城镇的发展提供了直接有效的经济金融支持；另一方面，基于经济贸易全球化的频繁的科技和信息流动推动了城镇的经济产业更新，在改变企业生产技术、组织管理结构和经营运作模式以显著增强生产敏捷度、生产率、规模效益的同时，引导传统产业的智慧低碳化改造和以物联网、云计算、智慧制造和服务等高科技资本密集产业为主导的新兴智慧低碳产业的发展，从而创造新的经济增长点，夯实智慧低碳城镇发展的经济产业基础。

(2) 传统经济金融模式的弊端为智慧低碳城镇发展提供了历史契机

近三十年来，外向型经济和过度消费模式引发的经济金融危机和主权债务危机日益频繁，使得城镇发展的资金链和产业经济基础受到了严重冲击，加剧了城镇的经济衰退、失业上升、市场需求严重萎缩、城镇债务高企、生活水平骤降、持续发展后劲不足等问题。人们开始反思探索基于知识、新技术和信息生产流动的全新城镇发展模式，进而催生了以物联网、云计算、3D打印技术为代表的新一代信息技术和产业革命，为城镇经济系统的发展提供了物质技术手段，为智慧低碳城镇的发展提供了崭新契机。一方面，利用现代智慧技术手段能够对经济生产过程进行智能化和减量化经营与管理，在节约成本的同时提高效益，大幅提高经济产出；另一方面，新一代智慧低碳技术支持下的产业改造与结构调整能够推动要素的优化配置和有效使用，在改善城镇生产环境的同时保障城镇经济的持续增长。另外，生产和消费需求推动了新一代智慧低碳技术在商务和生活消费领域的应用，促使新的工作、生活和消费方式产生，带动生活消费领域的经济金融发展。可见，传统经济金融模式的弊端加速了智慧低碳技术的应用和城镇生产、生活方式的转变，为智慧低碳城镇发展提供了十分有利的历史机遇。

(3) 城镇产业结构的成长奠定了智慧低碳城镇发展的坚实基础

产业结构是城镇经济发展的核心内容，它既受到经济金融增长的刺激和引导进行调整，也受到科学技术的推动和激励不断改进优化，从而增强城镇经济的发展，决定经济增长的方式。因此，产业结构成长可以说是城镇经济金融发展的关键。在新一代智慧化技术和低碳经济的共同作用下，传统的产业经营运行理念和相应技术得到扭转和改良提升，通过智慧低碳技术实现了资源的整合和流程再造，推动了生产制造过程的无缝衔接和低成本运行，增强了传统产业的效能，提高了传统产业的竞争力；同时，以"高人力资本含量、高技术含量、高附加值；新技术、新业态、新方式；占地少、消耗少、污染少"为特征的战略性新兴产业、先进制造业、智慧低碳产业、现代高端服务业等新产业模块加速涌现，促进了城镇产业结构的多元优化，推动了城镇经济金融的全面发展。另外，城镇产业结构的成长不断推动相关产业的合理有序转移和有效集聚，逐渐形成了城镇产业的共同进化机制,通过价值链活动的空间分工实现规模经济与范围经济,促进产业升级换代,及时进行产业集群升级转型。特别是高新技术产业的空间集聚,不仅可以通过产业结构效应和创新效应影响城镇的资源流向、配置、结构升级和系统创新,还可以通过集聚本身形成一个结构合理、经济金融效益较高、基础设施配置较完善的智慧低碳城镇区域。可见,产业结构的成长既能推进高效可持续的智慧低碳城镇产业结构调整,增强城镇实体经济和现代化产业的实力,奠定智慧低碳城镇发展的坚实经济金融基础,又能通过空间作用形成智慧低碳城镇区域,直接成为智慧低碳城镇的重要组成部分。

8.1.2 外源触发因素及其动力机制

内源因素决定着城镇智慧低碳发展的基本方向和性质,但却不是唯一的发展动力。外源触发因素通过对内源因素产生相应的作用,在一定程度上决定着城镇发展的程度、速度和强度,并在某些时候产生非常重大的影响。城镇智慧低碳发展的外源关键因素是优质的人力资本和充足的资金供给,前提需求是城镇功能优化升级和发展转型,重要支撑是社会文化环境和体制创新改革。

8.1.2.1 城镇功能优化升级和发展转型的驱动机制

随着城镇规模的扩大和人们需求的多样化,城镇的文化功能、社会功能、创新功能和生态功能也越来越被重视,并在互相交织、互相影响下使城镇的功能不断复杂多样,逐渐成为推动现代化城镇发展的重要动力。特别是在后金融危机时代,人们意识到粗放式的财富创造功能已导致城镇发展偏离了可持续轨道,因此需要在新的形势下,对城镇功能进行优化升级,推动城镇走上"以人为本,绿色生态,智慧低碳,协调可持续"的道路,实现城镇经济、社会、政治、文化和生态的"五位一体"转型升级。由于城镇功能具有整体性、结构性、层次性和开放性特征,其优化升级就必然是综合性的以城镇新型经济财富创造功能为主导的全方位转型。整体而言,城镇功能优化升级和发展转型一方面能够促进城镇功能结构和空间的合理布局,推动城镇运行方式的有效转变;另一方面能够激励科技创新、组织创新、建设模式创新、体制机制创新和管理创新,支持智慧低碳城镇发展。

城镇功能优化升级和发展转型对智慧低碳城镇发展的影响主要体现在以下四个方面(图 8-5):

(1) 财富创造功能的优化升级为智慧低碳城镇提供基础

城镇的财富创造功能,指为了满足人类自身生存和发展需要,城镇在经济财富创造与发展方面所承担的任务、所起的作用和所产生的效能,是城镇功能的核心。一般而言,城镇的财富创造功能主要来自于商品经济活动和现代意义上的生产管理活动。来自于商品经济活动的财富创造功能,主要通过产业制造生产带来的财富创造、通过流通运输带来的财富创造和通过各类社会消费带来的财富创造;来自于现代意义上的生产管理活动的财富创造功能,主要通过将生产性的管理控制活动进行产业化,形成产业结构中的主要构成要素而带来经济管理活动中的财富创造。目前,作为城镇财富创造功能核心内容的产业经济结构调整优化,一方面直接推动城镇的财富创造功能提升,另一方面刺激人们对城镇财富再生体制的更高需求,间接推动城镇财富创造功能的升级,使得城镇的财富创造功能不断向多元并进的消费经济、生产经济和流通经济推动型转化,为智慧低碳城镇发展提供各种物质产品和财富,奠定坚实的物质经济基础。

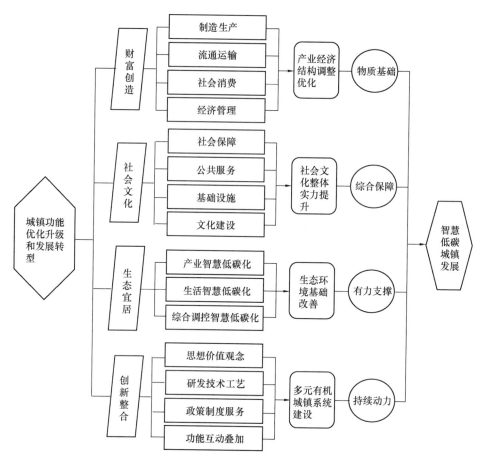

图 8-5　城镇功能优化升级和发展转型的影响示意图

(2) 社会文化功能的优化升级为智慧低碳城镇提供保障

城镇的社会文化功能,指为了满足人类自身生存和发展需要,城镇在社会关系、社会进步、文化传承与发展等方面所承担的任务、所起的作用和所产生的效能,是现代城镇发展的最重要功能。随着城镇经济的快速发展,人们对更安全、更舒适、更智慧、更便捷的城镇物质和精神生活越来越重视,城镇社会文化功能的重要性逐渐凸显。一般而言,城镇的社会文化功能主要包括城镇的社会保障、公共服务、基础设施和文化建设等。其中,城镇社会保障功能的优化升级,推动了城镇安全环境、公平环境、就业环境等基础社会环境的改善;城镇公共服务功能的优化升级,推动了城镇医疗、教育、体育、科学等城镇软功能和软实力的提升;城镇基础设施功能的优化升级,推动了城镇交通、居住、治安、管理等主要社会领域的发展;城镇文化建设功能的优化升级,推动了城镇思想产品、文化遗产、文化品牌、文化创新、城镇价值等内涵特色内容的发掘。如此,城镇的社会文化功能优化升级通过改善城镇生活环境质量、提升城镇各类社会活动水平、增强社会文化价值和城镇居民整体素质、提高城镇软实力等途径,为智慧低碳城镇发展提供良好的软、硬件基础和保障。

(3) 生态宜居功能的优化升级为智慧低碳城镇提供支撑

城镇的生态宜居功能,指为了满足人类自身生存和发展需要,城镇在资源利用、环境保护、生活环境质量与便捷度提升等方面所承担的任务、所起的作用和所产生的效能，是其他城镇功能存在的前提和基础。由于城镇发展必须建立在一定的环境空间基础之上，因此，只有确保城镇的生态宜居功能得到不断优化升级与良好发挥，才能保证城镇的存在环境和空间，实现正常运转。一般而言，城镇的生态宜居功能主要包括产业生态宜居、生活生态宜居和综合调控生态环境宜居等功能。其中，城镇的产业生态宜居功能优化升级，主要是通过发展智慧低碳经济和智能循环经济，降低自然资源耗用、减少人均生态基区、减少有害物质产出和提高资源使用效率，推动产业的生态正效应，提升产业区的生态宜居水平；城镇的生活生态宜居功能优化升级，主要是通过城镇绿化系统、空气和水环境系统、污染物治理系统、出行居住系统等的建设，为城镇居民生活提供优良的生态环境和智慧低碳的生活服务，实现城镇生活领域的生态宜居；城镇的综合调控生态环境宜居功能优化升级，主要是通过对城镇生产、生活活动的管理，推动以"生态流"为主要方式的物质循环、能量流动和信息传递，将城镇的生产与生活、资源与环境、时间与空间、结构与功能等有机地联系起来（郭贝贝等，2015），降低对城镇生态系统的压力，增强城镇生态环境的自我恢复能力，实现城镇整体环境的生态宜居，为智慧低碳城镇的发展提供基础支撑。

(4) 创新整合功能的优化升级为智慧低碳城镇提供新动力

城镇的创新整合功能，指城镇根据自身社会经济发展的规律和趋势，在新思路、新技术、新制度的创造革新和将各个城镇功能模块有机整合协调等方面所承担的任务、所起的作用和所产生的效能，是现代化城镇功能不断成长和提升的关键。城镇的财富创造、社会文化和生态宜居功能在新技术革命的牵动下，通过创新整合，形成了相互联系、协同发展的复杂丰富的城镇功能体系网络。一般而言，城镇创新整合功能主要包括思想价值观念的创新整合、研发技术工艺的创新整合、政策制度服务的创新整合和城镇功能互动叠加的创新整合。其中，思想价值观念的创新整合功能优化升级，主要通过教育、培训、宣传、科学研究等途径，在汲取先进文明成果的基础上，发展和提出新的城镇建设理念，形成智慧低碳城镇发展的良好人文环境氛围；研发技术工艺的创新整合功能优化升级，主要通过企业机构的研究开发、新材料的应用覆盖、新技术工艺的推广、新市场的开拓等途径，利用现代信息通信技术和低碳生态技术，为智慧低碳城镇提供实实在在的发展工具；政策制度服务的创新整合功能优化升级，主要通过城镇的政策创新、服务创新、制度创新、方式创新等途径，不断调节城镇各类主体的行为活动、平衡各城镇功能之间的关系，为智慧低碳城镇建设提供全面的制度和服务保障；城镇功能互动叠加的创新整合功能优化升级，主要通过城镇各类主体的紧密互动，充分实现城镇功能的耦合，利用城镇功能升级增量规律，发挥城镇多元有机功能系统的最大功效，为智慧低碳城镇发展提供强大的持续新动力。

8.1.2.2 优质人力资本和充足资金供给的驱动机制

资本的一个重要特征是其增殖性，能够带来剩余价值；而人力资本，特别是优质智力资本的增殖性远远超过单纯的以资金为主体的经济金融资本。因此，进入后工业化时代，优质人力资本和充足的资金供给就更凸显其重要性。在广泛依赖知识和科技的时代，人力资本成了知识资源和科技进步的关键载体，资金变成了促进知识资源有效利用和科技发展创新的关键推手，经济社会发展成果的3/4要依靠人力资本、1/4要依靠资金资源。整体来说，通过积累、引进、争取、吸引到充足的资金供给，能促进城镇建设资金体系的形成，对城镇经济社会发展所需的各类资源合理配置起到黏合作用，为智慧低碳城镇发展提供重要资源要素；同时，利用资本投入形成城镇人力资本在"量"上的集聚和"质"上的提高，通过影响城镇技术的创新、传播和渗透能力，促进城镇科技创新进步、推动其他生产要素收益递增、提升社会生产率和城镇价值，并改善城镇整体人文社会环境，为智慧低碳城镇发展提供关键资源要素（图 8-6）。

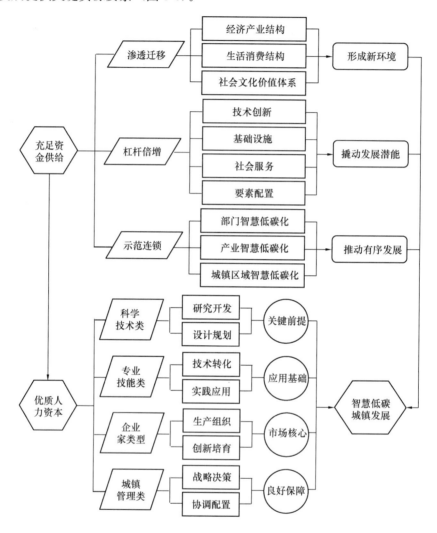

图 8-6 优质人力资本和充足资金供给的影响示意图

作为人才高地和知识创新中心，城镇的智慧低碳发展在很大程度上要通过科学研究、创新开发、持续教育、有效培训、合理使用等方式，促成人力资本直接或者大幅度地间接转化为社会财富。具体而言，优质人力资本对智慧低碳城镇发展的关键影响主要通过四种类型发挥作用：

（1）科学技术型的人力资本。由于知识、技术、新产品和服务的规划与设计，都需要经过科技人员的研究、开发与论证才能准确地发挥作用，因此，作为城镇发展的科技创新主力军，科学技术人力资本的专业、水平、能力和区域分布，直接影响着智慧低碳城镇创新系统的创新能力。

（2）专业技能型的人力资本。他们掌握城镇建设各方面的专业技能，是技术和创新工具的最直接应用者，能够将创新成果直接转变成产品或服务，是实现城镇智慧低碳创新的基础。

（3）企业家型的人力资本。他们是产业创新管理的关键组成部分，能够通过把握企业的战略决策、合理组织和培养企业的人才，推动企业创新发展和企业社会网络的构筑，充分利用社会资源发挥企业作为智慧低碳城镇创新系统中创新主体的核心作用。

（4）城镇管理型的人力资本。他们需要有长远的眼光、良好的规划统筹能力和突破常规的思维观念，对城镇各类资源配置进行协调整合，努力确保城镇整体功能的最大化与最优化，为智慧低碳城镇发展创造良好的环境氛围、提供重要的基础保障。

充足的资金供给代表了城镇的经济金融聚集能力，也反映了经济社会持续发展的潜力。具体来说，充足的资金供给对智慧低碳城镇发展的关键影响主要通过三种效应发挥作用：

（1）渗透迁移效应。资金的强渗透性和趋利性能够引起城镇建设资源和要素的迁移变化与创新，改变城镇地区的供给结构和需求结构，导致城镇经济产业结构、生活消费结构、社会文化价值体系等的变化，刺激智慧低碳城镇的经济社会环境形成。

（2）杠杆倍增效应。充足的资金供给不仅直接影响城镇的技术创新、产业升级调整、基础设施建设和公共服务水平，还通过影响城镇经济社会管理、价值文化观念、生产消费形态、要素流动配置等间接途径，发挥其强大的杠杆作用，撬动智慧低碳城镇全面发展的潜能。

（3）示范连锁效应。充足的资金供给促进城镇区域或产业部门率先建立起智慧低碳发展模式，形成带头示范作用，推动城镇区域和产业部门之间的效仿和有序连锁转换，促进智慧低碳城镇的整体发展。

8.1.2.3 社会文化环境和体制创新改革的驱动机制

智慧低碳城镇发展需要一系列政策制度、体制文化环境来支持和巩固技术创新与发展成果。一般来说，制度是以一定的社会价值观或意识形态为核心，约束社会成员及其相互之间关系的行为规则，主要包括正式制度、非正式制度和相应的实施机制。正式制度是人们有意识地以成文方式建立起来的清晰明确的行为规则和规范系统，是国家和政府规定的正式约束，能够直接影响城镇的发展方向；非正式制度是在人们相互作用影响的社会活动过程中逐渐自发形成的、社会共同认可的、不成文的行为规范系统和环境，是人们进行各类社会活动的非正式约束，能够为城镇发展提供良好的社会环境和文化氛围；实施机制是实际运行的程序和过程，是整个制度系统内部各要素之间彼此依存、有机结合和自动调节所形成的内在关联和运行方式，决定着正式和非正式制度的实施有效性和效率，能够影响城镇发展的速度与水平。因此，智慧低碳城镇必然要通过适当的体制机制创新与改革，建立科学合理的发展政策与制度，形成积极优良的社会文化环境，来保障智慧低碳城镇发展的正确方向（图8-7）。

社会文化环境和体制创新改革对智慧低碳城镇发展的作用体现在三个方面：

（1）影响智慧低碳城镇建设成本。科学合理的体制创新改革能够直接促进城镇各领域的生产成本、管理成本、沟通成本和建设成本削减，帮助各类主体对自身和其他利益相关方的行为作出更准确地判断。

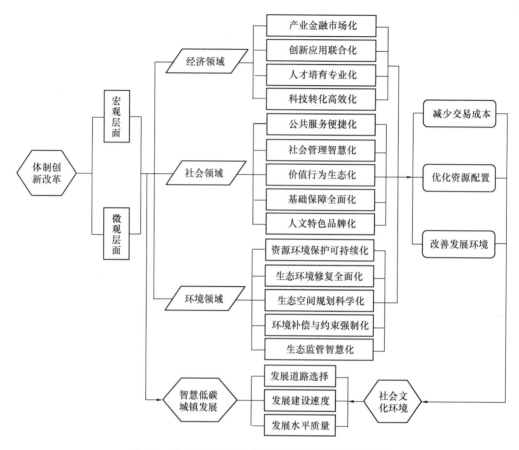

图 8-7 社会文化环境和体制创新改革的影响示意图

（2）影响智慧低碳城镇建设的资源配置。科学合理的体制创新改革能够影响资源的流动性，引导智慧低碳城镇建设所需资源的配置方向、规模、速度、甚至利益分配格局，从而优化资源配置结构、激发建设主体的参与热情和智慧、提高智慧低碳城镇建设效率。

（3）影响智慧低碳城镇建设软环境。科学合理的体制创新改革为智慧低碳城镇建设提供正式的制度支撑，也逐渐形成了智慧低碳城镇进一步发展的非正式制度环境，因而能够利用其整合力、塑造力、凝聚力等功能，对智慧低碳城镇的经济发展模式、生活消费模式、社会治理模式和人地关系互动理念等产生影响，推动适应智慧低碳城镇不断发展的体制机制创新和改革，形成支撑智慧低碳城镇发展的优良软环境。

体制创新改革和社会文化环境主要从三个方面支撑智慧低碳城镇的发展：

（1）影响智慧低碳城镇发展道路。根据自身经济社会发展和资源环境禀赋特色，城镇会在新形势下进行相应的体制创新改革，形成具有新时代内容的社会文化环境，推动城镇选择智慧低碳发展道路。

（2）影响智慧低碳城镇发展速度。一旦城镇体制创新改革和新社会文化环境与实体经济社会发展水平相适应，就会通过积极互动促进新需求、新利益、新成果和新目标的产生，形成有利于城镇持续发展的态势，提升智慧低碳城镇发展的速度。

(3) 影响智慧低碳城镇发展水平和质量。一方面，城镇体制创新改革和新社会文化环境有助于克服城镇发展的盲目性行为活动，并从城镇生态化和现代化的高度把新观念和技术引入社会经济生活，促进城镇发展水平提高；另一方面，城镇体制创新改革和新社会文化环境本身就是智慧低碳城镇的重要组成部分，能够有效促进智慧低碳城镇的质量提升。

8.1.3 智慧低碳城镇发展的综合动力机制

作为一个由多要素、多层次、多结构、多功能组成的复杂有机系统，智慧低碳城镇的发展必然受到来自多种动力因素的相互联系、相互渗透、相互制约、相互影响等一系列耦合作用产生的聚合力作用。因此，智慧低碳城镇发展的动力机制应该是一个连续的综合模式：一方面，在各动力因素推动智慧低碳城镇发展的同时，智慧低碳城镇建设会反作用于这些动力机制，促进它们的演化进步，形成较为稳定的互动格局；另一方面，各动力因素及其机制之间也呈现多样化的互动耦合，形成了一种连续的综合动力机制体系，推动着智慧低碳城镇发展（图8-8）。

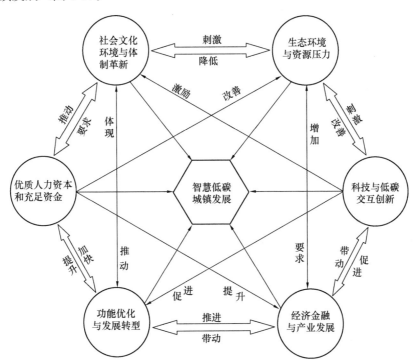

图8-8 智慧低碳城镇综合动力机制示意图

科学技术与低碳经济的交互创新由于具备很强的渗透性，可以促进智慧低碳城镇的经济产业发展、改善其生态环境质量、优化能源资源结构、提升城镇功能、推动制度创新改革、完善社会基础设施环境。生态环境变化和资源过度消耗产生的压力，可以推动科技创新和经济产业模式转型、社会文化理念和价值变化、体制机制改进和资本资源配置以智慧低碳化为目标。经济金融发展和产业结构成长是其他动力机制的物质基础，可以刺激科技进步、提升资源环境利用效率、优化城镇各项功能、支持优质人力资本培育、活跃金融资本流动集聚、推动制度改革创新、构建健康可持续的社会文化环境。城镇功能优化升级和发展转型具备很强的综合性，可以激励科技创新、组织创新、建设模式创新、体制机制创新和管理创新，且本身就是智慧低碳城镇发展的多种动力耦合作用的结果。优质人力资本和充足的资金供给是其他动力机制发挥作用的关键渠道，通过优质人力资本的实践活动和充足资金的有效流动与配置，才能将科学技术创新进步、经济金融蓬勃发展、产业结构成长调整、城镇功能优化升级、体制机制改革和良好社会文化环境的形成建立落到实处。社会文化环境和体制创新改革是其他动力机制的重要支撑，可以激励科学技术发展、促进生态资源环境的保护与可持续利用、转变经济产业发展模式、推动城镇功能优化升级、提供良好的人力资本和资金创造与使用条件，并构建作为智慧低碳城镇有机组成部分的城镇软环境。

在智慧低碳城镇逐步形成的过程中，优质人力资本、充足的资金供给、科学合理的体制机制创新改革、社会文化环境不断改善等因素发挥着日益重要的支撑作用；到了智慧低碳城镇的成熟发展阶段，其演化动力应该主要来自于基于科学技术创新的财富创造能力，并得到社会文化环境的积极推动和体制机制的强有力支撑。也就是说，智慧低碳城镇发展的动力机制是由层层相扣的一个个局部循环不断推动着的非线性螺旋上升的系统机制，在不同阶段呈现出不同的行为主体和动力因素作用：从横轴来看，智慧低碳城镇从最初的孕育、逐步兴起到形成、发展和成熟阶段；从纵轴来看，智慧低碳城镇发展水平不断提高；在两轴间的则是日益丰富的智慧低碳城镇发展动力因素和城镇建设内容（图8-9）。

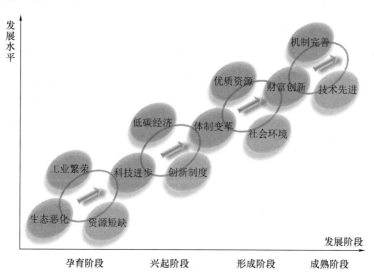

图8-9　智慧低碳城镇螺旋式发展示意图

事实上，智慧低碳城镇发展既受到来自各动力因素的涨落影响，亦受到其系统内部各子系统及其组成要素之间的协同和耦合放大作用影响。一般而言，城镇系统演化过程往往由少数几个主要变化因素决定，即主宰系统演替变化的序参量，它们对智慧低碳城镇的发展起着决定作用。智慧低碳城镇发展的系统演化序参量包括：科学技术进步与创新水平、生态环境与资源利用、经济产业发展水平、城镇基础功能与设施水平、人文社会条件和体制机制保障与创新。它们来自于原有城镇系统，又超出于系统之上，横跨经济、环境、资源、社会和人口子系统，动态地把它们连接起来，成为决定智慧低碳城镇系统向更高级、更成熟的稳定有序阶段演化的支配力量。

综上所述，智慧低碳城镇发展的动力机制主要包含内源刺激和外源触发两大方面。其中，内源刺激因素主要体现为科学技术与低碳经济交互创新的核心内驱力，生态环境变化和资源消耗压力的内在根本动力，经济金融发展和产业结构成长的内驱基础；外源触发因素则主要体现为城镇功能优化升级和发展转型的动力前提，优质人力资本和充足资金供给的关键外驱力，社会文化环境和体制创新改革的重要动力支撑。它们都在不同的环境、条件、状态和阶段下，通过推力、拉力、压力和支撑力等不同表现形式，共同作用于智慧低碳城镇系统，并通过智慧低碳城镇的反作用，形成较为稳定的互动格局，从而构成了非线性的智慧低碳城镇发展的综合动力机制的系统性链条，决定着智慧低碳城镇发展的状态、速度、水平和演化方向。在这一发展过程中，智慧低碳城镇孕育于城镇经济产业大发展和生态资源环境恶化的重要基础环境，以科学技术与低碳经济的交互创新、进步与应用为快速兴起的核心，逐步受到体制机制创新改革、优质人力资本、充足资金供给、社会文化环境改善等的大力推动，最后进入以科学技术创新生成的财富创造能力为强大内驱力的成熟阶段，成为一个层层相扣、非线性螺旋上升的综合连续性动态系统链条。

8.1.4 智慧低碳城镇发展动力的量化方法

采用优劣解距离法（TOPSIS）构建智慧低碳城镇发展的动力机制量化分析框架和模型，为进一步分析和探讨具体的智慧低碳城镇发展的动力机制和模式奠定基础。

8.1.4.1 动力机制建模方法

由于对样本资料无特殊要求且应用灵活简便，本研究采用系统工程领域有限方案多目标决策分析中常用的有效决策技术和科学方法——优劣解距离法（简称 TOPSIS 法），对智慧低碳城镇发展的动力机制进行定量研究。该方法由 Hwang 和 Yoon 于 1981 年首次提出，是一种理想目标相似性的顺序选优技术，通过对原始数据矩阵进行规范化处理，选出多个目标中的最优和最劣目标，然后分别计算各评价目标与最优和最劣目标间的距离，获得相应的贴近度并按大小进行排序，以此作为评价依据。其具体步骤如下：

（1）建立同趋势化特征矩阵。根据算法要求，将原始数据转化为同方向指标阵。一般来说，原始低优指标通常采用倒数法转换为高优指标，即令低优指标 X_{ij}（$i=1, 2\cdots, m$；$j=1, 2\cdots, n$）通过公式 $X'_{ij} = 1/X_{ij}$ 变换成高优指标；原始适中型指标可采用公式 $X'_{ij} = |X_{ij} - 标准中值|$ 进行转换。整理建立同趋势化后的原始数据特征矩阵：

$$\boldsymbol{D} = \begin{bmatrix} X_{11} \cdots X_{1j} \cdots X_{1n} \\ \cdots\cdots\cdots\cdots \\ X_{i1} \cdots X_{ij} \cdots X_{in} \\ \cdots\cdots\cdots\cdots \\ X_{m1} \cdots X_{mj} \cdots X_{mn} \end{bmatrix} = \begin{bmatrix} D_1(X_1) \\ \cdots\cdots \\ D_i(X_j) \\ \cdots\cdots \\ D_m(X_n) \end{bmatrix} \tag{8-1}$$

（2）确定规范化矩阵。对同趋势化的原始数据矩阵进行规范化处理：

$$a_{ij} = X_{ij} \bigg/ \sqrt{\sum_{i=1}^{m} X_{ij}^2} \tag{8-2}$$

建立关于规格化向量 a_{ij} 的规范化矩阵：

$$\boldsymbol{A} = \begin{bmatrix} a_{11}, a_{12}, a_{13}, \cdots, a_{1n} \\ \cdots\cdots\cdots\cdots \\ a_{i1}, a_{i2}, a_{i3}, \cdots, a_{in} \\ \cdots\cdots\cdots\cdots \\ a_{m1}, a_{m2}, a_{m3}, \cdots, a_{mn} \end{bmatrix} \tag{8-3}$$

（3）构造权重规范化矩阵。可以利用 Delphi 法、熵值法等确定指标权重 w_{ij}，但考虑到算法本身和部分指标性质的需要，在此赋予相同的权重，得到加权矩阵：

$$\boldsymbol{Z} = \begin{bmatrix} w_{11} \cdot a_{11}, w_{12} \cdot a_{12}, w_{13} \cdot a_{13}, \cdots, w_{1n} \cdot a_{1n} \\ \cdots\cdots\cdots\cdots \\ w_{i1} \cdot a_{i1}, w_{i2} \cdot a_{i2}, w_{i3} \cdot a_{i3}, \cdots, w_{in} \cdot a_{in} \\ \cdots\cdots\cdots\cdots \\ w_{m1} \cdot a_{m1}, w_{m2} \cdot a_{m2}, w_{m3} \cdot a_{m3}, \cdots, w_{mn} \cdot a_{mn} \end{bmatrix} \tag{8-4}$$

（4）确定理想解和负理想解。根据权重规范化值，确定最优和最劣向量 $\boldsymbol{Z}^+$、$\boldsymbol{Z}^-$：

$$\boldsymbol{Z}^+ = (Z_{i1}^+, Z_{i2}^+, Z_{i3}^+, Z_{i4}^+, \cdots, Z_{in}^+) \tag{8-5}$$

$$\boldsymbol{Z}^- = (Z_{i1}^-, Z_{i2}^-, Z_{i3}^-, Z_{i4}^-, \cdots, Z_{in}^-) \tag{8-6}$$

（5）计算距离尺度。一般根据 N 维欧几里得距离来分别计算每个目标到理想解和负理想解的距离 D_i^+ 和 D_i^-：

$$D_i^+ = \sqrt{\sum_{j=1}^{n} (Z_{ij} - Z_j^+)^2} \tag{8-7}$$

$$D_i^- = \sqrt{\sum_{j=1}^{n} (Z_{ij} - Z_j^-)^2} \tag{8-8}$$

其中，Z_{ij} 表示第 i 个目标第 j 个指标的权重规范化值，D_i^+ 为各目标与理想解的接近程度，其值越小表明距离理想目标越近，方案越优。

（6）计算最优贴近度。计算所有量化指标与最优方案的贴近程度，即理想程度：

$$C^* = D_i^- / (D_i^+ + D_i^-) \tag{8-9}$$

其中，C^* 的取值范围为 [0, 1]，越接近 1 表示该研究对象越接近于最优水平，且具有相对更强的活跃程度；越接近 0 表示该研究对象越接近于最劣水平，且活跃程度相对更弱。在实际中，最优目标和最劣目标存在的可能性很小。

（7）排序分析。根据计算的 C^* 值，按从大到小的顺序对各研究目标进行排列，评选最优单元,并分析整体运行态势。如果 C^* 的值相等,则 D_i^+ 较小者表现更好。

8.1.4.2 驱动力测度指标体系

考虑到数据的科学性和可获得性原则,从科学技术条件、资源环境条件、经济产业条件、基础设施功能条件、关键资本条件和制度文化条件 6 大方面选取了 59 项主要动力因子指标,构建了智慧低碳城镇发展动力机制的量化研究框架(表 8-1):

智慧低碳城镇发展的驱动力定量测度指标体系　　　　　表 8-1

类型	序号	主要指标(单位)	含义	获取方法
科学技术	X1	百万人拥有国家重点实验室数量(个/百万人)	城镇基础研究创新平台建设	拥有的国家重点实验室数量/城镇总人口
	X2	百万人拥有国家工程技术研究中心数量(个/百万人)	城镇工程应用科技创新平台建设	拥有的国家工程技术研究中心数量/城镇总人口
	X3	百万人拥有国家普通高等教育院校数量(所/百万人)	城镇科技创新的综合水平和潜力	拥有的国家普通高等教育院校数量/城镇总人口
	X4	百万人拥有国家高新技术产业开发区数量(个/百万人)	城镇高新技术产业和科技创新发展载体	拥有的国家高新技术产业开发区数量/城镇总人口
	X5	百万人拥有国家级科技企业孵化器数量(个/百万人)	城镇科技创业服务载体建设	拥有的国家级科技企业孵化器数量/城镇总人口
	X6	百万人拥有的国家创新型企业数量(个/百万人)	城镇企业科技创新力量	拥有的国家创新型企业数量/城镇总人口
	X7	百万人发明专利授权量(项/百万人)	城镇原创性科技成果产出和转化	发明专利授权数/城镇总人口
	X8	规模以上工业企业拥有研发机构比重(%)	城镇规模以上企业的研发能力和潜力	规模以上工业企业拥有研发机构数/规模以上工业企业数
	X9	技术市场成交合同额(万元)	城镇科技活动成果转化活跃度	统计数据、公报数据
资源环境	X10	能耗强度(吨标准煤/万元)	城镇能源综合利用效率	统计数据、公报数据
	X11	能源消费弹性系数(%)	城镇发展的能源需求量	统计数据、公报数据
	X12	单位 GDP 用水量(立方米/万元)	城镇发展的水资源消耗量	用水总量/GDP 总量
	X13	化学需氧量排放量(万吨)	水体污染程度的综合性指标	统计数据、公报数据

续表

类型	序号	主要指标（单位）	含义	获取方法
资源环境	X14	二氧化硫排放量（万吨）	大气污染的主要指标	统计数据、公报数据
	X15	空气质量优良天数（天）	空气环境品质	统计数据、公报数据
	X16	区域环境噪声平均值（分贝）	城镇声环境质量	统计数据、公报数据
	X17	森林覆盖率（％）	城镇的森林资源丰富度及绿化度	统计数据、公报数据
	X18	自然灾害直接经济损失（亿元）	城镇的脆弱程度	统计数据、公报数据
	X19	突发环境事件次数（次）	城镇的公共环境安全	统计数据、公报数据
经济产业	X20	经济总量（GDP）（亿元）	城镇宏观经济发展水平	统计数据
	X21	经济密度（亿元/平方公里）	城镇单位面积的经济活动效率	GDP/土地面积
	X22	地方公共财政收入（万元）	城镇财力和富裕程度	统计数据
	X23	投资产出率（％）	经济增长的集约化程度	当年价格计算的GDP/全社会固定资产投资总额
	X24	工业总资产贡献率（％）	城镇企业资金占用的经济效益	统计数据、公报数据
	X25	第三产业占GDP比重（％）	城镇经济产业结构转型升级的重要指标	统计数据
	X26	高新技术产业产值占工业总产值比重（％）	城镇产业结构调整效果	高新技术产业产值/工业总产值
	X27	高新技术产品出口额占出口总额比重（％）	城镇产业结构创新绩效	高新技术产品出口额/出口额
	X28	社会消费品零售总额（万元）	城镇经济景气程度	统计数据
	X29	全社会劳动生产率（元/人）	城镇社会生产力水平和经济实力	统计数据
设施功能	X30	互联网普及率（％）	城镇的信息化发达程度	统计数据、公报数据
	X31	移动电话普及率（部/百人）	城镇的通信发达程度	统计数据、公报数据
	X32	每百人公共图书馆藏书（册、件/百人）	城镇的文化传播能力	统计数据
	X33	城镇垃圾无害化处理率（％）	城镇的生态低碳处理水平	统计数据

第8章 智慧低碳中小城镇发展动力机制与模式

续表

类型	序号	主要指标（单位）	含义	获取方法
设施功能	X34	建成区排水管道密度（公里/平方公里）	城镇污水处理与防汛能力	统计数据、公报数据
	X35	建成区绿化覆盖率（%）	城镇生态环境功能水平	统计数据
	X36	智慧低碳城镇基础数据库建设（分值）	城镇功能现代化水平	研究报告数据
	X37	智慧民生服务体系（分值）	城镇为居民提供智能化服务的能力	研究报告数据
	X38	智慧低碳城镇运行管理（分值）	城镇低碳智慧化管理能力	研究报告数据
	X39	城镇云平台建设（分值）	城镇服务的智能化基础能力	研究报告数据
	X40	智慧医疗体系建设（分值）	城镇为居民提供服务的能力	研究报告数据
关键资本	X41	从业人员数（万人）	城镇人力资本供给水平	统计数据、公报数据
	X42	研发活动人员数（万人）	城镇的科技活动人才供给水平	统计数据、公报数据
	X43	城镇登记失业率（%）	城镇的人力资本整体供给状况	统计数据、公报数据
	X44	万人在校大学生数（人/万人）	城镇发展的人才储备	统计数据、公报数据
	X45	财政用于科学技术支出额（万元）	城镇的科技活动投资	统计数据、公报数据
	X46	财政用于教育支出额（万元）	城镇的人才培养投资	统计数据、公报数据
	X47	研发经费投入强度（%）	城镇对研发活动的重视程度	统计数据、公报数据
	X48	实际利用外资额（万美元）	城镇的对外筹资能力	统计数据、公报数据
	X49	金融机构本外币存款余额（亿元）	城镇的资金吸附能力和发展潜力	统计数据、公报数据
制度文化	X50	城镇体制机制创新改革水平（分值）	城镇发展的创新支撑能力	研究报告数据
	X51	智慧低碳发展保障水平（分值）	城镇对智慧低碳建设的重视程度	研究报告数据
	X52	相应法规标准完善程度（分值）	城镇对智慧低碳建设的指导保障程度	研究报告数据

续表

类型	序号	主要指标（单位）	含义	获取方法
制度文化	X53	城镇现代化治理（分值）	城镇现代化治理的绩效	研究报告数据
	X54	城镇信用环境（分值）	城镇社会发展的信用环境基础	研究报告数据
	X55	城镇政府廉政透明水平（分值）	城镇发展的治理优良水平	研究报告数据
	X56	城镇化水平（%）	城镇发展的基础水平	统计数据、公报数据
	X57	城镇开放度（分值）	城镇发展软环境的现代化水平	研究报告数据
	X58	智慧低碳城镇建设积极程度（分值）	城镇智慧低碳建设的氛围	研究报告数据
	X59	智慧低碳生活方式推广（分值）	城镇的文化价值倾向和行为模式	研究报告数据

注：1. X1、X2、X4、X5、X6 中的科技基础数据来自于科技部网站、科技部火炬中心网站、国家知识产权局网站、全国知识产权局系统政府门户网站和各省（自治区、直辖市）、市科技部门和知识产权部门网站的相关公报、统计数据、研究报告；

2. X8 中的"规模以上工业企业拥有研发机构数量"数据来自于各省（自治区、直辖市）、市的统计年鉴、国民经济与社会发展公报和相关科技部门网站的公布数据等；

3. X12 中的用水量数据主要来自于各省（自治区、直辖市）、市的水资源公报、国民经济与社会发展公报和水务局、水利局等相关部门网站的公布数据；

4. X36-X40、X51-X52 和 X58 的相关数据来自《中国智慧城市发展水平评估报告（2012~2013年）》；

5. X50 的相关数据来自于中科院地理所城镇地理研究室的《中国创新型城市发展报告》；

6. X53 的相关数据来自于工业和信息化部中国软件评测中心的《2013年中国政府网站绩效评估总报告》；

7. X54 的相关数据来自于中国管理科学研究院诚信评价研究中心的《2013中国城市商业信用环境指数蓝皮书》；

8. X55 的相关数据来自于清华大学的《中国市级政府财政透明度研究报告（2012~2013）》；

9. X57 的相关数据来自于国家发展改革委的《2013中国城镇对外开放指数研究报告》《中国城市与区域对外开放指数研究报告》；

10. X59 的相关数据来自于《中国智慧城镇发展调研报告》；

11. 指标中的城镇总人口指该城镇的常住总人口；

12. 除上述特殊说明指标外，其余需要计算的指标的基础数据均为统计数据和公报数据，数据来源主要包括《中国统计年鉴》《中国城市统计年鉴》《中国环境年鉴》《中国城市建设统计年鉴》，以及各省（自治区、直辖市）和市的统计年鉴、科技统计年鉴、国民经济与社会发展公报、政府工作报告等。

（1）科学技术条件。科学技术进步与创新是知识经济时代城镇优化发展的核心源动力，并通过与低碳经济的互动耦合推动了智慧低碳城镇的产生和兴起。本书选取百万人拥有的国家重点实验室数量、百万人拥有的国家普通高等教育院校数量、百万人拥有的国家级科技企业孵化器数量、百万人拥有的国家创新型企业数量、技术市场成交合同额等9项主要指标反映智慧低碳城镇发展的科学技术条件动力。

（2）资源环境条件。生态环境和可持续的资源利用是城镇发展的物质空间基础和必要依托，城镇生态环境变化和资源能源消耗的不断增大，既给城镇发展带来了巨大压力，也成为促使智慧低碳城镇兴起和发展的重要动力。本文选取单位GDP用水量、化学需氧量排放量、二氧化硫排放量、空气质量优良天数、森林覆盖率、自然灾害直接经济损失等10项主要指标来反映智慧低碳城镇发展的资源环境条件动力。

（3）经济产业条件。作为城镇不断发展前进的基础动力源，经济产业条件极大地影响了智慧低碳城镇的各类活动及其物质能量交换与互动。本文选取经济总量、经济密度、投资产出率、工业总资产贡献率、第三产业占GDP比重、高新技术产业产值占工业总产值比重、全社会劳动生产率等10项主要指标来反映智慧低碳城镇发展的经济产业条件动力。

（4）设施功能条件。现代城镇的经济、社会、创新和生态等众多功能的互相交织和作用，推动了智慧低碳城镇的发展，其发挥作用的重要基础来自于城镇各类基础设施功能的建设和完善。本文选取互联网普及率、每百人公共图书馆藏书、城镇垃圾无害化处理率、建成区绿化覆盖率、智慧低碳城镇基础数据库建设、智慧民生服务体系、城镇云平台建设等11项主要指标反映智慧低碳城镇发展的设施功能条件动力。

（5）关键资本条件。人力资本是知识资源和科技进步的关键载体，充足的资金供给是促进知识资源有效利用和科技发展创新的关键推手，它们也反映了智慧低碳城镇持续发展的潜力。本文选取研发活动人员数、万人在校大学生数、财政用于科学技术支出额、财政用于教育支出额、研发经费投入强度、实际利用外资额等9项主要指标反映智慧低碳城镇发展的关键资本条件动力。

（6）制度文化条件。科学合理的体制机制创新改革和符合时宜的社会文化价值环境是智慧低碳城镇发展的重要支持环境和软实力，对于其长期可持续发展有非常积极的意义。本文选取城镇体制机制创新改革水平、智慧低碳发展保障水平、相应法规标准完善程度、城镇现代化治理、城镇政府廉政透明水平、城镇开放度、智慧低碳城镇建设积极程度和智慧低碳生活方式推广等10项主要指标反映智慧低碳城镇发展的制度文化条件动力。

8.2 智慧低碳中小城镇发展水平测度指标体系与模型

借鉴人类"智力商数"的概念，构建反映智慧低碳城镇发展水平的"智慧低碳优势商数"（SLSQ）模型。采用基于熵权的网络分析法，从城镇生态资源保障水平、城镇经济产业发展水平、城镇服务与设施水平、城镇人文素养水平和城镇治理与协调水平5个方面进行测度，应用"智优商"模型确定智慧低碳城镇发展的水平，为下一步智慧低碳城镇发展的实证分析和发展模式判定提供必要的方法支撑与研究基础。

8.2.1 智慧低碳城镇发展水平测度评价的主要思路和原则

8.2.1.1 主要思路

目前，由于国内外的智慧低碳城镇研究尚处于初期起步阶段，具有明确针对智慧低碳城镇发展的动力机制和测度评价的定量研究尚未出现成熟的研究成果。因此，在相关动力机制建模和测度评价分析的设计思路上，通过对现有相关文献、政策文件、研究报告和指导性建设标准等进行理论分析和频度统计，借鉴有关研究的较为成熟的指标体系，经过专家咨询和讨论，确定最终的定量指标体系构建。整体来说，就是先根据理论分析提出建模

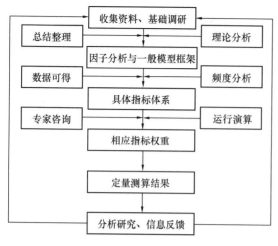

图 8-10 智慧低碳城镇发展水平测度
评价的主要思路

目标、方法和框架，再利用文献整理和频度统计分析选择相应的模型指标，然后通过专家咨询讨论和计算机运行演算确定相应的指标权重，最后运用选定的模型测算智慧低碳城镇发展的动力机制和发展水平的最终结果（图 8-10）。

8.2.1.2 主要设计原则

智慧低碳城镇发展水平测度评价指标体系和模型的构建，必须要在符合客观实际的基础上，有坚实的理论基础，并与宏观政策和情势保持协调。因此，本文相关指标体系的主要设计原则包括以下五点：

（1）科学性与简明性相结合原则

定量研究能够顺利展开的基础和前提是其本身具有科学性，即应遵循智慧低碳城镇发展的客观规律来设计指标体系，以使定量分析结果能够尽可能全面地反映实际情况。在此基础上，对指标的数量进行精简和压缩，尽量选取概括性强、信息量大的指标，避免交叉与重复，从而便于把握和操作。

（2）全面性和系统性相结合原则

智慧低碳城镇是一个复杂庞大的综合系统，在确定指标体系时，应该从系统的角度出发，尽可能全面分析其发展状态。一方面，应注重整个系统的层次结构和分析优化，协调指标之间的关系，对其进行明确的分块和分层；另一方面，应充分考虑涉及智慧低碳城镇发展的各个系统和要素，力求以具有代表性、针对性的指标全面覆盖研究对象的各个方面。

（3）择优创新性与可行性相结合原则

对智慧低碳城镇发展进行定量研究的初衷，是希望把其中的各种复杂变化和现象转变成更易观测和衡量的数据，并通过测算给出一个更直观的结果。但由于智慧低碳城镇研究是一个很新的前沿课题，因此，要在借鉴相关研究的基础上，创新性地选取一些代表性指标。同时，作为一个好的定量研究，指标体系构建要具备很强的可行性，即其中的指标能够较易获取、有效收集、明确可靠、易于测量和计算，这样才能便于分析操作和进一步推广使用。

（4）静态与动态相结合原则

智慧低碳城镇发展既是一个目标，又是一个过程。因此，其定量研究也应体现一定时期内的相对稳定状态，同时体现相应的动态演化过程。即智慧低碳城镇发展的指标体系既要包括较为稳定的静态指标，又要考虑相应的动态指标，从而在了解其特定时期现状的基础上，分析掌握其动态规律。

（5）定性与定量相结合原则

智慧低碳城镇发展涉及人类社会的众多领域，因此包含了那些易于量化的因素和较难量化的因素。为了较为全面系统地反映智慧低碳城镇发展的状况，达到较好的量化研究效果，本节将具有经验性的定性指标和具有一定局限性的定量指标相结合，建立更为科学实用的指标体系。

8.2.2 智慧低碳城镇发展的测度评价模型

8.2.2.1 测度评价模型——"智优商"（SLSQ）

作为一个具有多功能的复杂巨系统，智慧低碳城镇应该同具备智能的人类一样，既有强有力的骨架组织和基本机能，又有快速灵活的响应能力和全面的分析处理能力。科学家们以"智力商数"（Intelligence Quotient）来反映人们的智力发展水平，即智商越高，一个人在短时间内能够做的事情就越复杂、表现的就越好。那么，借鉴这一概念，本文构建了一种用来反映智慧低碳城镇发展运行能力和发展表现的概念和模型——"智慧低碳优势商数"（Smart Low-carbon Strength Quotient），简称"智优商"（SLSQ）。考虑到测度的客观性，为了更准确地表达一个人的智商，智力测量专家通常使用"离差智商"的概念，即通过计算受试者偏离平均值多少个标准差来衡量。因此，借鉴这一方法，构建智慧低碳城镇智优商（SLSQ）模型如下：

$$SLSQ = 100 + 15Z = 100 + 15 \times \frac{X-M}{S} \tag{8-10}$$

其中，Z 是标准分，X 是该智慧低碳城镇的测评实际分，M 是所有参与测评城镇的平均分，S 是受测城镇的分数标准差。当智优商（SLSQ）在 85~115 之间时，认为该智慧低碳城镇属于发展正常；当智优商（SLSQ）小于 85 时，认为该智慧低碳城镇属于发展滞后；当智优商（SLSQ）大于 115 时，认为该智慧低碳城镇属于发展领先。

根据智优商（SLSQ）模型的内容，需要设计一套测度评价指标体系，来获取智慧低碳城镇发展的基础分数。由于智慧低碳城镇发展是由各类城镇系统及其之间的协作影响来推动和促进的，具有相互依赖和反馈等特性，因此，本文采用基于熵权法的网络分析法（ANP）进行基础分数测评，以提高其准确性和可信度。

8.2.2.2 测度评价建模方法

由于智慧低碳城镇发展在结构上具有相互影响、互相依赖、连续反馈等特性，本研究在获取智优商模型中的基础测评分数时，采用更为科学客观的基于熵权的 ANP 法。具体步骤如下：

（1）分析问题，构造典型结构。对需要决策的问题进行系统的分析、组合，判断元素层次是否内部独立，形成元素和元素集。然后构建控制层次，界定相对于目标层 A 的决策准则层 B（B_1，B_2，B_3，…，B_n）；再构建网络层 C（C_1，C_2，C_3，…，C_n），并用 d（d_{i1}，d_{i2}，d_{i3}，…，d_m）表示其中的指标有相关元素，依此进行逐层分级。

（2）构建元素判断矩阵。由于模型中各项指标的量纲和数量级差异很大，需要通过对原始数据进行无量纲化处理，构造一个标准化的元素判断矩阵。考虑到各个指标的性质，一般采用以下三种方法进行处理：

正向指标（越大越优型）：$X'_{ij} = \dfrac{X_{ij} - X_{ij\min}}{X_{ij\max} - X_{ij\min}}$ （8-11）

负向指标（越小越优型）：$X'_{ij} = \dfrac{X_{ij\max} - X_{ij}}{X_{ij\max} - X_{ij\min}}$ （8-12）

区间型指标：$X'_{ij} = \begin{cases} 1 - \dfrac{a - X_{ij}}{\max\{a - X_{j\min}, X_{j\max} - b\}} & X_{ij} < a \\ 1 & a \leqslant X_{ij} \leqslant b \\ 1 - \dfrac{X_{ij} - b}{\max\{a - X_{j\min}, X_{j\max} - b\}} & X_{ij} > b \end{cases}$ (8-13)

上述函数中，X'_{ij}表示原始指标X_{ij}无量纲化后的指标，$X_{ij\max}$、$X_{ij\min}$分别为同一个指标的最大值和最小值；i为第i个样本城镇，j为第j个指标；式中$i=1, 2, \cdots, m$，$j=1, 2, \cdots, n$。

(3) 计算指标值的比重。根据标准化矩阵的结果，计算第j项指标下第i个样本城镇的指标值的比重：

$$P_{ij} = X'_{ij} \Big/ \sum_{i=1}^{m} X'_{ij} \tag{8-14}$$

(4) 计算第j项指标的熵值。根据第j项指标下第i个样本城镇的指标值的比重，计算第j项指标的熵值：

$$e_j = -k \sum_{i=1}^{m} (P_{ij} \ln P_{ij}), k > 0, k = 1/\ln m, 0 \leqslant e_j \leqslant 1 \tag{8-15}$$

当$P_{ij}=0$时，另$P_{ij}\ln P_{ij}=0$，求得e_j的值

(5) 计算第j项指标的熵权。根据第j项指标的熵值，计算第j项指标的熵权：

$$W_j = (1 - e_j) \Big/ \sum_{j=1}^{m} (1 - e_j) \tag{8-16}$$

(6) 计算测度评价的基础分数。根据上述权重计算结果，采用线性加权方法计算智慧低碳城镇的基础分数：

$$B_i = \sum_{j=1}^{n} (W_j X_{ij}) \tag{8-17}$$

(7) 计算智慧低碳城镇智优商（SLSQ）。根据前文构建的智优商（SLSQ）模型，计算各个城镇的智优商：

$$SLSQ = 100 + 15Z = 100 + 15 \times \frac{B_i - M}{S} \tag{8-18}$$

其中，Z是标准分数，B_i是该智慧低碳城镇的实际测评基础分数，M是所有参与测评城镇的平均分数，S是受测评城镇的分数标准差。

8.2.3 智慧低碳城镇发展测度评价指标体系

8.2.3.1 基本结构框架

智慧低碳城镇不仅包括了宏观、微观层次上相互关联的子系统，也包含了具有定性和定量特征的若干层次结构。根据ANP方法的基本要求，将智慧低碳城镇发展的测评网络关系分为准则层、网络关系层和具体评价对象层（图8-11）。其中，准则层主要包括生态环境准则（B1）、经济发展准则（B2）、社会和谐准则（B3），并据此将网络关系层分为城镇生态资源保障水平（C1）、城镇经济产业发展水平（C2）、城镇服务与设施水平（C3）、城镇人文素养水平（C4）和城镇治理与协调水平（C5）等五个评价因素集，对应这些因素集有相应的具体测评指标共58个。在这里，不同的评价因素集在智慧低碳城镇发展过

程中存在着不同程度的关联和影响。例如，生态资源保障（C1）是智慧低碳城镇发展的物质前提和基础，为经济产业发展（C2）、服务与设施（C3）、城镇治理与协调（C5）等提供空间和要素；经济产业发展（C2）是智慧低碳城镇发展的重要核心，也为智慧低碳城镇的生态资源保障水平（C1）、服务与设施水平（C3）、人文素养水平（C4）和城镇治理与协调水平（C5）提供有力的物质资本支持；服务与设施水平（C3）是智慧低碳城镇经济产业发展水平（C2）和治理与协调水平（C5）的重要体现，也部分反映了生态资源保障水平（C1）；人文素养水平（C4）是智慧低碳城镇经济产业发展水平（C2）、治理与协调水平（C5）等综合作用的结果，也是推动智慧低碳城镇经济产业发展（C2）、治理与协调水平（C5）、服务与设施水平（C3）、生态资源保障水平（C1）等的主要力量；治理与协调水平（C5）受到智慧低碳城镇经济产业发展水平（C2）和人文素养水平（C4）的影响，也促进着智慧低碳城镇的生态资源保障（C1）、经济产业发展（C2）、服务与设施（C3）和人文素养（C4）的综合协调发展。同时，各评价因素集内部和具体指标之间也存在一定的互相影响和互动关系。

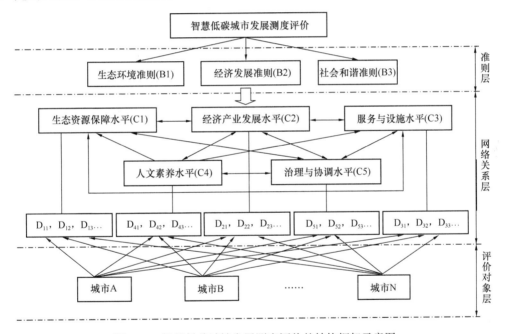

图 8-11 智慧低碳城镇发展测度评价的结构框架示意图

8.2.3.2 测度评价指标体系

在前文分析和相关研究的基础上，根据科学性和可获得性原则，本研究构建的智慧低碳城镇发展的基础测评指标体系包括（表 8-2）：

智慧低碳城镇发展测度评价的指标体系　　　　表 8-2

网络层	序号	主要指标（单位）	含义	获取方法	指标方向
生态资源保障水平 C1	D1	单位 GDP 用水量（立方米/万元）	城镇发展的水资源消耗量	用水总量/GDP 总量	—
	D2	人均水资源量（立方米/人）	城镇平均每人占有的可利用水资源量	统计数据、公报数据	+

325

续表

网络层	序号	主要指标（单位）	含义	获取方法	指标方向
生态资源保障水平 C1	D3	城镇水功能区水质达标率（%）	城镇用水质量	公布数据、公报数据	+
	D4	单位GDP能耗（吨标准煤/万元）	城镇能源综合利用效率	统计数据、公报数据	−
	D5	清洁能源使用率（%）	城镇绿色能源使用情况	公布数据	+
	D6	城镇用地规模弹性系数（数值）	城镇发展的土地资源状况	城镇用地增长率/城镇人口增长率	[1, 1.2]
	D7	城镇垃圾无害化处理率（%）	城镇的生活资源良性循环	统计数据、公报数据	+
	D8	工业固体废物综合利用率（%）	城镇的生产资源良性循环	统计数据、公报数据	+
	D9	空气质量达标率（%）	空气环境品质	统计数据、公报数据	+
	D10	建成区绿化覆盖率（%）	城镇生态环境功能水平	统计数据	+
	D11	人均绿地面积（平方米/人）	城镇环境质量改善水平	统计数据	+
	D12	区域环境噪声平均值（分贝）	城镇声环境质量	统计数据	−
经济产业发展水平 C2	D13	人均GDP（元/人）	城镇经济发展状况	统计数据、公报数据	+
	D14	地均GDP（亿元/平方公里）	城镇单位面积的经济活动效率	GDP/土地面积	+
	D15	人均财政收入（元/人）	城镇的财力和富裕程度	统计数据、公报数据	+
	D16	人均社会消费品零售总额（元/人）	城镇经济的内驱能力	统计数据、公报数据	+
	D17	人均全社会固定资产投资（元/人）	城镇经济发展增长情况	全社会固定资产投资总额/城镇总人口	+
	D18	人均实际利用外资额（美元/人）	城镇的对外筹资实力	实际利用外资额/城镇总人口	+
	D19	社会劳动生产率（元/人）	城镇社会生产力水平和经济实力	统计数据、公报数据	+
	D20	投资产出率（%）	经济增长的集约化程度	当年价格计算的GDP/全社会固定资产投资总额	+
	D21	第三产业占GDP比重（%）	城镇经济产业结构转型升级的重要指标	统计数据、公报数据	+
	D22	金融机构存款余额（亿元）	城镇的资金吸附能力和发展潜力	统计数据、公报数据	+
	D23	上市公司数（个）	城镇经济市场活跃程度	统计数据、公布数据	+
	D24	社会总负债率（%）	城镇经济发展的健康程度	社会总负债/社会总产出	−

续表

网络层	序号	主要指标（单位）	含义	获取方法	指标方向
服务与设施水平 C3	D25	普通高等教育院校数量（所）	城镇高等文教服务水平	统计数据	+
	D26	智慧医疗体系建设（分值）	城镇为居民提供服务的能力	研究报告数据	+
	D27	智慧民生服务体系（分值）	城镇为居民提供智能化服务的能力	研究报告数据	+
	D28	城镇人均拥有道路面积（平方米/人）	城镇交通便捷度	统计数据	+
	D29	互联网普及率（%）	城镇的信息化程度	统计数据、公布数据	+
	D30	移动电话普及率（部/百人）	城镇的通信发达程度	统计数据、公布数据	+
	D31	城镇云平台建设（分值）	城镇服务的智能化基础能力	研究报告数据	+
	D32	建成区排水管道密度（公里/平方公里）	城镇污水处理与防汛能力	统计数据	+
	D33	城镇污水处理率（%）	城镇生活服务处理能力	统计数据	+
	D34	3A级以上重点旅游景区数（个）	城镇文化休闲服务供应能力	公布数据	+
	D35	应急避难场所个数（个）	城镇应急处理和保障能力	统计数据、公布数据	+
	D36	万人拥有律师数（人/人）	城镇法治服务能力	执业律师数/城镇总人口	+
人文素养水平 C4	D37	博物馆参观人次（千人次）	城镇的文化影响能力	统计数据	+
	D38	每百人公共图书馆藏书（册、件/百人）	城镇的文化传播能力	统计数据	+
	D39	文化历史遗产数（项）	城镇社会的人文底蕴	公布数据、公报数据	+
	D40	人均预期寿命（年）	城镇人口的生活质量	公布数据	+
	D41	智慧低碳生活方式推广（分值）	城镇的文化价值倾向和行为模式	研究报告数据	+
	D42	万人研发活动人员数（人/万人）	城镇的科技活动人才供给水平	研发活动人员数/城镇总人口	+
	D43	万人在校大学生数（人/万人）	城镇发展的人才储备	统计数据	+
	D44	百万人发明专利授权数（件/百万人）	城镇人才的创新能力	城镇发明专利授权数/城镇总人口	+
	D45	城镇化水平（%）	城镇发展的基础人文水平	统计数据、公报数据	+

续表

网络层	序号	主要指标（单位）	含义	获取方法	指标方向
人文素养水平 C4	D46	注册志愿者人数（人）	城镇人口的社会责任感	统计数据、公布数据	+
	D47	公众科学素养达标率（%）	城镇人口基本科学文化素养	公布数据、调查数据	+
	D48	城镇开放度（分值）	城镇人文环境开放包容水平	研究报告数据	+
治理与协调水平 C5	D49	政策法规完善程度（分值）	城镇对智慧低碳建设的指导保障程度	研究报告数据	+
	D50	智慧低碳城镇建设积极程度（分值）	城镇智慧低碳建设的氛围	研究报告数据	+
	D51	治理绩效（分值）	城镇现代化治理的水平	研究报告数据	+
	D52	城镇居民人均可支配收入（元/人）	城镇居民富裕程度	统计数据、公报数据	+
	D53	恩格尔系数（%）	城镇居民生活水平	统计数据、公报数据	−
	D54	城乡居民收入差距指数（数值）	城镇社会发展公平程度	城镇居民人均可支配收入/农民人均纯收入	+
	D55	住房收入指数（数值）	城镇住房与社会经济协调水平	住房总价/家庭年总收入	+
	D56	基本社会保障覆盖率（%）	城镇社会的基本公民福利保障水平	（基本养老保险＋基本医疗保险参保人数）/总人口	−
	D57	智慧低碳城镇发展公众满意度（分值）	城镇治理的绩效成果	研究报告数据	+
	D58	智慧低碳城镇管理水平（分值）	城镇智慧低碳化管理能力	研究报告数据	−

注：1. D1 中的用水量数据主要来自于各省（自治区、直辖市）、市的水资源公报、国民经济与社会发展公报和水务局、水利局等相关部门网站的公布数据；
2. D24 中的社会总负债采用城镇的贷款余额表示，社会总产用城镇的 GDP 表示；
3. D26、D27、D31、D41、D49、D50、D58 的相关数据来自《中国智慧城市发展调研报告》《中国智慧城市发展水平评估报告（2012~2014 年）》；
4. D39 相关数据来自于《世界物质文化遗产名录》《世界非物质文化遗产名录》《国家级非物质文化遗产名录》《国家级物质文化遗产名录》《中国文化文物统计年鉴》等；
5. D48 相关数据来自于发改委的《2013 中国城市对外开放指数研究报告》《中国城市与区域对外开放指数研究报告》；
6. D51 相关数据来自于工信部中国软件评测中心的《2013 中国政府网站绩效评估报告》；
7. D55 中的计算公式为每户住房总价/每户家庭年总收入 =（人均住房面积×每户家庭平均人口数×单位面积住宅平均销售价格）/（每户家庭平均人口数×家庭人均全部年收入），其中，"单位面积住宅平均销售价格"采用中国房价行情网公布的 2013 年 12 月各城镇住宅均价；
8. D57 相关数据来自于《中国绿色发展指数报告（2014）》；
9. 指标中的城镇总人口指该城镇的常住总人口；
10. 除上述特殊说明指标外，其余需要计算的指标的基础数据均来自于统计数据，数据来源主要包括《中国统计年鉴》《中国城市统计年鉴》《中国环境年鉴》《中国检察年鉴》，以及各省（自治区、直辖市）和市的统计年鉴、科技统计年鉴、国民经济与社会发展公报。

(1) 生态资源保障水平（C1）

生态资源保障水平是智慧低碳城镇发展的基本条件，影响着其发展进程。选取人均水资源量、单位GDP能耗、清洁能源使用率、城镇用地规模弹性系数、空气质量达标率、人均绿地面积等12项指标反映智慧低碳城镇的生态资源保障水平。

(2) 经济产业发展水平（C2）

经济产业发展水平是智慧低碳城镇发展的核心内容，决定了智慧低碳城镇推动力的大小。选取人均GDP、人均财政收入、人均社会消费品零售总额、投资产出率、第三产业占GDP比重、上市公司数、社会总负债率等12项指标反映智慧低碳城镇的经济产业发展水平。

(3) 服务与设施水平（C3）

服务与设施水平是智慧低碳城镇发展的现代化基础，影响着其质量。选取智慧医疗体系建设、智慧民生服务体系、互联网普及率、城镇云平台建设、建成区排水管道密度、应急避难场所个数等12项指标反映智慧低碳城镇的服务与设施水平。

(4) 人文素养水平（C4）

人文素养水平是智慧低碳城镇发展的重要软实力，影响着其潜力，反映着其品质。选取博物馆参观人次、文化历史遗产数、人均预期寿命、智慧低碳生活方式推广、万人研发活动人员数、注册志愿者人数、公众科学素养达标率等12项指标反映智慧低碳城镇的人文素养水平。

(5) 治理与协调水平（C5）

治理与协调水平是智慧低碳城镇发展的主要内容之一，影响着其战略方向和路径。选取政策法规完善程度、智慧低碳城镇建设积极程度、治理绩效、城乡居民收入差距指数、住房收入指数、基本社会保障覆盖率、智慧低碳城镇发展公众满意度、智慧低碳城镇管理水平等10项指标反映智慧低碳城镇的治理与协调水平。

8.3 智慧低碳中小城镇发展模式

通过前文的分析，对中国智慧低碳城镇发展的模式分为以动力源为核心的基本发展模式和以智优商为核心的动态发展模式两大类，然后构建不同的复合发展模式。

8.3.1 基于动力源的智慧低碳城镇发展模式

根据智慧低碳城镇发展的动力源差异，可以分为内激励模式和外推动模式两大类。其中，内激励发展模式包含科技创新驱动型、环境资源驱动型和经济产业驱动型；外推动发展模式包含了功能设施推动型、关键资本推动型和制度文化推动型。在这六大发展基本模式的基础上，根据动力源的发展作用程度，可以产生多种复合基本模式。

8.3.1.1 内激励模式

1. 科技创新驱动型

科技创新驱动型模式，是以科学技术与低碳经济的交互创新为自动力驱动而成的智慧低碳城镇发展模式。它既包含了科学技术本身发展形成的推动模式，也包含了低碳经济发展带来的需求拉动模式，是以新一代智慧化的科学技术与低碳经济手段深度互动融合为基础和核心的发展模式。在这种模式中，科学技术与低碳经济的交互创新是关键动力和依

图 8-12 科技创新驱动型智慧低碳城镇框架图

托,从而构建起以智慧低碳经济金融和产业为基础,以智慧低碳服务与设施为导向,以智慧低碳可持续的资源环境为前提,以智慧低碳高效的沟通与治理为协助的,涵盖了城镇发展主体、发展硬件基础、发展软环境和发展顶层规划设计等综合领域的交互创新核心体系与智慧低碳城镇发展的整体架构和主要内容(图8-12)。然后,以市场中最活跃的企业为交互创新主体,通过与城镇管理者和各类机构进行沟通合作,带动智慧低碳城镇的科学技术设施、人才培育设施、生产服务设施和高效治理设施等硬件的发展;通过直接投入应用和创新成果转化,推动智慧低碳城镇的能源供应网络、产业能源结构和经济金融配置的调整与优化。同时,利用科学技术与低碳经济交互创新的衍生效应和溢出效应影响智慧低碳城镇的制度文化建设和人文素养水平,利用自身的资本引力聚集发展所需的各类智慧低碳资源,多方着手发展智慧低碳城镇。

2. 环境资源驱动型

环境资源驱动型模式,是以区域的自然环境和能源资源条件为自动力驱动而成的智慧低碳城镇发展模式。它既包含了城镇环境资源优势形成的正向带动模式,也包含了环境资源劣势形成的负向刺激模式,是以城镇自身的自然环境和能源资源条件发展状况为基础和核心的发展模式。在这种模式中,城镇的环境资源状态是关键动力和依托,从而带动以智慧低碳化的能源结构为基础,以智慧低碳化的产业结构为导向,以智慧低碳化的空间结构为前提,以智慧低碳化的人文社会结构为内容,涵盖城镇发展的生态、生产和生活空间的智慧低碳城镇综合体系的构建(图8-13)。智慧低碳发展的主要途径:一是通过自身的劣势刺激诱发城镇各类能源资源的结构调整和技术创新应用,在提高

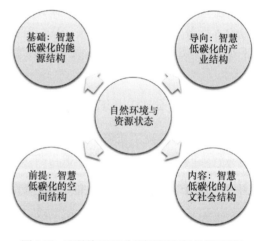

图 8-13 环境资源驱动型智慧低碳城镇框架图

资源利用效率的同时尽可能降低使用量,促进城镇的智慧低碳化生产;二是通过适当地引入创新技术,加强对城镇生态环境和资源消耗的监测调控,完善城镇的智慧低碳化生态;三是环境资源状况的制约能够通过激励城镇实体建设和制度文化的转变提升,形成注重生态环境保护和资源可持续利用的氛围,提升城镇的智慧低碳化生活。

3. 经济产业驱动型

经济产业驱动型模式,是以经济金融发展和产业结构优化为自动力驱动而成的智慧低碳城镇发展模式。它既包含了城镇经济金融快速发展和产业优化调整形成的推动模式,也

包含了城镇经济金融波动和产业结构滞后带来的重振和提升需求拉动模式，是以城镇的经济金融和产业发展水平为基础和核心的发展模式。在这种模式中，经济金融和产业发展程度是关键动力和依托，特别是突出的经济本底条件、良好的金融运行环境和智慧低碳化高端产业为核心的优化产业结构体系，是经济产业驱动型发展模式中的核心；以此带动以智慧低碳化的经济金融运行为架构，以智慧低碳化的产业结构为支撑，以智慧低碳化的设施服务为基础，以智慧低碳化的经营治理为导向，涵盖城镇发展各部门的智慧低碳城镇整体发展（图8-14）。一般来说，该模式下的智慧低碳城镇发展主要是通过经济金融的快速发

图 8-14　经济产业驱动型智慧低碳城镇框架图

展直接产生大量资金，提供智慧低碳城镇发展的物质与资本基础；或是在经济金融和产业发展滞后的情况下，被迫引入智慧低碳技术和生产方式，加速城镇经济产业的智慧低碳化改造和转变。

8.3.1.2　外推动模式

1. 功能设施推动型

功能设施推动型模式，是以城镇功能优化升级和智慧低碳化设施完善发展为首要推动力形成的智慧低碳城镇发展模式。它既包含了智慧低碳化设施完善发展形成的支持模式，也包含了城镇功能优化升级带来的提升促进模式，是以城镇功能的综合优化升级和智慧低碳化设施的完善发展为前提和重点的发展模式。在这种模式中，各类智慧低碳化基础设施建设与完善是关键动力和依托，进而形成以智慧低碳化的城镇光网、宽带和无线通信网络为基础，以云计算系统、物联网技术、安防监测与保障技术为支撑，以各种技术互连和控制为目标，以城镇综合功能的智慧低碳化运行与优化升级为主要内容，涵盖智慧低碳城镇发展的设施建设、技术支持、功能完善优化等物质条件保障的智慧低碳城镇发展的现实基础和主要内容（图8-15）。该模式的主要内容包括：建设适度超前的通信基础设施，提高网络覆盖率，推进三网融合，大规模部署无线信息采集设备，建设环境感知网络，监控城镇环境控制指标，实现智慧低碳城镇的全面感知和统一监控；运用创新技术手段发展和提升城镇公共服务水平，建立高效、便捷、绿色与智能的城镇民生保障与服务体系，实现城镇居民生活质量的提升；搭建统一接入平台、公共移动平台、统一用户平台和云计算平台等基础公共平台，通过整合城镇的地理空间结构、人口社会环境、市场经济活动、宏观发展战略等数据库，对城镇数据进行更精细、更完整、更科学的统一层次化管理，提升智慧低碳城镇系统的信息效率，全面促进城镇各项功能的优化升级和发展转型，推动城镇的智慧低碳发展。

2. 关键资本推动型

关键资本推动型模式，是以优质人力资本和充足资金供给为主要推动力形成的智慧低碳城镇发展模式。它既包含优质人力资本和充足资金供给分别推动的模式，也包含两者间

图 8-15　功能设施推动型智慧低碳城镇框架图

有机关联和互动形成的合力促进模式，是以城镇的优质人力资本和充足资金供给功能为核心和重点的发展模式。在该模式中，城镇各类优质人力资本和充足持续的资金供给是关键动力和依托，积极利用金融资本、创新基金、风险投资、外部引资等持续资金，构建以科学技术型人才为主力，以专业技能型人才为广泛基础，以企业家型人才为核心，以城镇综合管理型人才为重要保障，涵盖智慧低碳城镇发展的各类主体、各个层面和各种领域的智慧低碳城镇发展的主观能动体系和主要发展内容（图 8-16）。该模式主要

图 8-16　关键资本推动型智慧低碳城镇框架图

通过积累、吸引、争取充足持续的资金供给，促进智慧低碳城镇发展资金体系的形成，对城镇经济社会发展所需的各类资源合理配置起到黏合作用；通过科学研究、创新开发、持续教育、合理使用等方式，促成人力资本直接转化为城镇社会财富，或大幅地间接增加社会财富。

3. 制度文化推动型

制度文化推动型模式，是以体制创新改革和社会文化环境为首要推动力形成的智慧低碳城镇发展模式。它既包含体制创新改革形成的正式制度促进支持模式，也包含全新社会文化环境建构的非正式制度协助推进模式，是以体制创新改革和全新社会文化环境发展为前提和重点的发展模式。在该模式中，城镇体制创新改革和全新社会文化环境是关键动力和依托，进而实现经济金融、产业技术、社会公共服务、文化价值观念、生态资源环境和城镇综合治理等领域的政策调整、体制创新、机制优化和改革，促进智慧低碳城镇的有序发展（图8-17）。该模式主要通过科学合理的体制创新改革，直接促进城镇发展各领域的成本削减，激励智慧低碳城镇快速发展；并通过科学合理的创新制度安排，引导资源的优化配置方向、规模、速度、甚至利益分配格局，激发建设主体的参与热情、提高智慧低碳城镇建设的效率。

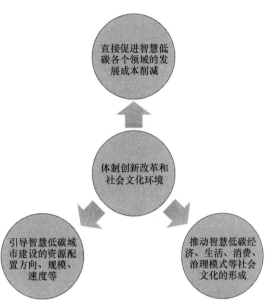

图 8-17　制度文化推动型智慧低碳城镇框架图

8.3.1.3 基于动力源的复合模式

由于在不同城镇和同一城镇智慧低碳发展的不同阶段，内激励和外推动作用发挥的力量是有差异的，因此，根据其势力发展对比关系，可以形成七类智慧低碳城镇发展的复合基本模式：内强型（强势内源动力）、外强型（强势外生动力）、双强型（强势内源动力＋强势外生动力）、内强外弱型（强势内源动力＋弱势外生动力）、外强内弱型（弱势内源动力＋强势外生动力）、双弱型（弱势内源动力＋弱势外生动力）、均势型（均势内源动力＋均势外生动力）。其中，内强型和外强型又分别包括内强Ⅰ型（整体优度较好）、内强Ⅱ型（整体优度较低）和外强Ⅰ型（整体优度较好）、外强Ⅱ型（整体优度较低），均势型包括强均势和弱均势两种。据此，对本研究中的样本城镇进行划分可以看出，样本城镇中出现了四类六种复合基本模式（表8-3）。其中，外强内弱型城镇38个，外强Ⅰ型城镇1个，外强Ⅱ型城镇6个，双弱型城镇7个，弱均势型城镇14个，强均势型城镇2个（苏州和昆山）。也就是说，在中国智慧低碳城镇发展过程中，大部分城镇是外强内弱型发展模式，而内强型、双强型和内强外弱型没有在样本城镇中出现。这与我国智慧低碳城镇发展处于初期起步阶段，主要依靠制度文化和功能设施等外力推动，而内源刺激较弱的现实较符合。

中国智慧低碳城镇发展的复合基本模式 表 8-3

模式	样本
外强内弱型	北京、沈阳、青岛、济南、南京、杭州、宁波、厦门、广州、深圳、长春、武汉、福州、南宁、呼和浩特、太原、郑州、南昌、贵阳、昆明、兰州、西宁、银川、秦皇岛、烟台、扬州、镇江、温州、莆田、珠海、桂林、柳州、洛阳、晋城、株洲、咸阳、克拉玛依、新郑
外强Ⅰ型	上海
外强Ⅱ型	天津、成都、重庆、大连、西安、合肥
强均势型	苏州、昆山
弱均势型	哈尔滨、石家庄、海口、长沙、乌鲁木齐、廊坊、吉林、济源、淮安、南通、金昌、遵义、伊宁、库尔勒
双弱型	延安、拉萨、石嘴山、呼伦贝尔、齐齐哈尔、敦煌、弥勒市

8.3.2 基于智优商的智慧低碳城镇发展模式

根据智慧低碳城镇发展的智优商（SLSQ）差异，可以分为"高商"领先、"均商"稳步和"低商"滞后三大类动态发展模式。在此基础上，又可以根据五大关系层的基础发展水平，产生不同性质的复合动态发展模式。

8.3.2.1 "高商"领先模式

"高商"领先发展模式，就是 SLSQ 超过 115 的具有较好智慧低碳发展水平的城镇。其发展特征主要表现为：

（1）较强的科学技术能力和创新活力。作为新时期发展的核心动力，科学技术创新能力和活力是该模式的重要内容。通过科技创新、金融创新、文化创新和制度创新等途径，城镇的各类硬件和软件较完备，运行效率较高。

（2）较雄厚的经济和金融实力。作为城镇发展的物质基础保障，强大的经济金融实力是该模式的主要内容。这时，城镇的经济生产繁荣度和金融系统运行效率不断提高，智慧低碳化的经济模式和金融模式普遍展开并不断扩展。

（3）较优化的产业结构。作为城镇发展的实体关键，产业结构的优化和高级化是该模式的核心内容。普遍来说，该模式的城镇中第三产业占比很大，且以金融服务、信息咨询、教育研究等知识密集型产业为主，第二产业则以高新技术制造产业、高级消费品制造产业和高加工度的循环低碳产业为主。

（4）现代化的城镇基础设施和功能服务系统。作为城镇发展的基础硬件环境，现代化的城镇基础设施和功能服务系统是该模式的基本内容。一般而言，该模式的智慧低碳城镇具备完善的智慧低碳化交通运输设施与系统、迅捷便利的通信网络、高效便捷的民生服务体系，以及有效互通互联的城镇治理与公共服务网络和平台系统。

（5）较优良的关键资本和制度文化环境。作为智慧低碳城镇发展的关键要素和助力，充足持续的资金、优良的人力资本和制度文化环境是该模式的重要内容。通常，该模式的智慧低碳城镇具备较为健全的正式制度和良好协调的非正式制度氛围，能够吸引到优质人力资本和充足的持续资金，有一定的区域辐射能力，大部分是区域内的中心城镇或重要节

第8章 智慧低碳中小城镇发展动力机制与模式

点城镇。

(6) 较适宜的自然环境与资源。作为智慧低碳城镇发展的本底要素，适宜的自然环境与资源是该模式的主要内容。一般来说，该模式的智慧低碳城镇具备较好的自然环境本底条件和较优越的地理区位与资源优势，有一定的自然条件先发优势。

但是，该模式存在一个普遍问题：过快的发展和大规模建设引发的资源过度开发利用和生态环境恶化，对后续发展产生了一定的负面效应。所以，要保持长期的领先模式，就必须时刻注意城镇发展中出现的问题，及时采取调整优化措施，主要包括：

(1) 扩大智慧低碳技术创新与应用，持续提高资源利用效率，鼓励智慧低碳型产业的快速建立与发展，强化工业园区的智慧低碳化能力。通过相关产业的科学合理集聚和整体产业结构的不断调整，增强智慧低碳型产业的支柱能力，形成持续高效可循环的能源资源利用模式和产业效率。

(2) 重视生态环境保护和改善，加大对环境的综合治理力度，实行异常严格的污染排放和处理措施，加快健全和完善科学合理的生态补偿机制，确保智慧低碳城镇发展不超过城镇自身的生态环境容量和再生能力阈值，在经济社会快速发展的同时，实现城镇自然生态环境的有序恢复和可持续协调发展。

(3) 巩固智慧低碳城镇发展的相关制度保障，继续推进非正式制度建设，确保具备优质人力资本和充足持续资金的关键资本"洼地"的长期性和强引力。同时，不断完善和优化升级智慧低碳化的交通运输、通信网络、民生服务、城镇治理服务体系。

8.3.2.2 "均商"稳步模式

"均商"稳步发展模式，就是 SLSQ 在 85~115 之间的呈现出正常均值智慧低碳发展水平的城镇，有较为明显的循序稳定发展的状态特征。具体可以分为："均商"强稳步模式，"均商"平稳步模式和"均商"弱稳步模式。其基本特征为：

(1) 科学技术能力和创新活力整体较领先发展城镇较弱。在该模式中，智慧低碳城镇的综合科学技术能力和创新活力弱于"高商"领先城镇，但与城镇自身的发展水平和等级区位基本相匹配。

(2) 城镇经济和金融实力普遍处于中等及中等偏上水平。在该模式中，智慧低碳城镇的经济金融发展逐渐向领先城镇靠近，经济生产繁荣度和金融系统运行效率有了一定提升，智慧低碳化的经济模式和金融模式逐步展开。

(3) 城镇产业结构的优化调整相对较慢。在该模式中，城镇三大产业结构调整与优化不断深入，第三产业占比日益上升，并以房地产开发、金融服务、信息咨询等为主，第二产业逐步以循环加工产业、高新技术制造产业、消费品制造产业等为主，但整体产业优化调整进程较慢，大部分仍处于发展中间阶段。

(4) 城镇现代化基础设施和功能服务系统整体处于在建发展阶段。一般而言，该模式的智慧低碳城镇在交通运输系统的智慧低碳化、通信网络的迅捷便利度、民生服务体系的高效便捷性等方面不够完善，城镇治理与公共服务网络和平台系统基本属于初级水平，智慧低碳城镇的综合功能和设施建设仍在大规模展开时期。

(5) 城镇发展的关键资本和制度文化环境普遍较领先发展城镇稍弱。通常，该模式的智慧低碳城镇具备一定的正式制度和社会文化环境氛围，能够吸引到部分优质人力资本和持续发展资金支持，在紧邻的周边中小区域范围内有稍强的辐射能力。

（6）城镇发展的自然环境中等或稍好，资源高效利用率一般。普遍来说，该模式的智慧低碳城镇发展的自然环境、地理区位与资源条件中等或稍好，能为城镇的智慧低碳发展提供空间和要素基础保障，但大部分城镇对其有效开发利用的效率一般。

整体来看，该模式中不同智慧低碳城镇之间的发展差异较大，与"高商"领先城镇有一定差距。因此，要实现快速发展与进步，就必须根据自身现实，从关键领域和核心内容入手，采取多种优化措施，带动整体发展，主要包括：

（1）增强自身的科学技术创新能力与活力，引导科技创新核心动力的充分发挥，继续推进智慧低碳重点产业的发展步伐，完善整合重点领域的产业链联系，形成科技创新与产业优化发展的积极有效互动，提升产业运行效率。

（2）提升城镇自身的经济生产和金融服务运行实力，不断强化经济基础、促进经济金融活动的繁荣程度，健全以产业为核心的金融服务和运行体系，进一步扩大智慧低碳化的经济模式和金融模式。

（3）加快智慧低碳城镇配套基础设施建设步伐，在完善智慧低碳重点产业引领发展转型的同时，强化各类智慧低碳城镇配套功能和基础设施的保障力度，持续巩固提升智慧低碳城镇的交通运输体系、能源供应体系、通信联系网络、防灾减灾系统和服务治理网络与平台。同时，引入市场运作机制，提高城镇功能设施的使用效率和经营水平，继续大规模推进综合城镇功能和设施建设。

（4）健全和完善智慧低碳城镇发展的正式制度，推动相应的社会文化建立，从经济金融政策、科技创新政策、市场主体参与政策、资源有效开发利用和生态环境保护修复政策等多个方面，强化制度文化环境的积极效应和城镇治理调控监督的能力，逐步改善自然环境条件，扩大城镇的辐射影响力，促进良性循环发展。

8.3.2.3 "低商"滞后模式

"低商"滞后发展模式，就是智优商 SLSQ 小于 85 的具有较低智慧低碳发展水平的城镇。其基本特征为：

（1）科学技术能力和创新活力整体较弱。在该模式中，智慧低碳城镇的综合科学技术能力整体偏弱、创新活力程度不高，科学技术的创新能力和活力还没有真正成为城镇智慧低碳发展的核心要素和重要内容。

（2）城镇经济与金融实力普遍处于中等偏下和较低水平。在该模式中，智慧低碳城镇的经济金融发展仍然缓慢，经济生产繁荣度和金融系统运行效率较低，智慧低碳化经济模式和金融模式处于小范围试点阶段，还没有进入全方位拓展的状态。

（3）城镇产业结构的优化调整较为缓慢。在该模式中，三大产业结构调整与升级优化的步伐较缓慢，整体产业结构呈现较大刚性；第三产业占比提升有限，且大部分以较低端的服务业为主，第二产业基本还是以初级加工制造和智慧低碳化水平较低的工业为主，产业层次较低，缺乏强有力的持续自我发展能力。

（4）城镇现代化基础设施和功能服务系统整体处于初期规划与建设阶段。该模式的智慧低碳城镇在各类城镇功能和设施服务体系方面还处于起步规划与建设阶段，城镇治理与网络平台系统的互通互联也没有完全实现。

（5）城镇发展的关键资本和制度文化环境普遍很弱。该模式的智慧低碳城镇具备一定的正式制度，但相应的社会文化环境氛围较弱，且不能持续有力地吸引优质人力资本和充足资金支持，在周边中小区域范围内的辐射能力非常有限。

（6）城镇发展的自然环境与资源条件中等或稍差，资源高效利用率偏低。该模式的智慧低碳城镇发展的自然环境和地理区位条件中等或稍差，基本能为城镇的智慧低碳发展提供一定的空间和要素基础，但绝大部分城镇对其有效开发利用率都偏低。

普遍而言，该模式的智慧低碳城镇各领域之间的发展协调和配合程度较低，发展步伐较小、速度较慢、整体水平较低，还未达到"均商"稳步型的平均发展程度。因此，要追上平均水平，就一定要根据现实，围绕核心优势和发展重点要素，逐步辐射智慧低碳城镇的其他建设内容，带动智慧低碳城镇的整体进步，主要措施包括：

（1）整合本地优势资源与核心要素，加快形成特色智慧低碳优势产业，推动第一产业的现代化、特色化和产业化，促进第二产业的智慧化和低碳循环建设，鼓励第三产业的合理发展与提升。

（2）坚持提高能源资源利用率，重视生态环境维护和改善，加大对生态环境和人文社会环境的综合治理力度，严防城镇发展大幅超过自身的生态环境承载力和再生能力限值（张国钦，2008）。在建立智慧低碳优势产业的基础上，加快实施符合实际的科学合理的生态补偿机制，确保发展的自然资源环境的可持续。

（3）积极引入适合自身智慧低碳发展的科学技术，提升城镇的科学技术创新能力与活力，展开科技创新与经济金融发展和产业升级优化的积极互动和协调，促进优势产业和重点发展领域的生产运行效率。逐步建立较完善和现代化的服务业体系，增强对优质人力资本和充足持续资金的吸引力，循序推进智慧低碳化经济金融模式的适用范围，强化经济金融基础、促进经济社会的繁荣程度。

（4）加大智慧低碳城镇主要配套基础设施建设，持续推进各项社会事业的发展，通过积极借鉴发展较快城镇的经验，进行适当的本地化改进和调整，推动城镇的智慧低碳化交通体系、通信网络、医疗体系、能源供应体系、防灾减灾系统、文化体育设施和教育服务体系等的稳步前进。

（5）巩固和健全智慧低碳城镇发展的各项正式制度，引导社会文化环境形成，实现各类制度管理框架的有效协调和衔接配合。通过充分利用已有政策和制定实施科学合理的新政策，强化智慧低碳城镇发展的各类制度，形成有力的制度保障，促进智慧低碳化的城镇生产和生活模式的建立。

8.3.2.4 基于智优商的复合模式

在智慧低碳城镇发展智优商的基础上，可以形成15种智慧低碳城镇发展的单性质复合动态模式；其中，"均商"稳步模式又可以衍生出15项具体的单性质复合动态模式（表8-4）。在68个样本智慧低碳城镇中，只有6种单性质复合动态模式没有出现；"高商"领先模式的城镇主要是经济产业偏向性的；"均商"稳步模式的城镇主要是人文素养偏向性的；"低商"滞后模式的城镇主要是生态资源偏向性的。其中，天津和沈阳是经济产业和人文素养双偏向性的强稳步模式，石家庄是服务设施和人文素养双偏向性的弱稳步模式。总体而言，生态资源保障偏向性的城镇绝大部分属于"均商"稳步和"低商"滞后模式，多分布于西部和东北地区，个别位于中部和东部地区；经济产业偏向性的城镇基本都属于"高商"领先模式和"均商"稳步模式，绝大多数分布于东部地区；服务设施偏向性的城镇绝大部分属于"均商"稳步模式，人文素养偏向性的城镇基本都属于"均商"稳步模式，各个地区都有分布；治理协调偏向性的城镇多属于"均商"稳步模式，部分城镇实现了"高商"领先模式，且绝大部分位于东部地区。这与我国智慧低碳城镇发展的动力机制、建设阶段与进度等方面的实际状态基本匹配。

中国智慧低碳城镇发展的复合动态模式　　　　表 8-4

复合动态模式		样本城镇
生态资源偏向性"高商"模式	—	—
经济产业偏向性"高商"模式	—	深圳、青岛、苏州、广州、克拉玛依
服务设施偏向性"高商"模式	—	—
人文素养偏向性"高商"模式	—	上海
治理协调偏向性"高商"模式	—	北京、昆山、杭州
生态资源偏向性"均商"模式	生态资源偏向性的强稳步模式	
	生态资源偏向性的平稳步模式	库尔勒、呼伦贝尔、吉林、石嘴山、株洲、贵阳、柳州
	生态资源偏向性的弱稳步模式	伊宁、桂林、南宁、拉萨、莆田、济源、晋城、敦煌
经济产业偏向性"均商"模式	经济产业偏向性的强稳步模式	镇江、天津、南昌、南通、沈阳
	经济产业偏向性的平稳步模式	乌鲁木齐
	经济产业偏向性的弱稳步模式	新郑
服务设施偏向性"均商"模式	服务设施偏向性的强稳步模式	昆明、大连
	服务设施偏向性的平稳步模式	太原、哈尔滨、银川、海口
	服务设施偏向性的弱稳步模式	石家庄
人文素养偏向性"均商"模式	人文素养偏向性的强稳步模式	天津、武汉、南京、沈阳、长沙、成都、重庆
	人文素养偏向性的平稳步模式	福州、郑州、长春、扬州、合肥、西安、金昌、延安、兰州
	人文素养偏向性的弱稳步模式	洛阳、石家庄、咸阳
治理协调偏向性"均商"模式	治理协调偏向性的强稳步模式	厦门、珠海、宁波、呼和浩特、济南
	治理协调偏向性的平稳步模式	烟台、温州、
	治理协调偏向性的弱稳步模式	廊坊
生态资源偏向性"低商"模式	—	西宁、秦皇岛、遵义、弥勒市、齐齐哈尔
经济产业偏向性"低商"模式	—	—
服务设施偏向性"低商"模式	—	淮安
人文素养偏向性"低商"模式	—	—
治理协调偏向性"低商"模式	—	—

注："—"表示无数据。

8.3.3 智慧低碳城镇发展的系统复合模式

综上所述,可以衍生出多种智慧低碳城镇发展的系统复合模式(表 8-5)。在本研究选取的样本中,外强内弱型"均商"模式是最主要的发展模式,其次是均势型"均商"模式。也就是说,在我国的智慧低碳城镇发展过程中,绝大部分城镇属于外强内弱型"均商"发展模式和均势型"均商"发展模式,而内强型动态发展模式、双强型动态发展模式、内强外弱型动态发展模式和外强型"低商"模式还没有在样本中出现。可见,我国目前的智慧低碳城镇发展模式主要是外源动力触发推动型的,整体上与城镇发展的现实和阶段相匹配。

中国智慧低碳城镇发展的系统复合模式 表 8-5

系统复合模式	样本城镇
内强型"高商"模式	—
外强型"高商"模式	上海
双强型"高商"模式	—
内强外弱型"高商"模式	—
外强内弱型"高商"模式	深圳、青岛、广州、北京、克拉玛依、杭州
双弱型"高商"模式	—
均势型"高商"模式	昆山(强)、苏州(强)
内强型"均商"模式	—
外强型"均商"模式	天津(强)、成都(强)、大连(强)、重庆(强)、合肥(平)、西安(平)
双强型"均商"模式	—
内强外弱型"均商"模式	—
外强内弱型"均商"模式	镇江(强)、沈阳(强)、厦门(强)、宁波(强)、南京(强)、济南(强)、武汉(强)、南昌(强)、珠海(强)、昆明(强)、呼和浩特(强)、株洲(平)、柳州(平)、温州(平)、扬州(平)、烟台(平)、银川(平)、福州(平)、长春(平)、兰州(平)、贵阳(平)、郑州(平)、太原(平)、南宁(弱)、新郑(弱)、咸阳(弱)、晋城(弱)、洛阳(弱)、桂林(弱)、莆田(弱)
双弱型"均商"模式	石嘴山(平)、延安(平)、呼伦贝尔(平)、拉萨(弱)、敦煌(弱)
均势型"均商"模式	长沙(弱强)、南通(弱强)、哈尔滨(弱平)、库尔勒(弱平)、金昌(弱平)、吉林(弱平)、乌鲁木齐(弱平)、海口(弱平)、石家庄(弱弱)、济源(弱弱)、廊坊(弱弱)、伊宁(弱弱)
内强型"低商"模式	—
外强型"低商"模式	—
双强型"低商"模式	—
内强外弱型"低商"模式	—
外强内弱型"低商"模式	秦皇岛、西宁
双弱型"低商"模式	弥勒市、齐齐哈尔
均势型"低商"模式	遵义(弱)、淮安(弱)

注:"—"表示无数据。

本章参考文献

[1] 邓贤峰. "智慧城市"评价指标体系研究[J]. 发展研究, 2010, (12): 111-116.
[2] 邓雅君, 张毅. 智慧城市建设对促进中国转变经济发展方式的作用路径[J]. 电子政务, 2013, (12): 1-8.
[3] 范炜. 日本智慧交通建设的借鉴[J]. 浙江经济, 2012, (21): 48-49.
[4] 方创琳. 中国新型城镇化发展报告[M]. 北京: 科学出版社, 2014: 12.
[5] 方创琳. 区域人地系统的优化调控与可持续发展[J]. 地学前缘, 2003, 10(4): 629-635.
[6] 方时姣. 绿色经济视野下的低碳经济发展新论[J]. 中国人口·资源与环境, 2010, 20(4): 8-11.
[7] 冯白, 郭存芝. 江苏城市可持续发展能力及其影响因素——基于DEA评价与paneldata模型的实证分析[J]. 中国城市经济, 2011, (30): 22-23.
[8] 冯健. 1980年代以来我国小城镇研究的新进展[J], 城市规划汇刊, 2001, (3): 28-33, 34.
[9] 付允, 刘怡君, 汪云林. 低碳城市的评价方法与支撑体系研究[J]. 中国人口·资源与环境, 2010, 20(8): 44-47.
[10] 傅小锋. 青藏高原城镇化及其动力机制分析[J]. 自然资源学报, 2000, (4): 369-374.
[11] 高志强, 刘纪远, 庄大方. 基于遥感和GIS的中国土地资源生态环境质量同人口分布的关系研究[J]. 遥感学报, 1999, (1): 66-70.
[12] 工信部. CSIP积极推进《智慧城市评价指标体系》研究[EB/OL](2012-02-14)[2014-10-24]. http://www.miit.gov.cn/n11293472/n11293832/n11293907/n11368261/14457212.html
[13] 顾德道, 乔雯. 我国智慧城市评价指标体系的构建研究[J]. 未来与发展, 2012, 35(10): 79-83.
[14] 何伟, 杨春红. 基于Topsis的江苏省中心城市可持续发展状况评价[J]. 南京师大学报(社会科学版), 2010, (6): 68-72.
[15] 贺小花. 2013我国智慧城市试点建设现状分析[J]. 中国公共安全(综合版), 2014, (1): 85, 92-98.
[16] 华坚, 任俊. 基于ANP的低碳城市评价研究[J]. 科技与经济, 2011, 24(6): 101-105.
[17] 黄天航, 刘瑞霖, 党安荣. 智慧城市发展与低碳经济[J]. 北京规划建设, 2011(2): 39-44.
[18] 黄雪琼. 论城市化与社会文化教育之相关[J]. 淮北职业技术学院学报, 2009, 8(5): 90-91.
[19] 晋美俊, 李俊明. 数字城市与低碳城市的融合研究[J]. 安徽建筑, 2011, (1): 10-1, 16.
[20] 康鹏. "低碳城市"将给武汉带来这些改变[EB/OL](2013-08-16)[2014-10-29]. http://news.sina.com.cn/c/2013-08-16/035927962415.shtml
[21] 黎阳. "深圳智慧"缔造低碳城区建设典范[EB/OL](2013-06-08)[2014-10-27]. http://www.sznews.com/news/content/2013-06/08/content_8160454.htm
[22] 李德宏, 汪浩. 智能交通系统在新加坡的应用与发展[J]. ITS通信, 2001, (4): 34-38.
[23] 李健, 张春梅, 李海花. 智慧城市及其评价指标和评估方法研究[J]. 电信网技术, 2012, (1): 1-5.
[24] 李瑾. 关于走进低碳生活的探讨[J]. 中国科技博览, 2013, (29): 37-37.
[25] 李京生. 可持续发展的城与城市规划[J]. 国外城市规划, 2003, 18(6): 1-2.
[26] 李锐锋, 张澎涛. 发展低碳经济的系统思考[J]. 系统科学学报, 2012, 20(2): 34-38.
[27] 李世泰, 隋干诚. 烟台市小城镇发展动力机制研究[J]. 烟台师范学院学报(自然科学版), 2001, 17(3): 203-207.
[28] 李贤毅, 邓晓宇. 智慧城市评价指标体系研究[J]. 电信网技术, 2011, (10): 43-47.
[29] 李向阳, 黄芳, 李瑞晴. 低碳城市理论和实践的发展、现状与走向[J]. 甘肃行政学院学报,

2010，(3)：20-30.
[30] 李晓燕，邓玲. 城市低碳经济综合评价探索——以直辖市为例[J]. 现代经济探讨，2010，(2)：82-85.
[31] 李长顺，唐德才，王云. 基于情景分析法的南京市低碳城市建设研究[J]. 地域研究与开发，2015，(1)：71-75，110.
[32] 李祚泳，彭荔红，程红霞. 基于GA优化的城市可持续发展评价的普适公式[J]. 系统工程，2000，18(6)：6-10.
[33] 马驰，王芳，董晨萱. 杭州低碳城市建设初探[J]. 北方经济，2010，(13)：39-41.
[34] 马军，周琳，李薇. 城市低碳经济评价指标体系构建——以东部沿海6省市低碳发展现状为例[J]. 科技进步与对策，2010，27(22)：165-167.
[35] 毛艳华. 基于SOP模型的智慧城市治理模式及评价体系研究[J]. 未来与发展，2012，35(11)：11-16，74.
[36] 倪外，曾刚. 低碳经济视角下的城市发展新路径研究——以上海为例[J]. 经济问题探索，2010，(5)：38-42.
[37] 庞博，方创琳. 城市负债的效应及测评研究进展与展望[J]. 人文地理，2015，30(2)：7-14.
[38] 庞博，方创琳. 城市负债研究的国内外进展与展望[J]. 经济地理，2014，34(11)：43-51.
[39] 彭攀，王兴为. 复杂性视野中的生态城市系统建设[J]. 系统科学学报，2007，15(3)：33-36.
[40] 齐彬. 武汉推进低碳城市建设5年投千亿发展绿色交通[EB/OL]（2011-04-19）[2014-10-29]. http：//www.chinanews.com/ny/2011/04-19/2983960.shtml
[41] 秦洪花，李汉清，赵霞. "智慧城市"的国内外发展现状[J]. 信息化建设，2010，(9)：50-52.
[42] 邱伟杰，李师源. 国内外低碳城市建设的成功实践及有益启示[J]. 产业与科技论坛，2011，10(8)：7-9.
[43] 商璐. 走进智慧城市：斯德哥尔摩电脑控制垃圾处理[EB/OL]（2013-03-13）[2014-10-27]. http：//news.xinhuanet.com/info/2013/03/13/c_132229268.htm.
[44] 上海浦东智慧城市发展研究院. 智慧城市评价指标体系2.0[R/OL]（2012-12-14）[2014-10-24]. http：//wenku.baidu.com/view/ca777f7df46527d3240ce0a1.html
[45] 上海市经信委. 上海市推进智慧城市建设2011-2013年行动计划[Z/OL]（2011-09-08）[2014-10-29]. http：//wenku.baidu.com/view/76c83a01e87101f69e319591.html
[46] 邵超峰，鞠美庭. 基于DPSIR模型的低碳城市指标体系研究[J]. 生态经济，2010，(10)：95-99.
[47] 沈清基. 智慧生态城市规划建设基本理论探讨[J]. 城市规划学刊，2013(5)：14-22.
[48] 盛雅清. 感受宁波智慧城市建设[J]. 中国数字电视，2010，(12)：48，50.
[49] 屠启宇. 全球智慧城市发展动态及对中国的启示[J]. 南京社会科学，2013，(1)：47-53.
[50] 汪丽，王兴中. 社会阶层化与城市社会空间的发展及其与城市娱乐业的(空间)关系[J]. 人文地理，2008，(2)：43-48.
[51] 汪永华. 环城绿带理论及基于城市生态恢复的环城绿带规划[J]. 风景园林，2004，(53)：20-25.
[52] 王丹丹. 新加坡低碳城镇化经验论坛：绿色建设让人惊叹[EB/OL]（2014-07-13）[2014-10-27]. http：//www.gywb.cn/content/2014-07/13/content_1065714.htm
[53] 王发曾，程丽丽. 山东半岛，中原，关中城市群地区的城镇化状态与动力机制[J]. 经济地理，2010，(6)：918-925.
[54] 王飞，夏佐铎. 基于"全智慧系统"的低碳经济发展模式研究[J]. 商业时代，2012，(34)：8-9.
[55] 王根祥，李宁，王建会. 国内外智慧城市发展模式研究[J]. 软件产业与工程，2012，(4)：11-14.

[56] 王晗. 国内外智慧城市建设关键要素及其耦合研究[J]. 河南科学, 2013, 31(10): 1764-1768.
[57] 吴传钧. 论地理学的研究核心——人地关系地域系统[J]. 经济地理, 1991(3): 1-6.
[58] 吴传钧. 人地关系地域系统的理论研究及调控[J]. 云南师范大学学报(哲学社会科学版), 2008, (2): 1-3.